최신 소프트웨어공학

김 태 달 著

21세기사

머리말

• 소프트웨어공학은 왜 배우는 것일까요? 또 왜 배워야 하는 것일까요?

그 답은 일부 대학생을 제외하고 학부시절에는 직접적으로 실감나게 학생들이 느낄 수는 없을 것으로 봅니다.

대학생들은 대학을 졸업하고 사회에 진출하게 되어 일정기간이 지나면, 개인 스스로는 물론이고 해당조직, 나아가서는 국가 간에도 적시적소에 관련정보를 확보하기 위해 무한히 경쟁하게 됨을 느끼게 될 것입니다.

현재와 같은 무한 경쟁체제에서 개인과 조직, 나아가서는 국가가 성공하기 위해서는 체계적이고 정형화된 개발절차에 따라 시스템을 개발하여 개발정보와 데이터를 서로 공유해서 사용할 수 있을 때 타 국가 및 다른 조직보다 빨리 정보요구 환경에 대처할 수 있을 것입니다. 바로 이런 이유 때문에 소프트웨어공학을 체계적으로 학부과정을 통해 배우게 되는 것이라 할 수 있을 것입니다.

• 프로젝트 추진 현장에서 활용할 수 있는 소프트웨어공학 관련서는 없을까요?

필자는 학부시절부터 지금까지 産, 學, 硏에서 프로젝트를 수행하면서 항상 현장을 이해하며 작성된 소프트웨어공학 관련서가 없을까? 아니면 직접 활용할 수 없더라도 참고가 될 서적은 어떤 것이 있을까? 하고 국내·외 많은 책을 읽고 활용해 보았지만 진정 현장에서 직접 활용 가능한 서적은 만나지 못하였습니다. 그래서 직접 집필하기로 마음을 갖게 되었는데, 정말로 책을 펴낸다는 일 자체가 얼마나 어려운 작업인지를 깨닫고는 스스로가 겸손해야 함을 느꼈습니다. 역작을 펴내는 것 보다는 필자 스스로가 정리를 해보자는 마음으로 지난 몇 년 동안 준비하며 또 망설임 끝에 본서를 내게 되었습니다.

외국 서적과 국내 서적을 통해 그 내용이 현업종사자 및 학생들의 이해에 도움이 되겠다고 생각되는 부분은 과감히 인용해서 사용하였음을 밝혀 둡니다.

• 이 책의 구성은 다음과 같습니다.

책을 구성하기까지 독자의 이해를 돕기 위해 여러 가지 방법으로 접근 할 수 있으나 이 책에서는 프로젝트를 실행함에 있어 추진 과정을 중심으로 책을 구성하였습니다.

책은 크게 6개 큰 단락으로 구성하였는데 첫 단락이 소프트웨어공학의 이해, 둘째 단락이 프로젝트 관리의 이해, 세 번째 단락이 개발 이전단계의 이해, 네 번째 단락이 개발 단계의 이해, 다섯 번째 단락이 개발 이후 단계의 이해, 여섯 번째 단락이 소프트웨어 개발 프로젝트 추진 전체과정의 이해로 구분하였습니다.

첫 번째 단락, 소프트웨어공학의 이해에 포함 된 제1장과 제2장은 소프트웨어와 소프트웨어공학에서는 소프트웨어를 정의하고, 소프트웨어 특성, 소프트웨어 분류, 소프트웨어 공학 정의, 소프트웨어 시스템의 특성, 소프트웨어공학의 일반적인 관점, 소프트웨어 위기, 소프트웨어공학 역사, 소프트웨어공학의 체계 발전추이, 소프트웨어 개발 생명주기에 대한 내용을 담고, 주로 소프트웨어 개발을 위한 배경에 대해 이해할 수 있도록 하는데 중점을 두었습니다.

두 번째 단락, 프로젝트 관리의 이해에 포함 된 제3장 프로젝트 관리에서는 프로젝트관리 이론, 프로젝트관리의 필요성, 프로젝트관리의 특성, 프로젝트관리 기능, 프로젝트관리자의 역할, 소프트웨어 프로젝트관리를 통해 현업에서 소프트웨어 프로젝트를 추진할 때, 프로젝트관리자는 물론이고 개발 프로젝트 참석자들이 프로젝트관리를 이해하고 프로젝트를 추진할 때, 직접 도움을 줄 수 있도록 하는데 중점을 두었습니다.

제4장 소프트웨어 외주관리에서는 외주관리의 정의, 외주관리를 하게 되었을 때 직면하게 되는 갈등요인과 문제점들, 외주관리 절차에 대해 알아봄으로써 현업에서 참조할 수 있도록 하였습니다.

제5장 소프트웨어 프로젝트 견적에서는 노력정도 산정, 개발비용의 산정, 국내의 소프트웨어 비용산정 기법에 대한 내용을 통해 프로젝트 추진 시 요구되는 개발 프로젝트와 관련된 추정예산 및 비용 산정을 할 때 참조하여 도움이 될 수 있도록 하는 데 중점을 두었습니다.

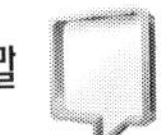

세 번째 단락, 개발 이전단계(pre. development process)의 이해에 포함된 **제6장 요구공학**에서는 요구공학 개념, 요구공학 배경,,요구공학 활동, 요구관리 프로세스 활동, 프로젝트관리와 요구관리, 요구관리와 프로젝트 개발의 통합, 의사소통관리와 요구관리, 요구관리를 위한 원리를 이해하는데 중점을 두었습니다.

제7장 타당성 분석에서는 타당성 분석 정의, 타당성 분석 필요성, 타당성 분석 범위, 타당성분석 중요성, 타당성 분석 효과, 사업타당성 분석 흐름도, 사업타당성과 사업계획서 수립과의 관계, 시장 타당성 분석, 기술 타당성 분석, 정책, 제도, 법적 타당성 분석, 재무 타당성 분석을 이해하는데 중점을 두었습니다.

제8장 정보화전략계획(ISP)에서는 정보전략계획 개요, 정보전략계획 수립 배경, 정보전략계획 수립의 의의, 정보전략계획 필요성, 정보전략계획 추진 절차도, 정보전략계획 기대효과, 정보전략계획 수립 성공 요인, 정보전략계획 수립 방법론의 개요, 정보전략계획 방법론의 절차, 정보전략계획과 정보공학 방법론과의 연계, 정보전략계획 수립 방법론과 BPR과의 연계, 정보전략계획 수립 현황 및 전망에 대해 서술하고 있으며 독자들이 이해하는데 중점을 두었습니다.

네 번째 단락, 개발 단계(development process)에서는, 제9장 시스템 개발 프로세스에서는 시스템 개발 특성, 시스템 개발절차 설정, 개발 경로 선택 시 고려사항, 시스템 개발 모형들, 생명주기 모델 개념적 특성, 기존 프로세스 모델 조사 및 분석, ISO, IEEE, SPICE 모델 비교 분석, 개량된 프로세스 모델 설계, 개량된 프로세스 모델 설계에 반영된 프로세스 구조를 이해하는 데 중점을 두었습니다.

제10장 요구분석 핵심기법 및 고려사항에서는 요구분석 핵심기법, 요구사항 식별과 도출 기법에 대해 강조하고 있습니다.

제11장 설계단계 핵심기법 및 고려사항에서는 소프트웨어 아키텍처 정의, 아키텍처 구성 요소 간 연관 관계, 논리/물리 시스템 아키텍처의 작성, 소프트웨어 아키텍처의 구성, 시스템 아키텍처 품질 속성을 이해하는데 중점을 두었습니다.

제12장 시스템 개발방법론에서는 개발방법론과 SDLC의 개념, 소프트웨어 개발 생명주기 (SDLC) 모델의 유형, 개발방법론과 SDLC의 필요 배경, SDLC와 개발방법론 관련 개념, 개발방법론의 발전 과정, 개발방법론의 비교, 개발방법론들 간의 관계, 개발방법론 도입

시 핵심 고려사항, 개발방법론의 종류(구조적 방법론), 개발방법론의 종류(정보공학 방법론), 개발방법론의 종류(객체지향 방법론), 개발방법론의 종류(CBD 방법론), 개발방법론의 종류(MDD 방법론), 개발방법론의 종류(AGILE PROCESS), 개발방법론 선정기준을 이해하는데 중점을 두었습니다..

다섯 번째 단락, 개발 이후 단계(post development process)의 이해에서는 **제13장 하자보증(warranty)**와 **제14장 소프트웨어 유지보수**를 통해 소프트웨어 유지보수의 정의, 유지보수 작업의 파급효과에 대해 이해하는데 중점을 두었습니다.

여섯 번째 단락, 소프트웨어 개발 프로젝트 추진 전체 과정의 이해에서는 **제15장 소프트웨어 재사용, 제16장 컴포넌트 소프트웨어, 제17장 소프트웨어 리엔지니어링, 제18장 소프트웨어 시험, 제19장 소프트웨어 형상관리, 제20장 소프트웨어 품질보증, 제21장 CASE 도구,** 컴퓨터지원 소프트웨어 엔지니어링(CASE)에서는 CASE 개념, CASE 기술, 상위 CASE, 하위 CASE, 통합 CASE, CASE의 종류, 정보 저장소, CASE 활용에 대해 알아봄으로써 현업에서 참조할 수 있도록 하였습니다.

제22장 정보시스템 감리에서는 정보시스템 감리의 정의 정보시스템 감리의 필요성, 정보시스템 감리의 구분, 정보시스템 감리 관련 용어 정의, 정보시스템 감리 절차, 감리원 자격요건, 정보화사업 감리 점검 프레임워크 V4.0, 정보시스템 감리 법제화 추진현황에 대해 이해할 수 있도록 하는데 중점을 두었습니다.

위와 같은 과정을 통해 여러분이 궁극적으로 프로젝트 관리자의 역할에 대해 이해하게 되고 전문적인 프로젝트관리가 가능해 질 수 있었으면 하며, 또 개발방법 및 절차에 대해 이해함으로써 전문 소프트웨어 엔지니어로서의 그 역할을 다 할 수 있었으면 합니다.

본서의 이론을 실무에 직접 적용하여 경험해 볼 수 있는 기본적인 자료로 활용되기를 희망하며, 필자는 제 2판의 발간을 독자들과 함께 하고 싶으며 항상 독자들의 조언을 기다리겠습니다.

2013. 1.

金泰達 拜

감사의 글

필자가 産, 學, 硏에서 계속 경험하고 연구할 수 있도록 한없이 자식을 사랑하는 마음으로 기도를 해주셨던 이제는 이승에서 함께하지 못하시는 부모님께 제일 먼저 감사의 말씀을 드립니다. 그리고 깊은 인연을 갖고 항상 함께하며 조언을 아끼지 않으신 주변 관계되는 분들께 진심으로 감사의 말씀을 드립니다. 또한 지금까지 전공분야에서 최선을 다해 건강한 몸으로 근무할 수 있음에 스스로 자랑스럽고 대견스럽게 생각도 해봅니다.

필자는 20대에 숭실대학교 전자계산학과에서 컴퓨터를 전공하였고, 군에 입대하여 육군 통신병으로 근무하다가 만기 제대하였습니다. 복학 후 20대 후반에 대기업에 공채로 입사한 후 전공분야에 대해 근무하면서 관심 분야 외국 전문서적 및 대형 프로젝트 결과보고서를 탐독 응용하면서 재무장하게 되었습니다.

30대에는 쌍용그룹에서 국내 대형시스템 구축 초기단계였던 당시 IBM 시스템 프로그래머로 근무하였으며, GIS팀장 시절에는 지리도형정보시스템(GIS)에 대해 전문지에 국내 처음 논문을 발표하였고, 해외 연수과정과 신진국 사례를 연구하기 위해 캐나다 버나비, 미국 휴스턴, 일본 동경 등을 방문하고 연수하며 견학하였습니다. 1980년 초에는 국립지리원, 서울시지적과, KT 선로보전연구실, 가스공사, 육군지도창 등 관련 응용분야 책임자들과 수많은 만남을 통해, 국내에서는 처음으로 GIS 시스템 구축의 필요성과 기대효과에 대해 응용분야 관련단체와 현업을 설득시키면서 황무지를 개간하였다고 자부합니다. 그 후 국방관련 C3I 프로젝트를 추진할 때 프로젝트관리자로서의 역할을 수행하면서 국가자격기술고시인 정보처리기술사 자격시험에 합격하여 기술사 자격을 취득하였으며, 당시 현대전자에서 스카웃 제의가 있어 이를 수락하였고, 특수사업부장으로 근무할 때는 이스라엘, 일본, 캐나다 등과 군수관리시스템 공동개발을 위해 업무 협상을 하였습니다. 시스템개발부장 시절에는 국산 타이컴시스템에 탑재할 UNIX 한글화 개발과제 수행을 위해 프로젝트관리자 역할을 하였고, 국산 타이컴시스템 기술지원부장을 겸임하여 업무를 담당하였으며, 진략기획업무도 수행히였던 것으로 기어됩니다. 그 이후 체계적인 고급 학문의 필요성과 재충전의 필요성을 느끼고 있었는데 경찰청 산하단체인 도로교통안전공단 연구소에서 스카웃 제의가 있어 이를 수락하였으며, 그때 대학원에도 진학하여 늦깎이 공부를 시작하게 되었습니다.

40대에 교통관련연구소(도로교통안전공단)에서 수석연구원으로 근무하면서 실시간 교통신호제어시스템 국산화개발 프로젝트와 운전시뮬레이터 개발 프로젝트를 수행하기 위하여 프랑스, 독일, 오스트리아, 일본 등 외국 교통관련기관 및 단체를 방문, 기술제휴 등을 통한 교통 관련시스템 국산화 개발 과제에 프로젝트 관리자로 참석하여 국산화 개발에 책임자로 역할을 수행하였습니다. 그 이후 국내 교통정보서비스센터 구축을 위한 종합기획 업무도 수행하였습니다. 그리고 도로교통안전공단 전산실장으로 재직하고 있을 때 숭실대학교 대학원에서 공학박사 학위를 취득하였으며, 40대 후반에 청운대학교에 교수로 임용되어 학생들을 지도하고 교육하면서 한국전산원을 통해 정보기술수석감리인 자격을 취득한 후 정부기관 및 투자기관을 대상으로 책임감리인으로의 활동도하였으며 국가기관을 대상으로 평가위원으로 초대 받아 수많은 감리 제안서를 평가도 하고 있습니다.

20대부터 지금까지 필자와 관련했거나 현재 관련하고 있는 모든 분들과 주변에서 음으로 양으로 많은 도움을 주신 모든 분들께 이 면을 통해 감사의 말씀을 드립니다.

이제 필자는 현장에 있으면서 관계했던 컴퓨터 및 현업부서의 모든 분들과 선·후배 동료들에게 그 고마운 마음을 조금이나마 보답한다는 마음과 겸허한 자세로 현장에서 배우고 익힌 자료를 모아서 이 책을 집필하면서 많은 것을 연상하며 그 고마운 마음들을 대신하려 합니다.

본서를 애독하게 될 학생들과 실무 관련자 및 예비 기술사들이 앞으로 이 책을 통해 현업 프로젝트에 적용하여 좋은 사례가 수립되기를 기대합니다.

이 책의 부족한 부분이 발견되면 주저하시지 말고 필자에게 지적해 주실 것을 기대합니다. 앞으로 무엇보다 독자들과 현장에서 근무하고 계시는 전문가들의 조언에 귀 기울여서 보다 더 나은 전문서적이 될 수 있도록 최선을 다해 보완하여 필독서가 될 수 있었으면 하는 기대감을 갖고 제 2판 출간을 자축하려 합니다.

제 2판이 나오기까지 중소기업청 과제를 통해 취득한 현장 경험서를 일부 활용하였음을 밝히며 수준 높은 정보를 본서를 통해 출간되기까지 실무적으로 도움을 준 IT중소기업 역량강화 프로젝트에 참여 한 한국정보통신기술사협회 기술사와 전문가들께 고맙게 생각하며, 그리고 가족들에게도 무엇보다 고마운 마음을 갖습니다.

끝으로 아름다운 책으로 꾸며 주신 도서출판 21세기사 사장님과 관계자에게 진심으로 감사 말씀을 드립니다.

2013년 1월
청운대학교 인천캠퍼스 연구실에서
金泰達 拜

설동백

孝星/詩人 金泰達

수줍은 햇살과 함께한 복덩이
겨울비 속 삼천포 오후 장터
꽃 파는 할머니 손에서
지폐 몇 장으로 보쌈하고
가슴 속에 안고 온
다홍치마 붉은 입술

찬비에 놀라
파르르 떠는 몸
붉은 미소 머금고
어미 동백 찾아가고파
가던 걸음 멈추게 하며
내 곁에 포근히 안긴 너
올라온 그날부터
심한 몸살로 떨어진 꽃망울
손바닥에 올려놓고
지켜보며 아쉬움에 젖는 마음

달빛도 없는 여광 속
연연히 붉게 몸부림치던 세월
예까지 오기 위해
폭설도 머리에 이고
임 그리며
뚝뚝 내려놓은 수많은 한숨
산고의 고통도 이긴
몸에 밴 그 인내심
새싹 돋는 춘삼월까지
숨죽이고 정 배우며 너만 보고 살련다.

차례

CHAPTER 19 소프트웨어 형상관리   541

CHAPTER 20 소프트웨어 품질보증   567

소프트웨어

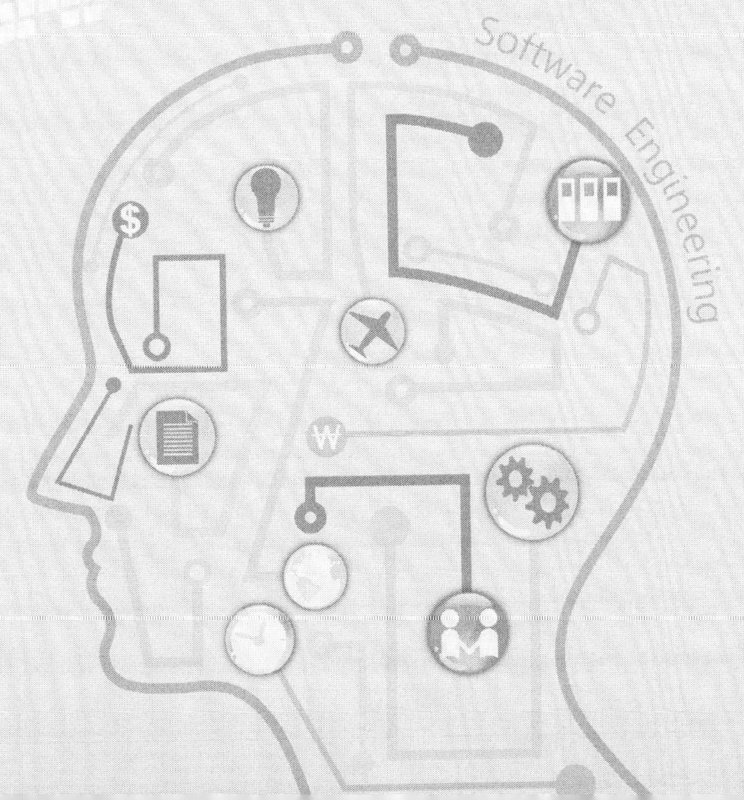

소프트웨어란 컴퓨터 프로그램 및 그와 관련된 문서들을 통틀어 이르는 말이다. 컴퓨터를 관리하는 시스템 프로그램과 문제 해결에 이용되는 다양한 형태의 응용 프로그램으로 나눈다. 소프트웨어는 시스템 소프트웨어와 응용 소프트웨어로 구분한다.

시스템 소프트웨어(system software)는 컴퓨터 시스템의 운영을 위한 모든 컴퓨터 소프트웨어에 대한 일반 용어이다. 가장 큰 기능은 컴퓨터 시스템의 개별 하드웨어 요소들을 직접 제어, 통합, 관리하는 것이다. 운영체제(operating system)와 각종 시스템 유틸리티(utility) 등이 바로 시스템 소프트에어에 속한다.

응용 소프트웨어(application software)는 넓은 의미에서는 운영체제 위에서 실행되는 모든 소프트웨어를 뜻한다. 따라서 워드프로세서 , 스프레드시트 , 웹브라우저 들 뿐만 아니라 컴파일러나 링커 등도 응용 소프트웨어인 셈이다.

넓은 의미로 보면 사회 각 산업분야, 즉 교통, 환경, 건설, 토목, 기계 등 전체가 응용분야에 속하며 이들 산업 분야별 내부적으로 업무와 관련해서 사용하는 프로그램들인 인사, 생산, 영업, 총무, 기획업무 등과 관련해서 사용되는 업무를 프로그램화해서 컴퓨터를 통해 운영 될 수 있는데 이들을 응용 소프트웨어라고 한다.

이 장에서는 소프트웨어의 정의, 소프트웨어의 특징, 소프트웨어의 분류, 소프트웨어의 특성, 소프트웨어의 위기에 대해 논리적으로 접근하고 실제로 현장에서 일어나는 사례를 표현하려고 노력했다.

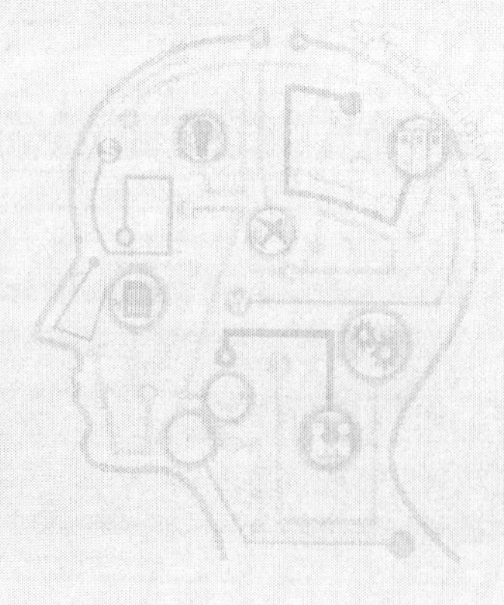

 1.1 소프트웨어의 정의

컴퓨터 분야에서 사용하기 시작한 소프트웨어라는 말은 이제 모든 산업분야에서 사용되고 있다. 소프트웨어란 하드웨어에 설치되어 운영되는 프로그램 일체를 뜻하는데, 시스템 소프트웨어 응용 소프트웨어로 대별한다.

일반적인 소프트웨어에 대한 정의는 해당 프로그램 결과물과 프로그램 개발, 운용, 유지보수에 필요한 관련되는 정보 일체를 의미한다. 즉, 컴퓨터 프로그램과 개발과정에서 양산된 결과물, 관련 문서, 정보를 모두 포함한다.

프로그램은 관련 컴퓨터가 해독 가능한 프로그램언어로 작성된 코드(code)를 나타내는 정적인 의미를 나타내지만 소프트웨어는 프로그램을 활용해서 컴퓨터를 가동시키는 데 필요한 동적인 의미를 갖는다.

 1.2 소프트웨어의 특성

소프트웨어는 컴퓨터 프로그래머에 의해 작성된 프로그램으로, 컴퓨터 출력용지(output sheet)나 프로그램 저장매체인 자기 디스크와 같은 유형의 매체에 저장되며, 개념적·무형적·논리적인 특성을 갖는다.

하드웨어는 외부적인 형태를 보고 그 구조와 성격을 파악할 수가 있으나, 소프트웨어는 프로그램으로 작성된 소스코드형태로 컴퓨터 내부에 설치되어 있어 눈으로 확인하기 위해서는 프로그램 개발 전문가에 의한 별도의 작업을 통해 그 성격을 파악할 수 밖에 없는 특성을 갖고 있다. 그래서 소프트웨어를 비가시성(invisibility)을 갖는다고 말한다.

소프트웨어의 또 다른 특성은 복잡성(complexity)을 들 수 있다. 소프트웨어는 개발과정 자체가 일반적으로 표준화된 개발 생명주기 모델을 선정해서 활용하기 때문에 형식화(formalization)되어 있다고 한다.

소프트웨어를 개발하기 위해서는 컴퓨터화 대상 업무를 파악하여 조사, 분석, 설계, 개발하기까지 매우 어려운 과정을 거치게 되는데 개발과 관련되는 관련자들(현업 전문가, 시스템분석자 및 설계자, 프로그래머, 프로젝트 관리자 및 품질관리자 등)의 경험과 기술이 요구된다. 그리고 소프트웨어는 사용자 및 정보를 요구하는 사용처의 요구나 환경 변화에 따라 적절히 변형시킬 수 있는 특성을 갖는다.

소프트웨어는 적은 비용으로 쉽게 복제할 수 있으며, 언제나 시험이 가능하고 수정이 가능하다는 특징이 있다. 또한 하드웨어는 사용되면서 물리적인 마모에 의해 못쓰게 되지만 소프트웨어는 마모에 의하여 소멸되지는 않으므로 비소멸성(unerasable)을 갖는다고 할 수 있다.

1.3 소프트웨어의 분류

소프트웨어는 여러 가지 방법으로 분류하는데 그 기능에 따라 응용 소프트웨어, 시스템 소프트웨어로 나눌 수 있다.

응용 소프트웨어란 현장의 요구에 의해 개발되어 해당 응용분야에서 운영되는 소프트웨어이다. 그 응용분야는 금융회사, 증권회사, 항공회사, 국방, 기상, 환경, 공장자동화, 지하매설물 관리 분야 등 다양한 분야의 특성에 맞추어 사용자가 요구하는 목적에 맞게 개발되어 적용되고 사용되는 소프트웨어를 말한다.

시스템 소프트웨어란 컴퓨터 하드웨어 자체를 운용하기 위한 운영체제(OS)나 네트워크 및 데이터베이스를 관리하는 소프트웨어(DBMS) 등이다. 일반적으로 하드웨어 특성에 맞추어 전문회사에서 개발된 상품 형태로 구매하여 사용하게 된다. 이는 컴퓨터 사용자가 컴퓨터를 원활하게 사용할 수 있도록 도와 주며, 컴퓨터 하드웨어를 관리하고 성능을 측정할 수 있게 하는 기능도 있는데 일반적으로 컴퓨터회사가 컴퓨터를 판매할 때 제공하는 기본적인 소프트웨어이다.

소프트웨어는 개발되는 과정의 특성에 따라 프로토타이핑(prototyping : 시제품), 연구 및 개발 생산물(product), 상품화하여 판매할 목적으로 개발된 생산물인 패키지(package)로 나눈다. 여기서 프로토타입(prototype)이란 소프트웨어 구현 및 실현이 가능한지를 타진하기 위해서 완제품이 아니라 시범적으로 만들어 보거나, 사용자가 요구하는 기능과 성능이 불투명하여 시범적으로 개발해서 사용자에게 보여 주고 요구사항을 확정해 나가기 위해서나, 사용자의 요구를 상세히 파악하기 위하여 표본으로 만든 소프트웨어를 의미한다. 그리고 연구 및 개발 생산품은 사용자 요구에 부합되게 연구 개발과정을 거쳐 생산된 상품화되지 않은 소프트웨어를 의미하며, 패키지(package)라는 용어는 소프트웨어 제조업체에서 미리 개발되어 판매되는 컴퓨터 프로그램 또는 프로그램 그룹을 일컫는 용어이다. 한편, 어떠한 특정 업무기능과도 관련되지 않은 범용(general)의 응용 프로그램들이 있는데, 스프레드시트, 데이터관리, 워드프로세싱, 전자출판, 그래픽, 멀티미디어, 통신 소프트웨어, 통계 소프트웨어 등은 소프트웨어 판매업체가 사전에 개발해서 묶음으로 해서 판매 할 수 있는데 이를 소프트웨어 패키지라고 한다.

사용자와의 특정 계약에 의해 사용자의 요구에 맞추어 개발된 소프트웨어를 주문형 소프트웨어(custom software)라고 한다. 소프트웨어가 작동하는 하드웨어의 환경에 따라 대형(mainframe), 병렬처리(parallel processing), 개인용 및 워크스테이션용 소프트웨어로 분류되기도 하며, 운영체제(operating software) 환경에 따라 단일 사용자, 다수 사용자, 윈도우 및 네트워크 환경 소프트웨어로 분류하기도 한다.

소프트웨어를 분류하는 가장 보편적인 방법은 소프트웨어가 사용되는 분야에 따라 분류하는데 통신용, 프로그래밍 언어, 사용자 인터페이스, 문서작성, 데이터베이스, 응용분야 업무처리용, 분산처리용, 인공지능용, 멀티미디어, 소프트웨어 개발도구 등으로 분류된다.

소프트웨어는 그 기능도 중요하지만 품질이 매우 중요하다. 생산공장이나 교통제어 시스템, 비행관제 시스템, 그리고 고도의 중요한 데이터 처리를 요구하는 국방분야 등과 같은 정보시스템의 경우에는 소프트웨어 제품에 대해 고품질 및 고신뢰도를 요구한다. 우수한 소프트웨어는 사용자의 작은 실수나 시스템에 이상현상이 발생하더라도 일정 한도의 고장을 허용(fault-tolerance)하고 원래의 기능을 발휘할 수 있어야 하며, 컴퓨터에 저장된 정보의 기밀을 유지해야 하며, 컴퓨터 제품환경이 바뀌었을 때에도 수정이 용이해야 좋은 소프트웨어라 할 수 있다.

소프트웨어 품질의 주된 평가 요인은 소프트웨어에 포함된 오류 정도에 따라 주로 측정되는데 상품으로서의 소프트웨어를 평가할 때는 사용자 이용시 편의성과 품질이 매우 중요한 평가 요소가 된다.

 1.4 소프트웨어의 특성

소프트웨어는 컴퓨터를 기반으로 하는 여러 시스템과 관계를 맺고 운영되고 활용된다. 시스템들 간에는 상호반응 하면서 작동하고 이들이 통합되어 하나의 거대한 시스템이 형성되는데, [그림 1-1]과 같이 IPO(Input-Process-Output)개념을 갖고 시스템이 작동하며, 이는 해당 입력정보를 받아 처리하고 출력하여 적절한 정보를 축출하여 활용하게 되는 것을 의미한다.

시스템은 기술이나 환경, 기능적 요구 등에 의하여 빠르게 변화된다. 그래서 시스템은 이러한 변화에 적응할 수 있도록 설계되어야 한다. 시스템 규모가 크고 구성 요소가 많을수록 변화에 적응시키려는 작업, 즉 유지보수(maintenance)가 더 많이 요구된다.

소프트웨어는 복잡성(complexity)을 갖고 있어서 이해와 관리가 쉽지 않다. 한편 소프트웨어는 사용자 요구나 환경변화에 적절히 변화하여 적응할 수 있는 유연성을 가지고 있어야 하며, 이를 적합성(conformity) 또는 순응성이라고 한다.

이 밖에도 소프트웨어는 복제(duplication), 변경(change)이 가능하고 응용에 의존적인 특성을 가지고 있다.

소프트웨어는 우선 사용자 요구사항을 만족시켜야 한다. 즉 정보를 요구하는 정보 사용자가 이해하고 사용하기 불편한 소프트웨어는 아무리 최신기술과 기법을 이용하여 개발되었다 하더라도 그것은 결코 좋은 소프트웨어라고 평가 받기는 어렵다. 그래서 좋은 소프트웨어란 우선 사용자가 사용하기 편하고, 고장이 없고, 유지보수가 용이하여야 한다.

현업에서 요구하는 소프트웨어는 대체로 기능 측면이 많이 강조되고 있다. 그러나 기능

에 못지않게 중요한 것이 소프트웨어 품질(Quality)이다. 품질의 기본요소로는 신뢰성과 효율성, 유지보수성과 편의성 등을 들 수 있다. 한편 양질의 소프트웨어를 개발하기 위해서는 통합적인 시스템적 시각이 필요하다.

데이터베이스 정보를 이용하는 소프트웨어는 일반적으로 운영체제나 통신 소프트웨어, 데이터베이스 관리 시스템(DBMS : Database Management System) 등과 유기적으로 상호 작용하고 있다. 각 서브 시스템은 다른 서브 시스템에 대해 영향을 받고 또 반응함으로써 상호작용하고 이들을 통합하여 하나의 거대한 시스템이 형성되는 경우도 있다. 그래서 소프트웨어는 종합적인 시스템이라는 관점에서 접근하고 관찰하게 되는 것이다.

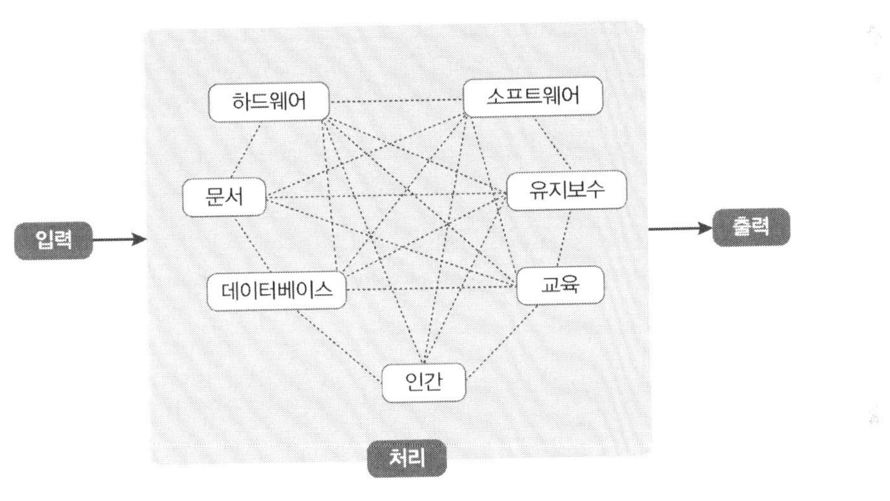

[그림 1-1] 정보 시스템화 요소들

 ## 1.5 소프트웨어의 위기

1960년대 이후 하드웨어가 급속하게 발전하고 컴퓨터가 대중화 되었는 데 반해 소프트웨어 개발 및 생산활동은 매우 저조하였다. 즉, 소프트웨어에 대한 공급과 수요의 격차가 매우 컸다.

1960년대 초기까지는 하드웨어 구매 및 하드웨어 유지보수를 위해 사용되는 비용이 시스템 비용의 전부였던 반면 소프트웨어 구입비용은 거의 무시하였고, 그 당시 소프트웨어 비용은 매우 작은 것으로 인식하고 있었기 때문에 소프트웨어 개발과정과 소프트웨어 개발비용과 프로젝트 관리비용은 그다지 중요하게 생각하지 않았다. 그러나 1960대 중반부터 사용자 요구사항이 증대하고 하드웨어의 급속한 발달로 인해 소프트웨어 구축에 드는 비용이 40~50% 정도로 증가하기 시작하였다. 그러나 하드웨어 기술은 점점 발달하면서 비용이 하락한 반면에 소프트웨어 개발인건비는 계속 상승하게 되었는데 이것이 가장 큰 원인이 되었던 것이다.

당시 컴퓨터는 생산업체의 기종의 특성에 따라 소프트웨어(시스템 소프트웨어 및 응용 소프트웨어)를 각자 개발했었다. 컴퓨터 하드웨어가 바뀔 때마다 소프트웨어도 대폭 수정하여야 했는데, 이는 컴퓨터 제조업체마다 개방형 구조가 아닌 자기 기종에서 나타나는 고유의 특수한 문제를 처리하려면 직접 제조회사가 소프트웨어를 제작하여 하드웨어와 함께 고객에게 제공하는 폐쇄형 구조를 갖고 있어서 소프트웨어가 범용성을 갖고 대량으로 공급할만한 환경이 되지 못하였다.

1960년 중반부터 하드웨어 성능이 점점 발전함에 따라 컴퓨터 보급이 증가하게 되었는데, 고가의 하드웨어를 도입하면서부터 소프트웨어에 대한 수요도 늘어나게 되었으며 지속적으로 컴퓨터를 효율적으로 사용해야 한다는 인식 또한 증가하게 되었다. 결과적으로 컴퓨터를 효율적으로 관리하기 위해서 필요로 하는 관련 소프트웨어를 개발하여 생산성을 증가시킬 수 있도록 요구하게 되었다. 이때부터 수요자 즉 사용자의 요구가 다양해지고 복잡하게 되었다.

소프트웨어 생산성을 높일 수 있는 기술과 전문인력이 절대적으로 필요한 반면 공급이 수요를 충족하지 못해서 생산성에 대해 심각하게 우려하고 걱정하게 되었는데 이것을 '소프트웨어 위기(software crisis)'라 한다.

당시 생산성 문제와 관련해서 소프트웨어 개발은 다음의 경우와 같은 문제점을 안고 있었다.

① **개발 예산이 초과되고 개발 기간이 지연되는 경우**

프로젝트 계획수립단계에 소프트웨어 개발일정과 비용에 대한 예측이 부정확하게 계획된 경우이다. 이는 개발조직 내에 과거의 유사 프로젝트에 대한 정보와 데이터가 없었거나 전문성과 기술 및 경험이 없는 프로젝트 관리자가 프로젝트를 계획, 추진하였기 때문이다.

② **프로그래머 개인의 판단과 역량에 따라 소프트웨어 개발이 추진된 경우**

소프트웨어 개발과 관련된 공학적 원리와 개발방법 및 표준에 의해 추진되는 것이 아니라 프로그래머 개인의 기술 및 경험과 역량에 좌우되어 추진된 경우이다. 이는 주관적 판단에 의한 예측과 개발작업을 통해 발생된 판단 오류 등으로 인해 개발이 실패하곤 했었다. 즉, 소프트웨어 개발 및 생산에 있어 엔지니어링 원리가 적용되기보다는 프로그래머 개인의 독창성에 의존하였고, 효율적인 프로젝트 계획과 관리의 중요성을 외면한 상태로 소프트웨어를 개발한 것이 문제가 되었다.

③ **소프트웨어 품질에 있어서의 문제가 되는 경우**

소프트웨어 개발에 있어 단계별로 체계적이고 기술적인 검토 및 시험과정을 거치지 않고 완성된 소프트웨어에 대해 신뢰성에 문제점을 보인 경우이다. 자체적으로나 외부의 전문가 및 전문기관을 이용한 품질보증 활동이 미흡한 경우에 발생된다.

이러한 위기를 극복하기 위한 제반문제를 해결하려는 노력과 배경이 소프트웨어공학(software engineering)이라는 학문을 통해 연구되고 개발되어야 하는 필요성으로 대두되게 되었다. 즉, 소프트웨어공학은 공학적인 접근 방법으로 원리를 적용하고 체계적인 개발을 통해 생산문제, 품질문제, 관리문제 등을 해결하려는 노력의 결정체이다.

소프트웨어공학(software engineering)은 사용자 요구에 맞추어 소프트웨어를 분석, 설계, 개발, 시험, 운용, 유지보수, 폐기 등의 소프트웨어 개발 생명주기(SDLC: Software Development Life-Cycle) 전체 과정을 체계적(표준화)이고 서술적(문서화)이며 정량적(품질 요소 등)으로 다루는 학문이다. 즉, 토목공학, 건축공학 등에서 이전부터 사용하고 있었던 공학(工學) 개념을 소프트웨어에 적용한 것이 소프트웨어공학이다.

1. 시스템을 하드웨어, 소프트웨어, 통신체계로 구분할 때 소프트웨어에 대해 정의하시오.

2. 소프트웨어 특성에 대해 다음 사항에 대해 논하시오.

    (1) 비가시성(invisibility)
    (2) 복잡성(complexity)
    (3) 형식화(formalization)
    (4) 적합성(conformity)
    (5) 비소멸성(unerasable)

3. 소프트웨어를 분류함에 있어 응용 소프트웨어, 시스템 소프트웨어로 대분류한다. 이들에 대해 각각 설명하시오.

4. 소프트웨어 개발과정 특성에 따라 프로토타이핑 제작 연구 및 개발생산물 제작, 페키지 제작으로 구분하는데 이들의 특성에 대해 논하시오.

소프트웨어공학

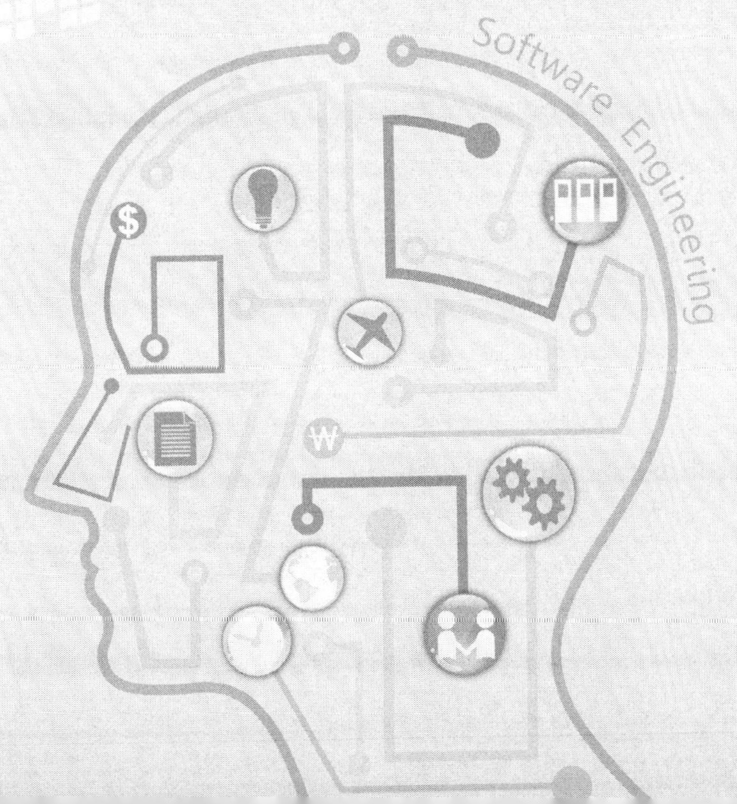

소프트웨어의 설계, 제작, 신뢰성 따위를 공학적으로 연구하는 학문으로 1960년대 초부터 1970년에 걸쳐 소프트웨어의 사회적 수요가 크게 늘어나면서 조직적인 개발체제가 필요하게 되었다. 1968년 서독에서 열린 북대서양조약기구(NATO) 협의회에서 처음으로 소프트웨어공학이라는 용어를 쓰기 시작했으며, 이후 응용 목적에 따라 프로젝트 팀이 조직되고 사용자의 이용을 돕기 위해 사용자 매뉴얼(user manual)을 작성하게 되었다. 또 보완이나 보수용의 시방서도 만들게 되었다. 1970년대에 이르러 하드웨어의 가격이 떨어지면서 소프트웨어의 가격은 상대적으로 비중이 커지게 되어 소프트웨어가 컴퓨터 산업의 활동전개를 규정하는 요인으로 등장하기 시작했다.

한편 개인적으로 이들과 거의 맞먹는 능력을 가진 사람들이 프로젝트 팀과 대치되면서 생산 시스템은 보다 구조적인 형태를 띠게 되었다. 즉 충분한 경험을 갖고 소프트웨어 설계에서 앞을 내다볼 수 있는 리더가 수석 프로그래머로 임명되었고, 프로그램의 생산은 코딩에 뛰어난 재능을 가진 사람이 담당하고 사용자용·보수용·교육용 등의 문서작성 프로그램도 각각 그 분야의 전문가가 담당하게 되었다. 이렇게 분업 체제를 채택함으로써 소프트웨어 생산은 일반공학의 수준으로 접근하게 되었다.

소프트웨어 생산에 사용되는 소프트웨어 툴(software tool)도 발전했다. 초기에는 순서도(flow chart : 생산공정도)를 사용하는 코딩을 했으나 소프트웨어 양산 시대로 들어가면서 온라인 에디터(online editor)나 프로그램 논리를 기술하는 문서화 수법으로써 하이포(HIPO : hiearchical input process output) 등을 사용하게 되었다. 최근에는 사용자의 요구를 적는 요구시방언어(requirement specification language)로 각종 기존의 프로그램 모듈을 자동적으로 결합하여 프로그램의 자동생산으로 인도하는 기법의 개발이 활발하게 전개되고 있다. 또 인공지능 분야의 하나인 지식공학을 활용하는 방법도 개발되고 있다.

이 장에서는 소프트웨어공학의 정의, 소프트웨어공학의 일반적 관점, 소프트웨어 공학의 역사, 소프트웨어공학의 발전, 소프트웨어의 개발 생명주기에 대해 논리적으로 접근하고 실제로 현장에서 일어나는 사례를 표현하려고 노력했다.

 2.1 소프트웨어공학의 정의

공학(engineering)이란 무엇일까? 공학은 토목공학(Civil Engineering)에서 시작되었는데, 사용자의 요구사항에 맞추어 값싸고 품질 좋은 제품을 개발기간 내에 개발하는 일련의 과정을 의미한다. 소프트웨어공학 또한 마찬가지로 연구하고 이해하려는 주목적은 관련 프로젝트를 주어진 시간과 비용, 자원의 범위 내에서 최고 품질의 소프트웨어를 생산하는 것이다.

소프트웨어 프로젝트가 대형이거나 복잡한 경우는 실제 프로그래밍을 하는 것보다 프로젝트를 관리하는 데 드는 노력이 더 중요하고 많은 시간과 고도의 전문성을 요구하게 된다. 즉, 개발계획, 개발조직의 구성, 프로젝트 관리자의 지도력과 통솔력, 해당 조직 간 협력 및 협조체제 유지, 개발에 사용될 적합한 개발도구 선정 등이 프로젝트를 성공적으로 종료하고 또한 생산성과 품질에 큰 영향을 미치게 된다. 특히 여러 부서와 외부 전문 회사와 공동으로 여러 사람이 협력하여 소프트웨어를 개발하는 경우에는 전문 프로젝트 관리자에 의한 프로젝트 관리는 물론이고 개발 프로젝트에 대한 다양한 경험이 매우 중요하게 작용한다. 그래서 소프트웨어공학은 프로그램의 설계나 구현 방법에 대한 이론뿐만 아니라 실제 소프트웨어 개발 프로젝트를 계획하고 실행하기 위한 실습이 병행적으로 이루어질 때 효과를 얻을 수 있다.

일반적으로 소프트웨어 개발과정이 효율적으로 이행되었다고 평가받기 위해서는 프로젝트에 투입된 비용과 기간에 대한 예측이 정확하고 개발에 필요한 도구 및 방법론을 통해 예측된 비용으로 정해진 기간 내에 좋은 품질의 소프트웨어를 생산하였을 때 가능하다. 따라서 소프트웨어공학을 배우는 궁극적인 목표는 소프트웨어 개발과정에서 필요로 하는 지식과 기술을 습득하여 가상 현장실습을 통해 해당 능력을 배양하는 데 있다고 할 수 있다.

소프트웨어공학(software engineering : SE)은 소프트웨어의 개발방법을 연구하는 학문으로서 어떻게 하면 생산성 높게 소프트웨어를 개발하고 품질을 보증하며 사용자에게 만족감을 줄 수 있을 것인가를 연구하는 학문으로, 컴퓨터공학 · 정보통신공학 · 경영학 ·

심리학적인 학문을 토대로 체계적인 기술과 방법론을 모색하는 종합학문이다.

사용자들이 요구하는 소프트웨어가 다양해지고 복잡해짐에 따라 소프트웨어를 개발하거나 구입하는 비용이 급증하면서 이제는 실제 프로그램 개발에 필요한 비용보다는 프로젝트 관리 측면에서 소프트웨어를 개발하고 운영하는 데 소요되는 비용을 정확하게 예측하고 효율적으로 관리할 것인가에 대해 관심이 모아지고 있다. 또한 소프트웨어 개발과 유지보수에 드는 막대한 비용에 대해 효율적으로 관리하는 데도 매우 관심을 갖게 되었다. 즉, 소프트웨어 개발과 유지보수에 대한 체계적이고 합리적인 접근 방법이 필요하게 되었는데 이러한 요구를 만족시켜 주는 학문이 소프트웨어공학이라고 할 수 있다.

일반적으로 공학이란 과학과 수학을 기초로 하여 구조나 기계, 생산공정, 시스템 등의 생산에 체계적인 방법을 적용시키는 것을 말하는데, 공학적 원리에 의하여 소프트웨어를 개발하는 학문이 소프트웨어공학이라고 이해하면 되며, 다음과 같이 정의되고 있다.

- **Bauer(1972)** : 컴퓨터 하드웨어에서 신뢰성 있게 운용되는 소프트웨어를 경제성 있게 개발하기 위해 공학적 원리를 응용하고 확립시킨 이론

- **Boehm(1976, Science)** : 컴퓨터 프로그램을 설계하고 개발하며, 개발·운용·유지보수에 관련된 문서를 작성하는 데 필요한 과학적인 지식을 실제로 적용하는 것

- **IEEE(1983, Systematic Approach)** : 소프트웨어를 개발하고, 운영하며, 유지보수하고, 폐기하기까지의 과정에 적용되는 시스템적 접근방안

- **Fairley(1985, Technical & Managerial)** : 예정시간과 원가예측의 범위 안에서 소프트웨어를 체계적으로 생산하고, 유지보수하기 위한 기술적이며 관리적인 분야로 전산학·경제학·경영과학 및 의사소통 기술과 문제해결을 위한 공학적인 접근방안을 토대로 소프트웨어 개발에 임하는 신기술 체계라고 정의하고 있다.

소프트웨어공학의 목표는 고품질 소프트웨어를 최소의 비용으로 계획된 일정에 맞추어 개발하는 데 있다. '최소의 비용'이라 함은 소프트웨어를 최적의 비용으로 계획된 예산에 맞추어 개발하는 것을 의미한다. 또한 소프트웨어는 공정도에 나타난 계획된 기간 내에 개발되어 정해진 날에 정보 이용자 및 고객에게 인도되어야 한다.

개발과정에는 개발 생명주기 단계별로 관련자(사용자, 개발자, 프로젝트 관리자, 품질관리자 등)들이 참여한 가운데 중간점검을 통하여 개발이 정상적으로 되고 있는지 확인하여야 하며, 품질에 대한 점검도 필요로 한다. 비용과 일정의 문제는 소프트웨어를 생산하는 능률과 직접 관련된다. 생산성을 높이는 여러 가지 방법론과 도구, 관리기법들을 통하여 생산성을 높일 수 있을 것이다.

 2.2 소프트웨어공학의 일반적인 관점

공학적으로 잘 개발된 소프트웨어라 함은 사용자 요구기능과 환경에 적합하게 시스템이 운영되는 것을 의미한다. 일반적으로 공학적으로 잘 개발된 모든 소프트웨어가 갖추어야 할 공통적인 특성은 그 자체가 시스템의 품질을 평가하는 일반적인 기준이 되어야 한다.

사용자가 원하는 소프트웨어를 개발하거나 구매하여 사용하기 위해 해당 조직(개인, 회사, 정부 등) 내에서 무한정 계속적으로 많은 자원(인력, 시설, 자금 등)을 투자할 수는 없을 것이다. 만일 그렇다면 소프트웨어에 관한 대부분의 문제들을 해결할 수도 있을 것이다. 그러나 소프트웨어공학도가 직면한 문제점은 한정된 양의 자원을 가지고 양질의 소프트웨어를 일정한 시간 내에 개발해야 한다는 것이다. 그러므로 공학적으로 잘 된 소프트웨어란 개발에 투입된 비용을 무시할 수 없다. 또한 잘 된 소프트웨어의 특징 중의 하나인 유지보수성(maintainability)과 관련된 비용 발생은 소프트웨어 개발비용과 별도로 실제로 개발 이후에 운영단계에 발생한다는 사실이다.

일반적으로 응용 소프트웨어는 현업과 사용자가 요구하는 기능이 충분히 반영되어야 하는데 이와 같은 사용자 요구기능성(functionability) 이외에도 공학적으로 잘 개발된 소프트웨어 시스템으로서 가져야 할 네 가지 특성은 다음과 같다.

① **소프트웨어는 유지보수가 용이해야 한다.**

소프트웨어는 경우에 따라 계속적으로 환경과 기능이 변경될 수 있으므로 소프트웨어는 유지보수가 용이하도록 프로그램이 작성되어 있어야 하고, 표준화된 문서형태로 잘 되어 있어서 변경이 용이하고, 변경에 따른 비용 또한 최소화할 수 있어야 한다.

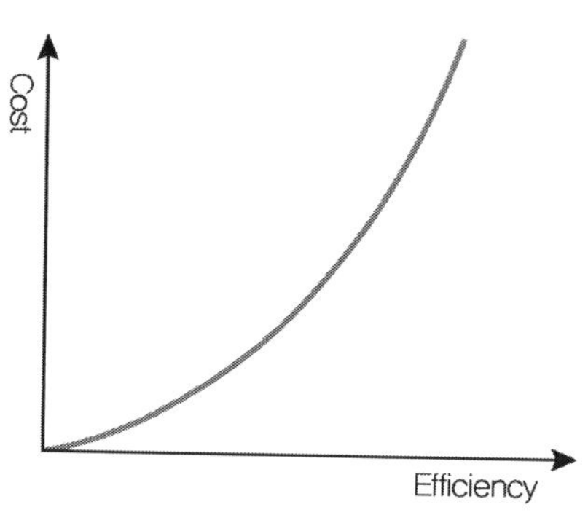

[**그림 2-1**] 개발비용과 성능 간의 관계

② **소프트웨어는 신뢰성이 높아야 한다.**

적당한 수준의 비용과 신뢰도는 소프트웨어 시스템이 사용되는 환경에 관계없이 비례함을 [그림 2-1]에서 볼 수 있다. 시스템 효율을 높이기 위해서는 적절한 투자가 필수적이다.

③ **소프트웨어는 효율적이어야 한다.**

소프트웨어가 설치된 하드웨어의 성능에 관한 의미가 아니다. 실제적으로 효율을 극대화하려는 시도는 소프트웨어를 변경하는 것을 더욱 어렵게 만들 수 있다. 차라리 이것은 소프트웨어 시스템이 메모리나 프로세서 사이클과 같은 시스템 자원을 낭비하지 않고 사용하기 위해 자료구조론, 화일처리론, 데이터베이스관리론 등을 잘 이해하고 적용되어야 하는 것을 의미한다.

④ **소프트웨어는 적당한 사용자 인터페이스를 제공하여야 한다.**

사용자 인터페이스는 시스템 설계시에 예상되는 시스템 사용자의 수준 등을 고려하여 적절하게 설계되어야 한다. 소프트웨어는 공학자가 반드시 부딪치는 문제(사용자 인터페이스를 향상시키면 시스템의 성능이 떨어지는 경우)는 상호 배반적인 이러한

각각의 특성들을 최적의 수준으로 유지하는 것이다. 이들은 비용과 앞의 특성들 간에 선형관계를 갖는 것이 아니라 앞의 특성들 중 어떤 것이라도 조금만 등한시 하면 비용이 훨씬 많이 든다는 것을 의미한다.

소프트웨어 시스템의 성능을 향상시키는 데 투입되는 부대비용은 개발계획 단계에서 명백히 결정되어야 한다. 유지보수성과 성능을 최적화시킬 것인가에 관한 결정이 소프트웨어 개발자 개인에게 미루어져서는 안 되며 프로젝트관리자가 충분한 경험을 토대로 결정해야 한다.

외주처리에 의해 개발되는 프로젝트인 경우는 시스템 계약단계에 결정되어야 하고, 성능을 극대화하는 데 투입되는 비용의 증가는 소프트웨어 제품을 구매하고자 하는 고객에게 충분히 설명되고 이해되어 판매되어야 한다.

2.3 소프트웨어공학의 역사

소프트웨어공학의 중요한 발전 과정을 순서적으로 나열하면 〈표 2-1〉과 같이 구조적 프로그래밍, 설세 방법론, 분식 방법론, 자동화 도구, 객체지향 프로그래밍, 컴퓨터지원 소프트웨어공학(CASE : Computer Aided Software Engineering) 등을 배경으로 개발되어 왔다.

1970년대 초에는 구조적 프로그래밍과 관련된 개념들이 출현하였다. 이때까지 프로그래머들은 프로그램의 신뢰도나 유지보수성보다는 프로그램 처리속도와 기억장치 사용 프로그램 크기의 효율성에 관심을 두었다. 한정된 컴퓨터를 여러 사람이 공유해서 이용해야 하므로 프로그래머들은 하드웨어 자원의 제한을 극복하는 데 노력하였다. 하드웨어의 성능이 향상되고, 프로그램이 더욱 복잡해졌을 뿐만 아니라 신뢰도가 더욱 중요해지고 유지보수가 큰 비중을 차지하면서 프로그래머들의 입장이 바뀌었다.

Wirth의 표현에 의하면 "이제 우리는 몇 비트를 절약하고 몇 천 분의 일초를 단축하여 컴퓨터의 한계를 극복하는 것보다는 거대하고 복잡한 프로그램을 구성하는 데 있어서 어떻게 하며 입력된 자료에서 필요한 결과를 얻어내는가에 주력하여야 한다."고 하였다.

〈표 2-1〉 소프트웨어공학의 발전추이

기 간	중요한 발전	
1970년대 초	**[구조적 프로그래밍]** • 구조적 코딩 • 정보은닉(Parnas) • 단계적 세분화(Wirrth)	• 하향식 프로그래밍 • 추상화(Dijkstra)
1970년대 중	**[설계방법론]** • 구조적 설계(Yourdon과 Constantine) • Warnier-Orr 설계방법	• JSP 설계방법(Jackson)
1970년대 말	**[분석방법론]** • 자료흐름지향(구조적) 분석(Yourdon, Demarco, Gane, Sarson) • 자료구조지향(구조적) 분석(J.D.Warnier, M.A.Jackson)	
1980년대 초	**[자동화 도구 및 객체지향 설계 및 프로그래밍]** • PSL/PSA • 소프트웨어공학 도구 • Smaltalk, Ada, Modula-2	• 코드 자동 생성 • 객체 지향 설계
1980년대 말	**[컴퓨터응용 소프트웨어공학]** • 분석을 위한 대화식 그래픽 도구 • 통합 소프트웨어공학 환경	• 프로그래밍 환경 • 인터페이스 관리 시스템
1990년대 초	**[객체지향 소프트웨어공학]** • 객체지향 프로그래밍 언어 • 프로그래밍 환경	• 객체지향 분석 및 설계 • 소프트웨어 재사용 시스템
2000년대 현재	**[임베디드 및 컴포넌트 소프트웨어공학]** • UML • Embedded S/W	• JAVA • Component S/W

구조적 프로그래밍은 프로그램의 품질을 높이기 위한 방법 중의 하나이다. 구조적 프로그래밍이 프로그래밍 스타일로 자리 잡으면서 구조적 방법론이 개념적으로 태동하기 시작하였는데 이 방법론은 모듈화, 단계적 세분화, 하향식 프로그래밍, 정보은닉, 추상화 기법을 요구하게 되었다.

1970년대 중반에는 구조적 설계방법론 개념이 출현하기 시작하였는데 이는 개발 의뢰자의 요구사항을 바로 코딩작업으로 들어가면 그 시스템은 실패하기 쉽고, 관리상에 문제점을 드러낸다는 것을 발견하였다.

이러한 문제점의 원인은 코딩이 급한 것이 아니라 사용자 요구사항을 적절히 파악하고 시스템을 설계하고 명세화하는 것이 중요하다는 사실을 인식하지 못했던 것에 있었다.

이때까지는 개발방법론은 시스템을 하나의 기능으로 표현되는 작은 요소로 나누어지는 시스템의 기능적 분해라는 개념을 기초로 하였다.

구조적 설계방법의 기본개념은 시스템을 자료흐름과 함께 작은 동작으로 나누는 것이다. 이러한 점에서 JSD(Jackson System Development)와 WarnierOrr의 방법론은 자료흐름이 아닌 자료구조를 지향한다는 측면에서 다른 접근방법이라 할 수 있다. 이들 방법에서는 입력구조와 출력구조가 시스템의 구조를 결정하는 것으로 본다.

구조적 프로그래밍과 설계와 관련되는 분석 방법론들은 1970년대 말에 구체화되었는데, 분석과정에서 파악된 시스템 환경분석, 입출력양식 및 자료개체 등 설계자료 분석과 사용자의 요구기능(절차, 입출력방법)을 통해 자료흐름도(DFD : Data Flow Diagram), 자료사전(DD : Data Dictionary), 소단위 기능 명세서(MINI-SPEC : MINI-SPECification)를 작성하게 된다.

이 방법론은 SofTech에서 개발한 구조적 접근 방법에서 기초한 분석 방법이다. 반면에 자료 구조중심의 구조적 분석은 J. D. Warnier와 M.A. Jackson에 의해서 제안되었다.

잭슨 시스템 개발단계는 분석단계에 시스템 정의와 자료구조 정의단계로 구분하고, 시스템 정의단계에는 시스템 네트워크 다이아그램을 작성하고, 자료구조 정의단계에서는 입출력 자료구조도를 작성한다. 이를 기반으로 설계단계에는 프로그램 구조화단계에 프로그램 구조도를 작성하고 명령어를 작성한 후 문서화를 하게 된다.

1980년대 초에는 소프트웨어 개발 생명주기의 여러 작업을 자동화하려는 시도가 이어졌다. 초기 노력의 주요 목표는 소프트웨어 개발을 가속화하여 개발비용을 줄이는 것이었다. 또 다른 중요한 목표는 오류를 줄임으로써 프로세스 신뢰도를 증진시키는 것이었다. 자동화는 중요한 부수적인 효과를 가져왔다.

프로세스를 자동화하기 위해서는 프로세스가 더욱 명확히 이해되어야 하며 정형적으로 기술되어야 한다. PSL/PSA를 통해 소프트웨어 개발 프로세스의 중요한 부분을 자동화하는 작업이 시도되었다. PSL/PSA는 명세와 요구에 대한 정보를 데이터베이스로 만들고 조작하는 도구를 제공하였다. 또 다른 자동화 분야는 코드의 자동생성이다.

소프트웨어 개발의 대부분은 명세서를 작성하고 이를 설계로 바꾸고, 이를 프로그래밍 언어로 나타내는 작업이다. 명세시에서 비로 코드로 변환함으로써 전체 일을 줄이려는 노력이 코드 자동생성이다.

이렇게 하기 위하여 명세를 기술하는 언어는 고도로 정형화되어야 하며 변환될 수 있도록 자세히 기술할 수 있어야 한다. 코드 자동생성 도구가 일반적으로 널리 쓰이고 있지는 않지만 어느 정도의 원시코드를 자동으로 생성하는 도구들이 개발되어 있다.

소프트웨어 개발단계의 여러 가지 일들에 도움을 주는 도구들이 1980년대 초부터 개발되었는데 프로그래밍, 설계, 테스트, 형상관리를 위한 도구들이 여기에 해당된다. 1980년대 초에 개발된 또 다른 중요한 기법은 객체지향 프로그래밍이다. 프로그램에서의 객체지향적 접근방법은 추상화, 계층적 타입, 정보은닉의 개념을 사용하였다. 이는 소프트웨어의 개발과 유지보수의 생산성 향상에 크게 기여할 수 있는 방법으로 기대되고 있다.

1980년대 초에 개발된 여러 가지 독립된 소프트웨어공학 도구들은 만들어낸 결과를 다음 단계로 쉽게 연결하지 못하는 제약이 있었다. 따라서 정보를 공유하기 위한 중앙저장소와 도구를 통합하는 환경이 필요하였다.

1980년대 말 객체지향에 관련된 여러 가지 기술이 성숙되어 객체지향 프로그래밍 언어가 소개되었다. 객체지향 프로그램은 이제까지 사용한 3세대의 절차중심의 프로그래밍 방식과는 매우 다른 특성을 가지고 있다. 프로그램의 중요한 사항을 자세하게 드러내 보이지 않아 임의로 변경할 수 없도록 하여 안전한(secure) 프로그램이 될 수 있게 하고, 클래스라는 추상화된 자료 선언을 통해 다른 프로그래머가 재사용하기 쉽도록 하고 있다. 이러한 특징은 소프트웨어 개발에 있어 유지보수 및 생산성 등의 문제를 해결해 준다.

1990년대 초에는 프로그래밍 언어가 본격적으로 보급되고 채택되면서 설계 및 분석방법들이 연구되었다. 초기에는 20종 이상의 방법들이 소개되었으나 현재까지는 OMT(Object Modeling Technique), Booch, Jacobson, Cord/Yourdon, Shealler/Meller, Fusion 방법 등이 많이 사용되고 있다.

각 방법들이 채택하고 있는 시스템 모형과 모델링을 위하여 사용하는 심벌들은 조금씩 차이가 나지만 기본적인 설계 철학에는 차이가 없다.

2.4 소프트웨어공학의 발전

소프트웨어공학의 체계는 [그림 2-2]와 같이 보는 시각이 가장 적절하다 할 수 있다.

소프트웨어 개발기법은 지금까지 나와 있는 전통적인 폭포수 모델, 변형된 폭포수 모델, 시제품화 모델, 객체지향 개발방법 등 다양한 모델들이 실용화되고 개발도구로 개발되어 소프트웨어 자동화 개발도구로 판매되고 있으며 이들을 활용하게 되었다.

방법론은 소프트웨어를 개발하기 위한 개발기법은 물론이고 개발 이전 단계와 개발단계와 개발 이후 단계에 걸친 프로젝트 관리기법을 포함하고 있는 것을 방법론이라고 할 수 있다.

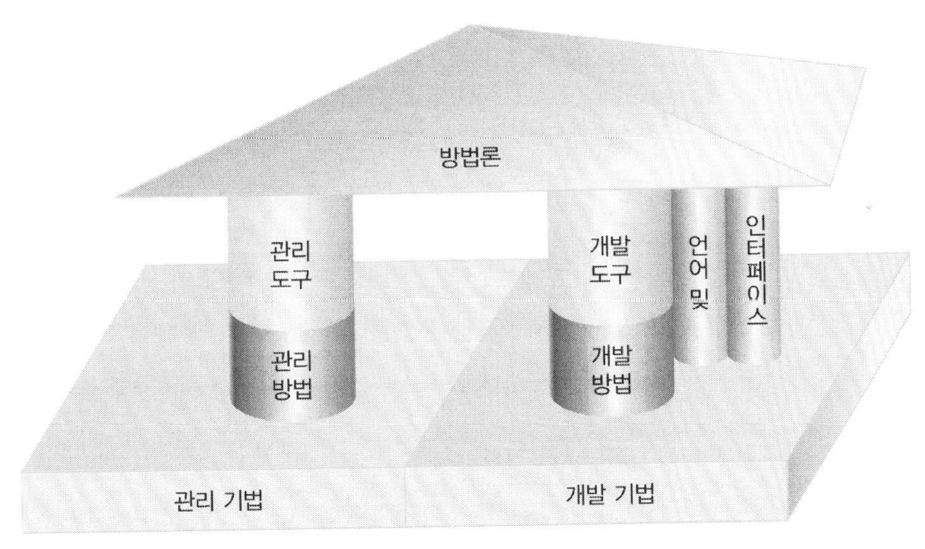

[그림 2-2] 소프트웨어공학의 체계 구성

소프트웨어공학 기술에 필요한 관리기법과 관련된 관리방법과 관리도구와 개발기법과 관련된 개발방법과 개발도구, 그리고 프로그래밍 언어와 사용자 인터페이스 기술동향은 다음의 〈표 2-2〉와 같다.

〈표 2-2〉 소프트웨어공학 기술의 분류

대분류	소분류	대표적인 기술	사례(도구)	기술추이
프로그래밍 언어와 사용자 인터페이스	프로그래밍 언어	• 구조적 언어 • 객체지향 언어 • 제4세대 언어	• C, Ada 등 • C++, Smalltalk • SQL	• 객체지향적 • 제 4세대언어 • 실시간 언어
	사용자 인터페이스	• 그래픽스 인터페이스 • 음성 · 글자 · 인식	• 매킨토시 • 윈도우	• 인간공학적
개발기법	다이어그램	• 자료흐름도 • 구조도 • 객체지향 다이어그램 • 잭슨 다이아 그램 • 워니어 -오 다이어그램		• 객체지향적
개발방법 및 도구	개발 방법	• 구조적 방법(Yourdon,DeMarco 등) • 자료구조 지향적 방법(Warnier-orr, Jackson등) • 객체지향방법(Booch, Coad 및 Yourdon 등 • 실시간 시스템 개발방법(Ward/Mellor 등) • 구조적 시험(McCabe 등) • 프로토타이핑(Martin 등) • 재사용 라이브러리	• IEW • ADW • TEAMWORK • EXCELERATOR • IEF • FOUNDATION • 4FRONT • SA • PROMOD • TAGS • SREM • SADT • BACHMAN • PSL/PSA	• 객체지향적 • 진화적 프로토타이핑 • 재사용 • 사용자 위주 • 통합 CASE • 코드 생성 • 제 4세대 언어
	도구	• 분석 · 설계도구 • 코드 생성기 • 재사용 시스템 • 프로토타이핑 도구		
관리방법 및 도구	관리방법	• 품질보증　　• 개발 생명주기 • 비용 산정　　• 일정계획 • 프로젝트 통제　• 형상관리 • 매트릭스　　• 정보공학	• ISO 9000 • 나선형 • 생명주기 • COCOMO • CMM/CMMI • Spice Model	• 품질보증 • 생산성향상 • 통합CASE • 고객 위주 • 표준화 • 진화적 개발 • 정보 공학적
	도구	• 각종 관리도구들	• COMET • 개발도구	
방법론	연구소	• 연구개발 방법론	• SDS(ETRI)	
	기법 표준	• 요구분석 방법론	• SREM(TRW) • SDEM(Hitachi)	
	정부	• 문서화　　　• 관리 · 개발 • 매트릭스	• DOD 2167 A • PRINCE(영국)	• 객체지향적
	상용화	• 다양한 상용화된 컨설팅 방법론 • 정보 공학	• METHOD/1 • 4FRONT • NAVIGATOR	

 2.5 소프트웨어의 개발 생명주기

시스템 개발자는 물론 정보 시스템 이용자들이 소프트웨어 위기를 인지하면서부터 소프트웨어를 개발할 때 표준화된 개발절차와 형식이 필요하다고 이해하게 되었다. 그래서 이때부터 공학적 원리를 적용해서 소프트웨어 개발과정을 표준화 하여 사용하도록 권고하게 되었는데, 이것이 각종 소프트웨어 개발 생명주기 모델을 개발하고 연구하게 된 계기가 되었다.

이들 각종 모델들은 개발과정은 물론 프로젝트 관리를 위해 효율적으로 사용되었으나, 종래의 폭포수 모델을 응용분야의 특수성을 고려하지 않고 일관되게 프로젝트에 적용함으로서 문제점이 도출하게 되었다. 이때부터 소프트웨어 생명주기는 프로젝트의 특성을 고려하여 적용해야 한다는 것을 알게 되었다. 그래서 프로젝트 성격에 따라 특성을 고려한 다양한 모델들이 제시되었고 현재에도 여러 가지 기존의 모델들을 프로젝트 특성을 고려하여 모델을 적용하여 추진되고 있으며, 새로운 모델 개발을 위해 지속적인 연구가 추진되고 있다.

소프트웨어 개발 생명주기 모형은 개발자들에게 프로젝트 수행절차를 알려 주는 매우 유용한 도구로서 관리사를 위해서는 다음과 같은 역할을 한다.

① **프로젝트의 비용 산정과 개발계획을 수립할 수 있는 기본골격이 된다.**

   일정계획, 예산, 개발요원, 기타 자원들을 산정하고 분배하는 데 좋은 도구가 된다.

② **용어의 표준화가 가능해진다.**

   개발자들과 그리고 개발자와 관리자 사이에 공용어를 통해 대화함으로서 공동 목표의식을 갖고 프로젝트를 추신하게 된다.

③ **개발 진행상황을 명확히 파악할 수 있다.**

   프로젝트가 어떻게 추진되어 왔으며, 현재 어디까지 진척되고 있으며, 또한 앞으로는 어떻게 진행될 것인지가 분명해진다. 개발지연이나 예산초과 등 계획과 실적을 비교하며 대처할 수 있다.

④ 단계별 문서화를 통해 충실한 프로젝트관리를 가능하게 해준다.

각종 문서는 언제까지 작성되고 검토될 것인지를 개발자들에게 알려 준다.

소프트웨어 생명주기(software life-cycle)는 소프트웨어가 개발되기 위해 계획·정의되고 개발과 유지보수 과정은 물론이고 사용이 완전히 끝나 폐기될 때까지의 기간을 포함한다.

생명주기 개념은 장기적인 개발계획의 관점을 의미하는 것으로 소프트웨어가 개발되기 전체 단계와 개발된 후 단계의 모든 활동들을 포함한다. 학자에 따라 서로 다른 주장을 하기도 하며 실제로 다양한 형태의 모델들이 존재한다.

생명주기에 관한 연구는 소프트웨어와 관련하여 일어나는 각종 문제를 각 단계별 구성 활동의 관점에서 혹은 이들의 종합적인 관점에서 다루는 것이 필요하다.

국내·외 현황을 살펴보면 선진국에서는 시스템 개발의 생산성과 품질저하를 해결하기 위하여 시스템 개발공정과 문서화 지침 등을 오래 전부터 연구하여 왔으며, 하나의 개발모델로 정립시켜서 실제로 적용해 오고 있다. 정부나 공인기관 차원에서 개발된 대표적 예로서는 미국 국방성의 DOD-STD-2167A, 영국 CCTA에서 개발한 PRINCE와 SADM(Structured Systems Analysis and Design Method) 등이 있으며, 기업 주도형으로 개발된 대표적인 방법론으로는 제임스마틴 사의 IEM(Information Engineering Methodology), 앤더슨 컨설팅의 Method/1, 언스트 & 영의 Navigator, 딜로이트의 4FRONT, 일본 후지쯔의 DEM(Software Development Engineering Methodology) 등이 있다.

한편, 국내에서도 1980년대 후반부터 개발방법론의 도입으로 정보 시스템 개발 공정과 문서화를 표준화하기 위해 시작하였고, 특히 시스템 통합 사업의 팽창으로 1990년대부터는 더욱 가속화되었다. 현재는 각 기업마다 자사의 비즈니스 특성을 고려하여 고유한 개발공정을 정착하기 위하여 사내 표준화 작업을 계속하고 있다. 그 대표적인 것으로는 현대정보기술의 'HSDM(Hyundai System Development Methodology)', 삼성SDS의 '이노베이터(Innovator)', 대우정보시스템의 'DSDM(Daewoo System Development Methodology)/가늠쇠', 쌍용정보통신의 '가이드(GUIDE)', 한진정보통신의 '히스트4프론트' 등이 있다.

국내에서 가장 많이 활용되거나 근간이 되는 외산 방법론으로는 Method/1, Navigator, 4FRONT, IEM 등이 있으며, 공공기관 및 정부투자 기관에는 주로 Method/1이 사용되고 있다.

이들 방법론들은 아래 소프트웨어 생명주기 모형들을 기반으로 만들어진 것들이다.

2.5.1 소프트웨어 개발 생명주기 모형들

소프트웨어 개발 생명주기 모델 중에 대표적으로 사용되고 있는 모델들 중에는 고전적인 Waterfall 모델과 변형된 모델들, Rapid-prototyping 모델, Operational 모델, 그리고 knowledge Based 모델이 있는데 이들의 특성은 다음과 같다.

1 고전적인 폭포수(Waterfall) 모델

소프트웨어공학의 대명사처럼 인식되고 있는 전통적인 생명주기 모형이다. 단계적 생명주기(phased life-cycle), 혹은 '폭포수(waterfall)모형'이라고도 불린다.

소프트웨어 개발에 있어, 각 단계를 확실히 매듭짓고 그 결과를 철저하게 검토하여 승인 과정을 거친 후에 다음 단계로 넘어가자는 것이다. 현재까지 가장 널리 쓰이는 가장 보편적인 개발절차 모형이다. 그러나 몇 가지 유의해야 할 점들이 있다.

첫째, 각 단계별 산출물은 철저한 검토과정을 통해 검토되어야 한다. 이는 소프트웨어 품질보증(quality assurance)을 위한 중요한 개념이다.

둘째, 단계별로 양산된 산출물들은 개발과정의 계획된 이정표(milestone)에 따라 점검되어야 한다. 이것은 프로젝트 통제(control)를 위해 프로젝트 관리자는 사전에 팀원과 합의하에 설정해두고 개발일정 및 프로젝트 추진여부를 관리하는 것이다.

셋째, 폭포수 모형을 이용할 때는 프로젝트의 특성을 잘 고려하여 이 모형을 설정하고 추진되어야 한다.

사용자 요구사항이 불투명하고, 위험을 내포하고 있거나, 시간이 촉박한 프로젝트일 경우 이 모형을 선택하여 프로젝트를 추진하면 실패하기 쉽다는 것을 알아야 한다.

일반적으로 개발단계는 다음과 같이 분류하고 추진한다.

① **계획(planning) 단계**

소프트웨어 개발계획과 관련해서 사용자의 문제를 정의(problem definition)하고, 전체 시스템이 갖추어야 할 기본기능과 성능요건을 파악하여 이를 개발하고자 하는 소프트웨어의 기본요구로 전환시켜야 한다. 타당성분석(feasibility study)도 이 단계에서 이루어진다. 그 결과는 타당성을 확정, 즉 타당성 정의(feasibility definition)로 문서화되고 개발계획서(project plan)로 남게 된다.

② **분석(analysis) 단계**

컴퓨터화 대상 조직과 사용자 문제를 구체적으로 이해하고, 소프트웨어가 담당해야 하는 정보영역(information domain)을 정의한다. 사용자의 기능·성능·신뢰도 등에 대한 요구는 요구사양서(requirements specifications)로 문서화된다. 현업부서 간 의사소통 기술이 절실히 요구되는 단계이다.

③ **설계(design) 단계**

소프트웨어 구조(architecture)와 그 성분을 명확하게 밝혀 구현하기 위해 준비하는 단계이다. 외부 시스템 및 사용자와의 인터페이스를 중시하는 외부설계(external design)와 시스템 내부를 설계하는 내부설계(internal design)로 분류되기도 하고, 전체적 시스템 구조와 데이터 알고리즘을 설계하는 단계를 분리해 기본설계(architecture design)와 상세설계(detailed design)로 분류하여 업무를 추진한다. 설계 단계에서의 결과는 설계사양서(design specifications)로 작성되며, 이 산출물과 요구사양서를 토대로 사용자 지침서(user's manual)와 시험계획서(test plan)가 작성된다.

④ **구현(implementation) 단계**

프로그램을 작성하는 단계이다. 각 모듈(module)에 대해 코딩과 디버깅이 이루어지고 그 결과를 검증하기 위해 단위시험(unit test)혹은 모듈시험(module test)을 실시한다.

⑤ **시험(test) 단계**

단위 모듈들을 통합시키며 시험하는 통합시험(integration test), 완성된 시스템으로서

요구사항을 완벽히 관철시켰는가를 알아보는 시스템시험(system test), 그리고 사용자가 직접 자신의 사용 현장에서 검증해 보는 인수시험(acceptance test)을 하게 된다.

⑥ 운용(operation) 및 유지보수(maintenance)단계

소프트웨어를 직접 하드웨어에 설치하여 운용하고 운용상에 나타나는 문제점을 수정한다거나 새로운 기능을 추가해서 보다 유용한 소프트웨어로 발전시키는 단계이다.

Boehm(1981)은 전체적으로 Waterfall 모델이 실제의 소프트웨어 개발에 잘 들어맞는 것으로 제시하였다. 실제로 이 모델은 오랫동안 성공적으로 사용되어 왔다. 그러나 Waterfall 모델에는 많은 문제점이 존재한다. 우선 실제적인 소프트웨어 개발과정을 표현하는 능력이 부족하다. 실제로 생명주기 동안 수행되는 자원관리, 품질보증, 형상관리 또는 검증과 확인 등의 작업을 통합하기가 힘들다. 이러한 작업들이 모델에 포함되지 않아 프로젝트 관리에 문제점을 내포하게 된다. 이는 곧 프로젝트를 관리하는 데 있어 어려움을 내포하는 것을 의미한다. 또한 이 모델에는 다음과 같은 면에서 일반성이 부족하다.

첫째, 이 모델은 단계별로 거의 완벽한 프로그램 개발과정을 가정했기 때문에 실제로 일정 단계에서 문제가 발생할 경우 해결하기 힘들다. 예를 들면 소프트웨어 프로젝트의 특성상 개발 중에 요구사항, 개발일정, 비용, 혹은 그 밖의 다른 요소들이 변하기 쉽다. 요구사항이나 명세서의 오류는 설계 단계나 그 이후 단계에서 발견되기 때문에 문제를 해결하기 위해서는 요구사항 분석단계나 정의단계로 되돌아가야 하고 요구사항의 영향을 받는 다음의 단계에서 연속적으로 수정을 해야 한다. 이러한 작업은 결코 쉽지 않으므로 요구사항을 정의하거나 시스템을 구현하되 프로젝트 전체 일정과 비용에 영향을 미치게 된다. 이 모델을 사용할 때 나중에 "유지보수 단계에서 수정하자"라는 말로 적당히 넘어가서 결과적으로 실패하게 되는 것도 이 때문이다.

둘째, 이 모델은 과거에 유사한 프로젝트를 해본 경험이 있거나 위험성을 내포하지 않은 소규모의 프로젝트 수행에 적합하며 프로젝트를 추진하기 전에 자세한 내용을 알지 못하는 대형 시스템의 경우에는 잘 적용되지 않는다.

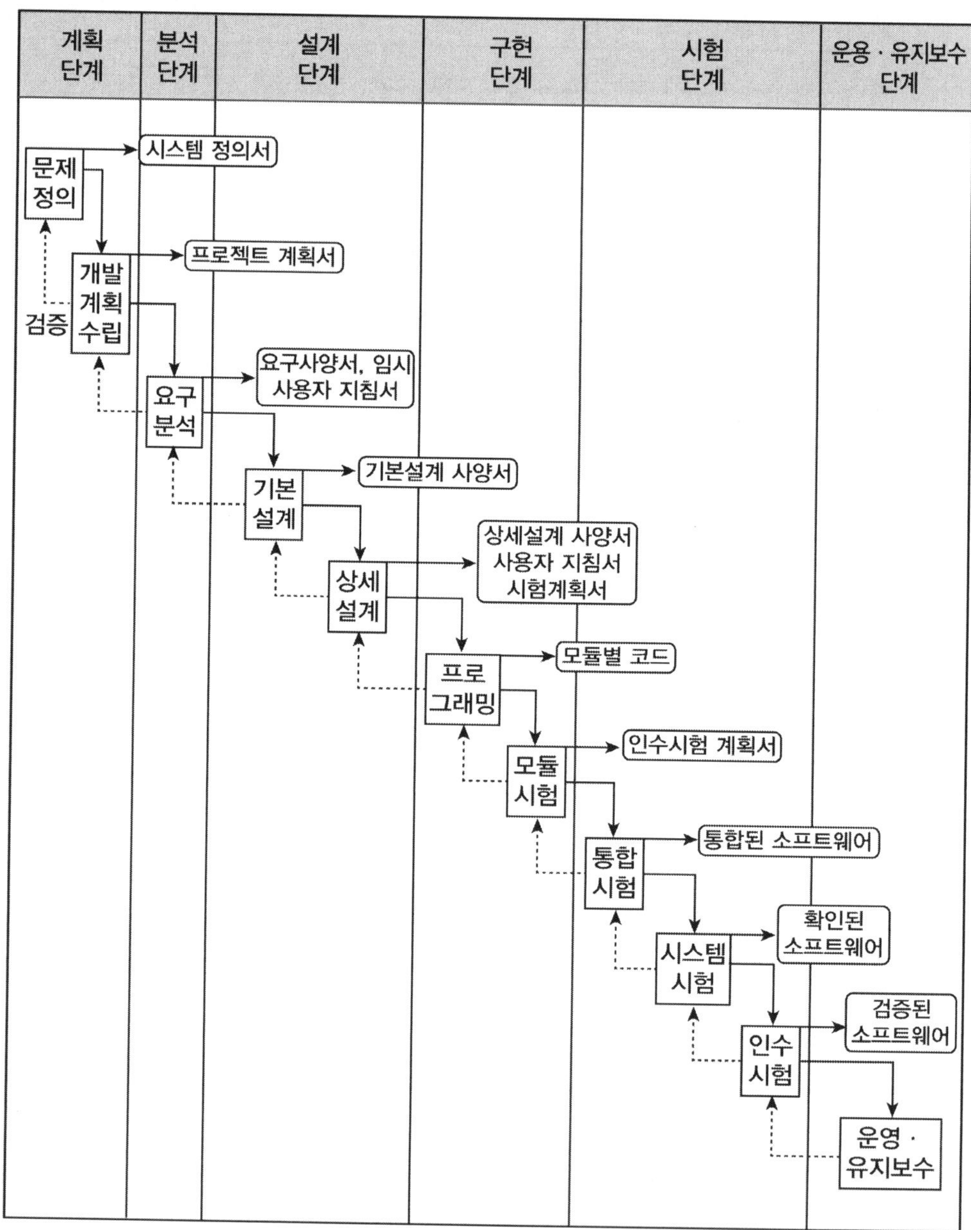

[그림 2-3] 일부 변형된 고전적 폭포수 모델

셋째, 이 모델은 자동화하기에 적당하지 않다. 오래 전에 개발된 모델이므로 위험성을
내포하거나 복잡하며 대규모 프로젝트를 수행해야 하는 현재의 환경에는 잘 맞지 않는
단점을 갖고 있다.

② 프로젝트 특성에 따른 소프트웨어 개발 생명주기 모형들

① 미국 국방성 모델(DOD-STD-2167A Model)

이 모델은 미국 국방성에서 컴퓨터 시스템 개발에 적용하기 위해 개발한 모델로서, 소프트웨어 개발생명주기 단계를 시스템 요구분석(System Requirement Analysis), 시스템 설계(System Design), 소프트웨어 요구분석(Software Requirement Analysis), 기본설계(Pre-liminary Design), 상세설계(Detailed Design), 코딩과 소프트웨어 단위시험(Coding & Computer Software Unit Testing), 컴퓨터 소프트웨어 요구통합 및 시험(Computer Software Components Integration and Testing), 컴퓨터 소프트웨어 형상 항목시험(Computer Software Configuration Items Testing), 시스템 통합 및 시험(System Integration and Testing) 단계로 구분하여 개발하도록 제안된 모델이다. 국내에서도 한때 국방관련 기관에서 이 모델을 적용하여 개발하였다.

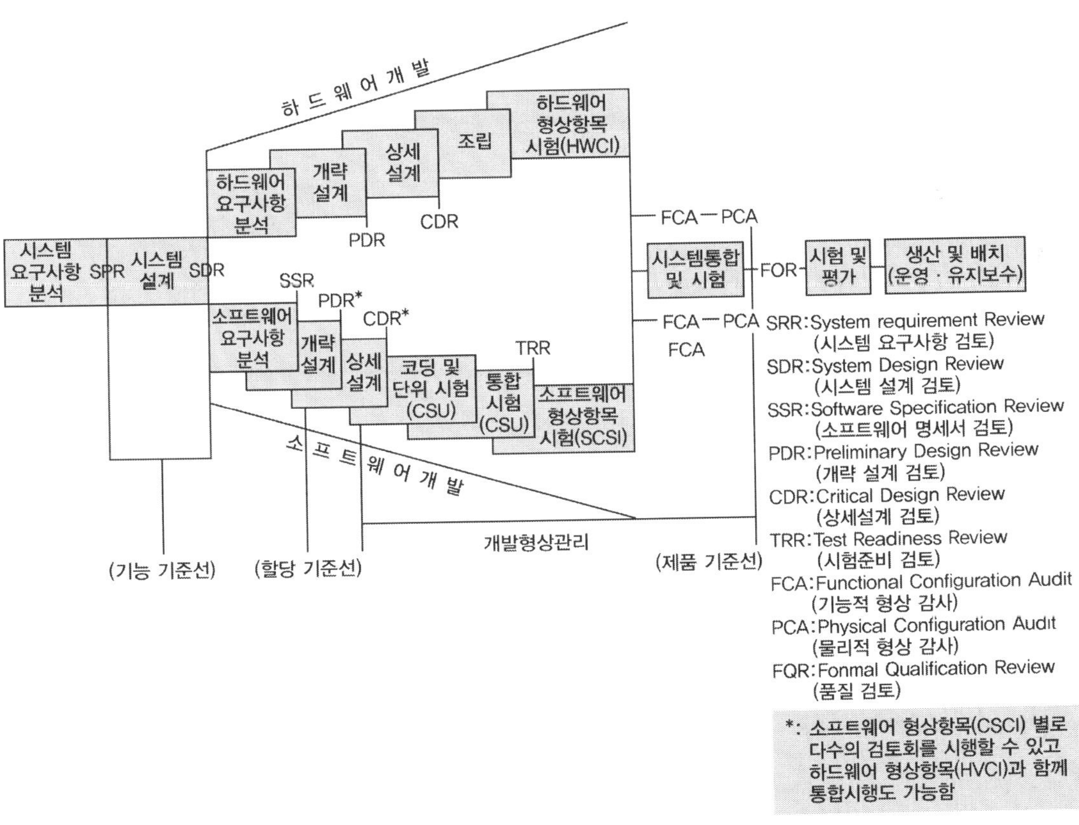

[그림 2-4] 2167A 생명주기 모델 (예1)

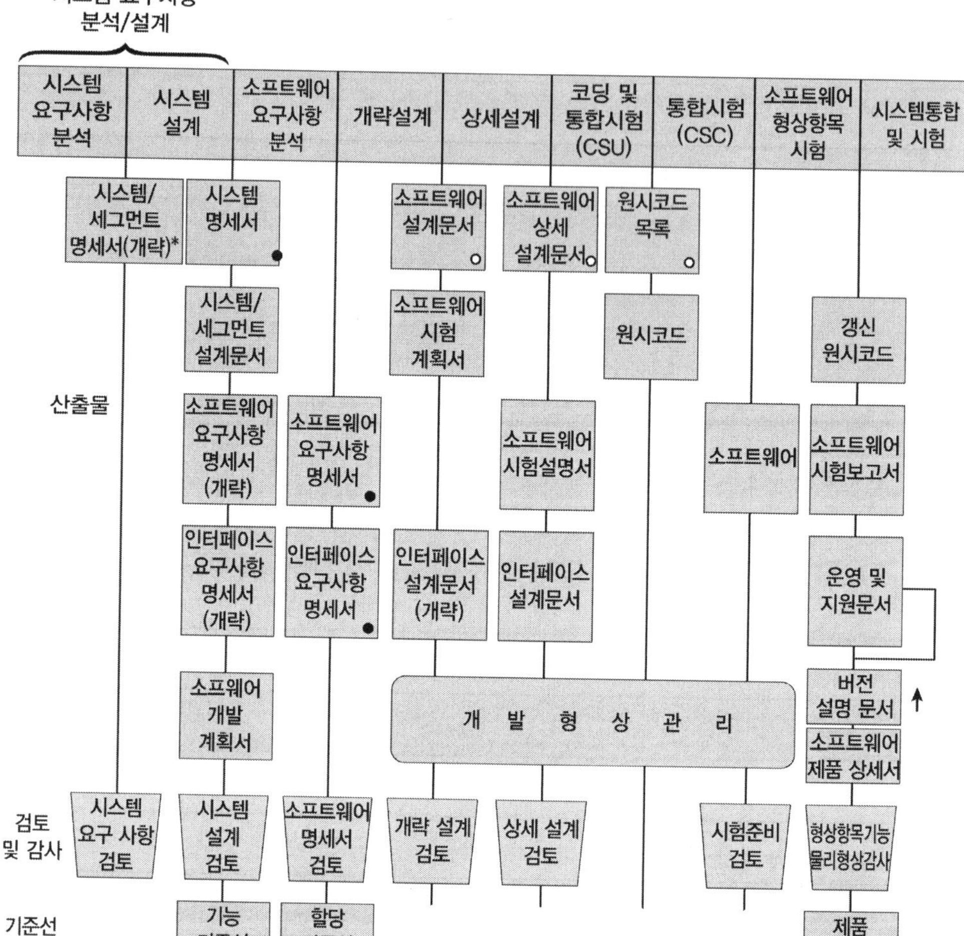

[그림 2-5] 2167A 생명주기 모델 (예2)

이 모델의 절차도는 [그림 2-4]와 [그림 2-5]와 같으며, 이 모델은 개발 단계에서 검토와 감리 시점을 중시하였고, 이 모델은 개발단계에서 산출물, 검토, 감리와 기준선(Base lines)을 설정하여 프로젝트를 관리하도록 하고 있다.

② **휴즈 항공사 모델(Hughes Aircraft Company Model)**

휴즈 항공사는 연구단계(Research Phase), 개념정립 단계(Conceptual Phase), 설계 및 개발단계(Design & Development), 시험 및 평가단계(Test & Evaluation Phase), 운용 및 유지보수 단계(Operation & Maintenance Phase)로 구분하여 개발하도록 유도하고 있다.

연구단계에는 요구되는 운용능력, 엔지니어링에 관한 연구, 시험개발, 개념적 개발을 거친 다음, 시스템 요구사항 검토(SRR)를 하며, 개념 정립단계에는 시스템 분해 및 배치를 하고, 소프트웨어 요구사항을 점검하고, 시스템 설계 검토(SDR)를 한다.

설계 및 개발단계에는 기본 소프트웨어 분석 및 설계, 상세 소프트웨어 분석 및 설계를 하게 되는데, 상세하게 소프트웨어를 분석 및 설계하기 이전에 기본 설계 검토(PDR)를 거치게 된다. 다음은 상세 설계 검토(CDR)를 마치고 코딩 및 수정을 하게 된다.

시험 및 평가단계에는 소프트웨어 테스트(컴퓨터 프로그램 구성항목별)를 거친 다음 상세 소프트웨어 분석 및 설계서와 비교 검증하고 소프트웨어 서브 시스템별 통합 및 테스트를 하고, 기본 소프트웨어 분석 설계서와 비교하여 검증한다.

다음은 소프트웨어 시스템적 통합화 및 테스트를 하고, 소프트웨어 요구사항과 비교하여 검증하며, 소프트웨어 및 하드웨어 통합화 및 테스트를 완료하고, 시스템 분석 및 배치계획에 맞추어 비교 검증한다.

다음은 시스템 성능 테스트를 하며, 개념 평가된 내용과 비교 검증작업을 거치며, 이때 기능적 형상 감리(FCA)를 하게 된다. 다음은 수락 검사 및 평가를 하며 개념적 평가 내용과 비교하여 인증을 하며, 고객에게 시스템을 인도하고 물리적 형상 감리(PCA)를 받게 된다. 다음은 시스템 운용 테스트 및 평가를 하고 개념적 평가내용에 대비해서 인증을 받는다. 운용 및 유지보수 단계에서는 요구되는 운용능력과 비교하여 검증을 마친 뒤 과제를 종결하게 하는 절차로 구성된다.

③ **달리 모델(Edmund B. Daly model)**

이 모델은 GTE 자동화 전기 연구소가 실시간 시스템을 통제하는 크고 작은 소프트웨어를 개발하면서 적용한 결과로 나타난 경험적 모델이라고 할 수 있으며, 기획(Planning), 사양(Specification), 설계(Design), 코드(Code), 단위시험(Unit Test), 스트링시험(String Test), 통합시험(Integration Test), 시스템시험(System Test), 평가(Evaluation)단계로 세분하고, 각 단계별 소요되는 비용 율을 고려하고 책임자와의 검토(Review) 시점을 두고 개발을 추진한다.

④ **로이스 모델(ROYCE Model)**

이 모델은 [그림 2-6]과 같이 종래의 폭포수 모델을 근간으로 개발절차의 각 단계별 해당 검토(Review)와 문서화(Documentation) 내용을 추가한 모델로서, 고객의 요구사항에 대해 시스템의 개념을 정립, 시스템 요구사항을 분석, 기능을 설정, 소프트웨어 요구조사, 소프트웨어 설계 코드 및 통합 테스트 소프트웨어 시스템 테스트 절차를 거치게 된다.

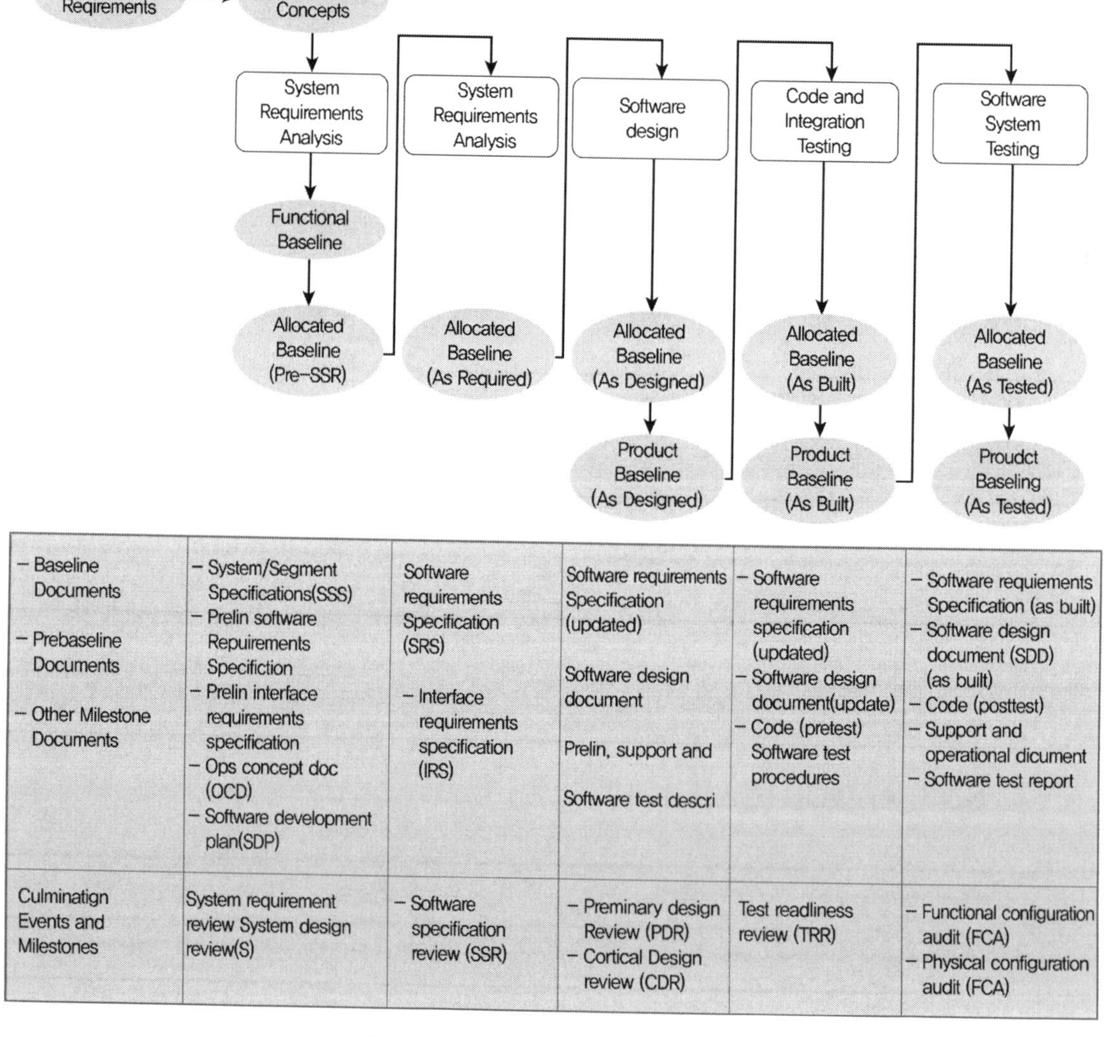

– Baseline Documents – Prebaseline Documents – Other Milestone Documents	– System/Segment Specifications(SSS) – Prelin software Repuirements Specifiction – Prelin interface requirements specification – Ops concept doc (OCD) – Software development plan(SDP)	Software requirements Specification (SRS) – Interface requirements specification (IRS)	Software requirements Specification (updated) Software design document Prelin, support and Software test descri	– Software requirements specification (updated) – Software design document(update) – Code (pretest) Software test procedures	– Software requiements Specification (as built) – Software design document (SDD) (as built) – Code (posttest) – Support and operational dicument – Software test report
Culminatign Events and Milestones	System requirement review System design review(S)	– Software specification review (SSR)	– Preminary design Review (PDR) – Cortical Design review (CDR)	Test readliness review (TRR)	– Functional configuration audit (FCA) – Physical configuration audit (FCA)

[그림 2-6] 로이스 모델(Royce model)

문서화는 시스템 개념 정립 단계에 시스템/세그먼트 명세서(SSS), 기본 소프트웨어 요구명세서, 운용개념(OCD), 소프트웨어 개발 계획서(SDP)를 작성하고, 시스템 요구 검토(SRR), 시스템 설계 검토(SDR)를 하며, 시스템 요구분석 단계에는 소프트웨어 요구명세서(SRS)와 시스템 연결을 위한 요구명세서(IRS)를 작성하고, 소프트웨어 명세 검토(SSR)를 한다.

코드 및 통합 테스트 단계에는 소프트웨어 요구명세를 수정 보완하며 소프트웨어 설계서를 수정, 보완하고, 사전 코드 테스트를 하며, 소프트웨어 테스트 절차를 수립하고, 테스트 준비 검토(TRR)를 거친다.

소프트웨어 시스템 테스트 단계에는 확정된 소프트웨어 요구명세서와 소프트웨어 설계서, 코딩 프로그램, 검수 및 운영서, 소프트웨어 테스트 보고서를 작성하고 기능구조에 대한 감리(FCA)와 물리적 구조에 대한 감리(PCA)를 거치게 하는 모델이다.

⑤ **마이어스 모델(Myers model)**

이 모델은 테스팅 단계와 설계 단계와의 관계를 정립한 모델로서, 요구사항(Requirements), 목표(Objectives), 외부 명세서(External Specifications), 시스템 구조(System Architecture), 프로그램 구조(Program Structure), 모듈 외부 명세서(Module External Specifications), 모듈 로직(Module Logic)에 대해 모듈시험(Module Test), 통합시험(Integration Test), 기능시험(Function Test), 시스템시험(System Test), 인수시험(Acceptance Test), 설치시험(Installation Test)과의 상관관계를 연구한 모델이다.

⑥ **폴록 모델(Paul Rook model)**

이 모델의 소프트웨어 개발 단계는 프로젝트 착수단계(Project Initiation)에서 기본적인 하드웨어와 소프트웨어 체계를 설정하고, 운용개념을 설정하며, 프로젝트 계획을 수립하며, 자원을 확보하고, 책임사항을 명확히 하고, 주요 활동사항과 표준 및 절차를 수립하고 있다.

- 요구 명세화 단계(Requirement Specification Phase) : 요구 기능에 대한 명세와 소프트웨어 제품의 성능과 호환성을 고려하며 상세한 계획을 완성한다.

- 구조적 설계 단계(Structured Design Phase) : 계략적인 하드웨어와 소프트웨어의 구조명세를 작성하고, 데이터구조, 통제구조, 사용자 매뉴얼과 테스트계획을 수립한다.

- 상세 설계단계(Detailed Design Phase) : 데이터 구조와 데이터의 상호연관 관계, 데이터의 크기, 핵심 알고리즘과 가정(각 프로그램에 대해)과 통제구조를 완성한다.

- 통합 및 테스트 단계(Integration and Test Phase) : 정확하게 소프트웨어의 기능을 개발한다.

- 소프트웨어 인수시험 단계(Software Acceptance Test Phase) : 고객에게 소프트웨어 제품에 대한 인수검사를 거친다.

- 유지보수(Maintenance Phase) : 소프트웨어 제품에 대해 충분히 기능을 수정해주고, 목표에 도달할 때까지 반복해서 개발을 완료한다.

- 프로젝트 종료(Project Termination) 단계 : 프로젝트 수행과정에서는 계획대비 실적과 경험에 관한 제반내용을 기록으로 남긴다.

- 프로젝트 중지(Project Phase-Out)단계 : 재사용 가능한 기능을 선별하여 조직 내에 보관하고 활용케 한다.

⑦ **슈만 모델(Martin L. Shooman model)**

이 모델은 개념정립 단계(Conceptualization Phase), 시스템 사양단계(System Specification Phase), 기본 설계단계(Preliminary Design Phase), 상세 설계단계(Detailed Design Phase), 시험 및 수정단계(Testing & Debugging Phase), 현장 배치 및 유지보수단계 (Filed Deployment and Maintenance Phase), 결과물의 폐기 및 새로운 버전 개발단계(Disappearance of Product or Development of New Version)로 구분하며, 그 흐름도는 [그림 2-7]과 같다.

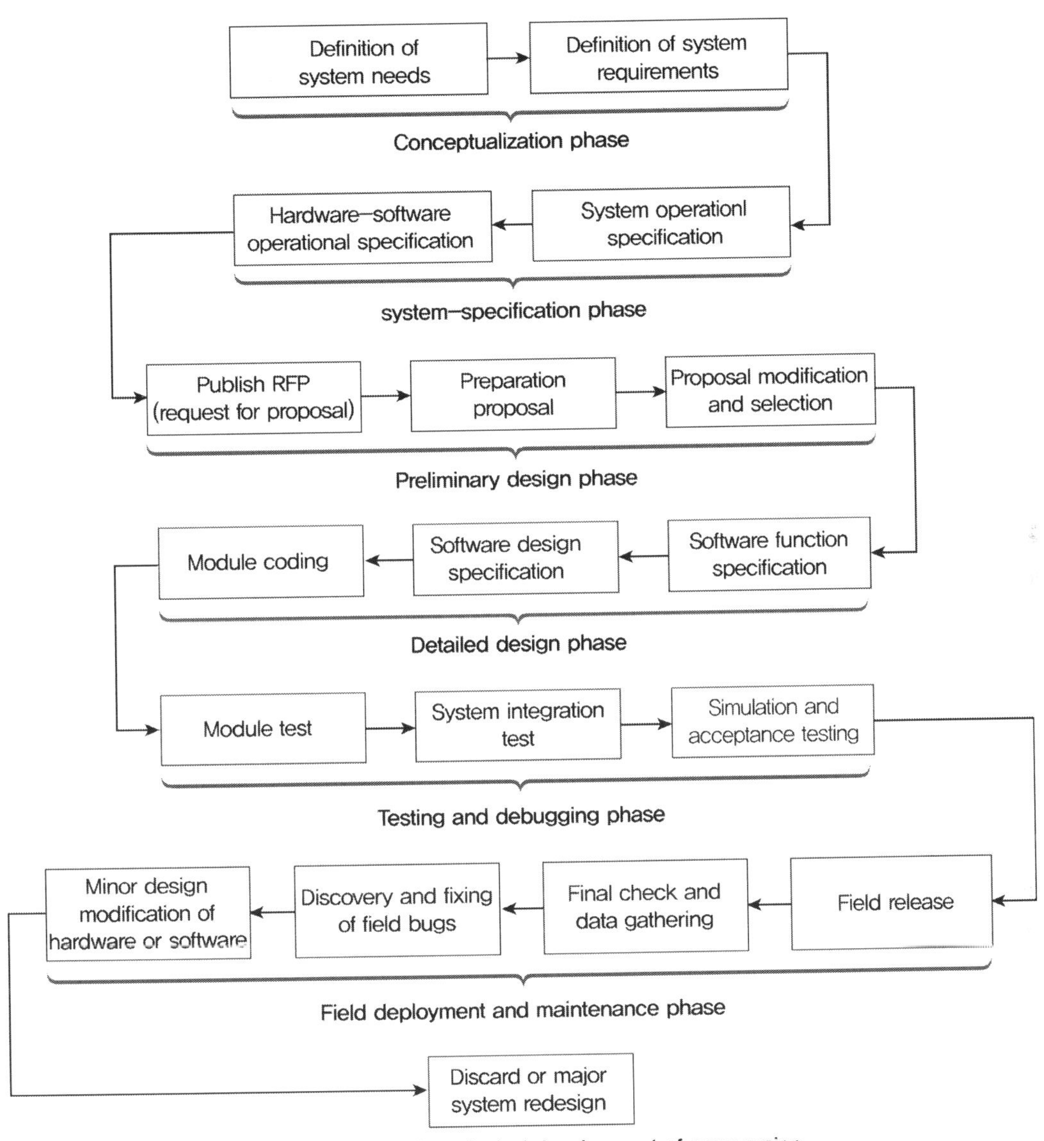

[그림 2-7] 슈만 모델

3 프로토타입 모형(Prototype Model)

시제품화 개발모형이라고도 표현되며, 실제 과제를 수행하면서 사용자 요구사항이 불투명하며 최소의 비용으로 또 위험을 최소화하면서 완제품보다는 시범적으로 시제품을 만들어서 사용사 요구사항을 확징 시거나가는 시스템 개발기법이다. 이 모형을 사용하는 것은 개발요구가 시급할 때, 조기에 개발을 완성하기 위해 개발 생명주기(Life Cycle)의 초기단계에 해당 시스템을 사용자 또는 개발자 스스로가 평가해 보기 위한 것이다.

[그림 2-8]과 같이 구현하고자 하는 시스템이 불확실할 경우, 작은 규모로 부분적으로 기능을 구현해서 실험해 보고, 수행속도, 지리적 위치 및 기타 물리적 특성을 부분적으로 수행하여, 사용자와 검토 후 요구사항이 확정되면 그때부터 완제품 개발을 위한 설계단계로 넘어가는 기법이다.

이 모형을 적용할 때의 장점은, 시각적으로나 물리적으로 설명이 용이하고, 사용자 요구사항에 대해 사용자 간에 적은 노력으로 성능 및 접근방법과 전략의 적합성을 분석할 수 있고, 문제점 발견이 용이하며, 시스템 구현에 있어서의 모호성, 비일관성을 제거할 수 있고, 불필요한 요구기능을 확인하고, 사용자에게 만족감을 부여할 수 있다. 단점은 사용자의 요구내용이 변질되고, 완제품의 성능 및 유지보수성 확인에 있어 자만에 빠질 수 있으며, 경우에 따라서는 시제품화 모형을 개발하기 위해 도입된 장비를 폐기 처분해야 하는 경우의 비경제성 등을 들 수 있다.

대부분의 사용자들은 개발될 소프트웨어에 대한 개략적인 목적과 기능들만으로 개발을 요구할 수는 있으나 컴퓨터에 의해 수행될 입력, 출력, 처리에 대하여 정확히 요구하기란 쉽지 않다. 또한 발주자의 입장에서는 알고리즘의 타당성, 운영체제와의 조화와 사용자 인터페이스의 형식 등을 개발과정 중에 확인할 수 있는 방법이 없다. 이와 같이 프로젝트의 실현 가능성을 사전에 예측하기 곤란할 때 프로토타이핑으로 해결할 수 있다. 프로토타이핑(prototyping)이란 시스템의 일부 혹은 시제품을 만드는 과정이다.

프로토타이핑 모델(prototyping model)은 폭포수 모델의 단점을 보완하기 위하여 점진적으로 시스템 개발을 진행하는 접근 방법이다. 이것은 시스템의 유용한 일부를 초기에 개발하여 사용자에게 보여줌으로써 사용자가 요구하는 기능 및 사양을 초기에 얻어낼 수 있는데, 이 같은 프로토타입을 이용하여 불투명한 사용자의 요구사항을 구체적으로 규명할 수 있다는 장점을 가지고 있다. 이 모델은 프로젝트 초기에 요구사항이 확실하지 않거나 모든 요구사항을 미리 파악할 수 없는 불완전한 상황일 때 프로젝트를 쉽게 제어하고 관리할 수 있게 해준다. 가능한 빨리 필요한 요구사항을 파악하고 시스템에 반영시킬수록 더 안정되고 좋은 품질의 시스템을 만들어 낼 수 있다.

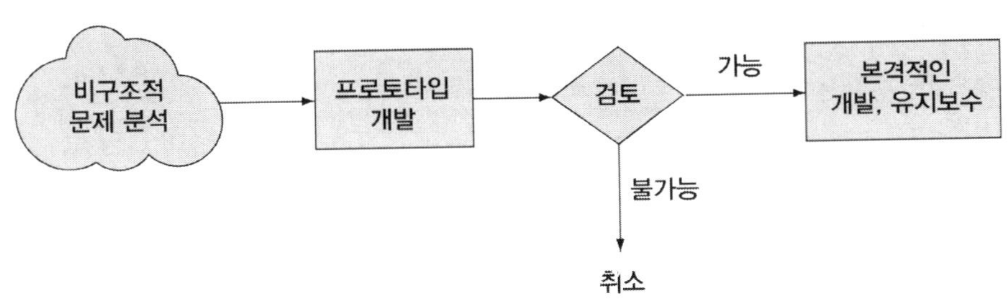

[그림 2-8] 프로토타입 모형

프로토타이핑 모델은 이러한 사용자의 필요와 요구사항을 빠른 속도로 파악하고, 시스템에 대한 이해와 품질향상을 위하여 사용된다. 프로토타입은 사용자와 시스템 간의 인터페이스에 초점을 맞추어 개발되며, 피드백 과정을 거쳐 최종적으로는 프로토타입을 버리는 경우도 있고, 원하는 시스템의 기능 중 중요한 부분만 구현하여 피드백을 통해 계속 발전시켜 완제품으로 만들 수도 있다.

프로토타입 개발을 통하여 얻을 수 있는 장점을 요약하면 다음과 같다.

첫째, 시스템의 기능을 사용자에게 확인시킴으로써 개발자와 사용자의 견해 차이가 해결되고, 생각하지 못했던 기능과 서비스가 발견된다.

둘째, 사용하기 어렵거나 혼돈을 일으키는 기능들이 규명되어 분명하게 정의되고, 분석가나 개발자는 불완전하거나 일치하지 않는 요구사항을 프로토타입을 이용하여 발견할 수 있다.

셋째, 완전하지 못하지만 작동하는 시스템을 만들어 가능성과 유용성을 관리자에게 보여줄 수 있으며, 프로토타입은 고품질의 시스템 요구사항을 명세화 할 수 있는 기초를 제공한다.

이들 프로토타입은 사용자와 외부 인터페이스에 초점을 맞추고 있다. 프로토타입은 사용자와 개발자 사이의 대화를 원활하게 지원하는 데 사용되고, 사용자의 평가와 피드백을 통해 요구사항을 보완하는 데 도움을 준다. 이러한 경우 일반적으로 시스템의 내부 중요 기능과 성능에 대해서 관심을 두지 않는다.

프로토타이핑 모델은 폭포수 모델과 같이 요구사항을 수집하는 것으로부터 시작된다. 개발팀은 고객 및 사용자와의 대화를 통해 프로토타입을 설계한 후 프로토타입을 만들어 사용자에게 보여 준다. 사용자는 시제품을 보고 앞으로 만들어질 완제품의 모습을 파악, 평가하고, 점차적으로 목표로 하는 결과물을 개발하기 위해 포로토타입을 향상시키거나 만들어 간다. 프로토타입 모델은 요구사항 분석, 프로토타입 설계, 프로토타입 개발, 프로토타입 평가, 프로토타입 정제, 완제품 생산 단계를 거치는 각 단계에서 이루어지는데 그 활동은 다음과 같다.

① 요구사항 분석단계

시스템 분석가와 사용자가 참여하여 소프트웨어의 전반적인 요구사항을 정의하는 프로토타이핑 모델의 첫 번째 단계이다. 폭포수 모델에서는 개발이 시작되기 전에 요구사항이 분명하게 정의되지만 프로토타입 모델에서는 사용자 요구사항이 불투명하여 요구사항에 대하여 시제품을 설계·개발하고 사용자에게 검토하게 하고 추가적인 요구사항을 돌출하여 새로운 프로토타입을 개발한 후 계속 정제해 나간다.

② 프로토타입 설계 단계

시제품을 위한 설계단계이다. 사용자 요구사항이 불투명하여 요구사항을 점차적으로 확정하기 위해 시제품을 개발하는데, 이는 사용자들이 중간결과물을 보고 확인하고 확정시키는 데 초점을 맞추어 이루어진다. 이 단계에서 프로토타입 개발의 목표가 확립되고 프로토타입에 포함될 시스템의 기능들이 선택된다. 이 시점에서 프로토타입에 포함되는 것과 프로토타입에서 배제되어야 하는 것이 무엇인지를 규명하는 것이 중요하다. 만약 프로토타입에 완제품과 같은 도구 및 개발표준을 사용한다면 비용이 많이 들게 된다.

③ 프로토타입 개발 단계

프로토타입을 개발하는 데 시스템 전체적인 성능과 타 시스템과의 인터페이스 등과 같은 구체적인 것은 중요하게 다루어지지 않는다. 오류를 관리하고 다루는 면은 무시되거나 기초 수준 정도로 구현된다. 따라서 프로토타입은 신뢰도와 프로그램 품질 수준은 떨어진다. 이 단계의 목표는 "어떻게 하면 프로토타입을 빨리 개발하여 사용자 요구사항을 확정하여 개발할 수 있는가에 있다.

④ 고객의 평가 단계

개발된 프로토타입을 고객이 평가하고 개발될 소프트웨어의 요구사항을 구체적으로

정제하는 단계이다. 따라서 프로토타입은 요구사항을 규명하기 위한 수단으로 사용되며, 사용자들이 프로토타입을 사용하고 평가할 수 있도록 프로젝트 일정기간을 감안하여 허용 가능한 범위 내에서 충분한 시간을 주어 프로토타입을 활용할 수 있도록 하여 이를 통해 요구사항의 오류를 발견하고 규명할 수 있게 하고, 추가되어야 하는 요구사항을 찾아낼 수 있도록 한다.

⑤ **프로토타입 정제 단계**

사용자가 요구하는 것을 만족시키기 위해서는 일정범위 내에서 프로토타입에 대해 쌍방의 조율이 필요한데 이는 개발팀이 무엇을 개발할 것인가를 이해하는 데 도움을 준다. 프로토타입을 어떻게 고쳐야 하는지 결정하고 다음 단계의 프로토타입이 신속하게 만들어질 수 있도록 한다. 이 프로토타입은 다시 사용자에게 평가를 받는 순환과정을 거치게 되며, 사용자가 요구사항에 대하여 만족할 때까지 계속되며, 이를 통해 시스템의 모든 요구사항을 규명하게 된다.

⑥ **완제품 생산 단계**

사용자가 요구하는 최종목표 시스템을 개발하는 단계로 지금까지 제작한 프로토타입을 버리고 최종 시스템을 새롭게 만들 것인지, 또는 프로토타입을 확장하여 완제품을 만들 것인지 여부에 따라 완제품 개발계획이 달라질 수 있다. 만약 프로토타입을 버리고 새로운 시스템을 개발해야 한다면 폭포수 생명주기 모델, 4세대 기법 등을 적용 개발할 수 있다.

프로토타이핑 모델은 많은 장점을 가지고 있지만 다음과 같은 한계점을 가지고 있다. 만들어질 완제품이 어떨 것이라는 것에 대한 오해를 불러일으킬 수 있으며, 프로토타입에서 완제품으로 전환되는데 많은 변화가 예상될 수 있다. 또한 시스템의 극한 상황 등에 대한 성능 평가가 어렵고, 다른 시스템들과의 연결 및 통합 등에 대한 결과가 쉽게 얻어지지 않는다. 프로토타입 모델은 이러한 문제점들을 포함하고 있지만, 쉽고 신속하게 프로토타입을 만들 수 있는 도구들의 개발로 인하여 많은 응용분야에서 효과적으로 활용하고 있다.

던리(Dearnley)와 메이휴(Mayhew)의 프로토타입 모형은 [그림 2-9]와 같다.

프로토타이핑(prototyping)은 사용자가 요구하는 업무기능 파악 및 문제점 발견과 해결 방안 수립에 있어, 요구분석 작업의 어려움을 해결하기 위해 개발될 시스템의 일부분을 직접 개발해서 사용자와 의사소통의 도구로 삼자는 것이다. 경우에 따라서는 개발자 입장에 있어서는 개발의 타당성을 검증하기 위한 목적으로 프로토타입(prototype)이 개발되기도 한다.

프로토타입의 평가가 끝나고 개발이 승인되면 본격적인 개발에 임하게 되는데 그때부터는 폭포수 모형이 다시 활용될 수 있다.

진화적 프로토타이핑은 프로토타입을 요구분석의 도구로만 활용하지만, 이미 개발된 프로토타입을 지속적으로 발전시켜 최종 소프트웨어 개발까지 이르자는 '진화적(evolutionary)' 개발방법이 각광을 받고 있다.

가장 널리 알려진 모형은 B. Boehm의 '나선형(spiral)'모형이다. 이 모형의 특징은 위험 분석(risk analysis)을 프로토타입을 발전시킬 때마다 실시하자는 새로운 시각을 갖고 있다.

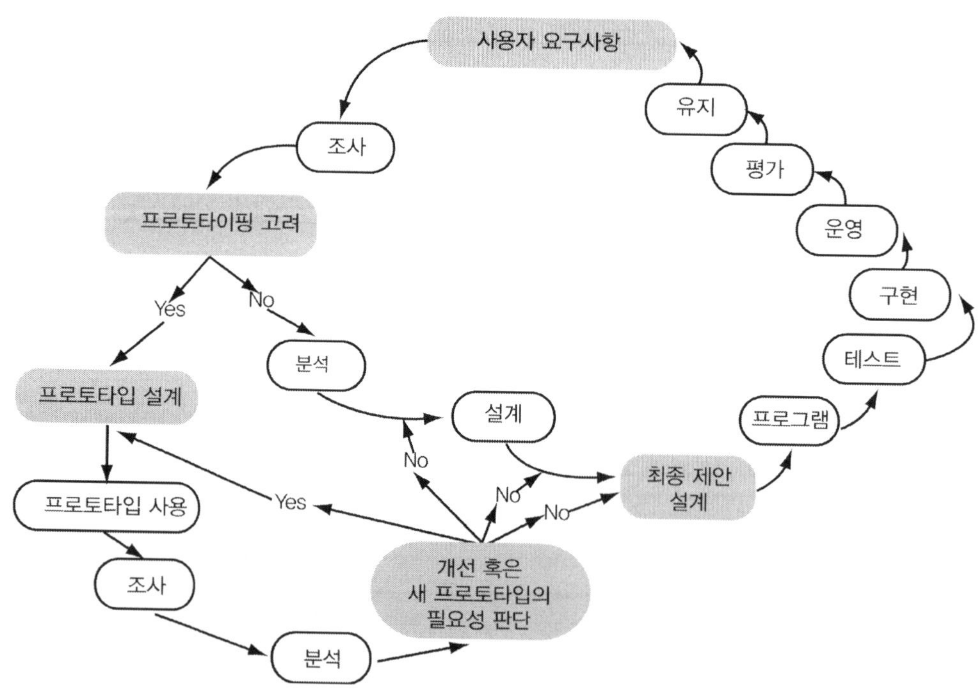

[그림 2-9] 던리(Dearnley)와 메이휴(Mayhew)의 프로토타입 모형

4 나선형 모델(Spiral model)

이 모델은 미국의 TRW사가 정부의 대형 소프트웨어 프로젝트를 추진함에 있어, 종래의 폭포수 모델을 개선한 형태로서 모델 내 반경의 크기는 기간 내에 해당 단계를 완료하기 위해 투입된 누적치이며, 각도의 크기는 각 주기(cycle)에서 완료된 공정의 진척도를 나타낸다.

이 모델의 특징이라면 종래의 각종 모델보다 위험분석(risk analysis)과 시제품(proto-type)을 고려하였다는 것이다.

이 모델의 상한은 4상한으로 되어 있으나 필요에 따라 주기를 추가할 수도 있다. 주기는 원점에서 시작하여 나선형으로 진행되는데, 첫 번째 상한은 목표(objectives)를 설정하고 대안(alternatives)을 수립하며, 제약사항(constraints)에 관해 검토하고, 두 번째 상한에서는 대안에 대한 평가를 위해 위험사항을 확인하고 해결한다. 세 번째 상한은 개발하고 검증하고 생산하며, 네 번째 상한은 다음 단계를 위한 계획을 입안한다.

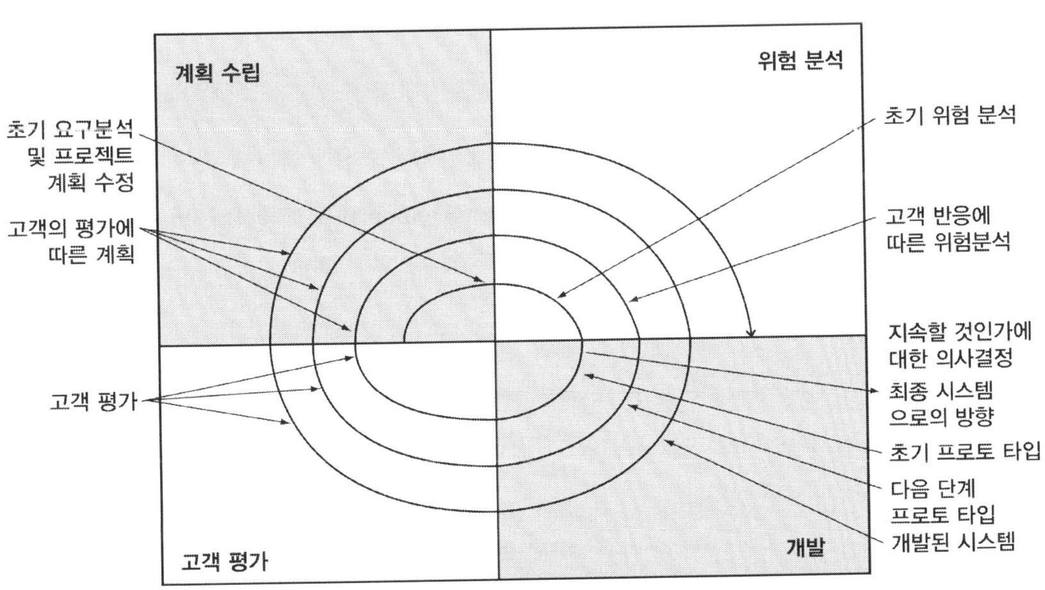

[그림 2-10] 나선형 생명주기 모형

단계별 추진과정은 요구사항 정립, 생명주기 확정, 위험분석 시제품1, 시뮬레이션, 모델링, 벤치마크 테스트, 운영개념 정립, 위험분석, 시제품2, 시뮬레이션, 모델링 벤치마크 테스트, 소프트웨어 요구사항 조사, 분석, 요구사항 인증, 개발계획 작성, 위험분석, 시제품3, 시뮬레이션, 모델링, 벤치마크 테스트, 소프트웨어 설계, 설계내용 검증 및 인증, 통합화 및 테스트 마지막 계획, 위험도 분석, 시제품 운용, 시뮬레이션, 모델링, 벤치마크 테스트, 상세설계, 코딩, 단위시험, 종합시험, 수락시험, 구현단계로 나누었다.

나선형 모형은 [그림 2-10]과 같이 각 진화단계마다 실시되는 작업내역은 다음과 같다.

① **계획수립**(planning) : 목표, 제약조건의 설정

② **위험분석**(risk Analysis) : 위험요소들의 분석과 관리기술을 통한 해소

③ **개발**(engineering) : 다음 단계 프로토타입의 개발

④ **고객평가**(customer evaluation) : 개발된 프로토타입의 평가

5 Rapid-prototyping 모델

Rapid-prototyping 모델(seewg, 1982, Garman, 1985)은 앞의 Waterfall 모델의 약점을 보완하기 위해 개발되었다. 이 문제점들은 계속적으로 제기되어온 것들이다(Basili, 1975, Parnas, 1976 ; Boehm, 1981). 이 모델은 Waterfall 모델과 유사한 형태이지만 실제로는 커다란 차이점이 있다. 이 중의 하나는 점진적인 개발(incremental developments)이라는 개념이다.

점진적인 개발이란 소프트웨어 시스템을 일단 작고 관리가 용이한 increments로 만든 후에 [그림 2-11], [그림 2-12], [그림 2-13]과 같이 기존의 시스템에 새로운 기능을 추가하면서 새로운 increments를 만드는 것이다. 소프트웨어 제품은 동일한 시점에서 개발이 끝나는 단일한 성질의 개체가 아니라, 연속적인 단계가 반복적으로 일어나는 출력들의 통합된 개체로 생각할 수 있다. 비록, 각 increments가 그 자체로 수행 가능하다고 하더라도 완전한 시스템은 마지막에 얻어진다.

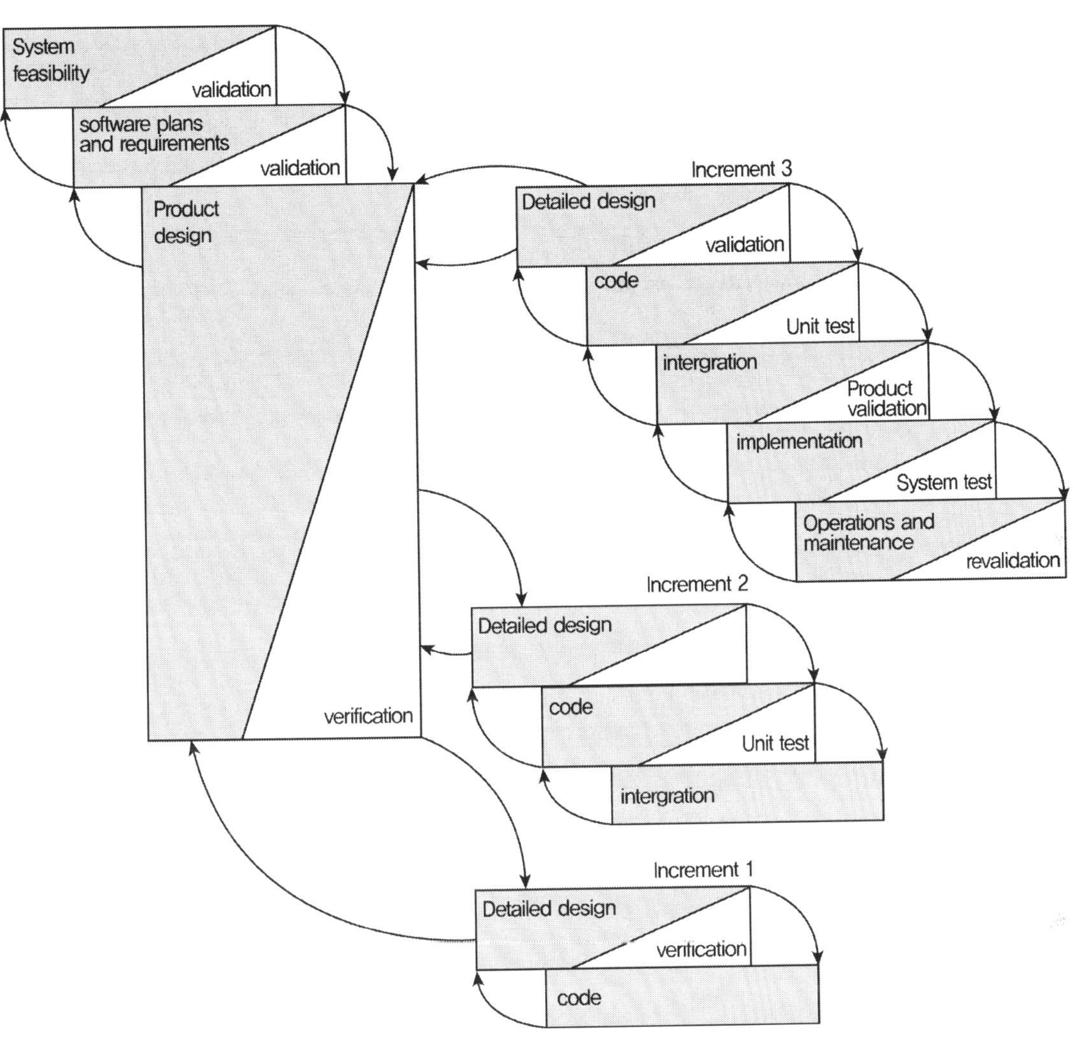

[그림 2-11] 점진적인 개발을 적용한 Waterfall 모델

점진적인 개발방식에 Rapid-prototyping 개념이 추가되었다. 비록, 점진적인 개발방법이 요구사항의 변경을 허용한다 하더라도 제안된 요구사항이 타당한가를 결정하는 문제가 있다. 요구사항의 오류는 계속 남아 있고, 이를 찾는 것은 Waterfall 모델만큼 비용이 든다. 그래서 prototyping 개념이 추가가 되었다. prototyping 기법은 Waterfall 모델처럼 설계와 구현단계 이후에 요구사항의 오류를 발견하는 것이 아니라, 설계와 구현 단계 이전에 발견할 수 있다.

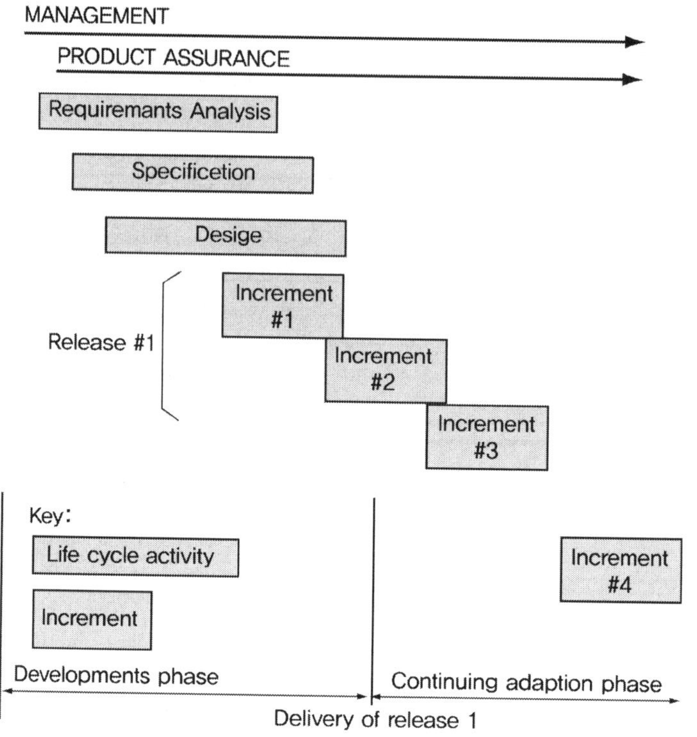

[그림 2-12] 점진적 개발 모델

prototype은 실제의 시스템이나 제안된 시스템의 시뮬레이션에 해당하는 분석적인 모델이다. 기본 목적은 잘못된 시스템을 구성하여 발생하는 금전적, 시간적 손실을 방지하는 것이다. 많은 prototype이 작성되어 요구사항이 타당한지, 명세서가 완전한지, 혹은 설계가 가능한지의 여부를 결정하기 위해 각각 사용된다.

Rapid-prototyping 모델의 또 다른 측면은 자원관리, 형상관리, 그리고 검증과 확인 등의 작업이 모델 안으로 통합되었다는 것이다. 앞에서 언급한 것처럼 이러한 작업은 생명주기 전체에서 계속된다. 예를 들어, 자원관리는 미시적인 관점(오늘 회의에는 모든 사람이 참가할수 있는가의 여부)부터 거시적인 관점(프로젝트가 예산 범위 내에서 일정 내에 끝날 것인가의 여부)까지 모두 관계된다.

형상관리란 현재 개발 중인 소프트웨어 시스템의 버전들을 조직적으로 일관성 있게 관리하는 작업이다. 이는 다음 increment가 현재의 increment와 그리고 변경된 increment와 원래의 increment와의 일관성 및 무결성을 유지하는 데 필요하다.

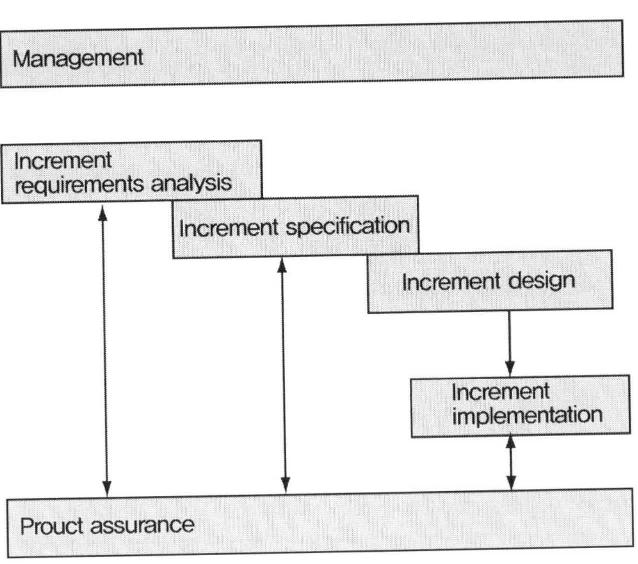

[그림 2-13] 점진적 개발 서브 모델

Rapid-prototyping 모델의 커다란 장점은 개발과정의 표현능력에 있다. 실제의 개발과정을 잘 표현하고 있고, Waterfall 모델보다는 더욱 더 자연스럽게 반복적인 작업을 허용한다. 또한, 이 모델은 자원관리, 형상관리, 그리고 검증과 확인 등의 작업을 포함하므로 개발 과정을 잘 관리할 수 있다. 이 모델은 시스템 개발 초기에 사용자가 개발에 참여하는 것을 허용한다.

Rapid-prototyping 모델을 사용할 때는 생명주기의 관리 측면과 개발 측면의 연결이 명확하지 않다. 점진적인 개발방법도 마찬가지로 양면성을 가지게 된다. 전체 시스템 중 필요한 작은 부분을 개발하다가 한 곳에서 문제를 만나게 되면 이를 해결하기 위해 모든 계획된 공정이 이후로 미루어지게 되고, 그 문제가 해결될 때까지 계획이 지연될 수밖에 없게 된다. 이러한 문제점은 제품을 생산하는 연속적인 조립 라인에서 하나의 부속품에 문제가 있다고 해서 전체 생산공정을 정지시키는 것과 같다.

이 같은 경우에는 프로젝트를 추진함에 있어 계획된 기간과 예산을 초과할 수 있어 프로젝트 관리자 및 경영자는 경영 및 관리상에 많은 문제점을 안게 된다. 그래서 이 모델을 도입해서 추진할 때는 신중해야 한다.

6 Operational 모델

Waterfall 모델의 단점을 보완하기 위해 제안된 Rapid-prototyping 모델과 차이가 있다. 구현 과정이 감추어지지 않고 대신 시스템의 동작 상태를 명세화 하는 데 기본이 된다. 다시 말하면 Operational 모델은 [그림 2-14]와 같이 효과적인 구현을 위해 연속해서 변환될 수 있는 수행 가능한 명세서(executable specification)를 생성한다. 그러므로 시스템의 개략적인 수행상태는 명세서 안에 내재되어 있다.

Operational 모델을 이용하여 시스템을 기술하는 것은 수행 가능한 명세서가 앞의 모델의 설계와 매우 유사하다. 그러나 설계는 특정한 실행 시점에서의 환경을 반영하지만 수행 가능한 명세서 언어로 기술된 시스템 구조는 자원의 할당 전략이나 자원의 분포와는 무관하다. 더욱이 이 모델은 앞에서 언급한 모델처럼 요구사항과 시스템의 내부구조를 분리하는 데 중점을 두지 않고, 반면에 이들을 결합한다. 이러한 결합은 수행 가능한 형태를 얻는 데 필요하고, 또한 시스템의 기능과 이를 수행하는 방법을 함께 표현하는 데 필요하다.

Operational 모델에도 많은 장점이 있다. 소프트웨어 시스템의 문제를 해결하는 데 직접 적용될 수 있는 표현능력이 뛰어나다는 점이다. 표현방법은 형식화되어 있고 정확하여 또한 분석이 가능하다. 사용자와 개발자가 시스템 개발의 매우 이른 시점에서 가능한 시스템 해결책을 구할 수 있는 수행 가능한 모델(rapid-prototype)을 가질 수 있다.

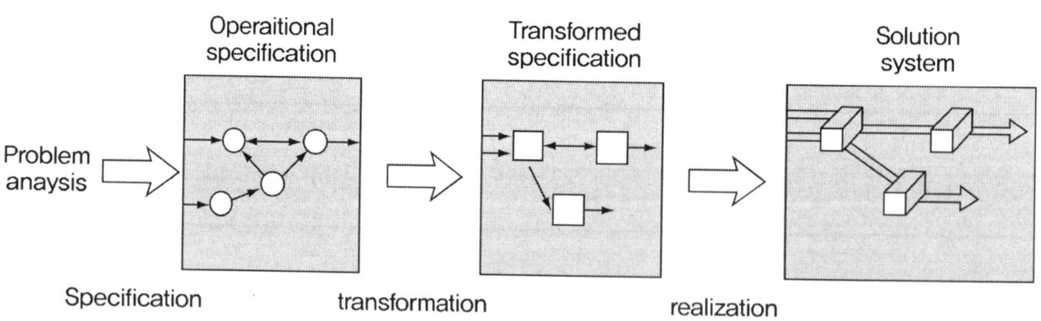

[그림 2-14] Operational 모델

이러한 rapid-prototype은 명세서 정의에 제한을 받지 않는다. 가장 큰 장점은 이 모델은 자동화가 가능하고, 이 분야 연구의 대부분이 수행 가능한 명세서의 자동적인 변화에 중점을 두고 있다.

Operational 모델의 단점도 이 모델의 강력한 표현능력 자체에 있다. 개략적인 시스템에 대해서도 동작을 명세화하기 위해서는 상세한 내부구조로 변환할 필요성 때문에 지나친 제한이 가해지고, 비효율적인 설계가 유도된다. 뿐만 아니라 수행 가능한 명세서로부터 구현으로의 완전한 변환이 아직 충분히 정의되어 있지 않기 때문에 Operational 모델은 광범위하게 사용되지 않고 있다. 특히 대형 시스템의 개발을 위해 사용할 경우에는 결과에 대해 평가하기 힘들다. 이 모델은 소형 시스템에서 중형정도 시스템 개발에 적용된다. 그리고 프로젝트 관리를 어떻게 지원하는가에 대해서는 명백하게 정의되어 있지 않다.

7 Knowledge-based 모델

이 모델은 앞에서 언급한 각 모델과 인공지능의 전문가 시스템의 결합이다. 여기서의 핵심은 소프트웨어공학의 지식영역과 응용분야의 지식영역을 분리하고, 개발과정에서 관계되는 정보를 데이터베이스에 저장하는 것이다. 규칙(rules)은 채택된 소프트웨어공학 기법을 형식화한 것이고, 전문가 시스템으로 코드된 후 소프트웨어 시스템의 특정 인스턴스를 형성하기 위해 응용분야의 시식 규칙을 깊는 진문가 시스템과 결합되어 사용된다.

현재 완전한 시스템은 존재하지 않고, 상당한 기간이 지나야 가능할 것이다. 어쨌든 이러한 모델의 장단점은 생산성을 향상하는 데 커다란 기여를 할 것이다. 이 모델의 표현능력, 일반성, 그리고 자동화의 적합성 등이 현재 존재하는 모델보다 훨씬 우수한 시스템을 구성하기 위해 하나로 통합될 것이다. Knowledge-based 모델이 이러한 시스템을 만들기 위한 유일한 방법이 될 것이다. 그 이유는 현재 존재하는 모델의 요구사항을 확장시켜 이러한 시스템을 구성하는 것은 매우 복잡한 일이기 때문이다. 빈면, 이 모델의 커다란 단점은 이를 위해 필요한 전문가 시스템은 현재의 기술로는 불가능하다는 것이다. 소프트웨어공학의 규칙과 응용분야의 규칙을 형식화하여 이를 결합할 수 있는 기술을 가진 사람이 부족하며 이 분야 연구가 진행되고 있으나 결과는 불확실하다.

8 4세대 기법

4세대 기법(4GT : fourth Generation Techniques)은 소프트웨어 개발자가 소프트웨어의 특징을 높은 수준에서 명세화 할 수 있는 공통적인 특징을 지닌 소프트웨어 도구들을 포함한다. 이 도구들은 명세서에 근거하여 자동적으로 원시코드를 생성한다.

소프트웨어의 명세 수준이 높을수록 프로그램이 작성되는 속도가 빨라지는 데에는 논란의 여지가 없다. 소프트웨어공학에서 4GT([그림 2-15], [그림 2-16]) 원리는 소프트웨어를 자연 언어에 가까운 수준으로 명세화 하거나, 중요한 기능을 표현하는 표기법을 이용한 명세화에 중점을 두고 있다.

현재 4GT 원리를 지원하는 소프트웨어공학 환경은 다음과 같은 도구를 일부, 혹은 모두 포함하고 있다. 여기에는 데이터베이스 질의, 보고서 생성, 데이터 조작, 스크린 처리 및 정의, 코드 생성을 위한 비절차적 언어, 그리고 고 수준의 그래픽 기능과 스프레드시트 기능의 포함된다.

소프트웨어공학에서의 4GT 원리는 [그림 2-15]에 있다. 다른 모델과 유사하게 요구사항을 분석하고 정의하는 'requirements gathering' 단계에서 시작한다. 이상적으로는 고객이 요구사항을 기술하고 운영 가능한 prototype으로 직접 변환되어야 하지만 고객이 요구사항을 확실하게 파악하지 못하거나 알고 있는 것을 애매하게 명세화하고, 4GT 도구에 알맞지 않은 방식으로 명세화할 수도 있기 때문에 바로 수행될 수 없다. 또한, 현재의 4GT 도구들은 완전히 자연 언어를 받아들일 수 없다. 이 부분이 4GT의 어려운 핵심적인 부분이 된다.

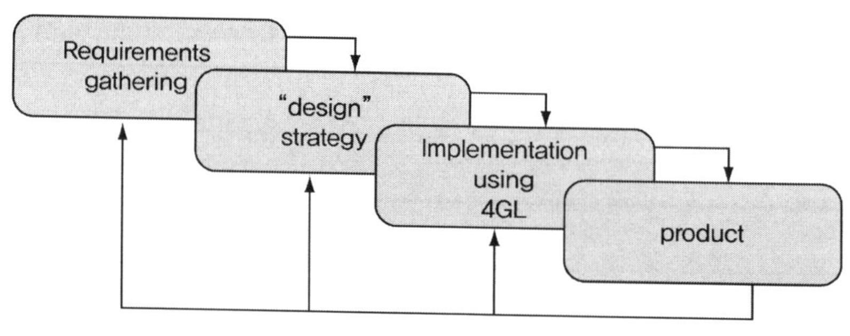

[그림 2-15] 4세대 개발 기법

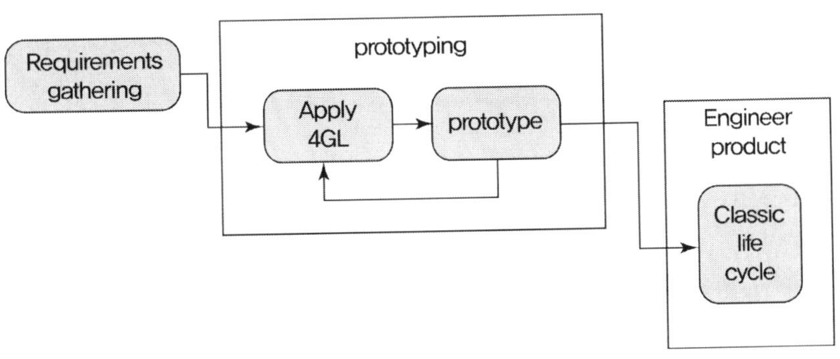

[그림 2-16] 4세대 개발 기법과 기존 모델과의 혼합형

소규모의 시스템에서는 Requirements gathering 단계에서 비절차적 4세대 언어를 사용하여 구현단계로 바로 갈 수 있다. 그러나 비록 4세대 언어가 사용된다 하더라도 시스템을 설계하는 데 많은 노력을 필요로 한다. 특히 대형 시스템의 경우 설계단계 없이 4GT를 사용하는 것은 기존의 소프트웨어 개발 방법에서 만나는 문제점 즉, 품질저하, 유지보수 문제, 명세서와의 불일치 등을 만나게 된다.

마지막 단계는 product 단계이다. 4세대 언어를 사용하여 구현한 것을 최종적인 제품으로 변환하기 위해서는 개발자는 테스팅을 거치고 문서화 작업을 잘 수행해야 하며 다른 소프트웨어 생명주기 모델에서 개발 단계가 변할 때 필요했던 작업을 반드시 수행해야 한다. 4GT를 이용하여 개발된 소프트웨어는 유지보수도 신속하게 할 수 있다.

이 기법의 사용을 찬성하는 사람은 소프트웨어 개발시간의 현격한 감소와 소프트웨어 개발 생산성의 향상을 그 이유로 들고 있다. 반면에 반대하는 사람은 현재의 4GT 도구들이 기존의 프로그래밍 언어를 사용하는 것보다 별로 쉽지 않다는 것과, 이러한 도구에서 생성된 원시코드가 쓸모없다는 이유를 들고 있다. 또한, 이들은 4GT를 이용하여 개발된 대형 소프트웨어 시스템의 유지보수 문제도 함께 거론하고 있다. 이 두 가지 견해 모두에 나름대로의 근거가 있다. 4GT에 관해 요약하면 다음과 같다.

첫째, 몇몇 경우를 제외하고는 4GT 적용 분야가 비즈니스 시스템이나 대형 데이터베이스의 보고서 처리나 정보분석 등의 제한된 영역에서만 사용된다는 것이다. 아직 4GT는 공학적인 분야나 시스템 응용 분야에는 드물게 사용되고 있다.

둘째, 소형이나 중형 소프트웨어 개발에서 4GT를 이용하면 기본적인 데이터를 수집하는 시간이 줄어든다. 설계와 분석을 위한 시간도 감소된다.

셋째, 그러나 4GT를 이용하면 대형 소프트웨어를 개발하기 위해 분석, 설계, 그리고 테스팅 등에 필요한 시간이 훨씬 많이 들기 때문에 코딩 시간의 단축이 오히려 무시된다.

결론적으로 4세대 기법은 다음 세대의 소프트웨어 개발의 중요한 부분이 될 것이다.

[그림 2-17]에 있는 것처럼 소프트웨어 수요는 엄청나게 증가할 것이다. 그러나 현재의 소프트웨어 개발 기법으로는 이 수요를 충당할 수 없을 것이고, 4세대 기법이 앞에서 언급한 인공지능 기법들이 실용화될 때까지 이 공백을 대신해 줄 것이다.

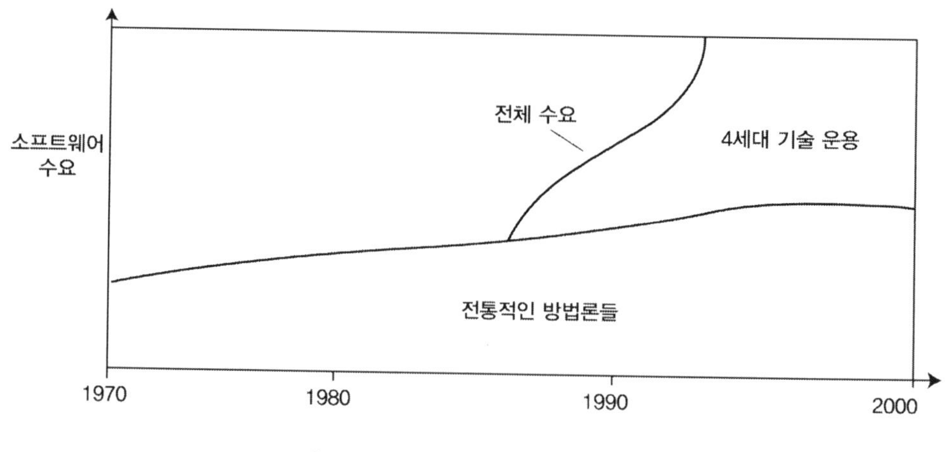

[그림 2-17] 소프트웨어 수요 추세

1. 소프트웨어공학(Software Engineering)에 대해 정의함에 있어 다음 관련자 및 관련
    처에서 어떻게 정의하였는지 논하시오.

    (1) Bauer(1972)
    (2) Boehm(1976,Science)
    (3) IEEE(1983, Systematic Approach)
    (4) Fairley(1985, Technical & Managerial)

2. 소프트웨어 시스템이 가져야 할 특성 4가지에 대해 논하시오.

3. 소프트웨어 생산성 문제와 관련해서 소프트웨어 위기라는 단어가 생겨나게 되었는
    데, 어떤 경우에 소프트웨어 위기가 도래하는지 설명하시오.

4. 구조적 프로그래밍, 구조적 설계, 구조적 분석에 대해 논하시오.

5. 객체지향 분석, 설계 프로그래밍에 대해 논하시오.

6. 프로그래밍 언어와 사용자 인터페이스 기술에 대해 설명하시오.

7. 소프트웨어 개발 기법에 대해 설명하시오.

8. 소프트웨어 개발방법 및 도구에 대해 설명하시오.

9. 프로젝트 관리방법 및 도구에 대해 설명하시오.

10. 소프트웨어 개발방법론에 대해서 논하시오.

11. 소프트웨어 개발 생명주기가 관리자에게 도움을 주는 역할에 대해 논하시오.

12. 고전적 '폭포수 모델'에 대해서 논하시오.

13. 프로젝트 특성에 따른 소프트웨어 생명주기의 다음 모형들에 대해서 논하시오.

   (1) 미국 국방성 모델(DOD-STD-2167A Model)
   (2) 휴즈 항공사 모델(Hughes Aircraft Company Model)
   (3) 달리 모델(Edmund B. Daly model)
   (4) 로이스 모델(ROYCE Model)
   (5) 마이어스 모델(Myers model)
   (6) 폴록 모델(Paul Rook model)
   (7) 슈만 모델(Martin L. Shooman model)

14. 나선형 모델(Spiral model)에 대해 논하시오.

15. 프로토타입 모형(Prototype Model)에 대해 논하시오.

16. Rapid-prototyping 모델에 대해 논하시오.

17. Operational 모델에 대해 논하시오.

18. Knowledge-based 모델에 대해 논하시오.

19. 4세대 기법에 대해 논하시오.

자운영(紫雲英)

孝星/詩人 金泰達

남쪽 들녘
구름같이 흐르며
나풀거리는
자줏빛 자태

남계리 들판
보메기 소리
봄 처녀
쑥 바구니 가득 찰 곡우쯤

봄바람 꽃바람 타고
논두렁 가
춤추는 네 모습에
시인의 가슴마저 설렘이어라

꽃시계 만들어 주던
임은 가고
물레방아 도는 타향
유채꽃과 함께 너는 피었구나

한복 차림
어머님 같은 너
용왕님께 방생하러 갈 때
모후산 자락에서 또다시 만나자.

* 남계리 들판: 주암댐 근처 모후산 자락 마을 들판
* 보메기 소리; 논 물대는 시기에 부르는 소리

프로젝트 관리

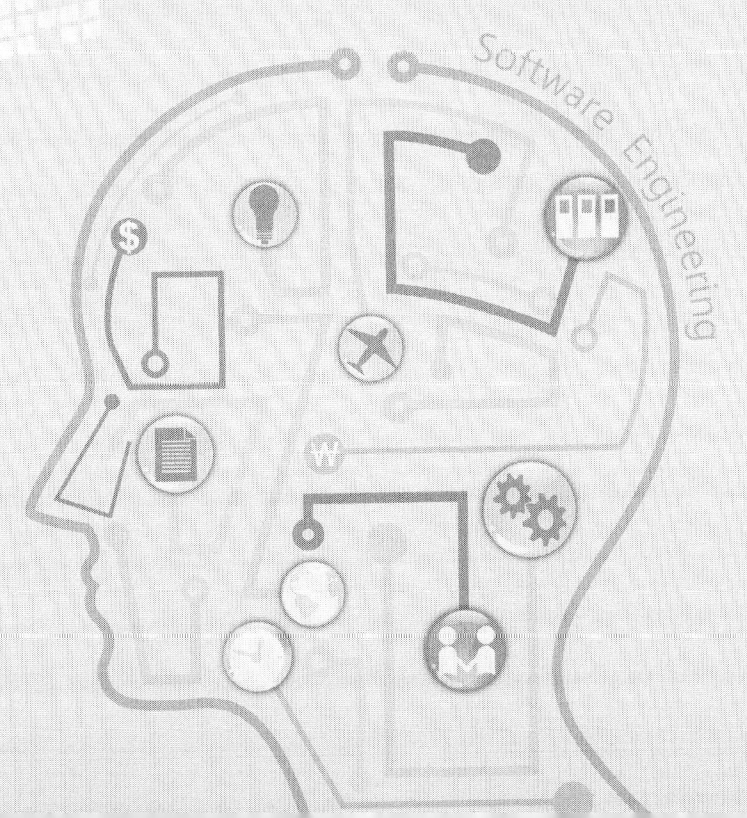

소프트웨어를 개발함에 있어 프로젝트 관리는 주어진 시간과 예산과 인력 및 자원 범위 내에서 얼마나 효율적으로 시간과 돈, 인력 및 자원을 적절하게 활용해서 고품질의 결과물을 양산하고 재사용 및 유지보수가 용이하도록 하여 소프트웨어 개발 프로젝트를 성공적으로 완성할 것인가에 관심을 갖고 연구되는 분야이다.

즉, 주어진 시간과 예산 내에서 연구 개발과제를 효율적으로 수행하는 관리방법은 무엇일까?

프로젝트에 투입되는 많은 인원을 적절히 통제할 수는 방법은 없을까?

프로젝트 전 과정에 대해 체계적인 작업지시와 관리감독 방법은 어떻게 해야 할까?

프로젝트 수행의 진척율을 한눈에 파악할 수는 없을까?

프로젝트와 관련되는 사람들과의 의사소통은 어떻게 하면 원만히 할 수 있을까? 등을 연구하는 분야이며, 이들을 해결하기 위한 방법론이 패키지로 개발되어 출시되고 있다.

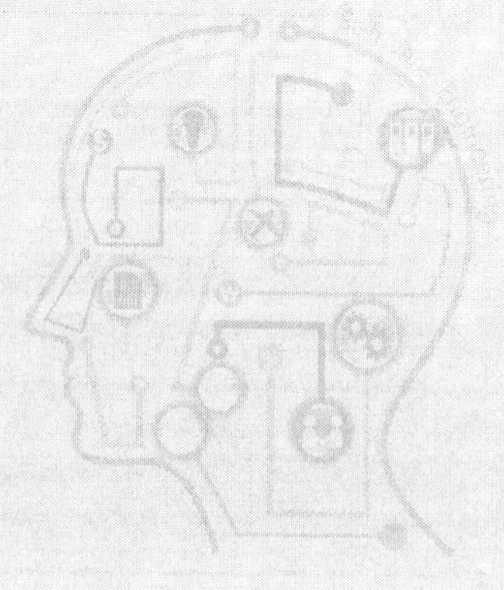

3.1 프로젝트 관리 이론

프로젝트(project)란, 일반적으로 미리 주어진 사양(specification)에 의해 주어진 예산(budget)과 기간(period) 내에 개발하고자 하는 생산 목표물(products)을 성공적으로 달성하기 위한 조직적 편성단위(organizational unit)로 표현한다. 웹스터(Webster)가 정의하기는 "성공을 기대하는 곳에서의 어떤 구성 및 체계를 의미"한다고 하였으며, 크렌드와 레온(Clande & Leon)이 저술한 현대의 프로젝트 관리라는 책에는 "단일 생산품이나 어떤 공정에 있어 결과를 얻기 위해 주어진 시간 내에 기울이는 노력 그 자체"라고 기술하였다.

관리(management)를 정의함에 있어 경제학자(economist)는 토지, 노동, 자금 등 자원을 활용하여 생산에 필요로 하는 중요한 요소로 정의하며, 정치사회학자(political scientist)는 조직에서 권력과 명령체계를 확보하고 권력을 갖기 위한 시스템으로 정의하고, 사회학자(sociologist)는 사회적 계급(class)과 신분(status)체계를 의미한다고 하고 정의하며, 심리학자(psychologist)는 인간의 욕구(need)와 심리적 압박(pressure)체계와의 관계로 정의하고, 행동과학자(behavioral scientist)는 조직을 둘러싸고 있는 환경과 조직 내 각 개인들 간의 상호관련 체계를 의미한다라고 정의하고 있다.

프로젝트 관리를 위한 구체적인 내용을 조사·분석해 보면, 경영관리 측면에서 리처드 H.테이어(Richard H Thayer)는 소프트웨어 엔지니어링 프로젝트 관리 논문에서 프로젝트를 관리하기 위한 주요기능(major function)은 프로젝트 관리자가 기획(planning), 조직(organizing), 요원선발(staffing), 감독(directing), 조정 및 통제 (controlling) 능력을 갖고 있어야 하며 이론과 경험을 중요시 하여야 한다고 요약하였다.

프로젝트 관리자의 수요 활동사항들(activities)을 살펴보면 다음과 같다.

① **기획(planning) 기능**

목표나 목적을 설정, 전략과 정책을 개발, 조치를 취해야할 방향을 결정하고, 의사결정을 내리며, 방법과 절차를 수립, 프로그램들을 개발, 미래의 상황을 예측, 예산을 수립, 프로젝트 계획서를 작성하여야 한다.

② 조직구성(organizing) 기능

요구되는 업무를 분류하고 조직구조 형태를 선택 확정시키며 직위를 부여하고, 권한과 책임 자격을 부여하며 조직을 구성하여야 한다.

③ 조정 및 통제(controlling) 기능

작업의 효율을 증진할 수 있는 표준을 개발하고 보고 체계와 점검방법을 설정하고, 결과를 측정하며 잘못된 행위에 대해 시정하도록 하고 상벌하며, 조정 및 통제방법을 문서화해야 한다.

④ 감독(directing)기능

리더십을 발휘하고 구성원의 선배로서 모범을 보이고 가능하면 권한을 강조하지 말고, 구성원이 협동할 수 있게 하며 서로 간 대화할 수 있는 분위기를 조성하고 갈등을 해결하며 상황에 맞추어 관리방법을 조정하고, 지시한 내용과 결과를 기록으로 남겨야 한다.

⑤ 요원선발(staffing) 기능

조직 구성도에 따라 인력을 확보하고 새로 배치할 요원을 찾으며, 요원들의 교육, 훈련계획을 세우고 참여 요원들의 개인평가서를 마련하며, 우수한 팀원에 대한 보상방법을 준비하고 업무를 할당하며 모든 것을 문서화해야 한다.

그러나 일반적으로 프로젝트 현장에서는 프로젝트 관리를 위해 사용되는 기법은 프로젝트기획 기법, 진척도관리 기법, 조직 구성과 동기 부여 기법, 위험관리 기법, 변경관리 기법 등이 주로 활용된다. 이러한 기법들을 적시 적소에서 활용되지 않았을 때 프로젝트가 성공하지 못하고 실패하게 되는데 그 이유를 구체적으로 분석해 보면 다음과 같다.

목표설정을 잘못하였을 때와 대응 전략분석이 불충분한 경우, 기획을 잘못하였을 경우, 접근방법과 계획을 잘못 하였을 경우, 조직구성 시 역할분담 및 책임 사항과 업무할당을 잘못하였을 경우, 시스템 선정에 있어 부적절하거나 현존하지 않는 것을 선택했을 경우, 프로젝트 수행을 위한 자원(인력, 예산, 시설 등) 계획을 잘못 세웠을 경우, 프로젝트 관리방법 및 구현을 위한 제반 도구(tools)를 사용하지 않았거나 기획하지 못하였을 경우,

프로젝트 관리자의 책임회피와 자질과 경험 미숙 등이 프로젝트 수행에 있어 실패의 주요원인으로 분석된다.

미국의 조달전문회사(procurement associates, inc)에서 발간한 프로젝트 관리자지침을 보면, 프로젝트를 관리함에 있어 프로젝트 관리자가 수행해야 할 주요업무(task)를 다음과 같이 기록하고 있다.

① **프로젝트 기획(planning)기능**

프로젝트의 목표를 설정하고, 프로젝트 수행 정의를 마련하고, 작업계획을 수립하고, 작업 공정 계획서를 작성하고, 작업진척도 관리 및 평가서를 작성하고, 예산을 수립하고, 업무할당 및 권한을 부여하고, 프로젝트 수행에 필요한 각종 장비 및 자제를 조달하고 입력을 하고, 인력을 확보하고 시설을 구비하고, 팀원의 개성을 파악하고 정보체계를 확립해야 한다.

② **조직구성(organizing)기능**

기능에는 해당 프로젝트를 수행함에 있어 조직구성형태를 프로젝트 (project) 조직, 매트릭스(matrix) 조직, 직능(function) 조직, 프로젝트와 매트릭스의 혼합조직(combination), 복수 프로젝트(multiple) 조직 형태로 할 것인지 결정하게 된다.

③ **요원 선발(staffing) 기능**

인력이나 인력자원을 확보함에 있어 인원보충(recruitment), 팀원 선발(selection), 팀원 배치(placement), 팀원 교화(indoctrination), 팀원 훈련(training)을 통해 개발해야 한다.

④ **감독(directing) 기능**

프로젝트 추진 계획기능에서 관리자가 입안한 프로그램 관리계획(program management plan), 일정 통제계획(schedule control plan), 부계획자 계획(subcontractor plan), 문서화계획(documentation plan), 형상관리계획(configuration management plan), 후방지원계획(logistics support plan), 시설계획(facilities plan), 인력수요계획(manning requirement plan), 재정계획(finance plan), 기술적 요구 및 정의(technical requirements & definitions), 신뢰도 및 품질보증계획(reliability and quality assurance plan), 시험계획(testing plan)에 준하여 계획대비 진척을 감독하게 된다.

⑤ **조정 및 통제(controlling) 기능**

쌍방의 협의에 의해 작성된 계약서에 근거한 작업지시서(Statement of Work : SOW)에 따라서 요구사항을 분석하며 작업분할 구조도(Work Breakdown Structure : WBS)를 작성하고, WBS 중에서 부계약자가 수행할 내용을 명확히 한 다음 실제로 작업계획(program plan)을 수립하고, 작업할당 및 작업조정 및 현황보고, 현황분석, 검토 등을 하게 되는데, 그 제반 절차는 [그림 3-1]과 같으며, 전체적인 프로젝트를 관리하기 위한 절차는 [그림 3-2]와 같다.

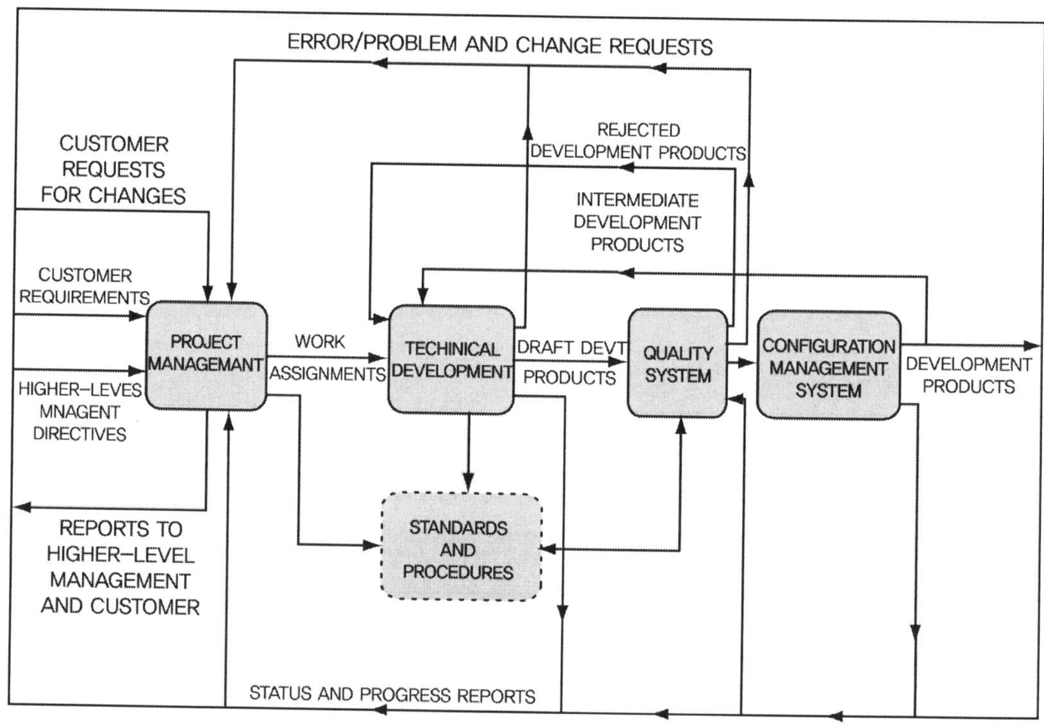

[그림 3-1] 프로젝트 통제체계 기본운영도

프로젝트 관리는 개발과 관련해서 처음부터 끝까지 모든 과정에 관계하게 된다. 프로젝트를 성공적으로 관리하기 위해서는 수행하게 될 프로젝트에 대한 작업영역과 프로젝트 수행과정에 야기될 위험요소들을 파악하고, 요구되는 자원들과 성취해야 할 태스크, 추

적해야 될 이정표를 작성하여 관리하고, 프로젝트 수행과정에 추가 또는 확대될 노력 정도와 준수해야 할 일정 등에 대해 관리의 초점을 맞추어야 한다.

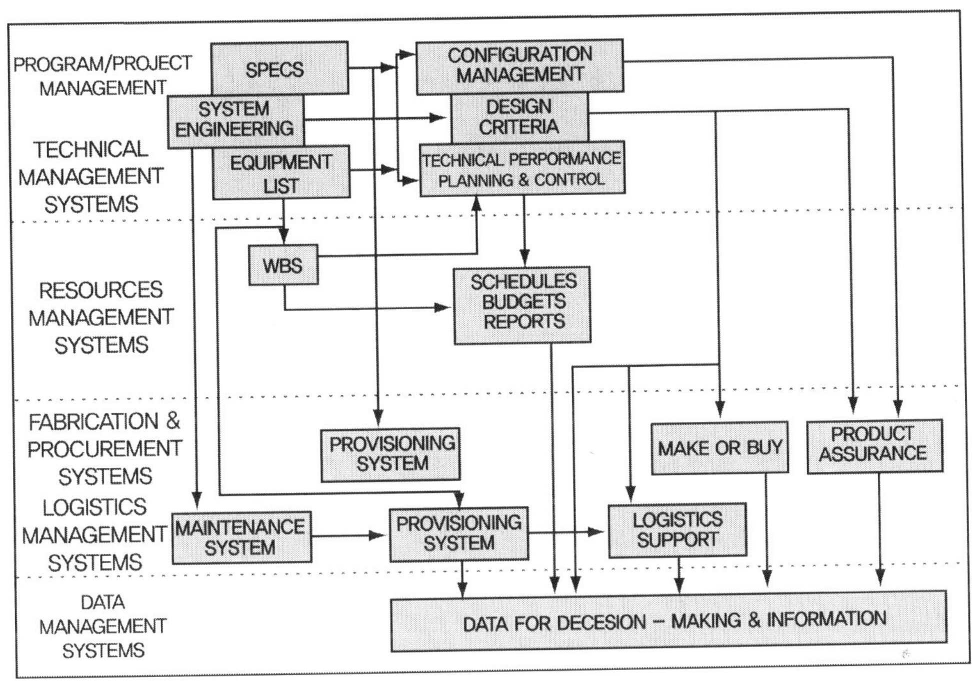

[그림 3-2] 프로젝트 관리 절차

프로젝트 관리는 실제 개발업무가 수행되기 이전부터 시작되며, 개념단계에서 소프트웨어가 구현되고 전개될 때까지 계속되고, 개발되어 운영 중인 소프트웨어가 사용되지 않거나 사용이 종료될 때까지 관계하게 된다. 즉 소프트웨어 생명주기의 모든 과정에 걸쳐 진행된다.

3.2 프로젝트 관리의 필요성

프로젝트 관리를 위한 접근방법은 기존의 직능조직 관리체계와 다르게 비교적 개방적이고 상호보완적이며 보다 개선된 통제방법을 요구한다. 그리고 기존 조직 내 자원(인원 및 시설 등)의 사용에 있어 기존 조직 간의 타협을 필요로 하는데 이때 무엇보다 조직의 최대 이익에 우선하여 자원을 활용하여야 한다. 그리고 효율적 관리를 위해서는 기존 직능조직 관리방법과는 차별화하여 새로운 방법인 프로젝트 관리기술을 적용하여야 한다.

프로젝트 관리를 이해하기 위해서는 우선 프로젝트가 무엇을 의미하는지 알아야 한다. 프로젝트는 단 한번 시행되고 결과물을 양산하면 그 조직은 종료된다는 것이다 (One-Shot). 즉, 성공적으로 프로젝트가 종료되면 해당 프로젝트 조직은 해산됨을 의미한다. 그리고 시간적 제약을 받는다는 것이다. 즉, 계약에 의한 또는 약속된 주어진 기간 내에 프로젝트를 완성해야 한다는 의미이다. 그리고 목표 지향적이고, 책임이 중요하다 (Major Undertaking). 그리고 다양한 기술을 동원해야하고 적절한 자원을 활용하고 참여시켜야 한다. 그래서 프로젝트는 다음과 같은 특징을 포함하는 일련의 업무와 작업들로 이루어진다.

① 프로젝트는 특별한 목표를 갖는다.

② 시작과 끝나는 날이 정해져 있다. 즉, 프로젝트 추진 일정이 약정되어 있다.

③ 자금 조달에 한계가 있다. 즉 계획된 예산 범위 내에서 집행해야 한다.

④ 계획된 범위 내에서 자원들을 소비해야 한다(자금, 인원, 설비).

프로젝트 관리는 예산, 시간, 자원, 실행의 제약조건 내에서 정의된 목적을 성취하기 위해서 관련된 일련의 업무들을 계획하고 가동하고 통제하는 과정으로 정의 할 수 있다. 즉 시간, 비용 그리고 실행은 프로젝트의 일반적 제약 요소이다.

현업 또는 고객과 프로젝트를 관리할 관리자가 소속하고 있는 조직이 만족할 수 있도록 하기 위해서는 무엇보다 프로젝트 관리자 선정과 그의 역할이 무엇보다 중요하다. 예를

들면 고객에게 서비스를 제공하는 조직체(소프트웨어 용역업체 등)의 경우는 프로젝트의 궁극적인 목표는 적절한 시간(계약된 납기 내에), 최소의 비용(투입된 예산), 고객의 만족(고객 요구사항의 충족도)을 위해 최고의 서비스를 통해 실익을 얻는 데 있다.

프로젝트 관리를 함으로써 얻을 수 있는 가장 큰 효과는 조직적인 계획과 통제기능 이라고 할 수 있다. 프로젝트 관리자는 다음 업무에 대해 직접적인 책임을 갖고 업무를 추진하게 된다.

① **예산계획 및 실행예산 통제**

② **일정계획 및 일정관리**

③ **자원계획 및 할당**

④ **기술적 품질계획 및 품질보증 활동**

⑤ **원만한 고객 및 대외관계 유지 등**

프로젝트 관리자가 얼마나 효과적으로 이러한 기능들을 수행하느냐에 따라 다음과 같은 프로젝트 관리의 효과가 현실로 나타날 수 있다.

① **전체 업무를 통합 관리할 수 있도록 기능적으로 개인별로 책임을 할당하고 문서화 하고 관리한다.**

② **업무 외적이며 불필요한 보고시간을 줄인다.**

③ **개인별, 팀별 일정에 대해 계획대비, 실천사항을 명시하고 관리한다.**

④ **개인별, 팀별 계획에 대한 성취도를 측정 관리한다.**

⑤ **문제점들을 조기에 발견하고 적절한 조치를 취할 수 있다.**

⑥ **장래계획을 위한 개선된 평가능력을 기른다.**

⑦ **목표 달성이 언제 될 것인지를 예측할 수 있다.**

3.3 프로젝트 관리의 특성

프로젝트 관리의 특성을 고려해서 적용시키고자 하는 방법론은 다음과 같은 특징을 갖는다.

① 프로젝트 특성을 고려한 소프트웨어 개발 생명주기 선정과 단계 구분의 용이성

② 단계별 작업 분할구조(WBS : Work Breakdown Structure)도 작성의 명확성

③ 개발 생명주기에 있어 각 단계별로 작성되어야 할 산출물 구분의 표준성

④ 방법론에서 제공하는 각종 다이어그램 표현의 적절성

⑤ 프로젝트에 투입될 각종 자원 계획수립의 용이성

⑥ 프로젝트 계획대비 실적관리의 용이성 등

이런 특성을 갖는 방법론들을 채택하는 경우 프로젝트 관리를 위해서 별도로 관리비용과 에너지를 낭비하지 않고, 프로젝트 추진절차에 따라 진행해가는 과정에서 자연스럽게 프로젝트 관리가 이루어진다. 물론 각 단계마다 엄격하게 정의된 세부 작업활동과 산출물로 명확하게 정의되어 있어야 할 것이다.

일반적으로 프로젝트를 관리하기 위한 프로젝트 관리의 특성은 다음과 같다.

① **전략 지향적**

모든 개발 프로젝트들은 해당 조직의 경영전략과 계획에 준해서 수행되게 된다. 그래서 프로젝트 목표는 기업의 경영목표와 연관이 있기 때문에 경영진의 통제와 동의를 얻어서 추진하게 된다.

② **분할과 정복을 통해 작업수행**

대규모 작업을 소규모 세부 작업들로 분할시켜서 작업을 수행함으로서 분할된 작업 단위로 관리함으로서 프로젝트 관리가 용이하게 된다.

③ 기능 지향적

조직 단위가 아닌 업무기능 중심으로 프로젝트 조직이 구성된다.

④ 사용자 지향적

사용자 요구사항과 관계모임(단계별 검토, 워크숍 등)이 중시된다.

⑤ 지침과 평가 척도

개발비용, 품질 등에 관한 평가지침이 마련되어 있어야 한다.

3.4 프로젝트 관리 기능

프로젝트 관리 기능은 프로젝트를 관리하기 위해서 무엇을 해야 하는 일련의 기능, 요소 그리고 세부 작업들의 집합체이다. 프로젝트를 관리하는 과정에는 [그림 3-3]과 같은 프로젝트 관리 기능들에 대한 작업들을 수행한다.

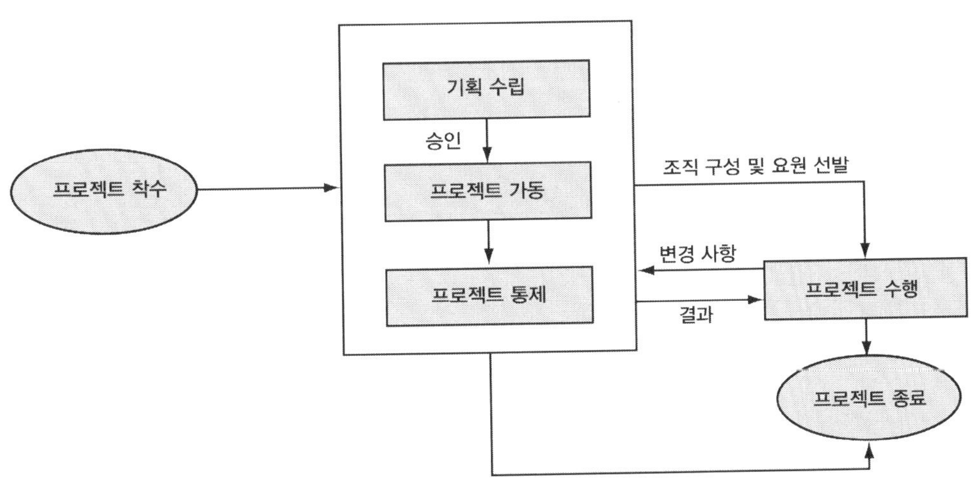

[그림 3-3] 프로젝트 관리 기능

〈표 3-1〉 시스템 프로젝트 관리 기능

기능	내용	
계획수립	• 프로젝트 개요 작성 • 업무 처리 지침서 개발 • 자원 계획수립	• 업무 구성도 개발 • 계획 및 일정 • 예산 수립
조직	• 절차 개발	• 의사소통 체계 수립
요원선발	• 프로젝트 관리자 선발 • 프로젝트 요원 선발	• 조직 요원 선발 계획 • 요원 환원 계획 이행
통제	• 진행 과정 관찰	• 비용, 일정, 자원 통제

모든 프로젝트에는 시작과 끝이 있으며, 프로젝트 관리는 〈표 3-1〉에서 보여 주는 계획수립(planning), 조직(organizing), 요원선발(staffing), 통제(controlling)의 4단계 기능들을 통해서 이루어진다.

3.4.1 계획수립(Planning)

계획수립 단계에는 프로젝트 수행목표를 정확히 파악해서 프로젝트 목표를 달성하는데 필요한 업무와 성취해야 할 일들을 계획서에 담고 결정하는 과정이다. 계획수립 과정에는 수행할 업무수행 활동과 해당업무, 시간과 비용 그리고 프로젝트 목표를 성공적으로 성취하기 위한 수행단계들을 정의한다.

계획수립에는 또한 자료, 도구, 시설물, 사람 그리고 필요한 자원들을 나타내야 한다. 계획수립 과정에서는 세부 행동, 시간과 비용 그리고 프로젝트 목표 달성을 위하여 효율성 점검을 위한 이정표(performance milestone) 등을 설정할 계획을 수립한다. 또한 필요한 인력, 장비, 시설, 재료 및 자원들을 계획한다. 계획을 수립하는 본질적인 성격은 다음 4가지 측면에서 찾아볼 수 있다.

① **목표에 대한 기여성**

　모든 계획수립과 관련된 업무의 주된 목적은 기업의 목표를 달성하는 것을 쉽게 하고자 하는 데 있다.

② **계획수립의 우선성**

논리적으로 볼 때 계획수립은 조직구성, 요원선발 및 통제 등을 원만히 수행하기 위해서도 모든 업무에 우선하여야 한다.

③ **계획수립의 일반성**

계획수립의 성격과 범위는 경영자들이 가지는 권한과 상사가 정하는 방침에 따라 다르지만, 계획수립 업무 자체는 일반적인 경영관리자들이 가지고 있는 직능이다.

④ **계획수립의 효율성**

계획수립의 효율성은 계획을 공식화하고 실행하기 위한 비용과 계획수립을 하지 않았을 때 발생할 수 있는 예측하지 못했던 사건의 발생에 의한 손실을 상쇄하고 나서 기업의 목표달성에 기여한 금액 또는 이득에 의하여 측정된다.

다음은 프로젝트 관리를 위한 계획수립을 위해 작업해야 할 주요 활동요소들이다.

① **작업 분할 구조도(WBS : Work Breakdown Structure) 작성**

② **업무처리 지침서(SOW : Statement of Work) 작성**

③ **최적 경로 방법(CPM : Critical Path Method)을 통해 작업 일정 계획수립**

④ **프로젝트에 투입할 자원 계획을 수립**

⑤ **프로젝트 수행을 위해 투입될 예산을 수립한다.**

또한 프로젝트 관리를 위한 계획수립 과정에 있어 세부 활동들은 다음과 같다.

① 프로젝트 개요를 작성한다.

② 업무 구성도를 만든다.

③ 모든 서브 프로젝트들을 파악한다.

④ 적합한 SDLC 단계에 따른 업무들을 파악한다.

⑤ 업무처리 지침서를 작성한다.

⑥ 모든 제안 및 프로젝트와 관련된 문서를 검토한다.

⑦ 업무처리 지침서 준비 팀을 구성한다.

⑧ 구성원들에게 작업들을 할당하고 업무처리 지침서를 준비한다.

⑨ 프로젝트 팀과 고객이 함께 검토한다.

⑩ 필요한 부분에 대해 수정을 한다.

⑪ 계획 및 일정을 세운다.

⑫ 예상 소요 기간을 배정한다.

⑬ 업무제약 사항들을 규정한다.

⑭ 중요한 방침에 대해서 조사한다.

⑮ 계획 및 일정을 조정한다.

⑯ 자원 계획을 수립한다.

⑰ 필요한 자원을 파악한다.

⑱ 자원을 업무에 할당한다.

⑲ 자원 사용 보고서를 만든다.

⑳ 어떤 자원이나 업무에 문제가 있는가를 정한다.

㉑ 가용자원을 정하고 할당한다.

㉒ 한정된 자원에 따른 일정표를 만든다.

㉓ 자원 투입에 따른 결과를 조사한다.

㉔ 자원에 관한 요구사항을 파악하고 계획을 세운다.

㉕ 예산을 세운다.

㉖ 각 업무 구성도에 따라 자원 예산을 할당한다.

㉗ 각 업무 구성도에 따른 직접 비용을 할당한다.

㉘ 간접비용을 할당한다.

㉙ 상위 계층 예산과 추정 예산을 비교한다.

㉚ 상위 계층 예산을 승인한다.

㉛ 상세 자원 예산을 준비한다.

㉜ 상세 자원 예산을 승인한다.

3.4.2 조직구성(Organizing)

프로젝트 관리를 위한 조직구성의 의미는 프로젝트 추진 팀을 구성하는 것이다. 프로젝트를 효과적으로 관리할 수 있도록 여러 요소들을 규정하는 것이다. 운영 지침, 절차 그리고 프로젝트 우선순위를 프로젝트 관리 과정에서 초기에 정해 주는 것은 중요한 일이다.

조직구성 활동에는 절차 정의 및 관리 목표에 대한 의사소통, 프로젝트 우선순위 설정, 인적사항에 대한 고려, 의사소통 체계 설성, 프로섹트 표준 설정 등과 같은 사항들이다.

1 조직화의 기본 요소

① **직무(job)**
  각각의 관리자 및 개발자들에게 분할된 업무의 기술적 단위 또는 업무의 총체를 말한다.

② **권한(authority)**
  일정한 직무를 스스로 수행하거나 또는 타인으로 하여금 수행하도록 하는 데 필요한 공식적인 힘 또는 권리를 말한다.

③ **책임(responsibility)**
  일정한 직무와 권한을 일정한 기준에 따라 수행해야 할 의무를 말한다. 직무는 적절

한 위임과 함께 부하 직원에게 위임될 수 있지만 책임은 위임 불가능하다.

④ **직위(position)**

수행해야 할 일정한 직무가 할당되고, 그 직무를 수행하는 데 필요한 권한 및 책임이 구체적으로 규정되어 각 구성원인 개인에게 부여된 조직상의 지위를 말한다. 즉, 각 구성원을 조직과 관련시킬 때 발생하는 개념이다.

⑤ **상호관계의 설정**

각 직위의 직무 범위와 권한을 규정하고 직위 상호 간의 관계를 합리적으로 설정하는 것이다.

2 조직화의 원칙

조직을 구성할 때의 이론에는 압력이론 및 유인이론과 이들을 절충해서 사용하는 방법이 있다. 압력이론(Push Theory)의 특성은 다음과 같다.

① **분업의 원칙**

조직 구성원들이 가능한 단일의 전문화된 업무를 수행하도록 일을 분담시켜야 한다는 것이다. 전문화의 원칙이라고도 불린다.

② **책임과 권한의 원칙**

각 개인의 직무 분담에 관한 상호관계를 명확히 하여야 한다는 것이다.

③ **권한 이양의 원칙**

권한을 가지고 있는 상사가 부하 직원에게 직무를 위임할 경우에는 그 직무수행에 관한 일정한 권한까지도 부여하여야 한다는 것이다.

④ **계층구조의 원칙**

대규모 조직에 있어서는 그 전체 구조가 피라미드형의 계층구조를 형성해야 한다는 것이다. 이는 명령 일원화와 감독 범위의 적정한 수준을 설정하기 위한 것이다.

⑤ **계층 단축화의 원칙**

조직의 능률을 높이기 위해서는 조직의 계층을 가능한 한 작게 해야 한다는 것이다.

⑥ **관리와 기술 이원화의 원칙**

관리자의 관리 능력을 보완하고 전문적 감독을 촉진하기 위해서 기술 지향적 스텝 조직을 따로 구성하고 이것을 관리 행정 지향적 라인 조직과 구별하여야 한다는 것이다.

⑦ **조정의 원칙**

조직의 각 구성원이 분담하는 업무가 기업 전체의 관점에서 가장 효과적으로 수행될 수 있도록 상호 통합되어야 한다는 것이다.

다음으로 유인이론(Pull Theory)은 다음과 같은 특성을 갖는다.

① **통합의 원칙**

분리보다는 통합을 중요시하여야 한다는 것이다.

② **행동 자유의 원칙**

지나친 억압보다는 행동의 자유를 확대함으로써 조직 구성원들의 업무 수행에 관한 제약을 최소화해야 한다는 것이다.

③ **혁신성의 원칙**

안정만 중요시하는 것보다는 새로운 것과 창의성을 중요시해야 한다는 원칙이다.

④ **업무 흐름의 원칙**

기능만을 중요시하는 것보다는 앞으로는 업무의 흐름을 중심으로 조직을 편성해야 한다는 것이다.

3.4.3 팀 요원 선발(Staffing)

필요한 인적자원 즉, 각 해당 업무별로 적절하고 필요한 사람 수만큼 선발하여 언제 어떠한 인적 자원들이 필요할 것인가를 고려하여 적절한 사람을 배치하는 것이다. 팀 요원 선발에 있어 고려해야 할 내용은 다음과 같다.

- 전문적이고 경험 있는 적절한 프로젝트 관리자를 선발해야 한다.

- 프로젝트 관리자는 팀 요원 선발계획을 수립한다.

- 프로젝트에 투입할 적합한 팀 요원을 선발해야 한다.

- 프로젝트가 종료되면 관련 팀 요원을 소속 직능조직으로의 환원시킬 계획과 이행 계획이 필요하다.

그리고 프로젝트 관리를 위한 팀 요원 선발과 관련한 세부 행동들은 다음과 같다.

① **적절한 프로젝트 관리자를 선발해야 한다.**

프로젝트 관리자 후보를 선정하고 프로젝트 관리자 후보 평가(책임성, 기술 요구사항, 개인 성격)를 통해 전문성과 경험성 등을 고려해서 선발해야 한다.

② **프로젝트 관리자가 요원 선발 계획을 수립한다.**

프로젝트 추진을 위한 팀원의 필수 요건을 정의하고, 조직구조 형태를 결정 계획을 수립한다.

③ **프로젝트에 투입할 적절한 요원을 선발하고 배치한다.**

조직 내에서 가용한 자원을 파악 결정하여 책임자의 승인하에 팀 요원을 선발하고 배치해서 조정, 통제한다.

④ **팀 요원 환원계획과 이행**

개발 프로젝트가 종료된 후 운영 지원 요원으로 남게 될 팀 요원에 대한 수준 결정과 프로젝트 종료 후 팀 요원을 소속 부서로 환원할 계획을 수립하고 환원 계획에 따라 이행하고, 감독, 통제해야 한다.

3.4.4 통제(Controlling)

프로젝트 추진 과정에 있어 프로젝트를 관리하기 위해서는 조정과 통제과정이 매우 중요한데, 통제라 함은 목표를 이루어 가는 과정의 평가와 남아 있는 일이 무엇인가를 평

가하고, 목표를 달성하기 위해 필요한 올바른 조치들을 파악하는 활동이다. 통제가 없다면 프로젝트 관리자 및 팀 요원들은 프로젝트가 주어진 시간에 완료될 것인지, 예산 한도 내에서 비용이 집행되고 있는지 또는 품질 면에서 원하는 수준에 도달했는지를 알 수가 없다. 그래서 통제가 필요한데 통제의 주요 기능은 다음과 같다.

- **프로젝트 진행 과정에 필요한 정보를 수집**

- **계획된 예산과 일정에 대한 진행 과정을 측정하는 보고서를 작성**

- **프로젝트 추진과정에 발생하는 문제의 영역과 그 문제에 대한 원인을 규명**

- **해당 문제에 대한 가장 좋은 해결책을 찾고, 적절한 조치를 취함**

통제 기능에 대한 세부적인 활동 내용은 다음과 같다.

① 프로젝트 진행과정을 관찰하고 추적 및 감시를 하고 진척 보고서를 작성한다.

② 프로젝트 추진 사항에 대해 계획대비 실적에 대한 진행과정에 대한 자료를 수집하여 진척 보고서를 작성한다.

③ 프로젝트 진행과정에 관한 정보(진행된 작업 시간, 실제 지출 비용, 작업 완성도)를 수집하여 계획된 일정과 예산집행과의 차이(deviation)를 보고서로 작성 한다.

④ **프로젝트 비용, 일정 및 자원 통제** : 프로젝트 추진에 있어 당초 계획 대비 실적의 차이를 분석해서 적시 적소에 문제가 되고 있는 영역에 대해, 문제의 원인을 규명하고 가능한 해결책을 찾아서, 그 해결책에 대한 평가과정을 거친 다음 최선의 해결책을 선택하여 정정 조치가 되도록 해야 한다.

 **3.5 프로젝트 관리자의 역할**

프로젝트를 수행함에 있어 조직 내 의사결정자가 어떤 프로젝트 관리자를 해당 프로젝트에 투입시켜서 책임과 권한을 줄 것인가 하는 것이 때로는 전체 프로젝트의 성패를 좌우하는 경우가 있다. 그래서 프로젝트 관리자 선정은 매우 신중하고 객관적 평가과정 및 전문가의 조언을 토대로 이루어져야 한다.

프로젝트 관리자는 프로젝트와 관련되는 업무는 물론이고 적용기술, 관리기법, 인간관계 등 다방면에서 전문가로서 자격과 경험을 갖고 있어야 하며, 프로젝트와 관련해서는 시스템을 통합하고 조정하는 책임을 갖는다.

프로젝트 관리자는 팀 구성원들에게 많은 영향을 주고 프로젝트가 성공적으로 완료 되도록 조정 및 통제하고 설득할 수 있는 책임과 권한을 동시에 갖게 된다.

프로젝트 관리자는 팀 구성원에게 노력의 합리성과 보상에 대해 투명하고 공개적으로 설명하고 세부 업무를 계획할 때는 가능한 팀 구성원들의 의견을 수렴하여 반영시키도록 노력해야 한다. 프로젝트를 성공적으로 추진하기 위해서 프로젝트 관리자는 관련자와의 원만한 관계를 유지 할 수 있는 대화 기술을 갖고 있어야 하며, 관련 분야에 대한 전문적인 지식과 기술 및 경험을 갖고 해당 업무를 추진해야 팀 구성원들에게 신뢰를 얻을 수 있다.

프로젝트 관리자의 역할은 궁극적으로 프로젝트를 관리하는 것이지 프로젝트 자체를 수행하는 것이 아니라는 사실을 기억해야 한다. 만약 프로젝트 관리자가 팀 구성원들이 수행하는 업무가 마음에 들지 않는다고 해서 관리자가 해야 할 관리는 등한시하고 팀 구성원이 하는 실무적인 일에 치중하게 된다면 관리자와 실무자 간에 불협화음이 일어나게 되고, 그 프로젝트는 서로간의 불신으로 인해 실패로 끝나게 될 것이다.

프로젝트 관리자는 프로젝트를 관리하기 위한 일을 지속적으로 계획하고 준비하는 작업에 시간을 투여해야 한다. 특수한 경우 작은 프로젝트에서는 프로젝트 관리자가 직접 실무업무를 같이 하는 경우도 있을 수도 있다. 그때 프로젝트 관리자는 자신이 두 가지 기능을 수행하고 있음을 알고 적절하게 시간을 분배해서 사용해야 할 것이다.

프로젝트를 추진하기 이전에 프로젝트 추진을 위해 계획을 세울 때는 경험이 많은 전문 프로젝트 관리자의 의견과 검토를 받고 추진하는 것이 좋은데. 프로젝트 관리자가 고려해야 할 사항은 다음과 같다.

① 프로젝트 관리자의 고정관념과 다음과 같은 가정은 매우 위험하다.

- 프로젝트 수행 중에는 팀 구성원의 변화는 없다.

- 고객과 자신은 시스템 요구사항을 충분히 안다.

- 품질보증 활동은 단기간에 이루어진다.

- 소요 공수는 어떤 소프트웨어 엔지니어를 투입 할 것인가와 무관하다.

- 시스템 시험과 설치는 단시간 내에 끝날 것이다.

- 일정에 누락된 것은 뒤에 추가하면 된다.

- 고객은 사용자 지침서를 읽고 시스템 운영이 가능할 것이다.

- 프로젝트는 개발자 위주로 개발하고, 문제점은 개발이 끝나고 현업과 조정하면 될 것이다.

② 프로젝드 관리자가 다음과 같은 시항은 피해야 하며 즉시 보완되어야 한다.

- 고객의 동의 및 서명을 받은 프로젝트 계획서에 따라 프로젝트 초기에 명확하고 상세하게 기술된 계획서에 따라 단계별로 검토가 추진되지 않은 경우

- 요구명세서에 기술된 내용에 있어 고객의 서명없이 구두로만 약정된 경우

- 단계별 명확한 시험 계획이 없고, 시험 결과도 고객의 서명을 받지 않은 경우

- 프로젝트에 있어 막연한 낙관론과 비관론에 대해 대처하지 못하는 경우

- 프로젝트 납기일자 및 종료일자도 정하지 않고 업무를 추진한 경우

- 현업 실무자 의견은 무시하고 조직 내 의사결정자 의견만 중요시 하면 된다는 의식

- 사용자 요구부서 즉, 고객 간 프로젝트의 범위 설정에 있어 이견이 있는 경우

- 프로젝트 계획변경 시 팀 구성원에게 적시 적소에 전달하지 못한 경우

- 프로젝트 관리자가 프로젝트 추진과정에 충분한 조정 및 통제를 하지 못한 경우

- 요구사항 변경에 따른 변경관리를 충분히 하여 대처하지 못한 경우

- 프로젝트 추진계획 대비 실적관리를 등한시 할 경우

- 개발일정 계획수립에 있어 사전에 현업 간 충분한 의견 조정이 없는 경우

③ **프로젝트 추진과정에 있어 다음 사항에 대해서는 유의해야 한다.**

- 시스템 개발방법이 프로젝트 추진 팀 구성원 모두에게 충분히 인식되어야 하며, 엄격하게 조정 통제되고 시행되어야 한다.

- 충분한 시간을 갖고 단계별 시험을 추진하고 반드시 고객의 서명을 받아야 한다.

- 팀원 보충이 필요할 때에는 투입 효과를 생각하고 교육 기간을 염두에 두어야 한다.

- 팀 구성원 간의 의사소통이 원활하게 이루어지도록 계획되고 시행되어져야 한다.

- 단계별로 정기적으로 충분한 검토를 하고 피드백 되어 반영되어야 한다.

- 프로젝트 팀과 고객 간에는 우호적인 관계를 유지하도록 노력해야 한다.

- 프로젝트 추진 점검을 위해 설정된 업무 추진 분기점(milestone)에서는 반드시 관리자는 현업 관련자와 객관적으로 평가할 전문가와 필요한 개발에 참여한 팀원을 참석시켜서 검토되고 시정이 이루어져야 한다.

3.6 소프트웨어 프로젝트 관리

소프트웨어 프로젝트는 주어진 목표를 성공적으로 달성하는데 궁극적인 목적이 있다. 어떤 목표를 효과적으로 달성하기 위해서는 우선 적절하게 계획이 수립되어야 하며, 수립된

계획에 따라 원만하게 업무가 추진되어 사용자가 요구하는 요구조건을 충족시켜야 한다.

소프트웨어 프로젝트 관리를 포함한 모든 경영 관리의 가장 기본이 되는 것이 계획수립인데 계획수립의 성격과 유형을 살펴보면 다음과 같다.

3.6.1 프로젝트 계획수립

프로젝트 계획수립은 기업의 사업추진 목표를 달성하는데 우선 기여하도록 짜여져야 한다. 그리고 계획수립은 반드시 프로젝트가 실행되기 이전에 수립되어야 하며, 필요시 프로젝트에 참여할 팀원과 외부 관련전문가의 의견을 반영하여 경영자와 프로젝트 관리자에 의해 작성되고 관리되는데, 이때 조직의 이익을 극대화하기 위해 다음과 같이 효율적으로 관리 운영되어야 할 것이다.

① **기업목표에 대한 기여정도**

　기업 목표를 달성하는데 절대적으로 기여하도록 계획이 수립되어야 한다.

② **계획수립의 우선성**

　논리적으로 계획수립은 조직화, 충원, 지휘 및 통제의 수행에 우선된다.

③ **계획수립의 일반성**

　계획수립의 성격과 범위는 경영자들이 가지는 권한과 관리자가 정하는 방침에 따라 다르지만, 계획수립은 일반성을 가져야 한다.

④ **계획의 효율성**

　비용과 예측하지 못했던 사건의 발생에 의한 손실을 최소화 하고 기업의 목표달성에 기여한 금액 또는 이득에 의하여 측정된다.

계획수립을 위해서는 프로젝트 계획서 내용에 프로젝트를 추진하기까지의 목적과 임무, 조직의 경영 목표 및 시스템화 목표, 그리고 전략 및 방침, 추진절차, 규칙, 실시계획 그리고 예산계획 등을 수립해서 보고서로 작성하여 최고책임자의 승인을 받은 다음 추진하게 된다.

① 목적(purpose) 및 임무(mission)

② 목표(objective or goals)

③ 전략(strategies)

④ 방침(policies)

⑤ 절차(procedure) 및 규칙(rule)

⑥ 실시 계획(programs)

⑦ 예산(budgets)

이를 위해서는 일반적으로 다음과 같은 8단계를 거쳐야 한다.

① **1단계 (계획 인식)** : 소프트웨어 상품의 필요성을 영업 활동이나 내부적인 전략에 의거 감지하고 회사가 얻고자 기대하는 것에 대한 전망을 한다.

② **2단계 (목표의 설정)** : 조직 전체의 목표와 프로젝트의 목표들을 설정하고 무엇이 달성되어야 할 것인가를 표시하는 것이다.

③ **3단계 (계획 전체의 설정)** : 기대되는 환경을 가정하는 것이다.

④ **4단계 (대체 과정의 결정)** : 대안을 탐색하고 각 대안의 장·단점을 검토하는 것이다.

⑤ **5단계 (대체 과정의 평가)** : 전제와 목표의 관점에서 수익성, 위험도 등의 요소들을 고찰함으로써 경영 과학적 혹은 수학적으로 각 대안을 평가하는 것이다.

⑥ **6단계(과정의 선택)** : 계획을 채택하고 실제로 의사결정이 이루어지는 단계이다.

⑦ **7단계(진행 계획수립)** : 기본계획을 뒷받침할 상세한 진행계획을 수립하는 것이다.

⑧ **8단계(예산 편성에 의한 계획의 수치화)** : 최종적으로 수립된 계획을 수치화함으로써 예산계획에 의미를 부여한다. 계획에는 단기계획과 장기계획이 있다. 단기계획은 장기계획에 반영되고 목표 달성에 기여할 수 있어야 한다. 또한 예측할 수 없는 상황에 대처할 수 있도록 유연성을 갖고 있어야 한다.

개발자의 관점에서 개발계획은 첫 단계로 무엇(what)을 개발할 것인가를 명확히 정의하고 개발 계획을 수립하는 것이다. 즉, 현업의 문제를 정의하고 시스템 개발을 통해 그 해결책을 찾을 수 있도록 프로젝트 계획서를 작성하는 작업이다.

소프트웨어가 갖추어야 할 구체적인 성격은 요구분석 단계를 거치면서 상세하게 파악되고 소프트웨어 설계와 구현에 반영되어 구현될 것이다.

일반적으로 무엇을 개발할 것인지는 두 단계에 걸쳐 진행되는데, 계획수립 이전의 시스템 정의단계와 계획수립 이후의 요구분석 단계이다. 시스템 정의단계에서의 '무엇'이란 개괄적·핵심적 요소에 치중하여 개발의 목표를 달성시킬 수 있는가를 판정하는데 노력하며, 요구분석 단계에서는 소프트웨어가 갖출 모든 기능과 성능 조건을 모두 찾아내는 것이다.

프로젝트 성격상 개발방침이 뚜렷하고 진행 일정에 대한 사전 승인 절차가 필요 없는 경우에는 먼저 요구분석을 철저히 한 다음 그 결과를 토대로 개발계획을 작성할 수도 있을 것이다. 요구분석 과정에서 새로운 사실을 발견하고 원래의 계획서를 수정하는 경우도 있을 수도 있다.

소프트웨어 개발의 필요성은 ① 외부 사용자 혹은 고객의 요구, ② 내부 조직의 요구, ③ 사업 계획 혹은 조직의 목표에 부응하기 위하여, ④ 새로운 아이디어로 신소프트웨어 상품의 판매를 위하여, ⑤ 경비절감과 경영 합리화를 꾀하기 위하여 내두된다.

계획수립은 목표를 설정하고, 경영학적인 접근과 분석을 거쳐 시스템 정의서를 작성하는 것으로 마무리된다.

3.6.2 목표 설정

문제를 이해하고 신규 시스템을 정의하려면 사용자의 업무 현황을 조사하고 분석하는 단계부터 착수하여야 한다. 현재의 정보처리는 어떻게 이루어지고 있으며, 이의 문제점과 제약사항은 무엇인가를 파악하는 것이다. 이렇게 파악된 내용과 신규 시스템의 상세한 목표를 전문용어를 피한 사용자의 언어로 기술함으로써 따라서 시스템 정의에 대해 사용자와 개발자의 공감내가 형성되게 된다.

신규 시스템의 목표 설정시에 고려하여야 할 요소는 다음과 같다.

① 새롭게 제공해야 할 기능

② 기존 기능 중 보존 혹은 개선되어야 할 기능

③ 사용자의 요구수준

④ 시스템의 성능조건

⑤ 주요 기능과 구현의 우선순위

⑥ 기밀 유지에 대한 요구

⑦ 변경 예정사항

1 경영학적인 접근

정보시스템을 기업경영의 도구로 바라보는 경영학적인 시각은 위와 같은 문제의 단순한 지적과 목표 설정보다는 폭 넓은 접근방법을 요구한다. 문제를 인식한 후 그 문제를 둘러싼 조직, 제도, 시설, 인원, 자료에 관련된 현황뿐만 아니라 기업의 특성, 법규, 업무처리 방법 등을 심층 조사하여 장기적인 안목에서의 신규 시스템을 정의하고 심지어는 미리 개발의 효과를 평가할 수 있는 방법을 마련하는데, 경영진의 적극적인 지원이 절대적으로 요구되며 또한 개발 의욕에 집착한 나머지 너무 낙관적인 사고와 기술 지향적인 의식으로 해결책 마련에 뛰어들면 실패할 가능성이 높은 만큼 시스템 전문가의 의견을 수렴하는 단계를 거치도록 해야 한다.

2 시스템 정의서의 작성

소프트웨어 개발의 목표는 시스템 정의서를 통해 기술된다. 이 문서를 통해 문제의 초점과 시스템적 해결책이 정당한가를 설명하고 개발의 의의를 밝혀야 한다. 또한 제공해야 할 기능, 준수해야 하는 성능요건, 사용자의 특성 및 환경적 요소가 상세히 정리되어야 한다. 추진전략과 개발의 우선순위 등도 포함시키는 것이 유용하다.

3.6.3 타당성 분석

개발하고자 하는 시스템이 확정되고 정의되면 그 시스템을 실현시킬 수 있는 해결 방안들을 찾아내야 한다. 이는 궁극적인 시스템 구현대책의 의미가 아니라 문제 해결을 위한 대안들을 타진해 보는 것이다. 예를 들어 시스템 구성은 중앙집중식과 분산처리 중 어떤 방식으로 할 것인지, 프로그램 운영은 일괄처리와 실시간처리 중 어느 방법으로 할 것인지, 자료구조는 데이터베이스와 화일처리 시스템 중 어떤 방법으로 할 것인지 등 각기 장·단점을 비교하고 검토하여야 할 것이다. 이와 같이 최적안을 선택하려면 각 대안에 대해 타당성을 분석해야 하는데, 만일 모든 개발 프로젝트가 무한정의 자원과 시간이 주어진다면 어느 대안을 채택하여도 무방하겠지만 대부분의 프로젝트는 시간, 자원 및 기술적인 제약성을 갖고 달성되어야 하는 특성이 있으므로 타당성 분석을 위해서는 경제적·기술적·법적인 타당성을 고려해서 분석해야 한다.

1 경제적 타당성

경제적 타당성(economic feasibility)은 투자 효율성(cost benefit analysis) 혹은 시장성(marketability)을 따져보자는 것이다. 기업 전산화의 투자 효율성은 비용과 이익을 비교함을 원칙으로 하나 쉬운 작업은 아니다. 개발비용이나 경비전감 등은 예측의 정확성을 기할 수 있다는 전제하에서 유형의 요소(tangible factor)가 서로 비교될 수 있지만 이익에 속하는 고객에게는 신뢰성 부여, 기업 이미지 제고, 고객의 만족도 향상, 서비스의 고품질화 등의 무형요소들(intangible factors)은 측정하기 어렵기 때문이다. 경제성을 세부적으로 타진하다 보면 의외로 개발전략이 수립될 수도 있다.

2 기술적 타당성

기술적 타당성(technical feasibility)은 사용자가 요구하는 기능과 성능에 대해서 제공 가능성을 여부를 타진하는 것이다. 제약 요소로는 가능한 기술의 존재여부, 개발요원의 실력, 하드웨어의 성능제약, 허용된 예산범위 등이 있다. 과연 검토되고 있는 대안이 이러한 각종 제약조건들을 극복할 수 있는가를 판명해야 하는데 다음과 같은 방법들이 이용될 수 있다.

① **사례 연구(case study)**

기존의 유사한 사례를 찾아 비교해 보는 것이다.

② **최악 사례 분석(worst-case analysis)**

가장 문제를 야기할 예상 조건들을 집합하여 최악의 경우를 예측하고 제약조건을 충족시키는가를 살피는 것이다.

③ **모의실험(simulation)**

시스템의 주요 요소들을 고려한 모의실험 모델(simulation model)을 구축하여 여러 가능성을 모의로 분석해 보는 것이다.

④ **프로토타이핑(prototyping)**

시제품 시스템을 실제 개발하여 직접 이용해 보며 기술적 타당성을 검증하는 것이다.

3 법적 타당성

최근 지적 소유권과 프로그램 보호법의 시행은 소프트웨어의 개발과 이용에도 개발자들의 각성을 촉구하고 있다.

예를 들어 개발도구들 및 사무자동화 패키지 같은 소프트웨어의 무단 복제는 불법이며, 프로그래머가 각고의 노력 끝에 얻어낸 산물인 소프트웨어를 다른 소프트웨어 엔지니어들로부터 무단 복제되어 유통되거나 도용해서 사용한다면 그 가치의 하락뿐만 아니라 소프트웨어 시장을 어둡게 할 것이다.

일반적으로 소프트웨어 패키지를 구매하게 되면 대부분 상품 소유권자로부터 직접 구매하는 경우보다는 판매권을 부여받은 대리점을 통하여 소프트웨어를 제공받게 되는데, 이 경우 사용자는 이 상품의 실질적인 소유권자가 되지 못하고 사용권만 계약하게 되는 셈이다. 따라서 한 부를 구매했다고 해서 이를 복제하여 타인에게 제공함은 불법이 된다. 판권을 얻으려면 자사제품 제조업체(OEM : Original Equipment Manufacturer) 계약

이나 대리점 계약(distributor agreement)을 체결하고 아니면 모든 판권을 독점할 수 있는 독점 영업계약(exclusive marketing)을 맺어야 한다.

원시코드를 구매했다는 것도, 사실은 원시코드 사용권(source code license)만 부여받은 셈이므로 원시코드에 변형을 가해 질적 개선을 가져왔다고 해서 복제권이나 판권이 주어지는 것은 아니다.

이와 같은 관점에서 소프트웨어를 개발하려면 사용되는 도구들의 법적인 권한이 어디에 있는지에 유의하여야 한다. 예를 들어 고객업체에게 자재관리 시스템을 개발하여 납품하는 소프트웨어 업체의 경우, 가장 효율적인 개발 방법이 유명 데이터베이스 관리 시스템(DBMS : DataBase Management System)을 이용하는 것이라 하더라도 이의 불법 도용 및 자재관리 시스템에 포함시켜서 납품할 경우에는 법에 의해 저촉을 받게 된다. 설사 한 부(copy)를 정식으로 구매했다 하더라도 판권이 없기 때문에 불법임은 마찬가지이다. 법적 타당성(legal feasibility)은 앞으로 소프트웨어 수출 시장에서는 더욱 조심스럽게 검토해야 할 분야가 아닐 수 없다. 아이디어만의 도용도 불법의 시비가 될 수 있기 때문이다.

3.6.4 시스템화 계획

소프트웨어 프로젝트를 수행하기 위해서 작성하는 문서는 개발 계획서(development plan) 혹은 프로젝트 계획서(project plan)인데, 이것은 시스템 정의서를 기반으로 해서 타당하게 실현시킬 수 있는 최적의 개발전략을 수립하는 문서화 작업이다.

이를 위해서는 대부분 다음 다섯 분야에서 계획을 수립해서 문서로 작성하게 된다.

1 개발 절차계획

프로젝트 특성을 고려해서 해당 응용분야에 적합한 생명주기 모델을 선정하고 이와 관련된 단계별 산출물들의 내역과 투입될 소요공수, 개발환경, 소요예산 등과 단계별로 이정표를 설정해서 검토하게 될 검토회의 진행 계획을 포함해서 작성해야 한다

2 문서화 계획

단계별 산출 문서들에 대해 표준화된 내부 기준에 따라 작성방법을 제시하는 것이다. 각 단계에서 사용될 기법, 표기법의 표준 제도를 정의하고 모든 개발자가 이를 준수하도록 명시하게 된다.

3 인원 계획

프로젝트에 투입할 소요인원에 대해 개발 생명주기의 각 단계별로 예측되는 개발자들의 숫자를 기술 수준, 직급, 담당 분야를 감안해서 계획을 수립하는 것이다. 월별로 집계하여 월간 투입인원(man-months)으로 나타내는 것도 좋다. 책임과 권한을 강조하기 위하여 개발 조직도를 만들어 관리자와 개발자 간의 역할분담 내역과 상호 관계성을 정립시켜야 한다.

4 예산 계획

소프트웨어 개발 프로젝트에 있어 가장 주된 경비는 인건비이다. 그래서 인력계획수립은 프로젝트 투입 비용과 직접적인 관계를 갖게 된다. 예산계획은 인건비 외에도 장비 사용료, 개발도구 구매비 등 각종 직접 경비와 교통비, 통신비, 소모품비, 정보수집비, 회의비, 교육훈련비, 보험료, 도서구매비 등 간접 경비가 함께 고려되어야 한다. 구체적인 예산계획(cost planning)을 수립하다 보면 경제적 타당성분석 당시의 가정과 결과와 차이가 있을 수도 있다. 모든 예산 내역은 월별·조직별로 세분되어 검토되고 계획과 실적이 항목별로 비교될 수 있도록 준비함이 바람직하다.

5 개발 환경계획

프로젝트 개발을 어떤 시스템 환경에서 할 것인가 하는 계획을 수립하는 것이다. 개발자의 가장 큰 관심은 개발 표준 제도나 비용보다는 개발 여건의 확립이 중요하다. 개발장

비나 도구, 그리고 기술정보가 훌륭하게 갖추어졌을 때 비로소 개발에 자신감을 얻기 때문이다.

개발 환경계획(development environment planning)은 필요한 개발장비 및 목표장비(target machine), 컴파일러, 시험도구, 참고문헌 등의 내용 및 범위와 이들을 어떤 방법으로 획득할 것인지의 내용을 담고 있는 조달계획을 포함하게 된다.

개발 계획서의 작성 요령이나 내용은 프로젝트에 따라 다양한 형태가 있다.

3.6.5 프로젝트의 통제(control)

프로젝트 통제란 계획에 따라 프로젝트의 목표가 달성될 수 있도록 계획과 대비하여 주기적로 진행을 감시하고 성과를 측정하며, 만일 계획과 성과 사이에 편차가 있으면 이를 수정하는 활동을 의미한다.

프로젝트 관리자가 감시·통제해야 할 사항은 개발의 진행정도, 예산과 비교한 비용집행 실적, 소프트웨어 품질(개발문서, 프로그램의 신뢰성)이다.

통제의 기본적인 원리는 개발절차를 준수하는지와 개발자의 능력을 공식적으로 평가하는 것과 주기적인 진행보고(reporting) 상태와 상황감시(status monitoring) 기능과 비용추적(cost tracking) 기능을 들 수 있다.

3.6.6 프로젝트 관리 기법

이정표 관리(milestone management), 프로그램 개발책자(program development folder)와 1958년 미 해군의 폴라리스 미사일의 신속한 개발을 위해 창안된 프로그램 평가 및 검토기술인 CPM(Critical Path Method)과 듀폰과 레밍톤(사)의 합작으로 경비와 시간의 최소이용을 목적으로 개발된 중점 경로방법인 PERT(Program Evaluation and Review Technique)를 이용해서 일반적으로 진척도를 관리 한다.

J. R. Johnson의 프로젝트 관리 방안은 다음과 같다.

① 개발 작업들의 정의 ② 인원 소요예측 ③ 작업들 간의 연관성 정의 ④ 작업들 간의 우선순위 설정 ⑤ 개발인원 배정 ⑥ 간트 도표 작성 ⑦ 이정표 설정 ⑧ 프로젝트 감시 기능을 수행하는 것으로 하고 있다.

1 이정표 관리(milestone management)

프로젝트 개발 생명주기별로 이정표를 설정해서 중간목표들과 최종목표의 달성여부를 점검하고 관리 통제하게 한다.

2 프로그램 개발책자

개발 프로젝트를 관리함에 있어 프로그램 개발책자를 활용하는데 그 목적은 다음과 같다.

① 체계적이며 순차적인 개발진행 유도한다. ② 개발문서와 프로그램코드의 일관성 있고 가시적인 수집을 가능하게 한다. ③ 이정표 목표달성을 위한 개발자의 훈련 도구로도 사용 가능하다. ④ 개발 전 과정에 있어 관리자에게 통제기능을 부여한다.

그리고 개발책자 활용은 다음과 같이 한다.

① 개발책자의 구성을 관리 가능한 단원으로 추후 삽입이 가능하도록 구분한다. ② 개발 진행의 가시성과 관리를 할 수 있도록 개발 일정시간대 순서로 작성 운영한다. ③ 각 단원마다 차례를 정리한다. ④ 최종적으로 중앙에서 집중관리할 수 있도록 하는데 있다.

1. 프로젝트 관리자의 주요 활동 사항 중 기획기능, 조직구성 기능, 조정 및 통제기능, 요원구성기능, 감독기능에 대해 논하시오.

2. 프로젝트 관리의 필요성에 대해 논하시오.

3. 프로젝트 관리자의 업무와 책임에 대해 논하시오.

4. 프로젝트 관리자의 특성에 대해 논하시오.

5. 소프트웨어 프로젝트 관리절차에 대해 논하시오.

6. 프로젝트 계획수립에 대해 논하시오.

7. 프로젝트 목표 설정에 대해 논하시오.

8. 프로젝트 타당성분석에 대해 논하시오.

9. 프로젝트 시스템화 계획에 대해 논하시오.

10. 프로젝트의 통제(control)에 대해 논하시오.

11. 프로젝트 관리기법에 대해 논하시오.

소프트웨어 외주관리

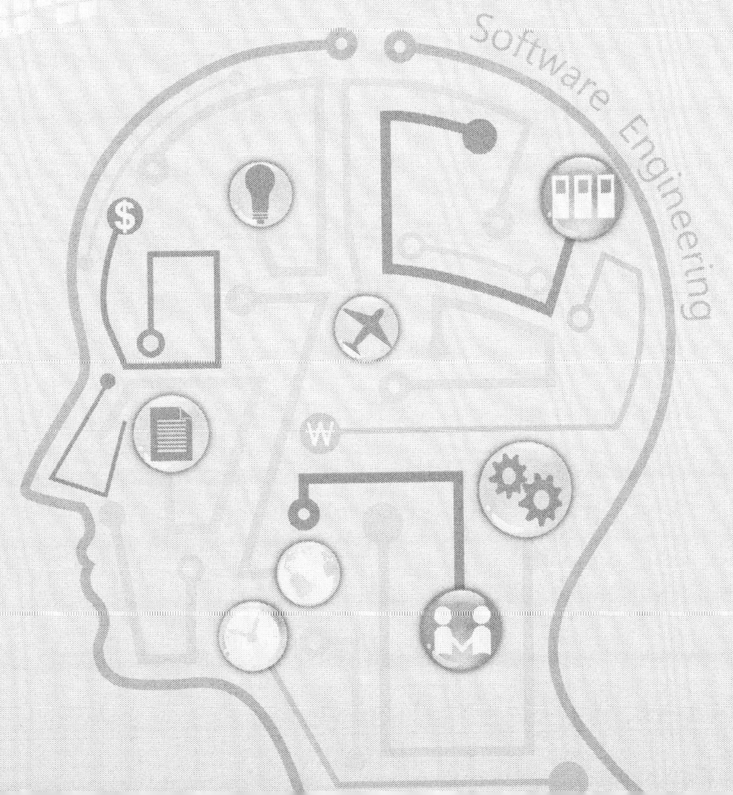

외주관리는 소프트웨어 개발 프로젝트에 대해 개발 조직 내에서 자체적으로 처리함에 개발 인력이 부족하거나, 개발 인력이 있어도 시간적으로 여유가 없을 경우와 자체 기술로는 해결할 수 없을 경우, 개발 시스템을 구비하지 못했을 경우 등과 같은 소프트웨어 개발 조직 내의 한계성을 내포하고 있을 때 외부 전문 업체 및 자문 기관과 전문가에게 위탁처리하게 될 때 외주관리를 하는 경우가 발생하게 된다.

프로젝트를 수행함에 있어 외주관리를 원만히 수행하기 위해서는 무엇보다도 제안요구서(request for proposal)와 계약서 및 계약 특수조건들이 명확하게 작성되어 발주자와 수주자가 서로가 이견이 없을 때 외주관리가 용이할 것이며, 갈등없이 원만히 프로젝트를 완성할 수 있을 것이다.

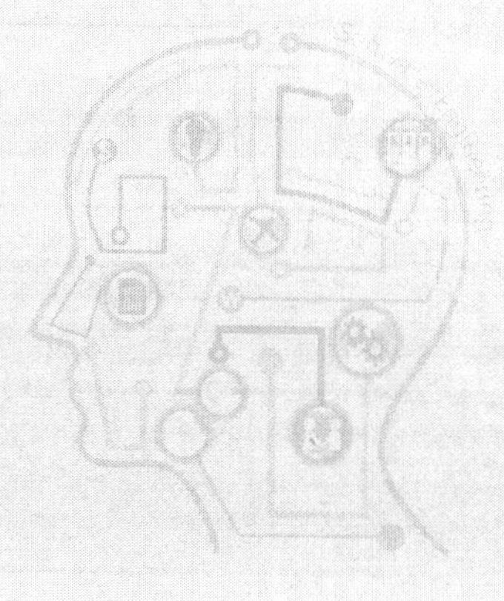

4.1 외주관리의 정의

외주관리(sub-contract management)라 함은 경영학에서는 제조업을 영위하는 기업이 자기회사의 설비나 종업원을 사용하지 않고 외부의 생산자(흔히 도급공사)에게 반제품(半製品) 또는 부품을 제작시키는 일을 외주라고 하며, 이를 위해서 행해지는 발주 과정에서부터 제품수령, 대금결제까지의 업무를 관리하는 일을 외주관리라고 한다.

외주관리의 주된 내용은 외주 상품결정, 외주 단가결정, 원자재 지급 여부결정, 외주 납기결정 등과 같은 계획기능과, 외주거래처에 대한 지도·감독과 같은 통제기능이 있다.

외주 처리를 하게 되는 동기는 개발 및 생산기간과 비용을 절감하기를 희망 하거나 자체 개발기술 능력이 구비되지 못했거나, 자체 기술 인력으로 처리할 수는 있으나 일감이 너무 많을 경우에 주로 외주를 주어 처리하게 된다. 이 때 적절한 외부관련 업체를 찾는 행위를 outside sourcing, 일명 out-sourcing이라고 하며, 대상업체를 찾고 나면 이들을 대상으로 계약업체를 선정하고 쌍방의 계약 조건이 맞으면 계약을 추진하게 된다. 외주 형태는 도급, 위임, 매매, 파견으로 나눌 수 있다.

외주 대상은 전체 프로젝트를 턴키 형태로 발주하는 경우와 전체 프로젝트 중 부분 기능으로 나누어서 발주하는 경우가 있는데, 관리대상은 계약관리, 발주관리, 진척관리, 품질관리, 비용관리, 검수와 사후관리 등이 범위가 된다.

이러한 일련의 과정을 원만히 추진하기 위해서는 프로젝트 관리자의 여러 가지 관리 업무기능 중에서도 부계약자 관리(subcontractor management), 조달관리(procurement management), 획득관리(acquisition management)에 초점을 두고 관리해야 할 것이다.

 4.2 외주관리의 갈등요인과 문제점들

개발 이전 단계에는 발주자 입장에서는 의사소통 문제, 전문업체 선정의 난해성, 명확한 요구사항 정의, 예산추정 곤란 등이 주로 갈등의 요인이 되고, 수주자 입장은 불분명한 요구사항을 충족시켜 줄 적절한 정보시스템 엔지니어링 방법 확정의 어려움과 일반적인 저가입찰 낙찰방법에 따른 수익구조의 위험성 내포 등이 갈등의 요인이 된다.

개발단계에는 발주자 입장에서는 요구사항 변경의 당연성 인식과 개발은 용역 수주업체가 당연히 알아서 처리해야 한다는 의식에 따른 진척 및 공정 관리의 무책임성과 개발지연에 대한 책임에 대한 불만을 갖게 되고, 수주자 입장은 요구사항 변경의 빈번성과 개발단계별 검증 확인을 미루고 결과만 보겠다는 발주자 의식과 보고만 받겠다는 의식에 대한 불만과 예산에 맞추어서 인력을 투입하겠다는 잘못된 인식 등 때문에 갈등이 빚어지게 된다.

개발 이후 단계에는 발주자 입장에서는 기능 및 품질결함, 납기지연 책임, 계약 외 추가 예산 반영불가, 문서화 부족, 유지보수 기간에도 개발인력을 계속 투입해 주기를 바라는 문제성에 대해 불만을 갖게 되고, 수주자 입장에서는 검수기간 불확실성, 납기지연 책임, 추가 요구사항에 대한 예산 추가 소요, 과다한 문서화 요구, 전문가 투입 요구에 대한 불만을 갖게 된다.

 4.3 외주관리 절차

정부에서 검토하였던 외주관리 절차에 대해 조사한 바에 의하면 모두 5단계로 구분해서 연구 검토하고 있다. 1단계는 업무 선정, 2단계는 서비스 제공자 선정, 3단계는 계약 및 이전, 4단계는 계약관리, 5단계는 계약 전환으로 대분류해서 [그림 4-1]과 같이 추진하도록 권장하고 있다.

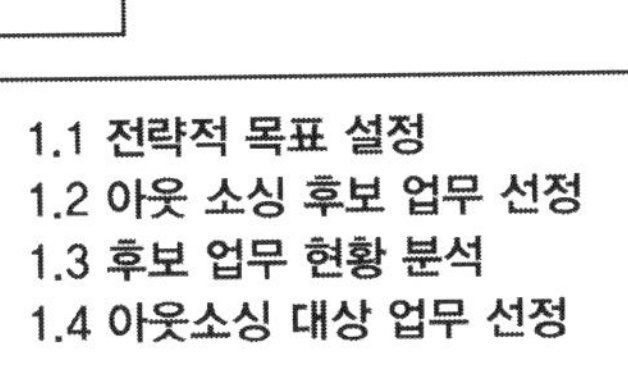

[그림 4-1] 외주관리 5단계 추진 절차

4.3.1 업무 선정

1단계 업무 선정은 다시 전략적 목표설정, 아웃소싱 후보업무 선정, 후보업무 현황 분석, 아웃소싱 대상 업무선정으로 중분류하여 추진하게 되고, 이들 각각에 대해 다시 소분류하여 수행해야 할 활동 사항은 아래 [그림 4-2]에서 [그림 4-5]에서 볼 수 있다.

1 전략적 목표설정 활동 내역

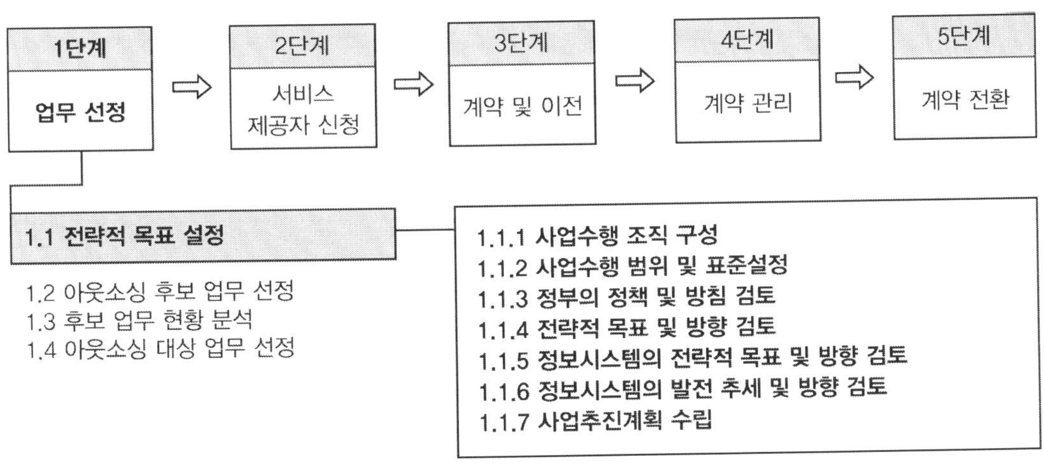

[그림 4-2] 전략적 목표설정 활동 내역

② 아웃소싱 후보업무 선정 활동 내역

아웃소싱 후보 업무 선정 활동을 위한 세부내용은 후보업무 선정기준수립, 정보시스템 업무개요 작성, 내부 관련업무 개요작성, 타 부처 및 기관 영향평가, 현재 계약상 / 법률상 의무 조항 검토, 보안기밀 및 비공개 여부 검토, 아웃소싱 후보업무 선정이 대상이 된다.

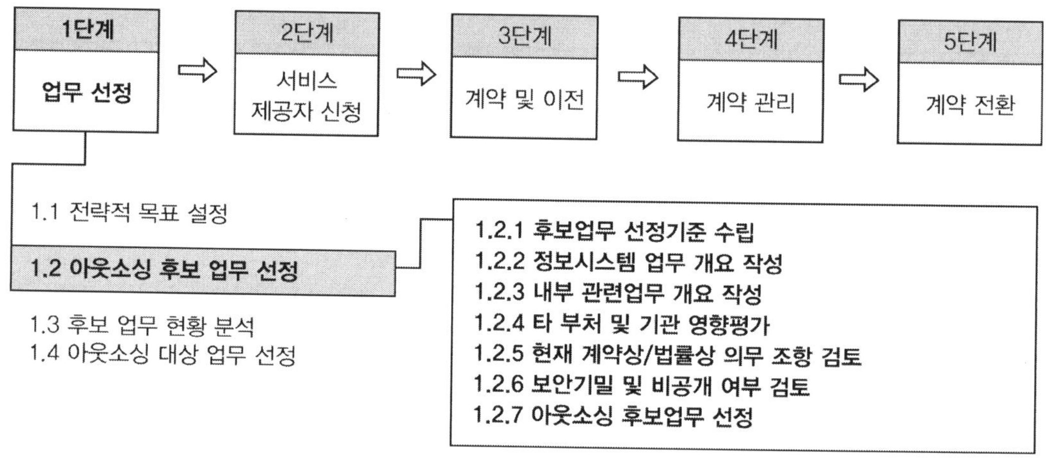

[그림 4-3] 아웃소싱 후보업무 선정 활동 내역

③ 후보업무 현황분석 활동 내역

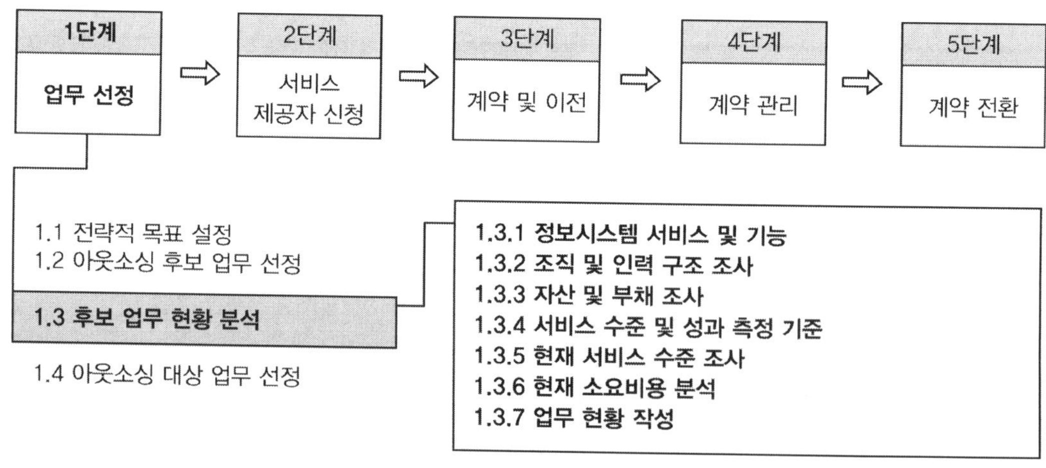

[그림 4-4] 후보업무 현황분석 활동 내역

4 아웃소싱 대상업무 선정 활동 내역

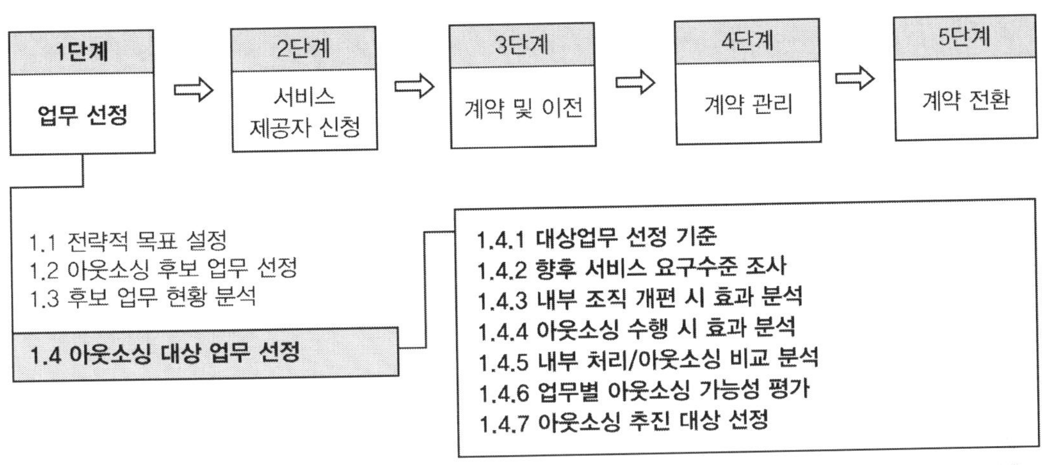

[그림 4-5] 아웃소싱 대상업무 선정 활동 내역

4.3.2 서비스 제공자 신청

2단계는 [그림 4-6]과 같이 모두 5항목으로 구분해서 생각할 수 있다.

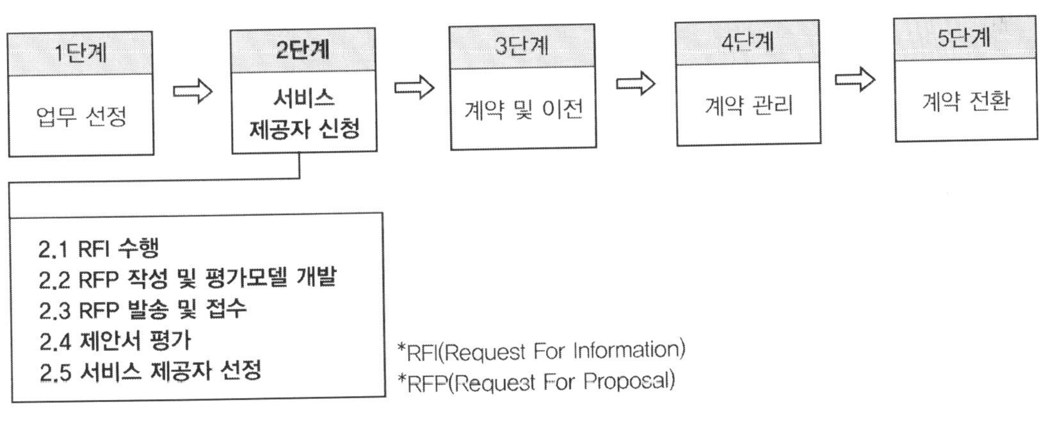

[그림 4-6] 서비스 제공자 선정 활동 내역

RFI 수행, RFI 작성 및 평가모델 개발, RFI 발송 및 접수, 제안서 평가, 서비스 제공자 선정으로 대분류하여 [그림 4-7]에서 [그림 4-11] 까지와 같이 추진된다.

1 RFI 수행 내역

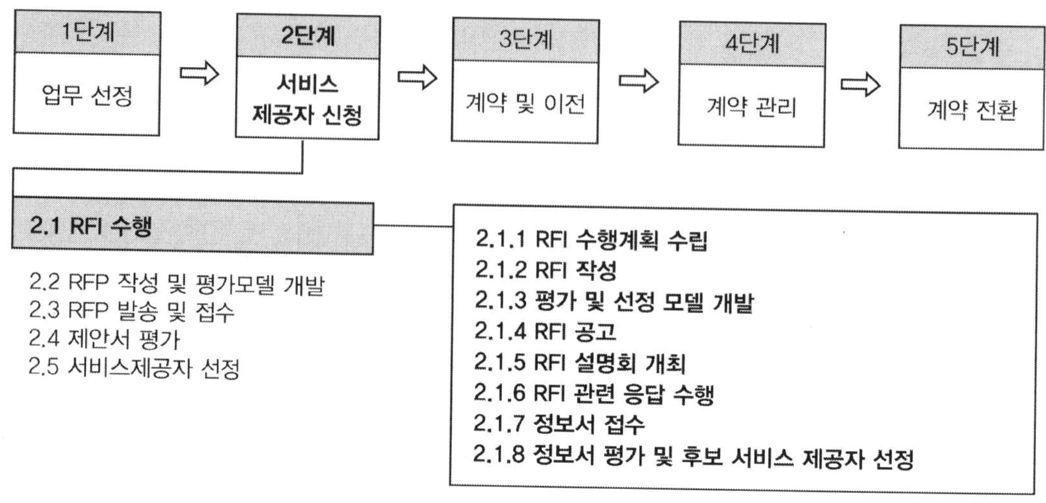

[그림 4-7] RFI 수행 내역

2 RFP 작성 및 평가모델 개발 내역

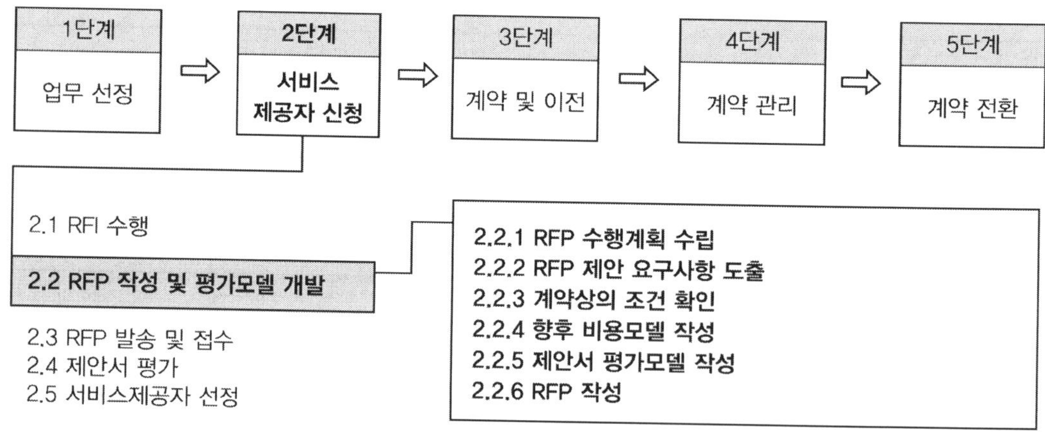

[그림 4-8] RFP 작성 및 평가모델 개발 내역

3 RFP 발송 및 접수 업무추진 내역

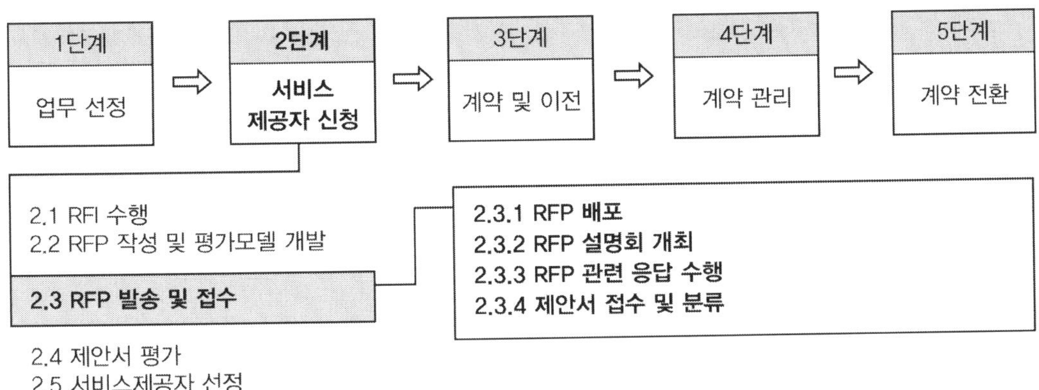

[그림 4-9] RFP 발송 및 접수 업무추진 내역

4 제안서 평가 관련 업무

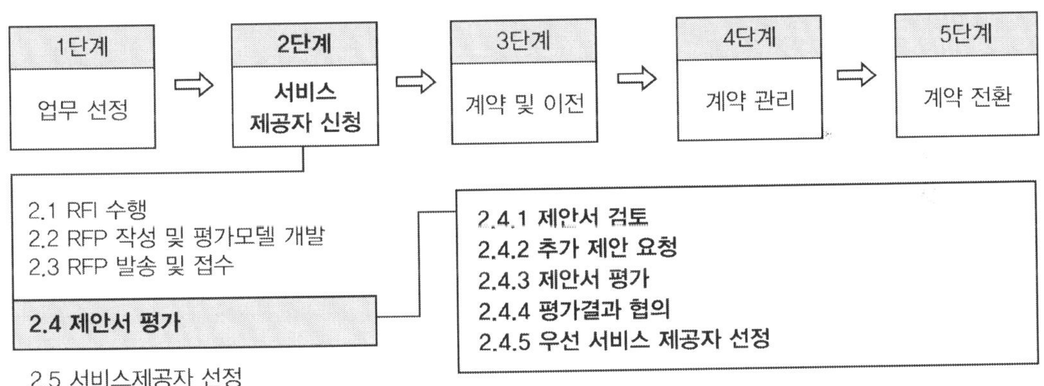

[그림 4-10] 제안서 평가 관련 업무

5 서비스 제공자 선정 관련 업무

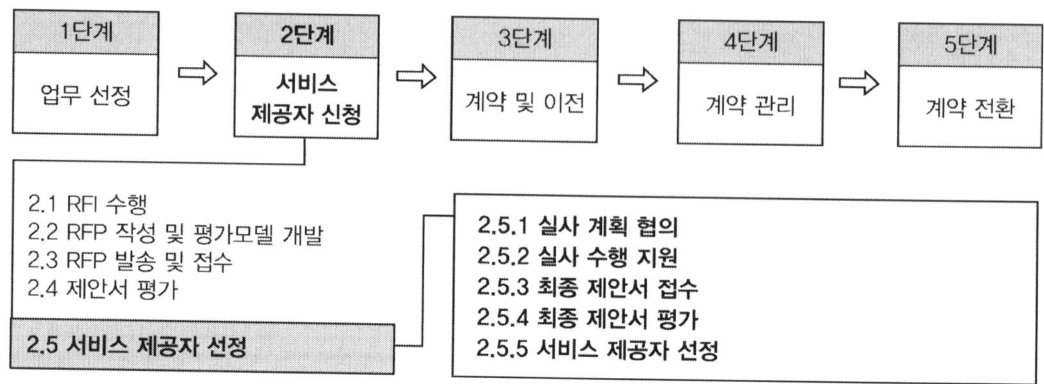

[그림 4-11] 서비스 제공자 선정 관련 업무

4.3.3 계약 및 이전

이 단계는 모두 4항목으로 구분해서 생각할 수 있는데, 협상 및 계약, 이행 계획수립, 이전 준비, 이전 및 서비스 전환으로 대분류해서 [그림 4-12]에서 [그림 4-15] 까지와 같이 추진된다.

1 협상 및 계약 내역

계약 및 이전 단계에는 협상 및 계약, 이행 계획수립, 이전 준비, 이전 및 서비스 전환 활동을 전개하게 된다.

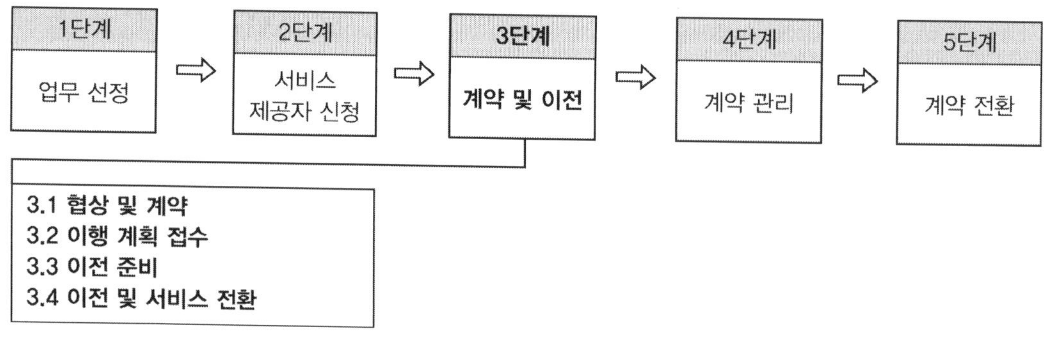

[그림 4-12] 협상 및 계약 내역

2 이행 계획수립 내역

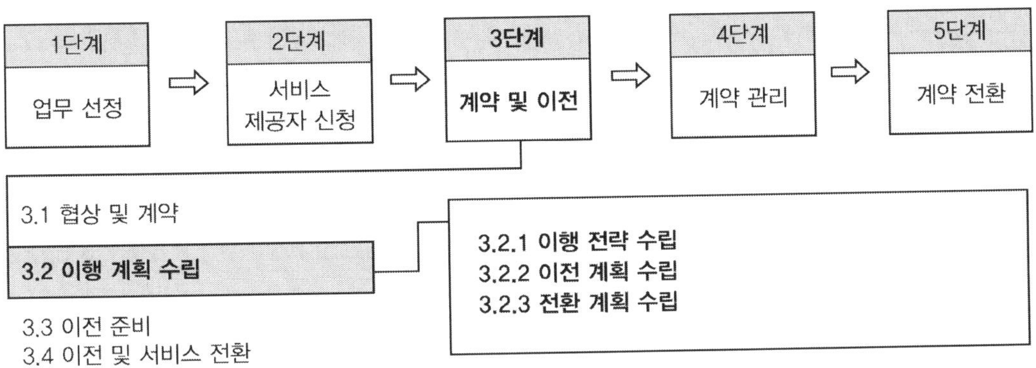

[그림 4-13] 이행 계획수립 내역

3 이전 준비 내역

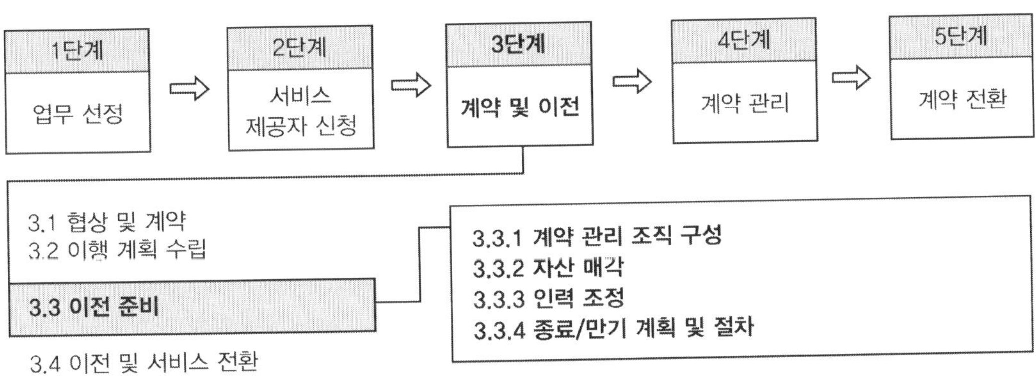

[그림 4-14] 이전 준비 내역

4 이전 및 서비스 전환 내역

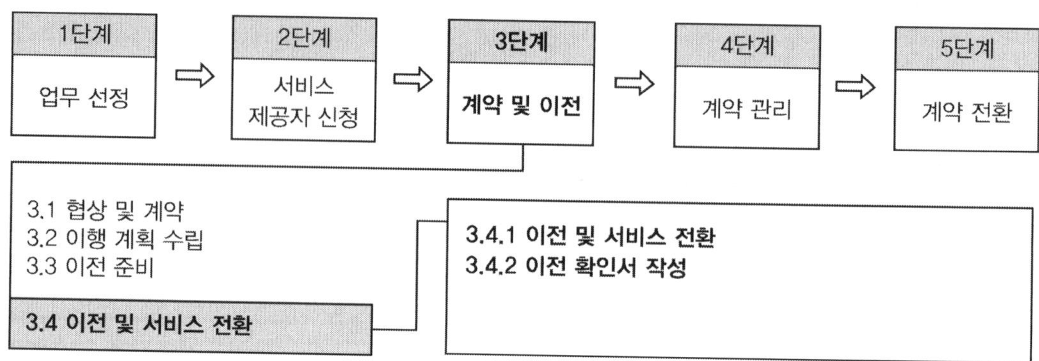

[그림 4-15] 이전 및 서비스 전환 내역

4.3.4 계약 관리

이 단계는 모두 5항목으로 구분해서 생각할 수 있는데, 사용자 요구조사, 서비스 수준 조정, 성과 관리, 계약 관리, 계약갱신으로 대분류해서 [그림 4-16]에서 [그림 4-20] 까지와 같이 추진된다.

1 사용자 요구조사 내역

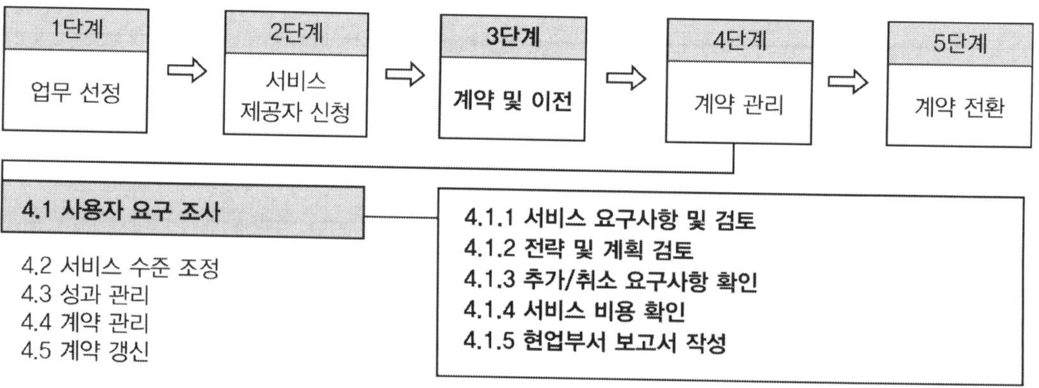

[그림 4-16] 사용자 요구조사 내역

2 서비스 수준 조정 내역

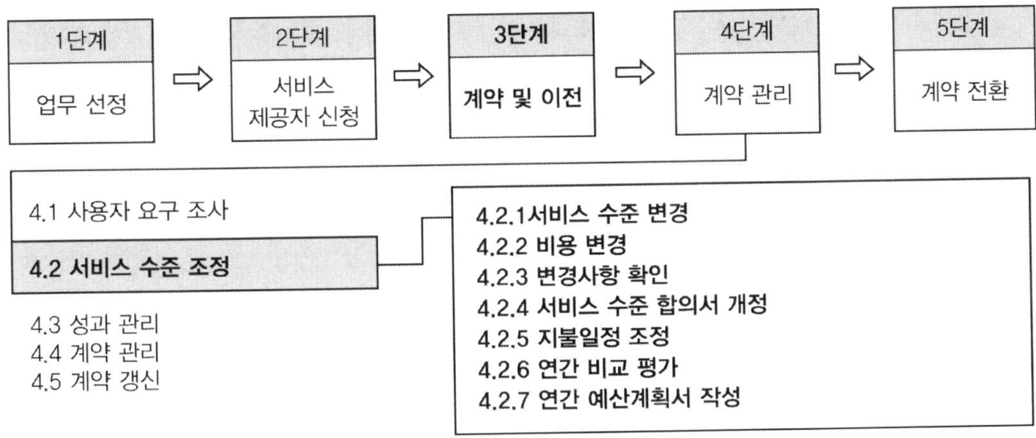

[그림 4-17] 서비스 수준 조정 내역

3 성과관리 내역

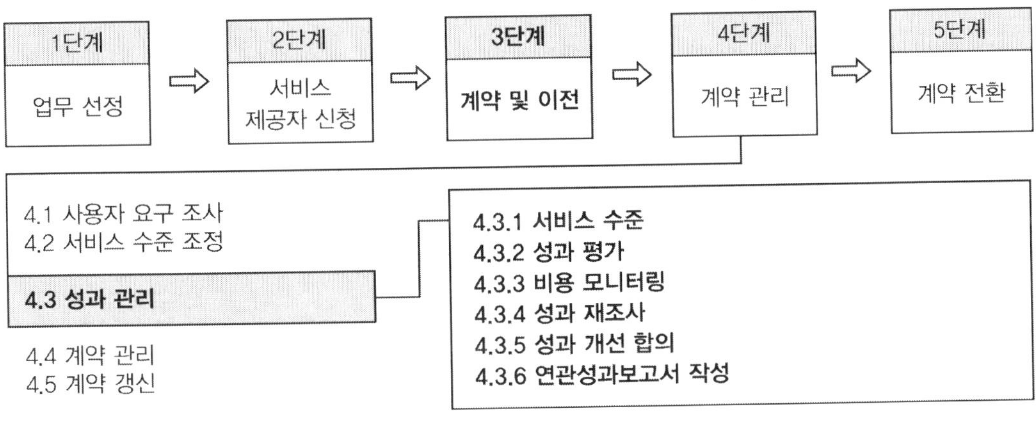

[그림 4-18] 성과 관리 내역

4 계약관리 내역

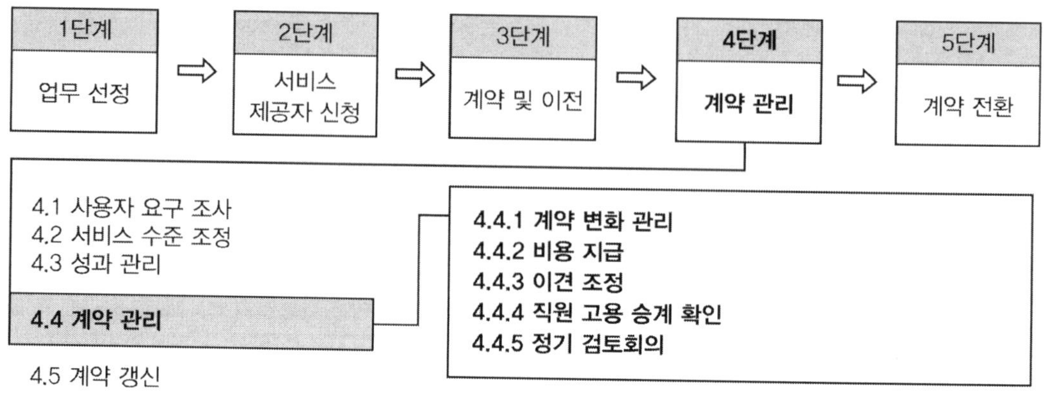

[그림 4-19] 계약관리 내역

5 계약갱신 내역

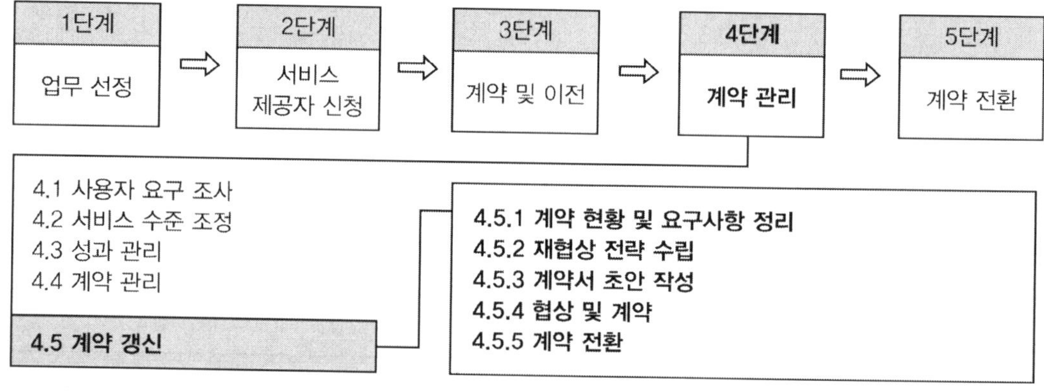

[그림 4-20] 계약갱신 내역

4.3.5 계약 전환

이 단계는 모두 2항목으로 구분해서 생각할 수 있는데 계약 전환 검토, 내부수용으로 대분류해서 [그림 4-21]과 [그림 4-22]와 같이 추진된다.

1 계약전환 검토 내역

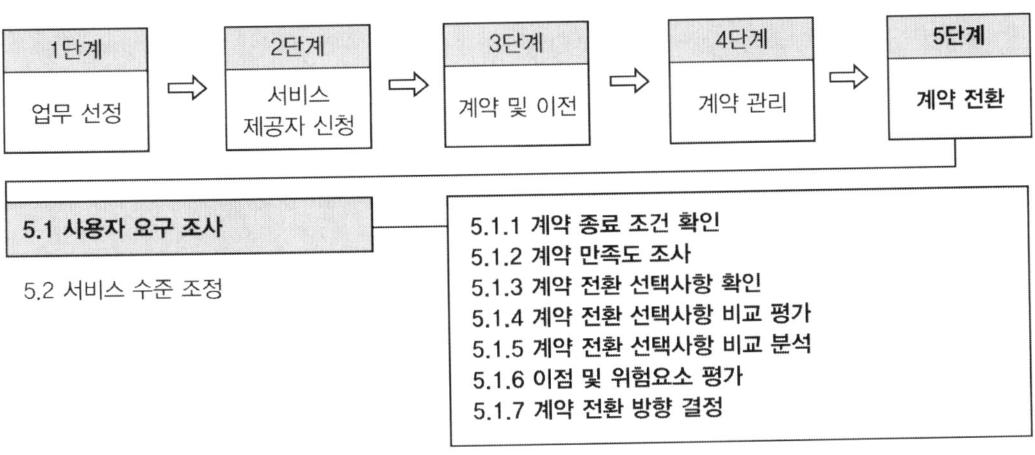

[그림 4-21] 계약전환 검토 내역

2 내부 수용 내역

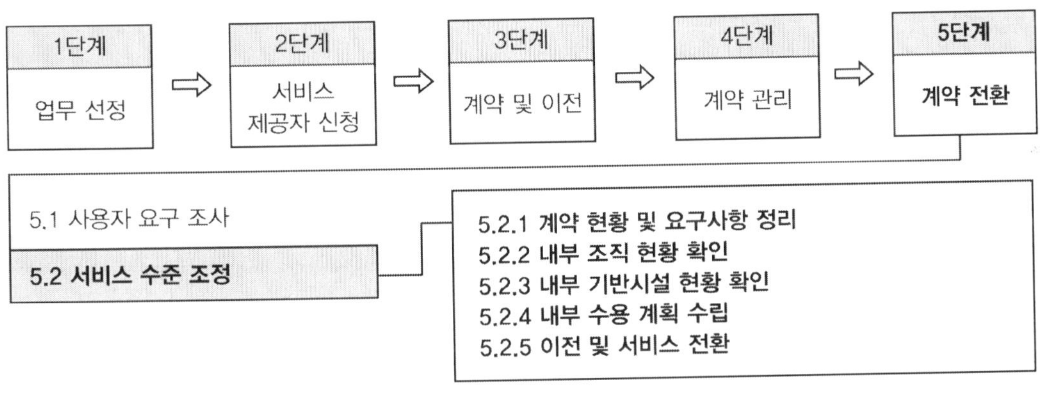

[그림 4-22] 내부 수용 내역

위와 같은 외주관리 대상 업무선정, 서비스 제공자 신청, 계약 및 이전, 계약관리, 계약
전환 과정을 거치면서 외주관리가 수행된다.

1. 소프트웨어 외주관리란 무엇인가?

2. 개발단계별 외주관리상의 갈등과 문제점에 대해 논하시오.

3. 외주관리 절차에 있어 다음 단계별 추진해야 할 활동들에 대해 논하시오.

   (1) 업무선정
   (2) 서비스 제공자 신청
   (3) 계약 및 이전
   (4) 계약 관리
   (5) 계약 전환

소프트웨어 프로젝트 견적

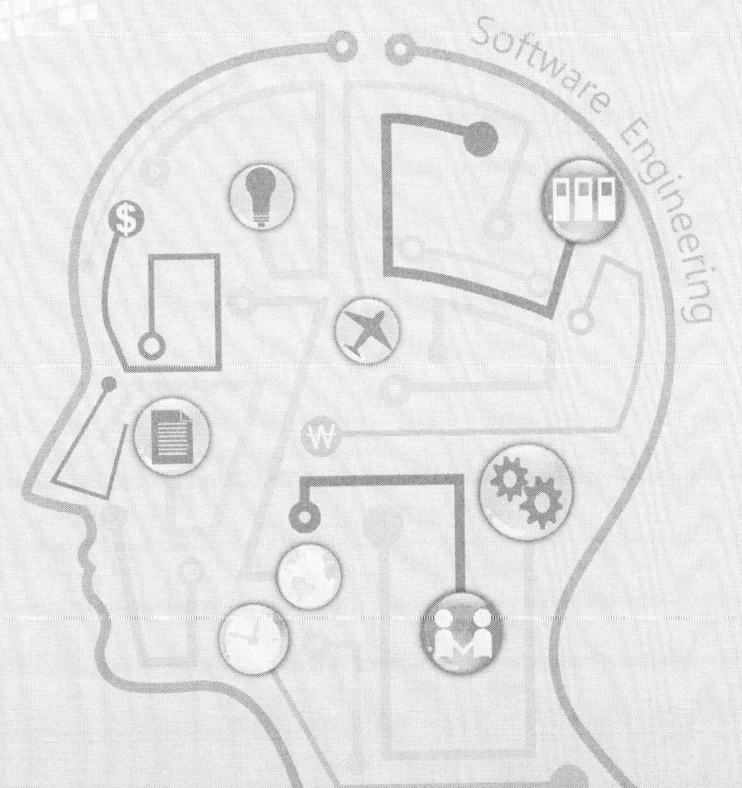

소프트웨어 프로젝트 견적이란 결국 소프트웨어를 개발하는데 소요되는 비용을 추정하는 것을 의미한다. 소프트웨어 프로젝트의 예산추정기법에는 소스코드의 라인 수를 중심으로 하는 LOC(Lines Of Code)방법과 프로그램의 기능별 난이도에 따라 가산점을 주는 것을 중심으로 한 FP(Function Point)방법이 있다.

이러한 추정기법은 소프트웨어 각 원소에 대해 규모를 산정함에 있어 사용되는 추정변수들을 과거 프로젝트로부터 정보를 수집하여, 비용과 노력 정도를 산정하기 위해서 추정변수와 함께 기준선 매트릭스를 사용한다.

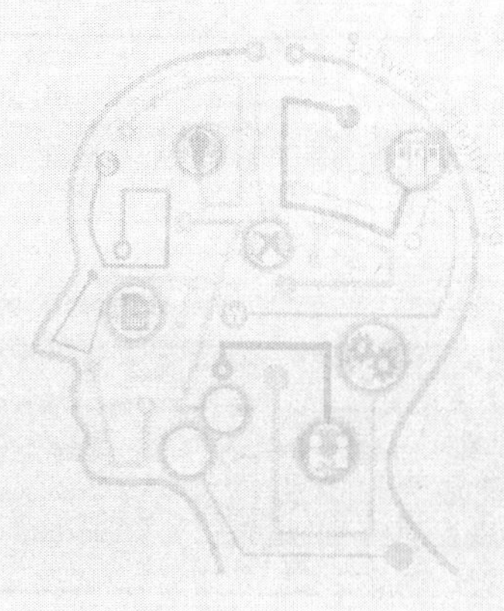

 5.1 노력 정도 산정

개발에 투입된 노력 정도를 추정하는 것은 개발 프로젝트에 투입된 인력을 유지하는데 드는 비용을 추정하는 가장 일반적인 기법이다. 한 사람이 하루, 월간, 연간 일한 양, 즉 인·일(person-day), 인·월(person-month), 인·년(person-year)의 수는 각 프로젝트에 투입된 노력 정도를 산정하는데 적용된다. 비용은 노력의 각 단위와 연계되어 투입된 자원의 특성에 따라 추정된 비용이 유도된다.

LOC나 FP기법에서의 노력 추정은 과거 개발대상 프로젝트 영역에서 얻은 소프트웨어 기능들의 윤곽을 갖고 시작한다. 소프트웨어 개발공정과 관련된 모든 과정 즉, 요구사항 분석, 설계, 코딩과 시험들과 같은 모든 과정에 대해서 산정되어야 한다. 개발 단계별 관련된 소프트웨어공학 태스크들은 [그림 5-1]과 같은 테이블을 이용해서 작성된다.

일반적으로 프로젝트 관리자는 각 소프트웨어 기능에 대한 소프트웨어를 개발하는데 소요되는 비용과 노력 정도를 추정해서 문서로 작성하여 노력 정도를 추정한다. 노동 비율(비용/단위 노력)은 각 소프트웨어 개발공정에 있어 각각의 태스크들에 적용되는데, 일반적으로 프로젝트 관리자와 시스템 분석자들과 같은 고급 기술자는 주로 요구사항 분석과 조기의 설계삭업에 참여하고, 프로그램 개발과 깉은 기술진은 후반부의 설계작업, 코딩 그리고 초기 시험과정에 참여하게 된다.

(단위 : MM)

투입인원 등급 태스크명	특급기술자	고급기술자	중급기술자	초급기술자	인－월 추정 …………	소계
소계						
단가						
비용						합계

[그림 5-1] 태스크별 노력정도를 산정히는 테이블

 ## 5.2 개발비용의 산정

소프트웨어 제품 개발에 있어 비용산정은 소프트웨어공학 분야에서 가장 중요하며 큰 오차가 발생할 확률이 높다. 소프트웨어 개발에 앞서 계획단계에서 정확한 비용을 예측하기란 매우 어려운 일이다. 그 이유는 계획단계에서 확인되지 않거나 사전에 고려하지 못했던 요소들이 추가될 수 있기 때문이다. 그리고 타당성 조사의 일환으로 비용을 예측하는 작업이 계약을 위해서도 필요하지만 소프트웨어 프로젝트의 비용과 일정관리를 위해서도 필수적인 일이다.

소프트웨어 비용산정은 프로젝트의 시작부터 끝까지 계속되는 연속적인 작업이다. 프로젝트에 예산을 할당하고 예산이 초과되지 않는 범위 내에서 프로젝트를 진행하기 위해서는 계속적인 비용 통제가 필요하다.

소프트웨어 비용산정을 위한 다양한 기법들이 Boehm(1981)에 의해 제시되었는데 이를 요약하면 다음과 같다.

① **알고리즘 모델**(algorithmic cost modelling)

특정한 소프트웨어 척도와 프로젝트 비용과의 과거의 정보를 바탕으로 개발된 모델인데, 이 경우 이용되는 소프트웨어의 척도는 주로 소프트웨어의 크기에 관한 정보이다.

② **전문가의 판단**(expert judgement)

소프트웨어 개발기술 전문가와 소프트웨어를 이용할 분야의 전문가의 판단에 의해 결정된다. 이들 전문가들은 나름대로 비용을 산정하고 최종적인 비용산정은 전문가들의 합의에 의해 결정한다.

③ **유추에 의한 산정**(estimation by analogy)

동일한 분야에서 상이한 프로젝트를 개발할 때 적용될 수 있다. 새로운 프로젝트의 비용은 이미 완성된 프로젝트로부터 유추하여 산정한다.

④ **파킨슨의 법칙(Parkinson's law)**

가능한 시간과 예산범위 내에서 작업이 계속된다는 의미이다. 소프트웨어 비용측면에서는 프로젝트에 쓸 자금이 있으면 다 쓰게 된다는 의미이다.

⑤ **능력별 지불(pricing to win)**

고객이 프로젝트에 대해 개발능력과 결과를 보고 비용을 지불하는 것이다.

⑥ **하향식 산정(top-down estimation)**

제품의 전체적인 특성을 고려하여 비용이 결정되고, 각 구성 부분에 대해 비용이 할당된다.

⑦ **상향식 산정(bottom-up estimation)**

각 구성 성분에 대해 비용이 산정되고, 이들 비용이 전부 합쳐져 최종적인 비용을 산출한다.

위의 각 기법들은 나름대로의 장·단점을 가지고 있다. Boehm이 지적한 가장 중요한 점은 어떠한 기법도 독립적으로 사용될 수는 없다는 것이다. 그는 대형 프로젝트에서는 여러 가지 비용산정 기법들이 동시에 나란히 사용되어 이들 간의 결과를 비교할 것을 제안했다. 만일, 서로 현격하게 다른 결과를 나타낸다면 비용에 관련된 정보들이 부족하거나 부적절하다는 것이다. 더욱 많은 정보를 찾고, 비용산정 과정이 계속 반복되어야 한다.

프로젝트의 비용산정에서 조직적, 경제적, 정치적인 고려 사항과 사업적인 요소들을 분리하는 것은 일반적으로 불가능하다. 프로젝트 비용산정에 관한 논의의 대부분은 요구사항이 확정되어 있고, 비용산정은 이러한 확정된 요구사항을 기반으로 한다고 가정한다.

앞의 경우는 일련의 요구분석 단계가 제공되는 군사 프로젝트 같은 경우에는 적당한 모델이지만, 대부분의 프로젝트는 단지 수행할 작업에 관한 개요만을 이용하여 비용산정을 수행하는 수밖에 없다.

이 방법은 매우 비과학적인 방법으로 비판받을 수 있으나 사업적인 관점에서는 오히려 경제적인 방법일 수도 있다. 요구분석을 하고, 요구명세서를 작성하는 것이 비용이 드는 작업이므로 거시적인 측면에서 타당성을 잃을 경우 여기에 드는 비용이 정당화되지 못하는 것이다. 비록 능력별 지불(pricing to win)방식이 애매하다고 생각될지 모르나 실제

상황에서는 가장 효율적인 비용산정 방법이기도 하다.

프로젝트의 비용은 반드시 상세한 프로젝트 명세서를 만들기 위해 개발자와 고객 사이에 개략적인 제안서와 협의를 바탕으로 결정되어야 한다. 대부분의 프로젝트에서 고정적인 요소는 프로젝트 요구사항이 아니라 비용이다. 요구사항은 비용이 초과되지 않도록 변경될 수도 있다.

개발계획을 수립함에 있어 가장 어려운 과제가 개발비용과 개발기간을 산정하는 것이다. 그 동안 많은 소프트웨어 프로젝트가 예산초과와 개발지연으로 실패를 거듭해 왔던 가장 주된 요인은 바로 부정확한 비용과 기간의 예측이라고 해도 과언이 아니다.

개발비용과 개발기간은 서로 밀접한 관계를 맺고 있으나 우선 비용산정의 관점에서 소프트웨어 개발 프로젝트의 성격을 살펴보고 현재까지 알려진 산정 기법들을 논의하기로 한다.

5.2.1 개발비 산정시 고려할 요소들

소프트웨어 생명주기에 의하면 사용자의 구체적인 개발계획서 수립에 따라 진행되는 것으로 정의된다. 즉, 시스템 정의 및 계획수립단계에서는 개발비용의 산정이 구체적인 요구사항과 개발 여건이 제대로 파악되지 못한 상태에서 개괄적으로만(quick and dirty method) 이루어지는 셈이다. 요구분석 단계 이후에 재개발계획이 작성될 수도 있겠으나 현실은 개발자로 하여금 개발착수 이전에 제안가(cost proposal)의 확신성과 계약체결 후의 책임이행을 요구하고 있는 안타까움을 내재하고 있다. 이렇게 대립되는 조건의 마찰은 비용산정 방법의 과학화로 해소될 수밖에 없다.

개발비 산정이 어려운 이유는 다양성과 복잡성으로 표현되는 소프트웨어 프로젝트의 특성 때문이다. 개발비 산정시 고려되어야 하는 요소들은 크게 프로젝트 자체의 요소들(project factors), 필요한 자원 요소들(resource factors) 그리고 생산성 요소들(productivity factors)로 분류된다.

1 프로젝트 요소

무엇을 개발해야 하는가에 따라 소요 경비는 크게 좌우된다. 문제의 복잡도(complexity), 시스템의 규모(size) 그리고 요구되는 신뢰도(reliability) 등은 대표적인 요소들이다.

① 문제의 복잡도 혹은 프로그래밍의 난이도는 소프트웨어의 유형의 지배를 받기 쉽다. 예를 들어 〈표 5-1〉에서는 동일 규모(약 60 KDSI : thousands of delivered source instruction)의 프로그램을 개발하더라도 인·월로 표현되는 개발비용이 응용 소프트웨어인지 시스템 소프트웨어인지에 따라 무려 1 : 9의 차이가 있다는 연구 결과를 보여 주고 있다.

② 시스템 크기는 소프트웨어가 처리해야 하는 입출력 양식의 수나 프로그램 원시코드의 라인 수(1,000 Delivered Source Instruction, 즉 KDSI 단위)로 흔히 측정된다. 문제는 같은 유형일지라도 인·월로 표현되는 소요경비는 시스템의 크기에 정비례하지 않는다는 것이다. [그림 5-2]는 크기의 증가에 따라 기하급수적으로 높아지는 개발비용의 성격을 나타낸 것이다.

〈표 5-1〉 소프트웨어의 복잡도와 개발비용

소프트웨어 분야 비용측정분야	응용 소프트웨어 (예 : 인사관리시스템)	개발자원 소프트웨어 (예 : 워드프로세서)	시스템 소프트웨어 (예 : 운영체제)
총 인·월	1 (1*1)	3 (1.7*1.8)	9 (2.8*3.2)
개발기간	1	1.7	2.8
평균 소요 인·월	1	1.8	3.2

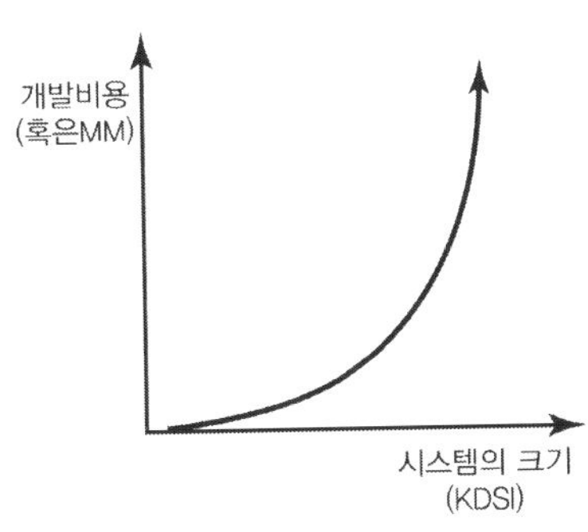

[그림 5-2] 시스템의 크기와 개발비용의 관계

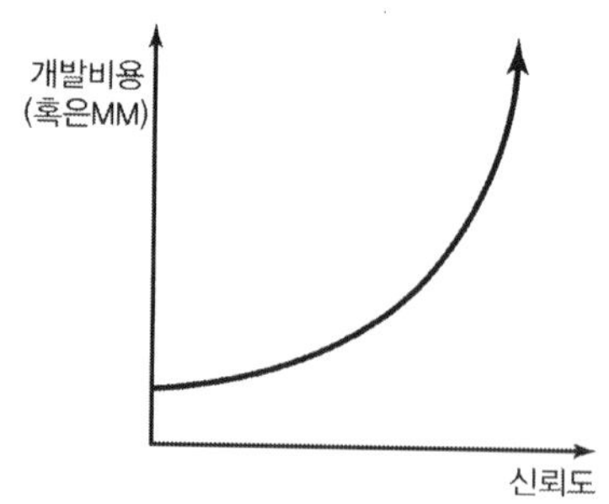

[그림 5-3] 시스템 신뢰도와 개발비용의 관계

③ 시스템의 신뢰도(reliability) 역시 마찬가지이다. 정확성(accuracy), 견고성(robustness), 완벽성(completeness) 및 일관성(consistency)으로 정의되는 신뢰성 정도를 [그림 5-3]에서 볼 수 있듯이 개발비용과 비선형적 관계가 있다.

2 자원 요소

개발에 필요한 각종 자원들의 투자 정도에 따라 개발비용은 크게 달라질 수 있다. 자원의 종류에는 인적 자원, 하드웨어 자원 그리고 소프트웨어 자원들이 있다.

① 인적 자원은 관리자, 개발자들의 양과 질, 그리고 조직적인 지원체계를 의미한다.

② 하드웨어 자원은 개발장비 및 목표장비(target machine)와 프린터 등의 개발에 필요한 직·간접적인 장비를 의미한다.

③ 소프트웨어 자원은 개발지원도구(tool)를 뜻한다. 요구분석기 및 설계도구와 언어 번역기, 문서화 도구, 모의 실험기, 프로그램 시험기 등의 도구들이 소프트웨어 개발을 자동화하는데 얼마만큼 기여하느냐에 따라 개발비용에 차이가 있을 수 있다.

3 생산성 요소

프로젝트에 투입된 자원의 투자가 어떠한 결과를 나타내느냐는 것이 생산성의 척도가 된다. 소프트웨어 생산성이란 흔히 인·월당 제작되는 평균 원시코드 라인(line)수로 정의

되는데, 이를 지배하는 요소들은 개발자의 능력, 경험 및 주어진 개발기간 등 다양하다.

① 개발자의 능력이란 유사분야에 대한 경험, 이용될 프로그래밍 언어와의 친숙도, 데이터베이스, 데이터 통신망의 구축 등 개발에 필요한 전문분야에 대한 지식, 응용분야에 대한 이해도, 그리고 기획력, 책임감, 창의력 등으로 정의된다.

② 개발기간과 개발비용의 관계 역시 민감하고 복잡하게 얽혀진다. 생산성은 [그림 5-4]에서 볼 수 있듯이 개발기간이 늘어날수록 크게 향상한다는 것이 일반적인 관찰이다. 따라서 개발자의 입장에서는 인원 수가 반으로 줄더라도 개발기간을 배로 늘릴 수 있다면 훨씬 능률적일 것이라고 생각할 수 있을 것이다.

③ 기타 생산성 요소로 가장 대표적인 것은 개발 방법론이다. 최신의 기법과 효율적인 개발 관리 방법을 많이 채택한 프로젝트 일수록 생산성의 향상을 기대할 수 있다. 즉 소프트웨어공학의 활용 정도는 개발비용과도 밀접한 관계가 있다는 것이다.

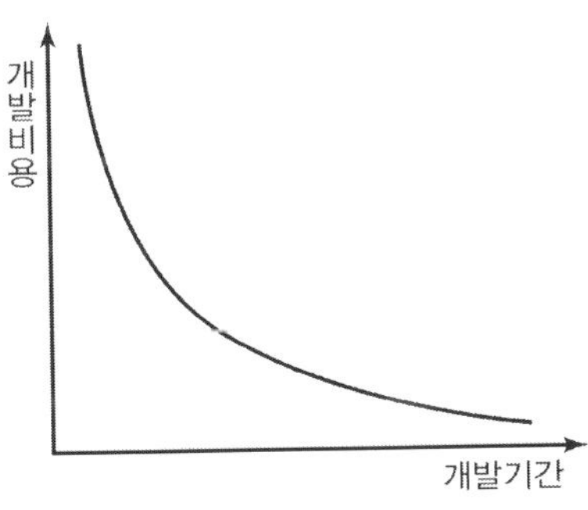

[그림 5-4] 개발기간과 개발비용의 관계

5.2.2 하향식 산정 방법

전체 시스템 차원에서 비용을 산정하는 방법이다. 비용산정에 있어 가장 많이 사용되는 방법이 하향식 산정 방법인데, 해당 시스템의 성격과 특성을 계략적으로 파악하고 정의한 다음 경험적으로 결정을 내리는 방법이다. 즉, 하향식 방법(top-down)의 토대는 경험과 전문지식이 많은 개발자들과 프로젝트 관리자가 참여한 회의에서 인력, 시스템 크기,

필요 예산 등을 토론을 통한 합의를 통해 예산을 추정하는 방법이다. 전문가에 의한 감정(export judgment)과 델파이식(Delphi) 산정 방법이 대표적이다.

1 전문가에 의한 감정

해당 프로젝트 수행을 위해 현장경험과 전문기술 및 공인자격을 갖춘 전문가에 의해 감정을 하게 되는 경우인데, 이때 개발비용의 예측은 핵심 개발자들(key developer)의 의견을 참고로 해서 산정하는 것이 일반적인 예이다. 개인의 편견을 배제하기 위하여 경험과 지식을 겸비한 전문가 2인 이상의 감정을 통해 확정한다.

전문가에 의한 감정 방법의 장점은 우선 편리하다는 것이다. 개발예산 계획수립이 시급한 경우와 입찰에 응해야 하는 경우에 전문가들에 의한 감정 방법을 주로 이용하게 된다. 그러나 객관성이 결여된 이러한 비과학적인 추측은 부정확할 수도 있고 때로는 개발에 있어 매우 난처한 입장에 놓이게 한다는 점에 유의해야 할 것이다.

2 델파이식 산정

개발비 산정을 위한 회의는 원래부터 다소 문제가 있을 수 있다. 조직 내에서 자체적으로 계획을 수립할 경우 예산 계획수립과 관계되는 사람이 여러 부서와 연관될 수 있고, 또 여러 명이 참여하다 보면 각자 의견이 다를 수도 있는데 개발 책임자는 개발과 관련된 소요비용을 많이 책정하기를 바라고, 경영자 입장은 최소비용으로 계획되기를 바랄 것이다.

델파이(Delphi)식 산정 기법은 전문가들의 편견이나 분위기에 지배되지 않도록 조정자를 두어서 조정하도록 하는 특성을 갖는다.

이 방법은 우선 참석한 전문가들 각자가 익명으로 비용산정의 가정과 결과를 조정자에게 제출하고 조정자는 이들 내용을 하나하나 모두에게 밝혀 주고, 스스로가 불합리성을 터득하게 하여 다시 생각하여 새로운 비용으로 산정될 수 있도록 반복 접근해가는 방법인데, 이러한 과정을 몇 번 반복하는 절차를 거치다 보면 결국은 의견일치가 되지 않겠

느냐는 것이다. 즉, 조정자를 통하여 알게 된 다른 전문가들의 산정기준을 듣다 보면 자신의 과오를 깨닫게 되므로 결국 시작 단계에서는 많은 차이를 보였던 견해들이 점점 좁혀질 수 있을 것이다.

5.2.3 상향식 산정 방법

하향식 방법의 문제점에 대해 그 개선 방안으로 제시된 과학적인 방법이 상향식 산정 방법이다. 이 방법은 개발할 시스템을 작업분할구조도(WBS : Work Breakdown Structure)로 정의하고, 각 구성 요소(단위 업무들)에 대해 각각 비용을 독립적으로 산정한 다음 이들을 종합하여 집계하는 방법이 상향식(bottom up) 산정 방법이다.

WBS의 구조는 목구조(tree structure) 형태로 작성하며, 각 구성 요소들에 대해 구현에 필요한 원시코드 라인 수 혹은 개발 단계별 인·월수를 예측하여 이를 비용으로 변환하여 산정하는 방법이다.

1 원시코드 라인 수(LOC : lines of code) 기법

WBS상에서 분해되어 있는 시스템 기능들에 대해 각각 구현하는데 필요한 원시코드에 대한 라인 수를 산정함에 있어, 프로젝트 관리(project management) 목적으로 대두된 PERT (Project Evaluation and Review Technique)를 이용한 예측 공식을 사용하는 것이다. 이 공식은 확률론에서의 베타 분포도(beta distribution)에 근거하여 낙관치(optimistic estimate), 기대치(most likely estimate) 및 비관치(pessimistic estimate)의 확률적 집합으로 예측치(expected value)와 이의 편방편차(variance)를 구하는 방법이다.

각 예측치는 개발조직의 평균 생산성(라인 수/인·월)과 평균 인건비(비용/인·월)를 적용시키면 각 기능을 구현하는 데 필요한 인력과 인건비도 계산된다. 〈표 5-2〉에서 편방 편차의 합계는 정규 분포도(normal distribution)를 따르기 때문에 예측치의 확신도를 평가하는 데 이용될 수 있다.

$$예측치 = \frac{낙관치 + [4*기대치] + 비관치}{6}$$

$$편방편차 = ((비관치 - 낙관치)/6)^2$$

〈표 5-2〉 원시코드 라인 수 기법을 이용한 개발비 산정

기능	전문가의 감정			공식을 적용한 예측		필요 인·월	소요 인건비
	낙관치	기대치	비관치	예측치	편방편차		
합계				총 라인 수		총 인·월	총 인건비

2 개발단계별 노력 정도를 산정하는 기법

이 방법은 시스템의 각 기능을 구현시키는 데 필요한 노력의 정도를 소프트웨어 개발 생명주기의 각 단계별로 산정함으로서 원시코드 라인 수(본수) 기법보다는 더 정확성을 기하자는 데 목적을 두고 있다. 또한 인건비는 전문가마다 등급을 다르게 해서 개발비 산정에 반영시키자는 것이다.

5.2.4 수학적 산정방법

수학적 산정방법은 개발비 산정을 자동화하고자 하는데 그 목표를 두고, 개발비용산정을 자동으로 할 수 있는 자동화 소프트웨어를 개발하고자 하는 것이 목적이다. 만약 그러한 소프트웨어가 존재한다면 개발자가 소프트웨어의 복잡도, 규모, 신뢰도 등의 프로젝트의 특성과 개발인력, 하드웨어 및 소프트웨어 자원의 지원에 관련되는 자료만 입력시키면 필요인력, 소요예산, 소프트웨어 크기 등 각종 예측자료를 출력할 수 있도록 하는 것이다. 이같은 자동 예산추정 시스템은 수학 및 확률적 공식을 통해 유도되어야 하는데 그렇게 하기 위해서는 과거 경험한 유사한 프로젝트들에 관한 정보를 누적시켜온 지식 베이스 시스템 구축이 우선 되어야 가능할 것이다.

지식 베이스 시스템 구축과 관련된 내용은 이미 완료된 각 프로젝트에 대한 다음과 같은
사항들이 파악되고 저장되어 있어야 할 것이다.

- 주요기능

- 복잡도 및 신뢰도

- 실제 개발된 원시코드의 총 라인 수

- 실제 투입되었던 인·월수

- 실제 투입되었던 평균 인·월수

- 실제 작성되었던 문서들의 총 페이지 수

- 실제 소요되었던 개발기간

- 실제 소요된 총 개발비

- 실제 사용된 각종 도구들

- 현재까지의 유지보수 경비

그 대표적인 예를 들면 IBM Walston과 Fclix는 60어개의 다양한 규모의 프로젝트들의
실적을 분석하여 아래와 같은 자원 모델(resource model)들을 제시한 바 있다.

- 총 인·월(M/M) 수 = $5.2 * (KDSI)^{0.91}$

- 개발기간 = $4.1 * (KDSI)^{0.36}$

- 개발기간 = $2.47 * (총 인 \cdot 월 수)^{0.35}$

- 총 작성문서 페이지 = $49 * (KDSI)^{1.01}$

5.2.5 경험적 추정 모델

경험적 추정 모델은 소프트웨어 프로젝트 계획단계에서 개발비를 예측하기 위해 경험적으로 유도된 공식들을 사용한다. 대부분의 모델들을 지원해 주는 경험적 자료는 프로젝트의 특성에 따라 한정적 표본들을 만든다. 그래서 모든 소프트웨어 개발환경에 적합한 추정 모델은 없다. 그러므로 이러한 모델들로부터 얻은 결과들은 적절하게 응용해서 사용해야 할 것이다.

자원모델(resource model)은 노력, 프로젝트 기간, 또는 다른 적합한 프로젝트 자료들을 예측하기 위해 한 개 이상의 프로젝트에 적용된 경험적으로 유도된 식들로 구성된다. Basili는 자원 모델을 4가지의 부류로 설명하였는데, 고정 단일변수 모델(static single variable model), 고정 다중변수 모델(static multi-variable model), 동적 다중변수 모델(dynamic multi- variable model), 그리고 이론적 모델로 분류하였다.

1 고정 단일변수 모델(static variable model)

여기서 자원이란 노력, 프로젝트 기간, 스텝(staff) 규모, 또는 소프트웨어 문서화에 필요한 줄들을 말한다. 상수 c1과 c2는 과거의 프로젝트에서 수집된 자료에서 유도된다. 추정된 특성은 원시코드의 줄 수, 노력 또는 다른 소프트웨어의 특성 등이다. 만약에 과거 자료를 충분히 사용할 수 있다면, 위에서 설명한 형식을 갖는 모델들은 국부적인 환경을 위해 유도될 수 있다.

$$\text{자원} = c_1 * (\text{추정된 특성})c_2$$

2 고정 다중변수 모델(static multi variable model)

고정 다중변수 모델은 단일변수 모델처럼 경험적 관계식을 유도할 때 과거의 자료를 사용한다. 이러한 부류의 전형적인 모델은 다음과 같은 형식을 갖는다.

다음에 설명될 COCOMO(COnstructive COst MOdel)의 기본 형식은 고정단일변수 모델의 한 예이다.

$$자원 = c_{11}e_1 + c_{21}e_2 + \cdots$$

여기서 e_i는 i번째 소프트웨어 특징이다. 그리고 c_{i1}, c_{i2}는 i번째 특성에서 경험적으로 유도된 상수들이다.

3 동적 다중 모델(dynamic multi variable model)

동적 다중모델은 시간의 함수로 자원의 요구사항들을 계획한다. 만약 이 모델이 경험적으로 유도된다면, 자원은 소프트웨어공학과 정의 각 단계에 몇 %의 노력이 할당되는지를 일련의 시간 단계로 정의한다. 각 단계는 더 세부적인 태스크로 나누어질 수 있다.

동적다중 모델링에 대한 이론적 접근법은 연속적인 '자원소비곡선'이라고 가정하고, 이것으로부터 자원의 행위를 모델화시키는 식이 유도된다.

위에서 논의된 각 모델들은 소프트웨어 프로젝트 개발에서 거시적인 쟁점들을 설명해준다. 마지막에서 나온 이론적 모델은 미시적인 관점에서 소프트웨어를 조사한다. 즉, 원시코드의 특성들을 조사한다.

5.2.6 알고리즘 모델

소프트웨어 비용산정과 일정관리를 위해 사용되는 가장 과학적인 방법은 알고리즘 모델이다. 이 모델은 프로젝트의 비용과 여러 속성들을 분석하여 만들어 지는데 계산식은 비용과 프로젝트의 크기, 프로그래머의 수 등의 관계식으로 계산된다.

Mohanty(1981)와 Boehm(1981)이 분석한 알고리즘 모델의 가장 기본적인 약점은 이미 완성된 소프트웨어 제품의 산정에 의존한다는 것이다. 비용산정은 제품이 완성되기 훨씬 전인 소프트웨어 개발과정의 초기에 행해지므로 관리자는 비용산정 모델의 입력을 위해 적당한 데이터를 사용하여야 한다.

가장 공통적으로 사용되는 척도는 완성된 시스템의 원시코드의 수이다. 비록 특정 분야의 프로젝트에서는 비용산정의 많은 정보가 축적되어 있다 하더라도 새로 개발되는 분야의 소프트웨어 크기를 예측하는 것은 매우 어려운 일이다.

더욱이 코드의 크기를 기준으로 산정하게 되면 어떤 하드웨어와 소프트웨어를 선택하느냐에도 영향이 좌우된다. 따라서 프로젝트 비용산정을 위해 알고리즘 모델을 사용할 때는 모델로부터 얻어지는 결과가 부정확할 수도 있다는 것을 알아야 한다. 이 모델을 사용하려면 개발할 제품에 관해 잘 이해하고 있고, 유사한 제품을 이전에 개발한 경험이 충분하고, 선택된 언어와 하드웨어에 관해 잘 알고 있을 경우에 비용산정에 있어 오차를 줄일 수 있다. 그 외의 경우에는 비용산정에 모델을 사용할 때는 좀 신중해야 할 것이다.

5.2.7 COCOMO 모델

개발비 산정에 있어 가장 잘 알려져 있고 변수를 조정하기에 가장 좋은 비용산정 모델은 Boehm(1981)이 제안한 COCOMO모델이다. 알고리즘 모델의 하나인 COCOMO 모델은 다음의 3가지 모델이 있다.

① **모델 1**

　기본(basic) COCOMO 모델은 컴퓨터 소프트웨어 개발비용을 추정되는 라인 수(LOC)로 나타나는 프로그램의 크기에 의해 모델링한다.

② **모델 2**

　중간(intermediate) COCOMO 모델은 프로그램의 크기와 비용요인(cost drivers)들을 포함하여 비용을 산출한다. 비용요인은 제품의 응용분야, 하드웨어, 개인별 능력, 프로젝트 속성 등이다.

③ **모델 3**

　고급(advanced) COCOMO 모델은 중간 모델에 분석, 설계 등의 소프트웨어 개발과정의 각 단계에 비용요인 평가를 모두 합해서 산정한다.

기본 COCOMO 모델은 소프트웨어가 개발될 때 소프트웨어 요구사항이 심각하게 변경

되지 않는 것을 가정하고 있다. 또한, 프로젝트가 고객과 소프트웨어 개발자 간의 원활한 관계를 유지하면서 개발되는 것을 가정한다. COCOMO 모델은 프로젝트를 개발하는 데 드는 노력뿐만 아니라, 개발일정에 관한 관리 기법의 장점에 대해 알 수 있을 것이다.

기본 COCOMO 모델은 가장 좋은 비용산정 모델이다. 여기에서는 단지 소프트웨어 프로젝트의 예상되는 크기와 유형에 관한 정보만 사용된다. 계산식은 다음의 세 가지 소프트웨어 프로젝트 유형에 따라 다르게 적용된다.

① **Organic mode**

이러한 프로젝트는 상대적으로 규모가 작은 개발팀이 개발경험이 있는 분야의 프로젝트를 익숙한 환경에서 개발할 때를 말한다. 간단히 말해서 개발자 간의 의사소통의 오버헤드는 적고, 개발 요원들이 작업 내용에 대해 잘 알아 일의 진척 속도가 빠른 경우를 말한다.

② **Semi-detached mode**

이러한 형태의 프로젝트는 Organic mode 프로젝트와 다음에 기술할 Embedded mode 프로젝트의 중간에 위치한다. Semi-detached mode 프로젝트에서는 프로젝트 팀이 경험이 있는 사람과 경험이 없는 사람이 함께 구성된다. 또한, 경험이 있다 하더라도 관련된 시스템에 대해 약간의 경험밖에 없고 개발 중인 시스템의 특정 부분에 대해서는 잘 알지 못하는 경우에 해당된다.

③ **Embedded mode**

Embedded mode 프로젝트의 가장 기본적인 특성은 매우 제한된 조건 아래에서 운영된다는 것이다. 하드웨어, 소프트웨어, 그리고 운영절차가 매우 밀접하게 연관된 복잡한 시스템을 구성하는 소프트웨어 시스템이 여기에 해당된다. 그러므로 소프트웨어상의 문제점을 해결하기 위한 요구사항의 변경은 매우 비실용적이고, 소프트웨어 검증비용도 매우 많이 든다. Embedded mode 프로젝트의 다양한 성질때문에 프로젝트의 개발자가 개발할 특정분야에 대해 높은 경험을 가지기란 흔하지 않은 일이다. 엄밀하게 이야기하면 소프트웨어를 개발하는 데 드는 노력(effort)을 구하는 식은 모두 동일한 형태를 갖는다.

$$E = a(KDSI)^b$$

위 식에서 a와 b는 프로젝트 유형에 좌우되는 상수이다. 이 식의 비용은 크기의 지수함수(비록 b가 보통 1에 가깝지만)로 결정된다는 것을 의미한다.

Boehm은 DSI(Delivered Source Instruction)를 해당 라인에 있는 명령어 수에는 관계없이 전체 라인의 수로 정의했다. 따라서 하나의 라인에 둘 이상의 명령어가 있더라도 하나의 DSI로 계산되며 하나의 명령어가 다섯 개의 라인에 걸쳐 계속되면 다섯 개의 DSI로 계산된다. 여기에 주석문은 제외된다. DSI의 경우에는 비록 중요하고 노력이 든 지원 소프트웨어라도 고객에게 인도되지 않는 경우에는 제외된다.

이러한 DSI의 정의는 논란의 여지가 많으며, 주로 하나의 라인에 하나의 명령어가 있는 FORTRAN 프로그램과 같은 경우에 타당하다. Ada처럼 하나의 명령어를 예측할 수 있는 관계식도 제공한다. 상수에 해당되는 값은 기존의 프로젝트 데이터를 분석하여 결정된다. 상이한 조직과 환경에서 나온 데이터를 사용하면 오차의 범위가 커진다. Boehm은 각 프로젝트 유형에 따라 다음의 관계식을 제시하였다.

$$Organic\ mode\ E=2.4(KDSI)^{1.05}$$
$$Semi\text{-}detached\ mode\ E=3(KDSI)^{1.12}$$
$$Embedded\ mode\ E=3.6(KDSI)^{1.2}$$

산정 결과는 프로젝트를 완성하는 데 필요한 인·월(MM)의 수로 나타난다. Boehm의 COCOMO 모델에서는 단위 MM을 한 사람이 월간 152시간 작업하는 것을 기준으로 하였다. 이 값은 해당 조직에 따라 서로 다른 값을 갖게 된다.

개발일정은 주어진 인력으로 프로젝트를 완성하는 데 요구되는 시간이다. Basic CO-COMO 모델의 경우 프로젝트의 모드에 따른 개발일정을 구하는 식은 다음과 같다.

$$D = cE^d$$

여기서 c, d는 상수이고, E는 위의 비용식을 의미한다. 프로젝트 유형에 따른 상수를 적용하면 다음과 같다.

$$Organic\ mode\ D=2.5E0.38$$
$$Semi\text{-}detached\ mode\ D=2.5E0.35$$
$$Embedded\ mode\ D=2.5E\ 0.32$$

Basic COCOMO 모델의 예를 들기 위해 32000 DSI로 예상되는 Organic mode 소프트웨어 프로젝트를 가정하자. E를 구하는 식으로부터

$$E=2.4(3.2)**1.05=99인 \cdot 월$$

개발일정을 산정하는 식으로부터 프로젝트 완성하는 데 필요한 시간은 다음과 같다.

$$D=2.5(91)**0.38=14개월$$

예상되는 시간 동안 프로젝트를 완성하는 데 필요한 사람은 다음과 같다.

$$N=E/D-91/14-6.5명$$

다음은 약 128000 DSI 크기인 Embedded mode 소프트웨어 프로젝트를 생각해 보자.

Basic COCOMO로부터 이 모델에서의 생산성과 비용산정은 기존의 프로젝트 데이터에서 유도될 수 있다. 앞의 Organic mode 시스템의 경우 생산성은 352 DSI/MM이고, 이것은 한 사람이 하루에 약 16개의 명령문을 작성한다는 의미이다. Embedded 시스템의 경우 생산성이 105 DSI/MM이라면 한 사람이 하루에 4개의 명령문을 작성하는 것을 의미한다. 이러한 결과는 다른 방식으로 얻은 생산성과 대략적으로 일치한다.

$$E=3.6 \times \times 1.20=1216인 \cdot 월$$
$$D=2.5(1216) \times \times 0.32=24개월$$
$$N-1216/24=51명$$

COCOMO 모델에 담긴 더욱 흥미로운 사실은 프로젝트를 완성하는 데 필요한 시간은 프로젝트에 종사하는 소프트웨어 개발자의 수에 관한 함수가 아니라, 프로젝트를 완성하는 데 필요한 전체 노력에 관한 함수라는 것이다. 이것으로부터 일정이 지연된 프로젝트에 더 많은 사람을 투입한다고 해서 일정을 앞당길 수 없다는 사실을 알 수 있다.

COCOMO 모델은 인력자원이 제한되어 있고 제품을 인도할 날이 확정되어 있는 경우에 일정을 산정하는 데 도움이 되지 않는다. 또한, 6.5명이 14개월에 끝낼 수 있는 프로젝트를 3명이 30개월에 끝낼 수 있는지의 여부는 분명하지 않다. 이것은 여러 개발요원을 가진 커다란 조직에서 얻어진 명백한 결과이다.

기본 COCOMO 모델은 프로젝트 산정을 시작하는 데 있어서 유용하지만, 프로젝트 크기와 유형을 제외하고는 프로젝트에 영향을 미치는 많은 요인들이 제외되었다. 중간 COCOMO 모델은 이러한 요인들을 고려하고 있다.

중간 COCOMO 모델도 기본 COCOMO의 식에서 출발한다. 여기에 제품에 요구되는 신뢰도, 데이터베이스의 크기, 수행 시간과 기억 장치의 제한 조건, 개인적인 특성, 그리고 사용하는 소프트웨어 도구 등의 요인들을 적용시킨다. 전체적으로 15개의 요인으로 구성되고 네 가지 종류로 구분된다. 여기에는 제품의 특성, 컴퓨터의 특성, 개인의 특성, 그리고 프로젝트의 특성이 해당된다. 먼저 제품의 특성은 다음과 같다.

① **요구되는 소프트웨어 신뢰도(RELY)**

소프트웨어의 고장(failure)은 약간의 불편만 초래하는 매우 낮은 등급으로부터, 고장이 회복 가능한 손실을 주는 중간 등급을 거쳐 인간 생활에 치명적인 위험을 초래하는 매우 높은 등급까지 있다.

② **데이터베이스 크기(DATA)**

데이터베이스의 크기(바이트)가 DSI의 10배 미만인 매우 낮은 등급부터 데이터베이스 크기가 시스템 크기의 10배에서 100배까지인 중간 등급을 거쳐 프로그램보다 100배 더 큰 매우 높은 등급까지 있다.

컴퓨터 특성은 소프트웨어 생산성에 영향을 주는 하드웨어의 제한 조건을 뜻한다. 여기에는 네 가지의 특성이 있다.

① 수행 시간의 제한(TIME)

여기에는 중간 등급부터 극히 높은 등급까지 있다. 중간 등급은 가용한 수행 시간의 50% 미만을 사용하는 것이고, 극히 높은 등급은 가용 시간의 95%를 사용하는 것이다.

② 기억 장소의 제한(STOR)

여기에는 TIME처럼 가용한 기억 장소의 50% 미만을 사용하는 중간 등급으로부터 가용한 기억 장소의 95%를 사용하는 극히 높은 등급까지 있다.

③ 가상 기계의 안정성(VIRT)

가상기계란 소프트웨어를 개발할 때 이용되는 하드웨어와 소프트웨어의 조합이다. 매우 낮은 등급의 경우는 가상기계가(일년에 한 번)정도 변경되는 것이고, 중간 등급은 중요한 변화가 6개월마다 일어날 때를 말한다. 그리고 매우 높은 등급은 가상기계의 변화가 2주일에 한번씩 일어나는 것을 의미한다.

④ 컴퓨터의 turnaround 시간(TURN)

여기에서 등급이 매우 낮은 경우는 대화식 시스템이고, 매우 높은 등급은 turnaround 시간이 12시간 이상인 경우가 해당된다. 이 특성은 모델이 만들어질 때는 관련이 깊었지만 현재에는 별 관련이 없다. 현재 대부분의 시스템 개발은 시분할 시스템이나 개인용 컴퓨터 등을 이용하므로 turnaround 특성의 값은 매우 낮다.

개인의 특성에는 5가지가 있는데 여기에는 프로젝트에 참여하는 요원의 경험과 능력이 반영된다. 이 특성들은 분석가의 능력(ACAP), 개발분야의 경험(AEXP), 가상기계의 경험(VEXP), 프로그래머의 능력(PCAP), 그리고 프로그래밍 언어의 경험(LEXP)으로 분류된다. 이들은 모두 경험이 없는 매우 낮은 등급부터 최소한 일년의 경험을 가진 중간 등급을 거쳐 3년 이상의 경험을 가진 매우 높은 등급까지의 범위를 가진다.

프로젝트의 특성은 소프트웨어 도구의 사용, 프로젝트 개발일정, 그리고 최신 프로그래밍 기법의 이용이 있다. Boehm은 최신 프로그래밍 기법을 하향식 설계, 구조화 프로그래밍, 프로그램 지원 라이브러리 등으로 정의했다.

① 최신 프로그래밍 기법의 이용(MODP)

이러한 기법을 전혀 사용하지 않는 매우 낮은 등급부터 어느 정도 사용하는 중간 정도의 등급을 거쳐 이런 기법을 일상적으로 사용하고 개발요원들이 사용경험이 있는 매우 높은 정도의 등급까지 있다.

② 소프트웨어 도구(TOOL)

소프트웨어 도구의 활용 가능성은 소프트웨어 시스템을 개발하는 데 드는 노력에 큰 영향을 미친다. 이 값이 매우 낮은 경우는 어셈블리와 같은 기본적인 도구만이 사용될 수 있다는 뜻이다. 중간 등급의 값을 가지는 경우는 구현 도구, 테스팅 도구와 디버깅 도구 같은 좀 더완전한 도구들이 생명주기의 전체 단계에서 이용될 수 있다는 뜻이다.

③ 요구되는 개발 일정(SCED)

이 특성은 요구되는 개발일정이 기본 COCOMO 모델을 사용하여 예측한 개발일정에 얼마나 근접하는가의 척도이다. 이 특성이 매우 낮은 값을 가지는 경우는 일정을 단축한 때이고, 반면에 높은 값을 가지는 경우는 일정을 연장할 경우이다. 값이 매우 낮거나 높은 경우 모두 개발에 소요되는 노력은 더 필요하다.

Boehm(1981)은 이러한 15개의 특성 각각에 대한 승수(multiplier)값을 〈표 5-3〉에 있는 대로 제시했다. 이들 특성에 관련된 값은 개발환경에 따라 결정되므로 각 환경에서 적당한 값으로 조정해야 한다.

유지보수 비용을 산정할 경우에 RELY, MODP, SCED와 같은 특성을 제외하고는 모든 특성들에 대한 등급은 동일하다. 유지보수 비용의 산정에서 원래의 개발일정은 관계가 없으므로 이 특성은 중간 등급의 값을 갖게 된다. 최신 프로그래밍 기법을 이용할 경우 유지보수 비용에 큰 영향을 미치고 제품의 크기도 커진다. 개발시 신뢰도가 높은 것은 낮은 것에 비해 유지보수시 신뢰도를 향상시키기도 쉽다. 변경된 RELY, MODP 값은 〈표 5-4〉와 〈표 5-5〉와 같다. MODP 값은 KDSI에 따라 결정된다.

〈표 5-3〉 프로젝트 특성에 따른 승수값

Cost driver	Ratings					
	Very low	Low	Normal	High	Very high	Extra high
RELY	0.75	0.88	1	1.15	1.4	–
DATA	–	0.94	1	1.08	1.16	–
CPLX	0.7	0.85	1	1.15	1.3	1.65
TIME	–	–	1	1.11	1.3	1.66
STOR	–	–	1	1.06	1.21	1.56
VIRT	–	0.87	1	1.15	1.3	–
TURN	–	0.87	1	1.07	1.15	–
ACAP	1.46	1.19	1	0.86	0.71	–
AEXP	1.29	1.13	1	0.91	0.82	–
PCAP	1.42	1.17	1	0.86	0.7	–
VEXP	1.21	1.1	1	0.9	–	–
LEXP	1.14	1.07	1	0.95	–	–
MODP	1.24	1.1	1	0.91	0.82	–
TOOL	1.24	1.1	1	0.91	0.83	–
SCED	1.23	1.08	1	1.04	1.1	–

이러한 특성들은 과거의 데이터를 분석하여 얻어진다. 특정 조직에서는 비용 승수(cost multiplier)로 상이한 특성을 이용할 수도 있다. 예를 들어 소프트웨어 라이브러리의 이용 가능성, 통합된 소프트웨어공학 환경의 이용, 또는 워크스테이션의 이용 가능성을 모두 고려할 수도 있다.

기본 COCOMO 모델과 중간 COCOMO 모델의 단점은 소프트웨어 제품을 하나의 개체로 보고 승수들을 전체적으로 적용시킨다는 것이다. 실제로는 대부분의 대형시스템은 서로 상이한 특성을 가진 서브 시스템들로 구성된다. 이 중 일부분은 Organic mode이고, 일부분은 Embedded mode인 경우도 있다. 또한 일부분에 대해서는 신뢰도가 매우 높아야 하고, 일부분에 대해서는 신뢰도가 낮아도 되는 경우도 있다. 고급 COCOMO 모델에서는 이러한 요소들을 고려하여 서브 시스템의 비용을 별도로 산정하여 이들의 합을 전체 시스템의 비용으로 산정한다.

<표 5-4> 유지보수 승수값

	Very low	Low	Normal	High	Very high
RELY	1.35	1.15	1	0.98	0.1

<표 5-5> MODP 특성값

Product size	Very low	Low	Normal	High	Very high
2	1.25	1.12	1	0.9	0.81
8	1.3	1.14	1	0.88	0.77
32	1.35	1.16	1	0.86	0.74
128	1.4	1.18	1	0.85	0.72
512	1.45	1.2	1	0.84	0.7

COCOMO 같은 비용산정 모델을 어느 정도 사용하고 나면 각 상수들을 자신들의 환경에 맞도록 변경해야 한다는 것을 알게 된다. Boehm은 실제의 비용과 예측된 비용을 비교하고 최소제곱법을 이용하여 모델을 조정하는 방법에 관해 설명했다. 이를 위해서는 기본 COCOMO 모델의 상수항과 비율이 조정되어야 한다. 예를 들어 (표 3-6)은 예상된 프로젝트 비용과 실제 측정된 프로젝트 비용을 나타낸다.

이를 그림으로 나타내면 [그림 5-5]와 같다. 최소제곱법은 관측 값에 대한 최적의 직선을 구하고, COCOMO 모델의 상수를 조정하는 데 필요한 통계적 기법이다.

곡선 적합기능을 포함하는 다양한 그래픽 패키지가 모델의 조정에 유용하다. 지수값도 유사한 방식으로 계산되고, 대형 프로젝트의 경우 정확한 조정을 위해서는 더욱 많은 데이터를 필요로 한다. 앞에서 보았듯이 정상적인 경우에 이 값은 1에 가깝다. 새로운 지수를 계산하는 것이 가능하고 새로운 값과 현재 알려진 값과의 차이는 중요하지 않다.

특정 조직의 작업환경 아래에서 특정 모드에 따라 중간 COCOMO 모델의 특성을 제거하거나 결합하고 특히 중요한 특성을 추가할 수도 있다. 예를 들어 개인의 특성들을 하나의 특성으로 결합할 수도 있고 대화식 작업을 하나의 개발 모드로 정할 수도 있다. 또한 UNIX와 같은 시스템 사용은 표준화된 도구들이 사용 가능함을 의미한다.

승수값은 해당 승수를 제외하여 비용을 산정한 후 여러 승수값을 반복하여 계산한 후 실제의 비용과 가장 근사하게 산정값이 나올 때의 승수를 택한다.

물론 승수를 조정하는 데의 어려움은 승수들이 서로 독립변수가 아니라는 점이다. 예를 들어, 어떤 조직에서 소프트웨어공학 환경을 개선할 경우 이는 곧 소프트웨어 도구, 가상 기계의 안정성, 그리고 turnaround 특성 등에 영향을 미친다.

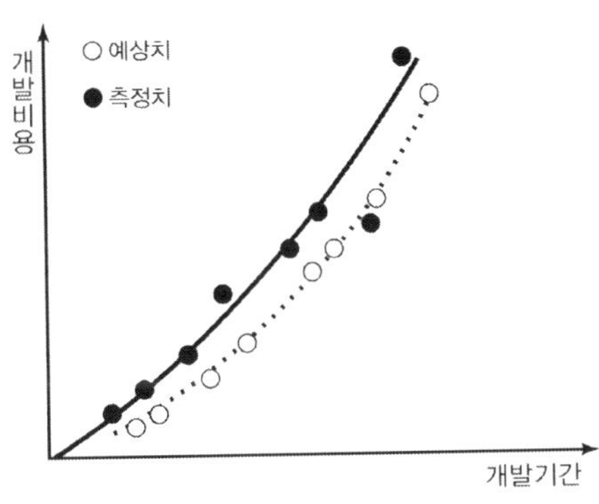

[그림 5-5] 예상한 프로젝트 비용과 실제의 프로젝트 비용

5.2.8 Putnam 추정 모델

Putnam 추정 모델은 소프트웨어 개발 프로젝트의 생명주기 전 과정 동안에 노력의 특수한 분포를 가정해 주는 동적 다중변수 모델(dynamic multi-variable model)이다. 이 모델은 대형 프로젝트(30 인·년 이상의 전체 노력)에서 나타나는 노동력 분포에서 유도된다.

Norden이 수집한 시스템 개발에 관한 경험적 자료는 곡선을 그리는 데 사용되는데, 그 곡선을 Rayleigh-Norden 곡선이라 부른다. Rayleigh-Norden 곡선은 전달된 LOC의 개수(원시코드)를 노력과 개발시간에 관련시켜서 다음과 같은 소프트웨어 식을 유도하는 데 사용된다.

$$L = C_K \cdot K^{1/3} \cdot td^{1/3}$$

여기서 C_K는 기술의 상태(state-of-technology) 상수이고, 이것은 '프로그래머의 진행을 방해하는 처리율 제약을 반영한다. C_K는 환경에 따라 다른 값을 갖는다. 즉 빈약한 소프트웨어 개발환경에서는 C_K = 2,000이고 (예, 방법론이 없고 빈약한 문서 조사와 검토, 일괄처리 실행방식), 좋은 소프트웨어 개발환경에서는 C_K = 8,000이고(예, 적합한 방법론, 적합한 조사/검토, 대화식 실행방식), 최적의 환경에서는 C_K =11,000이다. (예, 자동화된 도구와 기법), 상수 C_K는 과거의 개발노력들로부터 수집된 자료를 사용해서 구역 간의 조건을 유도해 낼 수 있다. 위에 있는 소프트웨어 식을 재정리해서 개발노력 K에 대한 식으로 유도하면 다음과 같다.

$$K = \frac{L^3}{C_k^3 \cdot t_d^4}$$

여기서 K는 소프트웨어 개발과 유지보수에 대한 전체 생명주기 동안에 소요된 노력이고, t_d는 년 단위의 개발시간이다. 개발 노력에 해당되는 식은 개발비용에 부담되는 노동 비율 인자($/person・year)를 포함시킴으로써 만들어진다.

소프트웨어 식에 나타난 고차 제곱관계 때문에 전달 날짜가 매우 조금만 늘어나도 해당 프로젝트에 적용된 인적 노력은 상당히 많이 감소되는 것을 보여 준다. 적용된 노력과 전달에 관한 시간과의 관계식은 아주 비정형적이다.

5.2.9 Function-Point 모델

COCOMO와 Putnam 모델은 모두 LOC 개수에 관한 추정을 예측한다. 많은 연구가들은 소프트웨어 생산성에 대한 기능 점수(function-point) 매트릭스에 근거를 두고 있는 추정 모델들을 연구했다. 그러나 이 모델에 기초로 기여했던 완성된 프로젝트의 수는 일반적인 내용에서는 이들의 사용이 배제된다.

IBM의 A.J. Albrecht가 소프트웨어 생산성을 측정하기 위하여 개발한 function-point 모델은 소프트웨어란 근본적으로 자료의 입력, 알고리즘을 위한 정보의 가공, 정보의 저장, 그리고 정보의 출력을 중시하고 있다. 즉 입력자료 및 정보출력 항목과 이용해야 하는 외부 루틴(routine) 그리고 유지해야 하는 화일(file)이 많을 수록 개발비가 높아진다는 것이다.

이 모델은 발표시에는 관심을 집중시키지 못하다가 그 유용성과 간편성때문에 현재까지 나와 있는 비용산정 방법으로는 최선이라는 평판을 받고 있다. 개발할 소프트웨어의 기능 점수란 〈표 5-6〉에서와 같이 소프트웨어의 기능을 증대시키는 요인별로 해당 숫자를 추정하여 기입한 후 프로젝트의 특성에 적절한 가중치를 선택하여 곱함으로써 각 요인별 기능 점수를 계산하고, 이들을 합하여 총 기능점수를 산출하도록 하고 있다.

말하자면 총 기능점수란, 소프트웨어 개발의 규모, 복잡도, 난이도 등을 하나의 숫자로 집약시키는 셈이다.

가중치의 선정은 COCOMO 모델에서의 소프트웨어 유형과 관련하여 생각될 수 있을 것이다. 문제는 총 기능점수와 인력 혹은 개발비용과의 연관성을 공식으로 표현하는 것이다. 예를 들어 Albrecht는 다음과 같은 공식을 프로젝트 자료의 통계적 분석을 통하여 제시한 바 있다. 그러나 계수는 과거 프로젝트를 확률 통계적으로 분석하여야만 판명될 수 있다. 소프트웨어 생산성을 연구한 C. Jones는 기능 점수당 평균 프로그램 라인 수를 〈표 5-7〉과 같이 제시한 바 있다.

최근까지 기능중심 추정에 대한 경험적 모델들에 관한 자세한 정보는 거의 발표되지 않았다. 그렇지만 전매특허인 기능중심의 추정모델들이 개발되었고, 대다수 대형 소프트웨어 개발자들이 사용하고 있다. 그리고 기능중심 접근법을 밑바탕으로 해서 만든 자동화 추정 도구가 현재 보급되고 있다.

〈표 5-6〉 기능 점수 산정의 예

소프트웨어 기능 증대 요인	수	가중치			기능 점수
		단순	보통	복잡	
자료 입력(입력 양식)		3	4	6	
정보 출력(출력 보고서)		4	5	7	
명령어		3	4	5	
데이터 화일		7	10	15	
필요한 외부 루틴과의 인터페이스		5	7	10	
계					

〈표 5-7〉 기능 당 평균 프로그램 라인 수

프로그래밍 언어	기능당 프로그램 라인 수	프로그래밍 언어	기능당 프로그램 라인 수
Assembler	320	Spreadsheet Language	6
C	150	Macro Assembler	213
CHILL	106	ALGOL	106
FORTRAN	106	COBOL	106
RPG	80	Pascal	91
MODULA-2	71	PL/1	80
PROLOG	64	Ada	71
FORTH	64	LISP	64
LOGO	53	BASIC	64
APL	32	4세대 Database	40
SMALLTALK	21	OBJECTIVE-C	26
		Query Languages	16

5.2.10 개발 단계별 산정

소프트웨어 개발 프로젝트에 필요한 개발요원은 단계별로 일정하지 않다. 일반적으로 계획과 분석은 소수의 인원으로 수행되고, 기본설계는 보다 많은 인원으로 실시되며, 상세설계는 더욱 많은 인원에 의해 수행된다. 구현 및 시스템 시험은 가장 많은 인원이 필요하며, 유지보수 초기단계에서는 많은 수의 인원이 필요하지만 단시일 내에 이 숫자는 감소된다. 커다란 변경이 없는 경우에 유지보수에 필요한 인원의 수는 이대로 계속 유지된다.

Norden(1958)은 연구 및 개발 프로젝트는 [그림 5-6]에서 예시된 대로 개발인원의 활용을 계획수립, 설계, 시제품(prototype) 개발 및 제품생산, 수정 주기를 따른다는 것을 밝혔다. 그는 또한 [그림 5-6]에서 곡선 아래에 있는 영역의 합은 [그림 5-7]에 있는 Rayleigh 방정식에 가깝다는 것을 관찰했다.

Rayleigh 곡선은 두 개의 매개 변수 td(곡선이 최대값에 도달하는 시간)와 k(프로젝트에 소용되는 총 노력을 나타내는 곡선 아래의 전체면적)에 의해 정의된다.

Putnam(1976)은 소프트웨어 생명주기에 필요한 노력의 분포는 비슷한 형태를 갖는다고 말한다. Putnam(1976, 1978)은 그 뒤에 Rayleigh 곡선을 이용하여 소프트웨어 생명주기를 기술할 수 있는가를 결정하기 위해 50개의 미 육군 소프트웨어 프로젝트와 150개의 기타 프로젝트를 조사하였다.

Putnam은 Rayleigh 곡선이 최대값에 도달하는 시간은 시스템 시험 및 제품 인수시기와 일치한다는 사실을 밝혀내었으며, 임의의 구간 내에 있는 Rayleigh 곡선 아래의 면적은 그 구간 내에서의 총 노력을 나타내며, Rayleigh 곡선 아래의 면적의 약 40%는 td의 좌측이고, 60%는 우측이다. 이는 대부분의 제품이 갖는 생명주기의 개발 및 유지보수 사이에서의 노력에 관한 분포를 나타내고 있다.

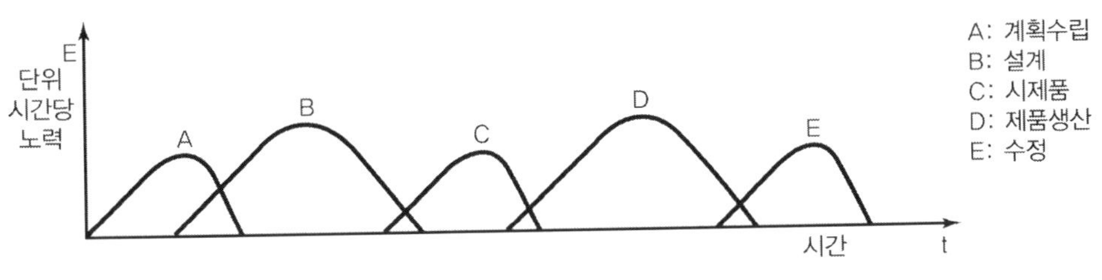

[그림 5-6] 연구 및 개발 프로젝트의 주기

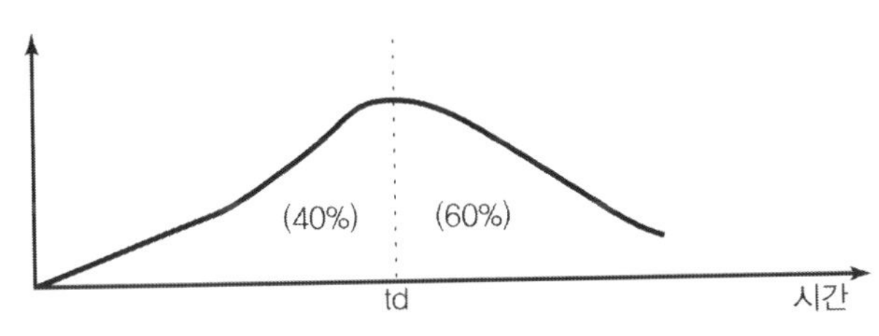

[그림 5-7] Rayleigh 분포

Boehm(1981)은 0.3 td와 1.7 td 사이에 있는 Rayleigh 곡선의 면적이 사용되면 개발주기에 소요되는 인·월을 Rayleigh 곡선이 정확하게 산출한다는 것을 밝혔다. 이때 Rayleigh 곡선은 위와 같다.

5.2.11 유지보수 비용의 산정

소프트웨어 유지보수 활동은 소프트웨어 제품에 투입되는 전체 생명주기 노력 중에서 40~60%를 차지한다. 유지보수 활동에는 제품에 기능을 추가하거나 새로운 작업환경에 적응을 시키며, 문제점들을 해결하는 행위 등이 포함된다.

유지보수 활동은 개선(enhancement)에 20%의 작업분포를 나타낸다. 적응(adaptation)에 20%, 그리고 오류수정(error correction)에 20%의 작업분포를 나타낸다. 487개의 자료 처리용 업무의 설치 사례를 조사한 Lientz와 Swanson(1981)은 소프트웨어 유지보수 활동에 소요되는 노력은 전체 생명주기 노력의 약 50%이고, 유지보수 활동은 개선에 51.3%, 적응에 23.6%, 정정에 21.7% 그리고 다른 작업에 3.4%의 분포가 있음을 밝혀냈다.

소프트웨어 프로젝트 계획수립 단계에서 유지보수에 대한 주요 관심은 유지보수에 소요되는 설비를 정의하고, 유지보수 요원의 수를 산정하는 것이다. 유지보수 요원을 산정하는 데 가장 널리 사용되는 산정 기준은 각 프로그래머에 의해 유지보수될 수 있는 원시 프로그램의 수이다.

Lientz와 Swanson은 사무계산용 자료 처리의 경우에 전형적인 유지보수 프로그래머는 32K의 원시 명령문을 유지보수한다고 하였다. 실시간 및 우주 항공용 소프트웨어인 경우에는 8K-10K가 대표적이다. 〈표 5-8〉은 여러 자료에서 찾아볼 수 있는 사례를 나타낸다.

<표 5-8> 유지보수를 위한 프로그래머 당 원시코드의 수

참고 문헌	응용 분야	KDSI/FSPm
WOL80	Aerospace	8
FER79	Aerospace	10
BOE81, 25th percentile	Numerous	10
DAL77	Real-time	10-30
ELL77	Real-time	12
BOE81, median	Business	20
LIE80	Business	20
BOE81, 75th percentile	Numerous	25
	Business	32
	Numerous	36

소프트웨어 유지보수에 필요한 인원의 산정값은 전체 원시 명령문의 산정값을 유지보수 프로그래머에 의해 유지보수될 수 있는 명령문의 산정값으로 나누면 구할 수 있다. 예를 들면 한 명의 유지보수 프로그래머가 32 KDSI를 유지보수할 수 있으며, 2명의 유지보수 프로그래머는 64 KDSI를 유지보수 할 수 있다.

$$FSP_m = (64KDSI)/(32KDSI/FSP) = 2FSP_m$$

Boehm은 임의의 주어진 시간에 추가되고 수정되는 원시 명령문의 수를 전체 명령문의 수로 나눈 작업비율을 사용하여 추정할 수 있다고 제안하였다.

$$ACT = (DSI_{added} + DSI_{modified})/DSI_{total}$$

작업비율은 이때 주어진 기간 내에 유지보수 할 때 필요한 MM의 수를 결정하기 위해서, 그 기간과 대응되는 기간에 개발하는 데 소요되는 MM의 수를 곱한다.

$$MM_m = ACT \times MM_{dev}$$

차후에 개선된 유지보수에 필요한 노력 승수가 개발에 필요한 노력 승수와 상이할지도 모른다는 것을 밝히는 노력조정계수 EAF에 의해 제공된다.

$$MM_m = ACT \times EAF \times MM_{dev}$$

그래서 개발 시에 신뢰도 및 현대식 프로그래밍 언어의 사용을 강조하면 유지보수에 필요한 노력을 줄이게 되는 반면에, 신뢰도 및 현대식 프로그래밍 언어의 사용을 강조하지 않으면 유지보수가 어렵게 된다.

1. 노력 정도 산정 기법에 대해 논하시오.

2. 개발비 산정 시 고려 요소들에 대해 논하시오.

3. 소프트웨어 프로젝트 견적에 있어 다음 사항에 대해 논하시오.

   (1) 알고리즘 모델(algorithmic cost modelling)
   (2) 전문가의 판단(expert judgment)
   (3) 유추에 의한 산정(estimation by analogy)
   (4) 파킨슨의 법칙(Parkinson's law)
   (5) 능력별 지불(pricing to win)
   (6) 하향식 산정(top-down estimation)
   (7) 상향식 산정(bottom-up estimation)

4. COCOMO 모델에 대해 논하시오.

5. Putnam 추정 모델에 대해 논하시오.

6. Function-Point 모델에 대해 논하시오.

7. 소프트웨어 유지보수 비용 산정 기준에 대해 논하시오.

요구공학

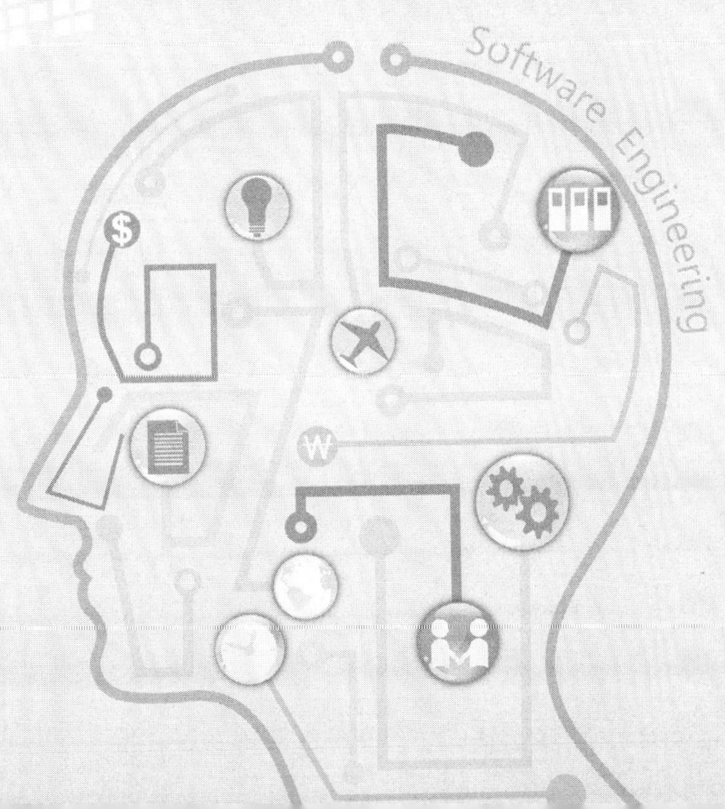

요구공학은 사용자 및 현업의 요구사항의 획득, 분석, 명세, 검증 및 변경관리 등에 대한 제반 활동과 원칙에 대한 체계적이고 총괄적으로 접근하여 일관성 있는 요구사항 생성 및 관리를 위해 체계적이고 반복적으로 수행하는 단계이다.

요구사항 관리에 포함되는 모든 생명주기(SDLC)활동과 이를 지원하는 프로세스를 포함한다. 시스템 요구사항 문서를 생성, 검증, 관리하기 위하여 수행되는 구조화된 활동의 집합이다. 요구사항 명세를 최종 산출물로 생성한다.

 이 장에서는 요구공학 개념, 요구공학 배경, 요구공학 활동, 요구관리 프로세스 활동, 프로젝트 관리와 요구관리, 요구관리와 프로젝트 개발의 통합, 의사소통관리와 요구관리, 요구관리를 위한 원리에 대해 논리적으로 접근하고 실제로 현장에서 일어나는 사례를 표현하려고 노력했다.

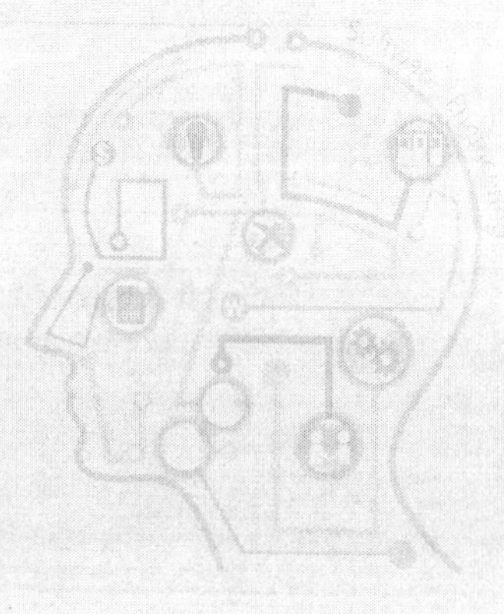

6.1 요구공학 개념

요구공학(Requirement Engineering)이란, 요구사항 생성 및 관리를 위해 업무 수행을 위한 체계적이고 총괄적인 접근을 의미한다. 사용자의 요구와 시스템 제약사항을 고객과의 합의 하에 추출, 분석, 명세 및 검증하고 이를 기반으로 요구사항 변경관리를 수행하는 활동과 원칙을 말한다.

요구공학의 방법론에는 다음과 같은 기법과 도구(tool)가 있다.

- SADT(Structured Analysis and Design Technique)
- MSA(Modern Structured Analysis)
- SA/RT(Structured Analysis/Real-time)
- UML(Unified Modeling Language)
- SysML(Systems Modeling Language)

[그림 6-1]은 요구사항 관리 프레임워크를 나타내고 있다.

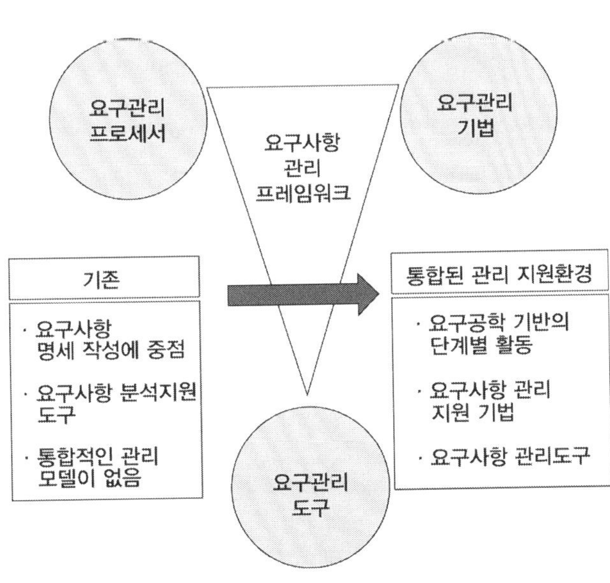

[그림 6-1] 요구사항 관리 프레임워크

6.2 요구공학 배경

요구관리(Requirement Management)에 대한 중요성 및 Needs(소요재기)가 증가하고 있다. 개발환경의 대형화 및 분산화와 요구공학의 단계별 이해와 체계적인 관리가 필요함에 따라 등장하게 되었다. [그림 6-2]는 요구공학이 등장하게 된 배경을 설명하고 있다.

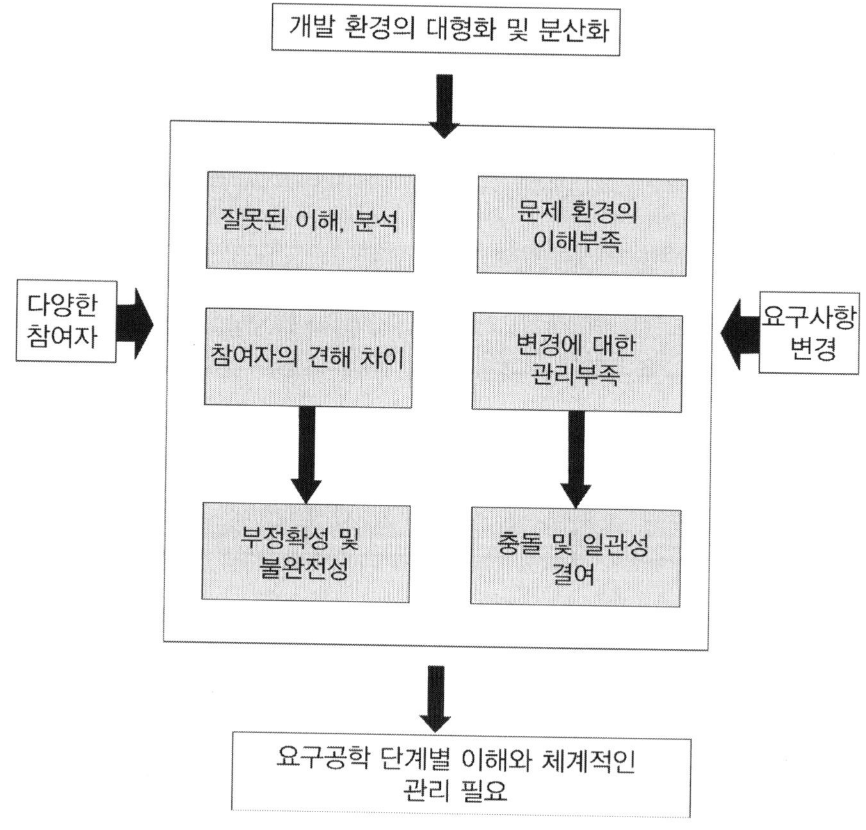

[그림 6-2] 요구공학 등장 배경

6.3 RM(요구관리) 활동의 개요

요구공학의 활동이란 Product 개발 활동의 출발점인 동시에 비즈니스와 개발활동을 연계하는 활동을 말한다.

프로젝트 개발관점에서 개발을 위한 규칙이나 지시사항을 기록한 "요구사항 명세서"와 비즈니스 관점에서 성공적인 프로젝트의 완료를 요구하는 "요구사항 관리"가 요구된다. [그림 6-3]은 요구공학 활동의 범위를 나타내고 있다.

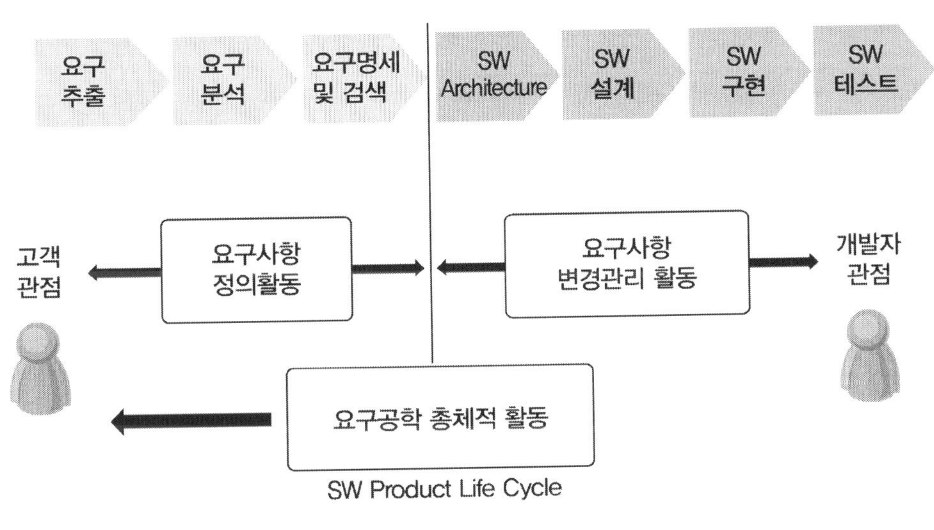

[그림 6-3] 요구공학 활동범위

6.4 RM(요구관리) 프로세스 활동

고객과 현업부서에서 진정으로 요구하는 소요제기(Needs)가 무엇인지 파악하는 것이 무엇보다 중요하다.

What does the user really need ? 고객의 추상적 요구(needs) 이지만 다양한 참여자(관리자, 담당자, 개발자)가 구체적으로 요구(Requirement)하고 있다. [그림 6-4]는 요구관리 프로세스 활동 내용을 나타내고 있다.

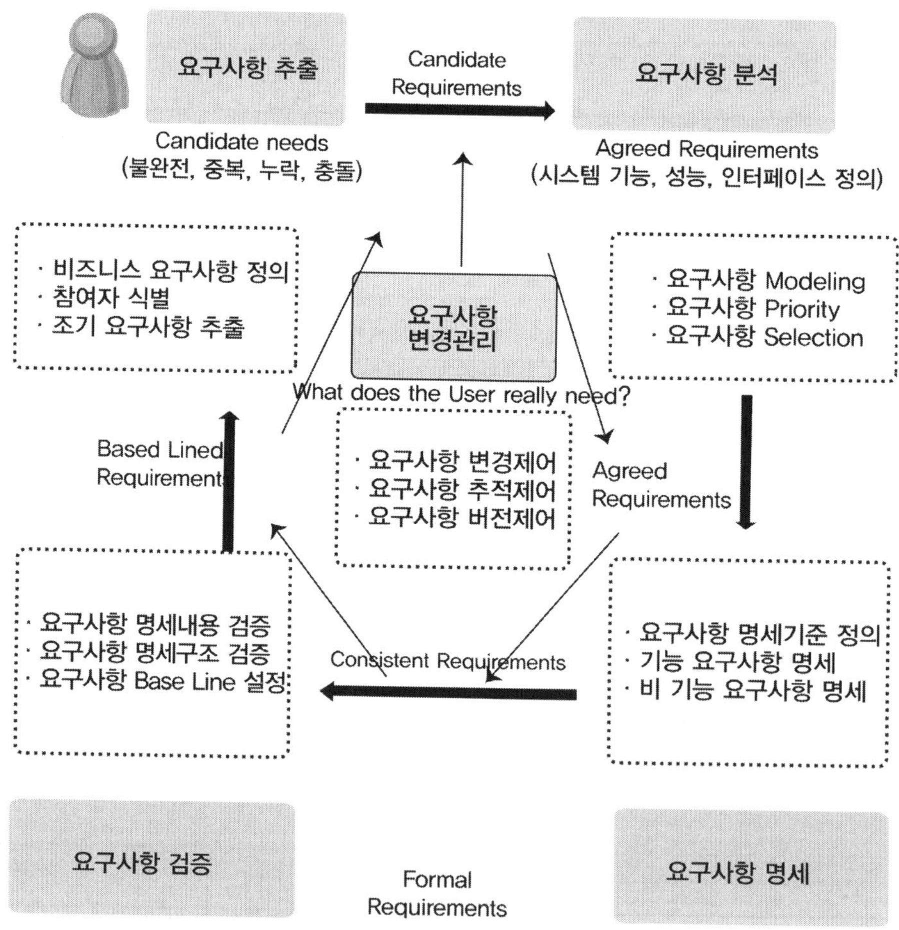

[그림 6-4] 요구관리 프로세스 활동 내역

6.5 프로젝트 관리와 요구관리

소프트웨어 산업에서 요구사항을 잘 파악하는 것은 너무나도 중요한 일이다. 그 동안 소프트웨어 프로젝트는 낮은 품질과 지연되는 일정 및 초과되는 예산으로 악명 높은 상황이 이어져 왔으며, 소프트웨어 위기라고도 불리는 이런 현상의 원인에는 항상 불완전하거나 잘못된 요구사항이 자리 잡고 있었다.

스탠디시 그룹(Standish Group)이 352개 기업의 8,000개 프로젝트를 조사한 결과에 따르면, 소프트웨어 프로젝트가 실패하는 주요 원인으로 사용자의 참여 부족(12.4%), 불완전한 요구사항(13.1%), 비현실적인 사용자의 기대치(9.9%), 변화하는 요구사항(8.7%) 등 요구사항과 관련된 항목이 거의 45%에 달함을 알 수 있다.

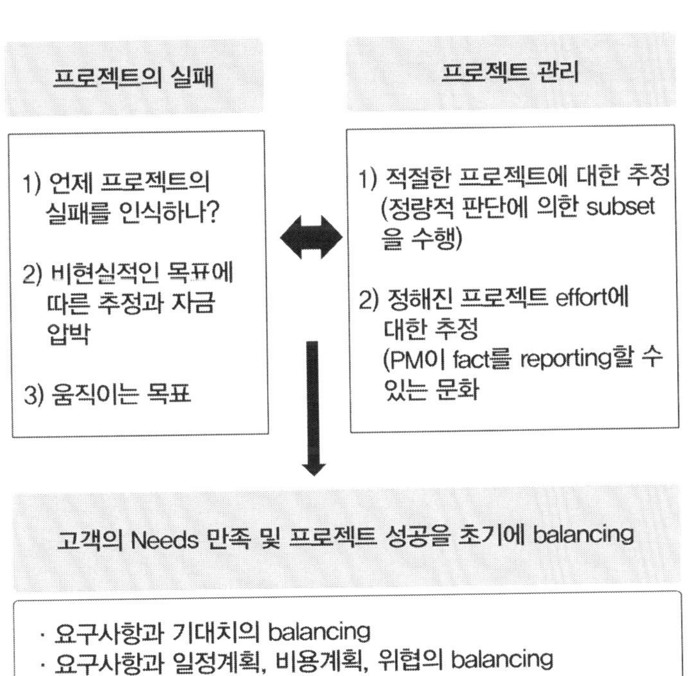

[그림 6-5] 프로젝트 관리와 요구관리의 연관성

이에 많은 기업에서는 요구사항을 효과적으로 관리하기 위한 방법을 찾고 있으며, 요구사항 관리의 체계화를 위해서 요구공학에 대한 관심을 기울이고 있다. 요구공학은 소프트웨어 개발에 필요한 요구사항을 체계적으로 개발, 관리하기 위한 것으로 소프트웨어공학의 가장 중요한 분야라고 해도 과언이 아니다.

요구공학 프로세스는 고객의 요구사항을 도출하고, 이를 문서로 정의하고 최종 점검하여 요구사항을 확정하며, 합의된 요구사항에 대해서 체계적으로 관리하는 일련의 프로세스들로 이루어져 있다.

PM(프로젝트 관리: Project Management)와 RM(요구관리: Requirement Management)과의 연관성을 [그림 6-5]에서 나타내고 있다.

6.6 요구관리와 프로젝트 개발의 통합

과거에는 프로젝트라든가 신규사업, 혹은 T/F(태스크 포스)를 담당하고 있는 사람이 프로젝트 관리 업무도 함께 수행했다. 업무수행 자체가 중요시되고, 그에 대한 관리는 당연히 PM(프로젝트 관리자)이 알아서 하는 것으로 인식했다. 하지만 프로젝트가 점점 복잡해지면서 체계적인 관리 없이는 성공적인 프로젝트 완수도 점점 어려워지고 있으며, 그에 따라 대형 프로젝트의 관리는 전문적인 PM에 의한 관리를 필요로 하고 있다. 이미 외국에서는 외부의 PM 전문가에게 프로젝트 관리를 맡기는 경우도 일반화되어 있고, 국내에서도 늘어나고 있다.

PM 전문가에게 필요한 것은 무엇일까? 첫째, 프로젝트 안팎의 이해 당사자들을 잘 선도해야 한다. 둘째, 목표를 분명히 하기위해 요청사항들을 명확한 요구사항으로 정의해야 한다. 셋째, 프로젝트의 현재 상황을 정확히 진단해야 한다. 넷째, 프로젝트란 고정되어 있지 않고 살아 움직이는 것이 속성이므로, 지속적으로 변화하는 프로젝트 이슈들을 목표와 통합해내야 한다. 마지막으로 행정적인 부분도 깔끔히 마무리해야한다.

의사소통 개선으로 개발 전략의 집중화가 가능하게 한다. 요구사항의 품질과 완전성의 증가로 인해 통합을 요구하고 있다. 효과적인 소통관리 및 명확한 고객가치 관리를 통한 프로젝트 관리가 요구된다. [그림 6-6]은 요구관리기 프로젝트 수행에 있어 전체에 미치는 영향을 보여 주고 있다.

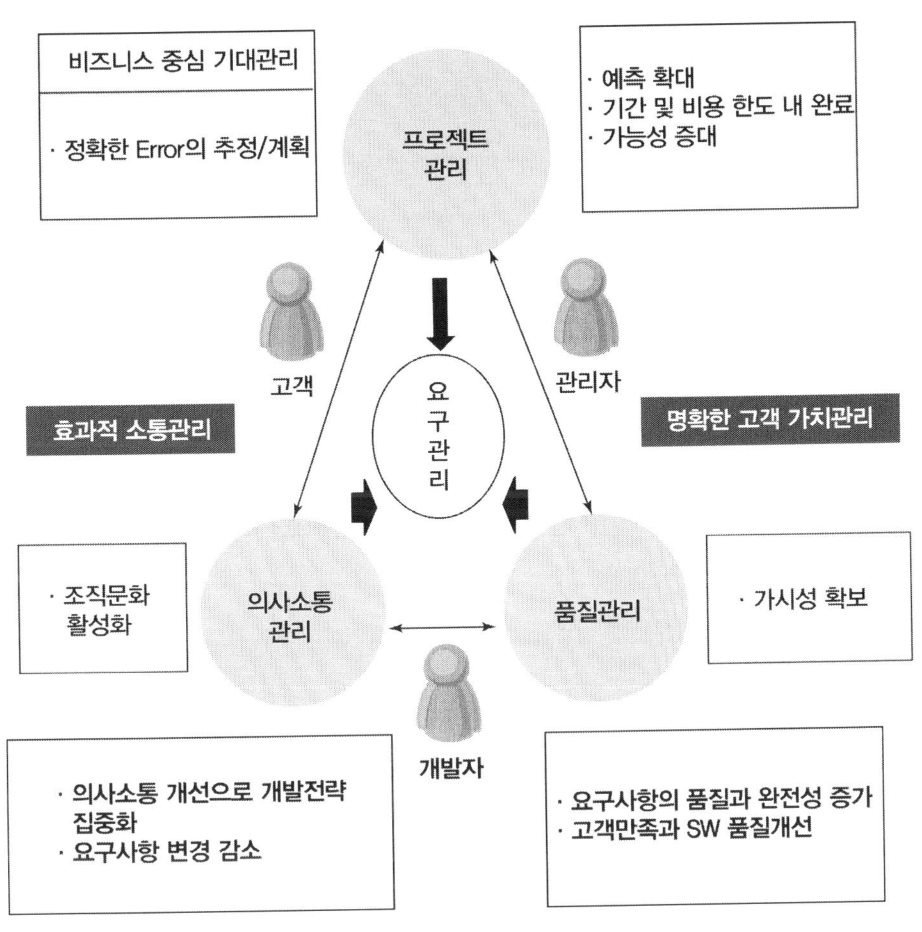

[그림 6-6] 프로젝트 전체 과정에 있어서의 요구관리

6.7 의사소통관리와 요구관리

프로젝트를 수행하는 주체인 사람을 관리하는 인적자원관리에 대해 관심이 필요하다.
프로젝트는 사람에 의해 요구되어지고 사람에 의해 수행되어지므로 사람 간 커뮤니케이
션이 무엇보다 중요하다 할 수 있다.

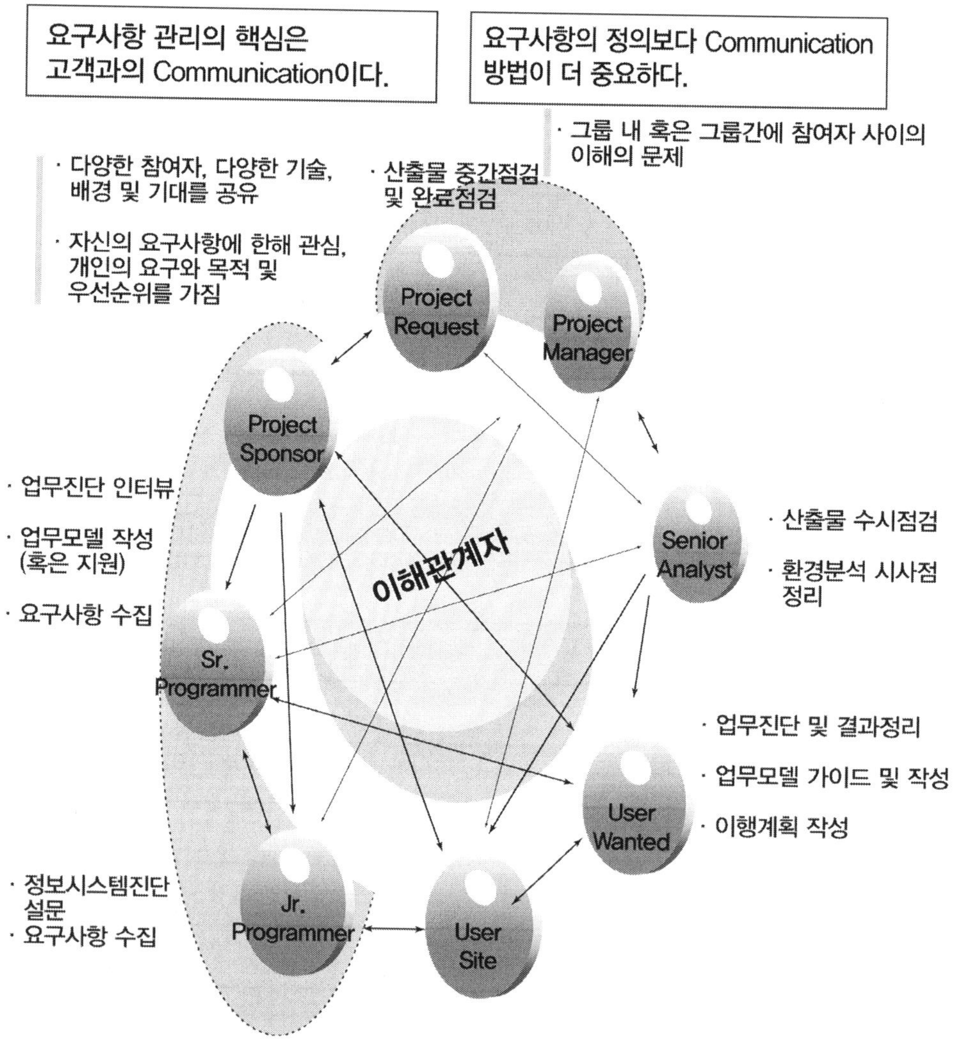

[그림 6-7] 프로젝트 전체과정에 있어서의 요구관리

의사소통이란 프로젝트 이해관계자들의 정보 요구사항을 파악하여 필요한 정보를 배포하고, 프로젝트의 성과보고를 수집 및 배포하기 위한 공식/비공식 의사소통 방법을 이해하고, 모든 이해관계자의 의사소통 요구사항/쟁점사항을 분석하여 효과적으로 관리하는 것이다.

PM(Project Manager)에게 요구되는 많은 능력 중 가장 중요한 능력은 '통합'이며 이러한 통합을 실현하기 위해서 가장 많은 시간을 할애해야 하는 것이 바로 의사소통이다. 따라서 PM은 프로젝트 수행 중 대부분의 시간을 의사소통과 관련된 활동에 투자해야 한다.

프로젝트를 수행함에 있어 초기에 요구사항을 확정시키기까지의 의사소통의 중요성을 [그림 6-7]에서 나타내고 있다.

6.8 요구관리를 위한 원리

첫째, 가치 지향적이고 민첩하고 체계적인 요구관리가 필요하다. 그렇다면 국내 기업이 나아갈 방향을 수립하기 전에 해외 선진 기업은 요구관리를 어떻게 하고 있는지 모범 사례 위주로 살펴보자.

공학적 접근을 통한 요구사항 관리는 해외 선진 기업들의 요구관리 체계를 보면 대부분 시스템적으로 접근하여 개발 업무의 일부로 정의하고 전사적인 관점에서 요구관리를 통제하고 개선하는 것이 매우 중요하다.

둘째, 자동화 관리 도구를 효율적으로 사용할 필요가 있다. 요구관리의 공통적인 문제점 및 국내 기업의 문제점, 해외 선진 기업의 모범사례 등을 비교 분석하면 국내 기업이 나아갈 방향을 정리할 수 있다. 바로 시스템적이고 종합적인 요구관리가 필요하다는 것이다.

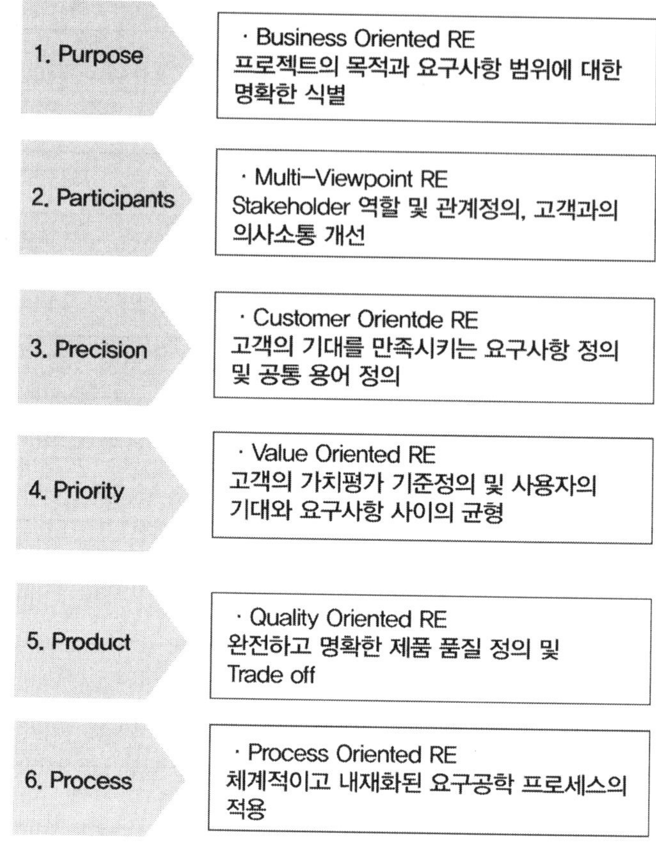

[그림 6-8] 요구관리를 위한 6가지 원리

요구관리는 기술 외적인 요소의 영향이 크다. 기술 외적인 요소, 즉 기업문화와 체계적인 관리 중심으로 국내 기업이 나아갈 방향 및 전략을 아래와 같이 정리할 수 있다.

① 중·장기적인 요구관리 개선 전략 및 로드맵 정의

② 현실적인 요구관리 개선 범위 정의(예: 적용 범위, 가용자원, 제약사항, 기업 가치)

③ 점진적이고 반복적인 요구관리 개선과 성과 측정으로 개선 효과 경험

④ 요구사항 정의 수준 및 환경에 적합한 요구관리 및 개발 프로세스 정립

⑤ 요구관리 효율성 개선을 위해 프로세스 지원과 민첩성이 가능한 자동화 도구 활용

⑥ 요구관리 자원의 적절한 구성과 도구 전문가 양성이 필요하다.

1. 요구공학의 개념에 대해 설명하시오.

2. 요구사항관리 프레임워크에 대해 설명하시오.

3. 요구공학이 탄생하게 된 배경에 대해 설명하시오.

4. 요구공학 활동 범위에 대해 설명하시오.

5. 요구사항 변경관리 프로세스에 대해 설명하시오.

6. 프로젝트 관리와 요구관리의 연관성에 대해 설명하시오.

7. 의사소통관리와 요구관리의 연관성에 대해 설명하시오.

8. 요구관리를 위한 6 가지 원리에 대해 설명하시오.

자목련

孝星/詩人 金泰達

가슴 보듬는 하얀 마음
산 까치 울음 속 침묵
젖빛 목련 낙화까지
살갑게 기다린 임이시여

옷고름 여미며
시름겨운 어미 얼굴로
춘설 유혹에도 흔들림 없이
자줏빛 몽우리만 부둥켜안은 임이시여

삭풍도 피하며
임의 품이 그리워
지아비 거멀못 사랑에 애타는
오만한 열병도 묵인한 가련한 임이시여

고상함 속
감춰진 말 못할 비련
야속한 바다지기로 탓에
북쪽 하늘 향해 핀 한 많은 임이시여.

* 거멀못 : 벌어질 염려가 있는 자리게 겹쳐서 박는 못

타당성분석

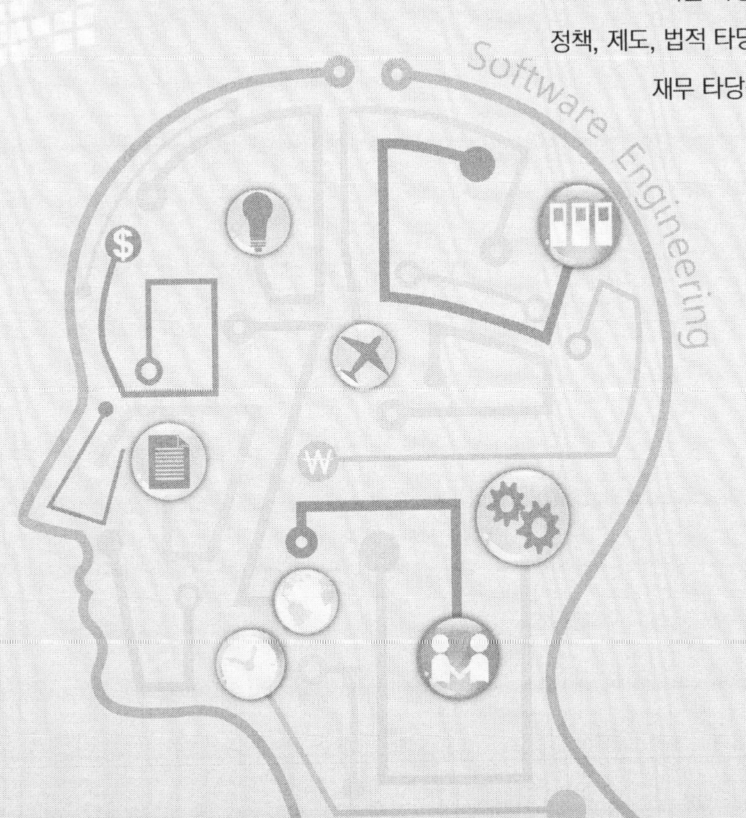

사업 타당성분석은 경제 주체가 수행 및 추진하고자 하는 사업 활동의 타당성 여부를 사전에 조사, 분석, 검토하여 경영의사 결정에 필요한 자료를 제시하는 활동을 말한다.

이 장에서는 타당성분석 정의, 타당성분석 필요성, 타당성분석 범위, 타당성분석 중요성, 타당성분석 효과, 사업 타당성분석 흐름도, 사업 타당성과 사업계획서 수립과의 관계, 시장 타당성분석, 기술 타당성분석, 정책, 제도, 법적 타당성분석, 재무 타당성분석을 위한 원리에 대해 논리적으로 접근하고 실제로 현장에서 일어나는 사례를 표현하려고 노력했다.

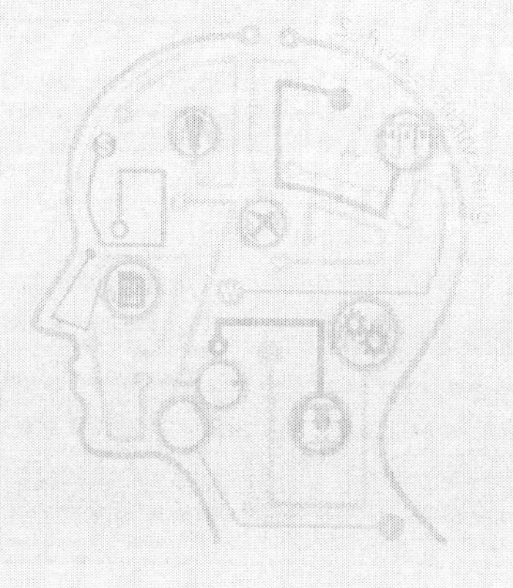

7.1 타당성분석 정의

타당성분석이란, 목적 사업에 대한 장기 투자를 효율적으로 수행하고, 특정 프로젝트의 성공 가능성을 평가하기 위해 투자 대상을 탐색하고, 유효 상품을 계획하며 그 경제성을 평가하여, 사업을 성공시키기 위한 일련의 체계적인 활동을 말한다. 이를 구체적으로 문서화 시킨 것이, 사업 타당성분석 보고서, 사업 계획서, 제안서이다.

타당성분석은 사업 개발 단계 중 가장 중요하다. [그림 7-1]은 타당성분석과 사업계획서와의 관계를 보여주고 있다.

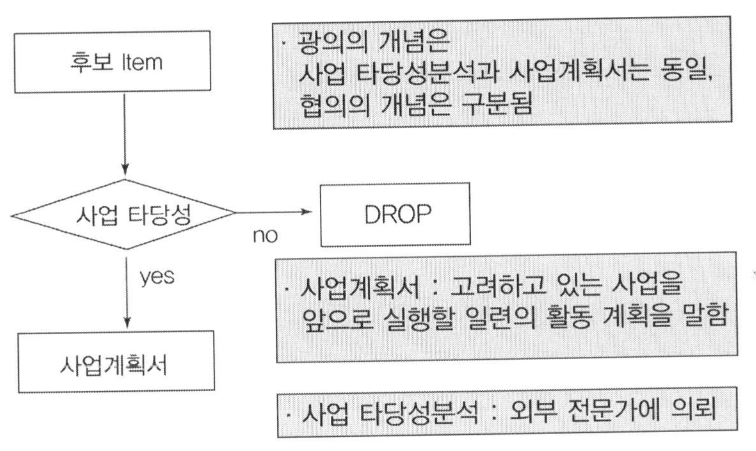

[그림 7-1] 사업계획서와의 관계

7.2 타당성분석 필요성

[그림 7-2]는 타당성분석이 필요한 7가지 요인을 설명하고 있다.

1.	기업의 장래를 정확히 파악하고 그를 통해 기업의 체계적 설계를 구상하고 적용하는데 기여한다.
2.	사업 타당성분석을 통해 위험요소를 사전에 적출하고, 자원의 효율성을 높인다.
3.	능력과 환경에 알맞은 사업의 적절한 목표를 설정하고 사업의 범위와 규모 등을 제시한다.
4.	사업의 각종 투입 변수를 조정하고 정확한 분석을 통하여 위험을 감안한 최적의 사업 대안을 마련한다.
5.	사업의 기술성, 수익성, 시장성, 자금의 수지계획 등 각종 세부사항을 사전에 도출하여 경영의 효율성을 높인다.
6.	사업상의 균형요소 즉, 외부환경의 기회와 위협, 자사의 강점과 약점 등을 파악하고 전략적 경영능력을 제고한다.
7.	정확한 사업 타당성 분석을 통한 개발, 생산 및 판매의 가능성을 파악하여 계수에 의한 사업의 효율성을 재고한다.

[그림 7-2] 타당성분석의 필요성

7.3 타당성분석의 범위

[그림 7-3]은 타당성분석의 범위인 경영자 능력 분석, 시장 분석, 기술적 분석, 재정적 분석, 공익성 분석을 나타내고 있다.

	항목별 주요 분석 범위
Founder's ability analysis (경영자 능력 분석)	대표이사의 경영능력, 학력, 경력
Market analysis (시장 분석)	시장 및 시장 개척 가능성 : (판매가능성, 시장규모와 잠재력, 시장동향 분석, 상품 분석, 경쟁업체 분석, 수요예측, 판매전략 분석)
Technical analysis (기술적 분석)	제품 기술개발 가능성 : (품질 우수성, 적정한 원가, 제조 가능성, 시설능력 확보, 제품설계, 제조공정 설계, 공장신축, 소요동력 산출, 폐기물 처리 등)
Financial analysis (재정적 분석)	수익성 및 자금조달 가능성 : (예상매출액, 수지상태 분석, 상품원가, 마진율, 손익분기점, 소요자금 규모, 조달가능성, 차입금, 운전자금 확보, 상환능력)
Social Probability (공익성 분석)	공익성 분석

[그림 7-3] 타당성분석의 범위

7.4 타당성분석의 중요성

프로젝트 수명주기(Life Cycle) 상 사업계획수립 등, 초기 사업타당성 분석단계에서 사업이 조정되어야지만, 비용절감도 되고 사업 성공 가능성이 높아 진다. [그림 7-4]는 타당성분석의 중요성을 보여주고 있다.

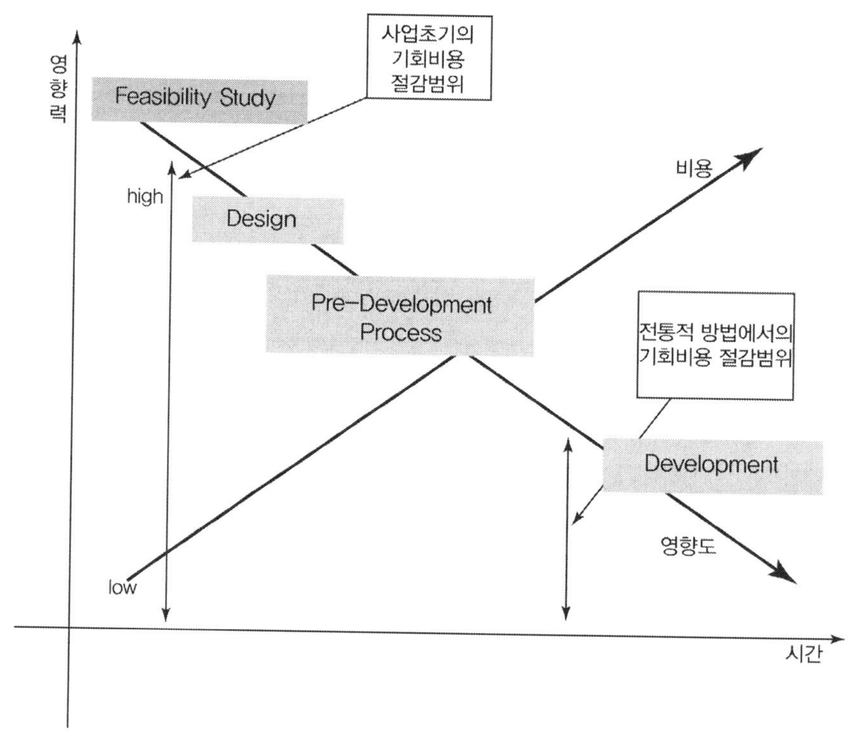

[그림 7-4] 타당성분석의 중요성

7.5 타당성분석 효과

사업 타당성분석 실시 효과를 사업측면, 자금측면, 조직측면, 관리측면에서 바라보는 효과를 [그림 7-5]에서 나타내고 있다.

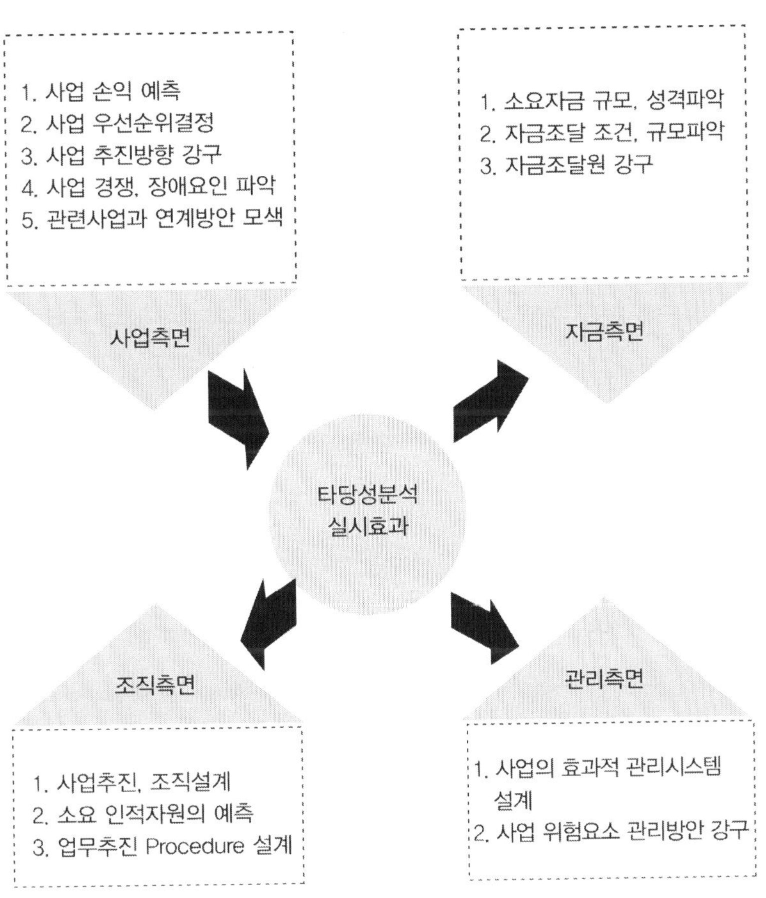

[그림 7-5] 타당성분석 효과

7.6 사업 타당성분석 흐름도

사업 타당성분석의 흐름은 목표하고자 하는 사업 아이디어를 대상으로 시장분석, 기술분석, 재무분석 순으로 분석하며, 각각 사업성이 있다고 판단되면 [그림 7-6]과 같은 순서로 분석이 이루어지고 모두 충족 하다고 판단이 서게 되면 일반적으로 사업에 착수하게 된다.

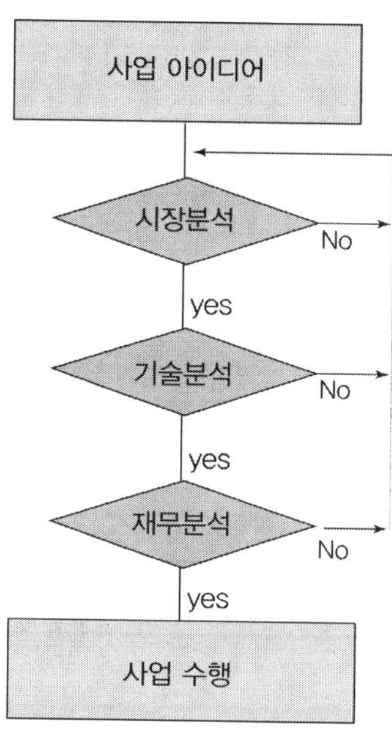

[그림 7-6] 사업 타당성분석 흐름도

 ## 7.7 사업 타당성과 사업계획서 수립과의 관계

사업 타당성 검토는 시장성, 기술성, 수익성을 감안한 사업 타당성 검토의 중요성과 기업 비즈니스 컨설팅과 사업계획서에 포함되어야 하는 필요한 항목으로 비전, 미션, 사업목표, 경영목표, 사업전략, 핵심 성공요인 분석, 실행계획과 관리(KPI) 등이 중요하다.

사업전략으로는 경쟁전략, 상황 대응전략, 성장전략이 있고, 경쟁전략에는 원가 우위전략, 차별화전략, 집중화전략 등이 있다.

사업 타당성 검토를 통해 사업계획서를 만들기까지의 일련의 과정을 [그림 7-7]에서 나타내고 있다.

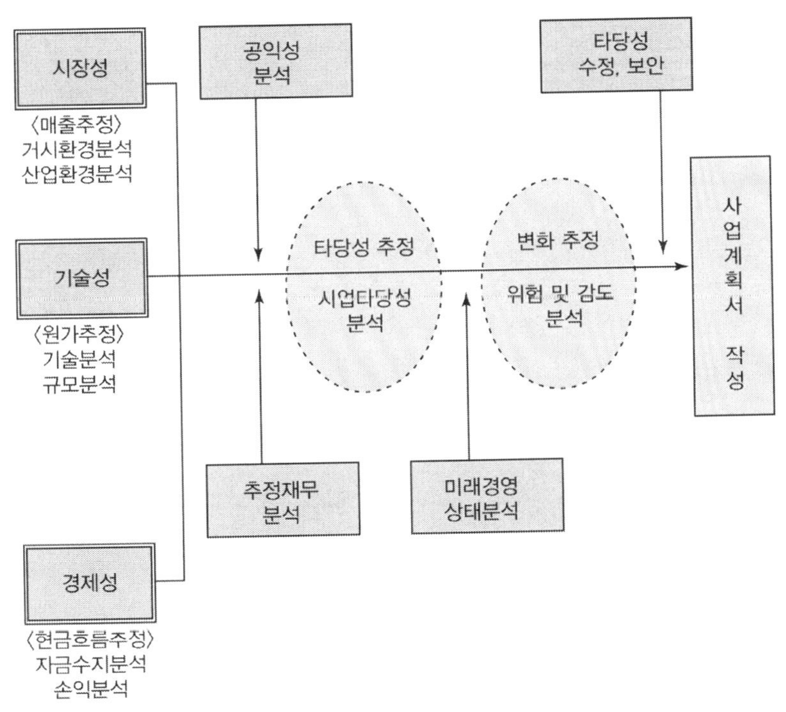

[그림 7-7] 사업 타당성과 사업 계획서 수립의 관계

7.8 시장 타당성분석

7.8.1 시장분석의 개요

시장분석이란 공급할 제품이 시장에서 어느 정도 판매될 수 있는가를 분석하는 것이다. 시장분석을 통해 시장의 규모, 예상시장 점유율, 수요와 공급의 구조, 시장진입과 판매확대 가능성, 상품의 라이프사이클 등 필요한 정보를 창출한다. [그림 7-8]은 시장분석에 있어 시장의 특성, 수요분석, 공급분석, 거래요소 분석의 내용을 나타내고 있다.

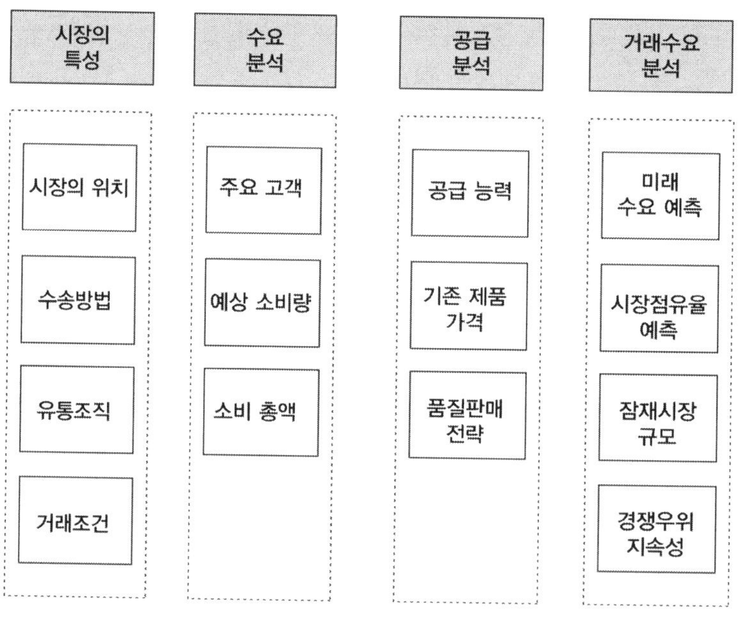

[그림 7-8] 시장분석 내용

7.8.2 목표시장(진입예정)에서의 산업분석

[그림 7-9]는 신규 진입자가 목표시장을 겨냥한 산업분석 절차를 나타내고 있다.

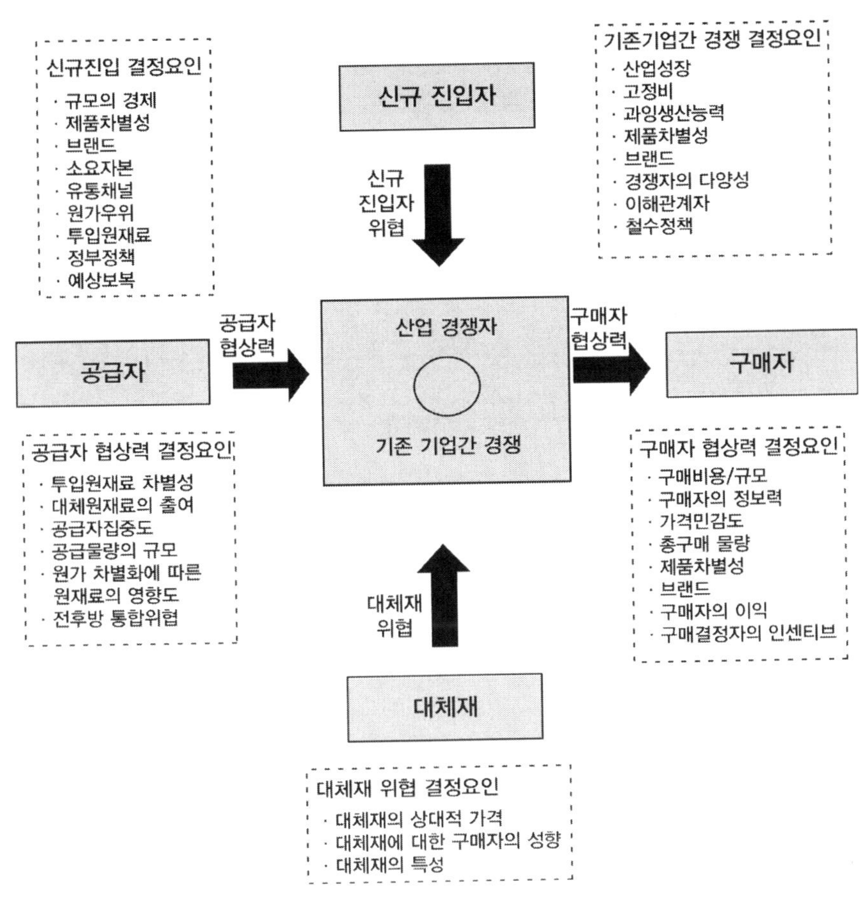

[그림 7-9] 목표시장 공략 산업분석

7.8.3 목표시장에서의 경쟁영역 분석

사업 아이템을 선정하고 이 아이템에 대해 경쟁업체와 자신과의 비교 검토가 끝나면 다음 단계는 구체적으로 어떤 시장을 공략할 것인가라는 목표시장의 선정이다.

목표시장 선정은 사업을 전개할 시장과 고객을 정의하는 것이다. 시장과 고객을 선정하다 보면 고객에 대하여 보다 정확히 이해할 수 있게 되며, 사업 아이템을 보다 세부적으로 정의할 수 있게 된다. 그리고 고객/시장의 성격을 파악할 수 있게 되며 비즈니스 모델과 마케팅을 위한 접근 방법을 정의할 수 있게 된다.

목표시장(진입예정)에서의 경쟁영역분석은 분석 목적과 경쟁영역으로 구분 설명할 수 있는데, 분석 목적은 경쟁자간 경쟁우위 기초자료로 활용되고 경쟁영역은 산업 차원, 제품차원, 시장 차원, 지리적 차원에서 살펴보아야 한다. [그림 7-10]은 진입 예정인 목표시장에 대한 경쟁영역 분석을 나타내고 있다.

[그림 7-10] 목표시장 경쟁영역 분석도

7.9 기술 타당성분석

기술분석이란 사업내용에 관한 기술적 타당성과 원가 추정을 위한 기초자료를 제공하고 사업에 영향을 미치는 여러 가지 기술요인을 고려하여 기술적 대안을 비교 검토 하는 것이다.

기술분석에는 사업아이템 혹은 제품의 개발 및 설계, 제조에 등의 성능과 기술구현, 자체개발, Out-Sourcing 여부, 특허권, 차별화 구현을 위한 구입기계의 규격 및 공급가격, 설비의 신뢰성과 성능 등이 포함된다. 〈표 7-1〉은 기술 타당성분석을 구분하고 설명하고 있다.

〈표 7-1〉 기술 타당성분석표

구분	분석 요소	세부 분석 내용
기술도입 및 분석	• 핵심기술의 존재성 • 기술의 특성 • 기술의 경쟁성 • 대체 기술의 존재여부 및 출현 가능성	• 기술관련 요소여부 • 기술의 용도, 물리적 및 화학적 특성 • 국내 주요 경쟁사의 기술, 유사기술의 원가 경쟁력 존재여부 • 보유기술과 기술 수명주기, 기술의 장래성
입지조건 분석	• 자연적, 경제적 사회적 입지조건 • 교통, 용수, 원재료 조달의 용이성 • 관계법령상의 조건 • 소음 및 공해방지 대책 환경조건	• 직접적, 간접적 원동력 기술수준 • 전기, 가스, 공업용수 등의 수요와 조달방법, 비용 • 소음 및 공해방지대책, 각종 관계법규 저촉여부 • 폐기물의 종류, 수량, 처리방식, 관련비용, 규제 등
관련시설	• 주요시설의 규모, 능력	• 월별 가동능력, 가동률, 향후 5년 내 기술의 진보 와 위협, 시설확장계획
소요자재 수급계획	• 소요 원재료 수급의 원활성	• 원자재의 종류, 가격, 수량, 공급자 및 공급자의 위치

기술적 분석 요소는 모방 가능성과 성공 가능성을 고려해 분석해야 하는데 [그림 7-11]
에서 나타내고 있다.

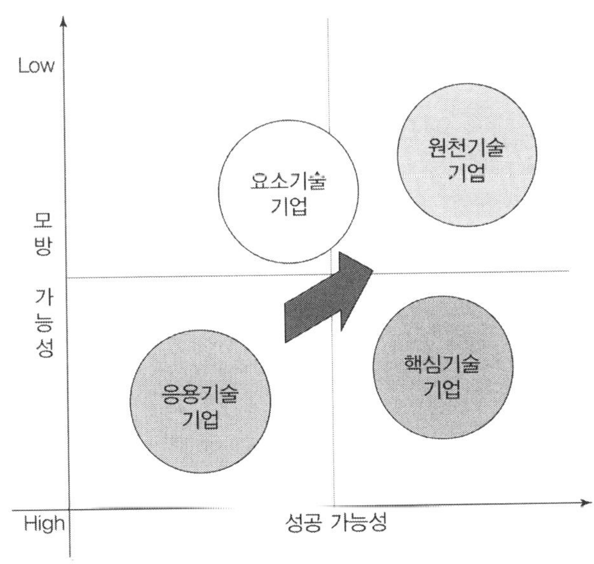

[그림 7-11] 기술적 분석 요소

7.10 정책, 제도, 법적 타당성분석

7.10.1 정책적 타당성분석

정책적 타당성분석과 제도적 타당성분석으로 대별 할 수 있다. [그림 7-12]는 정책적 타당성분석 요소를 나타내고 있다.

사업관련 정부정책의 과거 흐름 및 변화요인 조사

현행 정책의 원인 및 배경 조사

현행 정책의 변화 가능성 및 변화방향 검토

향후 사업관련 환경변화에 따른 정부정책의 변화검토

정부정책 시행에 따른 사업추진 상의 유 · 불리점 파악

정부정책과 관련한 기회와 위협요소 검토

정부정책과 관련 사업추진 상의 대응책 강구

지방자치단계, 공기업의 정책방향 동일한 검토 필요

[그림 7-12] 정책적 타당성분석 요소

7.10.2 제도적 타당성분석 요소

공법과 사법 및 세법을 따져 보아야 하는 제도적 타당성분석 요소는 [그림 7-13]에서 나타내고 있다.

공법

1. 소프트웨어 개발 촉진법
2. 전자상거래 관련법규
3. 정보통신망 이용촉진 및 정보보호법
4. 위치정보보호에 관한 법률
5. 통신사업법, 통신비밀 보호법
6. 정보통신기반 보호법
7. 전자 서명법
8. 친환경 관련법규 등

사법

1. 권리관계 : 민법상 등기
2. 권리분석 : 재산권
3. 소유관계 : 등기부 등본(토지, 건물)

세법

1. 세제관계 : 조세제도 및 정책
2. 단계별 과세 : 취득, 보유, 처분

[그림 7-13] 제도적 타당성분석 요소

7.10.3 법적 타당성분석 요소

법적 타당성분석 요소는 [그림 7-14]에서 그 사례를 볼 수 있다.

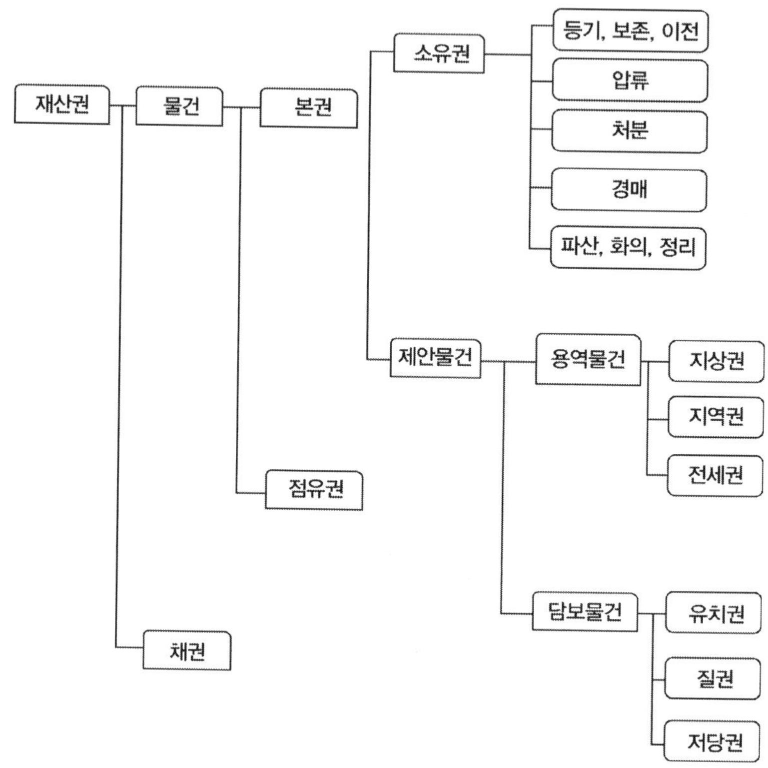

[그림 7-14] 법적 타당성분석 요소

7.11 재무 타당성분석

제품의 품질이 좋고, 시장성이 뛰어나서 성공적으로 생산·판매되더라도 수익이 제대로 창출되지 못하든가 투자의 경제성이 없다면 그 사업은 근본적으로 실익이 없는 것으로 판단할 수 있다.

재무 타당성분석은 사업 타당성분석의 최종단계일 수도 있으며, 창업 후 경영전략을 수립하기 위한 사전 준비과정일 수도 있다. 왜냐하면 계획제품이 그 특성상 수익성이 낮다면 영업외적 요소, 즉 인건비나 경비를 줄일 수밖에 없는 경영전략 수립이 요구되며, 경제성이 없다면 새로운 사업 분야의 탐색 등이 필요하기 때문이다.

재무분석이란 경제성이나 수익성을 측정하는 여러 가지 지수를 이용하여 사업 타당성 여부를 검토하고 적정 자본 규모의 결정에 필요한 재무제표를 작성하는 것이다.

재무분석에서 검토해야 할 사항은 사업비의 총액, 초기 투자액, 시간에 따른 사업의 재무상태 변동을 나타낸 재무제표의 작성, 총사업비의 명세서, 초기 자본 소요액 및 사업과 관련된 현금수지 분석, 손익계산서, 대차대조표, 현금수지분석표에 의거한 미래의 재무구조 예측, 경비의 지불기간, 원가의 항목, 투자수익률, 손익분기점 등이다. 〈표 7-2〉는 재무 분석을 위한 내용을 나타내고 있다.

재무 타당성분석 체계는 [그림 7-15]에서 나타내고 있다.

〈표 7-2〉 재무분석 내역

구분	내역
자금 조달 능력	1. 사업추진과 그에 따른 자금 조달액 규모의 합리성. 2. 사업기반 확립시기까지의 자금조달 검토. 3. 거래하는 금융거래 기관의 우호성 4. 시설 장비의 리스, 의존도의 정도 5. 손익에 대한 정확한 인식 정도
재무제표	1. 재무제표(손익계산서, 대차대조표) 작성 및 점검 2. 정확한 월별 시간표의 작성 3. 관계회사의 거래관계 명료성 4. 각종 재무비율 분석(경쟁사와 비교)

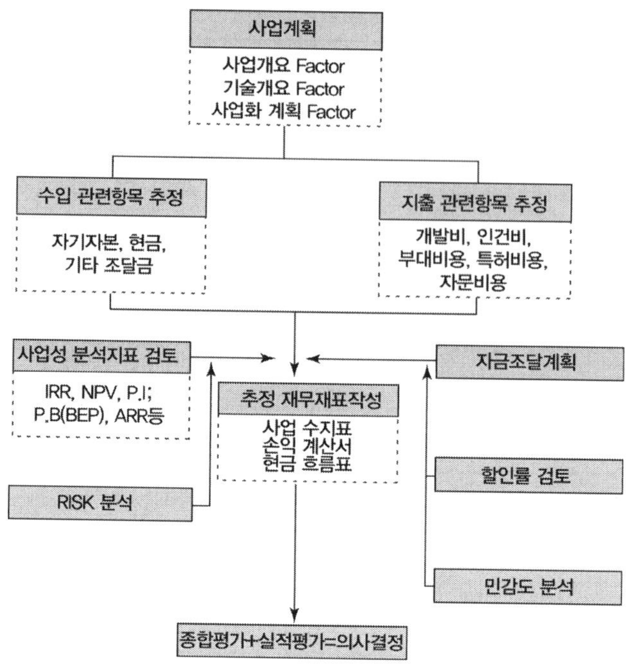

[그림 7-15] 재무 타당성분석 체계도

소요자금을 확보하기 위한 자금조달 계획은 [그림 7-16]에서 나타내고 있다.

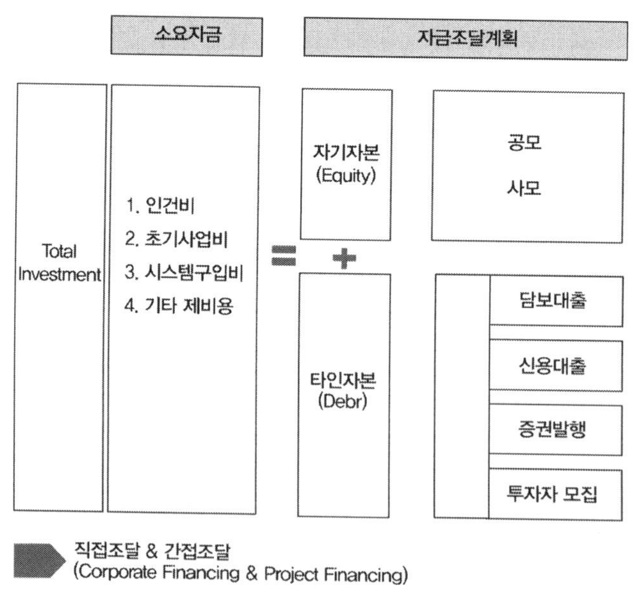

[그림 7-16] 자금 조달 계획

자금조달에는 구체적으로 직접 계획과 간접계획이 있다. [그림 7-17]은 간접 자금 조달 계획을 나타낸다. [그림 7-18]은 직접 자금 조달 계획을 나타내고 있다.

졸업 후 창업을 희망하는 학생들이 있을 수 있다. 그들은 사회 초년생으로 창업을 결정하는 순간부터 항상 염두에 두어야 할 부분이 자금조달 계획이다.

본인이 어느 정도의 자금으로 창업할 것인지와 자기 자본규모는 어느 정도인가를 파악하고 미리미리 계획을 세워야 한다. 순수하게 100% 자기 자본만을 가지고 창업을 할 수 있으면 좋겠지만 그렇지 않은 경우에는 차입금의 규모를 정하고 차입기관이나 방법 등을 상세하게 준비하지 않으면 낭패를 보기 십상이다.

대부분 자금이 은행이나 금융기관에 예치되어 있다면 다행이지만 그렇지 않은 경우에는 정확하게 현금화가 되어서 들어오는 순간을 자기자금으로 보는 것이 좋다.

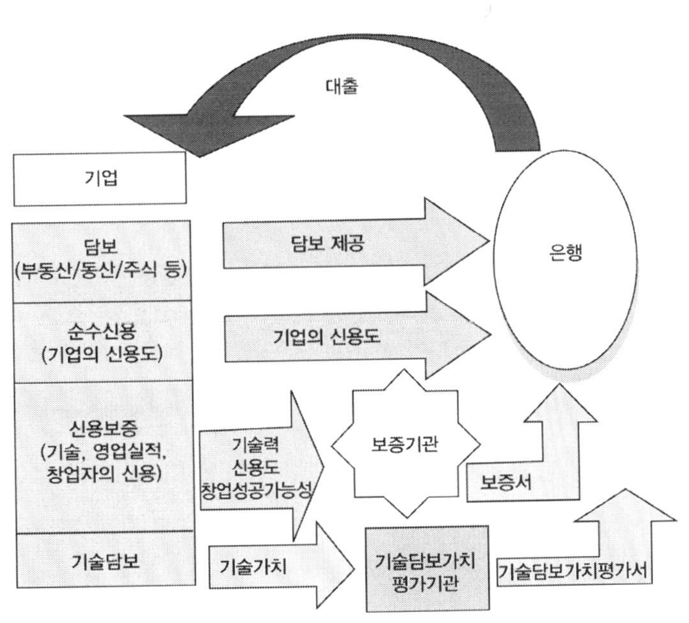

[그림 7-17] 자금 조달 (간접) 계획

부동산 등에 투자되어 있어 현금화 시기가 불투명하거나 타인에게 빌려준 돈을 어느 날에 돌려받을 수 있다는 계획만으로 자금계획을 세울 경우, 부동산이 계획대로 처분되지 않거나 채무자의 예기치 못한 사정으로 인해 낭패를 보는 경우가 많다. 그리고 부족한 자금을 금융기관이나 친인척 등에게서 차입하여 창업하려고 하는 경우에는 더욱더 자금 조달계획을 치밀하게 세울 필요가 있다.

금융기관에서 자금을 조달받을 경우에는 본인의 신용상태와 담보제공 능력 등을 해당금융기관에서 정확히 상담한 후에 실제적으로 돈이 들어오는 시기를 아는 것이 중요하다. 막연히 내가 이 정도는 은행에서 융자받을 수 있겠지 하는 생각으로 일을 시작하여 어려움을 겪는 경우가 많다.

친인척한테서 부족한 자금을 조달받을 경우에는 더욱 신중해야 한다. 그리고 어떠한 경우에든 남의 돈을 쓰게 되는 경우에는 이자 및 원금을 상환해야 하므로 이에 대한 계획도 세워야 한다. 아무리 적은 돈일지라도 조금만 여유가 있으면 바로바로 현금화가 가능한 은행을 이용하는 것이 바람직하며, 창업 시기에 맞추어 적금을 드는 것도 필요하다. 또한 2곳 정도의 주거래 은행을 거래하여 신용카드 등의 거래실적을 쌓아놓는 것도 좋다. 본인의 신용정도에 따라 담보 없이도 대출이 가능하거나 마이너스통장 등을 이용하여 일정금액 이하의 자본은 손쉽게 조달할 수도 있다. 그리고 요즘은 중소기업청 산하 소상공인지원센터를 통해 창업을 상담하고 저리로 자본을 융자 받을 수 있는 길이 있으므로 이런 곳을 찾아가 도움을 받는 것도 필요하다.

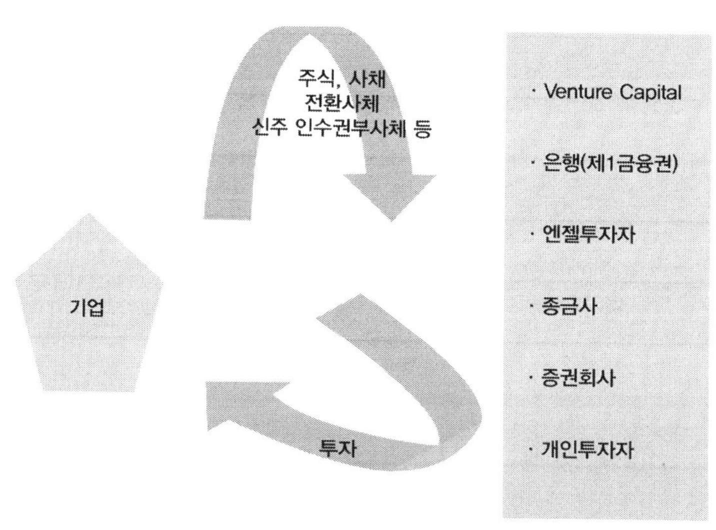

[그림 7-18] 자금 조달 (직접) 계획

1. 타당성분석은 언제하며 그 필요성에 대해 설명하시오.

2. 타당성분석의 범위에 대해 설명하시오.

3. 타당성분석의 중요성에 대해 설명하시오.

4. 타당성분석의 효과에 대해 설명하시오.

5. 타당성분석과 사업계획서의 연관 관계에 대해 설명하시오.

6. 기술 타당성분석에 대해 설명하시오.

7. 제도 및 정책 타당성분석에 대해 설명하시오.

8. 법적 타당성분석에 대해 설명하시오.

9. 재무 타당성분석에 대해 설명하시오.

송홧가루 향연(香煙)

孝星/詩人 金泰達

짝사랑 외사랑

임 계신 방향이 어디일까

노란 사연 천지에 흩뿌리며

낮에는 임 찾아 헤매고

헛되이 울다

야심한 밤

봄비와 동행하여

옹달샘에 살포시 내려와

노란 종이배에

그리움 싣고

산들바람 앞세우며

노 저어 가네.

정보화전략계획

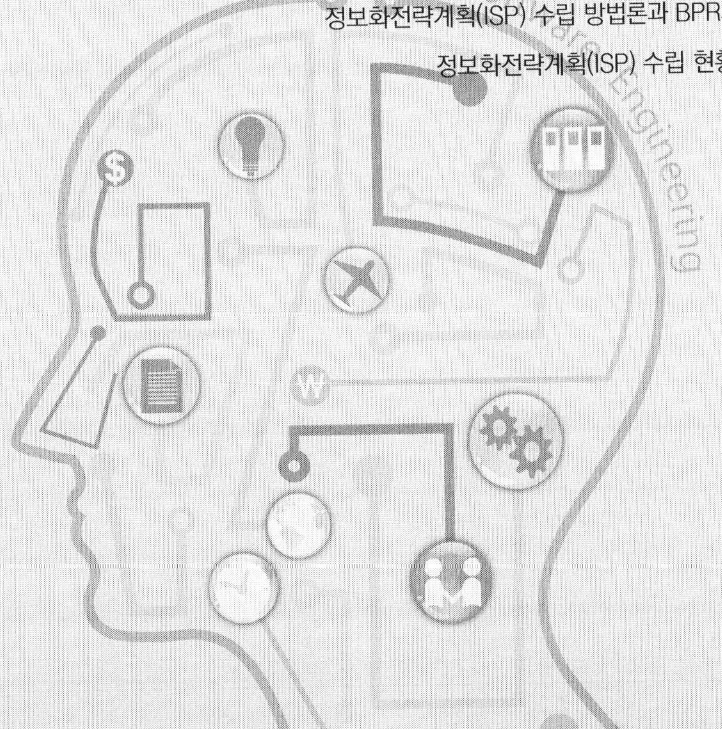

정보화전략계획(ISP: Information Strategy Planning)은 각 조직(기업 또는 기관)이 정보 기술을 이용하여 어떻게 사업의 목표를 달성할 것인가를 다루는 계획이다. 정보화전략계획은 목표를 명확히 하고 업무 기능과 정보 기술을 정의하여, 목표와 현재의 차이를 극복할 수 있는 방안을 제시해야 한다.

공공기관은 이익 창출이 사업의 목표라고 볼 수 없을 뿐만 아니라 해당 기관의 특성에 따라 목표에 많은 차이가 있을 수 있다. 그러나 기업과 마찬가지로 공공기관도 서비스를 제공받는 고객이 있다.

기업의 고객은 그 기업이 제공하는 제품이나 서비스의 구매자이지만, 공공기관의 고객은 국민, 일반 기업체 또는 유관 기관이 된다. 기업에서의 그 사업목표인 이익을 창출하는 방법이 고객에게 제품이나 서비스를 많이 판매하는 것이라면, 공공기관 목표를 달성하는 방법은 해당 고객에게 좋은 공공서비스를 제공하여 공공의 만족을 높이고 국민과 기업의 경쟁력 향상을 지원하는 것이라 할 수 있다. 따라서 공공기관의 정보화전략계획은 좋은 공공 서비스를 제공하기 위하여 내부 생산성이나 고객의 편의성을 높이기 위하여 정보기술을 어떻게 이용할 것인가를 다루는 계획이라고 할 수 있다.

이 장에서는 정보전략계획 개요, 정보전략계획수립 배경, 정보전략계획수립의 의의, 정보전략계획 필요성, 정보전략계획 추진 절차도, 정보전략계획 기대효과, 정보전략계획수립 성공 요인, 정보전략계획수립 방법론의 개요, 정보화전략계획 방법론의 절차, 정보전략계획과 정보공학 방법론과의 연계, 정보전략계획수립 방법론과 BPR과의 연계, 정보전략계획수립 현황 및 전망을 위한 원리에 대해 논리적으로 접근하고 실제로 현장에서 일어나는 사례를 표현하려고 노력했다.

 8.1 정보화전략계획(ISP) 개요

정보화전략계획(Information Strategy Planning)이란, 전사 차원의 중·장기 정보화 추진 계획이며, 조직 또는 기관의 향후 목표를 달성하기 위하여 효과적으로 정보기술을 연계하고 어떻게 적용할 것인가에 대하여 전략 및 해결책과 실행계획을 수립해 나가는 일련의 과정이다. 그리고 정보시스템 을 구현하기 위해 투입되는 인력과 자원의 효율적 투자 계획을 수립 할 수 있다.

정보화전략계획은 통상 3년 주기로 수립하는 것이 일반적이며, 대상 기업의 규모에 따라 대개 3~6개월 소요되고, 정보화전략계획을 수립하는데 투입되는 요원의 수는 대상범위에 따라 결정된다. 정보화전략계획(ISP) 수행을 통해 얻을 수 있는 것은 다음과 같다.

① **통합 정보 전략 비전 설정**

고객사를 효과적으로 지원할 수 있는 통합 정보 전략과 각 사업부문이 공유하는 운영 Vision을 수립함으로서 조직의 변화의 방향을 설정한다.

② **프로세스 혁신 과제 도출**

고객사의 내부 및 고객과 외부 거래선과 연관된 프로세스의 혁신과제를 도출하고 정보화 시스템 추진 시 이를 구체화하여 성공적인 프로세스의 혁신을 통해서 가치를 창출한다.

③ **정보 시스템 마스터플랜 수립**

운영 Vision, 프로세스 혁신 및 정보화 시스템 도입을 위한 To-Be 모델에 의하여 전사 차원의 정보 인프라 구축을 위한 마스터 플랜을 작성하며, 향후의 적용 시스템 및 정보 기술 모델을 제시하고 차후 설계 및 구현 난세를 위한 세부 추진 계획을 수립힌다.

8.2 정보화전략계획(ISP) 수립 배경

경영혁신을 통한 글로벌 기업 경쟁력 강화를 통해 경영비전 및 목표를 달성하는데 있다고 [그림 8-1]에서 수립 배경을 보여주고, [그림 8-2]는 정보기술을 이용한 경영비전 및 목표 달성을 위한 배경도를 나타내고 있다.

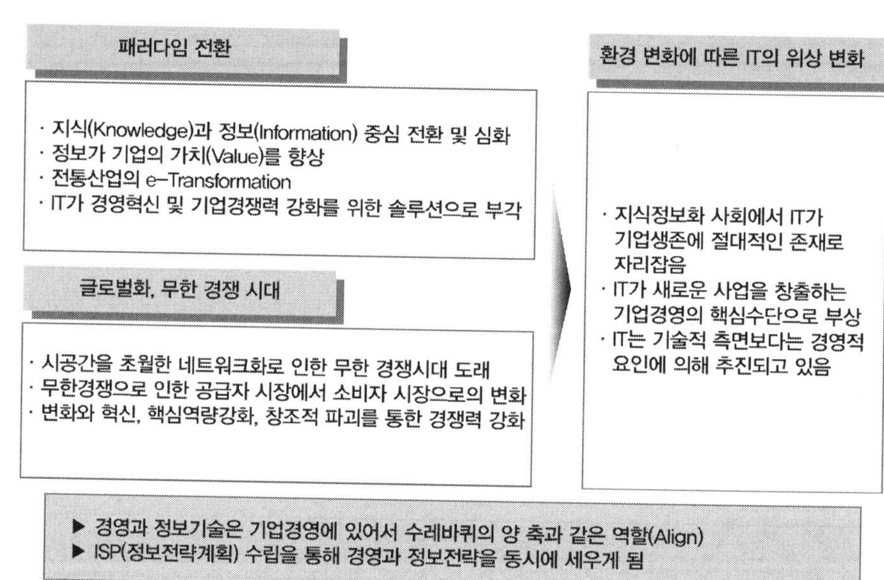

[그림 8-1] ISP 수립 배경

경영혁신을 통한 글로벌 기업 경쟁력 강화를 통해 경영비전 및 목표를 달성하는 데 있다. [그림 8-2]는 정보기술을 이용한 경영비전 및 목표달성을 위한 체계도이다.

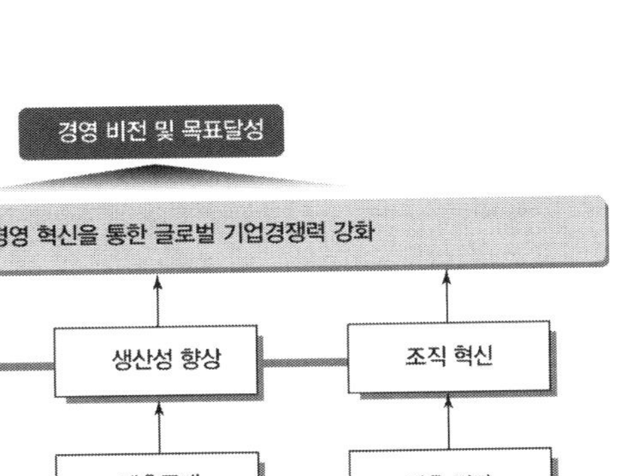

[그림 8-2] 정보 기술 이용 ISP 수립 배경도

8.3 정보화전략계획(ISP) 수립의 의의

최적의 정보화(Information)를 추진해 나가기 위한 중장기 전략(Strategic) 계획(Planning)을 수립하는 것으로써, 기업 경영의 현안을 분석해서 향후 방향을 설정하고 , 이행 계획을 수립하는 데 뜻을 두고 있다. [그림 8-3]은 ISP 수립의 의의를 나타내고 있다.

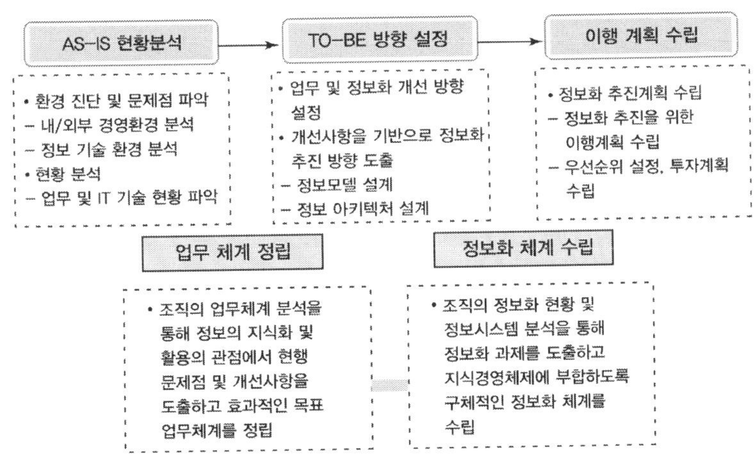

[그림 8-3] ISP 수립의 의의

8.4 정보화전략계획(ISP) 필요성

경영전략과 목표에 맞게 전략적인 정보시스템을 개발하기 위해 인프라와 계획을 수립하는 경영혁신 활동이 ISP 라면, 필요성은 경영목표와 정보기술에 대해 연계성을 탐색하고 조직 내 기 개발된 독립 시스템 간의 상호작용과 사업목표에 일치하는 프로젝트를 식별하며 우선순위를 부여하는데 있다고 할 수 있으며 다음과 같이 요약 할 수 있다.

① 정보화전략계획의 수립 여부에 따라 예상되는 불확실성이 감소된다.

② 정보시스템 구축 및 운영에서 경제적 효율성을 도모한다.

③ 사용자의 업무 및 정보 지원에 초점을 둘 수 있다.

④ 정보시스템 구축과정 전체 및 시스템 운영에 대한 통제 수단을 제공한다.

⑤ 급변하는 경영환경에 대응하고, 능동적으로 대처하기 위한 정보화 지원체계 구축이 가능해 진다.

⑥ 정보화 도입 시 효율적 투자 및 위험요소를 사전에 제거하기 위한 구축전략수립이 가능해 진다.

⑦ 정보화 도입의 중요도, 우선 순위를 구별하여 경영전략과 연계한 중장기적 정보화 도입 계획수립이 가능해 진다.

[그림 8-4]는 경영정보를 이용한 경영전략 수립 과정을 나타내고 있다.

경영정보	경영자원	경영프로세스	경영전략
· ERP · DATA Base · EIS/DSS · CRM/KMS/SCM · DW/OLAP · OA	· 사람 · 자금 · 자재 · 설비 · 정보 인프라 · 문화	· 업무절차 · 통제지침 · 보고절차 · Report (산출물)	· Vision · Mission · Objective(목표) · CSF (주요성공요소) · Issue (현안긴급과제) · C.A (주요가정) · SE (전략적환경)

[그림 8-4] 경영정보를 활용한 경영전략 절차도

여기서 표기된 약어를 요약하면 다음과 같다. ERP(Enterprise Resource Planning: 전사적 자원관리), EIS(Executive Information System: 임원정보시스템), DW(Data Warehouse: 자료저장소), OLAP(Online Analytical Processing: 올랩), CSF(Critical Success Factors: 주요 성공요소), CA(Company Automation: 기업 자동화), SE(Strategy Environment: 전략적 환경)

정보전략계획(ISP)은 경쟁적 우위를 확보하기 위한 정보자원의 효율성과 효과성을 유도하고, 이에 따른 기술정책과 구조를 개발하여 [그림 8-5]와 같은 정보화 체계 정립의 필요성이 대두되고 있다.

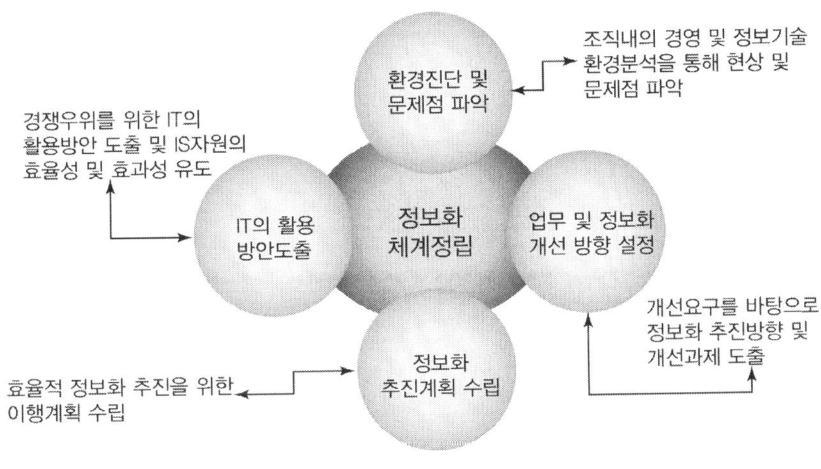

[그림 8-5] 정보화 체계 정립도

8.5 정보화전략계획(ISP) 추진 절차도

ISP를 수행하는 절차는 각 회사별로 고유한 방법론에 따른다. 각사의 방법론은 대부분 대동소이하며, 그 용어가 상이하고, 방법론이 BPR과 같은 업무개선에 초점을 두고 있느냐? 정보공학적인 관점에서 출발했느냐? 에 따라 다소 강조하는 점이 틀려진다.

197

요즘 말하는 정보기술 아키텍처도 처음 만드는 과정은 ISP의 추진과정과 많이 차이가 나지 않는다. 다만 그 표현방식이나 중요한 사상이 다를 뿐이다. 따라서 처음으로 컨설팅을 하는 사람은 자신의 회사에 있는 ISP 컨설팅 방법을 살펴볼 필요가 있다.

방법론 자체는 30~40페이지로 요약될 수 있으므로 쉽게 보고자 한다면 하루면 충분히 볼 수 있지만, 좀 더 내용을 깊이 살펴보고 그 사상들까지 충분히 이해하려면 약 2년 정도는 걸린다. 2년 정도 적용해보면 자사 방법론의 장단점을 이해할 수 있게 되고, 필요에 따라 커스터마이징을 할 수 있는 능력이 생긴다.

ISP가 현행업무를 개선하는 수단으로 사용한다는 점에서 현재 업무 프로세스 상에서 일어나는 문제점을 파악하고 이를 개선하기 위한 기회를 파악하는데 중점을 둔다.

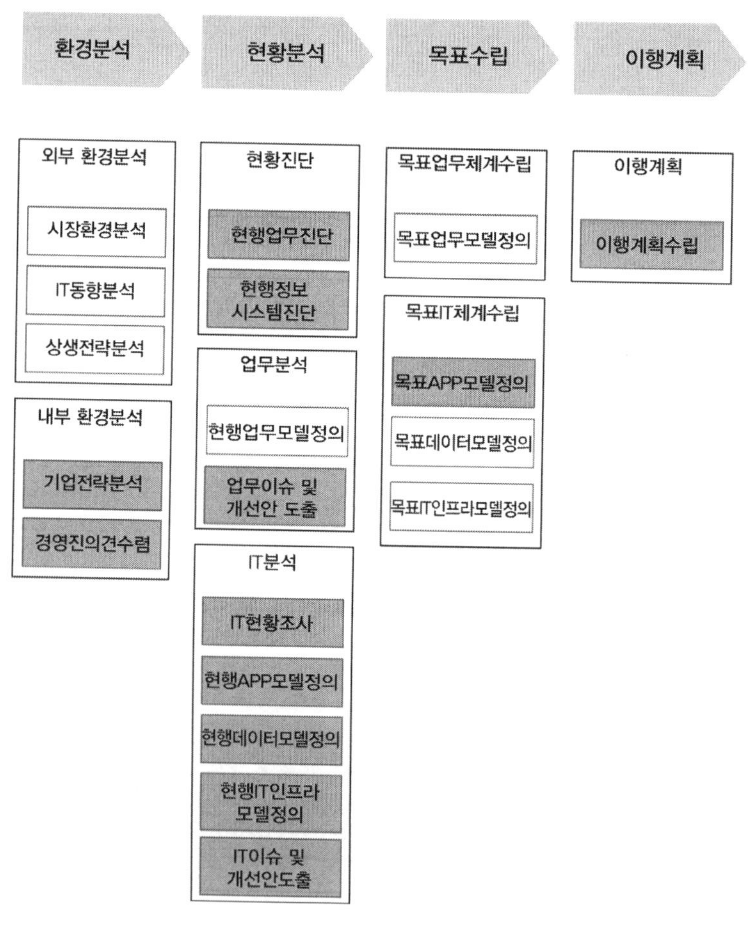

[그림 8-6] ISP 추진 절차도

방법론상에서의 절차는 BD(Business Direction), As-Is, To-Be, 통합 이행계획 순으로 진행된다. 업무 비중은 BD, 통합 이행계획 각 10%, As-Is와 To-Be를 각 40% 정도씩 잡으나 To-Be 시간은 언제나 짧게 느껴진다. 최대한 As-Is를 줄여서 20~30%까지 낮추고 To-Be를 60~70%까지 가져가고 싶지만 그리 쉬운 일은 아니다.

다만 요즘은 ISP를 2-3년 만에 하는 경우가 많고 기존에 업무분석이 잘 되어 있다. 따라서 자신이 잘 아는 분야라면 As-Is 비중을 줄여서 내실 있는 To-Be를 만드는데 도움이 될 것이다.

ISP를 추진하기 위해서는 우선 [그림 8-6]과 같이 분석, 목표수립, 이행 계획수립 과정을 거치게 된다.

 8.6 정보화전략계획(ISP) 기대효과

ISP을 수립하게 될 때의 기대효과는 경영측면과 정보화 측면을 구분해서 설명 할 수 있는데, [그림 8-7]과 같다.

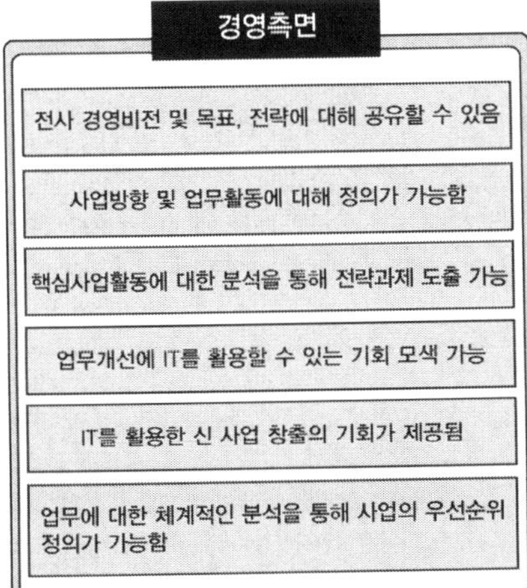

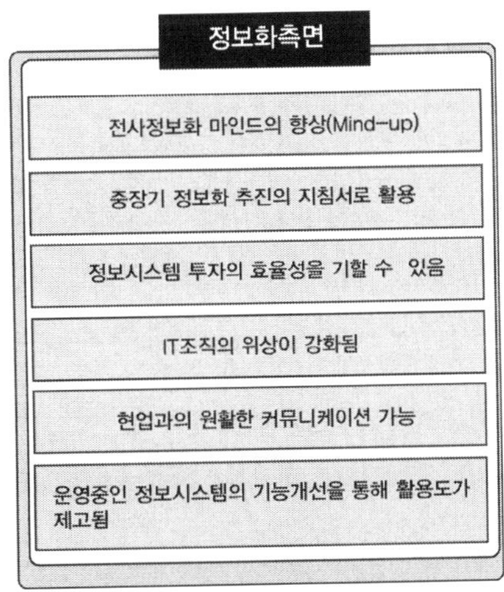

[그림 8-7] ISP 기대효과

 8.7 정보화전략계획(ISP) 수립 성공 요인

ISP 수립을 성공적으로 수행하기 위해서는 다음과 같은 관리 활동이 필요하다.

① 경영과 IT의 철저한 연계, 통합에 의한 진단 및 분석을 실시하라.

② 최고경영진 및 현업의 적극적인 참여 및 지원을 유도하라.

③ 구축 방법론에 의해 프로젝트를 체계적으로 진행하라.

④ 프로젝트에 대한 정의(목적, 범위, 투입자원, 산출물 등)를 명확히 해라.

⑤ 경험이 있고 유능한 컨설턴트를 활용하라.

⑥ 프로젝트 추진팀(TFT)은 IT와 현업에 정통한 직원 중심으로 구성하라.

⑦ 교육 및 세미나, 워크숍을 활용하여 프로젝트의 위험을 최소화 시켜라.

8.8 정보화전략계획(ISP) 수립방법론의 개요

중소기업을 위한 최적의 ISP 방법론인 DIMS는 Dynamic ISP Methodology for Small & Medium Enterprise의 약자이다.

ISP(정보화전략계획) 수립 방법론들은 세부적인 수행절차에 있어 다소 차이는 있으나, [그림 8-8]과 같은 공통적인 6단계의 수립절차로 구성되어 있다.

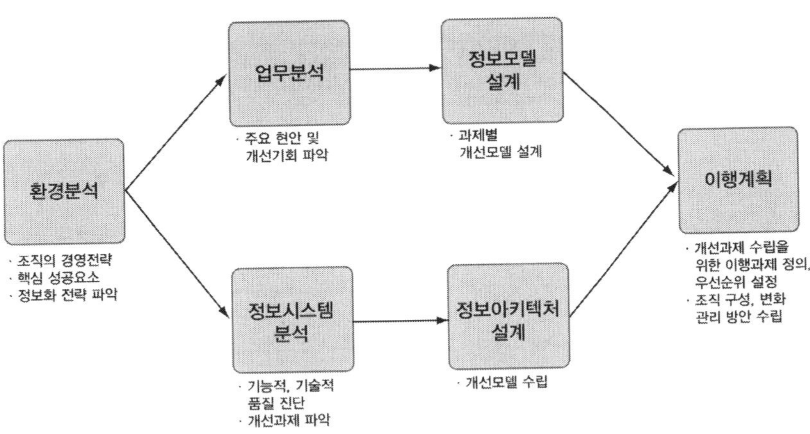

[그림 8-8] ISP 수립 방법론

8.9 정보화전략계획(ISP) 방법론의 절차

일반적인 ISP 수립 방법론의 작업 군에 따른 수립 절차를 [그림 8-9]에서 나타내고 있다.

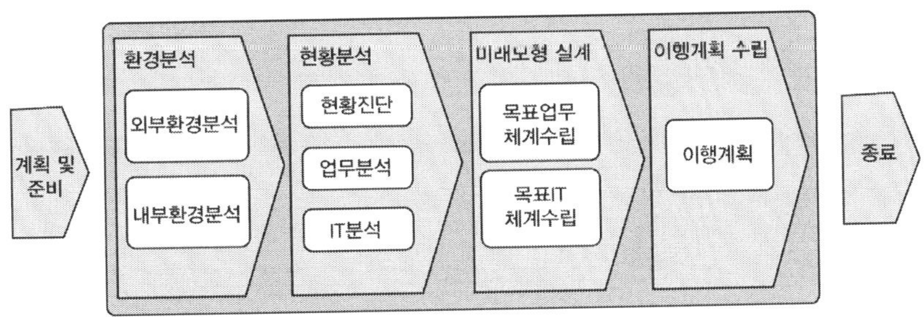

계획 및 준비	환경 및 현황 분석 / 요구사항 분석	정보시스템 구조 정의	정보전략 수립
• 사업 목적 및 목표 정의 • 일정 및 산출물 정의 • 조직 / 인력 구성	• 경영목표 및 전략조사 • 현 업무 기능조사 • 조직구성 및 목표 정의 • 현 제공 정보조사 • 요구정보 정의 • 문제점 및 개선 사항 도출	• 정보구조 정의 • 정보기술 정의 • 정보관리 정의	• 업무영역 정의 • 정보화 계획수립 • 정보기술 확보

[그림 8-9] ISP 수립 방법 절차

8.10 정보화전략계획(ISP)과 정보공학 방법론과의 연계

정보공학 방법론은 기업 전반 혹은 기업 주요 부분에 대한 정보 System 구축의 전략(계획) 수립, 분석, 설계 및 구축에 대한 정형화된 방법론인데, ISP 수립과의 연관성은 [그림 8-10]과 같다.

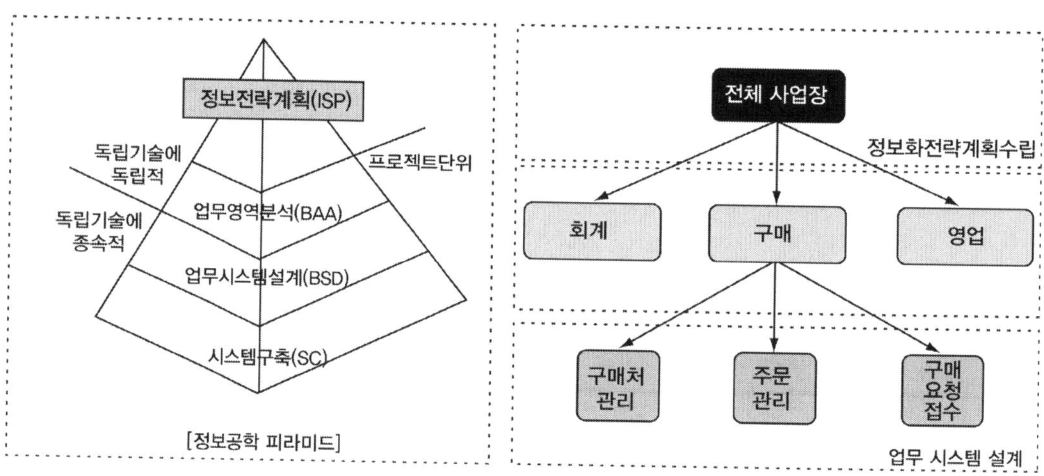

[그림 8-10] ISP 방법론과 정보공학 방법론의 연계도

8.11 정보화전략계획(ISP) 수립 방법론과 BPR과의 연계

최근 BPR 기법을 도입하여 경영혁신을 활발히 추진하여 경쟁력 우위를 점하려는 기업의 노력들이 많이 시도되고 있다.

BPR이 정보시스템 계획의 기초가 되어야 하는 이유는 다음과 같다.

첫째, 프로세스의 획기적 변화를 불러일으키기 위해서는 변화에 대한 내용이 초기부터 규정되어 있어야 함이다. 둘째, 조직목표와의 일관성을 갖기 위해서는 변화방향을 정해주는 기업모형이 규정되어 있어야 함이다. 셋째, 조직계획과 정보기술 계획의 통합을 통해서야만 BPR 기회의 발견이 가능 함이다. 즉 BPR이 성공적으로 진행되기 위해서는 system planning 단계에서부터 계획되어야 한다. 왜냐하면 전략적 상황이 고려될 수 있고 최고 경영진의 참여가 가능하기 때문이다. 그러므로 업무를 조직목적에 따라 재설계하려는 노력과 조직목적에 맞는 정보구조를 구축하려는 노력이 상호 연계되어야 할 필요가 있다.

외국의 일부 방법론 개발업체들은 벌써 정보시스템 계획수립과 BPR을 위한 방법론을 통합하여 새로운 방법론으로 구축하려는 노력이 강구되고 있다. "Enterprise Engineering" 방법론이 그 대표적인 예에 속한다.

ISP 수립 후 업무 영역부분의 재설계를 수행하는 BPR(Business Process Reengineering; 업무 프로세스 재설계)과 전략적 연계로 이어질 수 있는데 [그림 8-11]에서 나타내고 있다.

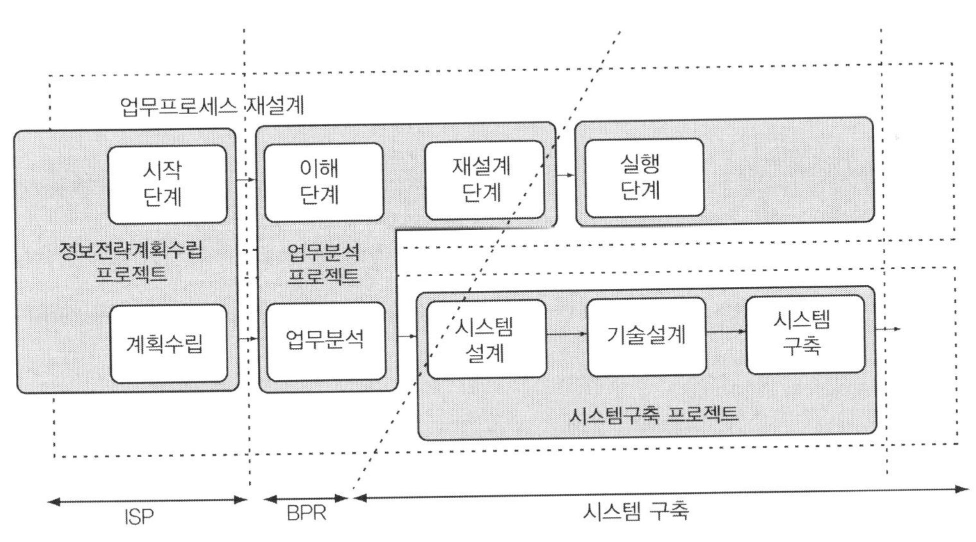

[그림 8-11] ISP수립 방법론과 BPR 연계도

8.12 정보화전략계획(ISP) 수립 현황 및 전망

ISP 수립의 발전은 개발 ISP, 전략 ISP, 가치 창출 ISP, 융합을 위한 ISP 로 발전하는데, 단계별 발전은 [그림 8-12]에서 나타내고 있다.

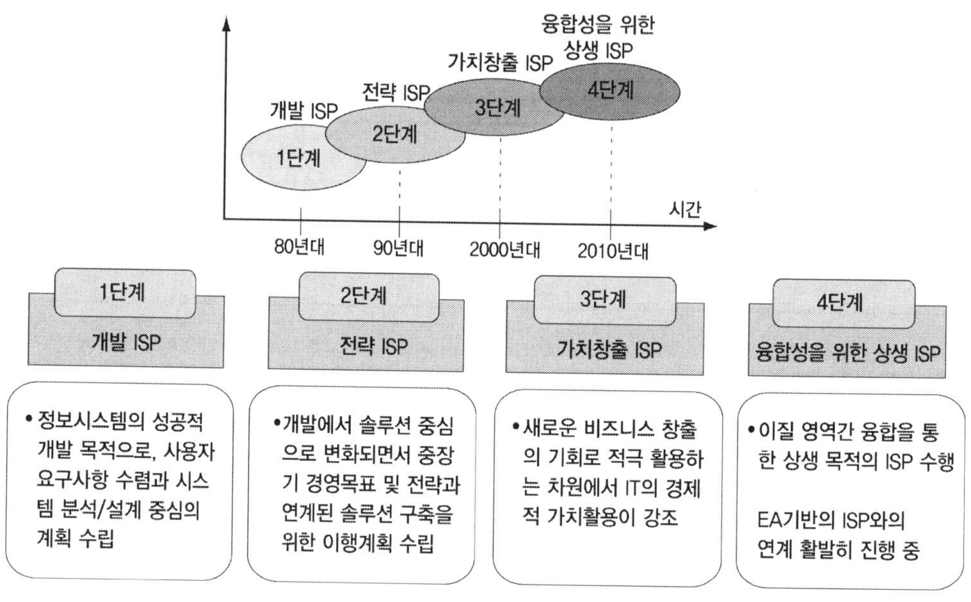

[그림 8-12] ISP 수립과 전망

1. 정보화전략계획(ISP) 개념에 대해 설명하시오.

2. 정보화전략계획(ISP) 수립 배경에 대해 설명하시오.

3. 정보화전략계획(ISP) 수립의 의미에 대해 설명하시오.

4. 정보화전략계획(ISP) 수립 필요성에 대해 설명하시오.

5. 정보화전략계획(ISP) 수립 절차에 대해 설명하시오.

6. 정보화전략계획(ISP) 수립 기대효과에 대해 설명하시오.

7. 정보화전략계획(ISP) 수립 성공요인에 내해 설명하시오.

8. 정보화전략계획(ISP) 수립 방법론에 대해 설명하시오.

9. 정보화전략계획(ISP)와 정보공학 방법론의 연계에 대해 설명하시오.

10. 정보화전략계획(ISP)와 BPR과의 연계에 대해 설명하시오.

11. 정보화전략계획(ISP) 수립 현황과 전망에 대해 설명하시오.

시스템 개발 프로세스

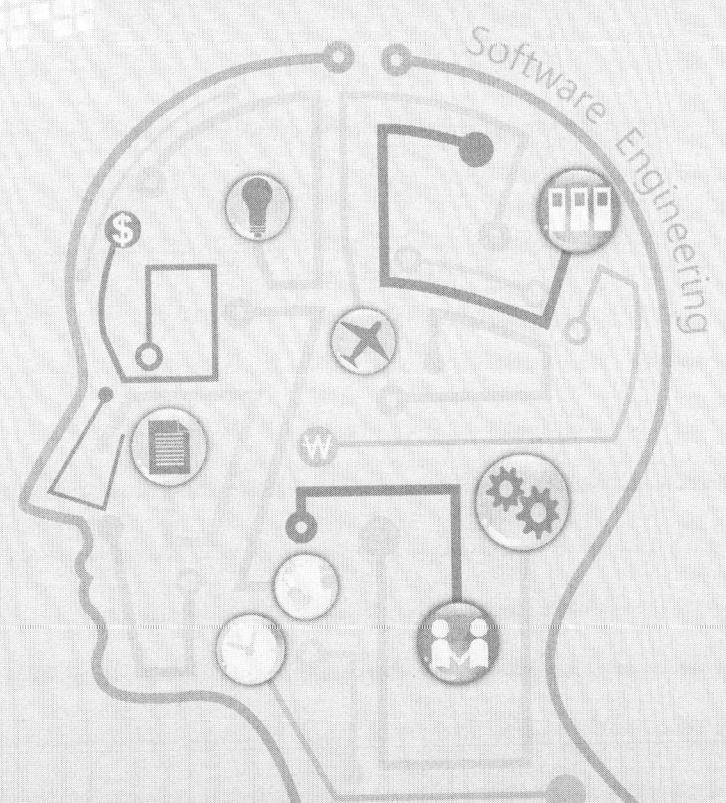

시스템 개발 프로세스를 말할 때 일반적으로 개발단계 프로세스인 구조적 방법론, 정보공학적 방법론, 객체지향방법론 등만 생각하게 되는데, 이는 상당히 모순을 갖고 있음을 이장을 통해 알 수 있을 것이다.

시스템 또는 소프트웨어 개발 프로세스에는 개발 이전과 개발 이후 프로세스를 포함해서 연구되고 있음을 알 수 있을 것이다.

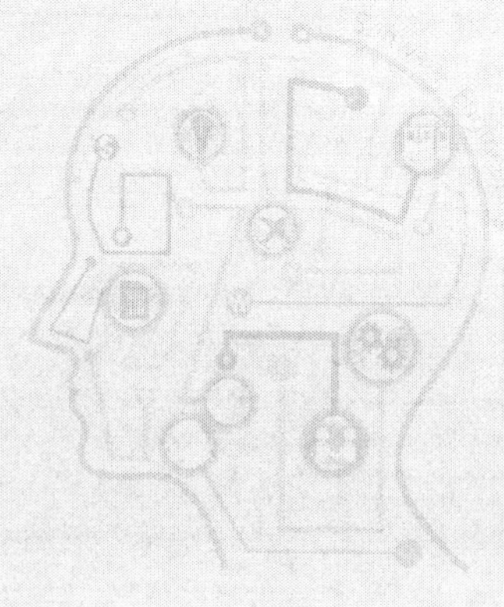

9.1 시스템 개발 특성

소프트웨어 개발을 포함한 대부분의 시스템 개발과정은 기초조사, 요구사항 분석, 설계, 구현, 시험 및 유지보수 과정을 거치게 된다. 소프트웨어는 여러 가지의 구성요소가 유기적으로 상호작용하는 시스템이며, 일반적으로 시스템이란 하드웨어, 소프트웨어, 통신체계의 구성요소들이 결합되어 운용되는 특성이 있다.

9.1.1 시스템 개발 원칙

정보시스템 개발 프로젝트를 성공적으로 수행하기 위해서는 다음 8가지의 일반적인 원칙을 적용함으로서 실패를 최소화 할 수 있다.

① **사용자 및 현업 관련자의 의견을 수렴하고 프로젝트에 참여시켜라.**

시스템 개발과 관련된 사람들 중 특히 시스템 분석가나 프로그래머들은 개발과정 및 결과물에 대해 자기만의 노력에 의해 결과를 얻은 것으로 착각할 수 있다. 그래서 내가 개발한 시스템이라는 말을 자주 사용하곤 한다. 이는 사용자 및 현업의 지원을 무시한 말로 들리게 되고, 그들에게 반감을 갖게 하여 더 나아가서는 프로젝트를 계속할 수 없는 지경에까지 도달하게 되면 그때서야 후회하는 경우를 볼 수 있다. 즉 인간관계에 갈등을 초래하게 되어 프로젝트가 실패로 끝나는 경우가 있다. 성공적인 시스템을 개발하기 위해서는 사용자의 참여가 반드시 필요하다. 시스템 개발에 대한 책임이 있는 사람은 사용자에게 충분한 시간을 제공하고, 사용자의 참여를 요구해야 하며, 사용자들에게 영향을 미치는 것에 대해서는 모든 의사결정 과정에서 사용자의 동의를 얻어야 한다.

사용자 참여에 대한 잘못된 이해로 시스템 개발과정에서 심각한 문제가 끊임없이 발생한다. 하지만, 사용자 참여와 교육은 이러한 잘못된 이해를 최소화시키고, 새로운 생각이나 변화를 사용자가 채택할 수 있도록 도와 준다. 그 이유는 사람들은 변화를

209

싫어하고, 컴퓨터는 종종 변화를 추구하는 경향이 있기 때문이다.

② **현업 및 사용자의 문제점을 파악하고 해결할 방법을 찾고 검토하라.**

시스템 개발 생명주기를 통해 프로젝트를 추진할 때 요구조사 및 분석단계에서 기존 조직에서 운영하고 있는 시스템 운영의 문제점과 그 해결방안을 찾아 다음 단계인 설계 단계에 적용 가능하도록 현업 및 사용자와 관련 책임자 간에 충분한 협의와 검토를 통해 시스템을 구축하여야 하는데 전통적인 문제해결 방법은 다음과 같다.

- 문제를 식별한다.
- 문제를 야기한 환경과 문제의 원인 및 영향 등을 이해한다.
- 정확한 해결책을 찾기 위해 요구사항을 정의한다.
- 대체방안을 마련한다.
- 가장 좋은 해결책을 선택한다.
- 해결책을 도출하기 위해 설계하고 구현한다.
- 개발된 해결책에 대해 효과를 관찰하고 평가 및 정제한다.

③ **개발 생명주기 선정과 개발 단계별 활동을 설정하라.**

프로젝트의 특성에 따라 개발 생명주기를 선택 또는 개발하고 선정된 개발 생명주기에 따라 단계별로 활동내역을 설정해야 한다. 고전적인 생명주기는 시스템 분석, 설계, 구현 및 유지보수의 4단계로 구성되며, 보다 개선된 생명주기에는 처음에 시스템 계획 단계가 추가된다.

프로젝트의 특성에 따라 투입인력 규모, 노력정도, 예산, 기간 등에 차이가 있으므로 단계별 활동내역을 투명화하고 명시화하여 목표를 달성할 수 있도록 단계별, 투입 인력별, 기간별 등으로 추진할 업무를 세분화하여 관리할 수 있도록 해야 한다.

④ **개발과 문서화를 지원할 표준 개발자원 도구를 설정하라.**

개발 조직에는 경우에 따라 많은 수의 프로그램과 소프트웨어 패키지를 포함한 다수의 정보시스템을 가지고 있다. 프로젝트의 특성을 고려하지 않은 채 분석가와 프로그래머들이 자신들이 선호하는 소프트웨어 개발 생명주기를 채택하고, 개발과 문서화를 위해 자신들이 선호하는 개발지원 도구와 기법을 사용하여 프로젝트가 실패로 종료되는 상태가 빈번하게 발생하게 된다.

대형 정보시스템 업체들의 경우에는 시스템 분석가와 프로그래머들의 이동이 자주 일어날 수 있다. 따라서 빈번하게 변경되는 사용자들의 요구사항과 정보시스템 전문가들 사이의 원활한 의사소통을 위해 프로젝트의 특성을 잘 고려하여 일관성 있는 정보 시스템 개발을 보장할 수 있는 표준 개발도구를 설정해야 한다.

일반적으로 시스템 개발 표준화는 활동, 책임, 문서화 지침 혹은 요구사항 및 품질평가의 네 가지 표준화로 나타낸다. 이들 네 가지 표준화는 생명주기의 모든 단계에서 반드시 필요하다. 문서화에 대한 표준화의 중요성은 문서화에 실패한 시스템 분석가들이 공통적으로 강조하고 있다.

⑤ **투자 대비 효과 측면에서 시스템을 평가하라.**

조직 내 정보시스템 구축의 궁극적인 목표는 효율적인 업무추진과 적시적소에 최신정보를 통해 경쟁력을 확보하는 것이다. 이를 위해서는 적절한 자원을 투자해야 하는데 그 중 조직 내 최고 경영자의 최고 관심사는 투자 대비 효과일 것이다.

자본투자에 있어 고려사항은 다음의 두 가지를 검토해야 한다. 첫째, 어떤 문제를 해결하기 위해 여러 개의 가능한 대안과 해결책이 있어야 한다. 분석가는 여러 가지 해결책 중에서 한 가지 해결책만 고집해서는 안 된다. 둘째, 대안을 식별한 후 시스템 분석가는 타당성, 특별히 비용투자 대비 효과 측면에서 각각의 가능한 해결책을 평가해야 한다.

비용-효과(cost-effectiveness)는 시스템을 개발하여 운영하는 비용과 개발된 시스템으로부터 얻게 되는 이익 사이에 균형을 이룸으로써 얻게 되는 결과로 정의할 수 있다. 따라서 비용-효과 분석은 매우 중요한 기술이다.

⑥ **변경 관리를 철저히 하라.**

시스템 개발에 있어 현업과의 업무범위 조정은 매우 중요하다. 경우에 따라 요구조사 분석단계에서 확정한 업무를 설계 단계 이후에 현업에서 수정하는 경우가 있는데, 이때 프로젝트 관리자는 범위 관리를 철저히 해야 한다. 이는 프로젝트 추진에 있어 자원 투입과 직결되기 때문이다. 특히 용역 업무를 수행하는 전문업체의 경우 고객의 요구가 부당함에도 그 순간을 모면하기 위해 프로젝트 관리자 또는 영업 관리자가 프로젝트 추진 팀과의 협의도 없이 수락해서 조직 내 개발팀에게 일방적으로 통보하는 경우가 있는데 이는 문제를 해결하는 것이 아니라 프로젝트를 결국 파행으로 끌고

가는 경우임을 알아야 한다. 그래서 계약당사자 간 업무조정은 관련 책임자가 모두 함께 수긍할 때 변경되고 조정되어야 할 것이다. 프로젝트 범위의 증가는 프로젝트를 진행하는 동안 시스템에 대해 명확하게 알지 못하는 경우가 대부분이기 때문에 발생하는 불가피한 현상이다. 불행하게도 대부분의 프로젝트 관리자는 계약당사자와 개발팀이 만족할 수 있는 합일점을 찾도록 노력하여야 한다. 또한 범위 변경은 비용과 일정과 직결됨을 알고 잘 대처하여야 할 것이다. 이를 무시할 경우 불필요하게 추가된 비용과 일정의 초과에 대한 책임이 프로젝트 관리자와 팀원에게 넘어가게 되고 무능력하다고 결론적으로 평가를 받게 될 수 있다.

⑦ **분할과 정복의 원칙을 적용하라.**

대부분의 프로젝트가 규모 측면에서 대형 프로젝트일 경우 프로젝트를 단위 업무 또는 태스크로 분할하여 처리함으로서 접근을 쉽게 할 것이다. 이유는 첫째, 어떤 시스템은 그의 슈퍼시스템과 상호작용하면서 업무가 처리된다는 점을 시스템 분석가는 명심해야 한다. 슈퍼 시스템이 계속적으로 변경된다면, 해당 프로젝트 범위도 변경되기 때문에 시스템 분석가는 슈퍼시스템에 대해 잘 파악하고 있어야 한다. 대부분의 시스템 분석가는 프로젝트 규모를 잘못 예측하는 실수를 범하지 않도록 노력한다. 실수의 대부분은 시스템 복잡성을 미리 연구하지 않았기 때문에 일어난다.

시스템 분석가는 시스템의 규모를 보다 정확하게 이해하고 새로운 시스템을 구축하기 위해 요구되는 비용과 시간을 정확하게 예측할 수 있어야 한다.

둘째, 쉽게 문제를 해결하고 커다란 시스템을 구축하기 위하여 시스템을 서브 시스템으로 분할한다. 큰 문제는 쉽게 관리할 수 있는 작은 조각으로 분할함으로써 분석가는 문제해결 과정을 단순화시킬 수 있다.

⑧ **시스템의 발전과 변화를 고려하여 설계하라.**

시스템 개발에 대해 사용자가 요구한 시스템이 구 모델이라고 사용자 스스로가 인식하게 되면 요구사항이 계속해서 증가될 수 있는데, 일반적으로 시스템 분석가들은 현재의 사용자 요구사항만 만족시키는 시스템을 개발하면 된다고 간주하고 이것을 필요한 방법이라고 생각할 지 모르겠지만, 장기적으로 현업을 만족시키는 것이 될 수 없으며 결국 대부분이 좋지 않은 결과를 초래하게 된다.

9.1.2 시스템 개발단계

시스템은 공통의 목적을 달성하기 위하여 하나 이상의 구성요소(인간, 조직, 관습, 하드웨어 및 소프트웨어 등)가 상호 관련된 유기적인 결합이라는 의미로 사용된다. 시스템 개발은 소프트웨어 뿐만 아니라 하드웨어 및 통신체계 등 다른 구성요소들도 반드시 고려되어야 한다. 소프트웨어 개발을 중심으로 한 시스템 개발은 시스템 계획, 분석, 설계, 구현, 시험 및 유지보수단계를 거치면서 완성된다.

1 시스템 계획

시스템 계획은 시스템 개발을 위한 시스템의 환경, 관련업무, 제약사항(자금, 인력, 기술, 시간) 등을 기초 조사를 통해 파악한다. 정보 시스템을 개발할 때는 내부 조직 및 업무의 변경, 환경의 변화에 따른 유연성과 시스템 자체의 효율성을 극대화 할 수 있는 시스템이 설계되도록 고려해야 한다.

우선 현행 정보시스템을 분석하여 문제점을 발견하고, 개선대책을 제시해야 한다. 또한 사용자의 요구사항을 정확히 파악하고 관련 자료를 수집하여 계획서를 작성하게 된다.

① 기초조사

시스템에 따라서 기초조사는 조사 방법도 다소 차이가 있다. 신규 시스템 혹은 업무 및 기능 개선을 위한 시스템을 개발 또는 도입할 것인가에 있어, 신규 정보시스템 개발에 대한 요구는 조직 내에서 최고경영층 또는 기획실이나 전산 관련 부서에서 요청될 수 있다.

어떤 경우에서나 신규 정보 시스템 개발에 대한 필요성을 판단하기 위해서는 필요한 정보의 요구조건을 조사할 필요가 있으며, 현행 정보 시스템을 보완하거나 대체하기 위해 필요한 업무이다. 기초 조사 단계에서는 자금과 인력의 제약, 기술 및 시간적 제약 등을 고려한 시스템을 개발하기 위해 시스템 개발의 가능성보다는 대상 기업에 적합한 시스템을 개발하는 데 초점을 맞추어야 한다.

이 단계는 사용자의 요구사항을 관련자들로부터 조사하여 기계화, 자동화 등 새로운 해결 방법을 경영에 도입할 수 있는지의 타당성을 조사하고, 현행 시스템의 분석범위와 문제점을 찾아내고 개략적인 개발일정을 예측하여 경영층과 사용자의 승인을 얻는 단계이다.

조사 방법에는 각종 장표와 장부를 중심으로 회사기구표, 사훈, 사내규약, 관계법규, 일람표, 가격표, 메모 등 수집할 수 있는 모든 정보를 획득하는 자료 수집법, 사용자와 이해관계자 등을 직접 만나서 인터뷰하는 방법, 설문지를 이용하는 설문지법, 조사담당자가 작업현장에 가서 작업이 어떻게 이루어지고 있는가를 직접 체험해 보는 현장 관찰법, 그리고 회사조직 내에서 각 개인의 하는 일을 업무 단위별로 조사하는 직무 분석법 등이 있다.

② **타당성분석**

시스템 개발 프로젝트가 만약 무한정한 자원과 시간이 주어진다면 어느 대체방안을 채택하여도 타당하겠지만, 현실적으로는 개발 결과물을 주어진 시간, 예산, 자원 및 기술적 범위 안에서 시스템을 개발해야 하며, 가능한 한 빠른 시간 내에 그 타당성을 평가하는 것이 요구된다. 일반적으로 타당성 조사는 계획 단계에서 이루어지는 것이 바람직하지만, 종종 분석단계에서도 구체적인 기능에 대한 타당성 조사가 이루어지기도 한다.

시스템 개발에 요구되는 시간, 비용, 인력 등의 자원은 시스템의 타당성에 직접적인 영향을 미치게 된다. 시스템 분석가는 이러한 자원의 투자와 그 효과를 조사하고 위험에 대해서도 분석을 실시한다. 타당성 조사는 경제적 타당성, 기술적 타당성, 법적 타당성에 대해 집중적으로 이루어진다. 시스템 개발을 위해 타당성을 분석하는 것은 비용을 줄이고 생산성과 서비스를 향상시키기 위함이다.

③ **시스템 개발계획서 작성**

개발계획서 작성은 프로젝트의 성격이나 사용자의 요구사항에 따라 변화될 수 있으나 일반적으로 개발계획서에는 프로젝트 개요, 프로젝트 구성, 프로젝트 관리계획, 기술계획, 일정 및 자원계획 등이 포함된다. 프로젝트 개요에서는 프로젝트의 목적과 산출물 그리고 개발 단계별 중간 점검을 위한 이정표를 설정하여 도식화하고 계획서에 참조한 모든 문서를 서술하고, 사전에 용어와 약어에 대해서 설명자료를 수록한다. 프로젝트 구성에는 어떻게 제품을 개발할 것인가를 제품의 생명주기라는 관점과

개발조직의 구성이라는 관점에서 수록한다. 개발 단계를 설정한 프로세스 모델에서는 소프트웨어 개발을 위한 소작업과 프로젝트 기능을 포함하고, 개발조직 구성도와 각 조직의 임무 및 기능을 서술한다. 관리계획에서는 개발에 사용될 하드웨어나 소프트웨어, 운영체제, 개발 방법, 팀 구성, 프로그래밍 언어, 개발도구 및 적용기술 등이 포함되어야 하고, 문서화 및 코드 표준화를 위한 계획 등이 포함되어야 한다.

2 시스템 분석

소프트웨어 개발은 현업과 사용자가 원하는 요구사항을 구체적으로 파악하는 작업부터 시작한다. 기술자 중심의 사고방식에서 탈피하여 사용자 중심의 적극적이고 능동적인 자세를 취할 때 사용자가 만족하는 소프트웨어를 개발할 수 있을 것이다. 따라서 사용자의 요구사항을 정확히 분석하는 작업은 매우 중요한 일이며, 무엇보다 현업 및 사용자와 개발자 사이에 의사소통이 원활하게 이루어져야 하고, 현행 문제점에 대해 서로 통일된 견해가 이루어지도록 쌍방간 지속적인 대화와 검토를 필요로 한다.

소프트웨어 개발에 있어서 가장 어려운 일은 사용자의 요구사항을 정확히 파악하고, 개발 목표를 설정하는 일이다. 설계, 구현 및 테스트 단계는 무엇을 개발할 것인가를 결정하는 요구사항 분석단계만큼 어렵지는 않기 때문에 잘못되었을 때 적은 비용으로 수정할 수 있다. 그러나 사용자의 요구사항 분석이 잘못되면 처음부터 다시 시작해야 하기 때문에 많은 노력과 비용이 추가로 필요하게 된다. 그래서 현업 및 사용자 요구사항이 불투명할 경우에 적용되는 개발 생명주기로 나선형 모형(spiral model)또는 시제품화 모형(prototype model)을 사용하는 이유도 여기에 있다.

요구사항 분석 과정에서 가장 중요한 일은 사용자가 현재 직면하고 있는 문제점을 파악하고 이해하여 해결책을 제시하는 것이다. 문제해결을 위해 우선 문제의 성격과 범위를 이해하고, 문제해결 과정에서 예상되는 제약사항을 파악해야 한다. 소프트웨어를 개발하기 전에 개발자는 사용자 입장에서 사용자가 무엇을 원하는지, 문제가 무엇인가를 파악하여 개발 목표를 설정하고 해결방법을 결정해야 한다. 요구사항 분석 과정에서 수행되는 내용을 요약하면 다음과 같다.

① 조직체계 분석

조직체계 분석은 기업을 하나의 시스템으로 보고, 기업의 조직을 기초로 하여 기업의 특성과 배경 등을 조사하고 분석하는 것을 포함한다. 조직체계 분석의 대상은 기업의 연혁, 형태 및 업종, 업계의 동향 및 경쟁회사와의 위치, 관련 법규 및 제도, 기업의 경영 목표 경영 방침, 장기 전략 및 경영 실적, 조직구조 및 주요 운영조직, 그리고 현행 정보처리 체제 등을 들 수 있다.

시스템 개발을 위한 분석단계에서 가장 중요한 것은 기업의 경영목표 달성에 그 초점이 맞추어져야 하므로 경영 목표 및 정책을 정확히 파악해야 한다. 기업의 일반적인 경영목표로는 고객에 대한 서비스 개선, 수익 증대, 생산성 제고, 안정적 성장 등이 포함되지만 경영목표를 향한 경영방침 및 정책과 관련하여 기업이 운영되고 있는 실체가 파악되어야 효율적인 정보 시스템의 구축이 가능해진다.

② 요구사항 분석

사용자의 요구사항, 시스템의 기능 및 관련되는 제약사항 등을 파악한다. 요구사항 분석이란 시스템이나 소프트웨어의 요구사항을 정의하기 위하여 사용자의 요구사항을 조사하여 분석하고 확인하는 일련의 과정이다. 이러한 요구사항 분석은 문제의 해결이나 시스템 개발에 있어 어떤 행동을 취하기 이전에 문제에 대해 연구하는 것이다. 요구사항 분석은 개발하고자 하는 시스템에 대한 사용자의 요구사항을 조사하여 분석하는 것을 의미하며, 기능요구, 비기능요구, 성능요구, 인터페이스 요구사항 등이 포함된다.

요구사항 분석은 사용자의 요구사항과 시스템 개발의 필요성이 나오게 된 원인, 배경, 환경 등에 대한 분석을 포함한다. 즉, 시스템 개발에 대한 필요성이 나오게 된 사용자의 내적 요인과 외적 요인을 파악해야 한다. 내적 요인으로는 업무처리 절차의 자동화를 통한 인력규모 축소, 기술력 향상, 생산성 향상, 품질개선 및 조직의 새로운 운영 등을 들 수 있으며, 외적 요인으로는 경쟁, 법규나 제도의 변화, 시장 여건의 변화 등이 있을 수 있다.

③ 요구사항 명세서 작성

요구사항 분석 과정을 통하여 얻어진 사용자의 요구사항과 시스템의 기능은 문서로 정리되어야 한다. 요구사항 분석 과정의 결과로 얻어지는 가장 중요한 산출물은 요

구사항 명세서이며, 이 명세서는 시스템 분석가가 작성하는 경우가 대부분이고 고객을 참여시키는 경우도 있다.

요구사항 명세서는 개발비용을 투자한 고객 또는 사용자와 개발자 사이의 약속 문서로 사용될 수 있고, 향후 발생하는 문제와 변화에 대한 책임을 명확히 규명하는 자료로 사용된다. 이를 위해 요구사항 분석 결과인 요구사항 명세서는 시스템 개발에 관련되는 프로젝트 관리자, 사용자 및 관련부서 책임자, 분석가, 설계자, 프로그래머 및 시험하는 사람, 품질보증 팀 등이 검토하고 동의하여 서명을 한 후, 다음 단계인 설계로 넘어가는 것이 바람직하다.

3 시스템 설계

시스템 설계는 요구사항 분석 과정에서 파악된 사용자의 요구사항, 시스템의 기능 및 기타 제약사항 등을 기초로 최적의 물리적인 해결방안을 설계사양서로 작성하는 단계이다. 따라서 요구사항 분석 과정을 개념적 단계라 할 때 설계 과정은 물리적 해결을 실현하는 첫 번째 단계가 된다. 이 단계에서는 서브 시스템들로 구성되는 시스템 구조를 결정하고, 각각의 서브 시스템들을 하드웨어, 소프트웨어 등의 구성요소들에게 할당한다.

설계는 품질에 직접적인 영향을 주기 때문에 설계가 정상적으로 실현되지 않으면 안정성이 없고 유지보수가 어려운 시스템이 만들어진다. 따라서 안정성이 없고 유지보수가 어려운 시스템은 조그만 변화에도 대처하지 못하여 시스템 수명이 짧아지게 된다. 개발자들은 시스템의 구성요소 또는 서브 시스템들이 상호작용하면서 주고받는 정보의 소통량을 최소화시키고, 각 구성요소의 독립성을 유지할 수 있도록 설계의 기본원리를 적용하여 시스템을 분할해야 하며, 요구되는 성능과 자원 등에 대한 예측이 가능해야 한다.

요구분석 과정이 시스템이 무엇(what)을 제공할 것인지 시스템의 목표 설정에 초점을 맞추었다면, 설계과정에서는 시스템의 목표를 어떻게(how to) 달성할 것인가에 대한 해결책을 제공해야 한다. 그러나 대부분의 설계 방법들이 모든 것을 만족시켜 줄 수 없기 때문에 비용, 소요시간, 용량 및 신뢰성 등을 검토하여, 현재의 개발환경 및 여건, 예산에 적절한 시스템 설계 방법을 선택해야 한다.

시스템 설계는 내부설계와 외부설계로 구분할 수 있는데 외부설계는 사용자 및 다른 시스템과의 인터페이스 등 시스템 외부에서 찾아볼 수 있는 시스템의 특성을 명세화하는 것이다. 내부설계는 시스템 내부의 조직과 세부적인 절차를 개념화하여 계획하고 명세화하는 것으로 많은 시간과 지적 노력을 요구한다. 또한 내부설계는 기본설계와 상세설계로 나누어져 단계적인 설계 절차를 필요로 한다.

① **외부설계**

외부설계(external design)는 시스템과 운영환경 사이의 인터페이스를 설계하는 과정이다. 운영환경과 시스템 입장에서 외부환경에 속하는 것으로 하드웨어, 다른 시스템 및 사용자들을 말한다. 하드웨어나 다른 시스템 등과의 인터페이스도 중요하지만, 이들의 인터페이스 방식은 어느 정도 미리 정해져 있고, 복잡하지 않기 때문에 외부설계에서는 변화 요인이 많이 포함되어 있는 사용자와의 인터페이스에 초점을 맞추고 있다. 사용자 인터페이스는 사용자와 시스템 사이에 대화가 진행되는 장치로써 시스템 중 사용자에게 직접 보이는 부분과 사용자에게 보이지는 않지만 사용자의 사용 편리성, 안정성 및 생산성에 영향을 미치는 부분을 말한다. 따라서 외부 설계에서는 주로 사용자 인터페이스 설계, 화일 및 데이터베이스 설계, 입·출력 설계 등에 초점을 맞춘다.

② **기본설계**

기본설계 또는 구조설계(preliminary design or architecture design)는 소프트웨어 제품의 외부적인 특징을 검토하여 계획하고, 이를 기술하는 설계 단계이며, 수행해야 할 작업으로는 시스템의 논리적인 개념, 내부 기능 정의, 기능의 분해, 내부 자료흐름들과 자료저장소의 정의, 요소들 간의 관계 정립 등이다. 종래의 폭포수형 개발모델을 이용할 경우 실제로 약간의 임시 설계서 없이 사용자 요구사항을 정의하는 것은 불가능하기 때문에 기본 설계는 분석단계 및 설계 단계에서도 계속된다.

기본설계는 시스템의 구조적 측면을 높은 차원에서 설정하며, 사용자 요구사항들을 다시 상세화 하는 것이다. 따라서 요구사항의 정의와 기본설계 사이의 차이점은 명확하지 않으나 상세한 "무엇(what)"에서 고도의 "어떻게(how)"를 강조하는 쪽으로 발전시키는 것이다. 기본 설계 단계에서는 시스템 구조, 내부 자료흐름들과 자료저장소의 정의 및 구성요소들 간의 관계 정립 등을 포함한 기본 설계 사양서를 작성한

다. 〈표 9-1〉은 내부 설계에서 다루어지는 시스템 요소들로 기본설계와 상세설계로 구분하여 나타냈다.

〈표 9-1〉 기본설계와 상세설계의 차이

기 본 설 계	상 세 설 계
• 시스템화 논리적 개념 정립 • 내부 기능들의 정의 • 기능들의 분해 • 내부 자료흐름들과 자료저장소의 정의 • 구성 요소들 간의 관계 정립	• 모듈별 알고리즘의 명시 • 자료 저장 방법을 구체화시키는 자료 구조 • 기능들과 자료 구조들 간의 연결 • 서브시스템들 간의 결합 방안 • 시험 계획수립

③ **상세설계**

상세설계(detailed design)는 소프트웨어 제품의 내부구조 및 처리 내역을 계획하고, 이를 기술하는 설계단계이다. 상세설계의 목표는 내부구조 및 처리 내역을 상세하게 기술하고, 설계 대안들을 분석해서 대안을 선택한 배경을 설명한다. 또한 각 모듈별 알고리즘과 자료 저장 방법을 구체화시키는 자료구조, 기능들과 자료구조들 간의 연결 및 서브시스템들 간의 결합 방안 등을 정의한다. 그리고 시험 계획을 수립하고 구현, 시험 및 유지보수에 대한 청사진을 제시해야 한다. 상세설계 단계에서는 구조 사양, 알고리즘 및 자료구조의 구체화 및 테스트 계획 등을 상세설계 사양서에 작성한다.

④ **설계사양서 작성**

설계사양서는 프로젝트의 성격이나 채택한 설계방법론 등에 따라 차이가 있으나 일반적으로 기본설계사양서와 상세설계사양서로 분류 작성한다. 시스템 설계 과정을 통하여 획득한 사용자 요구사항에 대한 해결책, 즉 시스템의 전체적인 구조와 자료설계, 구체화된 각 모듈의 알고리즘과 자료구조, 데이터베이스를 위한 물리적 설계, 그리고 시험계획 등을 기록한 산출물을 설계사양서로 작성한다.

설계사양서는 개발비용을 투자한 고객 또는 사용자와 개발자 사이의 약속 문서로 사용될 수 있고, 향후에 시행할 시험 계획을 수립하고, 구현, 시험 및 유지보수 시 이 사양서에 준하여 사용한다. 그래서 설계사양서는 시스템 개발에 관련되는 사용자, 분석가, 설계자, 프로그래머 및 시험하는 사람, 품질관리자 등이 검토하고 동의하여 서명하고 나서 시험 단계로 넘어가는 것이 바람직하다.

4 시스템 구현

시스템 구현은 설계 단계의 결과를 사용자가 이용할 수 있도록 프로그램으로 변환시키는 단계로, 설계 단계의 산출물인 설계사양서를 시스템을 통해 프로그램으로 변화시킨다. 이러한 변환과정을 통하여 사용자의 요구사항과 시스템의 기능이 수행 가능한 모습으로 나타난다. 구현 단계는 프로그래밍 또는 코딩하는 단계로 불리며, 설계사양서를 컴퓨터가 알아볼 수 있도록 프로그래밍 언어로 변환시키는 것이다.

일반적으로 소프트웨어 개발 과정 중 프로그래밍에 드는 비용은 평균 20% 정도이며, 40~50%의 비용이 요구사항 분석과 설계 단계에 들어간다. 이 비율은 소프트웨어 개발과정에서 요구사항 분석과 설계 단계의 중요성을 설명해 준다.

한편, 구현과정에서 나타나는 문제점은 주로 사용자 요구사항 분석과 설계가 정확하게 이루어지지 못하였기 때문이고, 설계가 정확하게 이루어지면 시스템의 구현이 용이하게 진행될 수 있다. 그래서 구현 단계 이전의 요구사항 분석과 설계에 많은 시간과 노력이 투입되어야 한다. 그러나 국내 현실은 소프트웨어 개발과정에서 시간의 촉박성 또는 사용자 의견 수렴을 간과하거나 요구사항 분석과 설계에 대한 노력 없이 직접 프로그래밍에 들어가는 경우가 많아, 프로그래밍 단계에 더 많은 경비를 투자한다. 이는 설계도면 없이 건물을 짓는 것과 같다. 이것은 매우 위험한 일로 소프트웨어 개발의 완성 단계에 새로운 사용자 요구사항이나 변경 요구사항을 수용해야 한다면 이미 작성된 프로그램 결과들에 대해 요구사항 이상의 수정이 필요하게 된다. 따라서 프로그래밍을 시작하기 전에 사용자의 요구사항을 정확히 파악하고 사용자의 검토를 거친 다음, 시스템 기능을 명확하게 설정하여 설계하고 구현하는 절차를 잘 이행해야 한다.

5 시스템 시험

고품질의 제품을 개발하기 위해서는 개발공정마다 품질보증을 위한 절차를 준수하고, 개발 단계별 공식적인 검토회 등을 이용하여 잘못된 요구사항과 분석 및 설계 내용을 찾아내는 작업이 사용자 간 공동으로 수행되어야 한다. 시스템 시험은 이러한 품질보증 활동의 일부분으로 요구사항 분석, 설계 및 구현의 전 과정에 대한 점검 기능을 포함하고

있기 때문에 매우 중요한 단계이다. 시험은 개발된 제품의 오류를 발견하고 수정하는 과정이다. 시험을 실시하지 않았을 때 발생하는 문제점과 이를 수정하는 데 필요한 많은 비용을 생각하면 시험을 위한 비용의 정당성을 찾을 수 있다. 또한 시험은 시스템 개발 전체과정에 대하여 체계적으로 점검할 수 있는 일련의 활동들의 집합이다.

소프트웨어 시험은 개발된 제품의 품질을 평가하는 작업이 아니라 결함을 찾아내기 위하여 소프트웨어를 작동시키는 일련의 행위와 절차를 말한다. 또한, 사용자 요구사항 분석, 설계 및 구현의 전체 과정에서 발생 가능한 결함에 대한 점검이며, 소프트웨어 개발 비용 중 40% 이상을 차지하는 경우가 흔히 있다. 체계적인 소프트웨어 시스템을 시험하기 위해서는 시험 계획(test plan)을 만들어야 하며, 이 문서에는 시험 진행 단계, 시험에 사용되는 데이터 및 시험의 한계점 등이 포함되어야 한다. 시험 계획은 최소한의 시간과 비용을 투자하여 최대한 오류를 찾아낼 수 있도록 작성되어야 한다.

6 시스템 유지보수

소프트웨어 개발 생명주기 즉, 사용자 요구사항 분석, 설계, 구현 및 시험의 단계를 거쳐 개발된 소프트웨어 시스템은 사용자에게 인도되어 사용되지만, 소프트웨어가 갖는 특성상 하드웨어 시스템과 다르게 끊임없이 변경이 요구된다. 사용자는 일반적으로 소프트웨어 유용성이 높으면 높을수록 더 많은 기능이 추가되고 더욱 발전된 모습으로 개량되기를 바라고 있다.

시스템 유지보수는 시스템 운용과정에서 발생하는 여러 가지의 변경사항에 대하여 적응하고 변화에 대비하여 소프트웨어 수명을 연장시키는 일련의 활동으로 다음의 네 가지 목적을 지닌 작업들을 총칭한다.

① 발견된 결함의 원인을 찾아내어 문제를 해결하는 하자 보수(corrective maintenance)

② 새로운 기능을 추가시켜 기존 소프트웨어를 개선하는 기능 개선(perfective maintenance)

③ 새로운 데이터, 운영 체제, 하드웨어 환경으로 이식하는 환경 적응(adaptive maintenance)

④ 유지보수 용이성을 높이거나 신뢰성을 향상시키는 예방적 조치(preventive maintenance)

소프트웨어 유지보수를 위해서는 시스템 변경에 의한 재요구분석, 재설계, 재구현 및 재시험이 필요하고, 관련된 문서의 수정까지 수반되어야 하기 때문에 체계적인 관리가 필요하다. 소프트웨어 시스템은 개발할 때부터 유지보수를 고려하여 만들어져야 하며, 잘 설계된 시스템도 유지보수에 필요한 비용이 실제 개발에 필요한 비용보다 많이 드는 경우가 대부분이다.

소프트웨어 시스템의 유지보수 비용은 개발 당시에는 작은 부분만 보이지만 실제 유지보수를 실시하게 되면 많은 부분이 드러나게 된다. 만약 소프트웨어 시스템이 사용자 요구사항 분석과 설계를 부실하게 하고, 단계별로 결과물에 대한 문서화가 되어 있지 않다면, 유지보수해야 하는 유지보수자들과 사용하는 고객들이 많은 어려움을 겪게 된다. 따라서 소프트웨어 시스템의 개발에 대한 철저한 계획과 체계적인 개발절차에 의한 시스템 개발과 문서화가 매우 중요하다.

9.1.3 시스템 개발 방법

시스템을 개발하기 위해서는 많은 도구와 방법들이 있다. 이들 중에서 가장 보편화된 방법으로 구조적 방법론과 정보공학 방법론, 객체지향 방법론, UML을 이용한 개발방법론 등을 들 수 있다. 구조적 방법론은 1970년대부터 널리 사용된 방법이고, 정보공학 방법론은 1980년대 중반부터 서서히 각광을 받기 시작하는 방법이며, 객체지향 방법론은 1980년대 후반부터 널리 사용되기 시작한 방법이다.

1 구조적 방법론

소프트웨어 시스템을 개발하기 위해서는 분석, 설계, 구현이라는 일련의 과정에 따라 작업을 진행한다. 분석단계에서는 시스템에 대한 사용자의 요구사항을 파악하고, 설계 단계에서는 분석단계에서 정의된 문제의 해결책을 제시하며, 구현 단계에서는 설계 단계에서 검토된 해결책을 물리적으로 실현시키는 것이다. 구조적 방법론(structured methodology)이 제안되기 이전에는 요구사항을 명확히 정의하기 이전부터 실행 가능한 처리 부분을 개발해서 상향식으로 쌓아 올리는 방법으로 시스템을 개발하였다.

사용자 요구사항에 대해 분석단계를 거치지 않고 개발에 임하면 다음과 같은 문제점이 나타나게 된다. 첫째, 단위 모듈별로 개발되어 시험이 수행되기 때문에 전체 모듈 개발이 완료될 때까지는 사용자가 요구한 기능을 확인할 수가 없으며, 사용자는 자기가 요구한 요구사항에 대한 확인을 시스템 개발의 마지막 단계에 가서야 가능하게 된다. 둘째, 개발 생명주기의 초기단계에서 발견되었어야 할 중대한 불량이나 결함이 개발의 마지막 단계에 도달해서 발견될 경우 변경에 따른 많은 노력과 비용이 추가로 필요하게 된다.

이러한 문제점을 해결하기 위한 방안으로 분석단계에 초점을 맞춘 구조적 방법론이 제안되었다. 첫째, 구조적 방법론은 우선 기능을 중심으로 한다는 점이 특징이 있다. 시스템이 사용자에 대해서 제공하는 자료 변환 처리를 계층적으로 상세화 함으로써 시스템 명세서를 명확하게 할 수 있다. 이것은 인간 사고와 함께 절차형 언어에서 개발되는 시스템의 구조에 매우 적합하다. 둘째, 하향식으로 의한 명세화함으로서 이해하기 쉬울 뿐만 아니라 분석도 용이하다. 시스템의 기능을 위에서부터 분해함으로써 상위 모듈에서 하위 모듈로 내려 갈수록 더욱 기능이 세분화 되어 상세한 명세로 분석해 들어갈 수 있다. 셋째, 시스템의 각 측면마다 다른 종류의 도표를 사용하기 때문에 주력해야 할 명세화의 관점을 도식마다 분리할 수 있다. 분석에 관해서는 처리 프로세스의 입·출력 자료 흐름, 설계에 관해서는 처리 프로세스의 계층 구조, 그리고 구현에 관해서는 처리 프로세스 내부의 실행 순서를 중심으로 명세화 한다. 구조적 방법론은 지금까지 문제의 복잡성에 대한 표현력에도 계속적인 보완이 이루어시고 있는데, 사무처리 분야에서부터 실시간 제어 분야의 시스템까지 다양한 업무 개발에 적용되고 있다.

2 정보공학 방법론

정보공학 방법론(information engineering methodology)은 업무 차원의 자료를 중시하여 분석하고 설계하는 방법이다. 시스템을 구성하는 요소를 자료와 프로세스로 볼 때, 자료는 안정적이며 프로세스보다 변동이 적다. 프로세스는 조직의 변화와 함께 변경되지만 자료 개체는 업무를 추진하기 위한 생명주기 전체에서 거의 변동이 일어나지 않는다. 정보공학 방법론에서는 어떤 자료를 관심 있게 다루어야 하는지 알기 위하여 업무영역 분석을 실시하여 업무 기능, 조직 등을 파악한다.

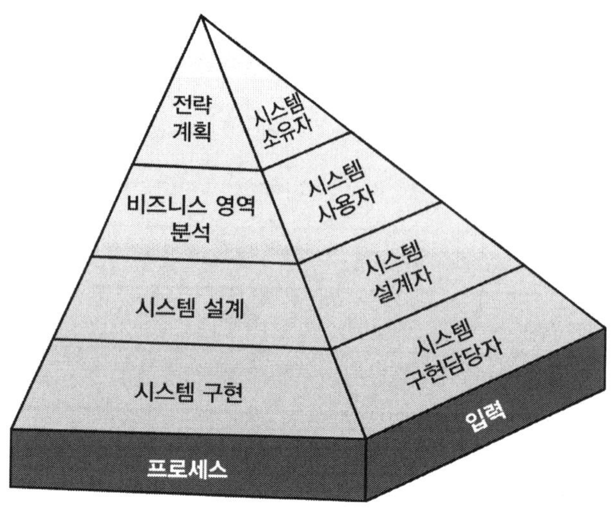

[그림 9-1] 정보 시스템의 피라미드 모형

정보공학 방법론은 기업 경영의 전반적인 전략으로부터 시작하여 소프트웨어 개발과 관련된 업무영역을 분석하고 소프트웨어 시스템을 설계한 후 구현하는 과정을 거친다. 정보공학은 정보 시스템을 효과적인 기업 경영을 위한 일부로 보고 모든 소프트웨어 및 하드웨어의 도입을 기업의 이윤 향상을 위한 목표에 결부시킨다. [그림 9-1]에 나타낸 것과 같이 정보공학은 정보 시스템을 피라미드 모형으로 파악한다.

정보 시스템은 계층화되어 있다. 피라미드에서 최상위 계층의 정보화전략계획 층은 기업의 경영 목표에 해당하는 것으로 최고경영층이 담당한다. 기업 경영의 목표에 따라 하위 층의 결정도 맞추어 나간다. 다음 단계는 업무영역 분석 계층으로 기업 활동에 필요한 업무절차, 조직, 등을 다루는 계층이다. 즉, 기업을 이루는 여러 소단위 작업, 예를 들면 인사, 회계, 재무, 재고 관리, 생산 관리 등의 업무 절차를 말한다. 이 단계에 속하는 요소는 소프트웨어 개발을 위한 영역이며, 요구사항 분석과 매우 밀접한 내용을 포함하고 있다. 다음의 시스템 설계 단계는 소프트웨어 구현을 위한 자료나 프로세스의 설계 과정이다. 이 단계부터는 전문적인 소프트웨어 설계 기술이 도입된다. 마지막 구축 단계는 프로그래밍 또는 하드웨어나 네트워크 시스템의 구축 작업이다.

피라미드의 밑면이 사각형인 것처럼 정보 시스템은 자료, 프로세스, 인력, 네트워크 네 가지 측면이 있다. 즉, 각 측면에 대하여 기업경영 차원의 전략계획, 각 부서의 업무 수준, 시스템 설계의 차원이 있으며 최하위에 구체적 실체가 있다.

3 객체지향 방법론

객체지향 방법론(object-oriented methodology)은 오래 전부터 시뮬레이션, 프로그래밍 언어, 인공지능, 데이터베이스 등 각 분야에서 연구되어 왔다. 제각기 다른 시각에서 발전된 객체지향 개념은 1990년대에 들어서면서 여러 소프트웨어 개발기술 중에서 가장 중요한 기술로 인식되어 왔다. 특히 소프트웨어 생산기술에 대한 관심이 프로그래밍에서 분석 및 설계로 옮겨지면서 더욱 주목을 받고 있다. 최근 객체지향 방법론은 그래픽 사용자 인터페이스, 분산 시스템, 대규모 재무 관리 및 시뮬레이터 개발 등에 이르기까지 많은 응용분야에 적용되어 성공한 사례를 보여주고 있다.

소프트웨어 개발기술의 발전 속도가 하드웨어의 발전에 비하여 상대적으로 느리고, 소프트웨어 생산성도 그 수요를 따르지 못하는 근본적인 문제를 '소프트웨어 위기 현상'이라 한다. 아직도 대부분의 소프트웨어는 그 기본 기능이 이미 개발되어 있음에도 불구하고 처음부터 새롭게 작성되는 경우가 많다. 약간의 차이, 예를 들면 자료구조가 같더라도 유형이 다르거나 같은 기능을 수행하는 함수라도 매개변수 유형의 차이 때문에 다시 사용하지 못한다.

1990년대에 들어서면서 이러한 문제들이 객체지향 방법론으로 해결될 수 있다는 공감대가 형성되고 있다. 따라서 재래식 소프트웨어 개발방법과 프로그래밍 언어로부터 객체지향 방법론으로 전환하는 추세이며, 앞으로는 객체지향 방법론이 소프트웨어 개발방법에 주류를 이룰 것으로 전망된다.

특히 객체지향 방법론은 최근 소프트웨어 제품의 전형적 유형인 사용자 중심, 대화식 프로그램의 개발에 매우 적합한 방법이다. 사용자 중심의 대화식 프로그램의 경우 조작되는 유형만 다르고 데이터를 조작하는 방법은 같은 것이 많다. 예를 들면, 환자의 3차원 영상에서 종양을 찾는 프로그램, 국제 경제 모델을 여러 가지 변수로 나타내어 그 추세를 보여 주는 프로그램, 그리고 원자로의 핵반응 화면을 보여주는 프로그램이 있다면 이들 시스템에서 다루는 자료형은 다르지만 사용자를 위한 기능은 같다. 예를 들면, 조작할 데이터를 선택하는 기능, 작은 화면에 다 나타내지 못한 사실을 스크롤(scroll)하는 기능, 조작한 자료를 화일로 저장하는 기능 등은 공통적이다.

객체지향 방법론은 이러한 유사성을 이용할 수 있는 방법을 제공한다. 즉, 각기 다른 자료형에 대하여 스크롤하는 동작은 조금씩 다르지만 '스크롤러' 개념은 공통으로 사용할 수 있다. 이러한 것을 라이브러리로 만들어 필요할 때 적절히 특수화하고 알맞게 변형하여 사용할 수 있다. 소프트웨어 부품을 체계적으로 재사용할 수 있도록 하면 프로그래밍 생산성은 매우 향상될 수 있다.

객체지향 방법론의 또 다른 특징은 프로그램을 뚜렷하게 구별되는 객체 단위로 분할할 수 있다는 점이다. 구별된 단위들은 잘 정의된 인터페이스를 이용하여 상호작용할 수 있다. 이렇게 되면 큰 시스템에 대한 원래의 요구를 적절하게 분할하여 생각해 볼 수 있고, 잘 분할된 시스템은 수정할 때 그 영향권이 적어지므로 변경 작업이 쉬워진다.

객체지향 방법론을 도입하면 개발과정에서 발생하는 여러 가지 모델이 통합된다. 절차 중심이라 부르는 재래식 방법은 고객이 생각하는 영역 모델, 분석단계의 모델, 설계단계의 모델이 모두 다르지만 객체지향 방법론은 모두 객체라는 관점의 통합된 모델을 이용한다. 문제를 정의하는 단계의 모델과 프로그래밍으로 문제를 해결하는 모델이 같으므로 단계의 전환이 빠르고 생산성이 높다. 특히 최근의 시장 경제는 매우 빠르게 변하고 있어 새로운 제품이 나오는 시기가 매우 중요하다. 좋은 아이디어가 있더라도 시장에 제일 먼저 제품을 발표해야 추후 시장 점유율이 높아진다. 이러한 요구사항에 대하여 절차 중심의 폭포수 모형을 이용한다면 개발기간이 매우 길어질 것이다. 코드 재사용에 의하여 프로그램 생산성을 높이고, 변경이 쉬워지며, 일관된 소프트웨어 개발 모델을 제공하는 객체지향 방법론은 앞으로 소프트웨어 생산기술에서 매우 중요한 위치를 차지하게 될 것이다.

4 개발방법의 비교 분석

구조적 방법론, 정보공학 방법론 및 객체지향 방법론을 〈표 9-2〉에 나타낸 시스템의 두 가지 관점, 즉 논리적 모델과 물리적 모델로 나누어 단계별 개발 우선순위를 비교한다.

구조적 방법은 프로세스 중심(process-oriented)의 개발방법으로 시스템 분석, 설계 및 구현 단계에서 프로세스를 가장 우선순위로 하여 개발하고, 정보공학 방법은 설계 및 구현 단계에서만 데이터를 우선순위로 하여 개발한다. 그러나 객체지향 방법은 분석 및 설계의 전 단계를 데이터 중심(data-oriented)으로 개발하는 특성이 있으며, 데이터의 동적 측면을 세분하여 시스템의 개발 작업의 성격에 따라 제어 또는 프로세스 측면을 우선순위로 개발하는 시스템의 다면성을 나타내고 있음을 알 수 있다. 따라서 구조적 방법과 정보공학 방법은 현행 컴퓨터 시스템에서 일반화되어 있으며, 사용자 계층이 많다는 장점은 있으나 다음과 같은 문제점이 있다.

구조적 방법은 비록 여러 계층의 자료흐름도가 프로세스를 분해함으로써 시스템을 계층적으로 표현할 수 있지만, 분석된 시스템을 모델링 하는 과정에서 데이터 흐름이 논리적으로 중복되거나 제어정보 등을 표현할 수도 없고, 현재 주어진 표기법 만으로는 좀 더 자세하고 정형적으로 시스템을 표현하는 데 많은 제약사항이 있다. 또한 검사 기능이 없기 때문에 자료흐름도에 결함이 있거나 중요한 내용이 생략되어 있을 수도 있다. 그러나 구조적 방법의 가장 큰 문제점은 분석 및 설계 시에 데이터 중심이 아닌 프로세스 중심의 모델을 작성하기 때문에 설계 모델과 구현 모델이 불일치하는 경우가 종종 발생한다는 것이다.

<표 9-2> 시스템의 논리적 모델과 물리적 모델

논리적 모델(계획, 분석단계)	물리적 모델(설계, 구현 단계)
특정 구현 방법이나 기술에 관계없이 시스템의 목표를 달성하기 위한 본질적인 요구사항만을 표현한 모델	시스템의 목표를 달성하기 위한 요구사항을 특정 방법과 기술로 구현하기 위하여 표현한 모델
• 무엇(what) • 목표(objective) • 방침(policy) • 본질(essence)	• 어떻게(how) • 수단(means) • 방법(method) • 구현(implementation)

정보공학 방법은 분석 및 설계 모델을 중요하게 생각하며, 이들을 데이터 중심으로 모델링 하여 명세화시키는 특징이 있는데 이는 객체지향 방법의 모태가 되었다고 할 수 있다. 그러나 표기법의 한계로 시스템의 다른 측면, 즉 전체적인 관점을 나타낼 수 없어 크고 복잡한 시스템을 분명하게 지원할 수 없다. 또한 객체지향 방법에서 지원되는 일반화와 같은 추상화 개념이나 데이터 무결성, 이진 관계 이상이 되는 관계를 지원하지 못한다는 단점이 있다. 이들 방법론들을 요약하여 정리하면 <표 9-3>과 같다.

〈표 9-3〉 소프트웨어 개발방법들의 비교

방법 절차 및 특성	구조적 방법론		정보공학 방법론	객체지향 방법론
	자료흐름 중심 방법	자료구조 중심 방법		
분석	① 현 물리적 모델링 ② 현 논리적 모델링 ③ 신 논리적 모델링 ④ 신 물리적 모델링 ⑤ 구조적 설계	① 업무문맥 결정 ② 업무기능 파악 ③ 업무결과 모형화	① 정보전략계획 ② 데이터 모델 작성 ③ 행위 모델 작성 ④ 현행 시스템 작성 ⑤ 현행 시스템 분석 ⑥ 확인 ⑦ 업무 시스템 정의	① 문서를 정의 ② 요구를 명세화 ③ 객체와 특성 추출 ④ 객체의 속성 식별 ⑤ 객체의 연산 식별 ⑥ 객체 관계성 정의
설계	① 상세 데이터 흐름도 작성 ② 데이터 흐름의 유형 변환 ③ 데이터 흐름의 트랜잭션 ④ 개략적인 프로그램 구조도 작성 ⑤ 프로그램 구조도 평가 및 개선 ⑥ 검토 ⑦ 상세 설계	① 데이터 구조의 특성 평가 ② 데이터를 구조적 형태로 표현 ③ 데이터 구조 표현을 소프트웨어 계층 구조로 사상 ④ 소프트웨어 계층 구조를 기법에 정의된 지침에 따라 개선 ⑤ 소프트웨어 프로시저 기술	① 프로시저 정의 ② 다이얼로그 설계 ③ 레이아웃 설계 ④ 온라인 대화의 프로토타이핑 ⑤ 프로시저 논리 설계	① 객체 인터페이스 설정 ② 객체들 간의 가시성 설정
지원 특성 · 접근 방법	하향식 개발	하향식 개발	하향식 개발	상향식 개발
지원 특성 · DBMS	전통적인 데이터베이스와 관계형 데이터베이스 포함	전통적인 데이터베이스와 관계형 데이터베이스 포함	전통적인 데이터베이스와 관계형 데이터베이스, CASE 저장소 포함	전통적인 모든 데이터베이스와 객체지향 데이터베이스 포함
지원 특성 · CASE 지원	상위 수준 지원 (다이어그램)	상위 수준 지원 (다이어그램)	통합 수준 지원 (분석, 설계, 구현)	상위 수준 지원 (다이어그램)
방법 제시자	Yourdon	Jackson Warnier-Orr	Martin	Booch Coad/Yourdon Martin, Rumbaugh Odell, Jacobson

9.2 시스템 개발절차의 설정

대부분의 시스템 개발방법론은 시스템의 생명주기 상에 단일한 개발경로만을 제공한다. 따라서 서로 다른 환경이나 다른 유형의 도구 사용, 참여 인력 및 관리 방법의 차이 등 모든 상황에 일괄적인 접근방법을 적용하는 데는 문제점을 안고 있다. 반면에 오늘날 대부분의 시스템은 한번 만들어진 후에 지속적으로 반복되는 사이클을 통해 발전해 가고 있다. 정보공학 방법론은 이러한 상황에 대응하기 위하여 전반적인 기본 구조를 유지하면서 상황에 적합한 경로를 채택할 수 있도록 〈표 9-4〉와 같이 여러 가지 경로를 제공하고 있다.

〈표 9-4〉 다양한 개발경로

단계 개발경로	계획수립	분석		설계			구축
		개략분석	상세분석	개략설계	상세설계	기술설계	
IE	ISP	OBAA	DBAA	BSD		TD	Const.
RAD		RP	사용자 설계		구축		
IE-RAD	ISP	OBAA	사용자 설계		구축		
Template Approach	ISP	OBAA	Template 선정 및 구축				
Re-Engineering	ISP	Revers Engineering					

OBAA : Online Business Area Analysis   DBAA : Detailed Business Area Analysis
BSD : Business System Design   TD : Technical Design
RP : Requirement Planning

각각의 개발경로 중 적합한 경로를 선택하는 시점은 전 과정 중 세 가지 시점에서 이루어지는데 그 첫 번째는 초기단계, 두 번째는 ISP(Information system planning)가 끝난 후, 세 번째는 개략적인 업무영역 분석 직후로 볼 수 있다.

① 초기단계

ISP로 출발할 것인가, RAD(Rapid Development)로 시작할 것인가를 결정해야하며 전사적인 목표가 공유되었는가에 대한 평가가 결정을 좌우한다.

② ISP가 끝난 후

시스템을 개선할 필요가 있을 경우에는 재구축 절차를 채택하는 것이 좋다.

③ 개략적 업무영역 분석 직후

새로운 시스템을 구축하거나 대체할 필요가 있을 경우에는 개략적 업무영역 분석과정으로 진행하는 것이 좋다. OBAA 후에는 CASE 도구의 유무나 통합 여부, 모형의 유무 등에 다라 IE, IE/RAD(Information Engineering/RAD), 모형에 의한 접근 등을 채택하게 된다.

9.2.1 전통적인 정보공학 절차

전통적인 정보공학 절차에 따른 개발경로는 정보공학방법론에 있어 가장 보편적인 개발경로로서 계속 반복하고 있는 절차이다. 이 절차는 정보전략계획에서 출발하여 시스템 구축 단계를 거쳐 운영단계까지 이르는 연속적인 시스템 개발절차이다. 이 개발경로는 기업의 전반적인 구조 속에서 복잡하고 통합된 시스템을 구축하고자 하는 경우에 적용할 수 있으며, 전체 업무영역에 대한 완전한 분석과 설계에 초점을 맞추게 된다.

9.2.2 신속한 개발 방법론(RAD)

RAD는 제한된 범위의 단독 시스템을 CASE를 사용하여 신속하게 개발하고자 할 때 적당한 절차이다. 이것은 개발대상 시스템이 복잡하지 않아 독립적인 기술 설계가 가능할 경우에 적용할 수 있다.

RAD를 채택할 경우에는 시스템의 통합이라고 하는 정보공학방법론의 대명제를 충족시키는 기본 구조가 없는 상태에서 시스템이 구축되기 때문에 시스템 통합에 역행할 수 있다. 따라서 다음 사항에 유의하여야 한다.

첫째, RAD로 구축할 시스템의 선정과 범위 설정을 신중하게 함으로써 이러한 위험을 최소화해야 한다.

둘째, 시스템의 빠른 개발로 인한 효과가 통합의 효과보다 훨씬 큰 경우에만 적용해야 좋다.

RAD 방식에 의한 접근은 다음과 같은 단계를 거쳐 수행된다.

① **요건 정의**

이 단계에서는 시스템 개발의 동기와 일반적인 업무환경의 파악을 통해 구축하고자 하는 시스템과 유사한 기존 시스템 및 재활용 가능한 자료를 찾아내고 대상 시스템이 지원할 수 있는 업무기능을 파악하는 데 그 목적이 있으며, 현업 관리자와 정보 시스템 관리자의 면담으로 시작된다. 그 다음 단계로는 공동 요건 정의 워크숍을 통해 대상 시스템의 설계 범위를 정의하게 된다.

② **사용자 설계**

사용자 설계는 상세한 시스템 성세한 시스템 모델 정립과 개략적인 설계, 그리고 가동계획이 만들어진다. 이 단계는 공동 업무설계 워크숍을 통해 진행되는데 JAD 워크숍에는 최종 사용자와 정보 시스템 전문가가 참여하여 분석과 설계 활동을 수행하게 된다. 이 단계에서는 CASE의 자료저장소 내에 저장된다.

③ **신속한 구축 및 이전**

이 단계에서는 대상 시스템의 상설 설계를 완료하고 소프트웨어를 만들고 테스트하며 운영에 필요한 지침서를 작성하고 현업 부서로 이전하는 작업을 하게 된다.

9.2.3 IE와 RAD의 복합 방법론(IE-RAD)

IE-RAD는 정통적인 정보공학 접근방법과 RAD방법의 장점을 살린 복합적인 개발경로이다. 전반적인 통합 구조에 기반을 두면서 개발과정을 가능한 한 신속하게 하기 위해서 통합 CASE를 사용하여 시스템과 데이터베이스를 기획, 분석, 설계, 생성하는 접근방법이다.

IE-RAD는 다음과 디섯 단계를 거쳐 시스템을 구축하게 된다.

① 정보전략계획

이 단계는 정보전략계획의 절차와 동일하며 계획수립이 끝난 시점에서 정통적인 정보공학 단계를 밟을 것인지 IE-RAD를 채택할 것인지를 결정하게 된다.

IE-RAD를 채택하는 것으로 결정되면 ISP에서 선정된 업무영역 중에서 한 개 혹은 여러 개의 업무영역을 선택하여 개괄적인 업무영역 분석에 착수하게 된다.

② 개략적 업무영역 분석

정보공학 단계의 업무영역 분석과 동일하다.

③ 사용자 설계

RAD 경로상의 사용자 설계와 동일하나 전사적인 모델 관리자나 자료저장소 관리 기능을 담당하는 요원들의 보다 많은 참여를 필요로 한다.

④ 신속한 구축

RAD의 구축 단계와 동일하다.

⑤ 이전

정보공학 방법론의 이전 단계와 동일하다.

9.2.4 모형에 의한 접근

모형이란 응용 업무 패키지의 새로운 형태와, 기업의 업무모형과 시스템 설계에 관한 내용과 정보가 통합 CASE의 자료저장소 내에 정의되어 있는 업무 시스템을 의미한다.

이러한 모형은 응용 업무 패키지보다 훨씬 더 많은 유연성을 제공하는 데 그것은 업무지식을 완전하게 이용할 수 있으며 CASE 내의 모형을 용이하게 수정할 수 있기 때문이다. 이러한 접근방법의 또 다른 장점은 서로 다른 하드웨어 플랫폼 상에서도 동일한 시스템이 구축할 수 있다는 점이다.

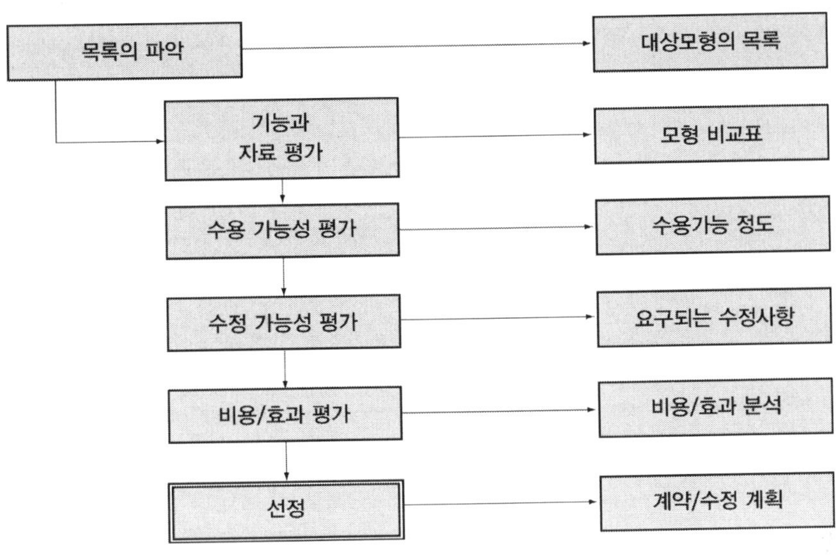

[그림 9-2] 모형의 평가 및 선정

이 방법에 의한 접근은 정보화전략계획 수립에서 출발해서 개괄적인 업무영역 분석을 거쳐 적용 가능한 모형의 평가 및 선정, 구축 그리고 이전 수행과정을 거쳐 수행된다. 이 중에서 모형의 평가 및 선정에 관한 상세한 업무수행 단계와 산출물은 [그림 9-2]에 나타나 있으며, 모형의 평가는 [그림 9-2]에서 보듯이 크게 네 가지를 평가하게 된다.

① 기능 평가

제공되는 모형이 기업의 업무요구를 어느 정도 충족시키고 있는가를 평가하여 개략적인 업무영역 분석에서 파악된 업무 모형과 제공되는 모형 간의 차이를 파악하게 된다.

② 수용가능성의 평가

세 가지 관점에서 평가되어야 하는데 첫째, 사용자 관점에서의 수용 가능성으로 모형의 성능, 사용 가능성, 보안성, 접근 통제 등의 항목을 평가하게 된다. 둘째, 기술적 수용 가능성으로 모형이 제공하는 기술구조, 사용 DBMS, 정보자원의 사용, 백업 기능 등을 평가하게 된다. 셋째, 공급자의 능력, 신뢰도, 설치된 사이트 등의 상품성 측면을 평가하게 된다.

③ **비용/효과 평가**

모형의 기초 구입비와 수정에 드는 비용을 근거로 비용과 효과를 분석하게 된다.

한 가지 유의할 사항은 이러한 모형을 선택함에 있어서 기업의 목표에 부합되는 모형이 실제로 존재하고 있는지를 확인하는 일이며, 이것이 서로 다른 기업목표를 갖고 있는 기업들이 모형 선정에 있어 어려움을 겪게 되는 이유가 된다.

9.2.5 재공학(re-engineering)

정보공학방법론을 이용하여 시스템을 구축하고자 하는 대부분의 기업들은 기존 시스템에 상당한 투자를 해왔으며, 그 결과 시스템과 데이터베이스를 구축하여 운영하고 있을 것이다. 정보공학적인 접근을 통해 시스템을 구축하려고 하는 궁극적인 목적은 모든 시스템이 정보공학 원리에 입각하여 구축되어야 한다는 점이다. 이를 위해 시스템이나 데이터베이스가 자료저장소 내에 저장되어 기업 정보를 적시, 적소에 활용가능해야 한다. 하지만 기존의 시스템들은 비록 업무수행에는 절대적으로 필요하기는 하지만 복잡하고 문서화되지 않은 경우가 많고 처음부터 기업의 전체적인 구조를 바탕으로 구축되지 않았기 때문에 유지보수에 많은 노력과 비용이 소요되고 있다.

정보화전략계획수립에 참여하는 요원들은 새로운 시스템을 구축할 때 함께 사용해야할 기존 시스템을 파악하여 이전 계획에 포함시켜야 한다.

이 경우에 문제가 되는 것은 두 가지가 있는데 그 하나는 기존 시스템의 가치를 그래도 유지하는 것이고 다른 하나는 대체비용을 최소화하는 것이다. 때로는 기존 시스템을 새로 설계된 형태로 변환하는 것이 가장 효율적인 방법일 수가 있다. 이러한 과정은 시스템 재설계, 혹은 재구축이라고 할 수 있다.

재설계 프로젝트의 범위는 보통 단일 시스템에 국한하는 경우가 많은데 재설계를 하는 이유는 다음과 같다.

① 기업의 전략적인 목표와 모든 응용 시스템을 일치시키는 것

② 효율을 높이고 유지비용을 최소화하기 위하여 응용 업무를 수정·보완하는 것

③ 응용 업무 시스템을 작게 나누어 보다 경제적인 플랫폼으로 이전시킬 수 있도록 하는 것

시스템을 재구축할 것인가에 대한 결정은 시스템별로 결정되어야 하며 재설계의 출발은 정상적인 시스템 구축과 같이 업무요구사항에서 출발하는 것이 아니라 기존 시스템에서 출발하게 된다.

각 대상 시스템에 대해서는 그 시스템의 품질, 업무의 필요, 비용효과 등을 고려하여 다음의 다섯 가지 접근 방법 중의 하나를 택해서 접근할 수 있다.

① **기존 시스템의 현상 유지**

　　기존시스템 내부는 그대로 두고 시스템의 인터페이스를 조정하고 필요한 경우 다른 시스템과의 연결만을 재구축한다.

② **시스템 구조의 재구축**

　　기존 시스템의 구조만을 재설계하는 것으로서 CASE의 지원으로 기존 코드를 재구축하는 것을 의미한다. 자료구조의 재구축도 가능한데 이 경우에는 코드의 재구축이 수반되어야 한다.

③ **시스템의 재설계**

　　기존시스템의 구조뿐만 아니라 설계까지도 재구축하는 것으로 CASE 사용이 필수적이다. 유지보수 비용을 낮추고 올바른 시스템 문서화를 작성해 낼 수 있는 효과가 있다.

④ **시스템의 재개발**

　　기존시스템에 내재되어 있는 업무모형 자체를 재설계하는 방법으로 결과적으로 자료저장소 내에 업무모형이 만들어지게 된다. 일단 새로운 모형이 만들어진 후에는 정상적인 방법에 따라 시스템의 재설계와 재구축이 진행된다.

⑤ **시스템의 대체**

　　기존 시스템을 정보공학 방법으로 구축, 새로운 시스템으로 완전히 대체하는 과정이다.

이상에서 언급한 접근 방법을 그림으로 나타내면 [그림 9-3]과 같다. 시스템을 재구축하는 세부적인 절차는 [그림 9-4]와 같으며, 이 중에서 [그림 9-3]의 접근방법 중에 어느 방법을 채택하는가에 따라 일부 절차들은 생략될 수도 있을 것이다.

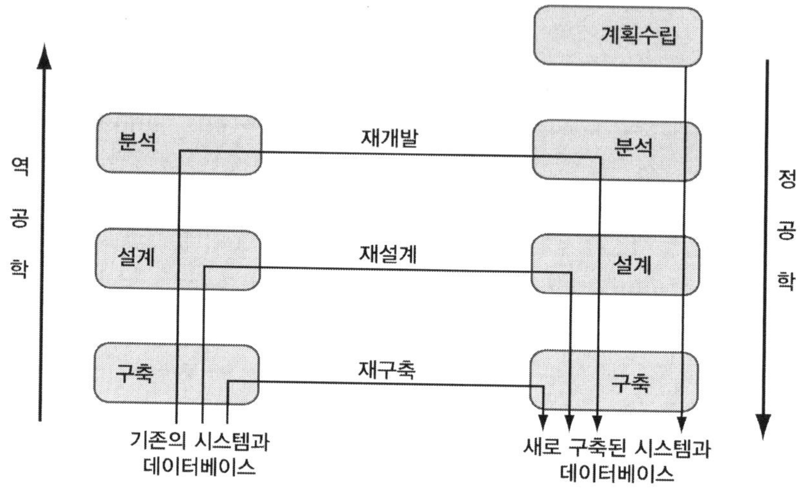

[그림 9-3] 재공학의 다섯 가지 접근방법

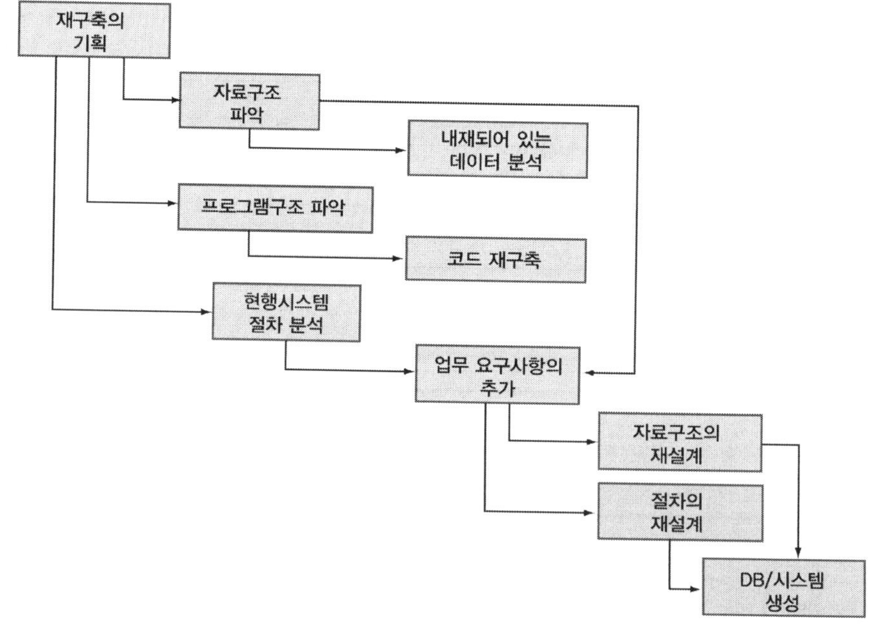

[그림 9-4] 재구축의 세부절차

 **9.3 개발경로 선택 시 고려사항**

정보공학 방법론에서 채택 가능한 개발경로를 선택함에 있어 어떠한 개발경로를 채택할 것인가를 결정하는 데 있어서는 개발환경의 특성을 고려해야함이 매우 중요하다. 다음은 그 과정에서 고려해야 할 사항들이다.

- 개발대상 시스템이 단독 개발인지 통합되어 개발되어야 하는지 여부

- 통합 CASE사용과 기본개발모형 사용이 개발과정에 미치는 영향

- 개발 대상이 되는 시스템의 유형

- 응답시간, 다른 기술들과의 인터페이스 능력, 통신 자료량, 처리능력 등의 기술적인 요건

- 개발 및 구축과정의 관리기법이나 조직

일반적으로 최적의 개발경로를 설정하기 위한 의사결정에는 다음과 같은 네 가지 유형이 있을 수 있다.

① **정보화전략계획을 수립할 것인가에 대한 의사결정**

정보공학에서 가장 기본이 되는 구조가 ISP 과정에서 정의되기 때문에 ISP를 할 것인가 말 것인가의 결정보다는 언제 할 것인가에 대한 의사결정이 이루어져야 한다.

② **독립적인 개발을 할 것인가에 대한 의사결정**

보다 빠른 개발이 통합구조를 유지하는 개발보다 훨씬 더 이익이 되거나, 새로운 기법과 도구의 학습과정으로서 시스템을 개발하고자 할 때, 혹은 개발된 시스템이 기존 시스템의 본질적인 개선이나 대체로 간주될 경우에 결정할 수 있다.

③ **ISP 이후의 진행방향에 대한 의사결정**

정보전략 계획이 완성된 후 우선 순위에 따른 각 시스템에 대하여 개념적 업무영역

분석을 할 것인가, 기존 시스템의 개선을 원한다면 재설계 과정을 따를 것인가 등을 결정한다.

④ **개략적 업무영역 분석(OBAA) 후의 의사결정**

OBAA 후의 의사결정은 다음과 같은 몇 가지 의사결정이 있을 수 있다. 통합 CASE의 사용여부와는 관계없이 기술적인 고려사항들이 중요한 과제로 부각되는 복잡한 시스템 설계의 경우에는 정통적인 정보공학 과정을 밟는 의사결정이 바람직하다. 통합 CASE를 보유하고 사용자의 강력한 참여가 확보되는 경우에는 IE-RAD 경로를 택하는 것이 바람직한 의사결정이라고 할 수 있다.

9.4 시스템 개발 모형들

9.4.1 프로세스와 프로세스 모델들

소프트웨어 엔지니어링 분야에 있어서의 소프트웨어 개발은 체계적인 순서에 따라서 또 잘 정의된 활동들의 집합체들에 의해서만 개발이 가능한 것이다.

1960년대 말에 소프트웨어 생명주기를 이해하고, 정의하기 위한 이러한 활동들을 문서화하기 위해 많은 논문이 발표되었다. 그 이후 개발에 참여하는 개발자와 연구자들이 보다 정확하며 소프트웨어 개발의 실제 프로세스를 설명하고 보다 효과적으로 프로세스를 규정하기 위해 많은 생명주기 모델들을 제안하였다. 그리고 어떤 소프트웨어 프로세스 모델이 가장 좋은 모델인지에 대해 계속적으로 연구되어 왔는데 결과는 이들 소프트웨어 프로세스 모델이 명확한 모델이 되기 위해서는 일반적으로 수용 가능한 모델이어야 한다는 것이다.

명확한 모델이란 개발 순서를 지시하고, 프로세스를 분석·추적할 수 있도록 활용이 가능하여야 한다는 것이다. 이들 용어에 대한 정의는 다음과 같다.

프로세스(Process)는 '목표를 달성하기 위해 부분적으로 주문되는 활동들의 집합'을 의미하는데, 소프트웨어 개발 프로세스는 소프트웨어 제품을 생산할 목표에 부응하는 활동들의 집합을 의미한다.

프로세스 모델(Process Model)은 '이들 프로세스들을 표현하는 것'을 의미한다. 프로세스 모델이 무엇이냐는 관점에는 많은 의견이 있지만 프로세스 모델이 가져야 할 주요 기본 요소로는 수행되어야 할 활동들(Activities)과 활동들을 수행할 대상자들(agents), 생산되어질 생산물들(Products), 그리고 활동을 하기 위해 필요한 자원들(resources)이다.

가장 잘 알려진 소프트웨어 개발 프로세스는 폭포형(Waterfall) 프로세스인데, 프로세스에 있어 각 단계와 그들의 관례를 명시하고 있다. 그렇지만 이 프로세스는 자세하지 못하고 정식 모델이 아니라는 점이다. 왜냐하면 이 모델은 대상자들, 생산물들, 자원들에 대한 언급이 없이 활동들에 대해서만 나타내고 있으며, 어떤 특별한 단계에서 반복을 요할 때 불가능하게 구성되어 있다. 이 모델이 완전한 모델이 되기 위해서는 보다 더 많은 정보를 포함시켜야 한다. 사실 폭포형 모델은 1960년대에 대형 소프트웨어 개발 프로젝트와 관련시켰을 때 많은 혼돈을 초래하곤 하였다.

프로세스 모델이 보다 일반화되기 위해서는 첫째, 프로세스를 이해하고, 전달체계를 구비하여 사용되고, 둘째, 프로세스를 분석하고 개선시키기 위한 기본을 갖추어 사용되어야 하며, 셋째, 프로세스를 관리하기 위해 사용되어야 한다.

그래서 많은 조직들이 그들의 프로세스들을 정의하고 수정해 가면서 사용하게 되었는데, 그 예로서, 카네기 멜런 대학 소프트웨어 엔지니어링 연구소가 발표한 능력 성숙도 모델(Capability Maturity Model : CMM)이 있는데, 이는 프로세스 성숙도를 5단계로 정의하였다.

해당 조직은 현재 그들 조직의 성숙도 수준에 따라 소프트웨어 개발 프로세스들의 효과를 측정하고, 다음 윗 단계를 달성시키기 위해 노력하여 시스템 적으로 이를 개선시키는 것이다.

PSEEs는 소프트웨어 프로세스의 중요성과 이들의 동적 특성을 인식하고, 해당 프로젝트에 대해 정의된 프로세스의 활동을 지원하고, 그 다음 추적하여, 프로세스를 수행할 수 있도록 지원한다. 또한 어떤 조직에서 프로세스를 수행하는 동안 프로세스 정의를 수정할 수도 있게 지원한다.

동적인 개체에 대한 소프트웨어 프로세스 연구에서 있어, 연관되는 활동들을 모델링하고, 정의하고, 분석하고, 모의실험 등을 하는 것은 소프트웨어 개발조직에서 인정된 새로운 기능을 갖는 프로세스 모델을 확보하기 위한 엔지니어링 작업인데 이를 프로세스 엔지니어링(Process Engineering)이라고 한다.

종래의 품질보증 기능을 확장한 프로세스 엔지니어링은 소프트웨어 엔지니어링에서 소프트웨어를 다루는 것과 같이, 잘 정의된 생명주기를 확보할 수 있는 방법을 위해 체계적으로 소프트웨어 프로세스들을 엔지니어링 하는 것이다.

PSEEs는 소프트웨어 엔지니어링 관점에서부터 고려되어야 하지만, PSEEs에서 프로세스의 명확한 지원은 보다 광범위하고 많은 내용을 갖고 해당 조직을 위해 사용되도록 하는 데 있다.

이렇게 하기 위해서는 규정된 요구(예를 들면, ISO 9000)에 부응하고 팀 활동에 있어 협력 체계를 유지시키고, 생산성과 창조성을 개선할 수 있도록 훈련시키는 데 있다.

[그림 9–5]는 소프트웨어 개발조직의 확장된 관점을 보여주고 있는데, 프로세스 엔지니어링과 프로젝트 관리, 소프트웨어 엔지니어링 간의 자료흐름 관계를 나타내고 있다.

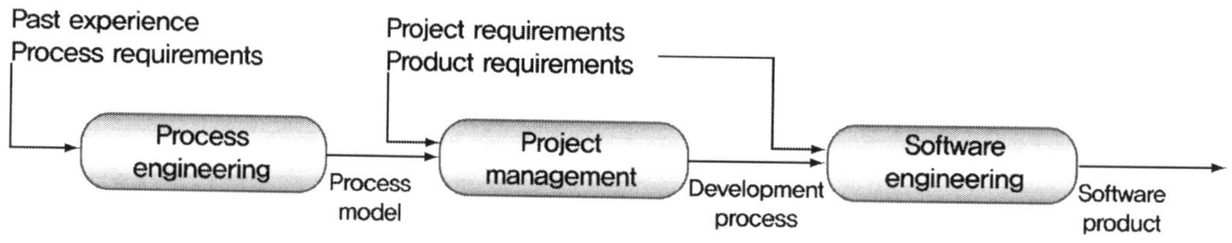

[그림 9–5] 프로세스 엔지니어링, 프로젝트 관리와 소프트웨어 엔지니어링 간 자료흐름 관계

프로세스 엔지니어링은 프로세스 모델들을 개발하는데 관심을 갖고 있으며, 과거에 경험한 프로세스 요구를 바탕으로 새로운 프로세스 모델을 만드는 것이다. 그리고 이 모델은 해당 프로젝트에 적합한 새로운 프로세스를 개발하기를 원하는 프로젝트 관리를 위해 사용되어 진다. 그리고 소프트웨어 엔지니어링은 소프트웨어 결과물을 양산하기 위해 개발된 특정한 프로세스에 따라서 수행하게 된다.

9.4.2 소프트웨어 프로세스 모델링과 표현

소프트웨어 개발 프로세스는 상호관련되는 활동들의 복합된 집합이라고 표현된다. 이들 활동들은 궁극적으로 소프트웨어 결과물을 양산하는 데 있지만, 방법에 따라서는 상호 연관되는 많은 중간 결과물들을 생산하기도 한다.

종전에는 이들 활동들을 표현할 때 시도된 것이 생명주기이다. 소프트웨어 생명주기를 통해 생명주기별로 포함되는 활동들과 양산될 결과물들 그리고 그들의 관계를 나타내는 데 있어서 외관상 무질서한 소프트웨어 개발 프로젝트들에 대해서는 조정을 하고, 이해 시키는 데 있어서는 도움을 필요로 하게 되었다.

소프트웨어 개발 프로젝트가 점점 대형화됨으로써 이들 프로젝트를 통제하기 어렵게 되었다. 종전의 생명주기는 결과물들(예를들면 요구서, 사양서 등)에만 집중되어 정의되어 있다. 그러나 이제는 개발된 것이 무엇(What)인가에만 관심을 갖는 것만으로는 불충분 하다. 개발된 결과 및 제품이 어떻게(How), 즉 '프로세스'에 관심을 갖게 되었다.

폭포형 생명주기는 바로 결과물을 위한 요구사항을 확인하는 것에서부터 결과물에 대한 최종 인도 및 유지보수까지를 소프트웨어 결과물에 포함시켜서 주요 활동들을 문서화하 기 위해 시도된 최초의 생명주기였다. 이 모델의 주요 특성은 각 활동의 출력이 다음 활 동의 입력으로 받아져서 활동되는 순차적 집합으로 구성된 단계별 개발전차로 되어 있 다는 것이다.

그 이후, 또 다른 많은 생명주기들이 제안되었고 연구되어 왔는데, 그 중에 특별히 관심 이 되는 것이 나선형(spiral) 모델이다. 나선형 모델은 전에 포함된 활동들의 집합을 고정 시키기보다는 단계들의 집합을 통해 반복적으로 나선형 형태로 소프트웨어 개발 프로세 스를 보고 있다는 것이다. 각 단계는 해당 지점에서 프로젝트에 위험을 미치는지를 평가 하면서 시작해서, 그들 위험요소들에 번지를 부여해 가며 활동들을 수행하고 정의해 가 는 특성을 갖는다. 예를 들면, 만일 위험요소가 요구사항들을 만족하지 않는다면 요구사 항을 명확히 하기 위해 이해되지 않는 부분은 시제품화 단계를 거쳐 출발하게 한다. 만 일 이 위험요소가 요구사항들을 수용하기에 부정확하다고 판단되면, 그 분야에 대해 모 의실험 모델을 개발하여 적용해 보고 그 단계를 시작하게 한다.

나선형의 각 사이클은 어떤 문제, 상황이 작업을 통해 이루어지는 최종 결과물에 나타나는지를 보다 근접해서 개발자에게 보여 주지만, 폭포형 모델과 같이 산뜻하게 규정된 순서를 갖지는 못한다.

나선형 모델은 프로젝트 위험들에 따라서는 다른 생명주기들에 예시하는 것이 있기 때문에 메타모델(meta model)로서는 고려의 대상이 된다. 이제는 생명주기 대신에 프로세스라는 단어로 사용되고, 또 소프트웨어 프로세스에 대해 관심도가 늘어나고 있다. 그리고 소프트웨어 프로세스와 소프트웨어 프로세스 모델들에 대한 문헌이 점차 늘고 있다.

모델은 프로젝트의 특수성에 따라 독립적이지만 해당 특수 프로젝트의 수요를 충족시키고, 어떤 특수한 프로세스를 만들기 위해서는 어떤 프로세스 모델이 예시되거나 또 그 프로세스 모델을 갖고 주문에 따라 맞출 수 있도록(customize) 해야 한다.

주문에 따라 맞추는 일은 모델에서 포괄적인 활동들을 위해 특수한 활동들을 조합하는 것과 포괄적인 자원들에 대해 특수한 자원들을 할당하는 것과 활동들의 순서를 할당하는 것이다.

해당 프로젝트에 사용될 소프트웨어 프로세스가 유도되면 프로젝트에 참여하는 구성원은 목표로 하는 소프트웨어 결과물을 양산하기 위해 그 프로세스를 수행하는데, [그림 9-6]은 이들 간의 관계와 활동들의 순서를 나타내고 있다.

총체적인 수준에서 결과물에 관점을 두는 소프트웨어 환경들을 제 1 세대 환경, 「프로세스」에 관점을 두는 환경을 제 2 세대 환경, 그리고 「프로세스 모델」에 관점을 두는 환경을 제 3 세대 환경이라고 말할 수 있다. 프로세스에 대한 주요 개념은 다음과 같다.

① **프로세스(Process)**

「어떤 목표를 달성하기 위해 시도되는 특별히 순서를 갖는 단계들의 집합」이다. 소프트웨어 엔지니어링에 있어 목표는 소프트웨어 결과물이나 기존의 소프트웨어를 향상시키기 위함에 있다. 프로세스 엔지니어링에 있어 목표는 프로세스 모델을 개발하거나 향상시키는 것을 의미한다.

② **프로세스 단계(Process Step)**

「외부적으로 눈에 보이지 않는 하부구조를 갖는 프로세스의 미세한 행위」를 나타낸다. 이 프로세스 단계는 기본 프로세스의 추상적 개념이다. 프로세스 단계의 예로서 어떤 모듈을 컴파일링하는 것이 그 사례이다.

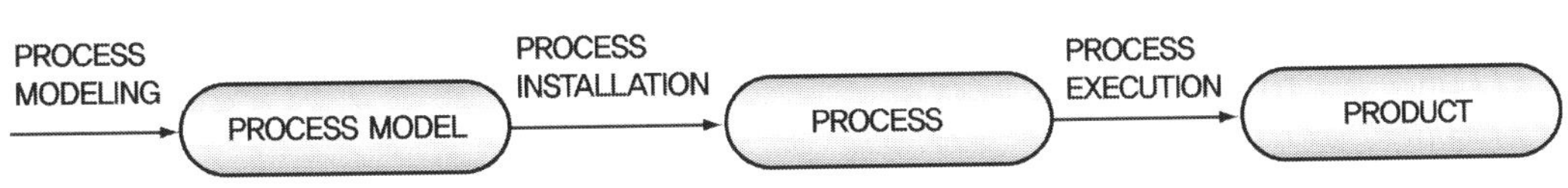

[그림 9-6] 프로세스 모델, 프로세스, 결과물 관계 운영도

③ **프로세스 요소(Process Element)**

'각각의 프로세스 단계나 여러 단계들에 담게 되는 캡슐'이다. 예를 들면, 설계인데, 이는 상위수준 설계와 하위수준 설계가 단계에 포함된다.

④ **프로세스의 표현**

해당 프로세스의 모델을 의미한다. 프로세스 모델링을 위해서는 대리인(Agent), 자원(Resource), 결과물(Product)에 대한 개념을 정의하여야 한다. 여기서 대리인은 프로세스 단계를 수행할 개체(Entity)를 나타내며, 자원은 프로세스 단계를 수행하기 위해 요구되는 개체를 의미하며, 결과물은 프로세스 단계에서 양산되는 결과물을 의미한다.

프로세스는 개발 단계에서의 프로세스만을 의미하는 것이 아니라, 계획 단계에서부터 개발, 운영, 유지보수 단계까지를 포함한 전 과정에 필요한 기술적 활동과 관리적 활동을 의미한다. 프로세스 모델링은 중요하다고 여겨지는 선택된 프로세스 요소를 표현하는 실제적인 혹은 제안된 프로세스의 추상적인 기술이나 인간이나 기계에 의해 제성된 추상적인 기술을 의미하는데, 이 모델을 사용하기 위한 목적은 인간의 이해를 돕고 의사소통 수단을 제공하기 위함과 자원 및 관리를 위한 지침을 마련하여 프로젝트 수행에 있어 효율성을 높이기 위함에 있다.

프로세스를 표현적 관점에서 분류하면, 어떤 프로세스 요소가 수행되고 어떤 정보개체의 흐름이 프로세스 요소와 관계가 있는가를 표현하는 기능적인 관점(functional perspective)과 언제 프로세스 요소가 수행되고 어떻게 귀환, 반복, 복잡한 결정조건, 입력, 출력 기준 등을 통해서 수행되는가를 표현하는 행위적인 관점(behavioral perspective)과 조직 내 어디에서 누구에 의해 프로세스 요소들이 수행되고, 물리적인 의사소통 수단이 개체(entity)의 전달을 위해 사용되고, 물리적인 매체와 위치가 개체 저장을 위해 사용되는가를 표현하는 조직적인 관점(organization perspective)이 있고 정보개체들(data, artifacts, products)이 프로세스들에 의해 생산되거나 다루어지는 것을 표현(정보개체의 구조나 관계 표현)하는 정보적인 관점(information perspective)으로 대 분류된다.

여기서 artifacts란 프로세스의 구성요소가 지침에 의해 생성되거나 수정된 산출물을 의미한다.

프로세스 모델링에 있어 이론적으로는 프로세스 모델이 구비하여야 할 조건으로 형식성, 일반성과 정확성, 각본성과 적합성을 강조하고 있다.

① 형식성 측면

프로세스 모델링을 위해 모델링 언어가 필요하고, 형식성 정도는 프로세스 모델링이 사용되는 목적에 따라서 또 프로세스를 수행하는 책임에 따라 다를 수 있다. 그리고 표현력과 이해를 높이기 위하여 형식 언어를 사용하여야 하는데, 이 또한 형식 언어의 이해가 필요하다. 프로세스 모델링 언어는 제안된 프로세스가 인간의 이해와 의사소통을 중요시하고 있는지 여부의 적합성을 두고 평가하게 되는데 이 평가 분석 인자로는 종합성, 정확성, 일치성, 완전성, 위험분석 및 개선 기회 제공을 그 인자로 사용한다.

② 일반성과 정확성 측면

프로세스의 정확도를 결정하고 확신시키는 것이 필요한데, 이는 대리인(agent)의 속성에 의존하는 문제가 있다. 또한 자동화된 프로세스의 표현은 실제 프로젝트를 수행하는 과정에 인간에 의해 표현되는 프로세스와 많은 차이를 갖는 단점이 있다. 그래서 프로세스 모델은 필요에 따라 다양한 추상화 단계를 지원할 수 있어야 한다.

③ 각본성과 적합성 측면

프로세스가 특별한 방식으로 수행하는 것으로 프로세스의 적합성을 분석하는 규정 모델(prescriptive model)이 그 예이다.

그리고 현재 실제적으로 프로젝트를 수행하기 위해 필요한 프로세스를 묘사하는 묘사 모델(descriptive model)과 프로세스를 묘사하는 데 제약사항을 두고 통제를 하거나, 다음 단계의 프로세스로 넘어가는 데 통제를 가하는 모델로 배척 모델(prescriptive model)이 있는데 AP5, GRAPPLE, MARVEL이 이에 속한다. 이러한 모델링 언어를 이용하여 프로세스를 모델링하는 형태에는 프로그래밍 언어로 프로세스 표현이 가능하다고 보는 견해인 프로그래밍 모델(programming model)과 HFSP(hierarchical and functional software model)와 같이 계층적으로 프로세스를 분해할 수 있고 프로세스의 입출력 속성으로 프로세스 요소를 표현하는 기능적이고 행위적인 관점을 중요시하는 기능 모델(function model)이 있다. 그리고 우연적 사건에 대해 제약 및 사전 조건을 주어 관리하는 GRAPPLE과 같은 계획기저 모델(plan based model)이 있다.

그 외 구조적 과업 수행을 위해 설계되어 있으며 역할과 의존 관계, 프로세스 요소들을 잘 표현하고 있으나 Artifacts에 대한 표현이 약한 페트리-네트 모델(Petri-net model)이 있으며, 프로젝트에 필요한 자원과 일정을 평가하기 위해 양적인 관계와 변수를 사용하여 측정하는 정량적인 모델(quantitative model)이 있나. 이들 프로세스 모델들의 징·단점을 비교하면 〈표 9-5〉와 같다.

이들 프로세스 모델들을 실제 프로젝트에 적용하기에는, 첫째, 프로세스에 대한 가시적인 표현능력이 부족하고, 둘째, 프로세스와 활동, 태스크, 자료의 흐름, 프로세스 간 연관관계 등이 모호하고, 셋째, 서로 다른 표기법 사용으로 이해하기 어렵고, 넷째, 프로세스 모델을 이용하기 위해서는 별도로 해당 프로세스에 대한 교육과 적응시간을 필요로 하며 조직 내에서 프로세스를 재단(tailoring) 하여 사용 시에는 많은 시간을 요하는 단점을 내포하고 있다.

〈표 9-5〉 프로세스 모델의 장·단점 비교

프로세스 모델	장 점	단 점
프로그래밍 모델 (APPL/A, AP5, MVP)	• 서술에 의한 표현보다 명확한 표현이 가능 • 컴파일에 의한 일관성 점검가능	• 전체적인 프로세스에 대한 가시적인 표현 능력 부족 • 관리자 및 담당자의 프로그래밍 언어의 이해 부족
기능 모델 (HFSP)	• 로세스의 계층적 구조 표현(이해의 명확성) • 프로세스의 동시성, 반복, 동적 활동의 표현	• 복잡한 프로세스인 경우, 계층적으로 표현 불가능 • 행위, 조직, 정보적인 관점에서의 표현이 어렵다.
계획-기반 모델 (APPLE)	• 행위적인 관점에서의 표현이 유리하다.	• 상세한 프로세스의 지식 없이 전제조건, 제약사항의 표현이 어렵다.
페트리-네트 모델 (SLANG)	• 그래픽 표기에 의한 프로세스 이해가 쉽다. • 기능, 행위 표현이 잘 되고 있다.	• 정보, 조직적인 관점에서의 표현이 부족
정량적인 모델 (System Dynamics)	• 정량적인 표현이 가능	• 공식을 유도하거나 공식에 관한 타당성 증명이 어렵다.
다중-패러다임 모델 (STATEMATE, MARVEL)	• 기능, 행위, 조직, 정보 관점의 표현이 가능	• 서로 다른 다이어그램의 사용으로 인한, 일치성, 이해의 어려움(STATE-MATE) • 규칙 구축작업에 상당한 비용이 든다.(MARVEL)

 9.5 생명주기 모델 개념적 특성

일반적으로 생명주기 모델들의 개념적 특성을 분류하면 다음과 같다.

9.5.1 단계 접근 개념(phased approach)

폭포 모델(waterfall model)에서와 같이 단계 완료 후에 다음 단계를 시작하는 개념으로서 생명주기를 시스템 요구분석, 시스템 설계, 소프트웨어 요구분석, 소프트웨어 구조설계, 소프트웨어 상세 설계, 소프트웨어 코딩, 소프트웨어 통합, 소프트웨어 시험, 설치 및

인수, 운용 및 유지보수 등의 단계로 나눌 수 있으나, 프로젝트 특성에 따라 단계의 축소, 통합 또는 세분화를 시도할 수 있다.

9.5.2 시제품화 개념(prototyping approach)

Dearnley와 Mayhew의 시제품화 모델과 같은 시제품화 모델은 시제품을 개발하여 사용자의 참여 하에 반복적으로 시제품에 적용하여 요구명세를 확정하고 기술적 타당성을 확인하여 소프트웨어 개발을 진행시키는 접근 방법을 말한다.

9.5.3 증분접근 개념(incremental approach)

미 국방성의 MIL-STD-498에서 적용한 사례가 있으며, 이 개념은 [그림 9-7]과 같이 시스템을 여러 개의 항목별로 분할하여 하나씩 개발하여 운용한다.

증분개발 모델은 폭포모델의 변형이며 소프트웨어의 구조적 관점에서 하향식 계층구조의 수준별 증분(Incremental)을 개발하여 이들을 통합함으로서 소프트웨어 제품을 구축하는 모델이다. 증분은 작은 규모의 개발 가능한 중간과정에 해당하는 소프트웨어 부분이며 여러 개의 증분단위를 통합하게 되면 최종 소프트웨어 제품으로 구축될 수 있는 단위이다.

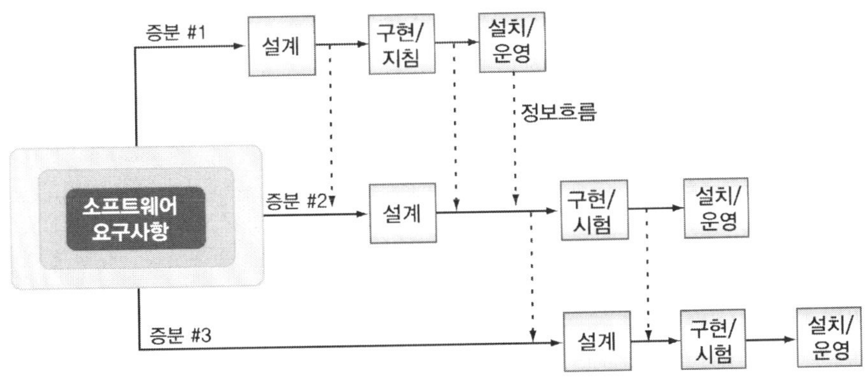

[그림 9-7] 증분개발 모델

이 모델은 소프트웨어 제품의 전체 구조에서 증분#1은 그 기능을 수행하는 데 필요한 기능만을 포함하는 부분일 수 있고 증분#3은 증분#1과 증분#2가 기능을 수행함에 있어서 선택적으로 필요하거나 갖게 되면 더 좋은 기능만으로 구성하여 이를 개발하고 통합할 수 있다. 이 때 각각의 증분은 하향식 계층구조에서 반드시 한 계층구조만을 포함하는 것이 아니고 여러 계층의 기능을 포함할 수 있는데, 학자의 견해에 따라 증분개발 과정을 시제품의 하위 모델로 보는 경우도 있고 별개의 모델로 간주하는 경우도 있다. 증분 개발 모델의 개발 단계는 근본적으로 폭포 모델 또는 시제품화 모델과 같으며 단지 증분별로 개발 단계를 취함이 다를 뿐이다.

9.5.4 진화접근 개념(evolutionary approach)

이 개념 역시 미 국방성의 MIL-STD-498 에서 적용한 사례가 있으며, [그림 9-8]과 같이 시스템의 핵심 기능들을 먼저 개발하여 운용하면서 그 기능들을 개선 발전시켜 나가는 방법이다. 1차 개발 시에 시스템의 각 구성항목들의 핵심 부분들을 포함하는 최소의 전체 시스템을 개발하고, 2차 시스템부터는 이 시스템을 개선시켜 나가는 개념이다.

각 구성항목들의 기능항목들이 모두 구현된 이후에도 새로운 기능의 추가 또는 요구사항 변경 등에 의한 개선 노력이 계속되는 개념이다.

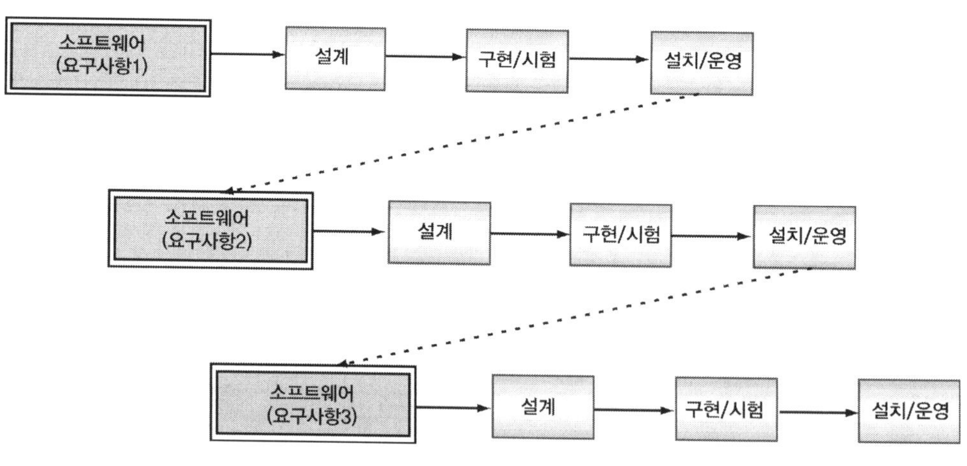

[그림 9-8] 진화적 개발 모델

9.5.5 위험관리 개념(risk management approach)

나선형 모델(spiral model)에서와 같이 개념 형성, 요구분석, 개략 설계 및 상세 설계 등의 각 단계 내에서 예견되는 위험요소를 식별하고 그 위험요소들로 인한 문제를 해결하는 방안들을 준비하여 이를 분석하여 최적안을 선정하는 절차를 밟는다.

위험요소에 대한 대안의 식별, 분석, 평가를 위하여 시제품 개발, 모의시험 또는 수학적 모델을 이용할 수 있다.

9.5.6 변환접근 개념(conversion approach)

시스템의 전부 또는 일부를 기존 시스템 또는 상용제품(COTS : Commercial Off The Shelf)을 활용하되 필요한 부분들을 수정하여 개발 목표에 맞게 변환하는 방법을 말한다.

소프트웨어의 재사용의 개념과 요구되는 사용자 인터페이스 또는 기능 면에서 요구되는 변경을 수용하여 개발하는 접근방법이다. 이 방법에서는 변환의 범위가 시스템의 수준, 구성 항목의 수준, 기능 수준 등으로 다양하다.

이 개념은 요구명세서를 소프트웨어 제품으로 변환하는 자동화된 도구를 사용하여 소프트웨어 제품을 개발 목표에 접근시키는 방식이다.

이 개념은 첫째 단계에서는 소프트웨어 요구사항을 정형적인 명세서로 작성하는 것이다. 이때 명세서는 정확히 기술되어야 하고, 사용자가 이해할 수 있는 수준이여야 하며 사용자가 명세서에 요구사항이 정확히 반영되었는지 확인할 수 있어야 한다. 사용자의 요구사항을 반영하여 명세서를 수정하고, 사용자의 기대에 부응하는 소프트웨어 제품을 만드는 데 목표를 둔다.

정형적인 명세서가 완성되면 자동화된 도구를 이용하여 인도할 제품으로 변환한다. 자동 변환 도구에 의해 알고리즘이 선택되고, 최적화와 컴파일이 수행된다.

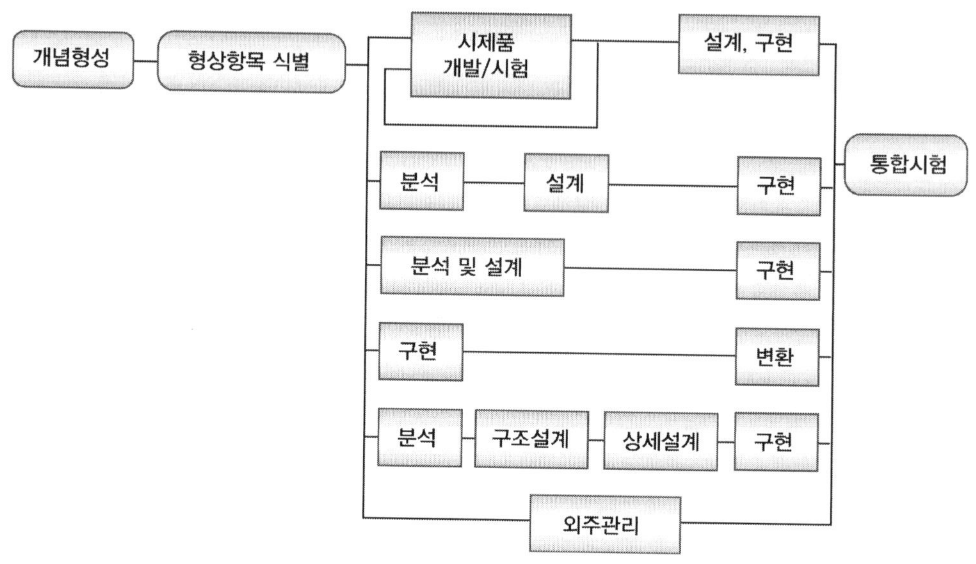

[그림 9-9] 생명주기 모델(복합형)

자동 변환 과정에서 개발자가 변환에 필요한 선택을 하고, 이러한 사항이 정형화된 문서 형식으로 기록된다. 아직까지는 자동 변환 도구가 제한된 영역에만 유용한 상황이므로 대규모 시스템에 변환 패러다임을 적용하기는 어렵다. 그러나 설계에 드는 노력이 필요 없으며, 유지보수를 개발된 프로그램으로 하는 것이 아니라 명세서로 가능하므로 유지 보수가 쉽다는 장점이 있다.

이상의 모델들은 상호 배타적인 것이 아니고 상호 보완적인 개념들이다. 그러므로 생명 주기 모델을 설계함에 있어 형상 항목별 획득 갈래에 대하여 필요한 개념들을 조합하여 설계할 수 있어야 한다. [그림 9-9]는 복합형 생명주기 모델 구조를 나타낸다.

소프트웨어 개발 생명주기는 이정표(milestone) 설정에 있어 어느 한 단계를 완료하기 위해 도달해야 할 목표시점, 또는 한 단계의 완료 여부를 결정하기 위한 검토(review)시 점을 설정하기 위해 시스템 개발 프로젝트 전체에 대한 이정표와 구성항목별 이정표를 별도로 선정하여, 프로젝트 전체의 이정표가 구성항목별 이정표와 서로 조화를 이룰 수 있도록 하여야 한다.

프로젝트 진행 여부를 결정지을 만한 주요 시점, 또는 공식 검토 회의를 거쳐 후속 활동 의 기준선(baseline)을 설정하는 시점 등, 프로젝트의 주요 정책을 평가하고 재설정하는

시점을 이정표로 삼는다.

산출물은 프로젝트의 가시성을 제고하는 데 절대적이며, 이는 필요한 프로젝트를 수행하는 과정에 만들어지는 중간 생산물 혹은 최종 결과물로서, 프로젝트에 참여하고 있는 팀원들 간의 의사소통 도구로써의 역할은 물론 팀원의 성취감에도 절대적인 영향을 미치게 된다. 또한 기준선을 설정하기 위한 대상이 되기도 한다.

9.6 기존 프로세스 모델의 조사 및 분석

9.6.1 ISO/IEC DIS 12207-1 표준의 특성

ISO 소프트웨어 생명주기 프로세스는 소프트웨어 생명주기 프로세스를 6가지 기본 프로세스와 8가지 프로세스의 집합체로 구성된 지원 프로세스로 구성되어 있으며 〈그림 9-10〉은 이들 프로세스에 참여하는 관련자 간 역할 및 관계를 나타내고 있다.

이들 각 프로세스의 활동(Activity)들은 다시 태스크(Task)로 분할되며 프로세스와 그 활동은 다음과 같이 정의하고 있다.

① **관리 프로세스**

　생명주기 동안의 관리 활동을 정의한다.

② **획득 프로세스**

　계약에 의하여 시스템, 제품 또는 서비스를 획득하고자 하는 획득자, 조직의 활동을 정의한다.

③ **공급 프로세스**

　획득자에게 계약된 시스템, 제품 혹은 서비스를 공급하는 공급자, 조직의 활동을 정의한다.

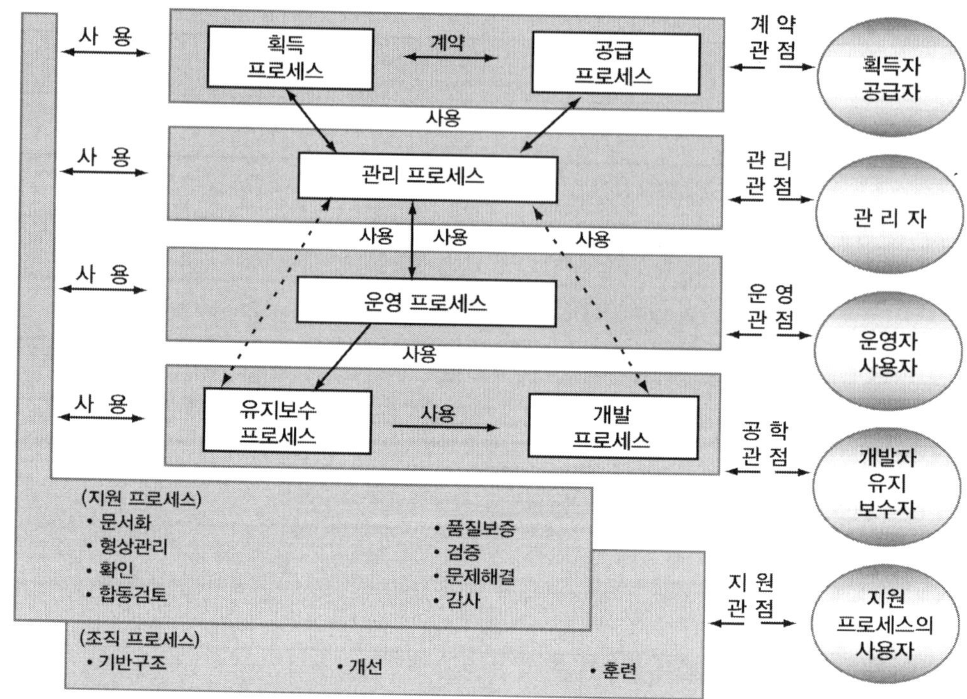

[그림 9-10] 소프트웨어 생명주기 프로세스 (역할 및 관계)

④ **개발 프로세스**

소프트웨어에 대한 정의를 내리고 이를 개발하는 개발자, 조직의 활동을 정의한다.

⑤ **운영 프로세스**

사용자를 위해 실제 환경에서 컴퓨터 시스템을 운영하는 운영자, 조직의 활동을 정의
한다.

⑥ **유지보수 프로세스**

소프트웨어를 현재의 운영에 적합하게 수정하도록 이를 관리하는 유지보수자, 조직
의 활동을 정의한다. 이 프로세스에는 시스템의 전이 및 폐기가 포함된다.

⑦ **지원 프로세스**

이는 8가지 프로세스의 집합체이며, 지원 프로세스는 명확한 목적을 가진 통합체로
서 생명주기의 기타 프로세스를 지원하며 과제의 성공과 품질에 기여한다.

지원 프로세스는 다음 프로세스들로 구성되어 있다.

- 문서작성 프로세스 : 소프트웨어 생명주기 프로세스에 의하여 산출된 정보기록에 대한 활동을 정의한다.

- 형상관리 프로세스 : 형상관리 활동을 정의한다.

- 계약상 필요한 검토 및 감사 프로세스 : 획득자와 공급자 간에 계약상 필요하다고 설정한 상호작용을 정의한다.

- 검증 및 확인 프로세스 : 과제의 성격에 따라 제품 혹은 서비스를 검증하고 확인하는 데에 대한 활동(획득자, 공급자 혹은 독립적인 당사자가 시행할 활동)을 정의한다.

- 소프트웨어 품질보증 프로세스 : 제품 혹은 서비스가 계약상의 요구사항과 설정된 계획을 만족하도록 보증하기 위한 활동(제품 혹은 서비스의 개발자와는 별도로)을 정의한다.

- 수정 프로세스 : 제품 혹은 서비스에서 발견되는 문제점 혹은 부적합한 점을 해결하는 활동을 정의한다.

- 훈련 프로세스 : 잘 훈련된 요원을 제공하기 위해서 필요한 활동을 정의한다.

- 환경 프로세스 : 추후 정의를 보완한다고 정의되어 있다.

1 관리 프로세스

관리 프로세스는 프로세스를 관리하는 모든 당사자에게 적용되는 포괄적인 프로세스이며, 관리 프로세스의 활동 및 태스크에 대한 내용을 포함한다.

관리자는 획득 프로세스, 공급 프로세스, 개발 프로세스 그리고 그들과 관계되는 지원 프로세스와 같이 적용한 프로세스와 태스크 관리에 대한 책임이 있다.

관리 프로세스는 착수 및 범위의 정의, 계획수립, 수행 및 통제, 검토 및 평가, 완료와 같은 활동들로 구성된다.

2 획득 프로세스

획득 프로세스는 소프트웨어 제품 혹은 서비스를 획득하려는 필요에 대한 정의로부터 시작된다. 이 프로세스는 제안요구서의 준비 및 작성, 공급자의 선택 및 시스템의 인수까지 획득 프로세스의 관리는 이어진다.

획득을 필요로 하는 개별적인 조직을 소유자로 정의하고 있다. 소유자는 획득 활동의 일부 또는 전부를 획득 프로세스에 따라 이를 수행할 대리인을 지정 계약할 수 있도록 되어 있다.

이 프로세스에는 착수 및 범위의 정의, 제안요청서 준비, 계약 준비, 합의 및 갱신, 공급자에 대한 감시, 인수와 완료 같은 활동들을 포함한다.

3 공급 프로세스

이 프로세스는 획득자의 RFP(제안요청서)에 응답하는 제안서를 준비할 것을 결정하거나 또는 소프트웨어를 포함하는 시스템(또는 시스템의 구성단위, 제품 혹은 서비스)을 제공하는 계약 또는 합의를 획득자와 체결함으로써 시작된다.

공급 프로세스는 획득자 간 계약 추진과 이행에 필요한 절차로 계약 가능성을 식별하는 과정에서부터 계약 내용을 납품, 인도하는 과정까지를 포함한다. 또한 착수, 응답준비, 계약합의, 계획수립, 수행 및 통제, 검토 및 평가, 인도 및 완료와 같은 활동들을 포함한다.

4 개발 프로세스

개발 프로세스는 요구사항 분석, 설계, 코딩, 통합, 시험 및 소프트웨어의 설치와 인수를 위한 활동을 포함한다. 계약하에서 개발자의 책임은 소프트웨어의 요구사항 분석부터 시작하고 자격시험으로 끝나게 된다.

이 프로세스는 프로세스 구현, 시스템 요구사항 분석, 시스템 설계, 소프트웨어 요구사항 분석, 소프트웨어 구조설계, 소프트웨어 상세 설계, 소프트웨어 코딩, 소프트웨어 통합,

소프트웨어 자격시험, 시스템 통합, 시스템 자격시험, 인수를 위한 설치 및 지원과 같은 활동들을 포함한다.

5 운영 프로세스

운영 프로세스는 시스템 운영 및 사용자에 대한 운영상의 지원사항을 다룬다. 이 프로세스는 프로세스 수행, 시스템 운영, 사용자 지원과 같은 활동들로 구성된다.

6 유지보수 프로세스

유지보수 프로세스는 시스템이 오류, 결함, 문제 또는 개선, 환경 적응의 필요성에 의하여 수정하고 수정에 따른 문서를 작성할 때부터 시작된다.

목적은 기존 시스템의 완전성을 보존하면서 수정하는 것이며, 시스템의 폐기와 함께 본 프로세서는 종료된다.

이 프로세스는 프로세스 구현, 문제-수정분석, 수정구현, 유지보수 검토-인수, 시스템 이전, 시스템 폐기와 같은 활동들로 구성된다.

7 지원 프로세스

지원 프로세스는 문서작성, 구성관리, 검토 및 감리, 검증 및 확인, 품질보증, 수정, 훈련, 환경 프로세스로 구성되어 있다.

① 문서작성 프로세스

문서작성 프로세스는 생명주기 프로세스 또는 활동에 의해 생성되는 정보를 기록 유지하는 프로세스이다.

이 프로세스는 관리자, 엔지니어 및 시스템 사용자 등과 같은 모든 관련자들이 필요로 하는 문서를 계획, 설계, 개발, 편집, 배포 및 유지하는 일련의 활동을 포함한다.

이 프로세스는 프로세스 구현, 설계 및 개발, 작성 및 배포, 유지와 같은 활동들을 포함한다.

② 형상관리 프로세스

형상관리는 시스템 생명주기 동안에 시스템에 구성항목을 식별하고, 정의하며 기준선을 설정하고, 항목의 수정과 릴리즈를 관리하며, 항목의 상태와 수정요구서를 기록하고 보고하며, 항목의 안정성과 정확성을 보장하며, 항목의 보관, 취급, 인도를 통제하는 행정적이고 기술적인 절차를 적용하는 프로세스이다.

이 프로세스는 프로세스 구현, 형상식별, 형상제어, 형상상태 기록관리, 형상감사, 보관, 취급 및 인도와 같은 활동들로 구성된다.

③ 검토 및 감사 프로세스

계약상 요구된 검토 및 감사 프로세스는 공식적으로 계약상 설립된 구매자와 공급자 간의 상호작용에 관한 틀(Framework)을 제공한다.

- 계약상 요구된 검토 프로세스 : 계약상 요구된 검토에서 공급자는 생명주기 활동과 과제 단계에서 만들어진 산출물과 그 상태를 획득자에게 제시하여 소견과 승인을 받도록 한다. 계약상 요구된 검토는 관리 및 기술적 수준에 관한 것이며 계약기간 동안 개최된다. 이 프로세스는 프로세스 구현, 관리 검토, 기술적인 검토와 같은 활동들로 구성된다.

- 계약상 요구된 감사 프로세스 : 계약상 요구된 감사에서 획득자는 요구사항 명세, 표준, 절차 및 계획 준수에 중점을 두어 공급자의 제품 및 활동을 평가한다. 이 프로세스는 프로세스 구현, 기능적 형상 감사(FCA), 물리적 형상 감사(PCA), 프로세스 감사와 같은 활동들로 구성된다.

④ 검증 및 확인 프로세스

검증의 목적은 시스템에 대한 요구가 정확하고 완전한지 그리고 각 개발 단계의 제품이 이전 단계에서 부여된 요구사항 또는 조건을 충족하고 있는지를 결정하는 것이다.

확인의 목적은 최종적으로 만들어진 시스템이 정의된 요구사항과 부합하는지를 결정하는 것이다.

비용 및 성능 효과를 위해 검증 및 확인(V & V)은 개발(또는 운영 또는 유지보수) 프

로세스와 통합되어야 하며 조기에 사용되어야 한다. 또한 검증 및 확인은 공급자 및 개발자의 평가에 대한 책임을 완화시키지는 못하지만 도움은 될 수 있다.

이 프로세스는 공급자 또는 개발자의 조직과 무관한 독립조직에 의해 수행될 수 있으며 이러한 경우에 본 프로세스는 독립 검증 및 확인(IV & V)프로세스로 호칭된다.

이 프로세스는 프로세스 구현, 요구사항 검증, 설계 검증, 코드 검증, 통합 검증, 문서 검토 확인과 같은 활동들로 구성된다.

⑤ 소프트웨어 품질보증 프로세스

소프트웨어 품질보증(SQA)은 프로젝트의 생명주기에서 프로세스, 제품, 서비스가 설정된 요구사항과 계획에 적합한가를 보장하기 위해서 이루어지는 정책, 표준, 절차, 활동들로 구성된다. 또한 SQA는 품질이 달성될 수 있는 환경을 증진시킨다. SQA는 제품개발 또는 서비스 제공에 대한 직접적인 책임자로부터 자율과 권한을 가져야 한다.

소프트웨어 품질보증을 수행하는 데 필요한 지침은 ISO 9000-3에 제시되고 있다.

이 프로세스는 프로세스 구현, 제품 보증, 프로세스 보증, 품질 개선과 같은 활동들로 구성된다.

⑥ 수정 프로세스

수정은 소프트웨어 개발, 운영 또는 유지보수를 하는 동안 발견된 문제의 특성이나 출처가 무엇이든 간에 문제점을 분석하고 제거하는 프로세스이다.

목적은 모든 발견된 문제점을 분석하고 제거하며 경향을 식별할 수 있는 적시적이고 책임 있는 문서화된 수단을 제공하는 것이다.

이 프로세스는 프로세스 구현, 수정과 같은 활동들로 구성된다.

⑦ 훈련 프로세스

소프트웨어의 획득, 개발, 운영 또는 유지보수는 지식이 있고 숙련된 요원에 크게 의존한다. 예를 들면 획득자는 소프트웨어의 획득, 설치, 운영 및 유지보수에 관한 자격 있는 요원이어야 한다.

개발자는 소프트웨어 관리 및 소프트웨어공학에 관한 기본훈련을 받은 요원이어야 한다. 따라서 소프트웨어를 획득, 개발, 운영 또는 유지보수 할 때는 훈련된 요원이 가용하도록 인원의 훈련이 절대적으로 초기에 계획되고 구현되어야 한다.

이 프로세스는 프로세스 구현, 훈련자재 개발, 훈련계획 구현과 같은 활동들로 구성
된다.

⑧ **환경 프로세스**

환경 프로세스는 모든 호출 프로세스가 필요한 환경을 설정하기 위한 프로세스이며,
이 프로세스는 프로세스 구현, 환경의 설정, 환경의 유지보수와 같은 활동들로 구성
된다.

9.6.2 MIL-STD-498 표준의 특성

미국 방성의 표준인 MIL-STD-498 표준은 무기체계들과 자동화 정보체계들의 개발을 위
해 적당한 활동들(activities)과 문서화를 위한 DOD-STD-2167A와 DOD-STD-7935A 표
준을 통합해서 만든 새로운 표준이다.

이 모델의 특성은 종래의 DOD-STD-2167A 표준에서는 하드웨어 개발과 소프트웨어 개
발을 위한 시스템 개발 생명주기 모델이었다면, MIL-STD-498 표준의 구조체계는 첫째,
방대한(grand) 설계 프로그램 개발에 적용 가능한 전략과, 둘째, 증분(Incremental) 프로
그램 개발에 적용 가능한 전략과, 셋째, 진화적(Evolutional) 프로그램 개발에 적용 가능
한 전략과, 넷째, 재공학(Reengineering) 프로젝트에 적용하기 위한 전략 등으로 다양하
게 구분하여 모델링을 할 수 있도록 되어 있다. 이들 각 구조들(Builds)에 적용되는 활동
들은 〈표 9-6〉과 같다.

이 표준의 특성 중 다른 모델과의 차이점은 재공학(Reengineering) 프로젝트에도 관심
을 둔 것과 소프트웨어 개발 생명주기에 국한하고 있는 것이다. 단점은 개발 이전 단계
의 프로세스에 대해 구체적인 내용을 담고 있지 않은 점이다.

이 표준은 진화적 프로그램 전략에 적용 가능한 모델을 두 가지로 또다시 세분하여 ①
사용자 측에서 그들의 요구사항들의 서브세트(Subset)을 구비하여 소프트웨어를 설치하
고 소프트웨어 요구사항에 적합한 시스템을 설치하는 경우와 ② 소프트웨어 공급처에
서 소프트웨어를 공급받고 사용자 측에서 소프트웨어를 완성하여 설치하는 경우로 구분
하여 사례를 제시하고 있다. 그리고 진화적 프로그램 전략에 적용 가능한 모델도 ① 선

택된 사용자 측에서 그들의 요구사항 등의 서브세트를 구비하여 시제품을 설치하고 기본적인 시스템이나 소프트웨어 요구사항들을 설치하는 경우와 ② 요구사항들을 주장하고 완성하기 위해 소프트웨어 공급처에서 소프트웨어를 공급받아 사용자 측에서 완성된 소프트웨어를 설치하는 경우로 세분하여 사례를 제시하고 있다.

〈표 9-6〉 MIL-STD-498의 각 구조별 활동 비교

Activity	Builds			
	Build 1	Build 2	Build 3	Build 4
Project planning and oversight	X	X	X	X
Establishing a software development environment	X	X	X	X
System requirement analysis	X	X		
System design	X	X	X	
Software requirement analysis	X	X	X	X
Software design	X	X	X	X
Software implementation and unit testing	X	X	X	X
Unit/integration and testing	X	X	X	X
CSCI qualification and testing		X	X	X
CSCI/HWCI integration and testing		X	X	X
System qualification testing			X	X
Preparing for software use	X	X	X	X
Preparing for software transition				X
integral processes				
Software configuration management	X	X	X	X
Software product evaluation	X	X	X	X
Software quality assurance	X	X	X	X
Corrective action	X	X	X	X
Joint technical and management reviews	X	X	X	X
Other activities	X	X	X	X

9.6.3 IEEE STD 1074-1991 표준의 특성

소프트웨어 생명주기 프로세스의 개발에 관한 IEEE 표준의 장점은, 해당 프로세스가 다른 출처(source)로부터 입력 정보를 입수하여 활동(activity)을 하고 사용처(destination)에 정보를 제공하는 절차를 구체화한 것이다. 이에 대한 정보흐름은 [그림 9-11]에서 나타내고 있다. 그러나 IEEE 표준의 단점은 획득자(acquirer)와 공급자(supplier)가 쌍방 계약에 의해 프로젝트를 수행하거나 외부에 위탁 처리하기 위한 제반 프로세스(획득, 공급)가 누락되어 있다는 것이다.

그리고 IEEE 표준 모델은 개발 이전 프로세스(Pre-Development Process)와 개발 프로세스(Development Process), 그리고 개발 이후 프로세스(Post-Development Process)로 구분하고 〈표 9-7〉과 같이 소프트웨어 생명주기 프로세스, 프로젝트 관리 프로세스, 개발 이전 프로세스, 요구사항 프로세스, 설계 프로세스, 구현 프로세스, 개발 이후 프로세스, 전체 프로세스로 구분하여 각 프로세스별 활동(activity)과 입력 및 출력 정보를 명시하고 있으나 매우 복잡한 구조로 되어 있으며, 실제 프로젝트에 적용하기 위해서는 별도로 프로세스, 프로세스 간 정보 입·출력 관계 및 활동에 대한 재단(tailoring)을 필요로 한다.

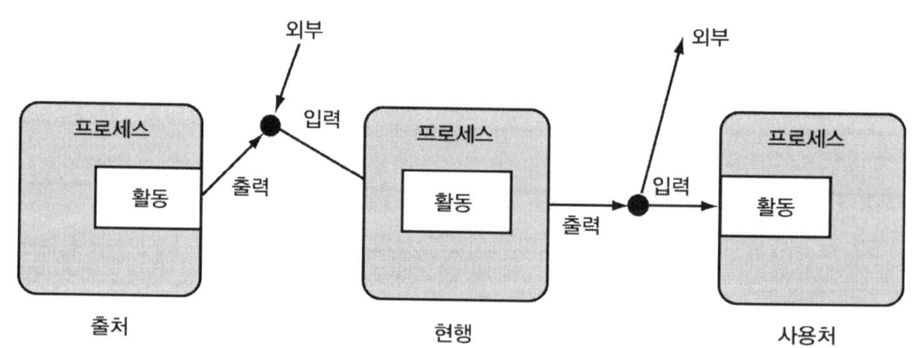

[그림 9-11] IEEE 표준의 프로세스 간 정보 흐름도

<표 9-7> IEEE 표준 개발 프로세스

모델명	개발 이전 프로세스	개발 및 개발 이후 프로세스
IEEE 모델	① 소프트웨어 생명주기 모델 프로세스 • 소프트웨어 생명주기 모델 후보군 확인 • 프로젝트 모델 선택 ② 프로젝트 관리 프로세스 　㉠ 프로젝트 초기 프로세스 • 소프트웨어 생명주기 모델의 단계별 활동 상황도 작성 • 프로젝트 자원 배치 • 프로젝트 환경 조성 • 프로젝트 관리계획 　㉡ 프로젝트 추적 및 통제 프로세스 • 위험-분석 • 돌발사고 대체 계획수립 • 프로젝트 관리 • 기록 유지 • 문제 개선 기록 방법 　㉢ 소프트웨어 품질관리 프로세스 • 품질 관리계획 • 품질 측정표 준비 • 소프트웨어 품질관리 • 품질 개선 요구 확정 ③ 개발 이전 프로세스 • 아이디어와 소요 확인 • 접근 방법 공식화 • 타당성 검토 실시 • 시스템 변이(Transition) 계획 (필요시) • 아이디어와 소요 확정	① 요구사항 프로세스 • 소프트웨어 요구사항들 확정 • 요구사항들 간 연결 정의 • 소프트웨어 요구사항들을 통합하고, 우선순위 배정 ② 설계 프로세스 • 구조적 설계 작업 • DB 설계 (필요시) • 인터페이스 설계 • 알고리즘 개발 및 선택(필요시) • 상세설계 작업 ③ 구현 프로세스 • 시험 자료 제작 • 프로그램 작성 • 오브젝트 코드 작성 • 운영 지침서 작성 • 통합 계획수립 • 통합화 실행 ④ 개발 이후 프로세스 • 설치 프로세스 • 운영 및 지원 프로세스 • 유지보수 프로세스 • 폐기 프로세스 ⑤ 전체 프로세스 • 확인, 검증 프로세스 • 형상관리 프로세스 • 문서화 개발 프로세스 • 훈련 프로세스

9.6.4 SPICE(Software Process Improvement Capability dEtermination) 모델의 특성

1992년 6월 영국의 런던에서 ISO/IEC/SC7(소프트웨어공학 표준화 담당 위원회)은 소프트웨어 프로세스 평가에 관한 국제 표준을 만들기 위한 새로운 작업반(WG10)을 만들기로 추천하는 결의안을 채택하였다. 1993년 1월에는 업무를 WG10에 할당하는 결의안을 채택하였고, 세계를 주도하는 전문가의 의견을 수렴하고 신속한 개발을 보장하기 위하여 SPICE라고 부르는 프로젝트를 만들었다.

SPICE 프로젝트의 목적은 소프트웨어 프로세스 평가에 사용할 국제 표준을 만드는 것이었다. 이 표준은 개발, 관리, 고객 지원, 품질, 소프트웨어 개발 및 유지보수 등의 소프트웨어 개발 프로세스와 사람, 기술까지 다루고 있다.

1995년 현재 아래와 같이 소프트웨어 프로세스 심사(Software Process Assessment)라는 제목하에 9종류의 영역으로 구분하여 기술보고서를 작성하고 있는 단계이다.

앞으로 제정될 이 국제 표준을 SPICE라고 한다. SPICE는 소프트웨어 프로세스 평가에 대한 프레임웍을 제공한다. 이 프레임웍은 계획, 관리, 감독, 통제와 관련된 조직과 소프트웨어를 획득, 공급, 운영, 진화 및 지원을 개선하는 조직이 사용할 수 있다.

<Software Process Assessment>

Part 1 : Concepts and introductory guide

Part 2 : A model for process management

Part 3 : Rating processes

Part 4 : Guide to conducting assessment

Part 5 : Construction, selection and use of assessment instruments and tools

Part 6 : Qualification and training of assessors

Part 7 : Guide for use in process improvement

Part 8 : Guide for use in determining supplier process capability

Part 9 : Vocabulary

SPICE는 [그림 9-12]와 같이 구성된 9가지의 제품 또는 구성요소로 구성되어 있다.

① **Part 1(informative)**

SPICE의 도입 부분이다. 여기서는 SPICE가 어떻게 전체적으로 구성되었는가를 기술하고 있으며 이의 선택 및 사용에 대한 지침을 제공하고 있다. 또한 평가 수행, 지원 도구의 개발 및 선정, 확장된 프로세스 구축을 위한 표준 내의 요구사항과 적용 가능성을 설명하고 있다. 확장된 프로세스란 SPICE의 Part 2의 기본 활동(base practice)

에 추가적인 기본 활동을 부가한 것, 또는 특정한 요구사항에 맞게 구성된 전체적으로 새로운 프로세스를 포함한다.

② **Part 2(normative)**

소프트웨어공학 차원에서 필수적인 기본 활동과 프로세스 능력 수준의 향상을 위해 필요한 내용을 상위 수준에서 개념적으로 기술하고 있다. 이러한 기본 활동은 특정한 소프트웨어 분야의 요구사항에 맞도록 확장될 수 있다.

③ **Part 3(normative)**

평가 수행에 필요한 프레임웍과 프로세스 능력의 등급, 점수 기준을 정의하고 있다.

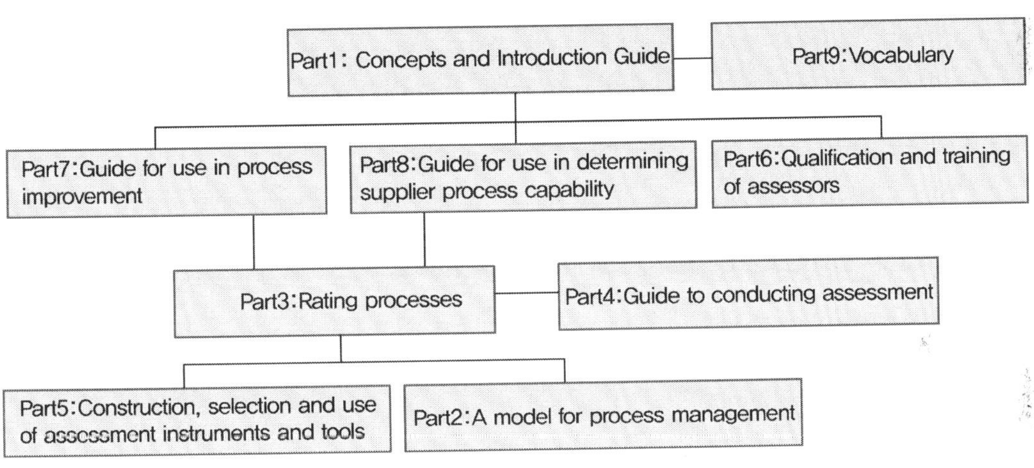

[그림 9-12] SPICE 모델의 구성

④ **Part 4(informative)**

팀 수준의 소프트웨어 프로세스 평가의 수행에 대한 지침을 제공하고 있다. 이 지침은 모든 조직에 적용할 수 있는 충분히 일반적인 내용을 기술하고 있다.

⑤ **Part 5(normative)**

평가자의 평가 수행을 지원하기 위한 도구를 만드는데 필요한 프레임웍 요소를 정의한다. 추가로 다양한 유형의 평가 도구의 선정 및 사용성에 관해서 획득 및 설계 지침을 제공한다.

⑥ **Part 6(informative)**

프로세스 평가 수행에 필요한 평가자의 교육경력, 훈련 및 경험에 대하여 기술한다. 또한 교육, 훈련, 경험을 증명해 보일 수 있는 메커니즘에 대하여 기술한다.

⑦ **Part 7(informative)**

프로세스 개선을 목적으로 평가의 입력을 어떻게 정의하고 평가 결과를 어떻게 이용하는가를 기술한다. 또한 다양한 상황에서 프로세스 개선의 적용 예를 포함하고 있다.

⑧ **Part 8(informative)**

프로세스 능력 결정을 목적으로 평가의 입력을 어떻게 정의하고 평가 결과를 어떻게 이용하는가를 기술한다. 또한 미래의 능력을 포함하여 단순한 상황부터 복잡한 상황까지의 프로세스 능력 결정에 대하여 언급하고 있다. 이 프로세스 능력 결정 수행에 대한 지침은 조직 내에서 자체적으로 적용할 수도 있고, 획득자가 잠재적인 공급자를 결정할 때도 사용할 수 있다.

⑨ **Part 9(informative)**

SPICE의 목적에 맞게 정의된 모든 용어를 정의한다.

SPICE는 조직 및 프로세스의 능력과 효율성을 평가하는 다른 여러 가지 모델과 상호보완적인 관계에 있다. SPICE는 ISO9000시리즈와 밀접한 관련이 있다. ISO9000은 품질 시스템에 대하여 합격 또는 불합격으로 평가하지만 SPICE는 평가 결과를 등급을 정해서 제공해 준다. SPICE의 소프트웨어 프로세스 평가 결과 등급을 기반으로 프로세스 개선 목표를 설정하고 프로세스 개선 프로그램을 운영할 수 있다.

SPICE는 특히 ISO9000시리즈 중 다음과 같은 부분과 밀접하게 관련이 있다.

- **ISO9001-1994**, Model for quality assurance in design, development, production, installation and servicing

- **ISO9001-3-1991**, Quality management and quality assurance standards-Part3 : Guidelines for the application of ISO9001 to the development, supply and maintenance of software

- **ISO9004-4-1993**, Quality management and quality system elements-Part4 : Guidelines for quality improvement

1 SPICE의 프로세스 관리 모델

SPICE 프로세스 관리 모델에서 언급하는 내용은 SPICE의 다른 부분에서 사용될 수 있는 좋은 소프트웨어공학 활동의 기초에 대한 것이다. 이 모델은 일반 활동과 기본 활동이라는 2차원 구조를 가지고 있다. 기본 활동은 특정한 프로세스의 필수 활동이다. 일반 활동은 어떠한 프로세스에도 적용할 수 있는 프로세스를 관리하고 프로세스 능력을 향상시키기 위해 필요한 행동이다.

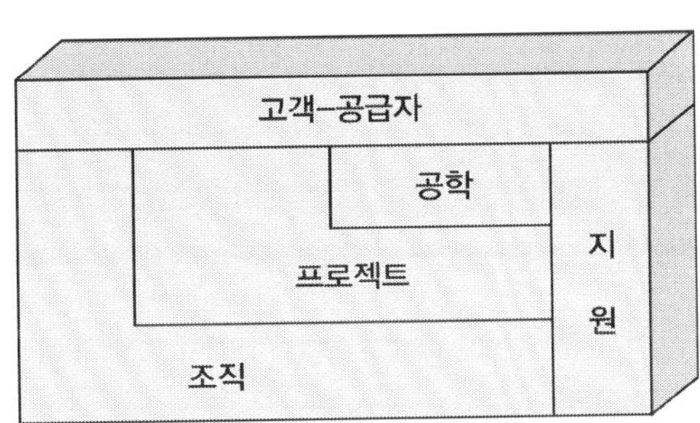

[그림 9-13] 프로세스 범주 간의 관계

SPICE 모델을 활동의 유형별로 분류하면 각 프로세스는 다섯 가지 프로세스 범주로 구분할 수 있고, 특정 프로세스는 필수 활동인 기본 활동으로 구성되어 있다. 각 프로세스 범주란 일반적으로 유사한 활동 분야에 속하는 프로세스의 집합체로 구성된다. 프로세스 범주는 고객-공급자, 공학, 프로젝트, 지원, 조직 프로세스 범주의 다섯 가지로 구분된다. 프로세스 범주 간의 관계는 [그림 9-13]과 같다.

① **고객－공급자 프로세스 범주**

고객에게 직접적으로 영향을 미치고 개발을 지원하고 소프트웨어를 고객에게 인도하고 소프트웨어의 올바른 운영 및 사용을 지원하는 프로세스로 구성된다.

② **공학 프로세스 범주**

시스템 또는 소프트웨어 제품을 직접 구현하거나 유지보수하는 프로세스로 구성된다.

③ **프로젝트 프로세스 범주**

제품을 생산하기 위하여 프로젝트를 구성하고 상호협조하고 자원을 관리하거나 고객 만족을 위한 서비스를 제공하는 프로세스로 구성된다.

④ **지원 프로세스 범주**

프로젝트의 다른 프로세스의 수행을 지원할 수 있도록 하는 프로세스로 구성된다.

⑤ **조직 프로세스 범주**

조직의 사업 목적을 설정하고 프로세스, 제품, 자원을 개발하는 프로세스로 구성된다.

2 SPICE의 프로세스와 활동

SPICE는 프로세스 범주, 프로세스별로 기본 활동에 대해서만 언급하고 있는데, 프로세스 범주는 고객-공급자, 공학, 프로젝트, 지원, 조직으로 구분하고 있다.

① **고객－공급자 프로세스 범주**

고객-공급자 프로세스 범주는 고객에게 직접적인 영향을 주는 내용과 관련된 프로세스로 구성된다. 여기서 고객이라 함은 내부 고객과 외부 고객을 동시에 의미하는 것이다. 고객-공급자 프로세스 범주에 속하는 프로세스 및 기본활동은 ㉠ 소프트웨어 제품 및 서비스의 획득, ㉡ 계약 체결, ㉢ 고객의 요구 식별, ㉣ 합동 감사 및 검토 수행, ㉤ 소프트웨어의 포장 인도 및 설치, ㉥ 소프트웨어 운영 지원, ㉦ 고객 서비스 제공, ㉧ 고객 만족 평가로 구분된다.

② 공학 프로세스 범주

공학 프로세스 범주는 소프트웨어 제품과 사용자 문서를 직접 구현하는 내용과 관련된 프로세스로 구성된다. 내용은 폭포 모델을 기준으로 한 듯하나 반드시 폭포 모델을 전제로 한 것은 아니다. 공학 프로세스 범주의 입력으로는 계약 체결과 프로젝트 계획수립에 따라 수행한 기본활동의 결과인 프로젝트 계획 또는 계약 내용이 된다. 공학 프로세스 범주에 속하는 프로세스 및 기본활동은 ㉠ 시스템 요구사항 및 설계 개발, ㉡ 소프트웨어 요구사항 개발, ㉢ 소프트웨어 설계 개발, ㉣ 소프트웨어 설계 구현, ㉤ 소프트웨어 통합 및 시험, ㉥ 시스템 통합 및 시험, ㉦ 시스템 및 소프트웨어 유지보수로 구분된다.

③ 프로젝트 프로세스 범주

프로젝트 프로세스 범주는 고객을 만족시킬 수 있는 소프트웨어 제품 및 서비스를 생산하기 위해 프로젝트를 계획하고 자원을 조정하고 관리하는 것과 관련된 프로세스로 구성된다. 프로젝트 프로세스 범주의 입력으로는 계약 체결이 있다. 프로젝트 프로세스 범주에서의 핵심 내용은 프로젝트의 목적을 달성하기 위하여 시간, 노력, 인력, 비용 등의 자원을 효율적으로 관리하는 것이다. 프로젝트 프로세스 범주에 속하는 프로세스 및 기본활동은 ㉠ 프로젝트 생명주기 계획, ㉡ 프로젝트 계획수립, ㉢ 프로젝트 팀 구성, ㉣ 요구사항 관리, ㉤ 품질관리, ㉥ 위험 관리, ㉦ 자원 및 일정관리, ㉧ 하청 계약자관리로 구분된다.

④ 지원 프로세스 범주

지원 프로세스 범주는 다른 지원 프로세스를 포함한 모든 프로세스에서 사용할 수 있는 프로세스로 구성된다. 지원 프로세스 범주에 속하는 프로세스 및 기본 활동은 ㉠ 문서화, ㉡ 형상 관리, ㉢ 품질보증, ㉣ 문제해결, ㉤ 상세 검토로 구분한다.

⑤ 조직 프로세스 범주

조직 프로세스 범주는 조직의 사업 목적을 설정하고 프로세스, 제품 및 자원을 개발하는 프로세스로 구성된다. 조직 프로세스에서는 조직의 기본구조를 구축하고 효과적인 프로세스, 진보된 기술, 품질, 지원 도구 등을 개발한다. 조직 프로세스 범주에 속하는 프로세스 및 기본활동은 ㉠ 사업 계획, ㉡ 프로세스 정의, ㉢ 프로세스 개선, ㉣ 훈련, ㉤ 재사용, ㉥ 소프트웨어공학 환경 제공, ㉦ 작업 설비 지원으로 구분한다.

9.6.5 ISO 9000 표준 모델의 특성

ISO9000시리즈의 종류 및 관계는 [그림 9-14]에서와 같이 표준 선택과 사용을 위한 지침으로 ISO9000-1에서 품질 경영과 품질보증 표준을 설정하고 ISO9001, ISO9002, ISO9003 공히 품질 시스템을 위한 표준을 발표하였는데, ISO9001은 설계-개발, 생산, 설치와 서비스에서 품질 모델을 설정하고, 그 하부 구조 ISO9000-3에서 소프트웨어 개발, 공급 및 유지보수를 다루며, ISO9001에 적용시킬 수 있는 지침을 나타내고 있다.

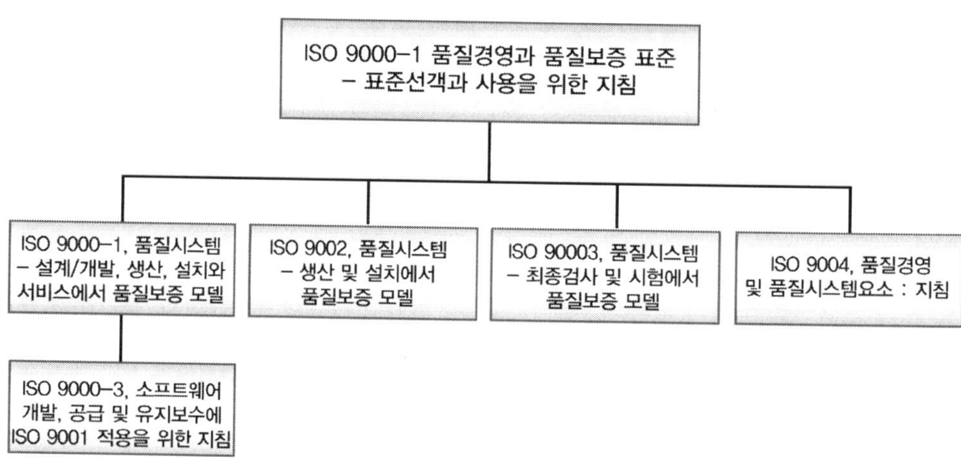

[그림 9-14] ISO9000 시리즈의 종류 및 관계

ISO9002는 생산 및 설치에 있어서의 품질보증 모델이며, ISO9003은 최종검사 및 시험에서의 품질보증 모델이다. 그리고 ISO9004-1에서는 품질경영 및 품질 시스템 요소에 대한 지침을 나타내고 있다.

ISO9000과 ISO9000-3의 구조를 조사, 분석하면 다음과 같다. ISO9001의 구조는 [그림 9-15]와 같이 경영 책임과 품질 시스템에 대해 개별 활동과 전체 활동으로 구분하고 있다. 개별 활동은 계약 검토, 설계 관리, 구매, 구매자 공급품, 공정 관리, 검사 및 시험, 검사·계측 및 시험기기, 취급·저장·포장 및 인도, 애프터 서비스로 구분하고 전체 활동은 문서관리, 제품 책임 및 추적성, 부적합품 관리, 시정조치, 품질기록, 내부 품질감사, 교육 및 훈련, 통계적 기법으로 구분하고 있다.

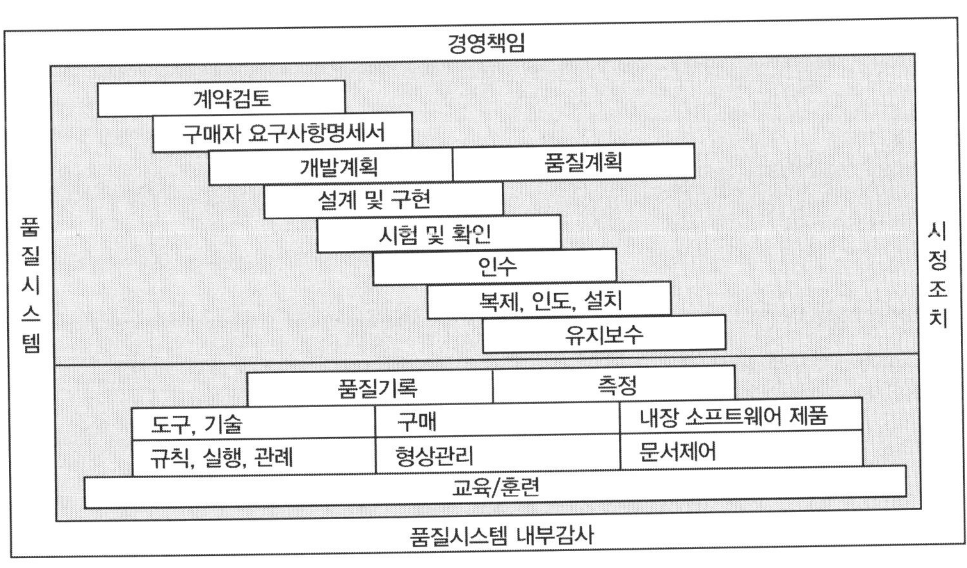

[그림 9-15] ISO9001의 구조

[그림 9-16] ISO 9000-3 지침의 구조

그리고 ISO9000-3은 [그림 9-16]과 같이 경영책임, 품질시스템, 품질시스템 내부감사, 시
정조치에 대해, 계약 검토, 구매자 요구사항 명세서, 개발계획, 품질계획, 설계 및 구현,

시험 및 확인, 인수, 복제·인도·설치, 유지보수 프로세스로 구분하고, 지원 프로세스로 품질기록, 측정, 도구와 기술, 구매, 내장 소프트웨어 제품, 규칙·실행·관례, 형상관리, 문서제어, 교육 및 훈련 프로세스로 구분하고 있다.

# 9.7 ISO, IEEE, SPICE 모델 비교 분석

지금까지 조사·분석된 기존 프로세스 모델과 생명주기 모델 중에서 프로젝트를 수행하기까지의 성패를 좌우할 수도 있는 개발 이전 단계의 프로세스에 대해 관심을 갖고, 기존에 개발 이전 프로세스를 명시하고 있는 ISO/IEC DIS 12207-1 표준인 「정보 기술 소프트웨어 생명주기 프로세스」 국제 표준 모델과 IEEE STD 1074-1991 「개발을 위한 소프트웨어 생명주기 프로세스들 표준」과 ISO/IEC/SC7-WGIO에서 추진 중인 소프트웨어 프로세스의 개량된 능력 결정(SPICE) 프로젝트를 비교 조사한 결과는 〈표 9-9〉와 같다.

이 비교표를 통해 앞장에서 언급한 프로세스 모델링을 위한 이론적 근거를 바탕으로 분석해 보면 〈표 9-10〉과 같은 약점을 내포하고 있음을 파악할 수 있다.

프로세스 표현 및 프로세스 구성단위에 있어 모든 모델이 결과물과 프로세스의 절차 및 순서에 있어 문제점이 있으며, 프로세스 표현 방법에 있어 가시성 측면에서 취약점이 있으며, 행위적 관점에서 소프트웨어 엔지니어의 판단과 기준에 의해 수행되도록 되어 있으며, 조직적 관점에서 개체 전달 방법의 구분과 매체의 위치와 개체 저장 표현이 누락되어 있으며, 정보적 관점에서 정보 개체의 구조나 관계 표현이 분명하지 않은 것으로 분석된다.

〈표 9-9〉 ISO, IEEE, SPICE 모델 비교

ISO/IEC DIS 12207-1

주요공정		활동
기본공정	획득	① 착수 ② 제안요청서 준비 ③ 계약준비 및 수정 ④ 공급자 감시 ⑤ 수락 및 완료
	공급	① 착수 ② 응답 준비 ③ 계약 ④ 계획수립 ⑤ 실행 및 관리 ⑥ 검토 및 평가 ⑦ 인도 및 완료
	개발	① 개발 절차별 활동 기록
	운영	① 공성구현 ② 운영시험 ③ 시스템 운영 ④ 사용자 지원
	유지보수	① 공정구현 ② 문제 및 수정 분석 ③ 수정구현 ④ 유지보수 검토/수락 ⑤ 전환 ⑥ 폐기
지원공정	문서화	① 공정구현 ② 설계 및 개발 ③ 생산 ④ 유지보수
	형상관리	① 공정구현 ② 형상식별 ③ 형상통제 ④ 형상상태 기록관리 ⑤ 형상평가 ⑥ 공표관리와 인도
	품질보증	① 공정구현 ② 제품 보증 ③ 공정 보증 ④ 품질 시스템 보증
	검증	① 공정구현 ② 검증
	확인	① 공정구현 ② 확인
	합동검토	① 공정구현 ② 프로젝트 관리검토 ③ 기술적 검토
	감사	① 공정구현 ② 감사
	문제해결	① 공정구현 ② 문제해결
조직공정	관리	① 착수 및 범위 정의 ② 계획수립 ③ 실행 및 통제 ④ 검토 및 평가 ⑤ 마감
	기반구조	① 공정구현 ② 기반구조의 설정 ③ 기반구조의 유지보수
	개선	① 공정설정 ② 공정평가 ③ 공정개선

IEEE STD 1074-1991

주요공정	세부공정	활동	프로세스 관계
소프트웨어 생명주기 모델		① 소프트웨어 생명주기 모델들 후보 확인	외부
		② 모델 선정	프로젝트 착수
프로젝트 관리	프로젝트 착수	① 소프트웨어 생명주기 모델 활동표 작성	프로젝트 추적 및 통제
		② 자원할당	〃
		③ 환경조성	
		④ 계획서 작성	전체
	프로젝트 추적 및 통제	① 위험분석	·프로젝트 착수 ·요구사항 ·확인 및 검증
		② 우발사고 대처계획	·프로젝트 착수
		③ 프로젝트 관리	·프로젝트 착수 ·외부
		④ 기록유지	·외부
		⑤ 문제점 기록 방법 개선	·소프트웨어 품질관리 ·확인 및 검증 ·유지보수
	소프트웨어 품질관리	① 소프트웨어 품질관리 계획	·프로젝트 추적 및 통제 ·확인 및 검증
		② 평가항목 정의	·소프트웨어 품질관리 ·프로젝트 착수 ·확인 및 검증
		③ 품질관리	·확인 및 검증
		④ 품질개선 소요 확인	·프로젝트 추적 및 통제 ·소프트웨어 품질관리 ·외부
개발 이전	개념 탐구	① 생각이나 필요성 확인	·프로젝트 착수
		② 잠정적 접근방법 형식화	·개념탐구
		③ 타당성 검토	·프로젝트 착수 ·개념탐구 ·시스템 할당
		④ 시스템 전이 계획 (필요시)	·프로젝트 추적 및 통제 ·개념탐구 ·설치
		⑤ 생각이나 필요성 구체화	·프로젝트 착수 ·프로젝트 추적 및 통제 ·시스템 할당
	시스템 할당	① 기능들 분석	·요구사항
		② 시스템 구조개발	·설 계
		③ 시스템 요구사항들 분석	·외부 ·프로젝트 착수
개발	요구사항	생략	
	설계		
	구현		
개발 이후	설치	생략	
	운영및지원		
	유지보수		
	폐기		
통합	확인및검증	생략	
	형상관리		
	문서개발		
	훈련		

SPICE 모델

프로세스	활동
고객/공급자	① 소프트웨어 제품 및 서비스의 획득
	② 계약 체결
	③ 고객의 요구 식별
	④ 합동감사 및 검토 수행
	⑤ 소프트웨어의 포장 인도 및 설치
	⑥ 소프트웨어 운영지원
	⑦ 고객서비스 제공
	⑧ 고객 만족 평가
공학	① 시스템 요구사항 및 설계 개발
	② 소프트웨어 요구사항 개발
	③ 소프트웨어 설계 개발
	④ 소프트웨어 설계 구현
	⑤ 소프트웨어 통합 및 시험
	⑥ 시스템 통합 및 시험
	⑦ 시스템 및 소프트웨어 유지보수
프로젝트	① 프로젝트 생명주기 계획
	② 프로젝트 계획수립
	③ 프로젝트 팀 구성
	④ 요구사항 관리
	⑤ 품질 관리
	⑥ 위험 관리
	⑦ 자원 및 일정 관리
	⑧ 하청계약자 관리
지원	① 문서화
	② 형상관리
	③ 품질보증
	④ 문제해결
	⑤ 상세검토
조직	① 사업계획
	② 프로세스 정의
	③ 프로세스 개선
	④ 훈련
	⑤ 재사용
	⑥ 소프트웨어 환경제공
	⑦ 작업 설비 지원

〈표 9-10〉 프로세스 모델 구성의 특성 비교

프로세스 모델 구성		ISO	IEEE	SPICE
프로세스 표현 및 프로세스 구성 단위	대리인(agent)	○	○	○
	자원(resource)	○	○	○
	결과물(product)	×	×	×
	프로세스(process)	○	○	○
	활동(activity)	○	○	○
	태스크(task)	○	○	○
	정보흐름	×	○	×
	프로세스 절차 순서	×	×	○
	프로세스 관계	○	○	×
프로세스 표현 방법	그래프로 표시	×	×	×
	정보 입·출력 관계	△	○	×
개발 이전 단계 프로세스 세분화		모호함	획득 및 공급 프로세스 누락	모호함
기능적 관점	① 어떤 프로세스 요소가 수행되고 있는가?	○	○	○
	② 어떤 정보 개체의 흐름이 프로 세스 요소와 관계가 있는가?	○	○	○
행위적 관점	① 언제 프로세스 요소가 수행되고 있는가?	소프트웨어 엔지니어가 판단	소프트웨어 엔지니어가 판단	소프트웨어 엔지니어가 판단
	② 어떻게 궤환, 반복조건, 입·출 력 기준을 통해 수행되는가?	기준서에 따라 수행	기준서에 따라 수행	기준서에 따라 수행
조직적 관점	① 조직 내 어디에서 누구에 의해 프 로세스 요소가 수행되고 있는가?	○	○	○
	② 개체 전달 방법 구분	×	×	×
	③ 매체의 위치와 개체 저장 표현	×	×	×
정보적 관점	① 정보개체의 구조와 관계 표현 (data, artifact, product)	×	×	×

9.8 개량된 프로세스 모델 설계

이론적 근거를 기반으로 프로세스 모델링을 위해 필요한 제반 사항들에 대해 언급된 제반 문제점을 극복하기 위해 개량된 프로세스 모델 설계에 반영시킨 요구조건을 요약하면 다음과 같다.

첫째, 프로세스에 대한 명확한 설정을 위한 객체들과 표기법 등의 정의

둘째, 프로세스 표현에 있어 기능적, 행위적, 조직적, 정보적 관점 고려 설계

셋째, 프로세스 표현의 도식화와 순서 부여

넷째, 프로세스, 활동, 태스크의 세분화, 역할 및 책임, 해당 정보의 흐름 및 전달 수단의 구체화

다섯째, 프로세스, 활동, 태스크 수행에 수반되는 각종 문서의 구체화

여섯째, 프로세스 간 정보 입·출력 관계 도식화 및 테이블화

프로세스 모델링에 있어 상기 요구조건을 반영시켜서 설계 기준을 마련함으로써 프로세스에 대해 관리자와 개발 참여자가 이해함으로서, 개발 프로세스와 연관해 볼 때 결국 생산성과 품질을 향상시키며, 성공적인 프로젝트 수행이 가능하다고 판단되었다.

9.8.1 개량된 프로세스 모델의 설계 기준

프로젝트 수행에 있어 프로세스에 대한 명확한 설정의 필요성은 해당 프로젝트를 추진하는 객체들(Process, Agent, Role, Artifact, Process Model)을 정의하는 것과 연관된다. 또한 이들 객체들의 관련성을 도식화함으로서 업무 프로세스 내에서 구성체들(components)에게 상호 의존성 및 책임과 역할을 분명히 하여 프로젝트 추진에 있어 효율적인 공정 관리가 가능하도록 기준을 설정하였다. 설계시 반영되는 객체들의 이론적 근거는 다음과 같다.

273

1 개념적인 작업틀 (Conceptual Framework)

① **프로세스(Process)** : 목표를 달성하기 위해 의도되는 부분적 정의 단계의 집합

② **대리인(Agent)** : 프로세스 요소를 수행하는 행위자(인간 혹은 기계)

③ **역할(Role)** : 기능적인 책임 단위로서 대리인에 대해 할당되는 응집된 프로세스 요소의 집합

④ **인공물(Artifact)** : 프로세스 요소의 규정에 의하여 생성되거나 수정된 산출물

⑤ **프로세스 모델** : 선택된 프로젝트를 수행하기 위해 선택된 프로세스 요소를 모델링한 것이다.

2 프로세스의 표현 관점

프로세스 모델링을 위해 반영된 표현 기법의 이론적 관점은 기능적인 관점(Functional Perspective)으로, 어떤 프로세스 요소가 수행되고, 어떤 정보개체의 흐름이 프로세스 요소와 관계가 있는가를 표현하는 것과 행위적인 관점(Behavioral Perspective)에서, 언제 프로세스 요소가 수행이 되고, 어떻게 귀환, 반복, 복잡한 결정 조건, 입구, 출구 기준 등을 통해서 수행되는가를 표현하는 것과 조직적인 관점(Organizational Perspective)에서, 조직 어디에서 누구에 의해 프로세스 요소들이 수행되고, 물리적인 의사소통 수단이 개체(entity)의 전달을 위해 사용되고, 물리적인 매체와 위치가 개체 저장을 위해서 사용되는 것을 표현하는 것과 정보적인 관점(Informational Perspective)에서, 정보개체들(Data, Artifacts, Products)이 프로세스들에 의해 생산되거나 다루어지는 것을 표현(정보개체의 구조나 관계 표현) 하는데, 개발 이전 단계에서의 개량된 프로세스 모델 설계에는 이들 모두를 반영한다.

9.8.2 개량된 프로세스 모델 설계의 특성

개량된 프로세스는 기능적 관점과 행위적 관점, 조직적 관점, 정보적 관점을 고려하여 심볼을 준비하여 도식화 한다. 기능적 관점은 프로세스를 행위적 관점은 활동을 고려하고, 조직적 관점은 프로세스를 담당할 부서를 명시하고, 정보적 관점은 프로세스 간 입·출력되는 정보와 연관관계를 고려하여 개발 이전 단계의 프로젝트 수행 프로세스를 도식화한다.

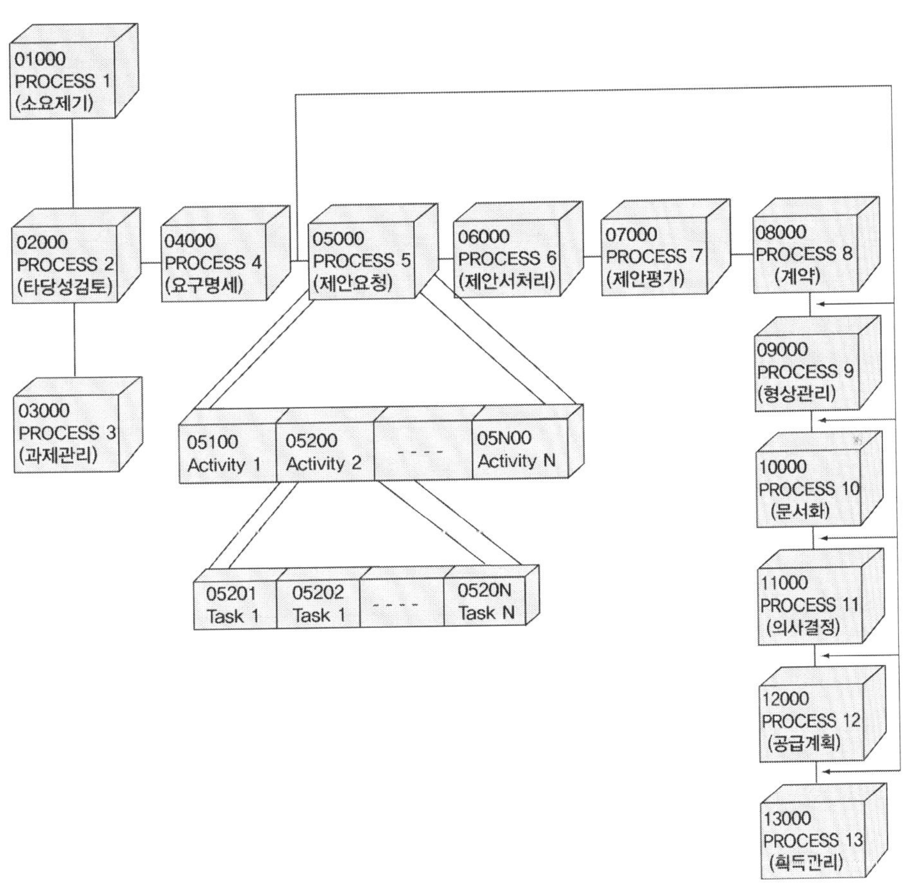

[그림 9-17] 개발 이전 단계의 프로세스와 엘리먼트 관계도

이 프로세스는 각기 관련 프로세스, 활동, 태스크의 구조를 갖고 처리되는데, [그림 9-17]을 통해 개발 이전 단계의 프로세스를 전체 13개 프로세스로 구분하고 있다. 타당성검토

프로세스(02000)는 필요에 따라 생략할 수도 있고, 해당 프로젝트 수행 조직이 개발 프로젝트를 자체적으로 수행할 때는 제안요청 프로세스(05000)에서 계약 프로세스(08000)까지를 생략하고 다음 단계를 추진할 수 있으며, 형상관리 프로세스(09000)에서 획득 관리 프로세스(13000)는 지원 프로세스로 구분하여 처리하였다. 그리고 자료흐름, 사건흐름, 전달 방법을 도표 내에 통합시킨 장점이 있다. 그리고 프로세스 모델 표기법은 [그림 4-18]과 같다.

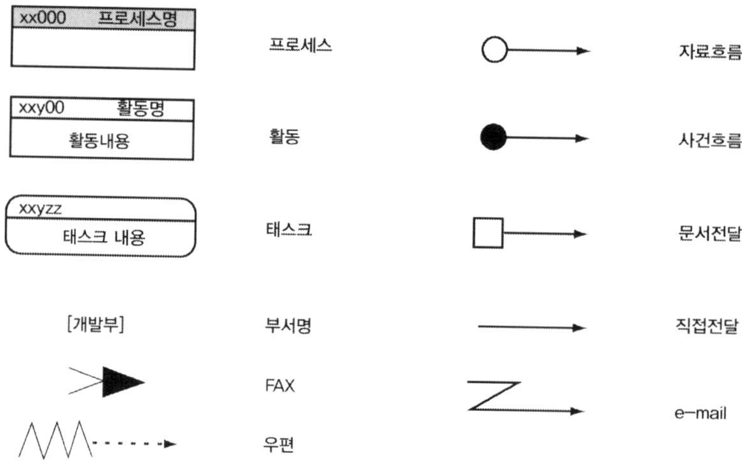

[그림 9-18] 개발 이전 프로세스 모델 표기법

개발 이전 단계에 있어 프로세스 구분은 다음과 같이 구분된다.

① 소요제기 프로세스

② 타당성검토 프로세스

③ 과제관리 프로세스

④ 요구명세 프로세스

⑤ 제안요청 프로세스

⑥ 제안서처리 프로세스

⑦ 제안평가 프로세스

⑧ 계약 프로세스

⑨ 형상관리계획 프로세스

⑩ 문서화 프로세스

⑪ 의사결정 프로세스

⑫ 공급계획 프로세스

⑬ 획득관리 프로세스

9.9 개량된 프로세스 모델 설계에 반영된 프로세스 구조

개량된 프로세스 모델 구조는 개발 이전 단계 프로세스와 개발 및 개발 이후 프로세스로 구분되며, 그 내용은 〈표 9–11〉과 같다.

〈표 9–11〉 개량된 프로세스 모델

모델명	개발 이전 프로세스 (Pre-Development Process)		개발 및 개발 이후 프로세스 (Development & Post-Development Process)
개량된 프로세스 모델	① 소요제기 프로세스 　• 기존 시스템 운영 문제 파악 　• 시스템 교체 계획 검토 　• 향후 설치 계획수립 　• 추정 예산 계획 　• 시스템 도입 타당성 검토 의뢰 계획 　• 타당성 검토 프로세스 ② 타당성 검토 프로세스 　㉠ 검토 지원 판단 　㉡ 기능 검토 　• 기능 및 사양 검토 　• 소요자원 검토 　㉢ 타당성 검토 결과 통보 　㉣ 타당성 검토 결과 　　(개발승인서) 확인 ③ 과제 관리 프로세스 　• 통제 계획 　• 부 계약자 계획 　• 문서화 계획 　• 형상 관리계획 　• 자원 지원 계획 　• 시설 계획 　• 인력 소요 계획 　• 에산 계획 　• 기술요구 및 정의 　• 신뢰성 및 품질 보증 계획 　• 시험계획	④ 요구명세 프로세스 　• 시스템 요구사항 정의 　• 요구사항 확립 　• 요구명세서 작성 및 검토 ⑤ 제안 요청 계획 프로세스 　• 제안 요청 계획서 작성 　• 제안 요청서 작성 　• 제안 요청 설명회 계획 ⑥ 제안서 처리 프로세스 　• 제안서 접수 　• 제안서 평가 계획수립 ⑦ 제안 평가 프로세스 　• 제안 설명회 평가 　• (기술) 평가 ⑧ 계약 프로세스 　• 제안서(가격) 평가 　• 최종 계약자 선정 　• 계약 조건 협상 　• 계약체결 ⑨ 형상관리 프로세스 ⑩ 문서화 프로세스 ⑪ 의사결정 프로세스 ⑫ 공급계획 프로세스 ⑬ 획득관리 프로세스	프로젝트 특성 및 조직 특성을 고려하여, 기존에 발표된 개발생명주기를 임의 선택하도록 유도

9.9.1 소요제기 프로세스

이 프로세스는 조직 내 소요제기 부서가 업무를 주관하며, 이 프로세스는 시스템화 타당성 조사와 타당성 의뢰계획과 타당성 승인 요청 활동(activity)으로 구성된다.

조직체 내에서 정보화가 필요한 대상 업무에 대해 내부 조직 및 외부 조직(공급처)에 위탁하여 시스템을 개발 또는 도입하기 위해 의뢰하는 활동 및 태스크에 대한 내용을 포괄한다.

소요제기 프로세스는 요구 부서에서 기존 시스템의 운영상 문제점이 있거나 신규로 시스템 도입 또는 개발이 필요할 때 시스템화 계획을 수립하고, 향후 설치 및 예산계획을 기본적으로 수립하여 기본적인 시스템 도입 또는 개발 타당성검토를 하여 타당성 검토 부서에 의뢰하고 그 결과를 타당성검토 부서로부터 타당성검토 보고서를 받아서 의사결정자로 부터 승인을 받는 프로세스를 나타낸다. 그리고 문서화 프로세스에 소요제기 관련 문서를 송부한다.

9.9.2 타당성 검토 프로세스

이 프로세스는 조직 내 타당성 검토 관련 부서에서 업무를 수행하며, 이 프로세스는 시스템화 타당성 검토와 도입 또는 개발 승인, 확인 활동으로 구성된다.

요구 부서에서 의뢰한 타당성 검토 의뢰서에 근거하여 시스템화 타당성을 검토하게 되는데 우선 타당성 검토자원(Resource)을 판단하여 그 가능성이 확인되면 시스템화에 필요한 기본 기능 및 사양을 검토하여 소요기술과 소요자원을 검토, 도입 또는 개발 가능성을 확인하여, 그 타당성 검토 결과를 보고서로 작성 요구 부서에 타당성 결과 보고서를 제출하게된다. 그리고 문서화 프로세스에 타당성 검토 관련 문서를 송부한다.

그리고 요구부서로부터 도입 또는 개발 승인서를 확인하고, 과제관리 프로세스로 도입 또는 개발 의뢰서를 전달하게 된다. 소요 제기 프로세스와 타당성 검토 프로세스들 간의 관계는 [그림 9-19]와 같다.

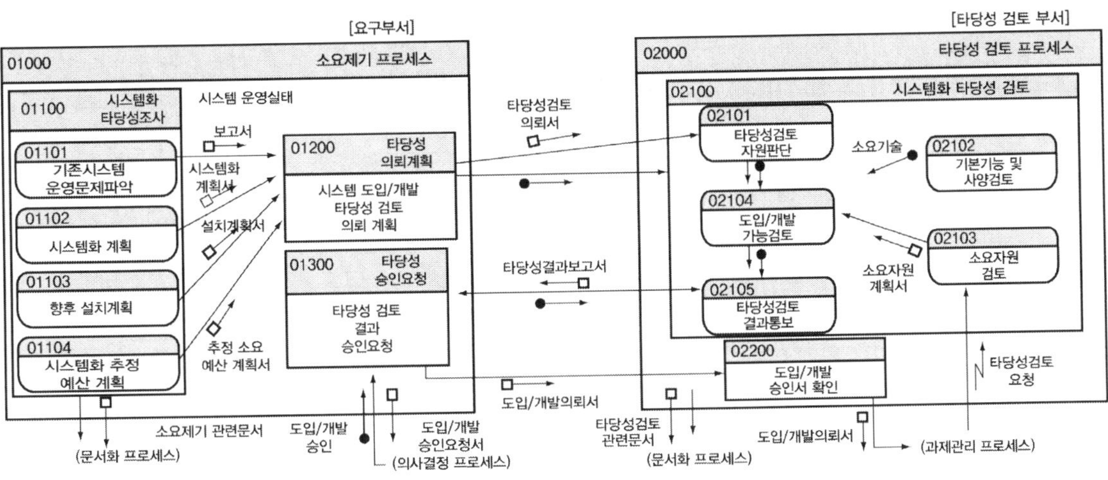

[그림 9-19] 소요제기와 타당성 검토 프로세스 연계도

9.9.3 과제관리 프로세스

이 프로세스는 조직 내에서 과제관리 담당자가 업무를 수행하게 되며, [그림 9-20]과 같이 과제관리계획 활동을 위해 세부적인 일정통제계획, 부계약자계획, 문서화계획, 형상관리계획, 자원지원계획, 시설계획, 인력소요계획, 예산계획, 기술요구 및 정의, 신뢰성 및 품질보증 계획, 시험계획 태스크로 구분된다.

① **일정 통제계획 태스크**

개발 생명주기 확정 및 단계별 일정 통제를 하는 사건(Event)이 발생되어 과제관리계획 활동에 반영된다. 그리고 개발 또는 도입계획서와 획득 방법 계획서가 문서로 전달되어 과제관리계획 활동에 반영된다.

② **부계약자 계획 태스크**

부계약자 대상을 검토하게 되고 부계약자 선정 기준서와 부계약자 관리계획서가 문서로 전달되어 과제관리계획 활동에 반영된다.

② **문서화 계획 태스크**

문서 표준화를 위한 계획을 수립하고, 작업 지시서(SOW)와 작업 구조도(WBS)와 단계별 문서회계획서가 과제관리계획 활동에 반영된다.

③ 형상관리기준 검토 태스크

변경관리계획 등 형상관리계획에 필요한 사건들을 문서화한 형상관리계획서를 과제
관리계획 활동에 반영시킨다.

④ 자원지원계획 태스크

자원 지원 체계 확립을 위한 공급계획서, 교육·훈련계획서, 소요자원계획서를 과제
관리계획 활동에 반영하게 된다.

⑤ 시설계획 태스크

시설규모를 검토하여 시설계획서를 마련 과제관리계획 활동에 반영시킨다.

⑥ 인력소요계획 태스크

인력수급과 통제를 위한 인력수급계획서를 과제관리계획 활동에 반영한다.

⑦ 예산계획 태스크

예산통제를 위한 예산수급계획서와 예산집행계획서를 과제관리계획 활동에 반영한다.

⑧ 기술요구 및 정의 태스크

기술 조정 및 통제를 위한 적용 기술 및 기법에 대한 계획서와 요구부서 검토확인서
를 과제관리계획에 반영시킨다.

⑨ 신뢰성 및 품질보증 기준 검토 태스크

품질보증 검토를 위한 품질보증계획서를 과제 관리계획 활동에 반영한다.

⑩ 시험계획 태스크

시험 방안 검토를 위해 시험계획서를 과제관리계획 활동에 반영하게 된다.

이 프로세스의 프로세스 간 연결관계는 의사결정 프로세스로 과제관리계획서가 전달되
고, 승인서를 받게 된다. 획득관리 프로세스에 획득계획서가 전달되며, 타당성검토 프로
세스에 타당성검토 요청을 하고 도입 또는 개발의뢰서를 받게 된다. 그리고 제안요청 프
로세스로부터 제안요청 검토 의뢰서를 받으며, 제안서 평가기준을 작성토록 요청한다.
요구명세 프로세스에 요구명세서 작성 요청과 시스템 개념과 관련한 자료가 전달되고,
획득관리 프로세스에 획득관리 기본계획서, 시스템개념검토서가 전달된다. 그리고 계약
프로세스로부터 도입 또는 개발관리 의뢰서와 계약서를 전달받게 된다. 그리고 문서화

프로세스에 과제관리 관련 문서를 전달한다. 기술 요구 및 정의 활동은 기술 조정 및 통제를 위해 적용 기술 또는 기법 계획서와 요구 부서 검토 확인서를 과제관리계획 활동에 반영한다.

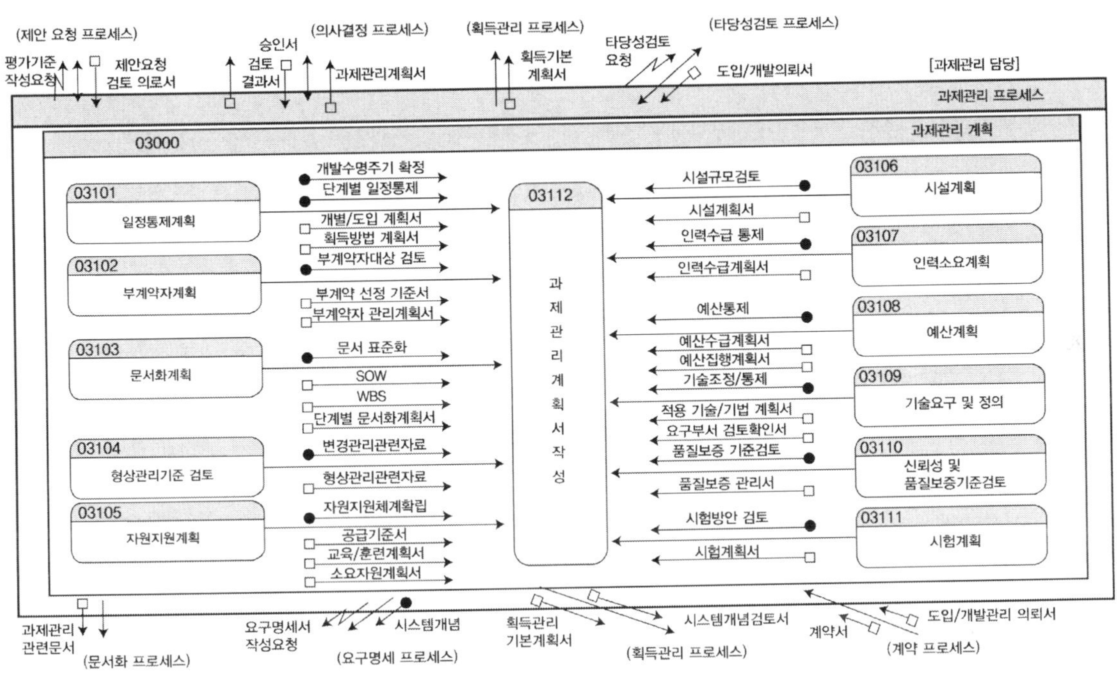

[그림 9-20] 과제관리 프로세스 연계도

9.9.4 요구명세 프로세스

이 프로세스는 획득(기술) 관리 부서가 업무를 수행하게 된다. [그림 9-21]과 같이 이 프로세스는 시스템 요구사항 정의 활동과 요구사항 확립 활동 및 요구 명세서 작성 및 검토 활동으로 구분된다.

① 시스템 요구사항 정의 활동은 시스템 개념 검토 태스크를 갖게 되고 이 태스크는 요구사항 확립 활동에 반영된다. 그리고 과제관리 프로세스로부터는 시스템 개념 자료를 받게 된다.

② 요구사항 확립 활동은 기능적 요구사항 정의와 인터페이스 요구사항 정의 및 요구사항 평가 및 수정 태스크로 구분된다.

기능적 요구사항 평가 및 수정 태스크는 기능적 요구사항 정의 태스크로부터 기능 요구사항 자료를 받고, 인터페이스 요구사항 정의 태스크로부터 인터페이스 요구사항 자료를 받아서 요구사항 평가 및 수정 작업을 거쳐 형상관리계획 프로세스에 시스템 버전 검토 의뢰서와 형상관리계획 검토 요청이 이루어진다. 그리고 요구 명세서가 제안 요청 프로세스에 전달된다. 요구사항 확립 활동은 요구명세서 작성 및 검토 활동으로부터 전자 사서함을 통해 시스템 요구사항 요청을 받고 시스템 요구사항 자료를 역으로 전달하게 된다.

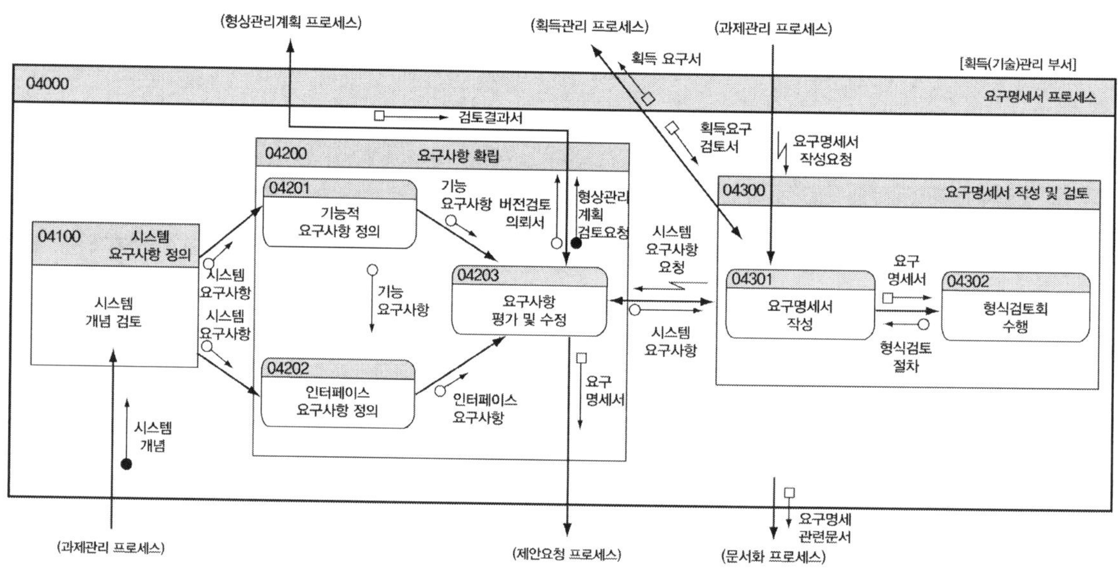

[그림 9-21] 요구 명세 프로세스 연계도

③ 요구명세서 작성 및 검토 활동은 요구명세서 작성 태스크와 형식 검토회 수행 태스크로 구분되며 과제관리 프로세스로부터 요구명세서 작성 요청을 받고, 문서화 프로세스에 문서화 기록 유지를 요청한다. 그리고 획득관리 프로세스로부터 획득 요구 검토서를 받고, 검토 후 획득 요구서를 송부한다.

9.9.5 제안요청 프로세스

이 제안요청 프로세스는 획득(기술)관리 부서가 업무를 수행하며 [그림 9–22]와 같이 제안요청 계획과 제안요청서 작성, 제안요청설명회 계획 활동으로 구분된다. 제안요청서 작성은 관리부문, 개발부문, 지원부문, 비용부문으로 구분하여 제안요청서 작성에 반영하는 태스크가 구분되어 처리된다. 프로세스 간 정보 입·출력 관계는 과제관리 프로세스로부터 제안요청계획 및 제안요청서에 대한 검토의뢰서를 받고, 검토결과서를 송부한다. 요구명세서로부터는 요구명세서를 받는다.

공급계획 프로세스 간 정보 입·출력 관계는 제안요청설명회 계획서와 제안요청서를 보내고, 제안사 참석 여부를 통보받는다. 제안서처리 프로세스 간의 정보 입·출력 관계는 제안규격서와 제안요청서를 송부한다. 그리고 문서화 프로세스에 제안요청 관련 문서를 송부하게 된다.

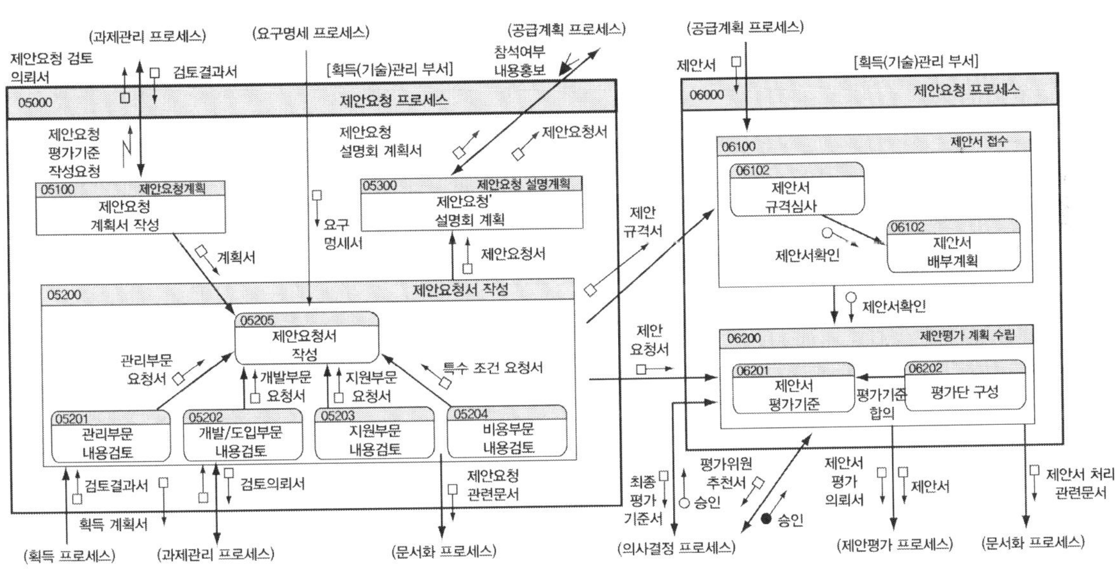

[그림 9-22] 제안요청과 제안서 처리 프로세스 연계도

9.9.6 제안서 처리 프로세스

제안서처리 프로세스는 획득(기술) 관리 부서에서 담당하며 [그림 9-23]과 같이 제안서 접수와 제안평가 계획수립 활동을 통해 제안서 규격심사와 제안서 배부계획 및 제안서 평가기준을 검토를 통해 평가단을 구성하게 된다.

프로세스 간 입·출력 정보 내역은 공급계획 프로세스로부터 제안서를 받고, 제안서 평가 프로세스에 제안서 평가 의뢰서와 제안서를 제안평가 프로세스에 전달한다.

의사결정 프로세스 간 정보 입·출력 관계는 최종 평가기준서와 평가 위원 추천서를 의사 결정자에게 보고하고 승인을 받는다. 그리고 제안서 처리 관련문서를 문서화 프로세스에 전달하게 된다. 그리고 제안요청 프로세스로부터 제안규격서와 제안요청서를 전달받게 된다.

9.9.7 제안평가 프로세스

제안평가 프로세스는 획득(기술) 관리 부서에서 담당하며 [그림 9-23]과 같이 제안 설명회 평가, 제안서(기술) 평가 활동을 하게 된다.

프로세스 간 정보 입·출력 관계는 제안서 처리 프로세스로부터 제안서 평가 의뢰서와 제안서를 받고, 공급계획 프로세스에 제안 설명회계획을 통보하고, 참석 여부를 통보 받는다.

형상관리계획 프로세스에 품질관리계획을 검토 의뢰하고 의사결정 프로세스를 통해 제안사 추천서를 보고하고 승인을 받는다. 그리고 계약 프로세스에 제안서(기술) 종합 평가서와 제안사 추천 의뢰서를 송부하고, 제안요청 관련문서를 문서화 프로세스에 전달하게 된다.

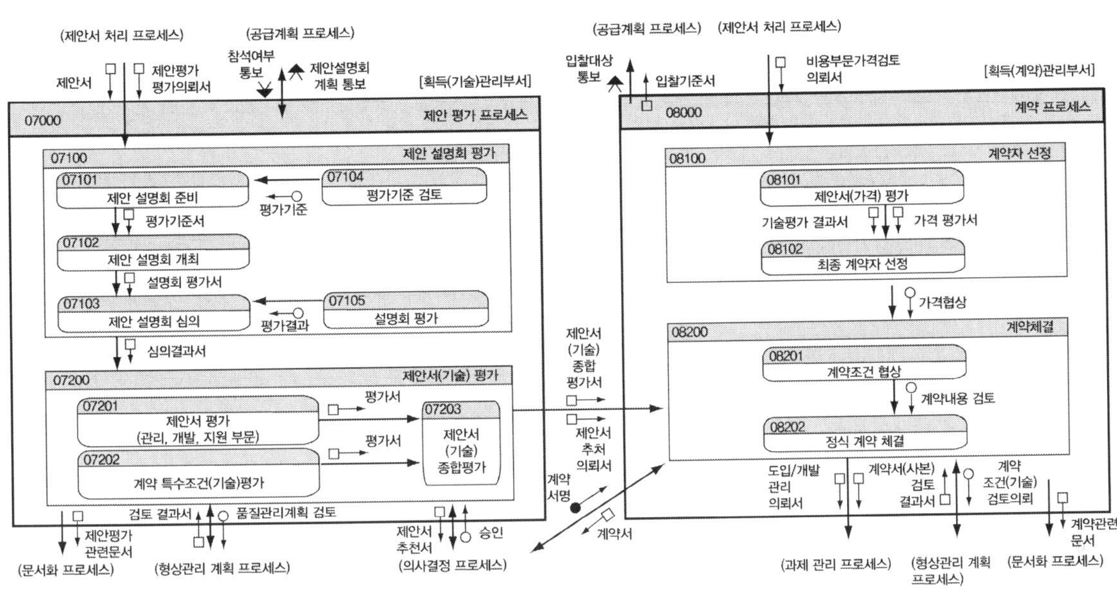

[그림 9-23] 제안평가 프로세스와 계약 프로세스 연계도

9.9.8 계약 프로세스

이 프로세스는 획득(계약) 관리부서가 업무를 주관하여 수행한다. 그리고 이 프로세스는
[그림 9-23]과 같이 제안서(가격) 평가, 최초 계약자 선정을 위한 계약자 선정 활동과 계
약 조건 협상, 계약체결 내용을 검토하는 계약체결 활동으로 구성된다.

프로세스 간 정보 입·출력 관계는 제안서 처리 프로세스로부터 비용 부문 가격 검토 의
뢰서를 받고, 형상관리계획 프로세스에 계약조건(기술) 검토를 의뢰하고, 과제관리 프로
세스로 도입/개발관리 의뢰서와 계약서 사본을 보낸다.

공급계획 프로세스에는 입찰기준서와 입찰 대상을 통보하며, 계약 관련문서를 문서화
프로세스에 전달한다.

9.9.9 형상관리계획 프로세스

이 프로세스는 [그림 9-24]와 같이 형상식별, 상태기록계획, 품질관리계획, 형상통제계

285

획, 형상평가계획을 위한 형상기획 활동과 형상감리, 관리기준, 기술 및 개발기법을 기준으로 검증 및 확인계획을 수립하는 형상 개발(구현)계획 활동과 변경관리계획과 버전관리계획을 수립, 하자보증 이행계획을 수립하는 하자보증계획 활동과 상태관리계획, 극복관리계획, 유지보수계약 계획을 근거로 유지보수 이행계획을 수립하는 유지보수계획 활동으로 구분되어 시행된다. 그리고 이 프로세스는 형상관리계획 담당자가 업무를 주관한다.

프로세스 간 정보 입·출력 관계는 제안평가 프로세스에서 품질관리계획 검토 의뢰에 대한 검토 결과서를 보내고, 요구명세 프로세스로부터 형상관리계획 요청과 시스템 버전 검토 의뢰서를 받는다. 계약 프로세스로부터는 계약특수조건(기술) 검토 의뢰를 받고 형상관리계획 관련 문서를 문서화 프로세스에 전달한다.

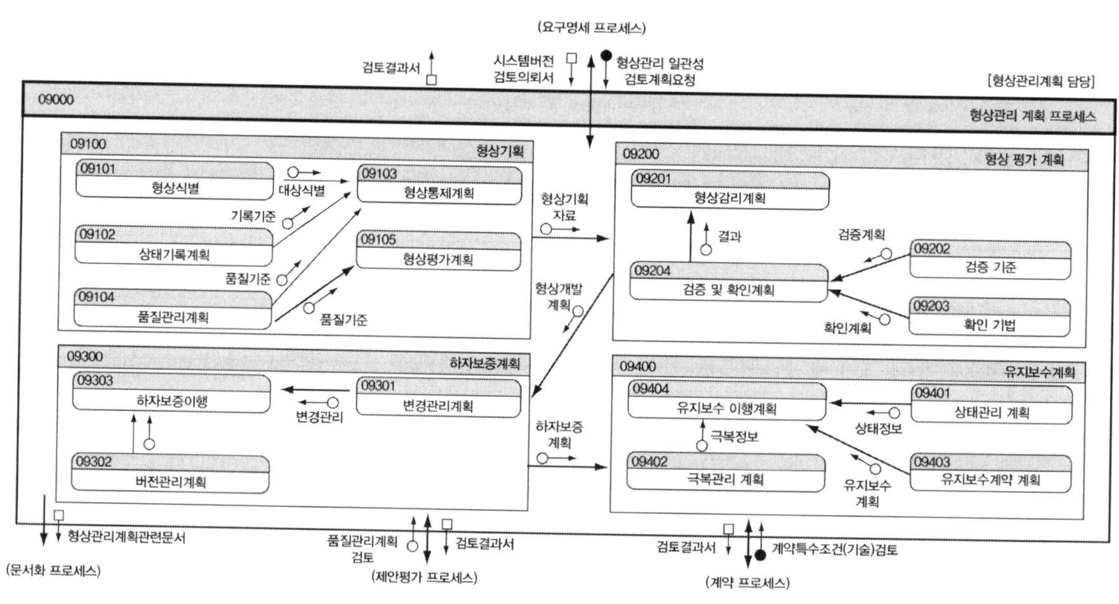

[그림 9-24] 형상관리계획 프로세스 연계도

9.9.10 문서화 프로세스

이 프로세스는 [그림 9-25]와 같이 문서처리 담당자가 업무를 주관하고, 문서화 기획, 관리 문서 처리, 기술/개발 문서 처리 활동으로 구성된다.

프로세스 간 정보 입·출력 관계는 소요제기 프로세스, 타당성검토 프로세스, 과제관리 프로세스, 요구명세 프로세스, 제안요청 프로세스, 제안서처리 프로세스, 제안평가 프로세스, 계약 프로세스, 형상관리 프로세스, 의사결정 프로세스, 공급계획 프로세스, 획득관리 프로세스들로부터 관련 문서를 받아 문서처리 및 관리를 한다.

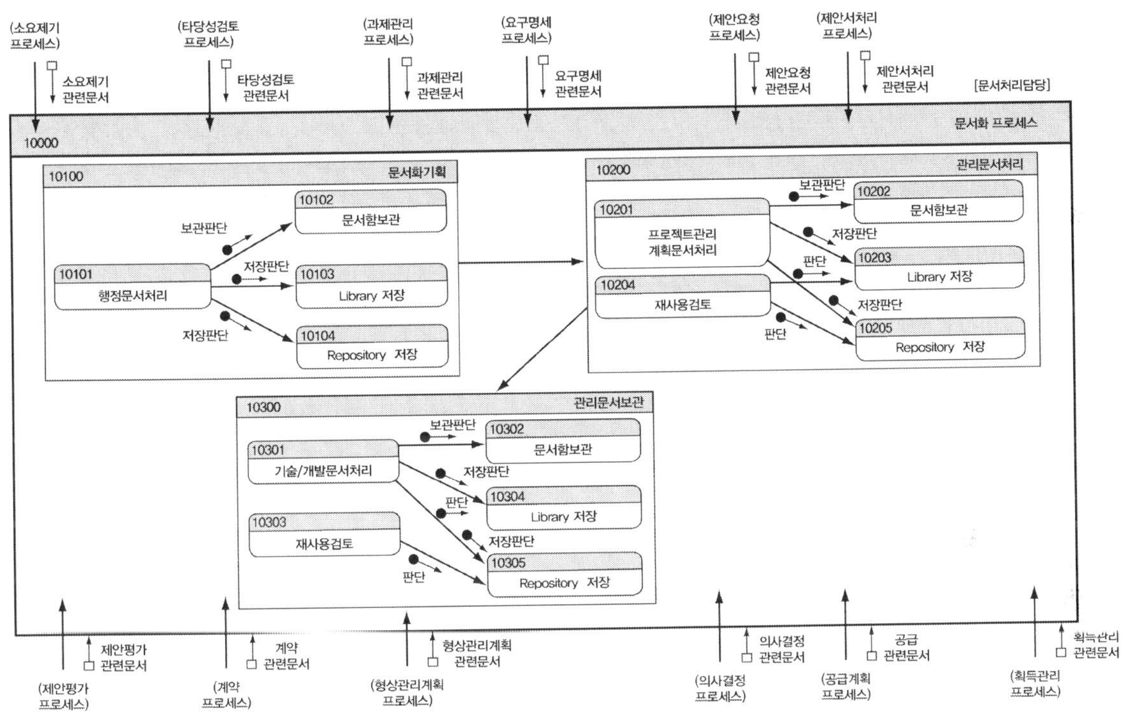

[그림 9-25] 문서화 프로세스 연계도

9.9.11 의사결정 프로세스

이 프로세스는 [그림 9-26]과 같이 의사결정자가 업무를 주관하는 프로세스로 프로그램 및 프로젝트 관리계획, 기술적관리계획, 자원관리계획, 획득관리계획, 후방지원관리계획, 자료관리계획을 위한 활동을 한다.

이 프로세스의 정보 입·출력 관계는 소요제기 프로세스로부터 도입/개발 승인 요청을 받고, 승인 여부를 판단하고, 과제관리 프로세스로부터 과제관리계획서와 제안서처리 프로세스로부터 최종 평가기준서와 평가위원 추천서를 받아 승인 여부를 판단한다. 그리고 제안 평가 프로세스로부터 제안사 추천서를 받고 승인 여부를 판단한다. 계약 프로세스로부터는 계약서를 받고 서명 날인하며, 문서화 프로세스에 의사결정 관련 문서를 전달한다.

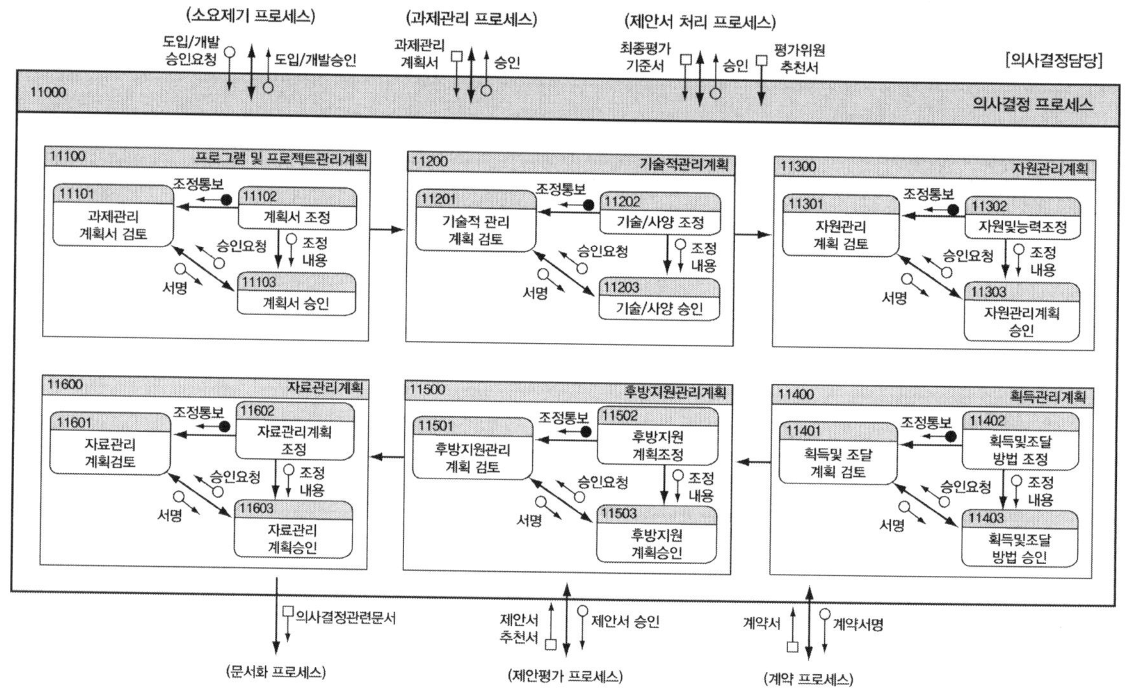

[그림 9-26] 의사결정 프로세스 연계도

9.9.12 공급계획 프로세스

이 프로세스는 [그림 9-27]과 같이 공급계획 처리, 인도계획 처리 활동을 하며 공급 관련 처가 업무를 수행한다.

프로세스 간 정보 입·출력 관계는 제안요청 프로세스로부터 제안요청서와 제안요청 설명회 계획서를 받고, 제안평가 프로세스로부터 제안 설명회 계획을 통보받고, 참석 여부 내용을 통보한다. 제안서처리 프로세스로 제안서를 제출하며, 획득관리 프로세스에 인도 계획서를 보내고 공급조건을 통보 받는다. 그리고 계약 프로세스로부터 입찰기준서와 입찰 대상 여부를 통보 받게 되며, 공급계획 관련 문서를 문서화 프로세스에 전달하게 된다.

9.9.13 획득관리 프로세스

이 프로세스는 [그림 9-27]과 같이 획득조건 처리와 획득 종합계획 활동을 하며, 획득 관리 부서가 업무를 주관한다.

프로세스 간 정보 입·출력 관계는 요구명세 프로세스로부터 획득 요구서를 받고, 검토서를 보낸다. 과제관리 프로세스로부터 획득관리 기본계획서와 공급 프로세스로부터 공급 조건을 통보 받는다. 또한 제안요청 프로세스로부터 획득계획서를 받는다. 그리고 문서화 프로세스에 획득관리 관련 문서를 전달한다.

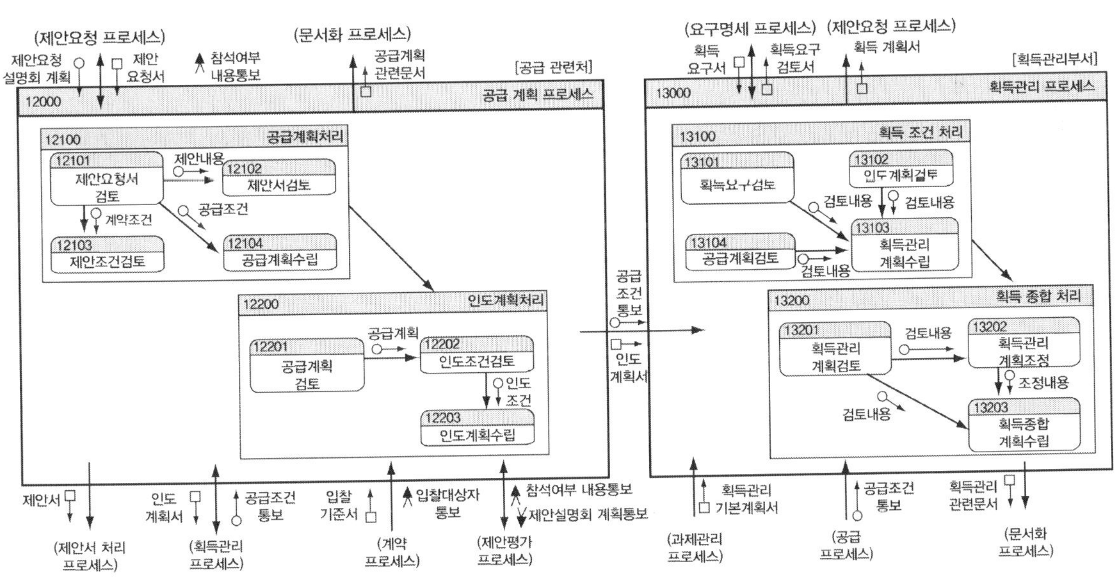

[그림 9-27] 공급계획과 획득관리 프로세스 연계도

1. 시스템 개발에 있어 기본 원칙이 있는데 그 원칙에 대해 논하시오.

2. 소프트웨어 개발에 있어 일반적인 개발 단계에 대해 논하시오,

3. 소프트웨어 개발에 있어 구조적 개발 방법, 정보공학적 개발 방법, 객체지향 방법이 있는데, 이들 방법의 특성과 개발과정에 대해 논하시오.

4. 신속한 개발방법론(RAD)에 대해 논하시오.

5. IE와 RAD의 복합방법론(IE-RAD)에 대해 논하시오.

6. 재구축(re-engineering)에 대해 논하시오.

7. 개발경로 선택 시 고려사항에 대해 논하시오.

8. 프로세스와 프로세스 모델의 차이에 대해 논하시오.

9. 프로그래밍 모델(APPL/A, AP5, MVP), 기능 모델(HFSP), 계획-기반 모델, 페트리-네트 모델(SLANG, APPLE), 정량적인 모델(System Dynamics), 다중-패러다임 모델(STATEMATE, MARVEL)의 차이에 대해 논하시오.

10. 생명주기 모델의 개념적 구분에 있어 다음 모델의 특성에 대해 논하시오.

   (1) 단계접근 개념(phased approach)

   (2) 시제품화 개념(prototyping approach)

   (3) 증분접근 개념(incremental approach)

   (4) 진화접근 개념(evolutionary approach)

   (5) 위험관리 개념(risk management approach)

   (6) 변환접근 개념(conversion approach)

11. ISO/IEC DIS 12207-1 표준의 특성에 대해 논하시오.

12. MIL-STD-498 표준의 특성에 대해 논하시오.

13. IEEE STD 1074-1991 표준이 특성에 대해 논하시오.

14. SPICE(Software Process Improvement Capability Etermination) 모델의 특성에 대해 논하시오.

요구분석 핵심기법 및 고려사항

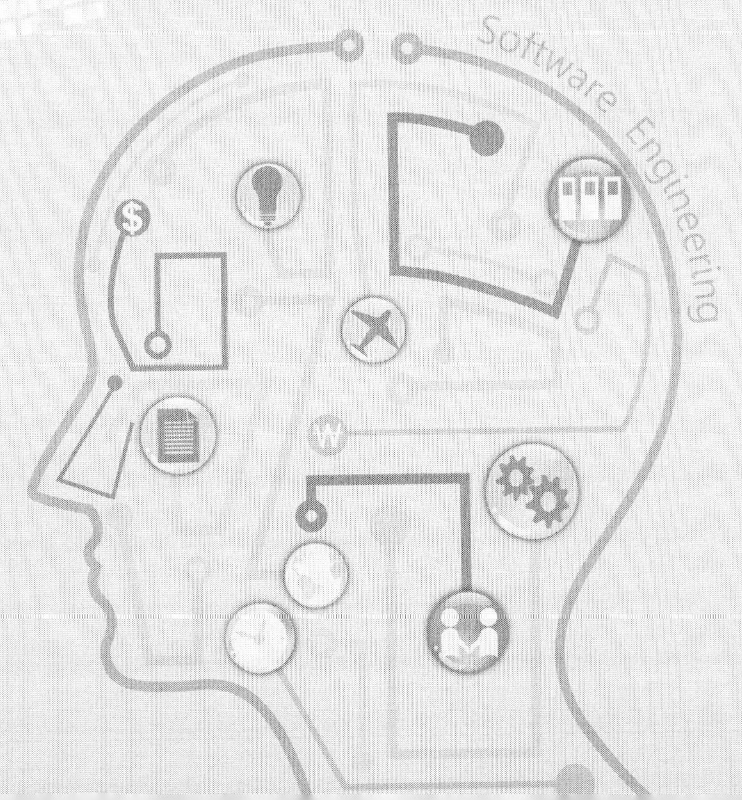

정보시스템 프로젝트에 대한 업체 선정과 계약이 종료되면 본격적인 정보시스템 도입 프로젝트에 착수하게 된다.

정보시스템 프로젝트의 첫 번째 단계는 요구사항 분석단계로 발주 업체와 사용자들이 요구하는 기능과 성능 조건 등을 구체적으로 파악하는 과정이다.

요구분석은 정보시스템 설계를 위해 가장 기초적이고 중요한 단계이지만 사용자로부터 정확한 요구사항을 도출해 내는 것은 결코 쉽지 않다. 많은 사용자들이 자신이 요구하는 사항을 정확하게 표현하지 못하고 사용자의 프로젝트나 정보시스템에 대한 이해가 증가함에 따라 요구사항이 변경되는 경우가 빈번하기 때문이다. 이와 같은 문제점을 해결하기 위해 다양한 요구사항 분석 방법이 사용된다. 이 장에서는 요구분석 핵심기법, 요구사항 식별과 도출 기법을 위한 원리에 대해 논리적으로 접근하고 실제로 현장에서 일어나는 사례를 표현하려고 노력했다.

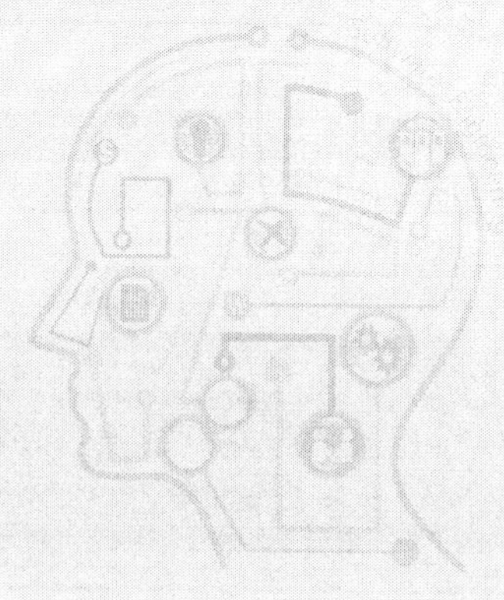

 10.1 요구분석 핵심 기법

10.1.1 성공적인 프로젝트가 되기 위한 조건

고객의 요구사항을 만족시키기 위해서는 [그림 10-1]과 같은 조건을 갖추어야 한다.

- 한정된 자원과 일정 안에서 고객의 요구사항을 100% 만족 시키며 기대 사항을 만족 시켜야 한다.

- 정확한 요구사항의 빠른 파악과 변경에 대한 관리가 프로젝트 성공을 좌우한다.

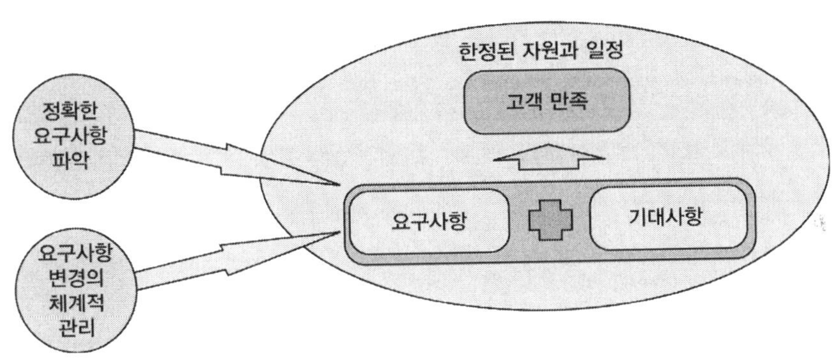

[그림 10-1] 프로젝트 성공 조건

요구사항의 정의는 다음 사항에 대해 항상 염두에 두고 프로젝트를 추진해야 한다고 말하고 있다.

① 고객이 결과물을 받아들일 만하다고 판단하고 만족해야 할 조건을 갖추어야 한다.

② 최종 사용자의 문제를 해결하거나 목적 달성을 위하여 필요로 하는 시스템이어야 한다.

③ 모든 시스템 개발 환경에 기반을 두고 개발되어야 한다.

④ 요구사항은 본질적으로 항상 진화하며, 변경되는 속성을 가지고 있다.

⑤ 고객 또는 사용자의 요구사항은 명시적 요구사항과 묵시적 요구사항을 포함하고 있다.

결론적으로 요구사항과 기대사항은 고객이 제품 또는 서비스를 받아들일 만하다고 판단하기 위해 충족 되어야 할 조건, 그리고 고객이 제품 또는 서비스에 완전히 만족하기 위해 충족되어야 할 조건을 갖추어야 함을 의미한다.

10.1.2 요구사항 관리의 목적과 효과

고객의 요구사항에 따른 비용 변화는 [그림 10-2]와 같다.

① 고객으로부터 요구사항을 수집하고 검토하며, 합의를 이루고, 변경을 관리하며, 추적하는 일련의 과정이다.

② 프로젝트의 초기부터 종료 시까지 끊임없이 반복되는 업무이다. (고객으로부터 요구사항 수집/검토, 합의, 승인/변경, 추적 관리의 반복적인 작업)

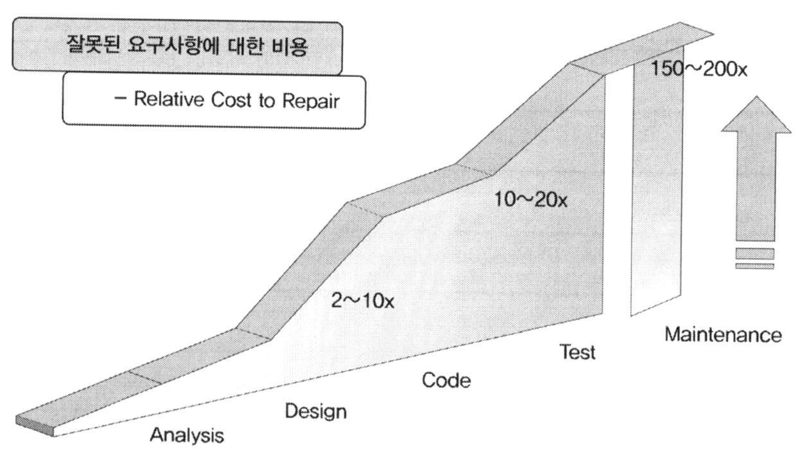

[그림 10-2] 요구사항 관리 효과도

요구사항 관리를 통한 효과는 다음과 같다.

① 고객 요구사항의 문서화와 통제가 가능하다.

② 고객과 요구사항에 대한 공통된 이해기반 형성이 가능하다.

③ 고객의 요구사항에 대하여 고객과 합의 형성 및 유지가 가능하다.

④ 요구사항이 변경될 때 마다,관련된 개발계획, 산출물 및 활동이 일치화 할 수 있을 것이다.

10.1.3 요구사항의 종류

〈표 10-1〉과 같이 기능적 요구사항과 비 기능적 요구사항으로 구분한다. 여기서 비기능적 요구사항이란 기능 요구사항 이외에 시스템 서비스 품질수준에 대한 사용자의 모든 요구사항을 말한다. 비 기능적 요구사항은 소프트웨어 제품 품질에 따라 기능성(Functionality), 신뢰성(Reliability), 사용성(Usability), 효율성(Efficiency), 유지보수성(Maintainability), 이식성(Portability)으로 분류할 수 있다.

① **기능성(Functionality)**
특정한 조건 하에서 소프트웨어 제품을 사용할 때, 소프트웨어 제품이 요구하는 기능을 제공하기 위해 필요로 하는 역량을 말한다.

② **신뢰성(Reliability)**
특정한 조건 하에서 소프트웨어 제품을 사용할 때, 소프트웨어 제품이 요구하는 수준의 성능을 유지하기 위해 필요로 하는 역량을 말한다.

③ **사용성(Usability)**
특정한 조건 하에서 소프트웨어 제품을 사용할 때, 소프트웨어 제품이 사용자에게 요구하는 수준의 이해성, 운용성 등을 제공하기 위해 필요로 하는 역량을 말한다.

④ **효율성(Efficiency)**

특정한 조건 하에서 소프트웨어 제품을 사용할 때, 소프트웨어 제품이 적절한 성능 및 자원 사용량을 제공하기 위해 필요로 하는 역량을 말한다.

⑤ **유지보수성(Maintainability)**

소프트웨어 제품을 변경하는데 필요로 하는 역량을 말한다.

⑥ **이식성(Portability)**

소프트웨어 제품을 다른 환경으로 이전하는데 필요로 하는 역량을 말한다.

〈표 10-1〉 요구사항의 종류

구분	기능적 요구사항	비기능적 요구사항
정의	• 시스템의 업무기능적 요구사항	• 시스템이 만족해야 하는 특성,제약 등을 규정
특성	• 데이터모델,(생성,삭제) 데이터흐름처리모델 • 프로세스 모델	• 신뢰성, 성능, 보안성, 안정성 등 시스템 전체에 대한 요구사항
사례	• 계좌개설, 계좌통합	• 시스템의 성능, 메모리 사양, 품질속성, 네트워크 성능 등
비고	• 100%만족 목표	• 현실적으로 100%만족 시킬 수 없음

10.1.4 요구사항을 처리하기 위한 프로세스 개요 및 세부 프로세스

요구사항 관리 조직 구성 및 일정 수립 활동은 다음과 같고 처리절차도는 [그림 10-3]과 같다.

① **요구사항 관리 조직 구성**
- 프로젝트 관리자는 요구사항 관리 담당자를 선임한다.
- 요구사항 관리 담당자는 고객과 확인절차를 갖는다.
- 요구사항 관리 담당자는 내부 조직의 확인을 받는다.

② **요구사항 관리 일정 수립 및 교육 실시**
- 요구사항 관리 담당자는 요구사항 관리 활동 및 일정 수립에 대하여 결정하고 관련 인원에게 공지한다.
- 필요 시 관련 인원에게 요구사항 관리 기법에 대한 교육을 실시한다.

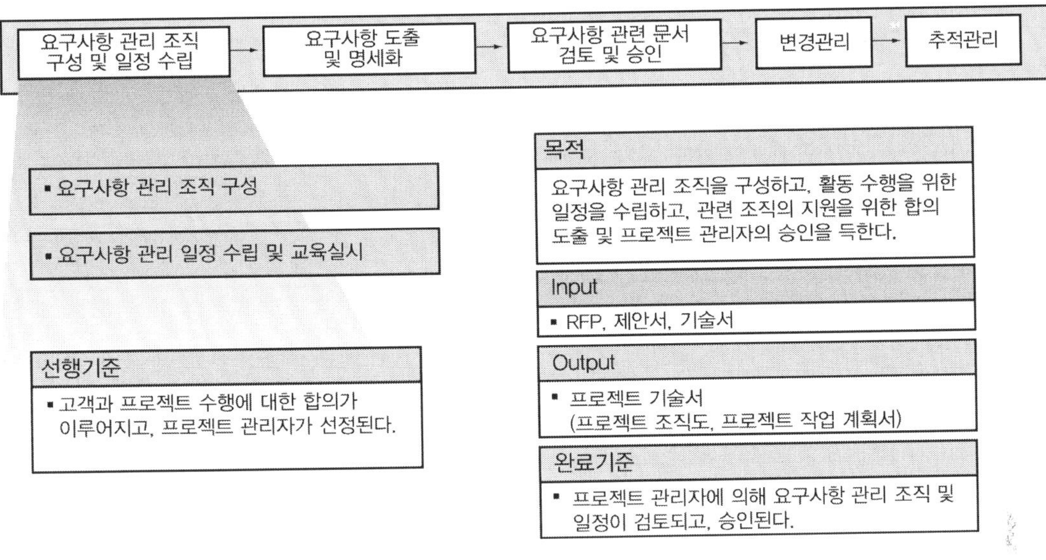

[그림 10-3] 요구사항 처리 절차도

10.1.5 요구사항 도출 및 명세화

요구사항 도출 및 명세화를 위한 과정은 [그림 10-4]와 같으며 그 내용은 다음과 같다.

① **요구사항 도출**

프로젝트에서 선정한 방법론에 따라 요구사항을 도출하고, 유형별(기능/비기능 요구사항)로 분류하고 분석한다.

② **요구사항 명세화**

요구사항을 상위 단계로부터 상세한 단계까지 구조화된 체계로 분할 및 유사한 내용은 단일 요구사항으로 통합한다.

요구사항의 종류는 기능적/비기능적 요구사항으로 구분한다.

① **기능적인 요구사항**

- 시스템이 제공해야 할 기능(개발자가 개발해야 할 기능)을 파악한다.
- 입출력 조건을 함께 정의한다.

- 기능성(Functionality)을 파악한다.

② 비 기능적 요구사항

- 시스템 기능과는 직접 관련되지 않는 다양한 속성을 파악한다.
- 시스템 성능에 크게 영향을 미칠 수 있음을 파악한다.
- 유용성(Usability), 신뢰성(Reliability), 성능(Performance), 지원성(Supportability) 등을 파악한다.

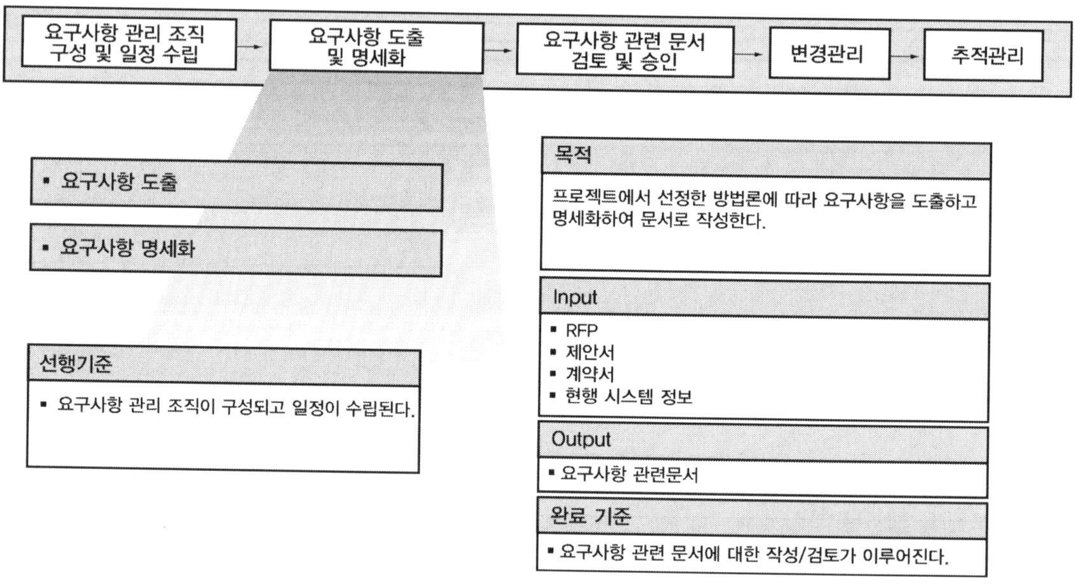

[그림 10-4] 요구사항 도출 및 명세화

10.1.6 요구사항 명세서 검토 및 승인

요구사항 명세서 검토 및 승인 절차는 [그림 10-5]와 같으며 그 내용은 다음과 같다.

① 요구사항 관련 문서 내부 검토 및 승인

- 관련 조직과 동료검토를 실시한다.
- 동료검토 및 품질 검토 결과 발견된 결함을 조치한다.
- 프로젝트 관리자의 요구사항 관련 문서에 승인한다.

② 요구사항관련 문서 고객 검토

- 요구사항 관리 담당자는 고객에게 요구사항 관련 문서를 검토 의뢰한다.
- 고객은 검토 후 결과 통보(필요에 따라 고객과 프로젝트 관리자, 요구사항 관리 담당자, 프로젝트 리더가 함께 검토 수행)한다.

③ 검토결과 요구사항 보완

- 고객 검토 이후 발견된 결함을 보완한다.
- 검토 결과 사안에 따라 요구사항 도출부터 명세까지 재 수행한다.

④ 고객 승인 획득

- 보완된 요구사항에 대한 고객의 승인을 획득한다.

⑤ 요구사항 베이스라인 설정

- 고객과 합의된 요구사항 관련 문서는 형상관리 프로세스에 따라 베이스라인이 설정되게 된다.

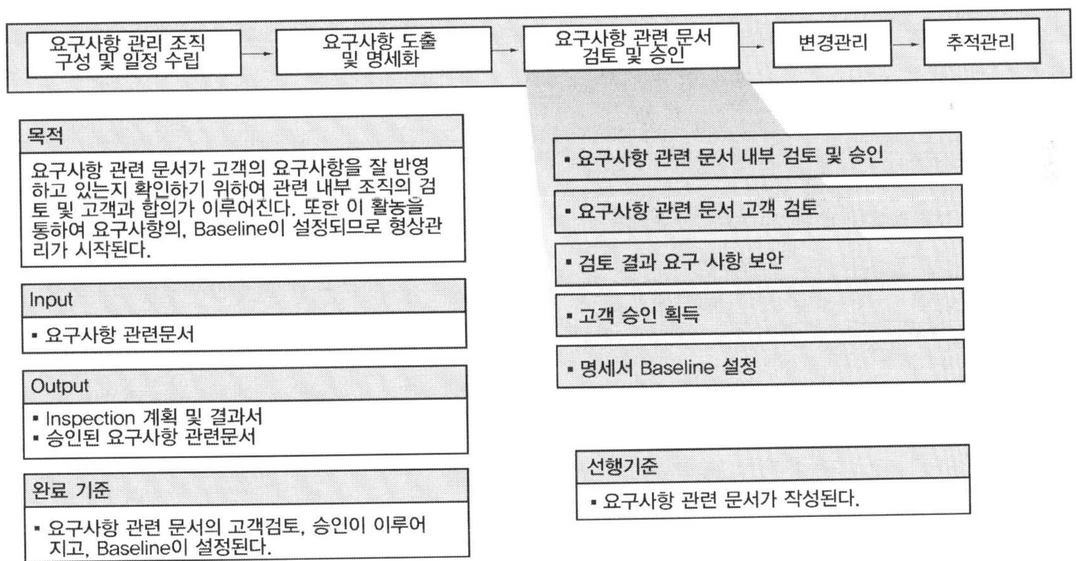

[그림 10-5] 요구사항 명세서 검토 및 승인

10.1.7 요구사항 변경관리

요구사항 변경관리 절차는 [그림 10-6]과 같으며, 그 내용은 다음과 같다.

① 요구사항 변경 요청

변경 요청자는 요구사항 담당자와 함께 '변경 요청서'를 작성하고 형상관리 담당자에게 제출한다.

② 요구사항 변경 검토 및 승인

형상관리 담당자는 요청 사항에 대하여 수용/반영 시 미치는 영향을 파악하고, 형상관리 위원회에서는 이를 기반으로 수용 여부를 결정한다.

③ 변경 승인된 요구사항 적용

- 해당 산출물 담당자는 형상관리 담당자로부터 결정된 결과 및 지시사항을 통보 받고 이에 따라 관련 작업을 수행한다.
- 작업 완료에 대한 검토 및 테스트는 Inspection이나 테스팅 또는 동료 팀원의 검토/확인으로 이루어진다.

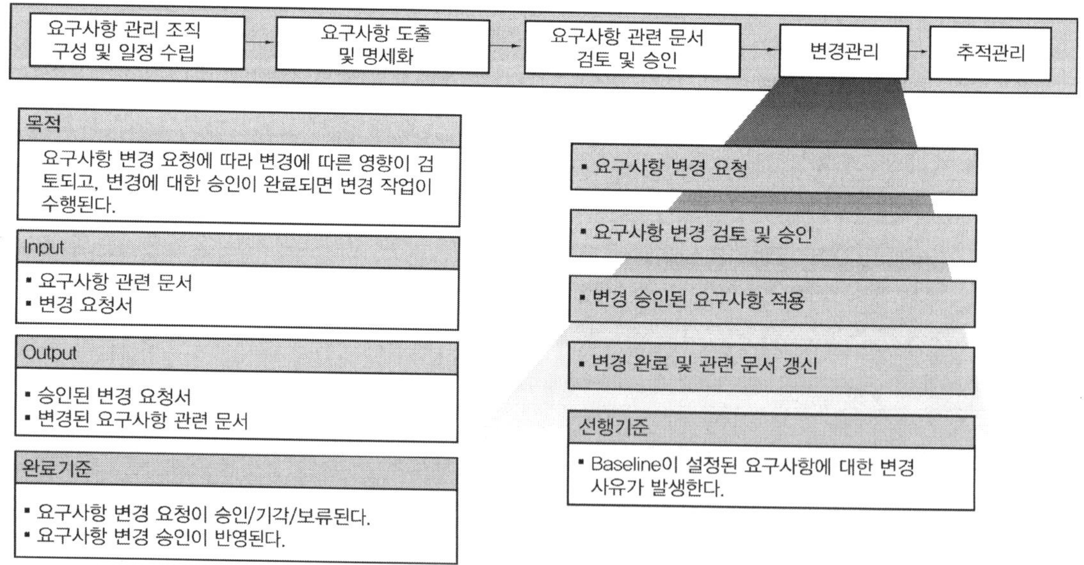

[그림 10-6] 요구사항 변경관리

④ **변경 완료 및 관련 문서 갱신**

- 변경 작업이 완료되면 해당 팀원은 형상관리 담당자에게 통보한다.
- 형상관리 담당자는 관련 산출물에 대한 Check-in을 실시하고 변경 요청서를 종료한다.
- 요구사항 담당자는 형상관리 담당자로부터 변경 완료 통보를 받아 요구사항 추적 매트릭스를 갱신한다.

10.1.8 요구사항 추적관리

요구사항 추적관리 절차는 [그림 10-7]과 같으며, 그 내용은 다음과 같다.

① **추적 일정 수립**
- 요구사항 관리 담당자는 요구사항 추적을 위하여 추적 활동 및 일정을 결정한다.

② **추적 대상 산출물 정의**
- 요구사항 관리 담당자는 '프로젝트 기술서'에 정의된 소프트웨어 개발 산출물 중에서 추적 대상 산출물을 선정한다.
- 추적 대상 산출물 선정 시 고객 인도 산출물과 테스트 관련 산출물 반드시 포함한다.

③ **추적성 기록**
요구사항 관리 담당자는 명세화된 요구사항의 출처 및 정의된 추적 대상 산출물을 '요구사항 추적 매트릭스'에 문서화한다.

④ **요구사항 현황 추적**
요구사항 관리 담당자는 추적 대상 산출물의 Baseline이 설정된 후 요구사항이 해당 추적 대상 산출물에 모두 반영되었는지 또는 변경된 요구사항이 반영되고 있는지를 추적/관리한다.

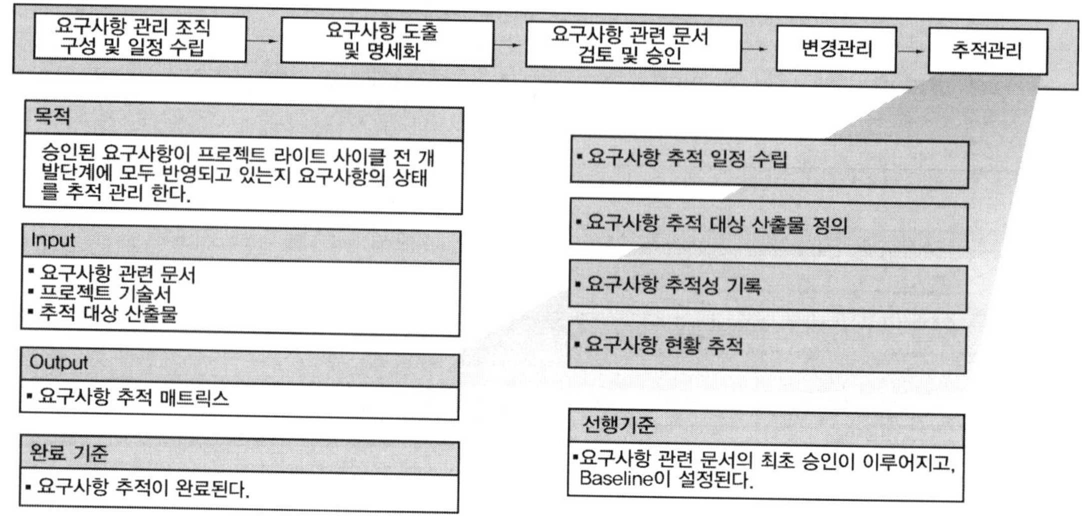

[그림 10-7] 요구사항 추적관리

 ## 10.2 요구사항 식별과 도출기법

10.2.1 요구사항 분석단계 고려사항

① 분석단계에서 수행되는 활동들은 모두 동시에 병행하여 수행 될 수 있다.

② 분석단계 이후 요구사항의 변경을 최소화시키는 것이 관건이다.

③ 변경을 최소화시키기 위해서는 구체화된 요구사항을 최대한 고객으로부터 도출해야 한다.

④ 수동적인 요구사항 수집이 아닌 능동적인 요구사항 도출 활동이 요구된다.

⑤ 모든 결정은 고객으로 하게끔 유도해야 한다.

요구사항 식별 원천과 도출 기법을 [그림 10-8]에서 나타내고 있다.

■ 요구사항 식별 원천

■ 요구사항 도출 기법

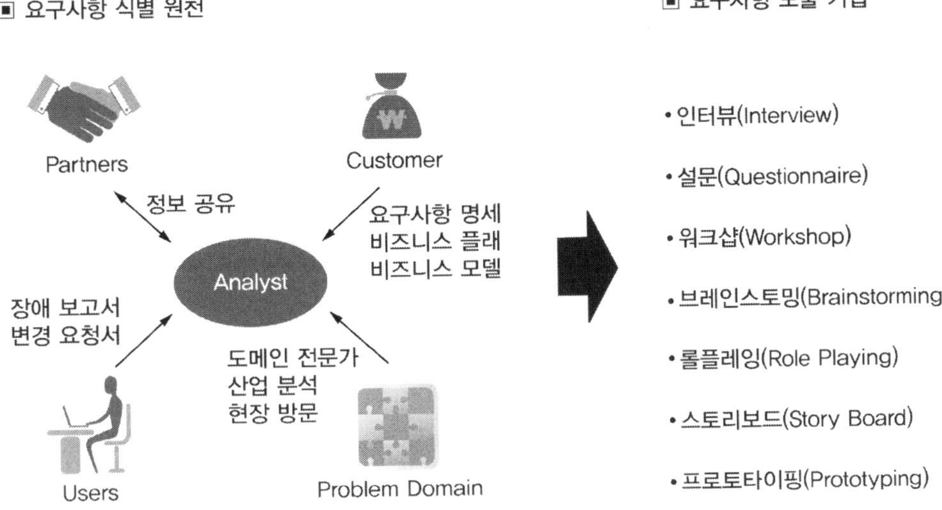

[그림 10-8] 요구사항 식별 원천과 도출 기법

10.2.2 요구사항 도출 기법

현업의 요구사항을 도출하기 위한 방법으로 인터뷰, 설문조사, 워크샵, 브레인스토밍, 스토리보드 활용법이 있다.

1 인터뷰

① 문제 분석과 요구사항 도출 시 사용될 수 있는 직접적인 기술이다.

② 잠정적 사용자, 고객으로부터 실제 문제와 가능한 해결안에 대한 이해를 얻기 위해 수행되는 것이다.

③ 고객과의 대화에서 이해의 차이가 존재하므로 어려움이 있다.

④ 어떤 대상과 인터뷰를 할지 결정하는 것이 중요하다.

⑤ 인터뷰를 위한 계획서 작성으로부터 시작해서, 인터뷰 결과서(또는 회의록)를 작성하고 전달하여 내용을 재 확인하는 절차를 갖는다.

2 설문(Questionnaire)

① 설문지 만을 통한 간접적인 방법은 매우 조심해야 한다.

② 관계자와 직접 인터뷰를 하는 것만이 사용자의 정확한 문제 및 요구를 도출할 수 있으며 이에 대한 이해를 가능하게 한다.

③ 설문지를 인터뷰 대신 사용할 때의 어려운 점
  - 고정된 질문만 가능하므로 적절한 질문을 적기에 할 수 없다.
  - 새로운 도메인과 지식 등, 새로운 내용들에 대해 알기 어렵다.
  - 질문 속에 있는 가정들이 응답자들의 답을 편향되도록 한다.
  - 실제 문제 또는 요구사항을 파악하기 어렵다.

④ 초기의 인터뷰와 분석 활동이 어느 정도 끝난 후 검증을 효율적으로 적용 가능하다.

3 워크샵(Workshop)

① 요구사항 식별을 위한 방법 중 가장 효과적인 방법이다.
  모든 핵심 관계자들이 모여 집중적으로 요구사항을 식별하거나 검토하는 활동을 수행할 수 있다.

② **장점**
  - 프로젝트의 성공이라는 목적 달성을 위한 효율적인 팀 구성에 도움이 된다.
  - 요구사항 식별에 필요한 모든 사람들의 모임이 가능하다.
  - 응용 시스템이 무엇을 해야 하는지 관계자들과 개발자들 간의 합의가 가능하다.
  - 프로젝트의 성공을 방해하는 정치적인 이슈들을 쉽게 발견할 수 있다.
  - Feature 수준의 초기 시스템 정의가 가능하다.

4 브레인스토밍(Brainstorming)과 아이디어 축소

① 관계자들이 함께 모여 유용한 아이디어들을 모으는 것이다.

- 참여자들이 다른 사람의 아이디어를 편승(piggyback)하는 것을 허용한다.
- 논의되는 모든 것들이 기록으로 단서를 유지한다.
- 어떤 문제가 주어지더라도 가능한 다양한 솔루션이 결과로 산출될 수 있다.
- 어떤 제약사항에 의해 생각하는 것이 제한 받지 않도록 장려한다.

② 브레인스토밍 단계

- 아이디어 생성 : 가능한 많은 아이디어를 정확히 기술한다.
- 아이디어 축소 : 생성된 모든 아이디어를 분석 후 자르기, 구성하기, 순위 매기기, 확장하기, 그룹화하기, 정제하기 등의 다양한 방법을 사용하여 아이디어를 축소한다.

5 스토리보드(Story Board)

스토리보드(Storyboard)란 원래 영화나 텔레비전 광고 또는 애니메이션 같은 영상물을 제작하기 위해 작성하는 일종의 문서이다.

영상의 흐름을 설명하기 위한 스토리나 구성요소, 촬영정보, 동선 등의 제작 시 필요한 정보들이 미리 약속된 기호들에 의해 중요한 장면별로 간단히 스케치하여 스토리보드를 만든다. 따라서 스토리보드에는 영상촬영 및 편집 시에 필요한 전체적인 정보가 담겨 있기 때문에 제작에 들어가기 전에 점검하는 데 유용하게 쓰이며, 촬영 및 편집을 하는 데에도 일종의 가이드라인이 되어 좀 더 효율적으로 일을 할 수 있게 도와준다.

흔히들 기획의 매우 중요한 부분이 스토리보드라 생각하지만 기획과 스토리보드는 다른 개념이다. 영상물을 제작할 때 제작자의 머릿속에는 아이디어와 개념들이 떠오를 것이다. 이런 것들을 제작사의 생각, 아이디어 스케치, 메모 등을 통해 영상물에 대한 기획을 세운다. 그 다음에는 전체적인 시나리오를 작성하게 된다. 기존의 생각, 아이디어, 개념 등을 좀 더 발전시켜 한 장면 한 장면 세밀하게 세부묘사를 하게 되는데 이 세부묘사를 한 것이 스토리보드이다.

① 개발의 초기 시점에서 응용 시스템에 대해 제안될 개념들에 대해 사용자로부터 의견을 들을 수 있고, 사용자에게 쉽고 상호 작용적이며 비용이 적게 소요된다.

② 시스템의 사용자 인터페이스에 대해 사용자의 빠른 검토를 제공한다.

③ 쉽게 생성하고 수정 할 수 있는 기회를 제공한다.

④ 스토리보드의 종류에는 수동적 스토리보드, 능동적 스토리보드, 상호적 스토리보드가 있다.

1. 요구분석 핵심 기법에 대해 설명하시오.

2. 고객의 요구사항과 프로젝트 투입비용과의 관계에 대해 설명하시오.

3. 요구사항관리를 하면 어떤 효과가 있는지에 대해 설명하시오.

4. 요구사항관리에 있어 기능적 요구사항과 비기능적 요구사항에 대해 설명하시오.

5. 요구사항관리에 있어 변경관리에 내해 설명하시오.

6. 요구사항관리에 있어 추적관리에 대해 설명하시오.

7. 요구사항관리에 있어 분석단계에서 고려해야 할 사항에 대해 설명하시오.

설계단계 핵심기법 및 고려사항

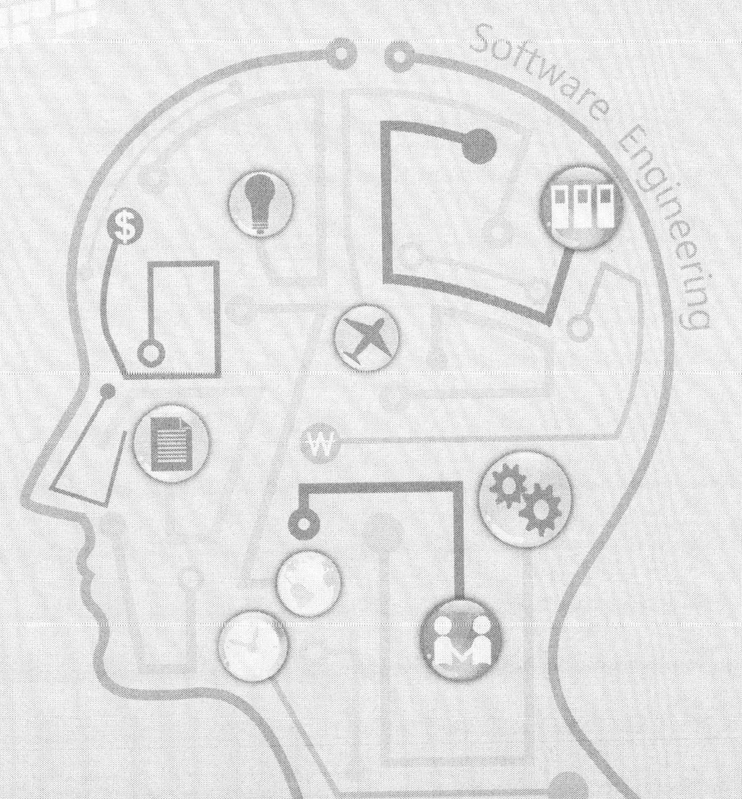

설계 단계는 분석모델을 바탕으로 성능, 신뢰성, 가용성 등의 비기능적 요구사항을 고려해 운영체제, 미들웨어, 프레임워크 등의 플랫폼을 결정하고, 이 플랫폼을 고려한 구체적인 시스템 구성 요소의 기능과 행위를 결정한다.

이 장에서는 소프트웨어 아키텍쳐 정의, 아키텍쳐 구성요소 간 연관 관계, 논리/물리 시스템 아키텍처의 작성, 소프트웨어 아키텍처의 구성, 시스템 아키텍처 품질 속성에 대한 원리에 대해 논리적으로 접근하고 실제로 현장에서 일어나는 사례를 표현하려고 노력했다.

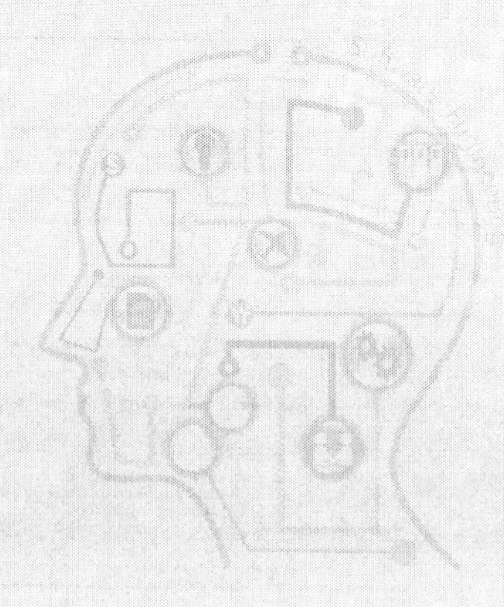

11.1 소프트웨어 아키텍처의 정의

프로젝트 수행에 있어서 Software Architecture란 구현하고자 하는 핵심 업무기능 요건을 잘 파악하고, 프로젝트 내에서 사용할 수 있는 다양한 기반기술을 이용하여 구현한 최적의 구현모델 및 가이드로서 추천되고 있는데, 이러한 Software Architecture는 SAD(Software Architecture Document)로 표현된다.

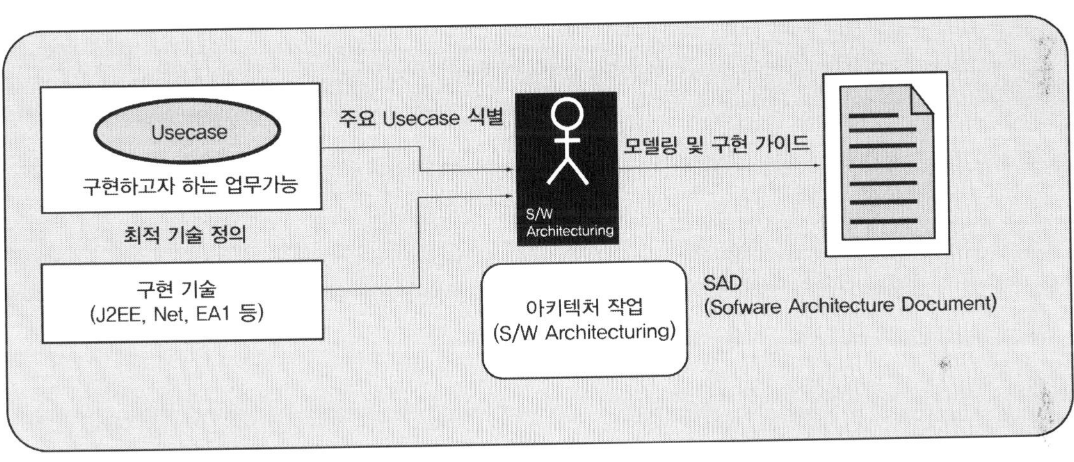

[그림 11-1] 소프트웨어 아키텍처

11.1.1 SW Architecture의 일반적인 정의

① 프로그램 혹은 컴퓨팅 시스템의 Software Architecture란, 소프트웨어 컴포넌트, 이들 컴포넌트의 가시적인 속성, 그리고 컴포넌트 사이에 관계로 구성된 시스템의 전체적인 구조를 말한다.

② 소프트웨어의 중요한 초기 설계 결정사항들을 표현하는 것으로 소프트웨어 시스템에 대한 상위레벨의 구조적/행위적 모델이며 소프트웨어 솔루션 구조에 대한 커다란 형상을 보여준다.

11.1.2 SW Architecture의 역할

소프트웨어 아키텍처가 시스템 개발에서 담당하는 역할은 다음과 같다고 볼 수 있다.

① 관련 당사자들 사이의 의사소통 수단이다.

② 개발 프로젝트 초기 단계에서 의사결정 도구이다. 아키텍처는 품질 요소를 결정하며 프로젝트 조직에 영향을 끼친다.

③ 시스템의 전체 구조를 결정한다.

④ 개발 프로젝트의 조직을 결정하는데 참고할 수 있다.

⑤ 시스템이 가져야 할 품질요소를 결정한다. 따라서 아키텍처를 통해 시스템이 어떤 품질을 가질 것인지 예측할 수 있다.

⑥ 아키텍처를 통해 시스템 개발자들에게 어떤 교육을 시킬 것이지 결정할 수 있다.

⑦ 소프트웨어의 변경사항을 어떻게 관리할 것인지를 알려준다.

11.1.3 SW Architecture 특징

① **간략성** : 이해하고 추론할 수 있는 정도이다.

② **추상화** : 시스템의 추상적인 표현을 사용한다. (복잡도 관리)

③ **가시성** : 시스템에 무엇이 포함되어야 할지 표현한다. (청사진)

시스템 통합(SI) 서비스 산업에서 SW 아키텍처는 [그림 11-2]와 같이 다양한 사업 진행 범위에서 주요한 역할을 수행하며 프로젝트의 성공을 이끌어 나간다.

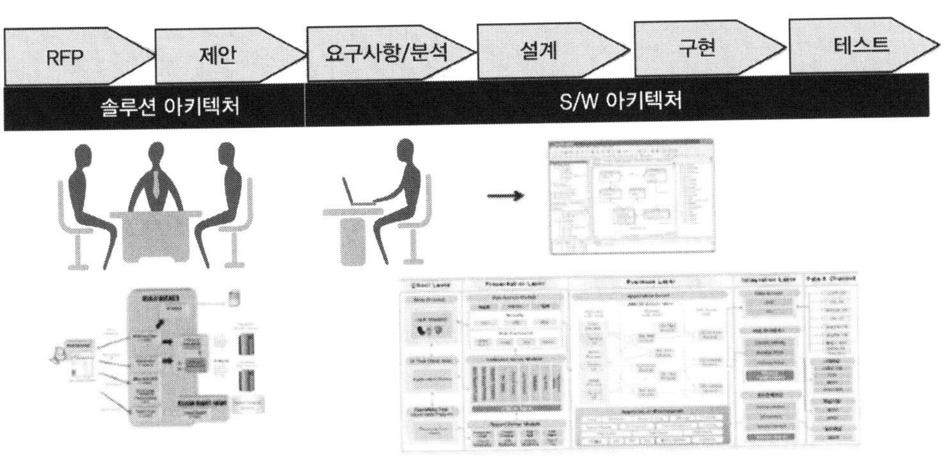

[그림 11-2] 소프트웨어 아키텍처의 역할

11.1.4 SW 아키텍처의 도입 사유

소프트웨어 아키텍처는 수행 프로젝트에서 흔히 발생하는 다음과 같은 문제들을 해결하기 위해 도입한다.

① 대부분 기술적인 결정은 경험에의해 이루어진다. 그러나 경험적인 해결책이 현재 진행 중인 프로젝트에서 부적절한 경우가 많다.

② 경험적 결정만으로는 프로젝트에서 적용할 기술에 어떤 위험이 따를지 판단하기 어렵다. 또한 기술적인 결정을 내릴 때 비용과 프로젝트 적합성을 따지지 않고 도입하는 경우가 많다. 이 경우 프로젝트의 기간을 줄이고 품질을 높이기 위해 도입된 기술이 오히려 프로젝트를 지연시키고 시스템의 품질을 떨어뜨린다.

③ 기술적인 의사결정이 프로젝트 중간에 흔들러서 프로젝트가 지연되는 경우가 종종 발생한다. 이것은 선택된 기술이 프로젝트에서 최적의 선택인지 고민하지 않았기 때문이다. 사용자의 요구사항에 기초하지 않은 의사결정은 막연한 결과를 만들고 기술적인 의사결정이 올바른 것인지 프로젝트 후에도 판단하기 어렵다. 의사결정을 하기 위해 많은 시간을 소요하지만 합리적인 결정을 내리지 못할 때가 많다.

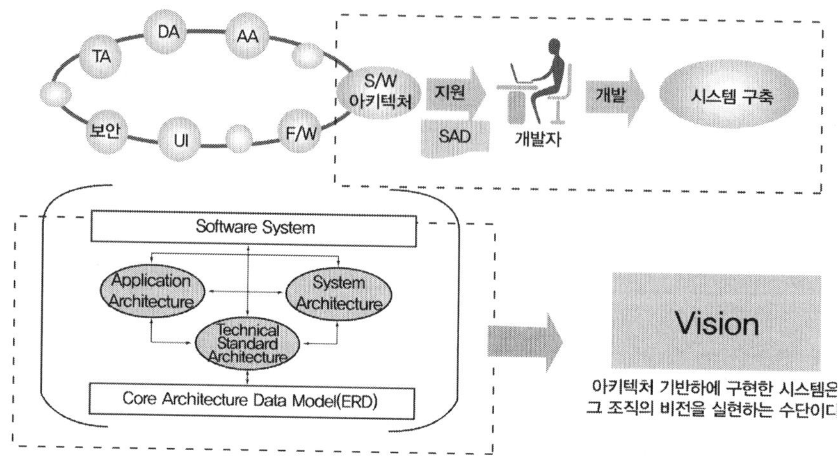

[그림 11-3] SA 표준과 기술인프라

SA(Software Architecture)는 Enterprise Architecture(AA, TA, DA) 표준과 기술 인프라를 기반으로 [그림 11-3]과 같이 최적의 업무 시스템이 구현될 수 있도록 가이드 및 기술 지원활동을 수행한다.

11.1.5 소프트웨어 아키텍처의 용도

① **Architecture는 Stakeholder 사이의 의사소통 수단**

시스템의 모든 stakeholder들이 상호간의 이해와 조화를 이루고 의사소통을 위한 기본으로 사용된다.

② **개발 초기 의사결정에 중요한 역할**

- 구현 상의 제약조건을 명시하고 조직 구조를 반영한다.
- 시스템의 품질속성을 명시하고 분석할 수 있게 한다.
- 아키텍처를 통해 시스템의 품질을 예측할 수 있게 한다.

③ **Architecture는 시스템의 추상화로서 재사용할 수 있으며, 재적용 가능**

- Architecture는 시스템의 구조 및 컴포넌트 간의 연동관계를 비교적 간략하고, 고도화된 모델로 표현한 것이다.

- 특히 비슷한 요구사항을 갖는 시스템에도 재적용하기 좋으며 이로써 대단위 재사용 및 software product line 구축에 활용된다.

④ **Architecture는 초반 디자인 결정사항의 결과로서 품질에 핵심영향**
- 시스템의 Architecture는 다루어야 할 여러 고려사항에 대해 우선순위를 정할 수 있게 하는 가장 초기 산출물로써 이는 시스템의 품질에 핵심 영향을 미친다.
- 성능과 보안 사이, 유지보수성과 신뢰성 사이, 그리고 현 개발비용과 향후 개발 비용 간의 tradeoff를 명확하게 architecture에 나타낸다.

 ## 11.2 아키텍처 구성요소 간 연관관계

아키텍처 구성요소간 연관관계와 논리적 시스템 아키텍처, 물리적 시스템 아키텍처는 [그림 11-4]에서 나타내고 있다.

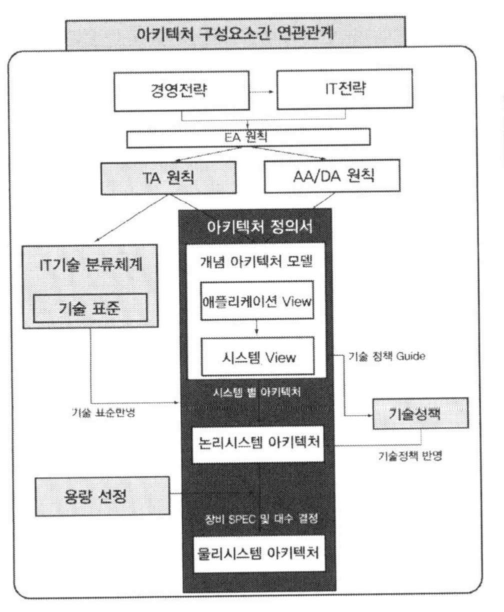

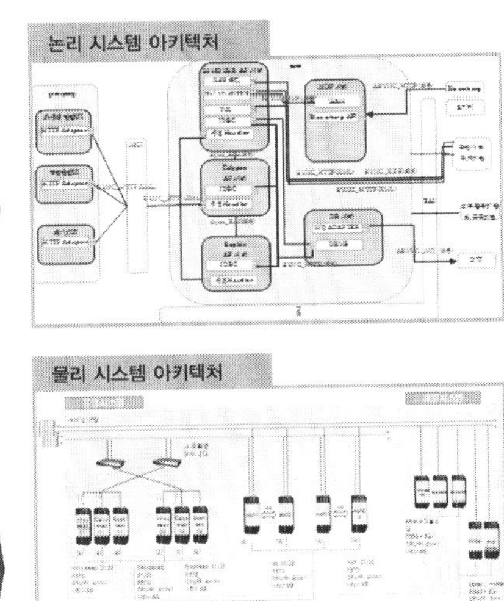

[그림 11-4] 아키텍처 구성요소 간 연관 관계

11.2.1 논리 시스템 아키텍처의 정의

① 시스템 View를 현실화하기 위하여 개별 시스템 단위로 구현 시 필요한 논리적인 Hardware인 노드와 노드에 탑재되는 Technical Component 및 이들 간의 연관관계를 연계 기술 관점에서 표현한 설계서이다.

② **작성목적**

- 적용될 기술요소의 신속한 식별을 통해 개별 프로젝트에 대한 기술 아키텍처 측면의 Guidance 제공 문서의 일관성과 가독성의 향상을 통한 업무 효율성을 제고한다.
- 프로젝트에 투입된 인력의 수준에 무관하게 일정한 수준의 아키텍처 산출물을 위한 품질을 유지한다.

11.2.2 물리 기술 아키텍처

① 논리기술 아키텍처에 정의된 설계서를 바탕으로 요구하는 성능을 제공하기 위해 필요한 장비대수 및 구성 , 물리적 NETWORK 연결구조가 정의된 설계서이다.

② **작성 목적**

- 논리 시스템 아키텍처 정의서에 정의된 주요 기술 표준을 적용하기 위해 시스템 설치관점에서 필요한 SW버전, H/W Spec. 등 구성요소의 식별을 위해 작성된다.
- 프로젝트에 투입된 인력의 수준에 무관하게 일정한 수준의 아키텍처 산출물 품질을 위한 품질을 유지한다.

11.3 논리/물리 시스템 아키텍처의 작성

아키텍처의 각 산출물은 [그림 11-5]와 같이 단위 프로젝트별의 각 개발 단계별로 시스템 아키텍처의 준수 사항을 제시하고 이를 준수하여 아키텍처의 설계여부를 파악할 수 있도록 활용된다.

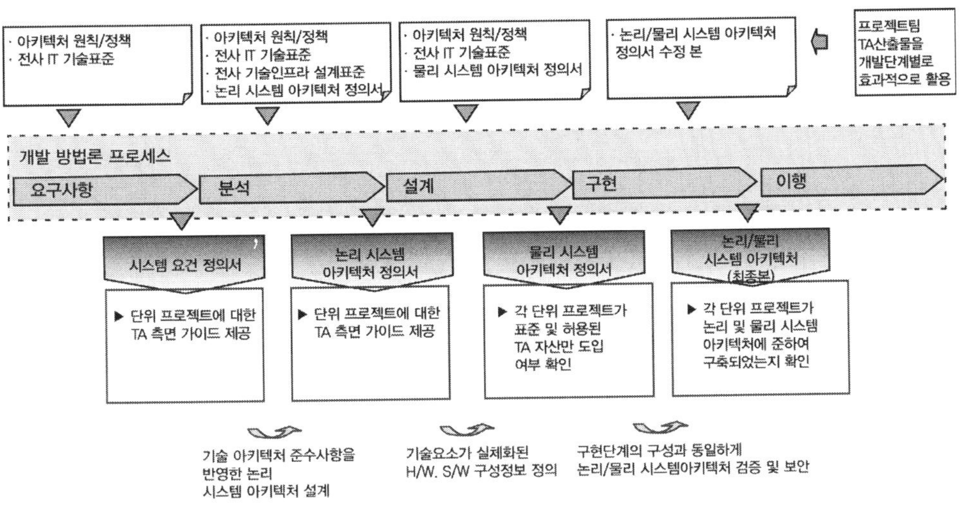

[그림 11-5] 아키텍처의 각 단계별 산출물

11.3.1 전행 IT기술표준 (TRM/SP)

전행 IT기술 분류체계 및 기술표준이 정의된 문서이며, 도입되는 모든 IT솔루션 관련된 제품은 해당 문서에서 표준으로 정의된 제품만을 사용하여야 한다.

11.3.2 기술아키텍처 원칙/정책

① 기술아키텍처 수립 시 설계의 기준이 되는 원칙 및 세부 원칙이 정책 각 기술영역(미들웨어, 서버 등)별로 설계 가이드라인이 정의되어 있다.

② 기술 아키텍처 설계 시 해당 원칙/정책을 준수하여야 한다.

11.3.3 논리/물리 기술아키텍처 템플릿

시스템의 논리적 설계단계 및 물리적 설계단계에서 준수해야하는 표준화된 기술 아키텍처 표현방식을 정의한 문서로써 설계단계에서 표준화된 양식으로 작성된 설계서를 기준으로 검토가 이루어진다.

11.3.4 자원 명명규칙 정의서

① 메인프레임 명명규칙, 서버 명명규칙, 미들웨어 명명규칙 등을 표준화하여 정의한다.

② 해당 문서에 정의된 자원에 대해서는 문서에 정의된 명명규칙을 준수하여야 한다.

11.4 소프트웨어 아키텍처의 구성

소프트웨어 아키텍처의 구성은 [그림 11-6]과 같다.

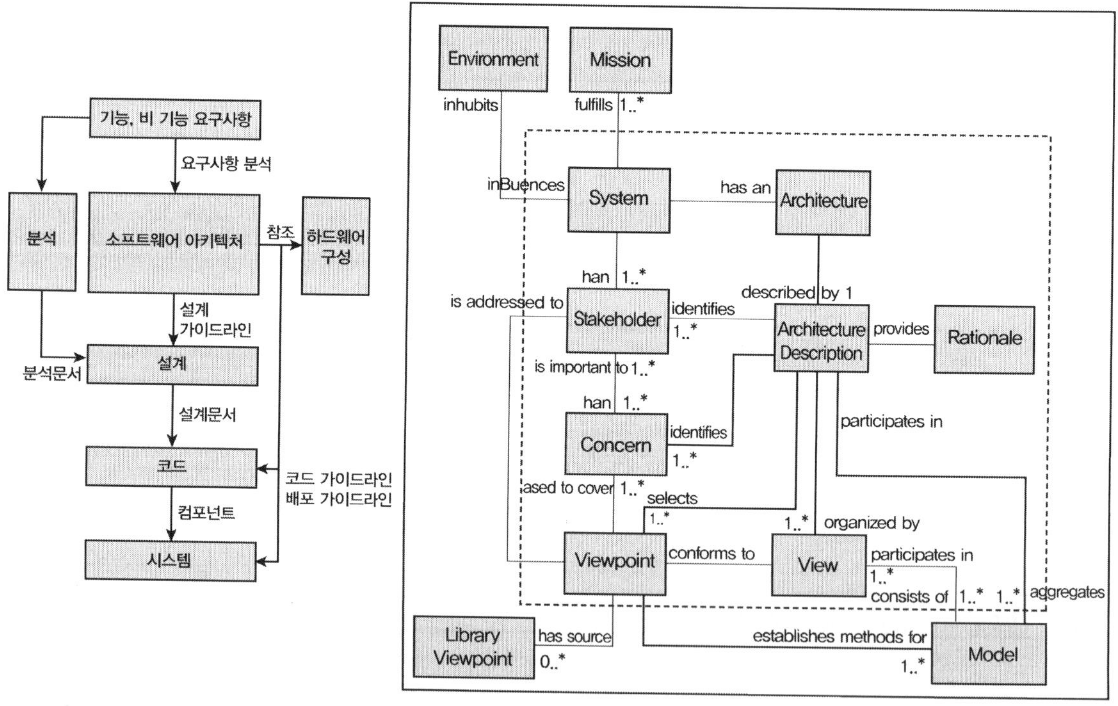

[그림 11-6] 소프트웨어 아키텍처의 구성

11.4.1 이해 관계자

① 소프트웨어 시스템 개발에 관련된 모든 사람과 조직을 의미하며, 시스템의 이해관계
자들과 그들의 관심사를 통해 식별된다.

② 각 이해 관계자들은 완성된 시스템이 갖추어야 하는 기능이나 성능과 품질 등에 대해
각기 다른 의견을 가진다.

11.4.2 View & Viewpoint

① **View** : 시스템관 관련된 많은 이해 관계자들이 가지는 생각이나 견해로부터 전체 시
스템을 표현한다.

② **Viewpoint** : View를 구성하기 위한 규칙을 정의하는 패턴이다.

11.5 시스템 아키텍처 품질 속성

소프트웨어 기술은 웹과 인터넷의 대중화로 소프트웨어의 품질 개선과 다양한 요구 변
화에 효율적으로 대응하기 위해 급격히 발전하고 있는 추세이다. 완성된 시스템이 다양
한 스테이크 홀더들의 품질에 대한 요구를 만족시키는 시스템인지의 여부를 결정하는
소프트웨어 아키텍처의 평가는 매우 중요한 부분이다. 소프트웨어 아키텍처는 프로젝트
초기의 설계 결정사항에 대한 산출물로써 시스템과 프로젝트에 많은 영향을 미치며 특
정 시스템의 품질 속성은 주로 소프트웨어 아키텍처에 의해 결정된다.

아키텍처의 품질은 최종적으로 개발된 시스템이 만족시켜야 하는 중요한 요구사항이다.
아키텍처 설계를 위한 품질은 [그림 11-7]과 같이 각각의 품질요소마다 상호 배타적일 수
있어 복수의 품질 시이의 절충관계를 고려하여야 한다.

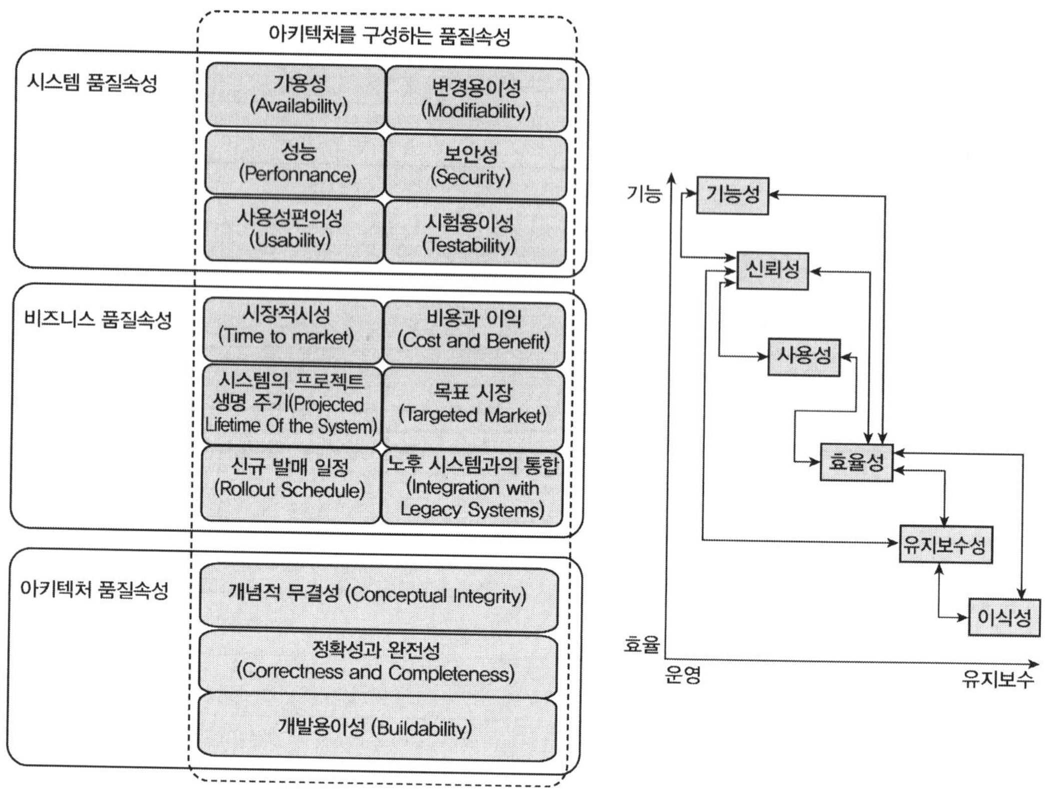

[그림 11-7] 아키텍처 품질 속성

11.5.1 아키텍처의 품질속성

① **비기능적 요구사항** : 특별히 소프트웨어 아키텍처에 많은 영향을 미칠 수 있는 요구사항이다.

② **통찰 가능한 품질속성** : 성능, 정보보호, 가용성, 기능성, 사용성 등이다.

③ **관찰이 불가능한 품질속성** : 수정성, 이식성, 재사용성, 통합성, 시험성 등이다.

④ **비즈니스 품질속성** : 적시성, 비용과 예산, 시스템의 내구 연한 등이다.

11.5.2 이해 관계자별 품질속성

이해 관계자(발주자, 사용자, 개발자)별 품질 속성을 〈표 11-1〉에서 나타내고 있다.

〈표 11-1〉 관계자 별 품질 속성

관점	품질속성	속성별 세부설명
발주자	최소 비용성	최소의 비용으로 최대의 품질확보
	생산성	비즈니스 적시성을 만족할 수 있는 생선성
	통합성	다른 소프트웨어 간의 상호연동
사용자	이해 편리성	사용자가 쉽게 이해할 수 있는 특성
	사용 편리성	사용자 중심의 인터페이스 제공
	기능의 정확성	사용자의 비즈니스에 만족하는 정확성
개발자	이식성	다른 플랫폼에서 사용할 수 있는 특성
	재사용성	프로젝트 단위를 넘어서 SW를 재사용할 수 있는 특성
	유지보수성	관리의 편리성과 변경의 용이성

1. 소프트웨어 아키텍처의 정의애 대해 설명하시오.

2. 소프트웨어 아키텍처의 도입 사유에 대해 설명하시오.

3. 소프트웨어 이키텍처의 용도에 대해 설명하시오.

4. 논리적 아키텍처와 물리적 아키텍처에 대해 설명하시오.

5. 시스템 아키텍처 품질속성에 대해 설명하시오.

시스템 개발방법론

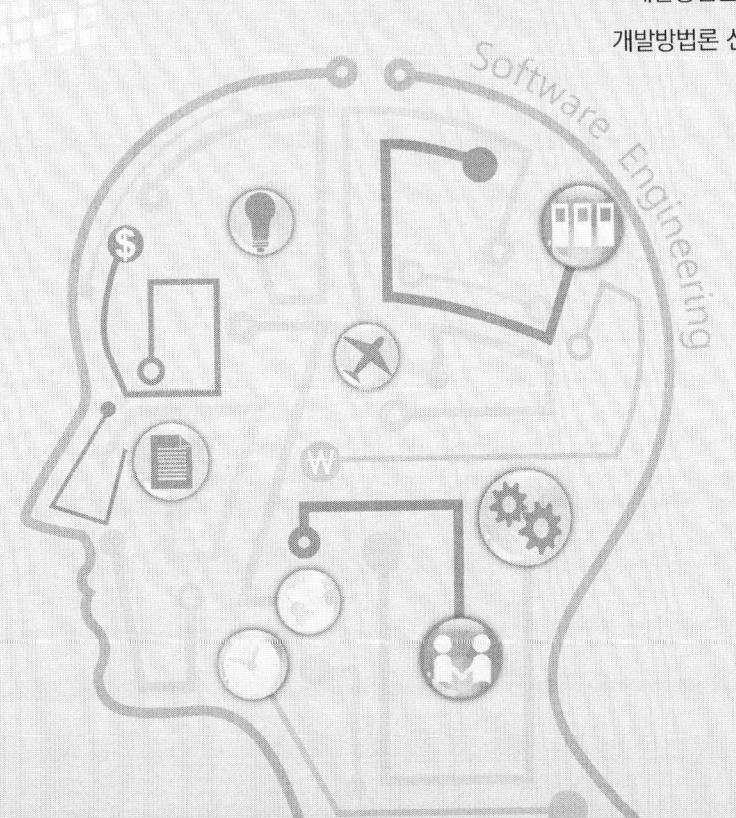

응용 시스템을 효율적으로 개발하기 위한 개발의 각 과정에서 작업 방법과 문서 작성 형식 등을 규정한 것. 업무 분석, 기본 설계, 상세 설계, 프로그램 설계, 가동 시험(computing test), 본격 가동 이행 등으로 개발 작업을 몇 개의 공정으로 나누어, 각 공정에서 실시해야 할 작업 항목과 작성해야 할 문서를 구체적으로 제시한다.

개발 작업을 표준화할 수 있는 외에 이용 부문과 시스템 부문의 작업 분담이나 책임 한계가 명확하게 되는 등의 이점이 있다. 방법론에 기초한 각종 개발 기법이나 개발 지원 툴을 제공하는 것도 있다.

이 장에서는 개발방법론과 SDLC의 개념, 소프트웨어 개발 생명주기(SDLC) 모델의 유형, 개발방법론과 SDLC의 필요 배경, SDLC와 개발방법론 관련 개념, 개발방법론의 발전 과정, 개발방법론의 비교, 개발방법론들 간의 관계, 개발방법론 도입 시 핵심 고려사항, 개발방법론의 종류(구조적방법론), 개발방법론의 종류(정보공학방법론), 개발방법론의 종류(객체지향방법론), 개발방법론의 종류(CBD 방법론), 개발방법론의 종류(MDD 방법론), 개발방법론의 종류(AGILE PROCESS), 개발방법론 선정기준에 대한 원리에 대해 논리적으로 접근하고 실제로 현장에서 일어나는 사례를 표현하려고 노력했다.

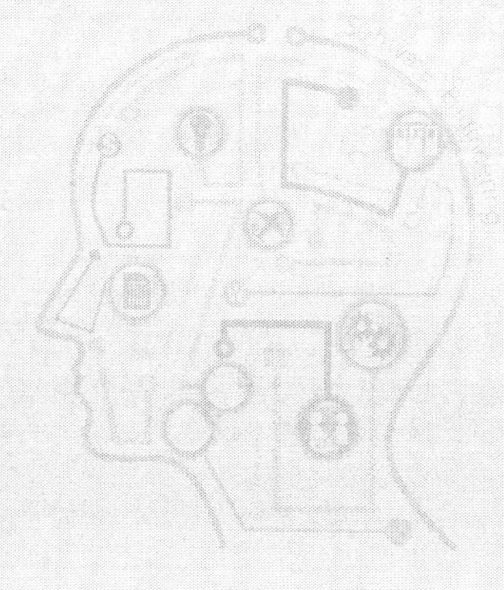

12.1 개발방법론과 SDLC의 개념

소프트웨어 개발 생명주기(SDLC)는 개발하는 과정을 말하며, 개발방법론은 SDLC에 소프트웨어공학원리를 적용하여 개발하는 방법(Method)을 설명하는 지식(Knowledge)을 의미한다. [그림 12-1]은 개발방법론과 SDLC의 개념을 설명란 그림이다.

방법론(Methodology)은 어떤 작업을 수행하기 위한 방법에 대한 절차, 기법, 산출물 등의 지식을 체계화한 것이다.

O Methodology = Method + Knowledge (Know How + Heuristics)

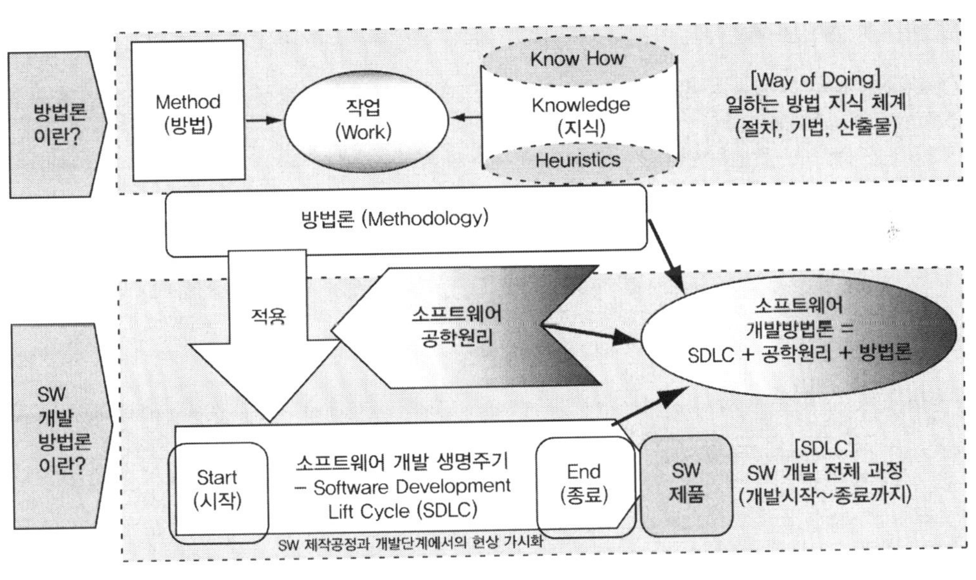

[그림 12-1] 개발 방법론과 SDLC의 개념

12.1.1 소프트웨어 개발 생명주기(SDLC, Software Development Life-Cycle)의 정의

① 소프트웨어의 개발과정 전체를 하나의 생명체 처럼 시작에서 종료까지의 과정을 모델로 정의한 것을 의미한다.

② 소프트웨어를 개발하기 위한 착수, 분석, 설계, 구현, 테스트, 이관 과정전체를 하나의 연속된 생명주기로 보고, 효과적으로 수행하기 위한 생명주기로 모델화한 것이다.

③ 소프트웨어 생명주기(SLC, Software Life-Cycle)는 소프트웨어를 정의하고 구축하고, 유지보수(Maintenance SDLC), 폐기까지의 전체과정을 모델화한 것으로, SDLC는 SLC속에 포함된 개념이다.

12.1.2 소프트웨어 개발방법론(Development Methodology)의 정의

① 개발방법론은 SDLC에 소프트웨어의 공학원리(동작원리)를 적용한 개념이다.

② 정보시스템을 개발하기 위한 작업활동, 절차, 산출물, 기법 등의 체계이다.

③ 소프트웨어를 개발하는데 필요한 여러가지 일들의 수행방법(작업절차, 기법, 산출물)과 이러한 일들을 효율적으로 수행하려는 과정에서 필요한 각종 관리 방법, 기법, 도구(Tool)를 조직의 문화에 바탕으로 체계적으로 정리하여 표준화 한 것이다.

④ 구성요소 : 작업절차, 작업방법, 산출물, 관리방법, 공학적 기법, 도구 등이다.

12.2 소프트웨어 개발 생명주기(SDLC) 모델의 유형

SDLC는 소프트웨어를 개발하는 동안 보다 효과적(Effectiveness)이고 효율적(Efficiency)으로 구현하기 위해 이전 모델의 단점을 보완하면서 여러 가지 모델로 발전해 왔다. [그림 12-2]는 소프트웨어 개발 생명주기 모델의 유형을 설명하고 있다.

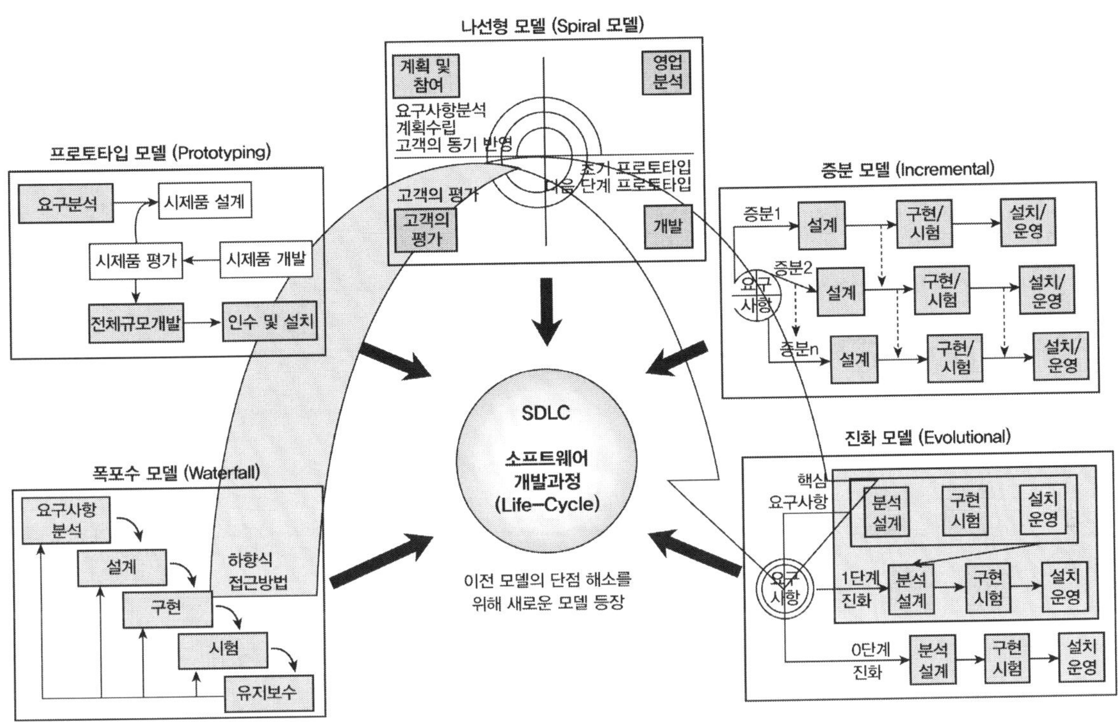

[그림 12-2] 소프트웨어 개발 생명주기 모델의 유형

12.2.1 소프트웨어 개발생명주기 모델 장/단점

1 폭포수(Waterfall) 모델(일회 수행)

검토/승인을 거쳐 순차적, 하향식으로 개발이 진행되는 생명주기 모델이다.

① **장점** : 빅뱅 방식이며, 인도, 이해하기 쉬움, 정형화된 하향식 접근과 체계적 문서화, 구현사례가 풍부하다.

② **단점** : 사용자 참여가 미흡 시 요구도출이 어려움, 설계/코딩/테스트 지연 가능성, 문제발견 지연, 문서위주 작성, 변경에 대한 고비용 부담이 있다.

2 프로토타이핑 (Prototyping) 모델(반복 수행)

핵심적인 기능을 먼저 만들어 평가한 후 구현하는 점진적 개발 방법이다.

① **장점** : 요구사항 도출 및 검증이 용이하며, 알고리즘에 대한 타당성을 미리 검토가 가능하며, 의사소통이 용이하고 다양한 활용이 가능 (사용자 교육 등)하다.

② **단점** : 사용자의 오해(완제품)와, 시제품 폐기로 비경제적이며, 문서화 경시 가능성이 많아 관리 및 유지보수가 어렵다.

3 나선형 (Spiral) 모델(반복 수행)

폭포수와 프로토타이핑 모델 장점에 위험분석을 추가한 모델(B. Boehm)이다.

① **장점** : 문서화의 충실로 유지보수가 용이하며, 정확한 사용자 요구사항, 위험부담 감소, 품질 확보, 대규모 시스템개발에 적합하다.

② **단점** : 모델이 복잡하여 관리를 어렵게 만들 가능성이 있고, 장시간 소요되며, 다수 고객 상대의 상용제품 개발에는 부적합하다.

4 증분 (Incremental) 모델(반복 점증 수행)

전체 기능을 분해하여 단계를 병행 진행하는 모델 (단계는 분해 파트별로 시차를 두어 프로젝트 내부 지식 공유)이다.

① **장점** : 위험 조기발견 및 최소화 전략 구현 가능, 후반 통합의 충격을 완화시킨다.

② **단점** : 초기에 요구사항 완벽한 이해가 필요하며, 변경되는 요구사항에 대한 효과적인 대응이 어려우며, 장기적으로 인원/자원이 제한된다.

5 진화 (Evoloution) 모델(반복 점증 수행)

핵심기능을 먼저 개발하여 릴리스하고, 점진적으로 추가 개발, 릴리스하는 모델이다.

① **장점** : 초기 시스템 운영 가능, 불완전한 요구사항 대응, 시스템 분할 개발 가능, 인원/자원 조달이 점진적 증가, 기술변화의 인지가 용이하다.

② **단점** : 다수의 버전, 프로젝트 비용 및 일정 증가, 기술변화에 따라 자원 변경 될 가능성, 장기적으로 인원/자원이 제한, 관리어려움, 경험부족이 문제가 될 수 있다.

6 기타 모형

RAD 모형, 4세대 모형, 컴포넌트 어셈블리 모델 등이 있다.

12.3 개발방법론과 SDLC의 필요배경

소프트웨어 산업의 위기극복과 개발활동 신뢰성 회복을 위한 대안의 하나로써 공학적기법인 소프트웨어 개발생명주기(SDLC)와 개발방법론에 대한 표준화가 필요하게 되었다. [그림 12-3]은 개발방법론과 SLDC의 필요 배경을 설명하고 있다.

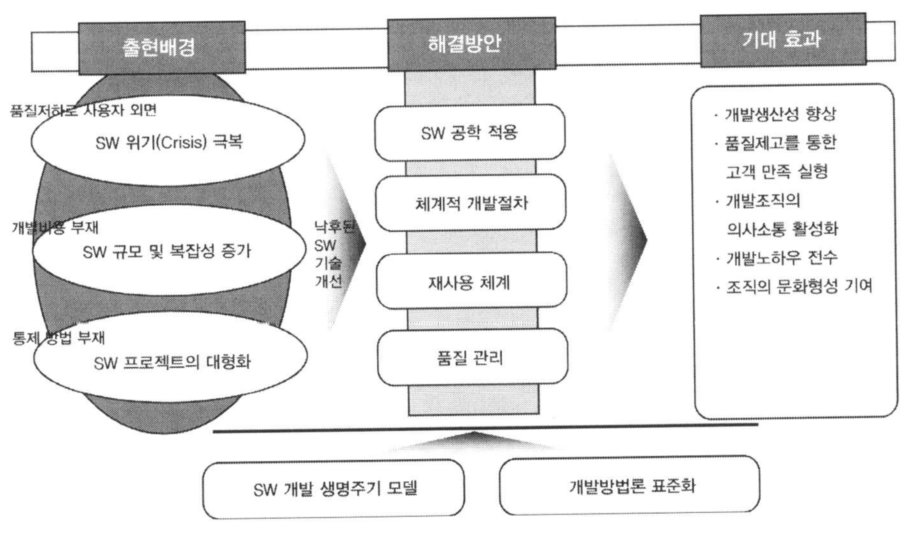

[그림 12-3] 개발 방법론 과 SDLC의 필요 배경

12.3.1 소프트웨어 개발에 있어서 개발방법론이 출현한 배경

1 소프트웨어 위기(Crisis) 인식

1968년 NATO 과학 위원회의 국제회의 최초언급, 소프트웨어에 대한 수요가 규모 및 복잡성에 있어 기하급수적 증가하는 반면 소프트웨어개발 인력의 공급한계 및 유지보수 대상 소프트웨어와 신규개발 요구의 급격한증가로 총체적 위기의식이 고조되어 이를 해결하기 위한 방안이 필요하게 되었다.

2 소프트웨어 이용범위의 확대 및 소프트웨어 프로젝트 개념 등장

사용자들의 소프트웨어시스템 이해 확대와 함께 이용범위가 실무자 위주에서 관리자와 경영층으로 점차 확대되었다.

3 소프트웨어 프로젝트의 대형화

프로젝트 규모 및 복잡도 증가로 참여하는 인력이 대규모 구성, 개발기간이 장기화, 예산/일정/품질상의 복합적인 문제가 대두되었다.

그로 인해, 소프트웨어 개발에 공학적 기법을 수용하게 되었는데 SDLC와 개발방법론을 사용한 여러 조직들의 평가에 의하면 다음과 같은 이유로 그 효용성이 입증되고 있다.

12.3.2 SDLC와 개발방법론의 효용성

1 개발생산성의 향상

개발업무의 체계화 및 표준화로 불필요한 업무수행 사전 방지, 역할별 업무수행에 입각해서 프로젝트 추진하여 중복업무 수행을 배제한다.

2 품질제고를 통한 고객만족 실현

소프트웨어공학원리 도입으로 고객의 요구사항을 정확히 정의할 수 있는 노하우 제공, 이로 인해 최적의 시스템 구현 및 고객만족을 실현한다.

3 개발조직의 의사소통의 활성화와 개발 노하우 전수

개발업무 표준화로 모든 개발 이해관계자가 동일한 용어, 동일한 방법으로 프로젝트 진행, 선배들의 업무경험 및 노하우가 체계화되고 응집될 수 있는 기반을 마련한다.

4 조직의 문화형성에 기여

비슷한 생각, 방식으로 업무를 추진하여 조직적인 공감대 형성 및 응집력을 발생하게 한다.

12.4 SDLC와 개발방법론 관련 개념

SDLC에 공학적 관리방법을 적용한 것이 개발방법론이며, 이를 이용하여 프로세스 평가 및 개선모델을 이용한 평가, 정보기술(IT) 개발조직의 개선방법 제시 등에 활용할 수 있다. [그림 12-4]는 SDLC와 개발 방법론의 관련 개념을 설명한다.

① 소프트웨어 개발활동을 수행하는 조직에서 시스템통합(SI) 프로젝트와 개발 및 유지를 위해서 소프트웨어 개발생명주기와 소프트웨어 개발방법론을 활용할 수 있다.

② 먼저 시스템통합(SI) 프로젝트 또는 개발유지에서 어떤 소프트웨어 개발방법론을 적용할 것인가를 결정한 후 이를 어떤 형태의 라이프사이클로 공정을 구성할 것인가를 선택하며, 여러 유형의 라이프사이클 중 해당 사업에 맞게 선택한다.

③ 소프트웨어 개발방법론은 전통적인 구조적 접근방법, 객체지향 접근방법, 컴포넌트 기반의 개발(CBD) 접근 방법 등과 같이 모델링 방식에 따라 다양한 형태를 가지게 된다.

④ 이러한 개발방법론은 고객의 요구사항이나 회사의 표준방법의 기준에 따라 사전에 표준으로 정하고, SI 개발 또는 개발유지에서 이를 선정하여 개발활동에 적용한다.

⑤ 대부분 하나의 방법론 모듈은 하나의 SDLC 모델을 기반으로 구성한다.(예: 구조적 접근방법에 기반을 두는 방법론은 Waterfall을, CBD방법론은 Interative 방식을 기반으로 구성된다.)

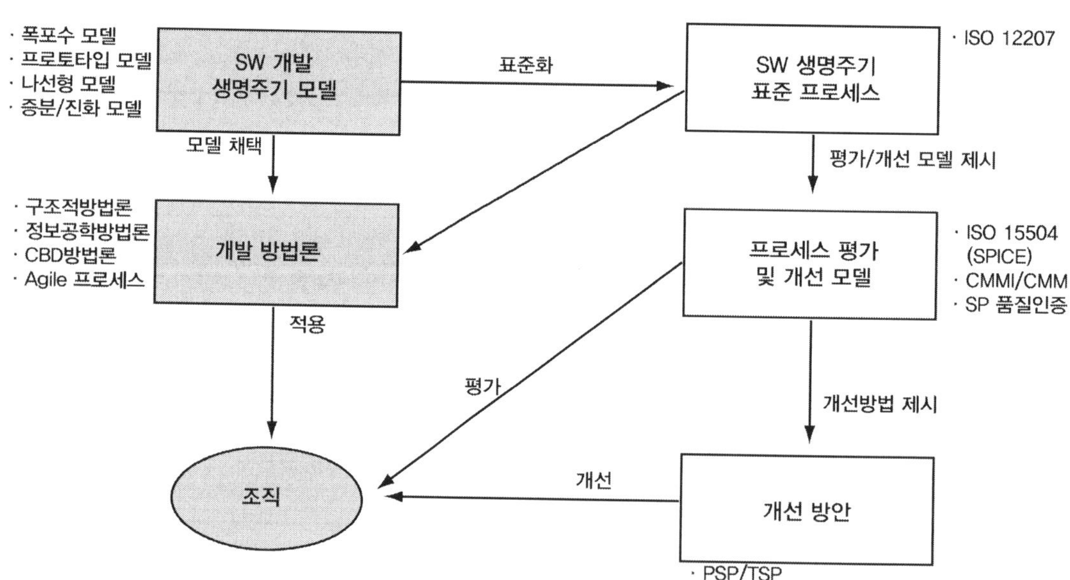

[그림 12-4] SDLC와 개발방법론 관련 개념

12.5 개발방법론의 발전과정

개발방법론은 1960년 이후 소프트웨어공학과 개발 기법의 발달로 다양한 형태의 개발방법론으로 발전해 왔다. [그림12-5]는 개발방법론의 발전 역시를 보여주고 있다.

① 1960년대 NATO회의에서 소프트웨어 위기가 언급되고 공학적 기법을 이용한 개발방법론 적용은 시간이 흘러가면서 개발기법의 발달과 함께 다양한 개발방법론으로 발전해 왔다.

② 초기 구조적방법론은 소프트웨어 위기에서 제시되었던 Code & Fix는 개발문제를 극복하기 위해 체계적이고 복잡성을 극복할 수 있는 구조적 기법을 이용 개발방법론을 수립하였다.

③ 독립적인 개발위주의 구조적 기법은 조직 전체적인 전략적인 개발접근이 어려워 전체적이고, 데이터 중심적인 정보공학 개발방법론이 제시되었다.(제임스 마틴)

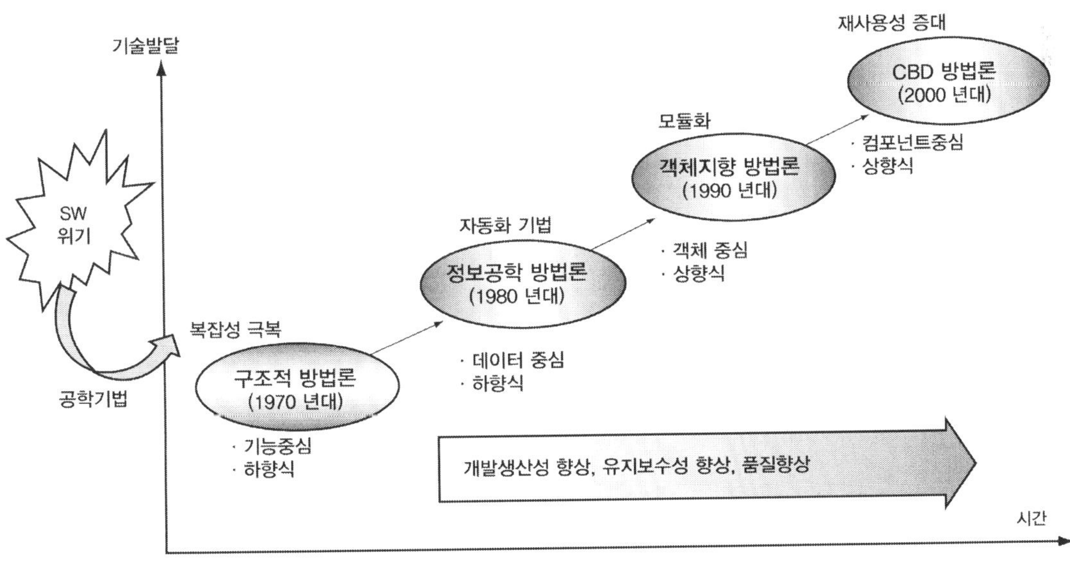

[그림 12-5] 개발 방법론의 종류

④ 객체지향 개발방법론은 개발 패러다임의 변화를 이끌어 낸 객체지향 기법을 이용하여 설계 및 개발을 체계적으로 수행하는 기법을 제시하였다.

⑤ 소프트웨어의 재사용성을 향상시키기 위한 방법의 일환으로 CBD개발방법론이 제시되었다.

⑥ 2000년대 이후에도 개발생산성 과 유지보수성 향상, 소프트웨어 개발 품질을 향상시키기 위해 재사용성을 극대화 하는 방향의 개발방법론이 제시되었으며, SOA(Service Oriented Architecture), SPL(SW Product Line), MDD(Model Driven Develop) 등이 제시되었다.

12.6 개발방법론의 비교

주요 개발방법론들의 핵심적인 개념을 살펴보면 〈표12-1〉과 같다.

① 구조적 방법론의 SDLC는 주로 폭포수 모델을 채택하고 있으며, 기능 중심의 소규모에 적합한 방법론이며, 배치방식의 개발에 유용한 방법론이다.

② 정보공학 방법론의 SDLC는 폭포수 모델과 프로토타이핑 모델을 융합하여 사용하고 있으며, 경영전략적 관점의 정보시스템 구축에 적합한 방법론이며, 대규모 개발에 적합하다. 현재까지도 대부분의 개발방법론의 기반이 되는 체계를 보유하고 있다.

③ 객체지향 방법론의 SDLC는 반복(Iterative)과 점증적(Incremental)인 모델 채택이 주를 이루고 있으며, Web Computing 개발 등에 많이 사용되며, 모든 규모에 적합한 모델이다. 다만, 이를 위한 기본적 소프트웨어기술이 필요하며 조직에서 도입 시에는 이를 고려해야 한다.

④ CBD방법론의 SDLC는 반복(Iterative)과 진화적(Evolutional)인 모델 채택이 주로 사용되며, 컴포넌트 중심의 개발 초점으로 재사용성을 극대화한 모델이다. 모든 규모에 적합한 모델이기도 하다.

〈표 12-1〉 개발방법론의 비교

구분	구조적 방법론	정보공학 방법론	객체지향 방법론	CBD 방법론
시기	1970 년대	1980 년대	1990 년대	2000 년대
목표	비즈니스 프로세스 자동화	경영전략적 정보시스템 구축	환경변화에 유연한 정보시스템 구축	컴포넌트 개발 및 활용
SDLC	폭포수 모델	폭포수 모델, 프로토타이핑	반복적, 점증적 모델	반복적, 진화적 모델
초점	기능 중심	자료구조 중심	객체 중심	컴포넌트 중심
규모	소규모 적합	대규모 적합	모든 규모	모든 규모
주요 기술	Mainframe Computing	Client Server Computing	Web Computing	Web Computing
종류		Method/1, IEM	RUP	마르미3, MSF/CD
장점	• 배치방식 개발 유용, • 사례 많음	자료중심으로 비교적 안정적	• 자연스럽고 유연함 • 소스 재사용성 향상	생산성, 품질, 비용, 위험개선
단점	• 기능은 불안정 요소 • 유지보수, 재사용성 낮음	• 어플리케이션은 여전히 기능적 설계 • 기능의 유지보수/재사용성 낮음	• 전문가 부족 • 기본적 SW기술 필요	• 컴포넌트유통,평가, 인증환경 개선 필요 • 테스트 환경 부족

12.7 개발방법론들 간의 관계

개발방법론은 일반적으로 두 가지의 분류 방법(공학기법, 시스템 구축방법)을 사용하여 분류하지만, 각 기술은 상호 대체가 가능한 패턴이 있으며, 이를 잘 이해하여 조직에 적용할 필요가 있다. [그림 12-6]은 개발 방법론들 간의 관계를 설명하고 있다.

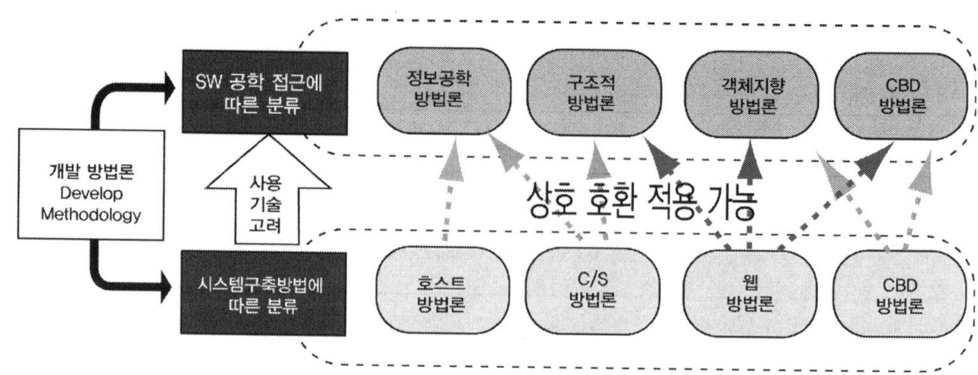

[그림 12-6] 개발방법론간의 상호 대체 가능한 일반적인 관계 패턴

① 일반적으로 개발방법론의 분류는 첫째, 소프트웨어공학기법 중심의 공학적 접근방법에 따른 분류 방법, 둘째, 시스템 구축방법 중심의 분류 방법으로 분류한다.

② 공학기법 중심 분류는 구조적 방법론, 정보공학 방법론, 객체지향 방법론, CBD(Component Based Development) 방법론 등으로, 구축방법 중심 분류는 호스트 방법론, CS(Client Server) 방법론, 웹 방법론 등으로 분류한다.

③ 공학기법 분류와 구축방법 중심 분류는 서로 사용하는 소프트웨어 기술에 따라 상호 대체 또는 호환이 가능한 패턴이 있는데, 중소기업에서 개발방법론을 참조하고 선택할 때는 이들이 단순한 패턴의 분류임을 이해하여 자기 조직에 맞춰서 구축할 수 있다.

- 위에 언급되지 않은 방법론을 만들어서 사용하는 것 또한 무방하다.

- 특히 SI프로젝트를 수행하는 경우, 발주자의 개발방법론이 어떤 것이던지 프로젝트 환경에 맞춰 수행할 수 있다

- 예를 들어서, DW(Data Warehouse)방법론/패키지 방법론은 구축방법 중심의 분류에 의한 개발방법론이라 할 수 있고, SOA(Service Based Development)방법론은 공학기법 중심의 분류이므로 자기조직의 기존 개발방법론에 적절히 융합하여 사용하면 된다

④ 최근의 개발방법론은 이러한 구축방법과 공학적 기법이 유사해지는 경향이 있다. 방법론이 무엇이던지 간에, 혼란을 겪을 필요는 없다는 것을 이해해야 한다.

 12.8 개발방법론 도입 시 핵심 고려사항

중소기업의 개발활동을 개발하기 위해 개발방법론을 도입 시에는 다음의 사항에 대한 고려가 필수적으로 선행되어야 한다. [그림 12-7]은 개발 방법론 도입 시 핵심 고려사항을 나타내고 있다.

① 개발방법론의 도입 시 반드시 고려할 사항은 재사용, 개발생산성, 관리방법 등에 대한 고려가 선행되어야 한다.

② **재사용 관점**

- 자동화 : 수작업을 최소화하고 자동화되어 있을수록 좋다. (시간과 비용)
- 정보공유체계 : 프로젝트 결과물(모듈, 설계서, 컴포넌트)이 재사용을 위한 정보 공유체제를 마련해야 한다.
- 의사소통, 형상관리, 품질관리를 위한 Repository 구축을 고려해야 한다.

③ **개발생산성 관점**

- 소프트웨어 개발 프로세스 능력향상 기대와, 성능기대
- 검증된 결과물/컴포넌트를 사용하여 안정성 및 생산성 향상을 기하고
- 프로젝트 특성 (응용분야, 시스템 규모, 복잡도, 성격 등)을 고려하여 방법론 선택하고, 향후 유지보수 단계에서 사용 가능한 결과물을 선택 작성하여야 한다.

④ **관리적 관점**

- CBD 개발방법론 도입 시에는 인력을 ROLE기반으로 재배치를 고려해야 한다.
- 소규모 프로젝트에 방대한 규모의 방법론 적용하는 것은 지양하고, 상황에 따라 우선 순위를 정해서 점진적 단계별로 추진해야 한다.
- 성공을 위한 가이드라인, 실수할 수 있는 부분에 대한 경고 및 실제 활동에서 잊기 쉬운 점들을 체크 (통제수단과 산출물 인도방식)해야 한다.
- 개발자들에게 공감을 얻어서 적절히 이용할 수 있어야 한다. (방법과 도구, 경험)

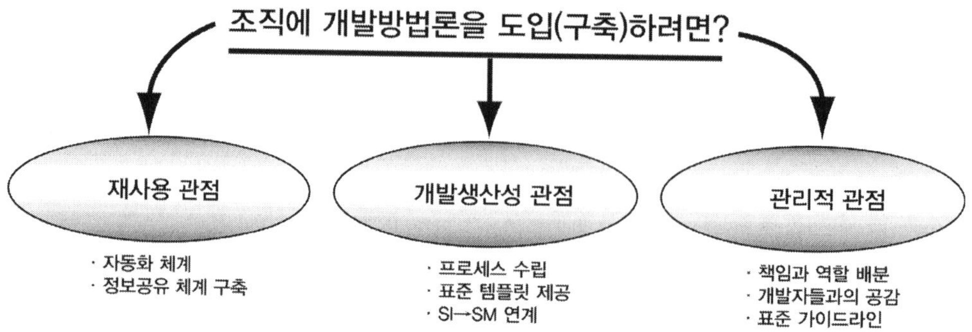

※ 3가지 관점을 만족하기 위한 : 프로세스 도입, 지원환경 조성, 개발자 기술역량 향상 방안과 함께 고려가 필요함.

[그림 12-7] 개발방법론 도입 시 핵심 고려사항

 ## 12.9 개발방법론의 종류

12.9.1 구조적 방법론(Structural Methodology)

기능 (업무활동) 중심의 방법론으로 정형화된 절차 및 도형중심 도구를 이용하여 사용자 요구사항 파악 및 문서화를 수행하는 방법론으로, 1970년대 소프트웨어 모듈화의 활성화를 시작으로 기능적인 분할을 시도했으며, Top Down방법으로 수행한다. [그림 12-8]은 개념도와 기본원리를 설명하고 있다.

① **구조적 방법론** : 기능중심으로 시스템 분석, 설계, 구현하는 과정이다.
  - 데이터 구조는 기능구현을 위한 부수적 요소로 파악되며 기능에 종속적이다.
  - 정형화된 분석절차로 사용자 요구사항 파악, 도형중심 다이어그램 이용 문서화한다.

② **구조적 분석** : 사용자 요구사항 분석, 이를 통해 논리적 모델링을 수행하는 과정이다.
  - 분석도구 : DFD, DD, Minispec을 이용한다.
  - 수행절차 : 현 물리모델링 → 현 논리모델링 → 신 논리모델링 → 신 물리모델링

③ **구조적 설계** : 신 논리적 모델을 물리적 형태로 변환, 시스템으로 구체화하는 과정이다.

- 설계도구 : 구조도, 프로그램 명세서구조도, 프로그램 명세서
- 수행절차 : 프로그램 계층구조 → DB 서브스키마 → 모듈 내부설계 → I/F설계

④ **구조적 개발(프로그래밍)** : 구조적 기법으로 개발하는 과정이다.

- 계층적 형식, 제한된 제어구조, 작성순서대로 프로그램을 실행한다.
- 3개의 논리적 구조 : 순차(Sequence), 선택(If-Then-Else), 반복(Repetition)

⑤ **구조적 개발방법론의 한계점**

- 기업 전반의 거시적 관점 부족과 단위 프로젝트 위주의 접근방법이다.
- 업무활동 위주의 접근 : 데이터모델링 방법 미흡, 설계와 코딩을 강조한다.
- 명확한 방법론적인 지침이 미흡하다.

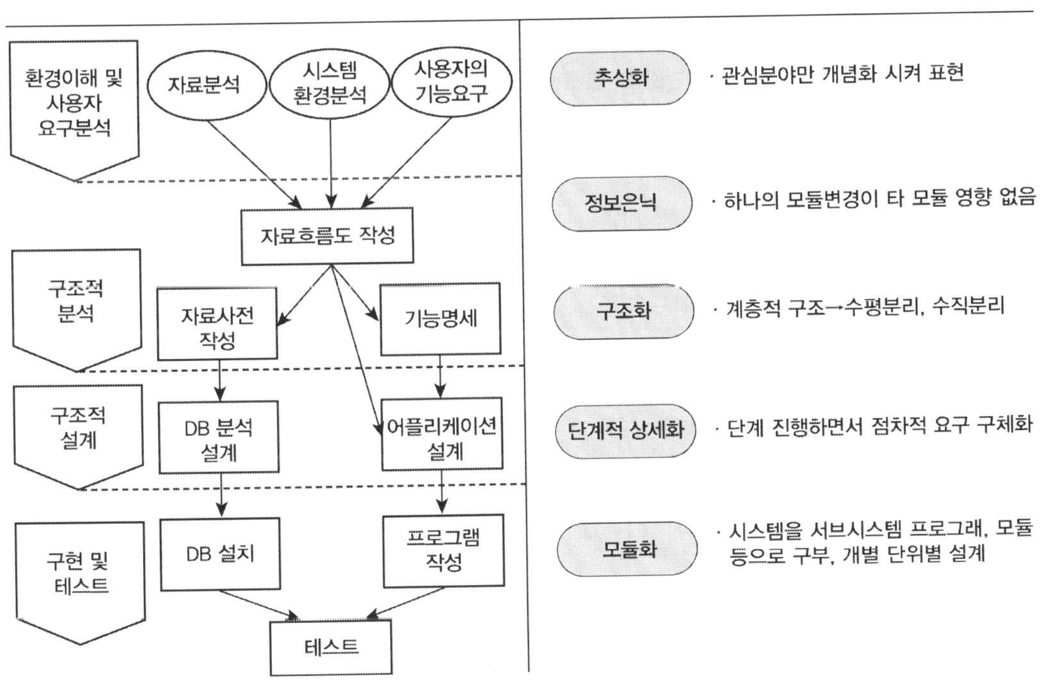

[그림 12-8] 구조적 방법론 개념도와 기본원리

12.9.2 정보공학방법론 (Information Engineering Methodology)

기업 전체 또는 기업의 주요부문 간 정보시스템의 계획, 분석, 설계 및 구축을 위한 데이터 중심의 정형화된 기술의 집합을 연계하여 응용하는 개발방법론이다. 현장에서 가장 많이 사용되는 방법론이기도 하며, James Martin이 정보시스템 개발을 공학적으로 접근하기 위해 체계화 하였다. [그림 12-9]는 정보공학방법론 개념도와 기본원리를 설명하고 있다.

① **ISP(Information Strategy Planning) 단계**
- 전사적인 기업모형을 설계, 전략적(업무) 측면과 시스템적 측면 모형을 설정
- 현행분석과 벤치마킹 등을 통한 목표와의 GAP을 분석하여, TOBE를 수립하고 정보전략계획수립과 프로세스 혁신(BRP)을 수행한다.

② **BAA(Business Area Analysis) 단계**
- ISP과정에서 수집된 정보 이용, 정보요구와 업무규칙 등 분석 업무모델을 구축
- 개념모델링 이후 상세모델링(데이터, 프로세스, 상관관계를 분할하여 모델링)

③ **BSD(Business System Design) 단계**
- 비즈니스 시스템 설계 수행(업무처리절차, DB 및 사용자 인터페이스 설계)

④ **BSC(Business System Construction) 단계**
- 실제 물리적인 DB 및 어플리케이션 개발, 테스트 및 이행, 적용 단계
- Repository 경로를 이용하여 CASE와 4GL 기반의 자동화된 개발추진

⑤ **정보공학 개발방법론의 한계**
- 구조적 방법론의 SDLC 그대로 이용(경직성) 및 중·소규모 프로젝트 적용 어려움이 있다.
  - 생명주기에 따라 이전 단계의 완성을 토대로 다음단계를 진행한다.
  - '폭포수 모형'의 특성처럼 잘못된 작업에 대해서는 역행하기 어려운 구조이다.
- CASE Tool 이용이 쉽지 않으며, 복잡한 논리 구조와 많은 산출물을 요구한다.
  - 현실적으로 복잡하고 많은 산출물과 절차를 따르기 어렵다.
  - 값비싼 Tool의 도입과 까다로운 사용법 숙지가 요구된다.

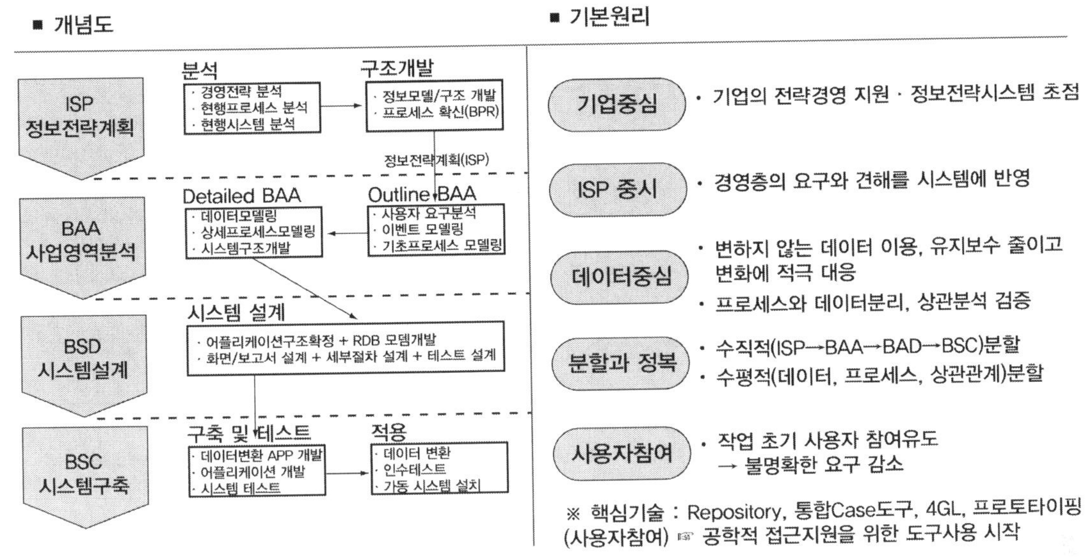

[그림 12-9] 정보공학 방법론 개념도와 기본원리

12.9.3 객체지향방법론(Object Oriented Methodology)

프로그램을 객체와 객체 간의 인터페이스 형태로 구성하기 위하여 문제영역에서 객체와 클래스, 이들 간의 관계를 식별하여 설계모델(객체, 동적, 기능)로 변환하는 방법론이다. 이는 복잡한 메커니즘의 현실세계를 인간이 이해하는 방식으로 시스템에 적용시키는 개념이다. [그림 12-10]은 객체지향방법론의 개념도와 기본원리론를 설명하고 있다.

① 객체지향은 실세계의 개체(Entity)를 속성과 메소드가 결합된 객체(Object)로 표현된다.
  - 속성(Attribute) : 객체의 상태
  - 메소드(Method) : 객체의 행위, Operation
  - 메시지(Message) : 객체들 간의 통신 표현, Opeartion을 동작할 수 있도록 구현

② 객체지향방법론은 요구분석, 업무영역분석, 설계, 구축, 시험의 전 단계가 객체지향 개념에 입각하여 일관된 모델을 가지고 소프트웨어를 개발하는 방법론이다.

③ **객체지향 방법론의 특징**
  - 기존의 폭포수 모델을 근간으로 하며, 사용 기법도 형식적 차이만 존재한다.

- 분석, 설계, 구현의 벽이 없다. : 단계 간의 전환과 변경이 자연스럽고 신속하다.
- 모형의 적합성 : 현실세계 및 인간의 사고방식과 유사하다.

④ 객체지향 절차

- 분석 : 3가지 모델링 기법 적용, 객체 모형화(정적, 동적, 기능)
- 설계 : 시스템 구조 서브시스템 분해, 객체 자료구조와 알고리즘 구현
- 구현 : 객체지향 언어(객체, 클래스)로 프로그램

⑤ 객체지향 방법론의 한계점

- 동일 컴파일러 사용 : 이진(Binary)형태의 화일 연결 표준 부재
- 소스코드 재사용 : 타 언어 간 객체 재사용 불가능, 객체 변경 시 재 컴파일
- 전통적 SDLC를 따르므로 문제점 인지 및 대응, 문서화에 제약이 따른다.

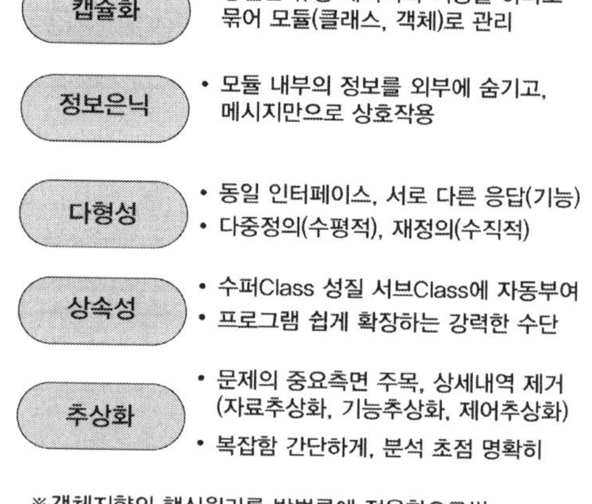

[그림 12-10] 객체지향 방법론의 개념도와 기본원리

12.9.4 CBD방법론(Component Based Development)

소프트웨어의 재사용 향상 및 개발기간 단축, 신뢰성 높은 개발을 목적으로 소프트웨어 개발에 Software IC개념인 컴포넌트를 생성, 조립하여 소프트웨어를 개발하는 개발방법

론이다. 컴포넌트 개발(CD)과 컴포넌트기반 개발(CBD)로 분류된다. [그림 12-11]은 CBA방법론의 개념도의 기본원리를 설명하고 있다.

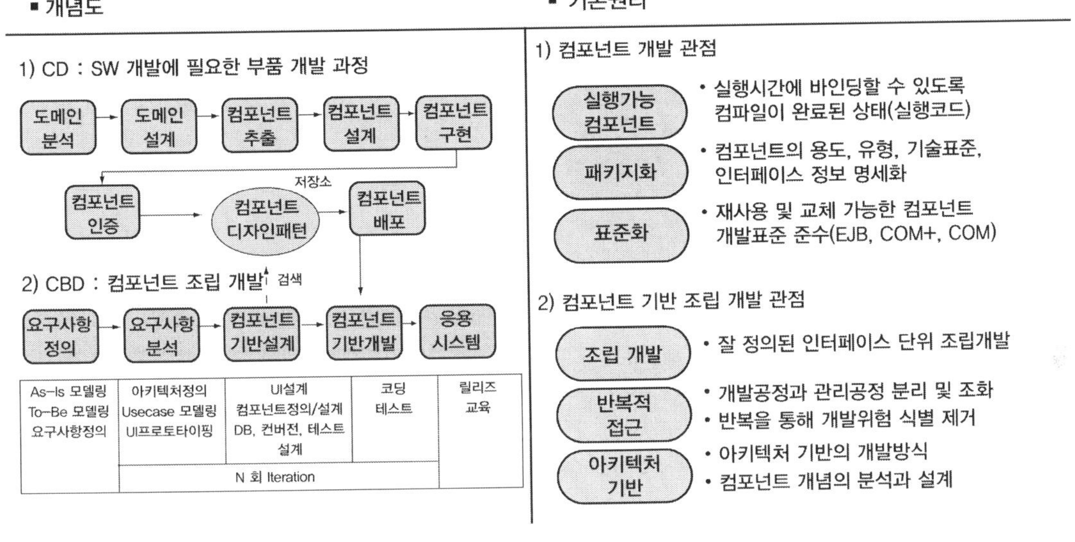

[그림 12-11] CBD 방법론 개념도와 기본원리

① 소프트웨어 IC? 하나의 집적 회로(IC)가 한 장의 논리 기판에 설계되어 넣어지듯이 어떤 프로그램에 설계되어 부품화 되어있는 소프트웨어 모듈(컴포넌트)을 의미한다.

② CBD방법론은 컴포넌트 생산 과정과 컴포넌트 조립·개발하는 과정으로 분류된다.

- CD(Component Development)
  - 비즈니스 영역에 대한 이해와 기술아키텍처에 대한 이해가 선행되어야 한다.
  - 재 사용 목적상 해당 도메인에 대한 분석이 핵심사항이다.
  - 비즈니스 컴포넌트와 소프트웨어 컴포넌트 병행 개발이 필요하다.
  - 공통성과 가변성을 파악하여 컴포넌트를 구현한다.
- CBD(Component Based Development)
  - 기존에 만들어진 컴포넌트들을 조립하여 소프트웨어를 개발한다.
  - 반복적 개발 프로세스 적용, 혁신적인 생산성 향상을 가져온다.

③ CBD방법론을 이용한 개발이 성공하기 위해서는 표준화된 재사용 관리체계가 만들어져야 하며, 아키텍처 중심적이고, 프레임웍 기반의 개발도구가 필요하다.

④ 특히, 개발팀원의 기반기술 습득 및 표준 이해와 준수 정도에 따라 성공이 달려있다고도 할 수 있으므로, 조직의 표준 개발방법론에 대한 교육 및 관리가 중요하다.
   - 현재, 국내에서는 CBD가 잘 적용되지 못하고 있는 상황인데, 그 이유는 국가 차원의 정보저장소 관리 체계 미흡과 조직 자체적으로도 재사용 체계가 미흡하기 때문이다.

⑤ 소프트웨어 위기 극복 및 개발 생산성(Productivity) 향상 의도는 컴포넌트를 넘어 설계모델 자체의 재사용(MDA/MDD, Model Driven Architecture/Develop)과 서비스 기반 재사용(SOA, Service Oriented Architecture)으로 발전하는 상황이다.

12.9.5 MDD 방법론(Model Driven Development)

플랫폼 독립적인 소프트웨어 모델로부터 플랫폼 종속적인 소프트웨어 모델로 자동 변환하고, 소스코드를 자동 생성함으로써 원하는 플랫폼에 맞는 소프트웨어를 쉽고 빠르게 개발할 수 있는 개발방법론이다. MDA(Model Driven Architecture)로 만들어진 소프트

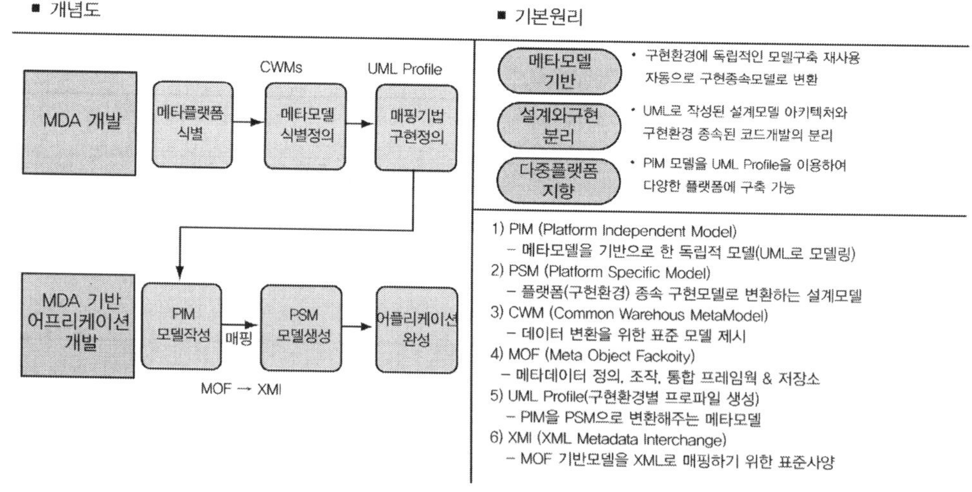

[그림 12-12] MDD방법론의 개념도와 기본원리

웨어모델(메타모델)을 적용하여 개발되었다. [그림 12-12]는 MDD 방법론의 개념도와 기본 원리를 설명하고 있다.

① MDA/MDD 기반의 개발은 OMG(Object Management Group, 객체지향기술의 보급과 표준화 추진 단체)에서 표준으로 제시한 아키텍처와 이를 기반으로 개발을 수행하는 개발방법이다.

② 국내에서는 일부 기업에서 도입을 시도한 개발방법론이며, 그 효과에 대해서는 아직은 확실하지 않은 상황이다.

- MDA/MDD를 적용한 업체의 성공사례로는 업무 도메인에 대한 명확한 정의를 통한 비즈니스 모델 수립과 모델을 관리할 수 있는 재사용 체계가 중요하며, 실패하는 유형으로는 설계를 적당히 하고 소스코드에 모든 내용을 작성하는 형태의 개발 습관이 실패의 가장 큰 원인이 된다. 또한 비즈니스 모델 자체에 대한 업무절차 표준화 미비도 실패하는 원인으로 꼽히고 있다.

- 현재, OMG에서는 MDA/MDD 표준화 작업의 개선과 기술변화에 따른 새로운 UML Profile을 계속 개발해가고 있는 상황이다.

- MDA/MDD를 과거 통합 CASE 툴에 대한 환상이라는 걱정의 시각도 존재한다.

③ 동일 유형의 비즈니스 업무모델을 반복석으로 개발하는 중소업체의 경우에는 MDA/MDD 개발방법론을 조직에 적용하는 것도 고려해 볼 만하다고 판단된다.

- 특히, PIM으로 모델링 후 이를 자동으로 여러 플랫폼의 소스코드 및 모듈로 전환해 주는 도구 활용은 개발생산성 향상에 많은 도움이 될 수 있다.
- 성공적인 적용을 한 조직에서는 100% 이상의 생산성 향상의 효과도 있었다.

12.9.6 Agile Process

절차보다는 사람이 중심이 되어 변화에 유연하고 신속하게 적응하면서 효율적으로 시스템을 개발할 수 있는 프로세스이다. 방법론적인 절차와 기법, 산출물이 아직 체계화가 되지 않은 상태에서 방법론으로 분류하지 않고 프로세스로 분류하고 있다. [그림 12-13]

은 Agile Process 의 개념도와 특징과 〈표 12-2〉에서는 기존 개발방법론과의 차이와 〈표 12-3〉에서는 종류에 대해 설명하고 있다.

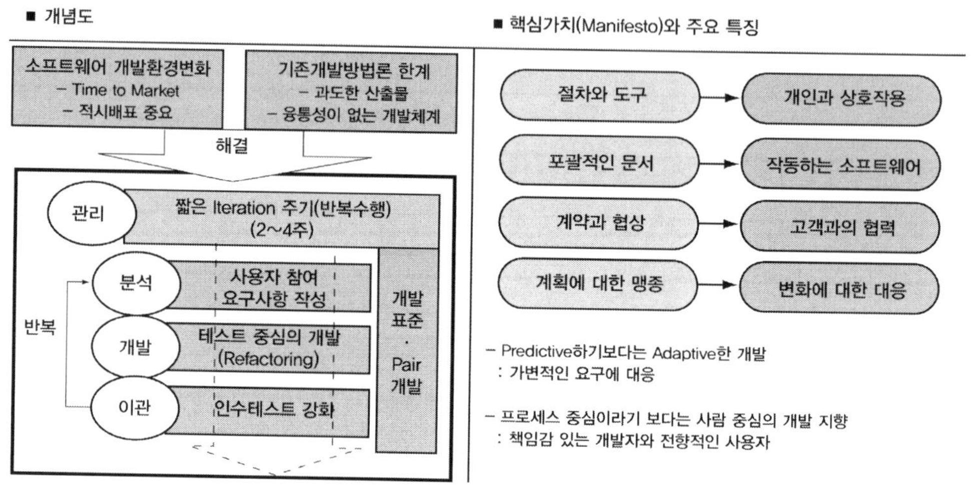

[그림 12-13] Agile Process 개념도와 주요 특징

〈표 12-2〉 전통적 개발방법론과 Agile 개발방법론의 차이

항목	Agile 개발방법론	전통적 개발방법론
계획수립의 상세수준	바로 다음 반복주기(Iteration)에	다음에 이어지는 단계에 이르기까지의 상세한 계획수립
요구사항의 베이스라인	요구사항에 대한 베이스라인설정을 강조하지 않음	초기 요구사항에 대한 Base line을 설정
아키텍처 정의방법	실제 개발된 기능 구현을 통하여 빠른 시간 내에 아키텍처의 실현 가능성을 증명해보이고자 함	모델과 사양을 보다 상세화하는 과정을 통해 어플케이션과 데이터 아키텍처를 초기에 정의하고자 함
테스트 방법	잦은 '개발-테스트주기'를 통하여 많은 시간과 비용이 들어가기 전에 기능을 검증	특정 기능이 구현되고 나서야 단위-통합-시스템으로 확장해 나가는 방식
표준 프로세스 적용	정의되고 반복적으로 수행 프로세스 미강조, 잦은 Inspection을 토대로 프로세스를 개발에 유연하게 적용하는 것 강조	개발에 들어가기 전에 표준 프로세스를 제정하는 것을 중요하게 여김

〈표 12-3〉 Agile Process의 종류

종류	특징	비고
XP	• 테스팅 강조, 4가지 핵심가치와 12개 실천항목	• 1~3주 Iteration
SCRUM	• 프로젝트를 30일 단위 반복(스프린트)과 매일 15분 스크럼 • 팀 구성원이 어떻게 활동해야 하는가에 초점	• Iteration 계획과 Tracking에 중점
DSDM	• 기능모델, 설계와 구현, 수행 3단계 사이클(2~6주)로 구성	• 영국만 사용
FDD	• 짧은 Iteration, 5단계 프로세스(전체 모델 개발, 특성 리스트생성, 계획, 설계, 구축)	• 설계, 구축 프로세스 반복
Crystal	• 프로젝트 상황에 따른 구성	• 중요도, 고가기반

12.10 개발방법론 선정기준

IT(정보기술) 프로젝트에서 개발방법론을 선정하는 경우, 먼저 프로젝트 특성요인을 고려하여 개발수명주기 모델을 선택하고, 적용한 소프트웨어공학적 기법에 따른 개발방법론을 적용해야 한다. [그림12-14]는 개발방법론 선정기준을 설명하고 있다.

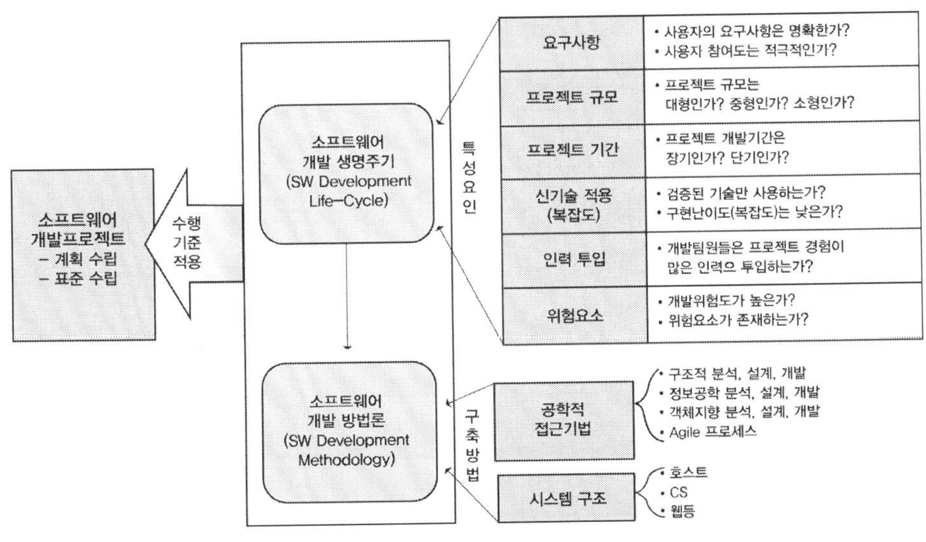

[그림 12-14] 개발방법론 선정기준

① **개발방법론 적용시의 문제점**

- 프로젝트 특성을 무시한 특정 방법론을 강요하는 경우

- 형식적인 적용에 그쳐 무용지물인 문서만 양산하는 경우

- 소규모 프로젝트에 방대한 규모의 방법론을 적용하는 경우

② **개발방법론 적용시 문제점 개선대책**

- 기업차원의 품질관리 인식제고, 교육을 통해 효과적으로 활용한다.

- 융통성 있게 개발방법론을 적용한다.

- 프로세스의 성숙도를 평가하는 CMMI, SPICE, SP인증 등과 연계한다.

③ **효과적인 소프트웨어 개발을 위한 방법론 선택 기준**

- 프로젝트 환경을 고려(응용분야, 시스템 규모, 복잡도 등)한다.

- 수작업을 최소화하고 자동화되어 있을수록 방법론 활용에 좋다.

- 해당 방법론을 잘 사용하기 위한 가이드라인, 오류를 발생시킬 수 있는 상황 또는 주의해야 하는 부분 등을 체크해야 한다.

- 개발자들의 공감 하에 적절히 이용할 수 있어야 한다.

프로젝트의 SDLC(개발수명주기) 선정 시 아래와 같은 특성을 고려하여 선정할 수 있다.

〈표 12-4〉 SDLC 선정기준

특성	폭포수 Waterfall	프로토타이핑 Prototyping	증분형 Incremental	진화형 Evoluationary	나선형 Spiral	RAD
① 대규모		●	●	●	●	
② 위험 多		●	●	●	●	
③ 참조모델 多	●					●
④ 요구사항 불명확		●	●	●	●	
⑤ 장기간 수행					●	
⑥ 충분한 예산					●	
⑦ 낮은 복잡도	●					●
⑧ 정확성 필요		●			●	
⑨ 적극적인 고객			●	●		●

프로젝트 성공을 위해서 프로젝트에 적합한 생명주기 모델을 선정하는 것은 매우 중요하며, 위에서 제시한 사례 이외에도 다음과 같은 사항을 고려할 수 있다.

① **자원관점의 고려사항**
- 자원의 가용성 (폭포수)
- 견적의 신뢰도 (폭포수)
- 향후 Upgrade 비용 (폭포수)

② **요구사항 관점의 고려사항**
- 단발적 요구사항 변경(폭포수)
- 점진적 요구사항 변경(나선형, 중분/진화)

③ **제품특성의 고려사항**
- 시스템의 수명 (단기:폭포수, 장기:나선형 또는 증분/진화형)
- 제품기술 (현존:폭포수, 신규:프로토타입, 나선형, 증분/진화형)
- 품질관리 (재 작업:폭포수)
- 제품이나 문서의 재사용 고려 (나선형)

SDLC와 소프트웨어 개발방법론은 프로젝트별로 새로 만들어서 하는 것보다, 조직의 표준 방법론을 수립하여 프로젝트에서 활용하는 것이 생산성을 훨씬 높여 줄 수 있다.

1. 개발방법론과 SDLC의 개념에 대해 설명하시오.

2. 소프트웨어 개발 생명주기 모델의 유형에 대해 설명하시오.

3. 개발방법론과 SDLC의 필요 배경에 대해 설명하시오.

4. 개발방법론과 SDLC의 관련 개념에 대해 설명하시오.

5. 개발방법론의 발전 과정에 대해 설명하시오.

6. 개발방법론의 특성에 대해 비교 설명하시오.

7. 개발방법론들 간의 관계에 대해 비교 설명하시오.

8. 개발방법론 도입 시 핵심 고려사항에 대해 비교 설명하시오.

하자보증(Warranty)

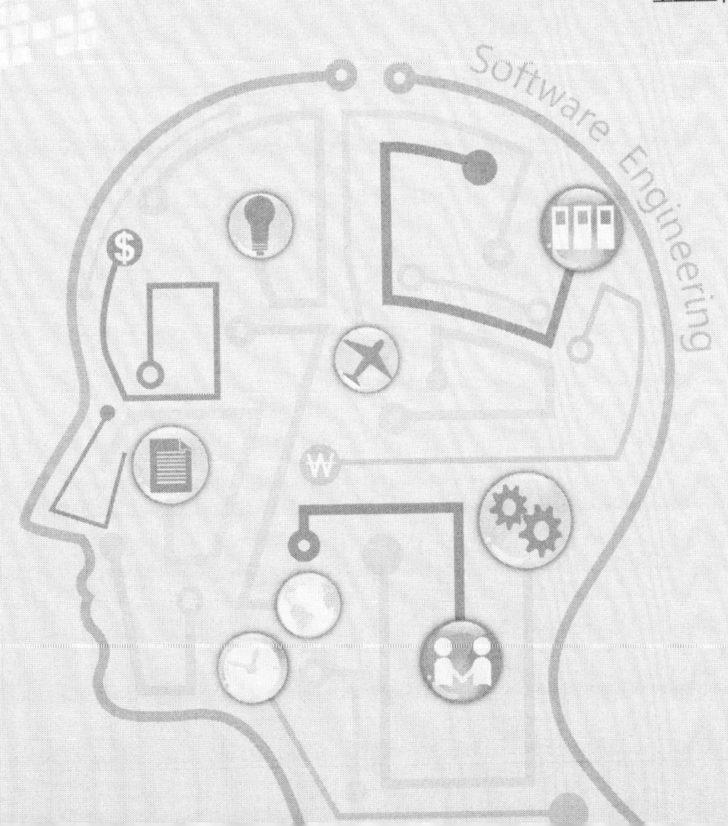

Liability (의무, 부채)는 받은 것에 대해 그 댓가로 주어야 하는 것을 의미한다. 금전적, 물질적, 서비스, 등의 형태로 받은 것에 대한 반대급부로 내가 지불해야 하는 것, 즉 빚, 부채를 의미한다. 계약에서는 상대방이 수행해야 할 사항들에 반하여 내가 수행해야 할 사항들을 지칭하며 (비 금전적) 회계에서는 내가 받은 것에 대하여 갚아야 할 부채를 말한다. (금전적).

반면 Guarantee (보장)는 상대방에 대하여 금전적, 비금전적 의무를 지게 되었을 때 (liability가 발생했을 때) 그 의무를 이행하여야 하는데 본인이나 제3자를 통하여 상대방이 안심할 수 있는 방법으로 의무 이행을 보장하는 것이다. 그 방법이란 자신이 상대방에게 직접 무엇을 담보로 걸고 할 수도 있고 제삼자에게 (주로 은행이나 보험사) 담보를 걸고 제삼자가 대신 보장하게 할 수도 있다. 보장 방법은 상황과 보장력에 따라 어떤 것이든 가능하다. 보증금 공탁, 보증보험, 은행에서 발행하는 performance guarantee, 근저당 설정, 심지어 단순한 guarantee latter 등 여러 가지가 있다.

보장을 요구하는 상대방이 자신이 안심할 수 있는 방법을 구체적으로 요구하는 경우가 보통이다. 또한 Warranty (보증)는 제공자가 사용자에게 대가를 받고 제공한 제품이나 서비스에 대하여 그 효용성을 약속하는 것이다. 상대방이 해준 것에 대한 대가 지불도 아니다. 무엇을 담보로 걸지도 않는다. 만약에 발생할 수 있는 문제에 대해 일정 기간 동안만 해결을 미리 약속하는 것이다. 흔한 제품보증서, 하자이행보증들이 여기에 속한다.

이 장에서는 하자보증(Warranty)의 개념, 하자보증(Warranty)의 유형, 하자보증(Warranty)의 수행 주체와 수행 방법, 유지보수(Maintenance)와의 관계, 하자보증서 작성 기준, 보증보험 (保證保險, surety insurance), 품질보증기간에 대한 규정, 소비자 기본법, 소프트웨어 보증에 대한 원리에 대해 논리적으로 접근하고 실제로 현장에서 일어나는 사례를 표현하려고 노력했다.

 13.1 하자보증(Warranty)의 개념

하자보증(Warranty)은 물품의 제조 시 숨겨져 있는 하자를 치유하기 위한 보증을 말하며 우리나라 민법상 제조물 책임(Product liability)과 유사하다. 현행 관세법에서 보증(Warranty)에 대해서 명확하게. 정의하고 있지 않고 있지만 WTO 관세평가협약 해설 6.1에 다음과 같이 규정하고 있다. "보증은 통상 자동차와 전자기기와 같은 품목에 대한 품질보증의 한 형태로서 일정조건에 부합하는 경우에는 보증 책임자가 보수(부분품 또는 용역) 또는 대체에 필요한 비용을 부담하는 경우이다. 특정한 조건에 부합하지 않는 경우 보증은 취소될 수 있다. 보증은 물품의 숨겨진 하자를 치유하는 것이다. 이 경우의 하자에는 물품을 사용할 수 없게 하거나 유용성을 감소시키는 나타나지 않는 하자를 포함한다."

보증은 부품교체나 수리작업을 위해 필요한 부품(Parts cost), 하자보증을 위해 필요한 활동에 소요되는 비용인 인력비용(Labor cost) 그리고 해당 인력의 기술적 요인인 기술지원(technic, know-how)을 주요한 구성요소로 한다. 이러한 하자보증은 위에서도 언급한 바와 같이 본제품의 가격에 그 가격이 포함되어 있으므로 하자보증 기간 내의 하자보증 비용(특히Parts)을 과세한다면 이중과세 문제가 제기될 수가 있기에 관세평가 상에서 문제가 되는 것이다.

 13.2 하자보증(Warranty)의 유형

하자보증은 국내 반입여부에 따라 DOA(Dead on arrival), RMA(Return material authorization)로 구분되며, RMA는 다시 Standard warranty, Extended warranty의 두 종류로 구분할 수 있다.

DOA(Dead on arrival)는 선적 후 또는 제조장 반출 후 국내에 도착하는 시점까지 운송 기간 동안의 보증을 말하는데, 원칙적으로 하자보증과 운송책임은 그 범위가 다르다고 할 것이다. DOA에 대해 수출자는 무상으로 상품자체를 교환해 주는 경우가 많다.

RMA(Return material authorization)는 수입 후 국내 판매, 설치 후 발생한 하자물품을 대체 또는 수리하는 하자보증을 말하며 일반적으로 그 부품은 회수하는 조건으로 수행 된다. Standard warranty는 생산 경험에 의한 통계적 하자발생 확률에 기초한 보증으로 서 일반적으로 하자보증을 위해서 필수적으로 필요한 기간 동안에 소비자에게 무상으로 이루어지는 사례가 많다. 반면, Extended warranty는 Standard warranty에 추가되어, 하 자보증을 위해서 필수적으로 필요한 기간 이후에 이루어지는 하자보증으로서 보통 유상 으로 이루어지는 경우가 많다.

Extended warranty의 경우, 최종소비자(End User)의 선택사양인 경우가 많고, 보증서비 스 제공 주체가 생산자, 판매자, 제 3 자(보험회사 등)가 제공하는 등 다양한 이해 관계자 를 포함한다는 점 그리고 필수기간 이후에 제공되면서 유지(Maintenance)와 중첩되는 부분이 존재한다는 점에서 관세평가 상 Standard warranty와 동일하게 인정해야 하는 지 에 대한 부분과 유지(Maintenance)와 차별성에 대해 많은 논란이 발생할 여지가 있는 부 분이다.

 13.3 하자보증(Warranty)의 수행 주체와 수행 방법

13.3.1 하자보증의 수행 주체

하자보증(Warranty)의 책임은 하자보증이 생산과정에서 발생하는 하자의 치유라는 본 질적인 문제에서는 판매자(생산자)가 수행하여야 하는 것이 타당할 것이다. 그러므로 판 매자는 하자보증 예상비용을 물품의 가격에 전가하고 보증기간 내에서 발현하는 하자치유 비용은 판매자가 부담하는 것이 일반적이다. 그리고 통상적으로 그 치유를 수입국에서 수행하며, Parts는 판매자가 무상공여 한다.

이러한 하자보증의 수행방법을 수행주체에 따라 분류 한다면 계약에 따라 ① 판매자가 직접 수입국에서 수행하는 경우, ② 구매자가 자신의 계산과 책임으로 수행하는 경우, ③ 특수계약에 의해 구매자가 수행하는 경우, 그리고 ④ 제 3 자 가 수행하는 경우로 구분할 수 있을 것이다. 이는 보증의 수행 주체에 따라 그리고 그 거래의 내용에 따라 관세평가, 즉 과세 여부 및 과세 가격이 결정된다는 점에서 중요한 문제라고 할 수 있다.

13.3.2 하자보증의 수행 형태

하자보증을 수행하는 형태는 판매자의 정책, 거래물품의 특성, 구매자의 선호 등에 따라 다양하게 나타날 수 있다. 특히, Life Cycle이 짧은 IT 관련 제품에 있어서는 더욱 그러하다.

오늘날 기업(특히 글로벌기업)에서는 수익을 극대화하기 위하여 비용의 절감을 심각히 고려하고 있으므로 상품을 판매하면서 하자보증비용을 이미 상품의 가격에 포함하여 지급 받았다 할지라도 그 수행방법을 가장 효율적으로 수행하려는 경향이 있다. 이러한 측면에서 하자보증의 수행방법도 비용을 절감할 수 있는 효율적인 방법을 고려하게 될 것이다. 이러한 효율적인 방법을 선택하다 보면 하자보증인지 아니면 유지보수인지의 구별이 어렵고, 또한 이러한 수행방법인 하자보증을 활용하여 거래 가격을 축소하려고 하는지에 대한 의문이 생길 수도 있는 것이다.

하자보증 수행형태는 위에서 언급한 형태로서 판매자가 하자보증의 책임이 있다는 전제하에 ① 판매자가 하자보증의 본질인 parts, labor, know-how를 제공하는 유형, ② 판매자가 parts와 know-how를 제공하고 구매자가 labor를 제공하는 유형, ③ 구매자가 parts, labor, know-how를 모두 제공하여 하자보증을 수행하는 유형, ④ 제 3 자가 하자보증 자체를 제공하는 유형 등이 있고, ⑤ 그 외 특수한 하자보증수행 유형도 있을 수 있을 것이다.

① **판매자가 parts, labor, know-how를 제공**

전통적인 하자보증 수행 형태로서 판매자 자신이 직접 또는 대리인을 통하여 하자보증을 수행하는 방법으로 parts는 직접제공, 대리인을 통하여 구매하게 하고, 자신의 책임으로 인력을 구하여 하자보증을 수행한다.

② **판매자가 parts와 know-how를 제공하고 구매자가 labor를 제공**

판매자는 parts와 know-how를 무상으로 제공하고 구매자의 인력을 이용하여 하자보증을 제공하는 유형으로 이 경우 판매자는 labor에 대한 보상을 어떠한 방법으로든지 구매자에게 제공하여야 할 것이다.

③ **구매자가 parts, labor, know-how를 모두 제공하여 하자보증 수행(parts, know-how를 판매자에게 구매하여 수행)**

판매자가 수행하여야할 하자보증을 구매자가 수행함으로써 하자보증에 따라 부담하는 비용을 전부 판매자에게 보상받아야 할 것이다.

④ **제 3 자가 하자보증 제공**

제 3 자가 구매자나 판매자의 위치에서 행하는 하자보증 수행 유형으로서 책임과 비용의 분담은 위3)에서 언급한 것과 같이 판매자가 하자보증에 따라 제 3 자가 부담한 비용을 보상하여야 한다.

⑤ **특수한 하자보증의 수행**

그 외 하자보증의 특수한 수행형태에는 ① 판매자가 parts, labor, know-how를 제공하지 않고 거래물품의 수량을 초과하여 제공하고 하자보증의 책임에서 벗어나는 경우, ② 별도의 회사를 설립하여 하자보증만을 전담하도록 하는 경우, 그리고 ③ 판매자가 하자보증 자체를 인정하지 않는 경우도 있을 수 있다.

 13.4 유지보수(Maintenance)와의 관계

13.4.1 유지보수의 개념

유지(Maintenance)는 관세법 제30조제 1 항 제 1 호의 "물품의 수입 후 건설, 설치, 조립, 정비, 유지 또는 당해 수입물품에 관한 기술지원에 필요한 비용"에서 등장하는 개념이다. 관세평가협약 해설6.1은 "유지(Maintenance)를 산업설비, 장비 등의 물품이 구매 목적에 부합하는 기능을 수행 할 수 있는 일정기준을 유지하도록 보장하기 위한 동 물품에 대한 예방적조치의 한 형태이다"라고 정의하였고, 대법원 판례에서는 "하자보증기간이 경과한 이후 그 내구연한 동안 당해 수입물품이 구매목적에 부합하는 기능을 수행할 수 있도록 보장하기 위해 수시로 이루어지는 수리에 필요한 비용"이라고 판시하고 있다.

요약컨대 'Maintenance'는 수입물품에 대하여 통관을 완료한 이후 구매목적에 부합하는 기능을 수행할 수 있는 일정 기준을 유지하도록 보장하기 위한 동 물품에 대한 예방적 조치를 의미하므로, 유지보수(Maintenance)는 그 개념상 관세 평가 대상과는 무관한 것이라는 점에서 Warranty와 가장 큰 차이점이 있다고 할 수 있다.

13.4.2 하자보증과 유지보수의 특성 비교

Warranty와 비교할 때 Maintenance는 그 특징이 더욱 명료해지므로 두 개념을 비교하면 다음과 같다. Warranty가 하자발생에 대한 무상 치유 비용의 성격을 지닌데 비해서, Maintenance는 하자발생 유무와 상관없이 수입물품의 기능을 유지하기위한 목적의 예방적 보수에 필요한 비용을 의미한다. 또한 Warranty가 생산과정에서 내재하는 하자를 기본적인 개념으로 하는데 비하여, Maintenance는 생산 및 수입 이후에 제품자체에 발생할 수 있는 하자와는 관계없는 개념이다. 따라서 Warranty는 원가의 일부를 구성하나 Maintenance는 제품원가와 관계없이 수입 후 발생하는 비용이라는 측면에서 차이가 있다 할 것이다. 이러한 면에서는 Warranty가 관세 평가항목에 포함되는데 비하여,

Maintenance는 관세 평가대상에 포함되지 않는다는 점에서 그 차이가 있다고 할 수 있을 것이다.

 ## 13.5 하자보증서 작성 기준

하자보증서는 쌍방 계약자 간에 다음과 같은 내용을 담고 계약을 추진하게 된다. 제1조 (목적), 제2조 (보증품목), 제3조 (하자보증), 제4조 (손해배상), 제5조 (유효기간), 제6조 (해지), 제7조 (기타사항), 제8조 (분쟁해결), 제9조 (특약사항)의 내용을 담아 작성한다.

 ## 13.6 보증보험(保證保險, surety insurance)

매매 · 고용 · 도급 기타 계약에서 채무불이행에 의하여 채권자가 입게 되는 손해를 전보(塡補)하는 보험이다.

채무자를 보험계약자, 채권자를 피보험자로 하는 손해보험의 일종인데, 내용적으로는 미국의 본드(bond:보증계약)와 같은 효과를 목적으로 한 것이다. 신원보증보험의 경우 종래에는 피용자(被用者)를 개별적으로 다루는 개별보증의 형식을 취하였으나, 근래에는 다음과 같은 단체보험의 형식을 취하는 경향이 있다.

① 일람표(一覽表)보증, 즉 일람표에 피보험자인 피고용인의 성명 · 인원 · 보험금액 등을 기입하고 인사이동의 경우에는 이를 수정한다.

② 포괄보증, 즉 은행을 비롯한 직장에서 이용되는 것으로서 일람표를 사용하지 않고 신규채용 되는 피고용인은 자동적으로 보증의 대상이 된다. 특히, 은행(banker's bond)의 경우에는 신원보증 외에 은행 구내와 수송 도중의 도난위험, 건물·금고 등의 파괴, 위조·변조 등으로 인한 손해의 담보도 포함한다.

보증보험은 성질상 손해보험 중 책임보험에 속하므로 이에 관하여는 책임보험에 관한 상법의 규정이 적용된다. 그러나 보증보험에 관한 보통보험약관 내지 특별보험약관이 우선적으로 적용되는 것은 물론이다.

한국에서 판매되고 있는 보증보험에는 ① 신원보증보험, ② 이행보증보험, ③ 납세보증보험, ④ 인.허가 보증보험, ⑤ 지급계약보증보험, ⑥ 할부판매보증보험, ⑦ 사채보증보험 등이 있다.

 13.7 품질보증기간에 대한 규정

컴퓨터에 관한 하자보증에 해당하는 품질보증기간에 대한 규정은 1987년 7월1일 소비자보호법에 의하여 '한국소비자보호원'으로 설립된 후, 2007년 3월 28일 소비자기본법에 의해 '한국소비자원'으로 기관명이 변경되었다. 한국소비자원은 소비자의 권익을 증진하고 소비생활의 향상을 도모하며 국민경제의 발전에 이바지하기 위하여 국가에서 설립한 전문기관이다. 이 단체의 소비자기본법에서 찾아 볼 수 있다.

소비자분쟁 해결 기준(제정경제부 고시 제2007-54호. 2007. 10.)에 나타난 기준은 공산품(퍼스널컴퓨터)에 관한 규정 중 품질보증기간은 완제품은 1년 (부품보유기간은 4년)이고. 핵심부품(마더보드)은 3년으로 되어 있다.

또한 소비자분쟁 해결기준(재정경제부 고시 제2007-54호. 2007. 10.) 중 공산품(퍼스널컴퓨터)에 관한 규정에 보면 공산품 (가전제품. 사무용기기. 전기통신기자재, 시계, 재봉기, 광학제품, 아동용품 등)에 대해서 구입 후 10일 이내에 정상적인 사용 상태에서 발생한 성능, 기능상의 하자로 중요한 수리를 요할 때, 제품교환 또는 구입가 환급방법은 감가상각방법을 활용하는데 정액법에 의하되 내용연수는 (구)법인세법시행규칙에 규정된 내용연수를 적용하며 감가상각비 계산은 (사용연수/내용연수)×구입가로 한다.

① 구입 후 1개월 이내에 정상적인 사용 상태에서 발생한 성능, 기능상의 하자로 중요한 수리를 요할 때는 제품교환 또는 무상 수리를 하도록 되어 있다.

　품질보증기간 이내에 정상적인 사용 상태에서 발생한 성능, 기능상의 하자일 경우에는 하자 발생 시에는 무상 수리, 수리 불가능 시에는 제품교환 또는 구입가 환급,. 교환 불가능시에는 구입가 환급, 동일하자에 대하여 3회까지 수리 하였으나 고장이 재발(4회째)에는 제품교환 또는 구입가 환급, 여러 부위의 고장으로 총 4회 수리 받았으나 고장이 재발(5회째)때에는 제품교환 또는 구입가 환급, 교환된 제품이 1개월 이내에 중요한 수리를 요하는 고장 발생할 때는 구입가 환급조치를 해야 한다.

　컴퓨터나 전축과 같이 개별기기(본체와 주변기기 등)의 조합으로 이루어진 제품(set물품)을 전체로 구입한 경우의 교환은 각 개별기기를 대상으로 하고, 동일회사에서 판매한 set물품으로서 개별기기에 대한 교환이 불가능하여 환급할 때에는 전체를 대상으로 한다. 단, 컴퓨터의 경우는 본체와 모니터, 키보드만을 전체로 본다.

② 소비자가 수리 의뢰한 제품을 사업자가 분실한 경우

　품질보증기간 이내의 경우는 제품교환 또는 구입가 환급, 품질보증기간 경과 후에는 정액 감가상각한 금액에 10%를 가산하여 환급(최고한도 : 구입가격)한다.

③ 부품보유기간 이내에 수리용 부품을 보유하고 있지 않아 발생한 피해

　품질보증기간 이내일 경우 정상적인 사용 상태에서 성능, 기능상의 하자로 인해 발생된 경우에는 제품교환 또는 구입가를 환급하고, 소비자의 고의, 과실로 인한 고장인 경우에는 유상수리에 해당하는 금액 징수 후 제품 교환하도록 규정하고 있다.

　품질보증기간 경과 후에는 정액 감가상각한 금액에 10%를 가산하여 환급(최고한도 : 구입가격)한다.

④ 제품구입 시 운송과정에서 발생된 피해는 제품을 교환해 준다.(단, 전문 운송기관에 위탁한 경우는 판매자가 운송사에 대해 구상권 행사)

⑤ 사업자가 제품설치 중 발생된 피해는 제품교환을 해준다.

⑥ 별도의 기간을 정하지 않은 경우는 통상적으로 1년이다.

 ## 13.8 소비자 기본법

소비자 분쟁은 주로 계약이행상의 하자, 계약 목적물의 하자, 품질 보증 책임, 계약목적물의 결함 등에 의한 소비자피해와 관련하여 발생하고 있으며 이들 분쟁의 해결에 주로 원용되는 민법 규정은 계약의 취소 및 해제 해지와 계약의 효력, 무능력자의 행위 능력, 매도인의 하자담보책임, 소멸시효등과 관련된 규정이다.

소비자 기본법 시행령 부칙 별표 1에 보면   일반적 소비자분쟁해결기준 (제8조제2항 관련)에 사업자는 물품 등의 하자 · 채무불이행 등으로 인한 소비자의 피해에 대하여 다음 각 목의 기준에 따라 수리 · 교환 · 환급 또는 배상을 하거나, 계약의 해제 · 해지 및 이행 등을 하여야 한다.

품질보증기간 동안의 수리 · 교환 · 환급에 드는 비용은 사업자가 부담한다. 다만, 소비자의 취급 잘못이나 천재지변으로 고장이나 손상이 발생한 경우와 제조자 및 제조자가 지정한 수리점 · 설치점이 아닌 자가 수리 · 설치하여 물품 등이 변경되거나 손상된 경우에는 사업자가 비용을 부담하지 아니한다.

수리는 지체 없이 하되, 수리가 지체되는 불가피한 사유가 있을 때는 소비자에게 알려야 한다. 소비자가 수리를 의뢰한 날부터 1개월이 지난 후에도 사업자가 수리된 물품 등을 소비자에게 인도하지 못할 경우 품질보증기간이내일 때는 같은 종류의 물품 등으로 교환하되 같은 종류의 물품 등으로 교환이 불가능한 경우에는 환급하고, 품질보증기간이 지났을 때에는 구입가를 기준으로 정액 감가상각한 금액에 100분의 10을 더하여 환급한다.

물품 등을 유상으로 수리한 경우 그 유상으로 수리한 날부터 2개월 이내에 소비자가 정상적으로 물품 등을 사용하는 과정에서 그 수리한 부분에 종전과 동일한 고장이 재발한 경우에는 무상으로 수리하되, 수리가 불가능한 때에는 종전에 받은 수리비를 환급하여야 한다.

① 수리, 교환, 환급, 배상 및 계약의 해제, 해지, 이행의 기준 품질보증기간 동안의 수리. 교환·환급에 소요되는 비용은 사업자가 부담하는데, 이에 대한 3가지 예외가 있다. 소비자의 취급 잘못, 천재지변, 제조자 및 제조자가 지정한 수리점이 아닌 자가 수리하여 제품이 변경 또는 손상된 경우이다.

② 할인판매 된 물품을 교환하는 경우에는 그 정상가격과 할인가격의 차액발생과 관계없이 교환은 동일제품으로 한다. 동일제품교환이 불가능한 때에는 동종의 유사제품으로 교환한다. 환급금액은 거래 시에 교부된 영수증 등에 기재된 물품 및 용역의 가격을 기준으로 한다. 다만 영수증 등에 기재된 가격에 대하여 다툼이 있는 경우에는 다름 금액을 기준으로 하고자 하는 자가 그 금액이 실제 거래가격임을 입증하여야 한다.

③ 사업자는 물품의 판매 시에 품질보증기간, 부품보유기간, 수리, 교환, 환급 등 보상방법 기타 품질보증에 관한 사항을 표시한 증서를 교부하거나 그 내용을 물품에 표시하여야 한다. 다만, 별도의 품질보증서를 교부하기가 적합하지 아니하거나 보상기준의 표시가 어려운 경우에는 소비자보호법에 의한 소비자피해보상기준에 따라 피해를 보상한다는 내용만을 표시할 수 있다. 즉, 반드시 품질보증서를 교부해야만 하는 것은 아니다.

④ 품질보증기간 및 부품보유기간은 당해 사업자가 품질보증서에 표시한 기간으로 한다. 이 때 이 기간이 품목별소비자피해보상기준(고시규정)에 규정한 기간 보다 짧은 경우에는 고시기준으로 한다.

중고품에 대한 품질보증기간은 품목별 규정, 즉 고시규정에 의한다. 그리고 품질보증기간은 소비자가 물품을 구입한 날 또는 용역을 제공받은 날부터 계산한다. 다만, 계약일과 인도인이 다른 때에는 인도일을 기준으로 한다.

품질보증서에 판매일자가 기재되어 있지 아니한 경우, 품질보증서 또는 영수증을 받지 아니하거나 분실한 경우 그 밖의 사유로 판매일자를 확인하기 곤란한 경우에는 당해 제품의 제조일 또는 수입 통관 일부터 6월이 경과한 날부터 품질보증기간을 기산하여야 한다. 다만 제품 또는 제품포장에 제조일 또는 수입통관일이 표시되어 있지 아니한 제품은 사업자가 그 판매일자를 입증하여야 한다.

⑤ 물품 또는 용역에 대한 피해의 보상은 물품의 소재지, 용역의 제공지에서 한다. 다만 사회통념상 휴대가 간편하고 운반이 용이한 물품에 대해서는 사업자의 소재지에서 보상 할 수 있다.

⑥ 사업자의 귀책사유로 인한 소비자피해의 처리과정에서 발생되는 운반비용, 시험, 검사비용 등의 경비는 사업자가 부담한다.

⑦ 품목별 소비자 피해 보상기준
분쟁 당사자 간에 별도의 의사표시가 없고, 피해소비자가 품목별 보상기준에 따른 피해보상만을 청구하는 경우에 한하여 피해보상의 기준이 된다.
품목별 보상기준에서 동일한 피해에 대한 보상방법은 두 가지 이상 정하고 있는 경우에는 소비자가 선택하는 보상방법에 의한다.

13.9 소프트웨어 보증

우리 삶의 질을 향상시키고 최첨단 과학발전에 이바지하는 소프트웨어도 제대로 검증되지 않으면 많은 부작용을 초래할 수 있다. 인터넷 민원서류 위·변조 가능성 언론보도(2005년) 및 병무청 공직자 주민번호 노출사건(2008년)은 전자정부의 신뢰성을 하락시키고 정부에 대한 많은 불신을 초래하였다. 스마트기기의 소프트웨어 오류도 심각하여 몇 년 전 역사적인 우주발사체 나로호의 첫 발사가 중지된 것도 특정 소프트웨어의 오류에 기인한 것으로 국민들에게 많은 실망감을 안겨주었다. 따라서, 각국에서는 소프트웨어가 오류 및 취약점을 갖지 않고 정상적으로 동작함을 보증하기 위하여 많은 노력을 기울이고 있다. 미국에서는 국토안보부를 중심으로 소프트웨어의 보안성을 강화하고 취약점을 감소시키기 위한 프로젝트를 진행하고 있으며, 마이크로소프트사는 자사 소프트웨어의 보안성과 신뢰성을 강화하기 위한 개발 프로세스를 개발하여 적용하고 있다. 또한, 각 기관 및 단체에서도 소프트웨어를 시험·평가·인증하기 위한 표준 및 기준을 제정하였고, 실제로 이러한 표준 및 기준에 기반 한 소프트웨어 시험·평가·인증도 활발히 진행되고 있다. 또한, 이와는 별도로 자체적인 기준에 의하여 소프트웨어를 검증하는 노력도 진행되고 있다.

벤더가 제품을 판매하는 경우, 통상 그 제품이 어떤 작동을 한다는 점을 약속한다. 예를 들어, 전구는 빛을 낼 것이고, 자동차는 주행을 할 수 있다. 이러한 약속은 제품 브로셔를 통해서와 같이 묵시적으로도 이루어질 수 있고, 상세한 기술 사양 설명을 통해서와 같이 명시적으로 이루어질 수도 있다. 우리가 물건을 사면, 그 물건이 약속된 대로 작동할 것이라는 점에 대해 정당한 기대를 갖는다.

보증은 벤더가 판매한 물건이 하자가 없다는 점, 즉 약속된 기능을 제공할 것이라는 점과 만일 그렇지 않을 경우, 그 하자를 어떻게 치유해줄 것인지에 관한 공식적인 약속이다.

만일 서버나 컴퓨터의 하드웨어를 구입한다면, 보증은 통상 그 물건이 기술 사양에 따라 작동하며, 제조 결함이 없다는 점을 보장한다.

보증 계약은 제품이 약속과 달리 작동하지 않을 경우 회사가 물건을 어떻게 고쳐줄 것인지, 얼마나 빨리 고쳐줄 것인지를 규정한다. 이는 통상 "서비스 레벨"과 결합한 "보증 서비스"로 나타난다. 예를 들어, 벤더는 48시간 안에 부품을 1대1로 교환해 줄 것이라고 정하기도 한다. 보증 계약에서 보증이 제공되지 않는 범위나 보증을 무효화할 수 있는 경우를 정하기도 한다. 예를 들면, 정당한 권한 없이 기계를 개조하면 보증을 받을 수 없다. 보증 계약에서 제품이 작동하지 않을 때 벤더 측의 책임을 제한하는 조항을 포함할 수도 있다. 예를 들어, 서버가 작동하지 않는 경우 그로 인해 손실한 데이터로 인한 손해까지는 벤더가 책임을 지지 않는다는 조항이 있을 수 있다.

소프트웨어를 구입하는 경우라면 이야기가 약간 달라진다. 하드웨어와 달리, 소프트웨어는 "as-is" 조건에 따라 보증 없이 판매되기도 한다. 소프트웨어가 약속한 대로 작동하리라는 점을 벤더 측이 보장하지 않는다는 뜻이다. 소프트웨어에 대한 보증이 존재하지 않을 수 있다. 물론 소프트웨어가 담긴 매체에 대한 보증이 있는 경우는 있지만, 소프트

웨어 자체에 대한 보증은 아니다.(가령 소프트웨어가 저장된 CD가 손상되어 있다면 교환은 가능하다.) 상용 완제품 소프트웨어(off-the-shelf 소프트웨어 혹은 shrink-wrap 소프트웨어)의 경우 종종 "as-is" 조건에 따라 판매된다. 반면, 기업용 소프트웨어나 주문 개발된 소프트웨어는 제한된 보증을 수반하여 판매되는 경향이 있다. 하지만 이러한 소프트웨어 보증도 제한적이다. 해당 프로그램이 전혀 결점 없이 설명서 그대로 정확하게 작동한다는 점을 보장하지는 않기 때문이다. 이는 결점(버그)이 전혀 없는 소프트웨어를 만드는 것이 거의 불가능한 까닭이다. 소프트웨어가 약속대로 작동한다는 보장은 없지만, 벤더들은 소프트웨어의 결점을 제거하기 위해 통상 아래에서 설명하는 방식 중 몇 가지를 일반적으로 제공한다.

① 오류 보고

벤더 측은 고객에게 전화번호나 혹은 문제점을 보고할 수 있는 방법을 제공한다. 이러한 창구는 문제점을 받아들이기만 하며, 통상 그 문제점을 수정해주거나 다른 지원을 제공하지는 않는다.

② 업데이트

보증 계약에서 벤더가 소프트웨어의 결함을 고치기 위해 버그 픽스와 패치를 만들 것이라는 점을 설명하기도 한다. 하지만 그러한 버그 픽스나 패치가 만들어질 것이라는 점, 혹은 결함이 발견된 후 일정한 기간 안에 만들어질 것이라는 점을 보장하지는 않는다. 달리 말해, 벤더 측의 자유재량 혹은 최선의 노력에 따라 버그 픽스나 패치를 만들 것이라는 뜻이다. 이러한 패치는 약간의 기능 향상을 포함하거나 오퍼레이팅 시스템이나 다른 소프트웨어의 업데이트에 맞추어서 이루어지기도 한다. 고객은 각자 패치나 업데이트를 설치해야 하며, 벤더 측에서 그들이 배포한 업데이트를 설치하거나 관리해주는 서비스는 제공하지 않는 것이 보통이다.

③ 환불 청구권

보증 기간 동안 소프트웨어가 설명서처럼 작동하지 않거나, 벤더가 그 결함을 제거할 수 있는 업데이트를 배포하지 못하는 경우, 그 기간 안에는 고객이 환불을 받을 수 있는 권리를 부여한다.

④ **보수 청구권**

소프트웨어가 설명서처럼 작동하지 않는 경우 벤더 측이 즉각 소프트웨어를 수정하거나 다른 우회적인 방법으로라도 그 소프트웨어가 제대로 작동하도록 지원을 해준다는 뜻이다. 보수가 제공되는 방법은 통상 문제점이 얼마나 심각한지에 따라 달라진다. 원격이나 인터넷을 통해 제공될 수도 있고, 직접 현장에서 제공될 수도 있다. 주말 없이 24시간 제공될 수도 있고, 근무시간에만 제공될 수도 있다. 이는 계약에 달린 문제이다.

⑤ **개선 요구에 따른 계약 체결권(주문 개발한 소프트웨어의 경우)**

소프트웨어가 사업에 적합하게 유지될 수 있도록 할 목적으로 이루어진다. 개선에 관해서는 따로 보증이 이루어지며, 또한 개선비용 또한 따로 정한다.

⑥ **도움말**

때로 도움말이 번들로 포함되기도 한다. 도움말은 사용자가 소프트웨어를 구성하고 사용하는데 도움을 준다.

1. 하자보증(Warranty)의 개념에 대해 설명하시오.

2. 하자보증(Warranty)의 유형에 대해 설명하시오.

3. 하자보증의 수행 주체에 대해 설명하시오.

4. 하자보증의 수행 형태에 대해 설명하시오.

5. 하자보증과 유지보수의 특성을 비교 설명하시오.

6. 하자보증서 작성 기준에 대해 설명하시오.

7. 보증보험 (保證保險, surety insurance)에 대해 설명하시오.

8. 품질보증기간에 대한 규정에 대해 설명하시오.

9. 품목별 소비자 피해 보상기준에 대해 설명하시오.

10. 소프트웨어 보증에 대해 설명하시오.

개망초 핀 들녘

孝星/詩人 金泰達

고목 줄기 끝
삼복더위 피해
고추잠자리 조는
석룡산 오르는 들녘

돌밭 일군 논두렁 가
농부들 눈치 보며
힘겹게 핀
가녀린 미소

묵정밭
가난한 목마름으로
바람에 누운
하얀 촛불

망상에 꺼들려
휘청이는 육신 끌고
중도로 향하는
칠월의 눈꽃.

CHAPTER 14

소프트웨어 유지보수

소프트웨어 유지보수비는 소프트웨어 개발 생명주기에서 필요한 비용 중 가장 많은 부분을 차지하고 있으며, 현실적으로 유지보수에 따른 문제점과 문제점 해결을 위한 유지보수 비용을 인정하지 않으려고 하는 경향이 있다. 대개 소프트웨어 유지보수 비용은 소프트웨어 개발 비용의 60% 이상을 차지하며, 더 많은 소프트웨어가 생산될 수록 유지보수비는 증가 추세에 있다.

유지보수의 필요성에 대해 Rcchkind는 다음과 같이 말하고 있다.

"컴퓨터 프로그램은 항상 수정되며, 교정되어야 하는 에러, 첨가할 기능, 최적화 과정 등이 존재한다. 수정되어야 하는 현재의 버전뿐만 아니라 개선해야 할 버전들이 존재한다. 또한 문제점 해결을 위한 처음의 수정은 부가적인 문제를 만들어 낸다."

수정은 컴퓨터 시스템이 완전히 구성될 때까지는 불가피하다. 따라서 수정사항을 평가하고 통제할 수 있는 시스템을 개발하는 것이 매우 중요하다.

소프트웨어 유지보수의 근본적인 문제점은 기존의 소프트웨어를 수정하고자 할 때 전체 시스템에 예기치 못한 파급효과가 발생할 수 있다는 것이다. 따라서 이러한 파급효과를 통제하기 위한 적절한 관리적, 기술적인 노력이 필요하다. 이러한 노력은 단순히 소프트웨어 생명주기의 유지보수 단계에만 적용되는 것이 아니라 처음에 시스템이 정의되고 설계되는 단계로부터 소프트웨어 유지보수성(maintainability)을 고려하여 개발되어야 한다.

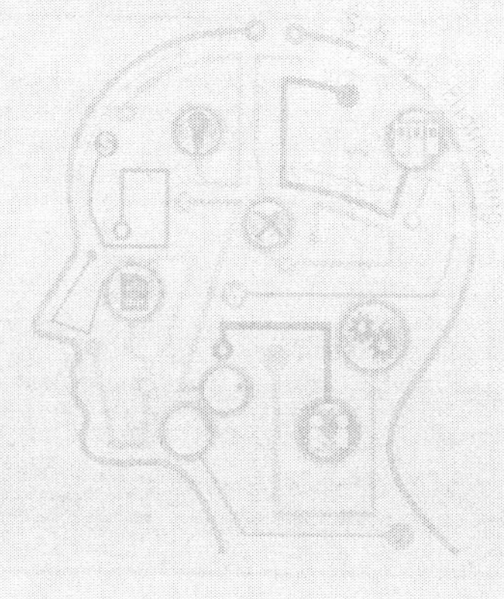

 14.1 소프트웨어 유지보수의 정의

소프트웨어 유지보수란, 소프트웨어가 개발되어 사용자에게 인도된 다음에 요구사항 범위 내에서 소프트웨어 변경과 수정을 필요로 할 때 발생한다. 유지보수를 요하는 경우는 다음과 같다.

① 소프트웨어 에러와 설계 결함을 교정할 필요가 있을 때

② 설계 결과에 대해 개선을 요구할 때

③ 기존 소프트웨어를 다른 하드웨어나 소프트웨어나 소프트웨어 특성 및 데이터 전송 시설과 같은 환경이 변할 때

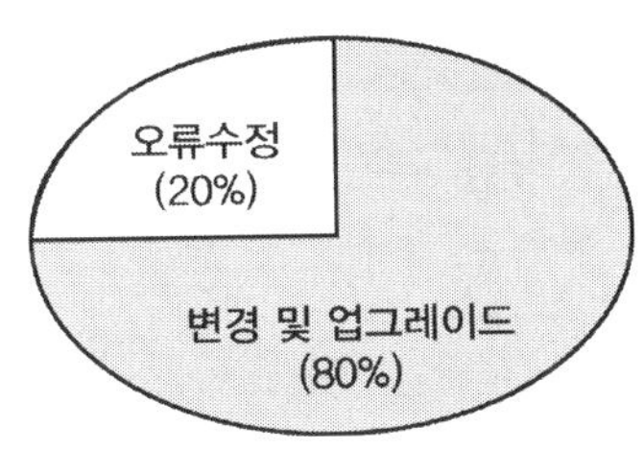

[그림 14 - 1] 소프트웨어 유지보수 작업

④ 다른 소프트웨어(프로그램)와 접속하고자 할 때

⑤ 화일이나 데이터베이스가 변경되었을 때

⑥ 새로운 운용 분야에의 적용을 위한 성능 개선을 요구할 때

프로그램의 유지보수는 설비 유지보수와 성격이 다르다. 컴퓨터 하드웨어 유지보수는 통상적으로 고장 부품을 교체하거나 또는 부품을 청소하거나 결함사항을 교정하고 설계를 개선하는 공학적인 작업 과정으로 이루어진다.

설비 유지보수 과정은 설비가 정상적으로 가동되는 상태에 아무런 영향을 주지 않기 때문에 사용자는 이러한 변경이나 수정한 내용을 알 수 없다.

프로그램의 유지보수는 프로그램상의 결함사항을 수정하고 코딩 이전 단계인 분석·설계 과정은 물론이고 프로그램의 처리과정을 개선해야 한다. 대부분의 소프트웨어 유지보수는 프로그램의 신뢰도(reliability)를 다루는 일보다는 오히려 [그림 14-1]과 같이 사용자 요구사항의 변화에 따라 발생하고 수행하게 된다.

소프트웨어 시스템은 데이터의 변경과 사용자의 요구사항을 만족시키기 위하여 일정기간 동안 계속적으로 수정을 요구될 수 있다. 분석, 설계 단계에서 완벽하게 신뢰도가 보장되고 사용자 요구사항이 완전히 충족되며 그 시스템이 구조적으로 잘 설계되었다 하더라도, 유지보수 단계에서 때때로 변경과 수정을 수행할 수밖에 없는 경우가 발생한다. 그래서 향후 소프트웨어 시스템이 원래의 품질을 손상함이 없이 쉽게 변경될 수 있도록 설계되지 않았다면, 그 시스템을 유지보수 하는 데는 많은 시간, 노력, 비용이 소모될 것이다.

 ## 14.2 유지보수의 특성

종전에는 소프트웨어 유지보수 단계에 관하여 소프트웨어 생명주기의 여러 단계 중에서 별다른 관심을 보이지 않았던 것이 사실이다. 이 장에서는 소프트웨어 유지보수의 세 가지 관점에서 그 특성을 살펴본다.

① 구조적·비구조적 유지보수

② 유지보수 비용

③ 유지보수 단계의 문제점

14.2.1 구조적 유지보수와 비구조적 유지보수

유지보수를 고려하지 않은, 즉 비구조적 접근방법에 의하여 개발된 소프트웨어라 한다면 소프트웨어에 관한 사용가능한 문서는 원시코드밖에 없을 것이다. 유지보수 단계의 제반 활동은 원시코드의 재평가로부터 시작해야 하므로 작업이 어렵고 시간이 많이 걸린다. 문서화가 되어 있지 않을 경우 소프트웨어 구조, 전체 데이터 구조, 시스템 인터페이스, 성능, 설계 제한사항 등과 같은 기술적인 특성을 찾기 어렵고 잘못 이해하는 경우도 발생하며, 소스코드 변경에 따른 결과를 예상하기 어렵게 된다.

소프트웨어공학적 방법론을 적용하여 개발되지 않은 소프트웨어를 유지보수할 때를 비구조적 유지보수라 하는데, 이를 수행하는 데는 노력이 소모되고 유지보수에 관여하는 여러 사람을 좌절시키기도 한다. 유지보수 요구가 있을 때 수행되는 업무의 흐름은 [그림 14-2]와 같다.

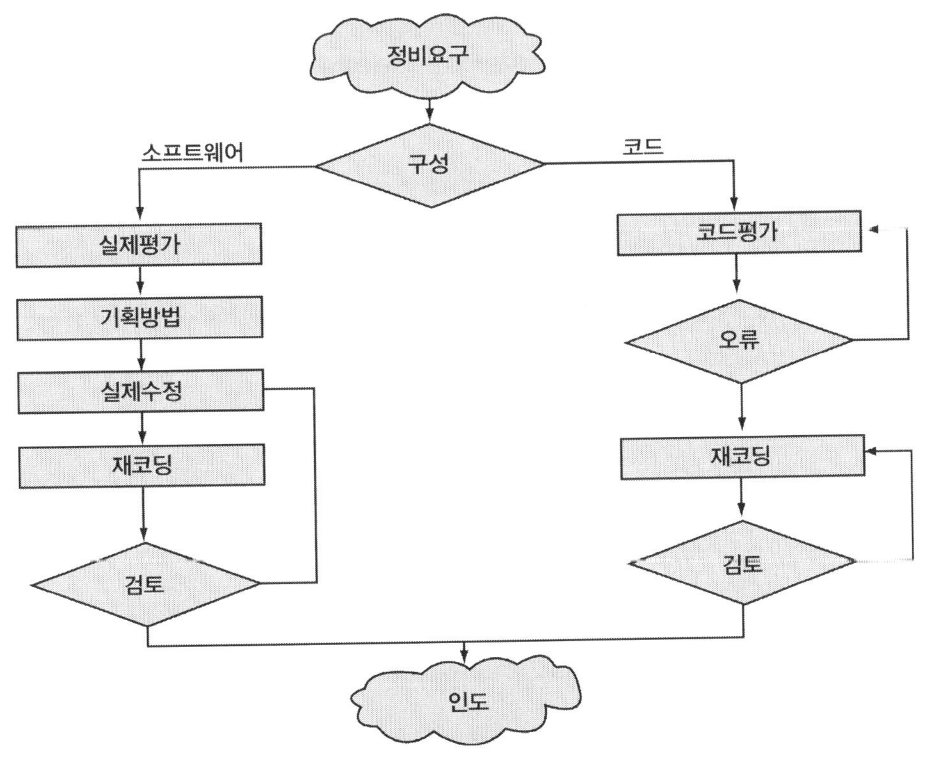

[그림 14-2] 구조적 유지보수 및 비구조적 유지보수

만약에 소프트웨어 구성에 관한 완벽한 데이터가 있다면 유지보수 단계 작업은 관련 소프트웨어의 설계 순서를 평가하는 것부터 시작한다. 소프트웨어에 대한 중요한 구조, 성능, 인터페이스 특성이 결정되며, 요구되는 변경을 수행하였을 때 예상되는 결과도 판단할 수 있게 된다. 새로운 코드가 생성되면 테스트 명세서에 있는 정보를 이용하여 기존의 테스트 결과를 통합한 새로운 코딩 테스트 작업을 수행할 수도 있다.

소프트웨어공학적 방법론을 이용하여 개발된 소프트웨어를 유지보수하는 것을 구조적 유지보수라 한다. 비록 소프트웨어 구성에 관한 완벽한 데이터를 갖추고 구조적 유지보수를 수행할 수 있는 환경이라 하더라도, 유지보수 단계에서 전혀 문제점이 없을 수는 없다. 단지 유지보수 노력과 시간을 감소, 단축시키고 변경에 따른 소프트웨어의 품질을 높일 수 있다는 것이다.

14.2.2 유지보수 비용

유지보수 비용은 지난 30여 년 동안 지속적으로 증가하고 있는 추세이다. [그림 19-3]은 유지보수 비용을 전체 소프트웨어 비용의 백분율로 나타낸 것이다.

비용면에서의 관점은 McCrac Ken이 지적한 바와 같이 무형의 비용(Intangible Cost)이다. 소프트웨어 유지보수 단계의 무형의 비용은 개발의 지연이나 개발만을 중시하는 경우에 발생하는 비용으로서 예를 들면 다음과 같다.

① 사용자의 변경 요청이 적시에 이루어지지 않음으로써 발생하는 사용자의 불만

② 변경 요청에 의한 조치 결과 전체 소프트웨어의 품질저하 및 변경된 소프트웨어의 새로운 에러 발생

③ 일시적이고 임시적으로 유지보수 작업에 투입되는 인력에 의해 발생되는 비용

유지보수 단계에 투입되는 노력은 생산적인 활동(분석 및 평가, 설계 변경, 코딩 등)과 생산적이지는 못하지만 시간을 요하는 활동(기존 코드의 이해와 데이터 구조, 인터페이스 특성 및 성능 등을 인식하는 것)으로 구분된다.

다음의 식은 유지보수 단계의 노력에 대한 설명을 하고 있다.

$$M = P + K \exp(C - D)$$

여기서, M = 유지보수 단계에 투입되는 전체 노력의 총합

       P = 생산적인 노력

       K = 실험적인 상수

       C = 비구조적 설계와 문서화에 의해 발생되는 유지보수 작업의 복잡성 정도.

       D = 유지보수 대상 소프트웨어에 대한 인식 정도

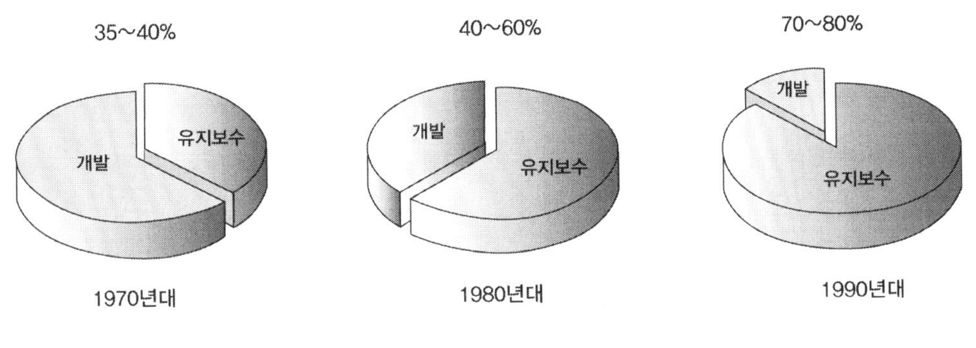

[그림 14-3] 유지보수 비용

이 식이 의미하는 바는 유지보수 단계의 노력(비용)은 지속적으로 증가한다는 것이다. 즉, 소프트웨어 개발시 공학적 접근방법을 시도하지 않았다면 그 적용 정도에 따라서 유지보수 노력이 증감하며, 비록 공학적 접근방법을 적용하였더라도 유지보수에 관여하는 인원이나 단체가 유지보수 대상이 되는 소프트웨어에 대해 익숙하거나 숙달되어 있지 않다면 그 인식 정도에 따라서 유지보수 노력이 증감된다고 지적하고 있다.

14.2.3 문제점

유지보수 단계의 모든 문제점은 소프트웨어를 계획하고 개발하는 단계와 밀접한 관계가 있다. 이 두 단계에서 적절하게 관리적 통제와 기술적인 기법을 적용하지 않으면 생명주

기의 최종 단계인 유지보수 단계에 문제점으로 나타나게 된다. 유지보수 단계의 전형적인 문제점은 다음과 같다.

① 코드에 대한 문서화가 되어 있지 않으면 심각한 유지보수 작업의 문제점을 일으킨다.

② 소프트웨어 요원의 유동성으로 인해 필요시 개발담당자의 설명을 기대할 수 없다.

③ 적절한 문서화가 존재하지 않으면 유지보수 작업이 어렵다.

④ 모든 소프트웨어가 수정을 고려하여 설계되어 있지 않기 때문에 유지보수가 어렵다.

⑤ 유지보수 작업은 개발하는 것보다 매력적인 작업으로 인식되지 못하고 있다.

14.3 유지보수의 중요성

유지보수가 중요한 이유는 다음과 같다.

① 소프트웨어 개발 예산에서 유지보수 비용이 차지하는 비중이 급격히 높아지고 있어 유지보수에 관한 경제적 투자가 요구되고 있다. 즉, 이제 개발의 생산성 향상만으로는 소프트웨어의 경제성을 찾을 수 없는 것이다.

〈표 14-1〉 세계 프로그래머의 업무추이

연대	프로그래머의 수		(단위 : 1,000명)
	신규 프로젝트	기능추가 프로젝트	계
1950	0.09	0.01	0.1
1960	8.5	1.5	10
1970	65	35	100
1980	1,200	800	2,000
1990	3,000	4,000	4,000
2000	4,000	6,000	10,000

② 소프트웨어 개발 업무에 종사하는 전문가들의 대부분이 앞으로는 신규 프로젝트보다는 기존 소프트웨어 개선에 더욱 많이 투입되리라는 전망이다. 즉, 현재의 개발자들은 대부분 유지보수자로 직무가 바뀔 것이다. 〈표 14-1〉은 이 추이를 보여 주고 있다. 2000년대가 되면 약 1천만 명의 프로그래머 중 60%가 유지보수자가 될 것이라는 추측을 하고 있고, 또 이것이 현실이다.

③ 소프트웨어 기술의 발전은 값비싼 용역 개발보다는 패키지 구매가 더욱 매력 있는 선택이 되도록 변하고 있다. 그러나 한 명의 고객을 위한 용역 개발에 비해 많은 고객들을 동시에 서비스해야 하는 패키지는 인도 및 설치(delivery and installation), 사용자 문의 및 요구에 대한 중앙집중 유지보수(central maintenance) 체계구축, 그리고 소프트웨어 엔지니어들을 현장에 파견시켜 문제를 해결하는 현장 서비스(field service) 체계구축이 무엇보다 중요해진다. 이에 따라 유지보수 비용은 급속도로 증가하게 되는데, 이는 기존 소프트웨어의 신뢰성 (reliability)이나 구조성과는 거의 무관할 정도이다.

14.4 유지보수 용이성과 소프트웨어 품질

B. Boehm에 의하면 소프트웨어 품질은 크게 사용 용이성(usability)과 유지보수 용이성(maintainability)으로 분류된다. 유지보수 용이성이란 시험 용이성(testability), 이식성(portability), 이해성(understandability), 수정 용이성(modifiability)으로 재분류되고, 또 각각은 무결성(integrity) 일관성(consistency), 신뢰성(accountability), 접근성(accessibility), 의사소통성(communicativeness), 자기 기술성(self-descriptiveness), 구조성(structuredness), 정교성(conciseness), 독해성(legibility), 확장성(augmentability), 장치 독립성(device independence), 독자성(self-containedness)으로 세분화된다. [그림 14-4]는 이를 보여 주고 있다.

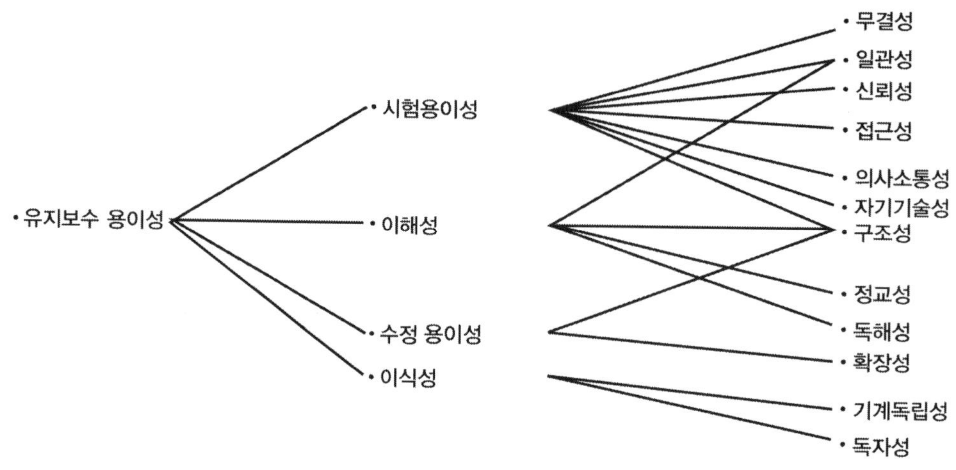

[그림 14-4] 유지보수 용이성의 체계

한편 W. E. Perry는 유지보수 용이성이 저하되면 소프트웨어 정확성(correctness), 신뢰성(reliability), 효율성(efficiency), 사용 용이성(usability)도 함께 저하되어 상품의 가치를 사라지게 만들 것이라고 하였다.

품질목표 중에서 구조적 방법으로 개발할 경우 가장 강조되어야 할 목표는 아마도 구조성일 것이다. 즉, 소프트웨어가 구조적 기법을 사용하여 개발되었던 것인가 아닌가에 따라 유지보수 용이성이 크게 달라질 수 있다.

 ## 14.5 유지보수 단계의 형태

유지보수는 그 원인에 따라서 여러 가지로 구분할 수 있다. 유지보수 시간을 언제 어떻게 정하는지, 또 유지보수 대상이 무엇인지, 그리고 유지보수하게 되는 원인은 무엇인지에 따라서 다음과 같이 분류된다.

① **유지보수 시간에 따른 분류**

- 계획 유지보수(scheduled maintenance)

- 예방 유지보수(preventive maintenance)

- 응급 유지보수(emergency maintenance)

② **유지보수 대상에 의한 분류**

- 데이터/프로그램 유지보수(data/program maintenance)

- 문서화일 유지보수(document file maintenance)

- 시스템 유지보수(system maintenance)

③ **유지보수 원인에 의한 분류**

- 교정 유지보수(corrective maintenance)

- 적용 유지보수(adaptive maintenance)

- 완전 유지보수(perfective maintenance)

1 계획 유지보수

유지보수 계획에 따라 일정한 계획을 세워서 수행하는 유지보수 방법이다. 운영체제나 김화일리를 새로운 비전으로 변환시키는 유지보수는 사용자의 의견을 종합하여 유지보수할 데이터를 모아 두었다가 한꺼번에 수행할 수 있다. 이러한 경우 새로운 기능의 추가, 처리 기간 및 신뢰성의 향상 등과 같은 시간적인 여유를 가지고 처리하게 되는데, 이 때, 계획 유지보수를 선택한다.

2 예방 유지보수

지금 당장 유지보수를 해야 할 원인은 없으나 특별한 에러가 발생할 것 대비하여 미리 수단을 강구해 두는 방법이다. 예를 들면 같은 종류의 다른 소프트웨어에서 발생한 에러에 대비하여 처리 루틴(복구 블록의 삽입 등)을 작성해 두는 것 등이 있다.

③ 응급 유지보수

소프트웨어 사용 중에 뜻하지 않게 오류가 발생하여 긴급하게 조치가 필요할 때 하는 유지보수 방법이다. 응급처치가 필요한 경우에 수행되는데 소프트웨어 운영에 미치는 영향도를 감안하여 우선순위가 정해진다.

④ 시간적 여유를 갖는 유지보수

소프트웨어 변경이 필요할 때, 긴급성과 소프트웨어 변경에 필요한 자원의 이용 가능성을 고려하여 즉시 수행하지 않고 시간적 여유를 갖고 행하는 경우이다.

⑤ 데이터/프로그램 유지보수

유지보수에 필요성에 의해서 어떤 시기에 데이터(또는 데이터베이스)나 프로그램을 변경하는 경우이다. 데이터 유지보수는 데이터의 삽입, 삭제 및 수정 등으로 이루어진다.

⑥ 문서 유지보수

소프트웨어 개발 과정에 양산된 문서들을 변경하는 경우이며, 소프트웨어 자체의 유지보수에 수반하여 수행되는 경우가 많다. 문서는 사용자 명세서와 유지보수 설명서 등이 있으며, 시스템 자체의 유지보수가 있으면 이에 따르는 개발과 관련된 문서도 유지보수하는 것은 당연하다.

⑦ 시스템 유지보수

시스템 조작, 수행절차 등 응용 시스템 전체에 관련된 변경의 경우로서, 운영체제가 바뀌었거나 시스템을 전면적으로 수정할 때 따르는 유지보수이다.

8 교정 유지보수

프로그램 상에 이상이 발견되거나 부적당한 정보를 출력시킬 때 수행된다. 평균 응답시간, 트랜잭션의 에러 발생과 같은 성능상의 에러도 수정하며, 프로그래밍의 표준에 어긋나고 기능 명세서와 설계 내용이 불일치할 경우 등 소프트웨어를 제작과 관련한 에러를 수정한다.

9 적용 유지보수

시스템 설치 환경의 변화에 대응하여 소프트웨어를 변경할 경우에 수행된다. 분류 코드의 변경, 데이터베이스의 변경 등과 같은 데이터 환경의 변화와 운영체제나 컴파일러와 같은 프로그래밍 환경의 변화에 대처할 수 있는 유지보수이다.

10 완전 유지보수

새로운 알고리즘이 연구되어 여기에 맞는 프로그램의 갱신이나, 하드웨어를 효율적으로 사용하기 위해 입·출력의 형식을 개선하는 경우에 수행된다.

14.6 유지보수 작업의 분류

앞에서 언급하였듯이 유지보수는 그 목적에 따라 하자보수, 기능개선, 환경적응, 예방조치 등으로 분류되기도 하지만 대상에 따라 데이터, 프로그램, 문서, 시스템 보수 등으로 분류되기도 한다. 또한 유지보수 시간에 따라 계획(scheduled maintenance)보수, 응급(emergency)보수, 지연(deferred)보수가 있을 수 있다. [그림 14-5]는 이들 간의 관계를 나타내고 있다.

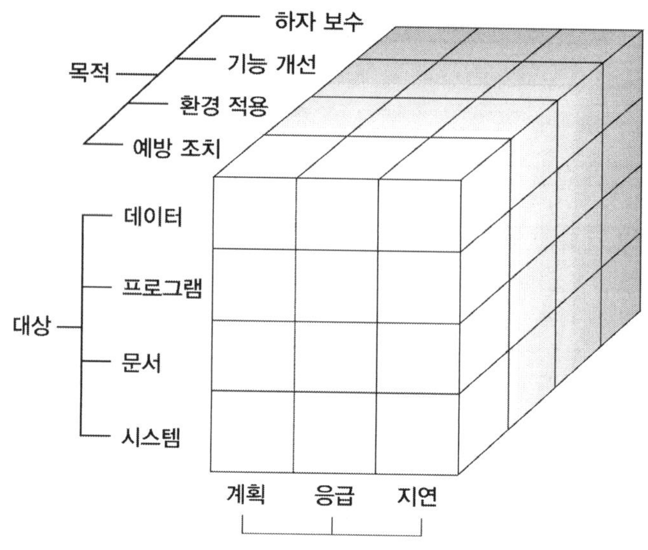

[그림 14-5] 유지보수 작업의 분류도

한편 사용자가 용역업체와의 계약을 체결할 때 무료의 애프터 서비스를 받을 수 있는 영역(주로 하자보증)과 추가계약으로 서비스를 받아야 하는 영역(정상적인 유지보수 계약에 의해 추진) 및 시간적 분류 측면에서 제안된 분류도 있다. 〈표 14-2〉가 그 예이다.

〈표 14-2〉 유지보수 계약상 필요한 유형과 영역(예)

유·무료 여부 개선방법	무료요청이 가능한 유지보수 기능 (사용자 요구기능 범위 내)	신규계약에 의한 유지보수 기능(사용자 요구가능 범위 외)
긴급 개선	• 에러발생 • 깨지는 화일 • 시스템 다운(down) 현상	• 시스템의 기능 삭제 • 입출력 양식의 변경 • 기존 기능의 병합
통상 개선	• 성능요구 불충족 • 사용방법의 어려움	• 새로운 기능의 추가 • 성능강화 • 다른 장비로의 이식 • 새로운 환경으로의 적응 • 타언어로의 변환 • 구조변경

 14.7 유지보수성(maintainability)

유지보수성의 척도는 소프트웨어의 이해, 교정, 적응 및 향상의 용이성 정도를 두고 평가한다. 유지보수성은 소프트웨어공학 방법론을 잘 적용하는 데 주요 목적을 두게 된다.

14.7.1 지배적 요소

소프트웨어의 개발 결과는 많은 요소의 영향을 받는다. 설계, 코딩, 테스트 및 검증에 있어 비공학적으로 처리되어 생산된 소프트웨어는 유지보수성 측면에서 부정적인 영향을 미치게 되며, 또한 소프트웨어를 이루는 제반 구성요소를 갖추지 못하면 비록 소프트웨어공학을 적용해서 개발하였다 하더라도 유지보수성을 보장할 수 없다.

Kopetz는 개발 환경측면에서 유지보수성과 관련하여 몇 가지 지배적인 요소를 다음과 같이 정의하고 있다.

① 자격을 갖춘 전문 요원의 이용 가능성

② 이해하기 쉬운 시스템 구조

③ 시스템 취급의 용이성

④ 표준화된 프로그래밍 언어의 사용

⑤ 표준화된 운영체제의 사용

⑥ 테스트 사례의 이용

⑦ 내장된 디버깅 시설

⑧ 유지보수에 사용 가능한 컴퓨터의 사용 가능성

위에서 제시된 요소와의 추가적인 요소로서는 최초 개발에 참여한 요원의 이용 가능성 등이 있다.

유지보수성에 영향을 미치는 가장 중요한 요소는 유지보수성을 위한 계획 단계의 제반 활동이라 할 수 있다. 만약에 소프트웨어를 피할 수 없는 수정과 변경을 겪는 시스템의 요소로 생각하고 설계, 개발하였다면 유지보수가 용이한 소프트웨어를 생산할 수 있는 확률은 높아질 것이다.

2 정량적 측정

소프트웨어 유지보수성은 품질이나 신뢰도처럼 정량적인 용어는 아니다. 그러나 측정 가능한 여러 유지보수 활동들을 고려함으로써 간접적으로 평가될 수 있다. Gilb는 유지보수 단계에서 이루어지는 노력과 관련하여 여러 가지 유지보수성 측정지수(metric)를 다음과 같이 제시하고 있다.

- 문제 인식 소요 시간
- 유지보수 도구의 수집 시간
- 변경 명세서 작성 시간
- 부분적 또는 전체적 테스트 시간
- 원상 복구 시간

- 업무 지연 시간
- 문제 분석 소요 시간
- 실제 교정(또는 변경) 시간
- 유지보수 검토 시간

관리자는 이러한 데이터 수집을 통하여 새로운 기법과 도구 사용에 대한 효율성을 비교, 검토할 수 있다.

3 검토

소프트웨어 생명주기의 각 단계는 반드시 검토과정을 거쳐서 수행단계의 작업결과를 검토하고, 그 단계 이후의 작업을 연계하도록 한다. 소프트웨어 유지보수성은 각 단계에서 관심 있게 검토되어야 한다.

요구사항 분석단계에서의 검토사항은 장차 예상되는 성능 개선과 확장 여부, 소프트웨어 이식성, 소프트웨어 유지보수에 영향을 미치는 시스템 인터페이스 등이 있다. 설계단계에서는 수정의 용이성, 모듈성, 기능적 독립성을 위주로 소프트웨어 구조와 절차를 검토한다. 코드 검토에서는 코딩 형식과 내부 문서화를 검토하며, 최종적으로 테스트 단계에서는 사용자에게 소프트웨어가 전달되기 전에 예방 유지보수 측면에서 시험이 이루어진다.

14.8 유지보수 업무

유지보수 팀 구성과 업무추진은 유지보수 요청이 있기 전에 시작되며, 유지보수 업무를 추진하기 위해서는 담당하는 조직을 설치하여야 하며, 보고와 평가 절차가 계획·추진되어야 하며, 각 유지보수 요청에 대한 작업순서가 잘 정의되어야 한다.

14.8.1 조직

유지보수 업무를 담당하는 형식화된 조직은 소프트웨어의 대·소규모를 막론하고 거의 존재하지 않지만 유지보수의 책임은 부여되어야 한다. [그림 14-6]은 유지보수 업무 조직의 한 예를 보여 주고 있다. 유지보수 요청은 유지보수 감독관에게 보고되며 시스템 감독관에게 유지보수 요청을 평가하도록 한다. 시스템 감독관은 이미 개발된 프로그램의 몇 가지 부분에 대하여 익숙한 전문가로서, 시스템 감독관이 평가를 완료하면 변경통제 담당관은 변경에 필요한 조치를 결정한다.

위의 각각의 담당관은 유지보수에 관한 책임분야를 맡고 있고 유지보수 감독관과 변경통제관은 동일인일 수도 있으며, 관리적 책임자와 기술 참모들로 구성될 수 있다. 또한 시스템 감독관은 위에서 제시한 책임분야 외에 추가로 특수한 소프트웨어 패키지 담당자로서의 역할과 책임을 질 수도 있다.

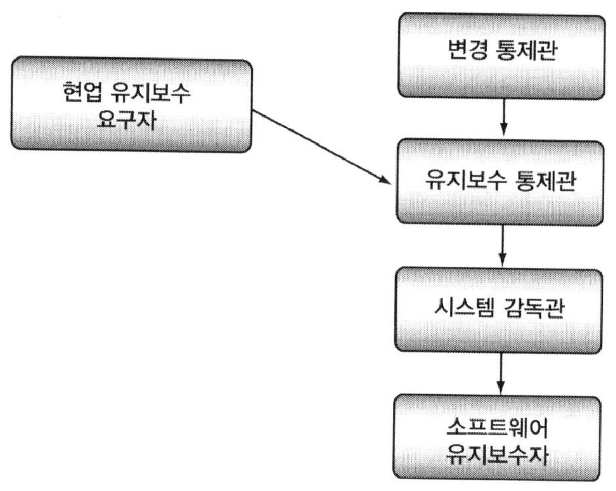

[그림 14-6] 유지보수 조직 구성체계

14.8.2 보고

소프트웨어 유지보수 요청은 표준화된 절차에 의해 추진되며 소프트웨어 개발 담당자는 유지보수 요청서(MRF : Maintenance Request Form) 양식을 제공한다. 만약에 에러가 발생되면 에러 발생 조건들(입력자료, 목록, 기타 관련자료 등)을 제출한다. 적응 또는 완전 유지보수 요청에 대해서는 간단한 요구사항 명세서를 MRF에 작성하여 제출하는데, 이 MRF는 유지보수 업무를 계획하는 데 사용되는 중요한 문서가 된다.

소프트웨어 유지보수 업무를 담당하는 조직은 소프트웨어 변경보고서(SCR : Software Change Report)를 작성할 때 다음 사항을 명시하도록 한다.

- 유지보수 요청서에 기술된 요구 변경을 만족하기 위한 노력의 정도

- 변경의 성격

- 요청의 우선순위

- 변경 후의 관련 사항

변경 보고서는 변경 통제관에게 유지보수 계획이 시작되기 전에 제출한다.

14.8.3 업무 흐름

유지보수 요청에 의하여 일어나는 제반업무의 흐름은 [그림 14-7]에서 보여 주고 있다. 최초에 수행되는 일은 유지보수의 형태를 결정하는 일인데, 사용자의 입장에서는 그 요청을 소프트웨어에 에러가 있는 것으로 간주하지만 개발자의 입장에서는 적응과 향상의 요청으로 인식할 수도 있다.

교정 유지보수에 대한 요청은 에러의 심각한 정도에 따라서 수행된다. 만약 에러의 정도가 심각하면 시스템 감독관의 책임하에서 인원을 추가로 보충하여 문제 분석을 수행하며, 심각하지 않다면 소프트웨어 개발 자원을 필요로 하는 기타 작업과 병행하여 계획된 교정 작업을 수행한다.

적응 및 완전 유지보수에 대한 요청은 동일한 유지보수 업무 흐름을 따르며, 요청 우선순위가 실정되면 일반적인 개발 절차와 마찬가지로 계획을 세워 추진한다.

유지보수 작업의 형태에 상관없이 기술적인 작업은 동일하며 소프트웨어 설계의 변경, 검토, 코딩의 변경, 단위 및 통합 테스트, 확인 테스트, 그리고 검토 과정을 포함한다. 사실상 소프트웨어 유지보수는 재적용(recursively)되는 소프트웨어공학이다.

유지보수 업무의 최종 작업은 검토 단계로서 소프트웨어 구성요소를 검토함과 동시에

유지보수 요청서의 수행 여부를 확인한다.

소프트웨어 유지보수 업무가 완료된 후 보통 상황검토가 이루어지는데, 일반적으로 다음과 같은 질문들에 답한다.

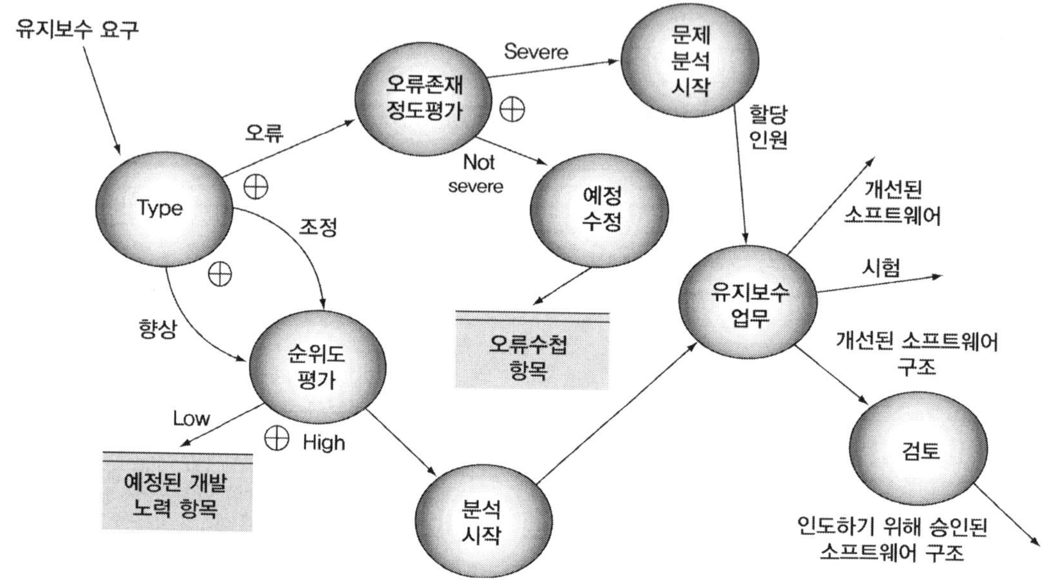

[그림 14-7] 유지보수 정보 흐름도

① 유지보수 이후에 설계, 코드 및 테스트에서 어떤 측면이 다르게 수행되었는가?

② 유지보수에 필요한 자원 중 어떤 것이 이용되었는가?

③ 유지보수를 위한 방해 요소는 무엇이었는가?

④ 예방 유지보수 측면에서 보고 된 요청 형태에 대해 사전에 지적되었는가?

상황 검토는 차후의 유지보수 활동에 크게 영향을 미치며, 소프트웨어 조직을 효과적으로 관리하는 데에 중요한 정보를 제공한다.

14.8.4 문서 유지관리

과거에는 소프트웨어 생명주기의 각 단계에 대해 문서 유지관리는 적절하지 못했으며, 소프트웨어 유지보수 업무에 관한 문서 유지관리는 없었다 해도 과언이 아니다. 따라서 유지보수의 효율성을 판단할 수도 없으며, 생산된 프로그램의 품질 정도를 판단할 수도 없고 유지보수의 비용에 대해서도 판단하기 어려운 실정이었다.

문서 유지관리에 있어서 유지할 가치가 있는 데이터 항목에 관하여 Swanson은 다음과 같이 나열하고 있다.

- 프로그램 식별자
- 기계 코드 명령문 수
- 프로그램 설치 일자
- 수행 시 프로그램 처리의 실패 횟수
- 프로그램의 변경과 추가한 원시 문장의 수
- 관련 소프트웨어 기술자
- 유지보수 작업 형태
- 유지보수 작업 시각 및 종료 일자
- 유지보수 작업 결과에 의한 이득

- 원시 문장의 수
- 사용한 프로그래밍 언어
- 설치 후 프로그램 수행 횟수
- 프로그램의 변경과 식별
- 변경 일자
- 변경을 수행한 작업 일수
- 유지보수 요청서 식별
- 유지보수 작업에 투입된 누적 작업 일수
- 프로그램의 변경과 삭제한 원시 문장의 수

소프트웨어 유지보수에 대한 평가는 적절한 자료의 부족으로 어렵지만, 만약 문서의 유지관리가 수행되면 유지보수 작업 관리를 위한 측정지수가 제공될 수 있는데 Swanson은 다음과 같은 적용 가능한 측정지수를 제시하고 있다.

- 프로그램 수행시 평균 실패 횟수
- 유지보수에 의한 원시 문자의 평균 증감 수
- 유지보수 요청의 평균 처리 기간
- 유지보수 작업 형태별 총 작업 일수
- 프로그래밍 언어별 평균 작업 일수
- 유지보수 작업의 형태별 비율
- 프로그램별, 프로그래밍 언어별, 유지보수 형태별 프로그램 변경 평균 횟수

위 자료를 적절히 활용하면 개발 기술, 언어선택, 유지보수 업무의 전망, 자원의 관리 등에 대한 결정을 할 수 있다.

14.9 유지보수 비용 요소와 비용 산정방법

유지보수 비용을 예측함이란 쉽지 않다. 우선 유지보수 비용에 영향을 미치는 관리적 요소들은 다음과 같다.

- **시스템에 대한 이해** : 시스템이 오랫동안 사용되어 사용자의 요구가 명확하면 할 수록 그만큼 유지보수 비용은 감소된다.

- **유지보수 담당자** : 유지보수를 맡은 담당자가 개발에 참여했던 경우라면 유지보수 비용은 크게 저하된다.

- **소프트웨어 개발 수명** : 사용되었던 기간이 길면 길수록, 따라서 그 동안 거쳐 왔던 유지보수 작업들이 다양하고 횟수도 많았다면 그만큼 구조성을 상실했을 가능성이 높다.

- **외적 환경에 대한 종속도** : 외부환경이 바뀜에 따라 유지보수가 필요해지는 소프트웨어가 많다. 예를 들어, 세법이 개정되면 회계관리용 소프트웨어도 수정되어야 한다.

- **하드웨어 환경** : 새로운 하드웨어 상품으로 이식시키려는 노력은 유지보수 비용을 증가시킨다.

반면 기술적인 유지보수 요소들은 아래와 같다.

- **모듈성** : 다른 모듈에게 영향을 미치지 않고 수정·변경될 수 있는 정도를 말한다.

- **프로그래밍 언어** : 고급 프로그래밍 언어일수록 유지보수가 쉽다.

- **프로그래밍 스타일** : 프로그램이 작성된 스타일에 따라 원시코드 독해성의 높낮이가 달라진다.

- **품질** : 시험과정을 철저히 지켜온 소프트웨어는 상대적으로 유지보수 비용을 감소시킨다.

- **문서** : 문서화가 잘 되어 있을수록 유지보수가 용이하다.

또 하나의 조건은 유지보수를 위해 추가되는 기능이 기존 소프트웨어에 어떻게 삽입될 수 있는가 관련된다. 독립된 모듈로 추가할 수 있을 경우와 기존 모듈들에 새 코드를 넣고 기존코드를 변경시켜야 한다면 문제는 더욱 복잡해진다.

유지보수 비용의 예측방법은 여러 시각에서 접근되고 있는데 그 내용은 다음과 같다.

① **주먹구구식 방법**

개발비에 소요된 예산만큼 유지보수 비용으로 소요되리라는 간편한 사고이다.

② **BL방법**

Belady와 Lehman에 의해 제안된 것으로서 아래와 같은 공식을 적용한다.

$$M = P + K\exp(c - d)$$

각 기호의 설명은 다음과 같다.

- M : 유지보수를 위한 노력(인 / 월)

- P : 분석, 평가, 설계변경, 코딩 등 실제 생산성 있는 노력

- K : 통계에 의한 정수(constant)

- c : 설계의 비구조성이나 문서의 미흡함을 나타내는 복잡도

- d : 소프트웨어와의 친숙성

이 방식은 소프트웨어공학적 기법이 적극 이용되지 않으면(높은 c값), 유지보수 비용은 기하급수적으로 올라갈 수 있음을 예측한다.

③ **COCOMO방법**

개발비 산정공식의 확정된 개념으로서 다음과 같은 공식을 적용할 수 있다.

$$M = ACT \times DE \times EAF$$

여기서,

- M : 유지보수를 위한 노력(인/월)

- ACT : 개발조직이 수행하는 전체 프로젝트 규모에서 유지보수작업(기능추가 및 수정)이 차지하는 연평균 비율(annual change traffic)

- DE : 개발 때 필요했던 노력(인/월)

- EAF : COCOMO의 유지보수작업을 위한 노력 조정수치를 말한다.

그러나 위와 같은 공식들은 접근방법에 불과할 뿐 유지보수 비용산정의 정확성은 저조하다는 평가도 받을 수 있다. Vessey와 Webber는 위 COCOMO 공식을 400여 개의 COBOL 프로그램들에 적용한 결과 프로그램의 복잡도와 프로그래밍 스타일을 가장 중요한 요소로 꼽고 다음과 같은 공식을 만들기도 했다.

$$M = ACT \times 2.4 \times [KDSI]^{1.05}$$

14.10 유지보수의 어려움

유지보수란 본질적으로 어려운 작업인데, 그 이유는 다음과 같다.

- 타인이 작성한 프로그램을 이해한다는 것은 대단히 어려운 일이다. 코드의 문서화(내부의 comments 등)가 안 되어 있다면 문제가 심각해진다.

- 개발담당자에게 도움을 얻을 수가 없어 유지보수자를 더욱 어렵게 만든다. 업무의 변화, 부서 이동, 이직률 등이 그렇다.

- 기술문서가 없거나 있더라도 엉망이기 쉽다. 문서의 이해가 선행되어야 기존의 코드가 가치가 있고, 유지보수가 가능하다.

- 대부분의 소프트웨어는 변경을 감안하여 설계됐던 것이 아니다. 기능의 독립성(functional independence), 재사용(reuse) 혹은 객체지향(object-oriented) 기법을 적극 활용하지 않은 소프트웨어의 수정은 어렵고, 또 다른 문제들을 야기시키기 쉽다.

- 유지보수는 인기 없는 일이다. 이러한 일반적 반응은 유지보수 작업이 가져다 주는 좌절감에서 비롯된다.

14.11 소프트웨어 유지보수 방법

소프트웨어의 유지보수는 개발이 완료된 시점부터 폐기 처분될 때까지, 즉 소프트웨어 사용 기간 동안 지속적으로 수행되는 작업이다. 이 작업이 반복되면서 소프트웨어는 진화(evolution)하게 되고 이 노력이 성공적일수록 소프트웨어의 수명은 길어지게 된다.

14.11.1 소프트웨어의 이해

유지보수 작업의 대부분은 유지보수 요구, 기존 시스템 그리고 각종 문서를 읽고 이해하는 데 쏟는다. 그래서 유지보수 담당자들은 원시코드를 살핀다거나 소프트웨어를 작동시키며 다각도로 분석해 본다거나 사용자들과 대화를 나눈다거나 혹은 유사 소프트웨어를 검토하는 등으로 많은 시간을 보낸다.

기존 소프트웨어를 이해하려면 각종 자료들을 통해 내용이 분석되어야 한다. 〈표 14-3〉은 이해의 대상을 코드와 문서로 분류하고 있다.

관련 소프트웨어에 대해 이해하기 위해서는 다음 두 가지 관점에서 접근하는 것이 좋다.

① 유지보수 담당자로 예정된 요원들이 개발과정에 능동적으로 참여한다. 각종 검토회에 참석하고 유지보수 방법이나 사용할 도구들을 예측하며 개발자들과 의견을 나누면서 소프트웨어에 대한 이해를 미리 시작하는 것이 가장 바람직하다. 이해의 시기가 유지보수작업 직전으로 지연될 경우 그만큼 많은 비용과 시간을 소요할 것이기 때문이다.

② 소프트웨어의 총괄적인 이해는 어느 한 명의 담당자로서는 불가능하다. 이해의 대상을 효과적으로 분할(partition)하며 부분적인 이해를 집합적으로 체계화시키는 방법이 중요하다. 사용자에게 제공되는 기능별 분류, 자주 변경되는 모듈별 분류, 자주 문제시되는 모듈별 분류 등 여러 기준이 분할기준으로 활용될 수 있을 것이다.

〈표 14-3〉 소프트웨어의 이해 대상

원시코드	외부 문서
• 프로그램 주석 • 변수 • 구조와 프로시듀어 • 모듈의 구조 • 입·출력양식 등	• 사용자 지침서 • 기술문서(설계, 분석, 시험 등) • 운용 및 과거 유지보수 관련문서 • 참고 자료 등

14.11.2 소프트웨어의 수정

소프트웨어의 수정은 마치 개발을 진행시키듯이 분석·설계·구현·시험단계를 거칠 수밖에 없는 작업이다. 단, 신규개발과는 달리 기존의 소프트웨어를 교정하고 새로운 기능을 추가시키며, 수정 후에도 모든 기능들이 예전처럼 작동해야 하므로 보다 힘든 작업이라 평가할 수 있을 것이다.

① **유지보수 요구의 이해**

유지보수는 사용자에 의해 사용자의 언어로 기존 소프트웨어를 어떻게 변경·발전시키고자 하는지를 설명하는 문서로 전달된다. 이러한 유지보수 요구를 이해하려면 유지보수자는 사용자 언어에 친숙해야 하고 기존 소프트웨어의 특성을 잘 파악해야 한다.

② **유지보수의 요구분석**

기본 소프트웨어와 발전시킬 소프트웨어와의 차이를 규명하는 것이 요구분석의 주목적이다. 요구분석을 위해 필요한 활동은 다음과 같다.
- 수정의 목적을 구체적으로 결정하라.
- 요구분석을 사용자와 함께 실시하라.
- 시험 가능한 형태로 요구를 정의하라.
- 수행시간, 기억장치용량, 오류발생률, 운용요원 및 설치되는 버전 등을 고려하라.
- 수정 결과가 사용 편리성에 미칠 영향을 고려하라.
- 기존 소프트웨어의 축소와 확장 관점에서 정의하라.
- 미래 예측되는 추가변경과의 호환성을 염두에 두어라.
- 수정비용, 기간 및 품질저하 위험측면에서 유지보수 작업의 타당성을 따지라.

③ **유지보수 요구의 명세화**

분석된 요구를 명세화 함에 있어서는 아래와 같은 지침이 유용하다.
- 소프트웨어 개발의 요구분석 명세화와 같은 표준작성 원칙을 준수하라.
- 시험 가능한 형태로 명세화 할 것이며, 시험방법도 포함시켜라.

- 수정에 필요한 기존의 모듈을 식별하라.
- 수정이 초래할 영향을 지적하라.

④ **유지보수를 위한 설계**

유지보수 설계지침은 다음과 같이 추천될 수 있다.

- 원래의 설계철학을 따르는 설계방안을 채택하라.
- 설계는 간단 명료함을 추구하라. 최소의 모듈 수, 가장 복잡하지 않은 모듈들, 그리고 가장 적은 수의 총괄변수(global variables)를 수정할 수 있도록 하라.
- 수정이 구현 가능함을 염두에 둔 설계를 하라.
- 다양한 운영체제나 하드웨어로의 이식성 및 여러 버전으로의 범용성을 고려하라.
- 소프트웨어의 유연성(flexibility)을 평가하여 특수기능을 가진 모듈들이 독립적이도록 하라.

⑤ **유지보수를 위한 프로그래밍**

유지보수를 위한 프로그래밍 단계에서 사용 가능한 지침들은 아래와 같다.

- 구조적 또는 객체지향적 프로그래밍과 표준 코딩 방법을 활용하라.
- 개발 도구(tools)를 적극 활용하라.
- 코드의 변경내역들을 반드시 문서로 정리하라.
- 기존의 소프트웨어 루틴(routine)들과 비슷한 기능의 구현을 위해서는 새로 작성하는 것 보다 기존 것을 복사·수정하라.
- 유지보수 용이성이 저하되지 않도록 구현하라.
- 기계의 효율성보다는 사용편의성을 우선적으로 고려하라.
- 사용자 및 운용지침서를 적절히 수정하라.
- 코드 검열회의(inspection)를 열어 객관적인 승인과정을 거치라.

⑥ **유지보수를 위한 시험**

유지보수 작업이 끝나 수정이 소프트웨어 코드로 반영되면 시험이 실시되어야 한다. 시험을 위한 지침들은 다음과 같다.

- 모듈시험, 통합시험, 시스템시험, 인수시험을 다시 실행하라.
- 수정된 모듈마다 모듈 시험을 실시하라.
- 수정된 모듈마다 회귀 시험(regression test)을 실시하라.

- 보다 복잡한 모듈들에 신경을 쓰라.
- 시험도구를 적극 활용하라.

14.12 소프트웨어 수정의 역효과와 방지대책

소프트웨어의 수정은 매우 위험한 작업이다. 조그마한 변경이라도 그 대상이 복잡하고 큰 규모일 경우 오류를 발생시킬 가능성이 높다. 물론 조심스러운 수정이나 회귀시험 (regression test)이 도와 줄 수 있겠으나 발생 가능한 모든 역효과(side effects)를 피하기 는 힘들다.

역효과의 유형은 다음과 같다.

① **코딩의 역효과**

부 프로그램(subprogram)이나 식별자(identifier)의 수정, 수행성능 향상을 위한 수 정, 파일 열고 닫음(open/close)의 변경, 설계의 변경이 초래한 코드의 변경 등은 역 효과를 초래하기 쉽다.

② **데이터상의 역효과**

자료구조상의 변경은 기존 데이터 사용에 문제점을 가져올 수도 있다.

③ **문서상의 역효과**

유지보수는 코드뿐만 아니라 소프트웨어 제품 전체에 대한 변경을 필요로 하므로 코 드 변경의 내용이 각종 기술문서(요구분석서, 설계사양서 등)와 사용·운용지침서에 반영되어야 한다. 그렇지 못할 경우 사용이 어렵거나 추가적인 유지보수가 힘들게 된다.

코드상의 역효과를 방지할 수 있는 대책으로는 다음과 같은 지침이 유용할 것이다.

- 가능한 한 최소의 변경을 추구하라.

- 가능한 한 작은 수의 변수, 특히 총괄변수가 변경되도록 하라.

- 공통적으로 사용되는 모듈이 변경될 경우, 이 모듈을 사용하는 다른 모듈들에게 미치는 영향을 따져보라.

- 모듈 내의 지역변수(local variable)가 변경되면, 이 변경에 영향받을 만한 모든 루틴(routine)들을 검토하라.

- 여러 모듈에 공통된 총괄변수(global variable)가 변경되면, 이 변경에 영향 받을 만한 모든 모듈들을 검토하라.

- 많은 수의 변경이 동시에 이루어져야 할 경우, 그 변경내역들을 우선 모듈별로 분류하고, 변경용이성을 판단해 쉬운 것부터 차례로 순서를 설정하고, 하나씩 변경시켜 가면서 역효과를 판정하라.

- 변경용이성은 다음과 같은 공식을 적용하라.

$$변경용이성 = \Sigma CMi + \Sigma CMj$$

여기서 각 CMi는 변경되는 모듈의 복잡도이며, 각 CMj는 변경에 영향받을 모듈의 복잡도를 의미한다.

- 변경용이성을 최소화시킬 수 있는 방향에서 변경을 가하라.

14.13 유지보수 작업의 파급효과

소프트웨어의 변경은 위험한 결과를 초래할 수 있으며, 복잡한 논리 절차에 변경을 가하면 에러의 가능성은 점점 높아진다. 설계 문서나 주의 깊은 테스트는 에러의 탐지와 교정에 기여하지만 유지보수 결과에 의한 파급효과가 생긴다. 파급효과란 변경 결과에 의하여 발생하는 에러나 원하지 않는 프로그램의 수행을 말한다.

Freedman, Weinberg는 다음의 세 가지 주요 파급효과의 유형을 제시하고 있다.

14.13.1 코딩의 파급효과

한 문장에서 간단한 변경이 때로는 심각한 결과를 유발한다. ","를 "."로 변경한 경과 Apollo 우주비행기의 비행통제용 소프트웨어 운용이 실패했다. 모든 변경이 심각한 실패를 이야기하지는 않지만 변경은 에러를, 에러는 문제를 야기하는 경향이 있다. 다음은 에러를 유발하는 몇 가지 변경 유형을 나타내고 있다.

- 부 프로그램의 삭제나 변경시

- 문장의 삭제나 변경시

- 식별자의 삭제나 변경시

- 수행 성능 개선을 위한 변경시

- 화일 Open과 Close시

- 논리 연산자 변경시

- 설계 변경을 코드 변경으로 전환할 때

- 경계 테스트시

14.13.2 데이터의 파급효과

유지보수 단계에서 데이터 구조나 데이터 구조를 형성하는 개별 요소들을 변경하게 되는데, 데이터 변경 시 설계는 데이터와 일치하지 않으므로 에러를 유발한다. 데이터의 파급효과는 소프트웨어 데이터 구조를 변경함으로써 발생하는 경과를 말한다. 다음의 데이터 변경은 데이터의 파급효과를 초래한다.

- local 상수나 global 상수를 재 정의할 때

- 레코드나 화일을 재 정의할 때

- 배열의 크기를 축소하거나 확대할 때

- global 데이터 변경시

- 제어 플래그나 포인터를 다시 초기화할 때

- I/O나 부 프로그램의 인자를 재배열할 때

데이터의 파급효과는 설계 문서를 잘 검토하면 최소화 시킬 수 있다.

14.13.3 문서의 파급효과

유지보수 작업은 원시코드 변경뿐만 아니라 전체 소프트웨어의 구성에도 관심을 가져야 하는데, 문서의 파급효과는 원시코드에 변경을 수행한 다음에 관련 문서나 사용자 매뉴얼에는 이를 반영하지 못했을 때 발생한다.

데이터의 흐름, 소프트웨어 구조, 모듈의 수행 절차 또는 관련 데이터에 변경이 발생하면 이를 나타내는 기술적인 문서가 변경되어야 한다. 설계 문서에 현재 소프트웨어의 변경을 정확하게 기술하지 못한다면 차라리 문서가 없는 편이 낫다. 파급효과는 그 다음에 수행되는 유지보수 작업에 심각한 문제점을 유발할 가능성이 있다.

문서에 표기되지 않은 이상한 에러 메시지가 화면에 나타난다면 사용자는 당황하고 좌절하게 된다.

문서의 파급효과는 소프트웨어 구성요소를 철저하게 관리하고 또한 소프트웨어의 첫 공개(release) 전에 검토된다면 최소화시킬 수 있다.

소프트웨어 생명주기에서 최종 단계인 유지보수는 소프트웨어에서 사용된 비용의 대부분을 차지한다. 더 많은 프로그램이 개발될수록 소프트웨어 유지보수에 드는 노력과 자원은 증가한다.

유지보수의 기술적 관리가 필요하며, 소프트웨어 생명주기의 초기단계에서 수행되는 작업들은 유지보수성을 정의할 수 있고 유지보수의 성공에 중대한 영향을 미친다.

1. 소프트웨어의 재사용 원리가 유지보수와 어떤 관련성이 있는지를 설명하시오.

2. 문서 작성은 사용자 매뉴얼과 유지보수 매뉴얼로 나눌 수 있다. 유지보수 매뉴얼이 소프트웨어 유지보수에 어떤 영향을 미치며, 그 매뉴얼 작성의 표준을 제시하시오.

3. 유지보수성을 측정하기 위해서는 품질 체크 리스트, 품질 테스트, 품질 측정의 세 가지 방법이 있는데, 이들 방법의 특성을 설명하고 그 방법론을 기술하시오.

4. 프로그램의 모듈화는 유지보수를 통하여 프로그램을 변환시키는 효율적인 방법 중의 하나이다. 모듈화의 장점을 논하시오.

5. 유지보수의 유형에 대하여 설명하시오.

6. 소프트웨어 유지보수에 대해 논하시오.

7. 소프트웨어 유지보수 특성에 대해 논하시오.

8. 유지보수 시간에 따른 분류를 하고 설명하시오.

9. 지연 유지보수에 의한 분류를 하고 설명하시오.

10. 유지보수 원인에 의한 분류를 하고 설명하시오.

11. 유지보수 작업의 파급효과에 대해 논하시오.

산청 가던 날

孝星/詩人 金泰達

오디 가슴
까만 그리움으로
명경유수 지리산 기슭 찾은
청매실 홍매실이 익던 애잔한 그 길

입가에 머금은
오라비 미소 찾아
매실 가지에 영걸은
청심 홍심 품에 안던 애정의 그 길

새벽안개 그치고
주렁주렁 사연 매달린
앵두나무가지 열매 찾아 날아온
꾀꼬리 소리에 잠 깨던 행복한 그 길

이슬 머금은 고사리
심연의 그림자 찾아 파고들 때
해풍 맞은 햇마늘 수확하며 밭두렁 메고
대자연 합창소리와 함께한 두메산골에서의 하루.

소프트웨어 재사용

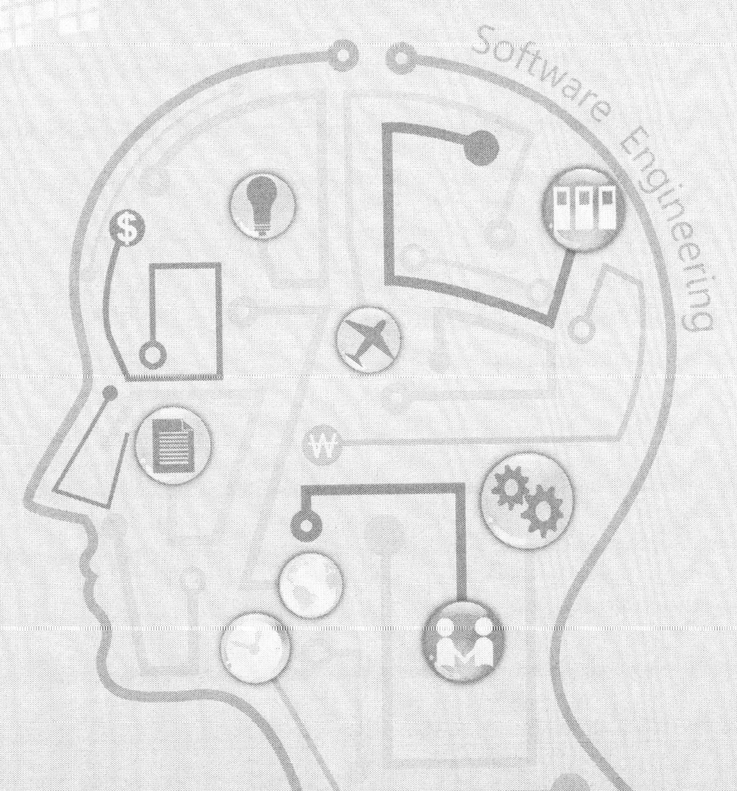

소프트웨어 재사용(reusability)이란 이미 개발되어 그 기능·성능 및 품질을 인정받았던 소프트웨어의 전체 혹은 일부분을 다시 사용하여 새롭게 개발되는 소프트웨어의 질과 생산성 및 신뢰성을 높이고 개발기간과 비용을 감소시켜 주는 소프트웨어 위기 극복책 중의 하나이다.

개발된 모듈이나 프로그램 등을 동일한 응용업무, 서로 다른 응용업무, 혹은 서로 다른 회사 간에 재사용(reuse)하거나 일부수정 후 다시 사용할 수 있는 개념을 말한다. 따라서 특정한 기법도 아니요, 방법론도 아닐 뿐더러 특정 프로그래밍 언어나 소프트웨어 관리체계로 이루어질 수 있는 것도 되지 못한다.

그러나 소프트웨어 재사용이라는 개념이 성공적으로 이해되고 응용되었을 때 얻게 되는 효과는 매우 크기 때문에 '무엇(what)을 어떻게(how)하여 재사용성을 높일 수 있을 것인가'는 매우 중요한 과제가 된다.

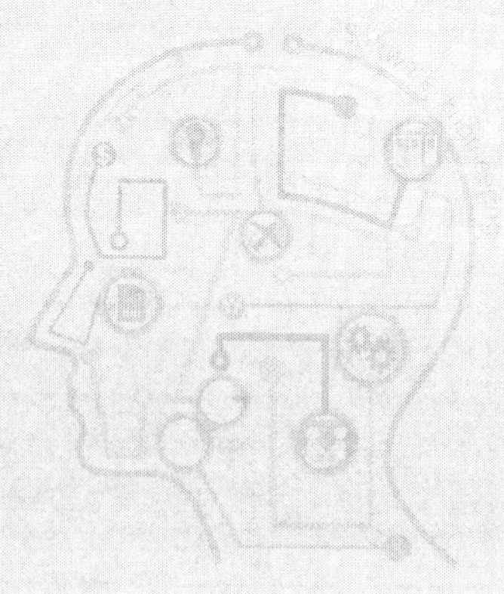

 15.1 소프트웨어 재사용의 역사

재사용의 시발점은 표준기능 저장소(library of standard functions)와 같은 곳에 평균값, 최고·최저값, sin 및 cos 함수와 같은 간단한 표준기능들을 저장해 두었다가 그 기능들이 필요할 때마다 간단히 불러내어(subroutine 혹은 function call) 재사용하기 시작하면서부터이다. 사실 이와 같은 방법은 50여년 전 프로그래밍이 처음 시도되었을 때부터였으나, 아직도 그 개념이 광범위하게 적용되지 못하고 있다.

〈표 15-1〉에서 설명하고 있듯이 소프트웨어 재사용의 역사를 간단히 살펴보면 다음과 같다.

① 1968년에 M. D. McIlroy가 '소프트웨어 부품공장(software componets factory)'이라는 개념을 소개했다. 그는 이 개념을 1968년도에 제1차 NATO 소프트웨어공학 학술대회 (NATO conference on software engineering)에서 초청강연으로 발표했는데, 이 학술 대회가 사실상 공학과 소프트웨어 재사용의 시작과 똑같았다고 볼 수 있는 점이 흥미롭다. 그러나 1970년대 초반까지도 재사용에 관한 연구는 제대로 진행되지 못했다.

〈표 15-1〉 소프트웨어 재사용의 역사

단 계	연 대	내 용
개념 소개단계	1960년대 후반 1970년대 초반 ~ 후반	• 소프트웨어 부품공장이라는 개념소개(1968년) • 소프트웨어 위기의식으로 재사용이 소프트웨어 관련 연구의 중요한 목표로 부각
개념 확립단계	1970년대 후반 ~ 1980년대 중반	• 체계적 절차 확립 • 재사용을 기반으로 한 전략 시도 • 본격적인 연구 시작
초기 활용단계	1980년대 중반 ~ 후반	• 부분직인 활용 • 표준화, 체계화, 도구화 연구 활발
발전적 활용단계	1990년대 초반 ~ 현재	• 재사용을 위한 CASE기술의 상품화 • 진지한 활용노력

② 1970년대 중반부터 '소프트웨어 위기'에 관한 인식이 고조되면서 Raytheon이나 도시 바같은 기업에서는 소프트웨어 재사용을 소프트웨어 연구의 주요 목표로 삼기 시작했다.

미 국방성(U.S department of defence : DOD) 같은 곳에서도 Ada 언어개발과 STARS 프로젝트 등에서 소프트웨어 생산성 향상을 위한 그 첫 번째 사항으로 재사용을 꼽게 되었다. 그러나 일반적으로 1978년 이전까지를 소프트웨어 재사용의 개념 소개단계로 정의한다. 의식이 부족한 상태에서 소수의 선구자들(very few prophets)의 구호에 불과했기 때문이다.

③ 1978년부터 소프트웨어 재사용을 위한 체계적 절차가 확립되고 재사용을 감안한 전략계획이 시도되었다. 본격적인 연구가 시작된 것도 이 때부터이다.

④ 1980년대 중반부터 1980년대 후반까지를 초기 활용단계로 부를 수 있다. 아직도 무엇을 어떻게 재사용할 것인가에 대한 답이 불완전하며 비정형화되어 있기 때문이다. 예를 들어 Ada 언어에서 코드의 작은 부분들(chunks)을 캡슐화(capsulation)하여 재사용하고 있고, 일부 개발조직들이 재사용 체제를 구축하고 있긴 하지만 분석 및 설계에서 활용되었던 정보 표준화(standardization), 체계화(systemization) 및 도구화(tooling)로 진행되어 왔다.

⑤ 1990년대 초반부터는 발전적 활용단계에 접어든 셈이다. 특히 CASE(computer aided software engineering) 기술의 발전은 소프트웨어 재사용의 철학을 실용화시키는 데 크게 기여하기 시작했다. 그러나 아직도 본격적인 활용단계라고는 할 수 없으므로 이 분야에 관한 지속적인 연구가 예상된다.

15.2 소프트웨어 재사용의 필요성과 효과

한 통계에 따르면 어느 회사가 1983년에 개발된 소프트웨어의 50%만이 새로운 것이었고, 나머지는 다른 응용분야에서 이미 개발되었던 것으로 밝혀졌다. 1990년의 개발 중복률이 전체 소프트웨어의 70%에 이르고, 2000년에는 85~90%에 달할 것으로 예측되고 있기도 하다. 따라서 경험이 많은 프로그래머들은 자신 나름대로의 재사용 가능한 소프트웨어 요소들(reusable software components), 표준 프로그램 양식들(standard program forms) 및 표준 개발방법들(standard implementation methods)을 라이브러리 형태로 관리하여 약 5배 가까운 생산성을 향상시키는 변모를 과시하기도 했다.

그러나 이제 이런 재사용부품 라이브러리를 조직적으로 활용하여야 보다 본질적인 생산성과 품질향상을 기대할 수 있다. 오늘날 3년 소요되는 시스템 개발이, 5년 후면 여전히 2년은 소요될 것이지만, 재사용 라이브러리의 적극적인 활용이 가능할 경우 0.5년으로 줄어들 수도 있기 때문이다.

소프트웨어 재사용의 기대되는 효과는 아래와 같다.

- 개발기간과 비용의 감소

- 소프트웨어 품질의 향상

- 생산성의 제고

- 시스템 그 자체와 구축 방법에 대한 지식의 공유

- 시스템 구조(architecture)와 좋은 시스템 구축방법에 대한 교육적 효과

- 시스템 분석·설계·코딩 및 다른 프로젝트 수행과정에서 작성된 문서의 공유(sharing) 등이다.

 **15.3 소프트웨어 재사용의 이해**

소프트웨어 재사용(software reuse)은 기존의 소프트웨어를 개발하는 방법과 비교해서 큰 변화를 가져오는 새로운 패러다임이다. 소프트웨어 재사용은 부품화와 제품을 우선적으로 강조하고, 과정은 그 다음이기 때문에 상당히 다른 패러다임이다. 소프트웨어개발 패러다임으로서의 재사용의 성공여부는 방법론이 표준화되고, 시스템 간 상호 변환이 가능하고, 신뢰성 있는 재사용 가능한 부품들의 라이브러리를 만들어내는 것과 재사용 기술들을 통합시킨 개발방법을 만들어내는 것이 무엇보다 중요하다.

15.3.1 소프트웨어 재사용 대상과 장점

소프트웨어 재사용은 원시코드의 재사용뿐만 아니라 프로젝트 계획 프로토타입, 시험 데이터, 데이터 모형, 설계 그리고 요구사항 명세 등의 재사용도 포함하며, 원시코드의 재사용도 다음과 같은 여러 수준에서 고려할 수 있다.

- 응용 시스템 재사용

- 서브 시스템 재사용

- 모듈 혹은 객체의 재사용

- 함수 재사용

소프트웨어 재사용의 개념은 어떤 면에서는 새로운 것이 아니다. 소프트웨어 라이브러리는 대부분의 컴퓨터 개발조직에서 오랫동안 개발해 왔다. 그것들은 많은 종류의 소프트웨어 시스템(예를 들면 데이터 변환 루틴, 수학적인 함수, 통계 라이브러리, 선형 프로그래밍 패키지, 입출력 처리 루틴)에서 공통적으로 발견되는 루틴으로 구성되어 있다.

경험이 많은 대다수의 프로그래머는 그들 자신만의 재사용이 가능한 소프트웨어 요소들의 라이브러리를 가지고 있다. 생산성이 아주 높은 프로그래머는 자기만이 사용 가능한 라이브러리를 갖고 프로그램 개발 생산성을 높혀왔다. 그들의 생산성은 재사용이 가능한 소프트웨어와 표준 프로그램 형식 그리고 표준 구현방법을 통해 폭넓은 사용을 가능하게 한다.

소프트웨어를 재사용함으로써 얻어지는 장점은 많다. 소프트웨어 재사용은 다음과 같은 장점을 갖고 있다.

- **개발시간과 비용을 감소시킨다.**

- **소프트웨어 품질을 향상시킨다.**

- **생산성을 증가시킨다.**

- **시스템과 시스템을 만드는 방법에 관한 지식을 공유하게 한다.**

- **시스템 구조와 좋은 시스템을 만드는 방법의 습득을 용이하게 한다.**

- **시스템 명세, 설계, 코드 그리고 다른 팀에 의해 작성된 프로젝트 문서를 공유한다.**

재사용 가능한 소프트웨어 대상은 다음과 같이 여러 관점에서 찾을 수 있다.

- 재사용 가능한 프로토타입

- 재사용 가능한 데이터

- 재사용 가능한 시스템과 프로그램 구조적인 프레임워크

- 재사용 가능한 프로그램 구조와 데이터 구조설계

- 재사용 가능한 데이터 모형

- 재사용 가능한 프로그램 코드 조각

- 재사용 가능한 소프트웨어 패키지

- 재사용 가능한 소프트웨어 생명주기

15.3.2 소프트웨어 재사용의 문제점

소프트웨어 재사용은 위에서 설명한 장점을 갖고 있지만, 일부에서만 적용되어 왔으며 과거에는 대다수의 소프트웨어 개발자와 관리자들로부터는 외면되어 왔다. 우선 소프트웨어 재사용을 위해서는 개발에 앞서 소프트웨어 요소가 처음 정의되고 구현될 때 소프트웨어 재사용에 대한 계획을 세워야 하는데 이것이 소홀히 취급되었기 때문이다. 또 다른 이유는 어떤 것이 재사용이 가능한 요소인지를 결정하기가 어렵고, 그것들을 쉽게 분류하고, 개발하기가 어렵다는 것이다.

소프트웨어 재사용에 대해 방해하는 주된 원인은 다음과 같다.

- 어떤 것이 재사용 가능한가에 대한 의문

- 시스템에 공통적으로 사용될 재사용 요소들을 발견하기의 어려움

- 프로그램의 표준화 부족

- 프로그램의 언어 종속성

- 라이브러리 안에 포함시킬 재사용 요소의 명확한 결정 기준이 없음

- 소프트웨어 요소의 내부뿐만 아니라 인터페이스 요구사항의 이해

- 새로운 개발 방법론 도입의 어려움

- 재사용을 위한 관리 지원의 부재

- 기존 소프트웨어 부품에 재사용성 추가의 어려움

이와 같은 원인들 외에도 재사용이 가능한 소프트웨어 요소는 재사용을 고려하지 않은 요소를 설계할 때보다 비용이 추가로 소요되고, 이러한 비용 부담감을 안고 시작한 재사용의 이익을 얻기까지는 상당한 시간이 소요된다는 점이 소프트웨어 개발조직에서 재사용을 도입하기 어려운 현실적인 문제점이 되고 있다.

15.3.3 재사용 개념의 활용 현황

재사용의 실용적인 정착을 위해서는 먼저 재사용을 성공적으로 사용한 성공사례를 살펴보고, 이 사례들로부터 해결책을 찾아볼 필요가 있다. [그림 15-1]은 재사용을 성공적으로 활용한 기업들에서 새로운 소프트웨어를 개발할 때 재사용을 이용하는 비율이다.

재사용 개념의 중요성을 인식하고 이를 적극 활용하는 조직들은 이미 상당수 된다. 미국의 대부분의 기업들은 최소한 20%~30%의 재사용률을 기록하기 시작했고, 일본의 어떤 기업들의 재사용률은 70~80%에 달하기도 한다고 한다.

현재 진행되고 있는 대표적인 연구들은 다음과 같다.

- Softech사는 미 육군의 RAPID 프로젝트를 위해 재사용 라이브러리 시스템을 개발했다.

- 미국의 소프트웨어 생산성협회(software productivity consortium)는 소프트웨어의 설계·코딩·시험 자료들의 재사용도를 높이기 위해 합성 개발절차(synthesis process)를 고안했다.

- 카네기멜론, 조지메이슨, UCLA와 같은 대학에서 연구가 본격화되고 있다.

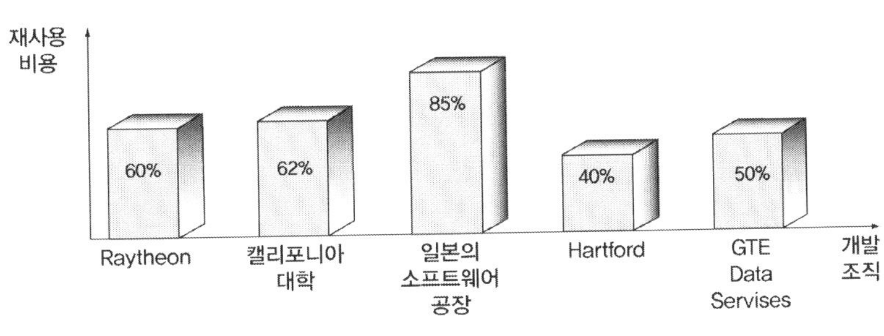

[그림 15-1] 재사용 비율

- MCC사는 기존 소프트웨어들 내에서 설계사양을 유도해 낼 수 있는 '설계복구(design recovery)' 개념의 가능성을 타진 중이다.

- 많은 선도기업들(예 : IBM, Toshiba, 유니시스, 웨스팅하우스, 콘텔 등)은 소프트웨어 재사용에 관한 연구에 박차를 가하고 있다.

한편 여전히 많은 개발자들은 회의적이다. 그 이유로는 아래와 같은 분석이 가능하다.

① **투자에 대한 의지가 약하다.**

재사용부품들을 개발하고(component creation), 시험에 더욱 많은 투자를 하고 (investment for more testing), 각종 도구들(browsers, cross-reference facilities 및 라이브러리 관리 유틸리티 등) 구축하려면 선 투자가 필요한 것이다.

② **전산교육의 문제점도 있다.**

일반적인 소프트웨어공학 교육이나 관련 서적들은 시스템분석·설계의 원리와 개발 방법론을 강조할 뿐 재사용은 무시한다.

③ **개발자 스스로가 직접 개발하고 싶다는 욕심 때문이다.**

다른 곳에서 개발된 것을 이용하기 싫다는 병적증세('not invented here' syndrome) 는 개발체계를 지배하고 있다.

④ **과거의 경험이 성공하지 못한 까닭이다.**

그 실패 이유가 무엇이었든지간에 현재의 기술과 도구와 방법론은 다르다는 것을 인 식하여야 한다.

⑤ **재사용을 촉구할 만한 보상이 뒤따르지 않기 때문이다.**

그러나 재사용의 효과는 대단히 크며, 우수한 소프트웨어 엔지니어일수록 재사용 방 법을 강구하기 위한 노력을 찾아야 한다.

15.3.4 재사용의 실용화

일본과 Raytheon사의 성공 사례를 통해서 알 수 있듯이 재사용의 실용화는 복합적인 접 근이 요구되며, 특히 다음과 같은 조건을 만족해야 한다.

- 재사용이 가능한 소프트웨어 요소의 표준 표현 방식을 선택

- 재사용에 기반을 둔 개발 접근법을 지원하는 도구를 제공

- 재사용이 가능한 부품의 라이브러리 구축

- 재사용을 장려하는 정책적 지원과 소프트웨어 개발 방법론 이용

15.4 재사용 가능한 소프트웨어 요소들

소프트웨어의 여러 요소 중에서 프로그램만 재사용되는 것은 아니다. 다양한 코드를 라이브러리 내에 구축하고 있다고 해서 재사용도가 높아지는 것도 아니다. 소프트웨어 개발정보(software development information)가 그 대상이 되어야 한다. 즉, 개발자가 소프트웨어를 개발하는 데 필요할 만한 모든 정보가 재사용될 수 있어야 한다(reusable information).

소프트웨어 개발정보의 재사용 분류 체계는 〈표 15－2〉와 같다.

15.4.1 재사용 코드(reusable code)

수행코드(excutable code)의 재사용은 코드의 일부분(fragments)인 모듈에서부터 소프트웨어 패키지에 이르기까지 그 규모에 차이가 있을 수 있다. 소프트웨어 부품(parts)의 개념도 여기서 등장한다.

〈표 15-2〉 재사용 요소들

분류	재사용되는 요소들
일반적 지식	• 환경정보(교육 및 활용을 통해 얻어진 지식) • 외부지식(개발 및 특정분야의 참여를 통해 쌓은 지식)
설계 정보	• 기본설계(architecture) • 상세설계(design) • 데이터 구조설계(data structure design)
데이터 정보	• 시스템 데이터 • 시험사례(test cases)
코드	• 모듈(module) • 프로그램(program)
기타	• 투자효과 계산정보(cost benefit calculations) • 사용자 지침서(user documentations) • 타당성 조사방법 및 결과(feasiblity studies) • 프로토타입(prototype) • 인력(people) 정보 등

1 재사용 모듈

재사용 모듈(reusable module)이란 수정을 가하지 않고 이용할 수 있는 소프트웨어 부품으로서 흔히 공유하는 라이브러리에 저장된다. 평방근(squae root extraction), 자료변환(deta conversion), 통계 루틴(statistical routines), 정열(sorting)과 같은 함수기능이나 자료처리 기능이나 혹은 프로그램 통제기능일 수도 있는데 재사용 모듈의 구현 사례들은 다음과 같다.

- IMSL사 가 판매하는 소프트웨어에는 500여 개의 재사용 기능들이 있다.

- UNIX '프로그래머 워크벤치'에는 350여 개의 재사용 기능들이 있다.

- Raytheon사의 ReadyCode 서비스를 이용하면 개발시스템의 코드 중 55% 정도가 재사용코드로 대체될 수 있었다.

- 일본 도시바 사는 코드 재사용 개념을 도입하여 인·년(man/year)당 2만 라인 이상의 생산성을 달성할 수 있었다.

- 많은 책들이(예 : Barden의 Business Programming Applications, Bui의 Executive Planning with BASIC, Kernighan의 Software Tools with C 등) 범용성 있는 소프트웨어 모듈들을 포함하고 있고, 많은 도구함(toolbox)들이 상품화되어 원시코드들이 응용시스템 개발에 혼용될 수 있도록 하고 있다.

2 재사용 프로그램

특정 응용목적을 위한 유사한 종류의 프로그램들이 컴퓨터 운영체제(OS)별로 개발되고 판매되고 있는점을 이용, 이러한 패키지들을 구매하여 프로그램 전체 차원에서 재사용하는 것이다. 회계·재무·재고·인사·생산관리용 패키지들은 이제 국내에서도 많이 선보이기 시작했다. 물론 패키지들이 모든 요구를 모두 충족시키지 못하므로 원시코드를 구매하여(source code licensing) 부분적으로 고치고 장기적인 유지보수를 통해 보완할 필요가 있다.

〈표 15-3〉 응용 패키지 구매시의 단점

분 야	설 명
요구분석	• 패키지의 기능부족 • 매개변수(parmeter)의 지정만으로는 요구되는 환경에 맞출 수가 없음
유지보수	• 필요한 수정량이 많아짐에 따라 자체 개발할 때의 비용만큼 많은 수정비용이 소요됨 • 주변 사용환경(하드웨어, OS, 터미널, 네트워크, 사용자 요구 등)이 변화함에 따라 유지보수비가 비싸짐 • 부실한 문서, 사용자가 개발하는 코드와 연결가능성 부족, 비구조적 설계, 코드의 부재, 복잡도, 코드의 저품질로 인한 유지보수의 어려움
데이터베이스	• 기업의 데이터베이스 구현이나 전략에 맞지 않음
공급업체	• 패키지 판매업체가 폐업할 수 있음

직접 개발하는 것보다는 〈표 15-3〉에서 보듯이 나름대로의 단점도 있다. 그러나 소프트웨어 프로그램의 재사용은 가능할 수만 있다면 생산성 향상의 지름길이 된다.

응용 소프트웨어 패키지를 구매할 때 고려해야 할 사항은 다음과 같다.

① 기능

응용분야 자체의 기능들은 무엇인가? 그 구조는 얼마나 복잡한가? 구현의 우선순위는? 커스터마이징(custemizing)하는 데 걸리는 시간은 얼마나 걸리는가를 파악해야 한다.

② 기간과 예산

자체 개발해야 할 시스템들이 많이 밀려있다는 점(backlog)도 패키지 구매사유로 충분하다. 이럴때는 소프트웨어가 필요한 시기와 허용되는 예산을 고려해야 한다.

③ 요구사양

자체 개발하는 시스템들은 가끔씩 요구분석 과정에서 중요한 기능들을 빠뜨릴 수 있다. 사용패키지들은 기능들이 모두 포함되어 있어 상세히 파악될 수 있어야 한다.

④ 데이터 호환성

다른 응용 소프트웨어들과 데이터베이스 환경에서 호환성이 있는지를 점검해야 한다.

⑤ 경제성

일부 관리자들은 패키지 구매에 회의적일 수 있는데 이 문제의 해결을 위해서는 패키지 구매의 경제성, 기존 개발인력이 보다 중요한 과제에 임할 수 있다는 점 등을 들어 설득하는 노력이 필요하다.

⑥ **문서화**

자체 개발제품의 문서화는 자칫하면 소홀히 다루어질 수 있는데 문서화는 잘 되어 있는지 점검해야 한다.

15.4.2 재사용 데이터(reusable data)

데이터의 재사용성을 높이려면 네 가지 분야에 대한 연구가 필요하다.

① 데이터 레코드(혹은 tuple)를 칭하는 '레이블(label)'의 개념이 확장되어야 한다.

② 데이터 유형의 확장이 필요하다.

③ 데이터의 보완성이 확보되어야 한다.

④ 데이터의 호환성이 향상되어야 한다

15.4.3 재사용 설계

재사용 설계정보는 크게 기본설계 정보와 상세설계 정보로 분류될 수 있다.

1 재사용 기본설계(reusable architectures) 정보

소프트웨어 설계정보(architectures)의 의미는 다양할 수 있겠으나 신기술을 응용하는 기본적 가정(fundamental assumptions)으로 정의 가능하다. 효과적인 소프트웨어 재사용은 단순히 재사용 가능하다고 판단되는 프로그램 코드들을 수집하여 연결시키는 것이 아니라 기본설계에서 시작해야 한다. 따라서 재사용성 높은 기본설계는 다음과 같은 성격을 갖추는 것이 바람직하다.

① 데이터와 관련된 사항들을 프로그램이나 모듈의 외부에 존재해야 한다.

② 변수나 매개변수(literals and constants 등) 등도 모듈외부에 존재해야 한다.

③ 모든 입출력 통제기능들도 모듈외부에 존재해야 한다.

④ 재사용 모듈 내에는 응용기능을 발휘하는 논리력만 담고 있어야 한다.

② 재사용 상세설계(reusable design) 정보

상세설계 정보란 구조적 분석·설계 혹은 객체지향적 분석·설계 방법들을 이용하면서 얻게 되는 다이어그램들(자료흐름도, E–R도표, 구조도 등)이나 소단위 명세서(mini specifications) 및 가상코드(pseudocode) 등을 말한다. 그러나 일반적으로 상세설계 정보는 응용 시스템과 밀접한 관계가 있으므로 참조(reference) 이외에 완전한 재사용은 어렵다. 한편 일본의 히타치(Hitachi)에서는 신규 시스템의 요구분석 후 기존의 프로그램들과 비교하여 적절한 모듈들을 선정하는 패턴 비교방법(pattern matching)을 활용함으로써 큰 성과를 거두고 있다고 보고되기도 했다.

15.4.4 재사용 지식(Reuseable Knowledge)

교육이나 경험에서 비롯된 지식이므로 매우 중요하다. 개발자들의 소위 '능력'이란 바로 다양한 지식에서 비롯된다. 외부지식과 환경정보로 분류하여 정리한다.

① 외부지식(External Knowledge)

외부지식이란 개발하고자 하는 소프트웨어와 직접적으로 무관한 지식으로, 특정분야에 대한 지식과 개발지식으로 재분류가 가능하다.

① 특정분야에 대한 지식(application area knowledge)

② 개발지식(development knowldege)

위 두 지식분야 중에서 보다 중요한 지식은 개발지식보다는 특정분야에 대한 지식이었다는 결과가 매우 흥미롭다. 즉, 문제에 대한 이해력이 해결책을 강구하는 능력보다 더욱 중요하다는 것이다.

2 환경정보(Environmental Information)

환경정보는 시스템 활용지식과 기술이전 지식으로 재분류된다.

① **시스템 활용지식(utilization knowledge)**
소프트웨어가 어떻게 사용되는가에 대한 일반적 지식이다. 여기엔 실제 경험이 중요하다. 예를 들어 호텔관리시스템이 호텔관리업무와 어떻게 연관되어 사용되는가에 대한 깊이있는 지식같은 것을 말한다. 즉, 사용환경과 소프트웨어의 결합성을 이해하는 지식이다.

② **기술이전 지식(technology transfer knowledge)**
소프트웨어를 개발하고 사용하는 사람들에게 어떻게 새로운 기술을 가르칠 것인가와 관련된 지식이다.

15.4.5 기타 재사용 요소들

재사용 가능한 요소들로서 프로젝트 계획수립시 계산한 투자효과 계산정보(cost benefit calulations), 사용자 지침서(user documentation), 타당성 조사 방법 및 결과(feasibility studies), 프로토타입(prototype) 등도 거론할 수 있다. 소프트웨어 문서화가 강조되는 이유는 바로 다른 프로젝트에서 얻었던 경험이나 개발과정 중에 작성한 문서 혹은 프로토타입이 적절하게 참조되어 생산성을 향상시켜 주기를 기대하기 때문이기도 하다.

지금까지 거론하지 않았던 재사용 요소로서 빼놓을 수 없는 것은 개발인력 자신들일 것이다. 소프트웨어 개발세계에서는 개발의 자동화는 100% 완전할 수가 없으므로 역시 사람이 바로 기술인 까닭이다. 경험과 지식을 갖춘 개발인력이 '재사용'되어 새로운 프로젝트에 투입될 때 그 효과가 높을 것임은 당연하다. 따라서 개발자의 이직률(attrition rate)을 낮추는 관리적 슬기가 필요하다.

 15.5 소프트웨어 재사용을 위한 기술대책

15.5.1 재사용의 원칙

- **범용성** : 특정 응용분야를 위한 것이 아니라 범용적으로 활용할 수 있는 것이어야 한다.

- **모듈성** : 정보은닉, 추상화와 같은 기본 여건을 갖추고 최소한의 결합도, 최대한의 응집력을 갖도록 한다.

- **하드웨어 독립성** : 소프트웨어 재사용과 이식성(portability)이 높아야 한다.

- **소프트웨어 독립성** : 운영체제나 데이터베이스 시스템으로부터 독립되어야 한다.

- **자기 문서화**(self documantation) : 정확한 주석 기록, 암호적인 데이터 이름 부여 등이다.

- **일반성**(commonality) : 범용성을 갖어야 하다.

- **효율성, 간편성, 구현성, 표현성, 추가성**, 수학적 기반을 갖추어야 한다.

- **표현 용이성**

- **프로그래밍 언어와의 독립성**

- **정교성** : 데이터 요소와 부분적인 논리절차 표현이 가능해야 한다.

- **인터페이스**가 필요할 때 간단해야 한다 (simple interface).

- **수정 용이성, 이식성**이 편리해야 한다.

15.5.2 재사용성의 평가기준

- **부품의 크기**(volume) : Halstead의 규모 산정법을 이용한다.

- **부품의 복잡도**(complexity) : MeCabe의 프로그램 복잡도 측정법을 이용한다.

- **부품의 정규성(regularity)** : Halstead의 소프트웨어 과학공식법을 활용한다.

- **부품의 재사용 빈도수(reuse frequency)** : 부품이 호출되는 수를 측정한다.

15.5.3 개발 단계별 유의사항

- **요구분석 단계** : 완전하고, 정확하게 분석, 명세화하고 이 요구가 명료하고 일관성이 있어야 한다.

- **설계단계** : 다음 단계에서 쉽게 코딩할 수 있도록 설계되어야 한다.

- **구현단계** : 원시코드를 작성하기 쉽고, 이해, 유지보수가 용이해야 한다.

- **시험단계** : 보다 정확한 시험 방법과 올바른 시험을 통해 개발해야 한다.

15.5.4 재사용 소프트웨어의 분류 및 검색방법

소프트웨어 부품을 재사용하기 위해서는 우선 재사용 가능한 부품을 찾아야 한다.

1 일반적인 정보분류법

① **정보들 간의 관계를 표현하기 위한 방법**
- 계층화(hierarchical) : 종속적이다.
- 문구화(syntactical) : 둘 이상의 개념이 다른 계층에 포함될 수 있도록 설정한다.

② **정보를 분류하는 방법의 두 분류**

- 열거방법(enumerative method) : 복합적인 관계를 가진 모든 정보가 사전에 작게 나누어진 클래스들에 포함될 수 있도록 하는 방법이다.

- 시각에 의한 방법(faceted method) : 정보의 주제로부터 정보 체계를 구축해 나가는 방법이다.

15.6 소프트웨어 재사용 시스템

15.6.1 재사용 시스템의 일반적 특성

- **추출**(extraction) : 가장 효율적이고 적합한 부품을 찾아내는 기능, 새로운 부품 개발

- **검색**(finding) : 원하는 부품을 찾을 수 있다.

- **이해**(understanding) : 부품을 이해할 수 있도록 한다.

- **수정**(modifying) : 사용자의 요구에 만족하도록 수정한다.

- **구축**(building) : 부품을 조립해 넣는 기능을 의미한다.

- **문서화**(documenting) : 부품 사용 후 관리할 수 있도록 문서화를 필요로 한다.

15.6.2 재사용 시스템의 유형

1 재사용 소프트웨어 라이브러리

재사용 소프트웨어 부품 라이브러리(reusable software component library)는 프로그램, 블록, 서브루틴, 프로시쥬어, 모듈, 함수 라이브러리 등을 포함한다. 다양한 사용자들이 소프트웨어 부품들을 재사용할 수 있도록 라이브러리 시스템으로 개발된다. 재사용 부품들을 검색해 내는 것이 그의 변경이나 결합보다 더욱 중요한 문제이다.

2 화일을 전송하여 재사용하는 시스템

소프트웨어 기능들은 일반적으로(40~60%) 유사하다. 따라서 새로운 소프트웨어를 개발할 때 작성하려는 코드의 일부분 또는 전체가 이미 다른 소프트웨어로 존재하는 경우 재사용 할 수 있다면 생산성을 기할 수 있다.

3 프로그램 변환을 이용한 시스템

하나의 소프트웨어 내에는 여러 프로그래밍 언어로 작성된 프로그램들이 존재할 수 있다. 프로그램 개발 시 같은 언어로 쓰인 경우 직접적인 재사용이 원활하지만 다른 언어로 작성된 경우 해당언어에 맞게 변형시킬 필요가 생긴다.

FORTRAN 프로그램을 C언어로 변환시키는 FCC, LISP 프로그램을 FORTRAN으로 변환시키는 TAMPR, BASIC을 C언어로 변환시키는 BCT(BASIC to C translator) 등이 있다.

15.7 소프트웨어 재사용을 위한 장애 요인과 해결책

15.7.1 관리자와 개발 담당자들의 거부반응

1 개발자의 관점

- 재사용 코드는 자신의 코드가 아니다.

- 수정보다는 자신이 새로운 작성하는 것이 쉽다.

- 관리하는 적절한 도구가 없으며, 재사용을 강조하는 소프트웨어 개발방법론이 없다.

- 재사용을 지도해 주는 교육이 거의 없다.

2 관리자의 관점

- 시스템 구축에 시간과 비용이 투자된다.

- 전문지식을 습득하는 데 교육이 필요하다.

- 생산성 향상으로 인하여 직원들이 나태해지기 쉽다.

- 소프트웨어 표절에 대한 보호대책이 필요하며, 오류발생시 누가 책임을 질 것인가의 문제가 있다.

3 재사용 기술 적용의 동기 결여

조직 내·외부의 재사용 프로그램 이용시 조직 내 인정 정도와 동기부여 결여가 문제이다.

4 표준화의 부재

서로 다른 개발방법론에 따른 문서화 및 개발언어의 차이점이 문제이다.

5 사회적, 법적 장애

재사용 프로그램 이용시 저촉되는 사회적·법적 소요권 문제에 대한 우려 등이 문제가 된다.

15.7.2 장애요인 제거대책

1 재사용성을 달성하기 위한 기술적 방안

- 신 설계 및 프로그래밍 방법론의 활용 : 객체지향적 개발방법론 적용이다.

- 재사용 소프트웨어 라이브러리의 구축이다.

- CASE의 활용이다.

2 관리, 제도적 방안

① 보상제도의 확립

- 개발한 코드량만큼 재사용한 생산량을 인정한다.
- 재사용 부품 등록시엔 경제적 혜택을 부여한다.
- 장기간 투자를 지속할 것을 약속한다.
- 새로운 개발 문화를 창조한다.

② 능력적인 경영전략

경영, 관리자들이 모든 프로젝트의 착수시점부터 재사용 예측치를 제시하도록 분위기를 개선한다.

③ 조직의 변화

 # 15.8 재사용 도구와 방법론

15.8.1 재사용 라이브러리

소프트웨어 재사용을 위한 필수 조건은 재사용 가능한 요소가 준비되어 있고, 잘 관리되어서 필요할 때 쉽게 사용할 수 있어야 한다. 이를 가능하게 하는 것은 재사용 요소들의 라이브러리와 자동화된 라이브러리 관리 시스템의 구축이다. 라이브러리는 표준 표현 형식을 가져야 하고 문서화가 잘 되어 있어야 한다. 재사용 라이브러리가 가져야 할 속성들은 다음과 같다.

- 편리한 접근, 탐색, 버전, 제어 그리고 보안을 제공하는 DBMS

- 재사용 요소들의 생성, 편집, 등을 허용하는 연산

• 표준화된 요소 표현형식

• 확장성

대부분의 재사용 라이브러리는 특정 응용에 종속적인 형태를 존재하며, 분석 및 설계 명세와 같이 상위 수준의 재사용 요소부터 실행코드까지 다양한 수준의 재사용 요소를 저장한다. 이때, 상위 수준의 재사용 요소일수록 응용에 종속적이다.

정보저장소는 소프트웨어 시스템 요소의 다른 타입의 종류들을 저장할 수 있으며, 보안, 접근권한, 버전 관리, 제어변경, 형상관리 등의 기능을 제공한다. 따라서 정보저장소는 재사용 가능한 요소들의 라이브러리와 라이브러리 관리 시스템을 제공하는 가장 이상적인 메커니즘이다.

15.8.2 재사용 도구

조직 수준에서의 소프트웨어 재사용은 적절한 도구를 사용하여야 한다. 정보저장소 기반의 통합 CASE 도구 환경은 기존의 개발 방법론을 채택하는 조직뿐만 아니라 소프트웨어 재사용을 새로운 개발 방법론으로 사용하는 조직에서도 같은 필요성을 지닌다.

1 재사용 요소의 생성

재사용 요소의 라이브러리를 구축하기 위해 필요한 도구는 다음과 같다.

① **널리 재사용될 수 있는 요소의 확인**

재사용 요소를 만드는 가장 빠른 방법은 기존의 소프트웨어 시스템으로부터 찾아내는 것이다. 기존시스템에서 찾아낸 요소들은 재사용을 위해 수정 또는 일반화 과정을 거쳐야 한다. 하지만 이 과정이 새로운 요소를 만드는 것보다는 개발시간을 절약해 줄 수 있다.

② **요소의 확인과 재사용성 제고를 위한 재공학**

재공학 도구는 재사용 요소들을 발견하는 데 유용하게 사용될 수 있다. 특히 역공학 도구는 기존 소프트웨어의 코드를 역공학하여 분석 및 설계 명세와 같은 상위 수준의 소프트웨어 요소를 잡는 데 사용될 수 있다.

③ **재사용 요소의 저장과 분류**

정보저장소는 재사용 요소의 저장과 분류를 이상적으로 지원한다. 이밖에 가능한 저장 스키마는 응용별로 응용 내의 함수들을 분류하는 것이다. 상속과 클래스 개념을 갖는 객체지향 기법도 재사용 요소들을 저장하는 수단으로 사용될 수 있다.

〈표 15-4〉 재사용 요소 생성 도구

분류	도구	
재사용 요소 확인	• 재공학 도구 • 파서 • 의미 클러스터링과 자동화 분류 도구	• 객체지향 도구 • 프레임 기반 지식 표현 시스템
표현 및 기술	• 구조적 다이어그래밍 도구 • 명세 언어	• 프레임 기반 지식 표현 시스템 • 하이퍼텍스트 시스템
분류 및 저장	• 정보저장소 • 규칙 기반 전문가 시스템 쉘	• 객체지향 도구
생성 및 도구	• 재공학 도구 - 에러, 측정, 표준검사 도구 - 프로그램 논리 분석 도구 - 형상관리 도구	• 객체지향 언어 • 검사 도구

④ **재사용이 가능한 요소를 표준 형식으로 표현**

정보저장소 메타 모형은 재사용 요소를 표현하는 표준 형식과 그래픽 표현을 제공한다. 재사용 요소를 그래픽 형태로 표현하면 그 요소의 부요소들과의 관계를 쉽게 이해할 수 있다.

⑤ **재사용 요소의 생성과 정제**

Smalltalk이나 C++, Ada 등의 객체지향 언어는 캡슐화, 상속, 추상 자료형 등의 기법을 통하여 재사용 가능한 객체의 생성을 지원한다. 생성된 재사용 요소의 품질이 중요하기 때문에 검사와 특정도구 역시 중요한 역할을 한다. 〈표 15-4〉는 재사용 요소의 생성을 지원하는 도구들을 정리한 것이다.

2 재사용 요소의 이용

일단 재사용 라이브러리가 구축되면, 효율적인 재사용을 위해 다음과 같은 도구들이 필요하다.

• 라이브러리에서 필요한 재사용 요소를 찾기 위한 도구

• 재사용 요소의 이해를 위한 도구

• 재사용 요소의 수정을 위한 도구

• 재사용 요소들의 결합을 위한 도구

〈표 15−5〉는 재사용 요소의 이용을 지원하는 도구들을 정리한 것이다.

〈표 15-5〉 재사용 요소 이용 도구

분류	도구
검색	• 정보저장소 • 하이퍼텍스트 시스템 – 질의와 브라우징 기능 • 패턴 매칭 도구 • 자연어 처리기

수정	• 재공학 도구
	  – 변경 효과 분석 도구 – 프로그램 코드 분석 도구
	  – 측정 도구 – 검사 도구
	  – 형상관리 도구
	• CASE 도구
	  – 코드 생성기
	• 정보저장소
	  – 상호 참조보고

이해	• 재공학 도구 – 역공학 도구 – 재구성 도구 • 하이퍼텍스트 시스템

결합	• 정보저장소
	• CASE도구
	  – 프로토타이핑 도구 – 다이어그래밍 도구
	  – 분석 및 설계 도구함 – 코드 생성기
	• 객체지향 언어
	• 명세 언어
	• 형상관리 도구
	• 검사 도구

15.8.3 재사용 방법론

다음은 재사용에 기반을 둔 소프트웨어 개발의 시나리오이다.

1 개발자는 구축하고자 하는 시스템과 가장 유사한 시스템의 설계 명세를 선택한다.

① 선택된 설계 명세는 프로그램의 구조와 절차, 자료 구조, 데이터 개체들과 속성들을 기술하는 구조적 다이어그램의 형태로 표현되어 있다.

② 정보저장소는 관련된 모든 시스템 다이어그램들과 문서들을 자동으로 연결시켜 준다.

③ 문서화는 기존 설계 명세를 이해하는 데 도움을 준다.

④ 코드단계의 수정이 아닌 설계단계의 수정이 이루어진다.

⑤ 코드 생성기를 사용하여 수정된 설계 명세로부터 자동으로 문서화된 프로그램을 생성한다.

2 기존시스템은 새로운 시스템을 위한 실행되는 프로토타입으로 사용될 수 있다.

① 프로토타이핑을 사용함으로써 개발자는 새로운 시스템의 요구사항에 부응하기 위해 설계명세를 어떻게 변경하여야 하는지를 보다 명확하게 알 수 있다.

② 새로 설계를 하지 않고 기존의 설계 명세를 수정하는 것은 분석 및 설계노력을 크게 감소시킬 수 있다.

[그림 15-2]는 소프트웨어 개발에 재사용을 이용하는 전형적인 방법을 나타낸 것이다.

정보저장소, CASE 도구, 재공학 도구 등이 개발자가 적절한 설계 명세를 찾고, 이해하고, 변경하는 것을 도와 준다.

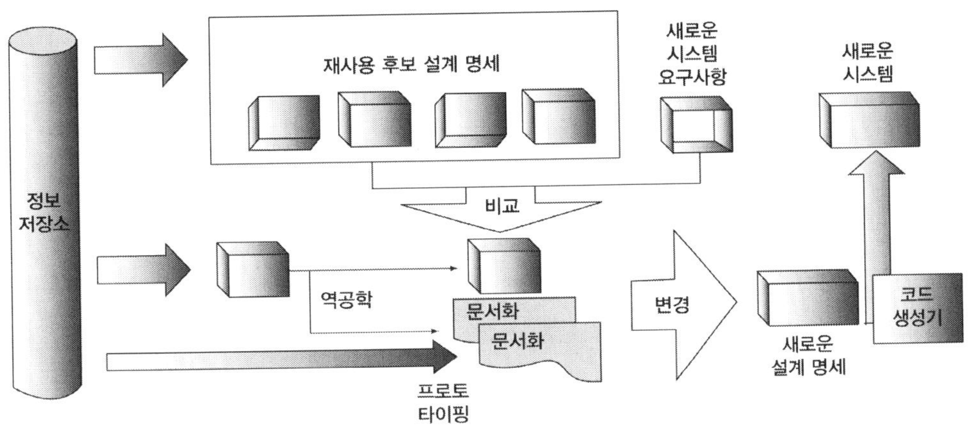

[그림 15-2] 재사용 방법론

1. 소프트웨어 재사용의 장점과 문제점에 대해 논하시오.

2. 소프트웨어 재사용이 가능한 요소에 대해 논하시오.

3. 재사용 지원 CASE 도구에 대해 논하시오.

4. 재사용 도구와 방법론에 대해 논하시오.

컴포넌트 소프트웨어

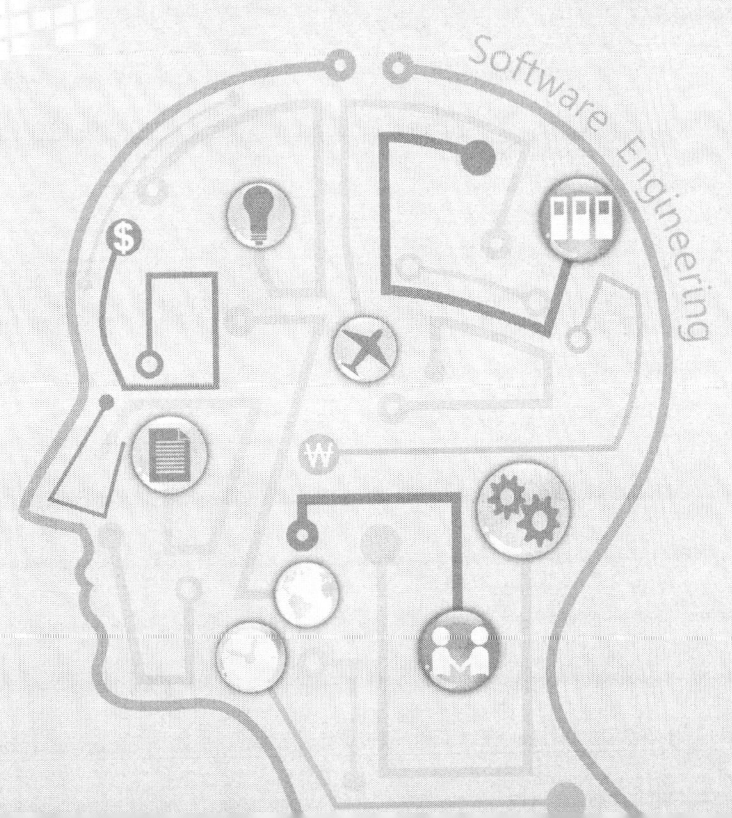

지난 20여 년간 소프트웨어의 수요는 100배 이상 증가하였고 현재도 계속 증가 추세에 있다. 그러나 그 기간 동안 개발자들의 생산성은 겨우 1.8배의 증가에 그쳤으며 개발인력의 수요는 겨우 10배 정도밖에 신장하지 못하였다.

소프트웨어 개발 기술의 낙후함과 전문 인력 부족현상이 소프트웨어 위기 현상을 야기시켰다고 볼 수 있다. 이는 두 가지 측면에서 분석할 수 있는데, 먼저 소프트웨어 생산성이 사용자들의 요구를 따라가지 못한다는 것이다. 두 번째는 소프트웨어 품질이 향상되지 못하고 유지보수가 힘들다는 것이다.

소프트웨어 프로젝트는 처음 수립된 계획기간 내에 끝내기 어려운 경우가 많다. 또한 기존의 소프트웨어를 유지보수하는 것이 매우 힘들며 많은 비용을 차지하게 되어 새로운 프로젝트를 추진할 수 없는 사태가 야기되고 있기까지 하다.

컴퓨터 하드웨어의 데이터 처리 및 저장능력이 지난 30여 년간 급속도로 증가하고 있으며 이에 맞추어 소프트웨어 유지보수에 소요되는 비용도 늘어나고 있어 어려움을 겪고 있다.

현재 시스템개발에 있어 소프트웨어에 드는 비용은 하드웨어 비용을 능가하는 것이 대부분이며 앞으로 이러한 추세는 더 심화될 것이다. 따라서 소프트웨어가 보다 복잡해지고, 운영 환경도 이종의 운영체제와 이종의 프로그래밍 언어, 이종의 데이터베이스가 네트워크를 중심으로 연결되기 때문에 이전의 방식으로는 도저히 유지보수를 할 수 없는 경우가 발생한다.

이러한 소프트웨어 위기를 해결하기 위한 가장 강력한 대응책이 바로 컴포넌트기반 소프트웨어공학(CBSE : Component Based Software Engineering)이다.

소프트웨어를 개발하는 방법으로는 기존의 구조적 방법론에서 객체지향 방법론으로 발전되었으며, 최근 들어 소프트웨어 재사용의 핵심기술로 인식되고 있는 컴포넌트 기반 방법론으로 발전하고 있다.

 16.1 컴포넌트 소프트웨어의 등장 배경

지금까지의 컴퓨터 발달과정을 살펴보면 하드웨어 분야의 기술들이 컴퓨터의 발전을 주도하였으며, 최근의 경우에는 그 중에서도 반도체 관련 기술들이 PC 산업을 중심으로 발전을 주도했다. 이러한 과정에서 소프트웨어 분야의 기술들은 별 투자 없이 발전 과정에서 배제되고 있었으며 초창기의 기술들만을 답습하고 있었다. 그러나 이러한 상황은 PC의 발전으로 사정이 많이 달라졌다. 즉, Windows xp를 비롯한 마이크로소프트사의 윈도우 계열의 운영체제 등장과 웹을 기반으로 하는 인터넷의 열풍은 소프트웨어 기술 분야에서도 많은 변화를 가져오기 시작했으며, 현재는 이들이 컴퓨터 시장의 변화를 주도하고 있다.

한편 하드웨어 분야의 기술들이 컴퓨터 발전을 주도했던 과정을 개발 전략 차원에서 살펴보면, 한마디로 부품 위주의 개발 전략이었다고 말할 수 있다. 부품을 경계선으로 반도체 기술이 부품을 설계하고 제조하여 이를 시장에 내놓으면, 시스템 기술이 이를 구입하고 조립하여 목적 시스템을 완성한다.

이러한 부품 위주의 개발 전략은 부품의 대량 생산, 즉 부품의 재사용을 가능하게 함으로써, 부품의 개발 난가 및 개발 노력을 줄여 주는데, 이는 결국 시스템의 개발 기간, 가격, 소요인력 등에서 경쟁력을 갖추게 함으로써 많은 발전을 이룰 수 있었다. 특히 PC의 경우 이러한 개발 전략의 덕택으로 빠른 발전을 거듭하고 있으며, 또한 이러한 PC의 발전은 컴퓨터 시장 전반에 영향을 주어, 컴퓨터와 관련한 모든 기반 기술에 많은 변화를 일으키고 있다.

이러한 변화 과정 중에서, 물론 소프트웨어 분야에서도 발전이 전혀 없었던 것은 아니다. 하지만 이전까지의 변화 내용은 미미했으며, 윈도우 계열의 운영체제 등장 이후 본격적으로 발전하기 시작한다. 이전까지의 소프트웨어의 부품화에 대한 노력을 살펴보면, 구조적 설계(structural design)기법으로 프로그램을 제작하여 모듈화(modulation)를 달성하는 것이 고작이었다. 하지만 이러한 구조적 설계기법으로 제작되는 모듈들은 데이터 부분에서 부품화가 고려되지 못했다.

따라서 현재 윈도우 응용 프로그램들이 채택하는 객체지향 설계(object oriented design) 기법이 등장하게 되는데, 이 기법은 데이터 부분까지를 캡슐화(encapsulation)시켜 객체(object)간의 상호 관계를 최대한 줄임으로써, 각 객체들을 소프트웨어 부품으로 사용하려고 하였다.

물론 객체지향 기술이 캡슐화 기능만 가지고 있는 것은 아니다. 캡슐화 기능 이외에도 추상화(abstraction), 상속(inheritance), 클래스(class) 등등 여러 기능들을 가지고 있으며, 프로그래머는 이러한 기능들을 사용해 프로그램을 값싸게 제작할 수 있다. 그런데 여기서 우리가 이러한 캡슐화 기능에 주목하는 것은, 아직은 이 기능이 소프트웨어의 부품화를 충분히 달성하지 못하고 있기 때문이다.

객체지향 기술의 부품화 기능에서의 문제점들을 살펴보자. 첫째, 이진(binary) 객체들을 연결할 표준이 없다는 것이다. 따라서 객체를 항상 소스코드 형태로 시장에 공급해야 하는데, 이렇게 되면 개발자 자신의 독점적인 비법까지를 공개하게 된다. 이성적으로 볼 때 이는 가능한 일이 아니다. 지금까지 객체시장이 형성되지 않는 이유도 여기에 있다. 따라서 소프트웨어 부품은 반드시 이진 모듈로 제공될 수 있도록 해야 한다.

둘째, 소스코드 형태로 객체가 제공되기 때문에, 경우에 따라서는 서로 다른 언어로 객체를 사용해야 하는데, 이와 같은 방법은 그 절차가 까다롭고 어렵다. 따라서 프로그래머들이 이를 기피하게 될 것이다.

셋째, 객체의 내용이 수정될 경우, 개발자 및 사용자 모두에게 많은 번거로운 일들이 부가된다. 개발자들은 수정될 내용을 기존 객체에 반영해야 하는데, 기존 객체의 사용자를 위해 기존의 내용은 변경하지 않고 이를 달성해야 한다. 하지만 이러한 요구는 객체지향 기술로는 쉽게 달성할 수 있는 요구가 아니다. 뿐만 아니라 이렇게 버전(version)이 바뀔 때마다 개발자들은 바뀐 버전을 모든 사용자들에게 다시 배포하여야 할 것이다. 그리고 사용자들은 객체가 소스코드 형태로 제공되기 때문에 바뀐 버전을 사용하기 위해서는 자신의 프로그램을 다시 컴파일하고 연결작업을 수행하여야 할 것이다.

객체지향 기술로만 소프트웨어 부품화를 달성하는 데에는 이 밖에도 문제점들이 더 있다. 이와 같은 문제점을 해결하기 위한 다른 대안은 없는가?

COM(Component Object Model)은 이를 해결하기 위해 제안되었다. 즉 COM은 보다 나

은 소프트웨어 부품을 완성하기 위한 수단이다. 위에서 지적한 문제점들을 모두 해결할 수 있다. 따라서 그 결과로 현재 컴포넌트 시장이 아주 빠른 속도로 형성되고 있다. 물론 COM 기술만이 컴포넌트 제작의 유일한 기술은 아니다. 현재 컴포넌트 소프트웨어 제작의 양대 기술로는 COM/DCOM(Component Object Model/Distributed Component Object Model)과 CORBA(Common Object Request Broker Architecture) 등이 있다.

마이크로소프트사가 주도하는 COM/DCOM 기술은 당연히 윈도우 계열의 운영체제에서 확고한 위치를 차지하고 있으며, 현재 그 세력을 UNIX 계열의 운영체제로 확장하고 있다. 반면에 IBM이 주도하는 OMG(Object Management Group)의 CORBA 기술은 UNIX 계열의 운영체제를 활동 영역으로 하고 있다. 그러면 이러한 COM을 사용하여 응용 프로그램을 제작하면 어떤 장점이 있는가. 이를 위해서는 먼저 COM이 어떤 내용을 포함하고 있는가를 살펴봐야 할 것이다.

COM은 기본적으로 컴포넌트 소프트웨어를 제작할 때 준수해야 할 여러 가지 규칙들의 집합이다. 그 중에서도 특히 이를 사용하는 응용 프로그램과의 인터페이스(Interface)에 대한 약속 부분이 중요하다. 즉, COM을 한마디로 표현하자면 '응용 프로그램과 컴포넌트 간에 지켜져야 할 인터페이스 규격에 대한 모델(model)'로 정의할 수 있다.

클라이언트(client) 프로그램은 인터페이스에서 정의된 메소드(method)와 속성(property)을 통하여 컴포넌트를 사용하게 되며, 컴포넌트는 이 인터페이스를 통하여 클라이언트에게 서비스를 제공한다.

서버(server)와 클라이언트 사이에 위치하는 인터페이스의 모습은, 클라이언트 입장에 보면 컴포넌트의 사용법을 결정하게 되고, 서버 입장에서 보면 클라이언트에게 제공하는 서비스의 종류를 결정한다. COM은 이러한 인터페이스 모습에 대해 마이크로소프트사가 제시하는 하나의 특정 모델(model)이다. 따라서 소프트웨어 부품을 제작할 때 이 모델을 이용하여 인터페이스를 규정하게 되면, 제작된 모든 부품의 사용법과 서비스 제공 방식은 일정한 규칙하에 놓이게 될 것이다.

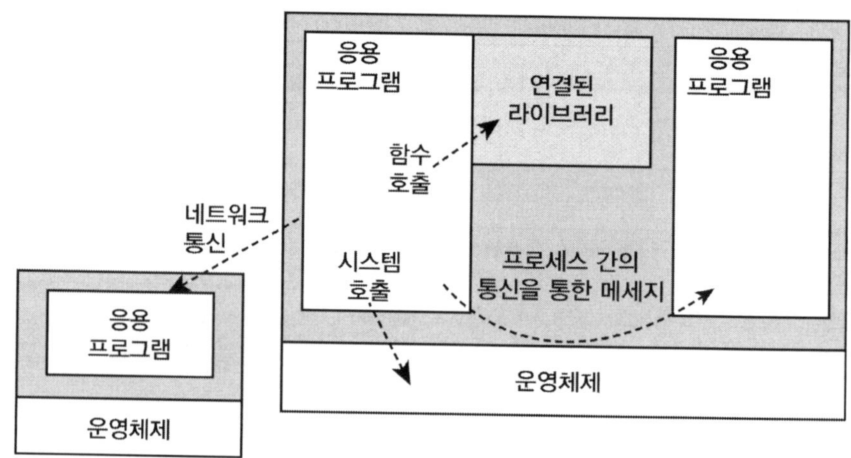

[그림 16-1] 부품화를 하지 않았을 경우의 소프트웨어 사용

[그림 16-1]과 [그림 16-2]는 이러한 모델을 통하여 소프트웨어를 부품화했을 경우와 그렇게 하지 않았을 경우를 비교 설명하는 그림이다.

소프트웨어를 부품화하지 않았을 경우, [그림 16-1]과 같이 어떤 종류의 소프트웨어를 사용하느냐에 따라 그 사용법이 달라진다. 즉, 연결된 라이브러리의 서비스를 사용할 경우에는 라이브러리 함수 호출을 수행해야 할 것이며, 다른 응용 프로그램의 서비스를 사용할 경우에는 프로세스 간의 통신장치를 이용하여 메시지 전달을 수행해야 한다.

또한 이러한 메시지 전달의 경우에도 상대 응용 프로그램이 동일 시스템이 위치하느냐 아니면 다른 시스템에 위치하느냐에 따라 그 사용법이 달라진다. 즉, 프로세스 사이에 통신을 수행하는 IPC(Inter Process Communication)를 달성하는 방법에 있어서, 네트워크를 경유하는 경우와 경유하지 않는 경우가 서로 많이 다르다. 또한 운영체제가 제공하는 서비스를 사용하기 위해서는 시스템 호출을 수행해야 하는데, 이러한 시스템 호출 역시 운영체제별로 그 접근방식이 아주 다르다.

그러나 소프트웨어를 부품화했을 경우에는 모든 소프트웨어의 사용법은 동일하다. 클라이언트는 자신이 사용하고자 하는 컴포넌트의 인터페이스 주소만 알면 그 컴포넌트가 라이브러리의 부품이든, 운영체제의 부품이든, 혹은 다른 응용 프로그램의 부품이든 어떤 종류의 소프트웨어 부품이든 간에 상관하지 않고 동일한 방법으로 이들을 사용할 수

있다. 심지어 사용할 컴포넌트가 네트워크를 통해 다른 시스템에 위치해도 이에 구애받지 않고 동일한 방법으로 사용할 수 있다.

이렇게 되면 특정 소프트웨어가 라이브러리냐, 시스템 소프트웨어냐 혹은 응용 프로그램이냐에 대한 구별이 어려워지는데, 이제는 구태여 이들을 구별할 필요가 없게 된다. 따라서 응용 프로그램을 제작하는 프로그래머뿐만 아니라 컴포넌트를 제작하는 개발자들도 그만큼 프로그램 제작이 쉬워질 것이다.

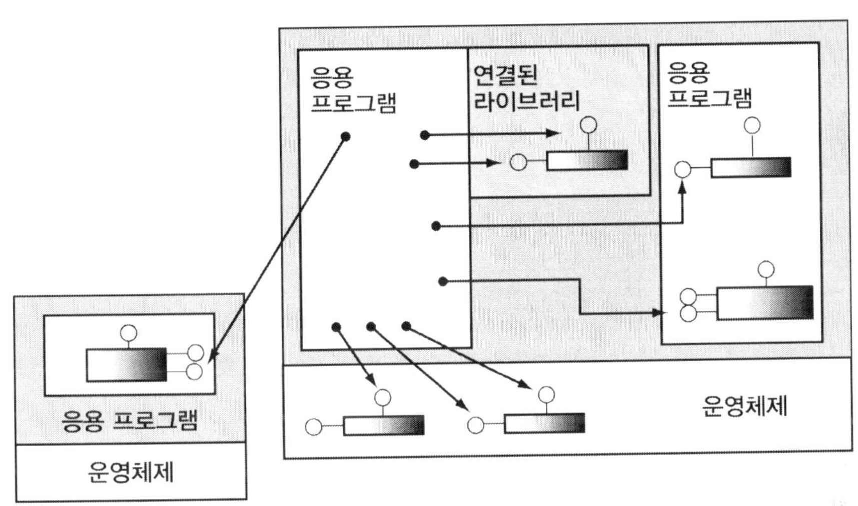

[그림 16-2] 부품화를 했을 경우의 소프트웨어 사용

이러한 COM 기반 컴포넌트들은 3계층 클라이언트–서버 모델(3 Tier Client-Server Model)에서 중간 계층에 위치하는 업무 로직(Business Logic)을 구현하는 서버 컴포넌트로 사용하기에 적합한 구조를 가지고 있다. 따라서 이를 활용하면 자연스럽게 분산 컴퓨팅(distributing computing)을 수행할 수 있으며, COM이 현재 이러한 분산 컴퓨팅의 흐름을 주도하고 있다. 또한 COM은 웹(web)을 기반으로 하는 인터넷과도 통합하기 좋은 구조를 가지고 있어, ASP(Active Server Page) 컴포넌트, MTS(Microsoft Transaction Server) 컴포넌트 등 인터넷 환경에서의 COM을 활용하는 많은 종류의 응용 컴포넌트들의 제작도 활발하다.

16.2 COM 요구조건

객체지향 기술의 부품화 능력에서 지적했던 컴포넌트 소프트웨어가 갖추어야 할 구비
조건들과 그 외에 시장에서 경쟁력을 갖기 위해 컴포넌트에 요구되는 각종 요구사항들
에 대해 좀 더 구체적으로 알아보고 COM은 이를 어떻게 처리하고 있는가에 대해서 살펴
본다.

첫째, 컴포넌트를 제작하고 이들을 사용하는 방법이 언어 독립적이어야 한다. 즉 컴포넌트
는 여러 가지 프로그래밍 언어로 제작할 수 있어야 많은 개발자들이 다양한 컴포넌트들
을 시장에 많이 내놓을 수 있을 것이며, 그리고 제작된 컴포넌트는 다양한 언어로 사용
할 수 있어야 더 많은 사용자를 시장에서 확보할 수 있을 것이다. 따라서 컴포넌트는 이
러한 요구조건을 수용할 수 있는 구조를 갖추고 있어야 한다.

그러나 프로그래밍 언어들의 능력 차이로 인해, 다양한 언어로 컴포넌트를 제작할 수 있
고 그리고 다양한 언어로 컴포넌트를 사용할 수 있도록 하는 데에는, 반드시 이에 대한
대책이 필요하다. 그리고 이러한 대책에 대한 노력은 당연히 고객(클라이언트)이 아닌
서버(서비스 제공자)가 부담하여야 한다. 따라서 이러한 요구는 COM 컴포넌트의 구조
를 복잡하게 만드는 중요한 원인이 되기도 하는데, 고객 확보를 위해서는 서버가 갖추어
야 할 필수적인 요소가 된다.

실제로 고객이 좋아하는 언어는 C++ 언어와 같이 기능이 많고 복잡한 언어가 아니다.
Visual Basic과 같이, 동적 메모리 할당이나 주소관리 등과 같은 복잡한 부분에 대해서
아무런 지식 없이도 컴포넌트를 쉽게 사용할 수 있는, 간단하면서도 사용하기가 편리한
매크로 언어나 스크립트 언어들이다. 따라서 시장 경쟁력을 갖기 위해서는 이러한 언어
로도 컴포넌트를 사용하는데, 당연히 문제가 없어야 할 것이다. 그리고 좀 더 나아가서
는 이러한 언어로도 컴포넌트 제작이 가능하여야 할 것이다. COM은 이러한 조건을 잘
만족시키고 있다.

둘째, 제작되는 컴포넌트는 반드시 이진 모듈(binary module)로 공급되어야 한다. 이는 앞
절에서도 지적했듯이 시장 형성의 기본 조건이 된다. 컴포넌트가 소스코드 형태로 제공

되어서는 제작자의 노력이나 아이디어를 근본적으로 보호할 수 없다. COM 컴포넌트는 이진 모듈로 시장에 공급된다.

셋째, 버전(version) 관리가 용이해야 한다. 이 부분은 앞 절에서도 지적했듯이 개발자와 사용자 양쪽 모두에 관련되는 사항이지만, 특히 개발자에게는 중요한 부분이 된다. 왜 그런가를 알아보기 위해 사용자와 개발자 사이에 위치하는 인터페이스에 대해 좀 더 구체적으로 살펴보면 다음과 같다.

인터페이스는 개발자가 사용자에게 한 약속이다. 따라서 사용자가 있는 한 이 약속은 깨뜨릴 수 없다. 즉, 버전 업(Version Up)을 할 때에도 기존 사용자에 대해서는 기존 약속을 그대로 지켜야 한다.

한편 서버에서 클라이언트에게 제공되는 서비스는 인터페이스에서 그 종류를 기술하며, 이에 대한 구현은 이 인터페이스가 연결된 COM 객체에서 구현한다. 따라서 새로운 기능을 추가해야 할 경우, 개발자는 기존 기능을 사용하는 사용자와 새로운 기능까지를 모두 사용할 사용자를 동시에 고려하여, 인터페이스와 COM 객체를 수정해야 한다. 이 부분을 객체지향 기술의 객체에서 이를 해결하려고 할 때에는 간단한 일이 아니다. 그러나 COM은 이를 아주 쉽게 해결한다. 즉, 새로운 기능 추가가 요구될 경우, 인터페이스 부분에 대해서는 새로운 서비스를 수용하는 새로운 인터페이스를 하나 만들고, COM 객체 부분에 대해서는 새로운 서비스를 구현하는 해당 멤버 함수만을 만들면 된다. 즉, 기존 사용에 대해 전혀 영향을 주지 않고도 새로운 기능을 쉽게 추가할 수 있는데, COM은 이때 요구되는 오버헤드가 전혀 없다.

다시 말하면 COM은 인터페이스를 COM 객체에 연결할 때 상속 기법을 사용하는데, 이때 구현 상속이 아닌 인터페이스 상속을 이용한다. 처음부터 인터페이스에는 구현 코드가 없고, 이러한 인터페이스를 COM 객체에 연결할 때 상속으로 처리한다. 따라서 이러한 인터페이스 상속을 사용하면 COM 객체의 기존 부분들을 전혀 수정하지 않고도 새로운 부분을 쉽게 추가할 수 있다.

한편 새로운 버전의 배포도 하드웨어의 부품 교환과 비교하면 훨씬 쉽고 간단하다. 이러한 부품 교환에서의 편리함은 저자의 생각으로는 부품화 전략의 성공에 많은 영향을 줄 것으로 판단된다.

넷째, 사용하기 편리한 개발환경(development environment)을 갖추고 있어야 한다. 이러한 조건은 제작되는 컴포넌트에 직접적으로 요구되는 필수 조건은 아니지만, 최근 들어 모든 소프트웨어 개발에 공통으로 요구되는 일반적인 요구사항이다.

이전의 문자중심 프로그램 시대와 비교해 볼 때, 윈도우 프로그램 시대에 들어오면서부터 프로그램 개발 전략에서 가장 많이 변화된 부분이 바로 이러한 개발환경 부분이다. 소프트웨어를 사용하는 데 있어서 사용자의 편리함, 화려한 인터페이스 등을 제공하는 현대 소프트웨어의 이와 같은 특징들은 개발되는 소프트웨어들을 아주 복잡하게 만드는 데, 이를 극복하는 가장 좋은 방법은 마법사(Wizard)들을 이용해 가능한 한 프로그램의 많은 부분을 자동으로 생성하는 것이다.

마이크로소프트사는 COM 컴포넌트 개발을 위해 ATL(Active Template Library)이라고 하는 클래스 템플레이트 라이브러리를 사용하는 새로운 개발환경을 제공하고 있으며, 개발자는 이를 이용하여 느린 인터넷에서도 문제 없이 사용할 수 있는 콤팩트하고 깨끗한 컴포넌트를 쉽게 개발할 수 있다.

마지막으로 클라이언트가 제작된 컴포넌트를 사용하는 데 있어서, 컴포넌트가 어떤 형태로 존재하느냐 그리고 어떤 장소에 위치하느냐에 관계 없이 그 사용법이 동일하여야 한다.

컴포넌트를 형태별로 분류해 보면 DLL 형태로 존재하는 인 프로세스(In Process) 서버와 EXE 형태로 존재하는 아웃오브 프로세스(Out of Process) 서버로 분류할 수 있으며, 또한 EXE 서버의 경우에도 컴포넌트가 클라이언트와 동일 시스템에 위치하느냐 아니면 네트워크상의 다른 시스템에 위치하느냐에 따라 로컬 서버(local server)와 리모트 서버(Remote Server)로 나눌 수 있다.

한편 클라이언트 입장에서는 사용할 컴포넌트가 DLL 서버이든, 로컬 서버이든, 혹은 리모트 서버이든 사용하는 방법은 동일하기를 기대한다. 이러한 요구는 첫 번째 조건과 동일한 맥락에서 생각하면 된다. 즉, 클라이언트는 컴포넌트의 환경과 입장에 대한 고려 없이 가능한 한 컴포넌트를 쉽게 사용하기를 희망한다. COM은 COM 라이브러리 함수들(COM Library Functions)을 통하여 이와 같은 여러 가지 종류의 컴포넌트를 모두 동일한 방법으로 사용할 수 있도록 하고 있으며, 클라이언트에서는 이를 전혀 고려하지 않아도 된다.

이상과 같이 COM 컴포넌트 기술은 소프트웨어 부품에 요구되는 대다수의 요구조건을

잘 만족시키고 있다. 또한 윈도우 프로그램 제작에 적합한 객체지향 기술과도 맥을 같이 하고 있다. 즉, 객체지향 기술을 발전시킨 새로운 부품, 제작기술이다. 뿐만 아니라 현재 소프트웨어 시장을 장악하고 있는 마이크로소프트사가 중심이 되어 발전시키고 있는 기술이다. 따라서 이러한 모든 사항들을 종합해 볼 때, 우리는 COM 기술의 장래가 앞으로 어떻게 될지를 쉽게 예측할 수 있을 것이다.

16.3 COM 발전과정

COM 컴포넌트의 구조는 [그림 16-3]과 같으며, COM이 ActiveX와는 어떤 관계에 있는지에 대해 그 발전 과정을 통해 이를 알아본다.

16.3.1 COM 컴포넌트의 기본구조

COM 컴포넌트의 구조는 다음 그림과 같이, 서버(server)라는 컴포넌트를 담는 상자 내부에 하나 이상의 COM 객체(object)를 포함하고 있다. 또한 각 COM 객체에는 하나 이상의 인터페이스(interface)가 연결되어 있고, 컴포넌트는 이를 통해 서버 외부로 즉, 클라이언트에게로 서비스를 제공한다.

서버의 종류로는 인 프로세스 서버(DLL 서버), 로컬 서버 그리고 리모트 서버 등이 있다. 그리고 서비스의 종류로는 COM 객체가 가지고 있는 자료들을 클라이언트가 읽거나 (get) 쓸 수(put) 있도록 해주는 속성(property)이라는 서비스와 COM 객체의 동작을 유발시키는 메소드(method)라는 서비스 등이 있는데, 각 서비스는 반드시 특정 인터페이스에 소속되어 있다.

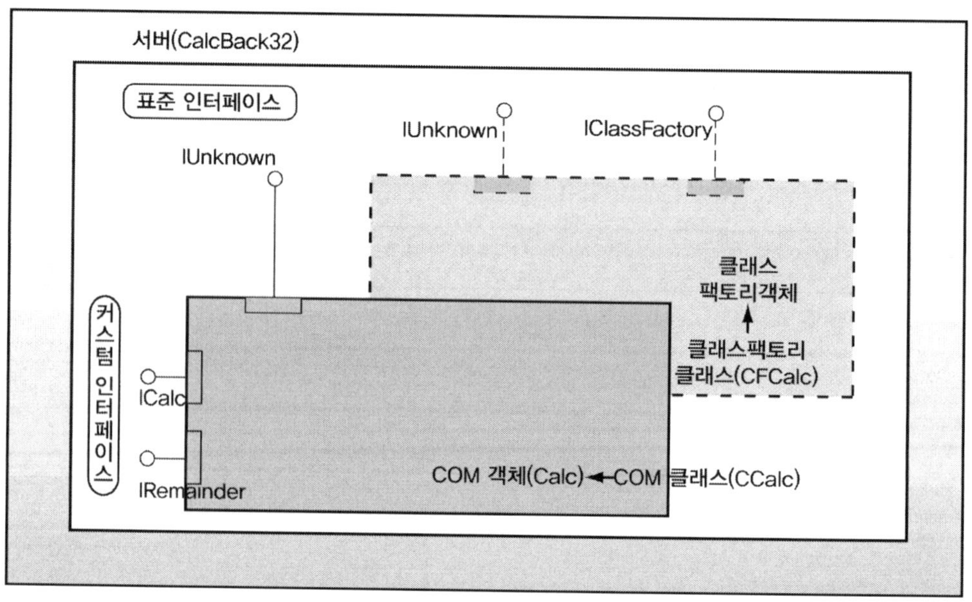

[그림 16-3] COM 컴포넌트의 구조

한편 클라이언트는 COM 객체를 사용하기 위해서, 먼저 사용할 COM 객체를 생성해야 하며, 다음으로 그 COM 객체에 연결되어 있는 사용하고자 하는 인터페이스의 주소를 조사해야 한다. 일단 인터페이스의 주소값만 알아내면 그 다음부터는 이 주소를 이용하여 그 인터페이스를 통해 제공되는 서비스들을 사용할 수 있으며 그리고 다른 인터페이스의 주소도 알아낼 수 있다.

16.3.2 COM과 ActiveX의 관계

마이크로소프트사는 복합문서 생성을 위하여 OLE(Object Linking and Embedding)라는 장치를 개발하였다. 복합문서(Compound Document)란 사용자로 하여금 사용중인 소프트웨어의 종류보다도 작성중인 문서 자체에 더 신경을 쓸 수 있도록 하는, 즉 문서 중심의 시각을 갖도록 하는 기술로, 별개의 문서들을 하나로 연결하거나 혹은 한 문서에 다른 문서를 삽입하는 것을 말한다.

그러나 다른 소프트웨어의 초기 버전과 같이, 초기의 OLE 즉, OLE1은 많은 문제점을 가지고 있었다. 따라서 마이크로소프트사는 이를 해결하기 위해 여러 가지 방법을 궁리하던 끝에 복합문서 이외의 다른 분야에서도 광범위하게 적용할 수 있는 새로운 기술을 개발하게 되는데, 이 기술이 바로 컴포넌트 소프트웨어 기술인 COM이다. OLE2는 이러한 COM 기술 바탕 위에서 복합문서의 기능을 제공하게 되는데, 초기 버전보다 훨씬 더 효과적으로 이 기능을 달성했고, 서로 다른 응용 프로그램으로 된 각 문서 정보를 조립하는 것 이상의 작업을 수행했다.

즉, OLE2는 모든 소프트웨어들 사이의 상호 작용 가능성을 새롭게 조명하는 계기가 되었는 데, 이러한 기술은 소프트웨어를 제작하는 개념 그 자체를 완전히 바꾸어 놓았다.

COM을 사용하여 이제는 소프트웨어도 하드웨어처럼, 부품은 부품 개발자들이 개발하고, 이와는 별도로 조립 프로그래머들이 이들을 조립하여 시스템을 완성하는, 이러한 형태의 프로그램 개발 시대를 열었다. 그리고 마이크로소프트사는 OLE2 기술 발표와 함께 OLE 자동화(Automation)와 OLE 컨트롤(Control) 이라는 기술도 발표하였는데, 이러한 기술들도 모두 COM을 기반으로 하는 기술들이었다.

한편 마이크로소프트사는 이러한 기술들에 대해 계속 OLE라는 이름을 사용하였다. 따라서 OLE라는 용어는 이제는 단지 Object를 Linking하고 Embedding하는 기술 이상의 의미를 가지게 되었고, COM이 제공하는 패러다임을 이용하여 이루어지는 모든 기술들을 지칭하게 되었다. 그러나 인터넷 시대에 들어오면서부터 OLE2는 또 다른 문제점을 노출시켰다. 따라서 1996년 마이크로소프트사는 ActiveX라는 또 다른 새로운 기술을 발표하였는데, 이 기술은 느린 인터넷에서도 OLE 컴포넌트를 문제없이 쓸 수 있도록 하기 위해 OLE 기술에 인터넷의 특징을 추가한 형태의 기술이었다. 즉, OLE 컴포넌트에서는 많은 인터페이스들을 강제적으로 정의하도록 하고 있지만, ActiveX 컴포넌트의 경우에는 각 컴포넌트가 필요로 하는 인터페이스만을 정의하도록 하고 있다.

ActiveX기 등장하면서부터 OLE라는 용어는 다시 본래의 의미, 즉 복합문서를 기술만을 가리키게 되었으며, COM을 이용하여 이루어지는 모든 기술들을 ActiveX 관련 기술들로 명명하게 되었다. OLE 자동화는 자동화로, OLE 컨트롤은 ActiveX 컨트롤로 다시 명명하게 되었다.

16.4 컴포넌트 기반 소프트웨어 개발 과정

현재까지도 많은 응용 소프트웨어는 자동화된 도구의 활용보다는 개발자 개인의 프로그래밍 능력과 자동화되지 못한 개발 절차에 의존하는 개발 관행을 고수하고 있다. 그 결과 개발 기간이 길어지고 프로그래머의 생산성은 포화 상태에 이르러 경우에 따라서는 시의성(time to market)이 생명인 기업 활동에의 적용이 불가능해서 응용 소프트웨어 작업이 취소되거나, 불안정한 결과물 산출로 인해 해당 기업 활동에 부정적인 영양을 주는 요인으로 작용한다.

컴포넌트 기반 소프트웨어 개발(CBSD : component based software development)이란 독립적인 기능을 담당하는 다양한 컴포넌트 소프트웨어의 집합으로부터 해당 업무의 수행에 필요한 기능을 담당하는 하나 이상의 컴포넌트를 결합하여 해당 업무를 위한 소프트웨어를 개발하는 기술을 말한다.

현재 컴포넌트에 기반한 응용소프트웨어를 개발하는 데 이용될 수 있는 상업적인 기술로는 마이크로소프트사의 COM, Axtive X와 SUX(사)의 JavaBeans, IBM(사)의 San Francisco 그리고 OMG의 CORBA 등이 있다.

컴포넌트 소프트웨어는 객체지향 특성을 많이 갖고 있으나, 객체지향 언어로만 구현되는 것은 아니다. 많은 경우 컴포넌트는 다음과 같은 특성들을 가지고 있다.

- 컴포넌트를 구별하는 식별자를 가진다.

- 동일한 서비스를 제공하는 새로운 버전으로의 변경이 해당 컴포넌트를 사용하는 응용 소프트웨어나 다른 컴포넌트에 영향을 주지 않아야 한다.

- 서비스는 인터페이스를 통해서 제공하고 컴포넌트의 인터페이스 변경이 없어야 한다.

- 자신의 인터페이스에 대한 명확한 설명을 함께 제공하여야 한다.

- 개발 도구나 언어 그리고 플랫폼에 독립적인 재사용이 가능해야 한다.

- 실행 시점에 동적 재상용이 가능해야 한다.

컴포넌트 기반 소프트웨어는 위와 같은 특성을 가진 컴포넌트들의 집합으로 구성되며, 이들의 상호 작용으로 원하는 기능을 제공하는 소프트웨어를 말한다. 컴포넌트 기반 소프트웨어를 구축하는 데 있어 기본적인 이해 및 구현의 단위는 컴포넌트이다. 컴포넌트는 바이너리 코드 형태로서 개발되고 있는 소프트웨어에 쉽게 바인딩 되어 수행될 수 있는 독립적으로 재사용 가능한 소프트웨어 단위를 말한다.

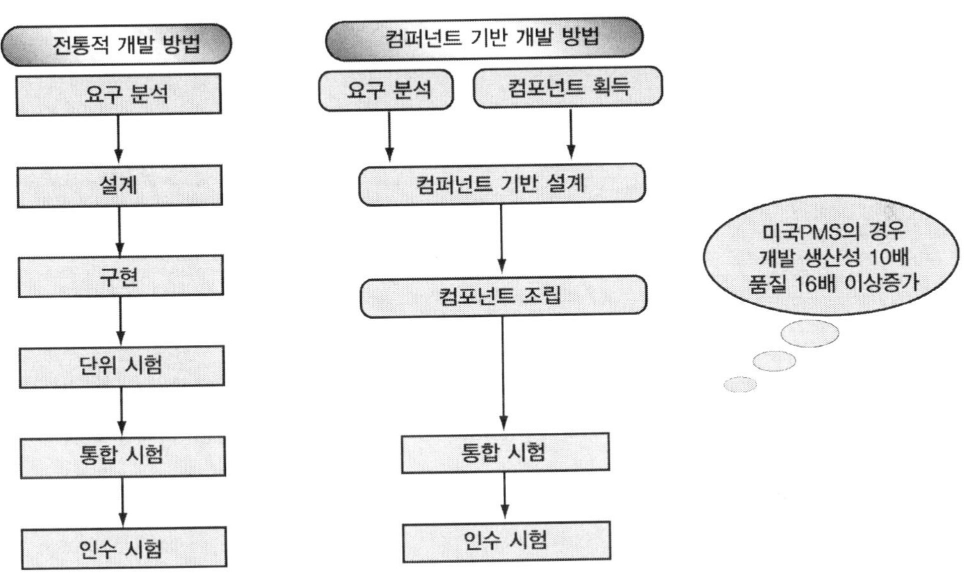

[그림 16-4] 컴포넌트 기반 소프트웨어 개발

[그림 16-4]는 전통적 소프트웨어 개발 방법과 컴포넌트 기반 소프트웨어 개발 방법을 나타낸 것이다. 컴포넌트 기반 개발 방법에서 각 단계의 개발 내용들은 다음과 같다.

16.4.1 요구분석 단계

요구분석 단계의 목표는 응용의 요구사항을 분석하고, 이를 바탕으로 컴포넌트 모델 기반 설계를 수행하여 해당 응용을 구현하는 데 필요한 컴포넌트의 명세를 인터페이스와 그 서비스 기능으로 추출하는 데 있다.

컴포넌트는 최종 결과물의 일부로 활용되며, 컴포넌트의 선택은 구현이나 설계 단계에서 이루어지는 것으로 생각되며 심지어는 컴포넌트 기술을 구현 기술의 일부로 생각하는 경우가 있다.

컴포넌트에 기반을 둔 응용 소프트웨어 구축이 성공적으로 수행되기 위해서는 구현, 설계에 집중되어 있는 관심을 요구분석 단계까지 확대시킬 필요가 있다. 물론 요구분석 단계의 목표가 명확한 사용자의 요구사항을 습득한다는 점에는 기존의 요구분석 기법과 비교해서 동일한 목표를 가진다는 점은 사실이지만 다음과 같은 점에서 컴포넌트 기반 개발 기법이 요구분석 활동에 있어 차이점이 있음을 살펴볼 수 있다.

① 컴포넌트는 이미 개발된 독립적으로 이해 가능한 소프트웨어이다. 컴포넌트가 활용되었던 문제 영역의 분석을 통해 현 문제에 대한 유사점 발견은 현 문제를 해결하는 데 도움을 줄 수 있다.

② 유사한 문제 영역의 이해를 선행 조건으로 하는 영역 분석 기법은 현 문제 분석에 있어 재사용 가능한 부분이 어디인가를 찾아내는데 도움을 준다.

③ COT(Commercial Off-the Shelf)와 같은 기 제품화된 소프트웨어를 이용할 경우 현 문제 영역은 COT로부터 어떤 서비스를 받을 수 있는지 그리고 그 서비스가 문제 해결에 어떤 적합성이 있는지 판단해야 한다.

④ 이러한 판단은 문제/해결 방식에 기반 한 접근으로 이루어지며, 이러한 개발 방식을 목표지향 프로세스라 한다.

요구분석 단계에서 수행되는 다른 활동 중의 하나는 재사용 계획의 수립이다. 컴포넌트는 이를 사용하는 개발자 입장에서 소프트웨어 구성의 일부로 사용되며, 이러한 측면에서 재사용 계획은 비즈니스 프로세스 단위(business process unit)에서 수립할 수 있다. 또한 한번 개발된 컴포넌트는 조직의 자산으로 등록되며, 이러한 컴포넌트는 전사적으로 유지보수 되어야 할 필요가 있다. 이러한 측면에서 재사용 계획의 수립은 비즈니스 프로세스 단위에서 그리고 동시에 기업 수준에서 고려되어야 한다.

비즈니스 프로세스 단위의 활동으로는 먼저 잠재적인 재사용 대상을 파악하는 일로서 기존의 비즈니스 프로세스 모형 및 자료, 프로세스 모형, 재사용 가능한 외부의 재사용 컴포넌트 등을 파악하며 비즈니스 프로세스 단위에서의 재사용 목표 및 계획을 수립한다. 기업 수준에서의 활동으로는 재사용 프로세스 준비 단계로서 재사용을 지원하기 위한 개발 프로세스의 업그레이드, 재사용 기술 습득, 재사용 매트릭스의 개발, 기존 컴포넌트 카탈로그 도구 평가 등의 업무를 수행하거나 지원해 준다.

16.4.2 컴포넌트 기반 설계

컴포넌트 기반 설계단계에서는 요구 명세를 바탕으로 필요한 기능들을 적절하게 배치하는 소프트웨어 구조에 대한 설계를 수행한다. 소프트웨어 구조설계는 이미 존재하는 COT 또는 컴포넌트의 재사용을 고려하는 구조설계의 고유 기능을 가진 컴포넌트와 기능 컴포넌트 사이의 연결을 담당하는 적응 컴포넌트의 집합으로 구성된다. 단위 컴포넌트 명세는 인터페이스 명세를 포함한다.

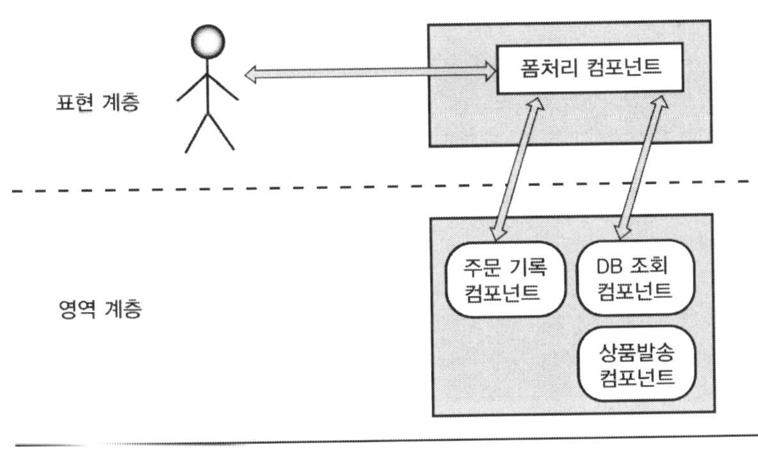

[그림 16-5] 컴포넌트 기반 설계의 두 계층

인터페이스 명세는 인터페이스 명, 타입 정보를 포함하는 파라미터 명세, 컴포넌트에 대한 제약조건 등을 포함한다. 적응 컴포넌트는 컴포넌트 사이의 원활한 파라미터 전달을 위해 완충 역할을 하는 컴포넌트로서 재단 가능한 파라미터의 집합으로 구성된다.

컴포넌트 기반 설계에 있어 고려할 중요한 요소 중 하나는 [그림 16-5]와 같이 표현 계층 (presentation layer)과 영역 계층(domain layer)의 분리에 관한 일이다.

표현 계층이란 사용자 인터페이스를 전담하는 계층으로 이질적인 그래픽 환경을 통해 나타나는 사용자와의 입출력을 담당하는 계층으로 여기에 사용되는 컴포넌트는 플랫폼 종속적인 기능을 수행한다. 반면에 영역 계층이란 영역 분석에서 나타난 고유한 비즈니스 업무를 담당하는 컴포넌트들로 플랫폼 독립적인 성격을 가지며 순수한 비즈니스 처리 컴포넌트들이 표현된다.

이러한 두 계층을 고려하는 이유는 표현 계층과 영역 계층의 요소를 모두 포함하는 컴포 넌트의 경우 사용자 인터페이스 부분으로 인해 사용도, 확장면에서 최종 사용자 입장에서 원하지 않는 인터페이스를 제공할 수 있는 위험을 포함하게 된다. 이 단계의 산출물은 소프트웨어 구조에 대한 명세서와 각각의 단위 컴포넌트에 대한 기능 명세서이다.

16.4.3 소요 컴포넌트의 획득

이 단계는 응용 소프트웨어의 구현을 위한 준비 단계로서 이전 단계에서 파악된 컴포넌트에 대해서 필요한 컴포넌트를 획득한다. 컴포넌트를 획득하는 방법으로는 다음의 경우를 고려해 볼 수 있다.

① **구입**

사용 컴포넌트를 구입하여 확보한다.

② **사용 신청**

필요한 컴포넌트를 제공하는 벤더로부터 사용 횟수나 기간에 따라 비용을 지불할 것을 신청하여 확보한다.

③ **변경**

기 확보된 컴포넌트의 기능 확장을 통해 확보한다.

④ **래핑(wrapping)**

기 확보하고 있는 전통적 응용 소프트웨어를 CORBA IDL 등을 이용하여 컴포넌트화
한다.

⑤ **생성**

필요한 컴포넌트가 존재하지 않을 경우, 자체 개발 인력에 의해 필요한 컴포넌트를
구현하기 위해 컴포넌트 획득 과정에서 필요한 작업 중 하나는 컴포넌트의 탐색이며,
이를 지원해 주는 기술을 컴포넌트 디렉토리 서비스라 한다. 컴포넌트 디렉토리 서
비스는 개발자가 찾고자 하는 컴포넌트에 대해 적절한 수준의 정보를 제공하는 검색
시스템으로서 사용자는 키워드, 파라미터 또는 기능에 대한 제약조건들을 표현하는
질의어 등을 사용하여 컴포넌트 검색 시스템에 질의할 수 있다.

디렉토리 서비스는 검색 결과로 컴포넌트에 대한 명세, 패턴 명세, 컴포넌트 가격 및 운
영 환경, 기타 컴포넌트의 사용에 관한 정보를 제공해 주며, 이를 근거로 사용자는 후보
컴포넌트에 관한 채택 여부를 결정한다. 만일 검색 결과 적합한 컴포넌트를 발견하지 못
할 경우는 이미 설계 단계에서 파악된 기능을 바탕으로 기존 시스템으로부터의 래핑 또
는 자체 구현에 의해 원하는 컴포넌트를 획득한다. 이 경우 획득한 컴포넌트에 대해서는
품질 평가 과정을 반드시 거쳐야 하며 만족할만한 수준의 컴포넌트는 이후 사용을 위해
컴포넌트 디렉토리에 등록한다.

16.4.4 컴포넌트의 조립

기존 개발 기법의 구현 단계에 해당하는 작업으로 확보한 컴포넌트가 제공하는 서비스를
적절한 순서에 의해 연결해 줌으로써 단위 컴포넌트들을 통합하는 작업을 수행한다. 설계
단계의 산출물 중 이 단계에서 직접적으로 활용되는 설계 정보는 시스템 작용도(system
interaction diagram), 순차도(sequence diagram), 협동도(collaboration diagram) 등을
들 수 있다.

이상의 정보를 바탕으로 프로그래머는 이미 설계 단계에서 파악된 인터페이스, 프로토콜, 컴포넌트 간의 상호작용, 컴포넌트 간의 관계 등을 구현의 관점에서 대응시켜 줄 적절한 구현 언어의 구성자를 선택하여 구현한다. 소프트웨어 조립을 위해 고려되어야 할 세부적인 요소들로는 다음과 같은 사항들이 있다.

① 화일, 소스코드, 링크 라이브러리

② 디렉토리

③ 컴파일, 링크 관계

④ 클래스, 인터페이스의 관계 구현

⑤ 화일과 클래스 간의 관계 구현

⑥ 데이터베이스 테이블, 레코드

⑦ 공용 메모리 구조 등이다.

16.4.5 수행 및 평가

이 단계에서는 조립된 컴포넌트 집합체로서의 소프트웨어를 실제 수행시킴으로서 원하는 성능 및 기타 제약사항들을 충분히 만족시키고 있는지를 평가한다. 평가 대상인 컴포넌트 집합체를 하나의 블랙박스로 보고 외부에 제공되는 여러가지 기능 및 특성을 측정한다.

평가에 사용되는 방법으로 대표적인 것은 매트릭스를 이용하는 방법이다. 매트릭스는 최종 산출물에 대해 측정 가능한 요소를 정량적으로 평가하는 수단으로 ISO/IEC 9126에서 정의하는 매트릭스 요소는 이와 관련한 좋은 예라 하겠다. 특히 컴포넌트의 집합으로 구성된 소프트웨어의 경우 외부 매트릭스를 이용하는 것을 권장하며 이 때 측정되는 요소들로는 적합성, 보안성, 신뢰성, 상호 운용성, 사용성 등이 있다.

16.4.6 컴포넌트 기반 유지보수

컴포넌트 기반 소프트웨어 개발에 있어 유지보수는 기존의 다른 개발 기법보다 더 비중 있는 유지보수 활동을 필요로 한다. 이러한 이유는 소프트웨어 구성단위가 기 개발된 자율성을 가진 컴포넌트라는 것과 최종 결과물로의 소프트웨어 품질은 구성 컴포넌트의 품질에 직접적인 영향을 받는다는 점이다.

먼저 유지보수 대상은 모든 개발 단계에서 나온 산출물들이며, 이들의 대표적인 예는 다음과 같다.

① 목적 코드

② 실행 코드

③ DLL, 공용 라이브러리

④ HTML 페이지

⑤ 바이트 코드

⑥ 실행 시간 형상물

⑦ 설계 문서 및 요구 명세서

⑧ 기타 개발 관련 문서 등이다.

위와 같은 산출물 외에도 컴포넌트의 품질을 적절한 수준에서 관리하기 위해서는 품질 측정을 유지보다 활동의 일부로 수행할 필요가 있다. 컴포넌트 품질 측정을 위해서는 활용할 수 있는 방법 중 하나가 품질 평가 매트릭스를 이용하는 방법이다. 품질 평가 매트릭스는 통상적으로 내부 매트릭스와 외부 매트릭스로 구분하여 생각한다. 내부 매트릭스의 구성은 코드 복잡도 측정, 응집도, 결합도에 의한 모듈화 정도 측정, 팬인, 팬 아웃 요소에 의한 구조 측정 등의 요소를 제공한다.

많은 경우 제3자가 개발한 컴포넌트는 실행 코드와 이의 기능을 명세한 기능 명세서 또는 인터페이스 명세시민이 제공되는 경우기 흔하다. 이 경우 코드 내부의 구조를 알지 못하므로 내부 기능 확인에 대한 매트릭스를 유지할 수 없다는 단점이 있다. 이러한 문제를 해결하기 위해 컴포넌트를 등록하는 시점에서 필수 문서로 내부 품질 매트릭스의 제출을 요구할 수 있을 것이다.

# 16.5 컴포넌트 프레임워크

컴포넌트를 크기 관점에서 살펴보면 클래스(class), 컴포넌트(component), 프레임워크(framework) 또는 어플리케이션(application)으로 분류할 수 있다. 하나의 클래스를 하나의 컴포넌트로 구현하면, 기존의 클래스 라이브러리와 거의 유사한 형태라고 볼 수 있다. 그러나 보다 큰 단위의 재사용을 위한 단위로 표현하면 프레임워크에 해당한다. 즉, 프레임워크는 단지 하나의 클래스라기보다는 서로 관련된 여러 클래스들을 포함하고 있으면서 클래스들 간의 메시지 흐름을 프레임워크 내에 포함하게 된다. 이러한 프레임워크가 커져서 한 컴포넌트가 되고 또 하나의 어플리케이션이 될 수도 있다.

이 절에서는 최근 컴포넌트 분야의 기반을 이루고 있는 프레임워크인 CORBA 컴포넌트와 COM 컴포넌트 그리고 JavaBeans 컴포넌트들에 대해서 알아본다.

16.5.1 CORBA 컴포넌트

CORBA 컴포넌트 모델은 IBM, IONA, Oracle, Sun 등의 업체에서는 1997년 OMG에 CORBA 컴포넌트 모델에 대한 백서를 제출하였으며, CORBA 3.0 표준으로 확립되고 있다.

CORBA 컴포넌트 모델은 CORBA의 장점인 서버측 객체의 분산에 초점을 맞추고 있기 때문에 클라이언트 기능보다는 서버 기능을 제공하기 위해 제안된 관점들에 초점을 두고 있다. 이 모델은 SUN사에 의해 제안된 EJB(Enterprise JavaBeans) 명세서와 비교될 수 있다.

SUN사는 EJB를 위해 컴포넌트 모델을 정의하였는데, EJB와 아주 유사한 CORBA 컴포넌트를 선택하였다.

16.5.2 자바빈즈 컴포넌트

SUN사에서는 자바에 컴포넌트 모델로 자바빈즈(JavaBeans)를 내놓았다. SUN사의 정의에 의하면 "빈즈(Beans)는 소프트웨어 개발 환경에서 시각적으로 다룰 수 있는 재사용 가능한 소프트웨어 컴포넌트"이다. 빈즈의 정의에 따르면 빈즈는 컴포넌트이기 때문에 별도의 재 컴파일 과정 없이 사용할 수 있다.

> **"자바빈즈는 개발 도구(Builder Tool)에서 시각적으로 다룰 수 있는 재사용 가능한 소프트웨어 컴포넌트이다."**

여기에서 개발 도구는 웹 개발 도구, 시각적 응용프로그램 개발 도구, GUI(Graphic User Interface) 레이아웃 개발 도구, 서버 응용프로그램 개발 도구 등 모두가 포함 될 수 있다. 때로는 문서 편집기도 "개발 도구"가 될 수 있는 것이다.

지비빈즈는 버튼이나 슬라이더 컨트롤 같은 단순한 GUI 요소에서부터 데이터베이스 뷰어와 같은 복잡한 컴포넌트 모두를 포함한다. 또한 자바빈즈는 GUI 요소가 존재하지 않는 것도 있을 수 있다. 즉, 시각적으로 다룰 수 있다는 것이 반드시 빈즈 자체가 시각적이어야 한다는 의미는 아니다.

개별적인 자바빈즈는 다양한 기능을 제공하지만 특히 다음과 같은 몇 가지 특징으로 다른 것과 구분된다.

① 개발 도구들이 빈의 동작을 분석할 수 있게 "인트로스펙션(introspection)" 기능을 제공한다.

② 개발 도구들이 빈의 동작 모양 등을 변경할 수 있게 "개별화(customization)" 기능을 제공한다.

③ 연결된 빈들 간의 통신을 위해 "이벤트"를 제공한다.

④ 프로그래밍과 개별화에 사용하기 위해 "속성(property)"을 제공한다.

⑤ 응용프로그램 개발 도구에서 변경된 빈의 상태를 저장하기 위해 "영속성(persistence)"을 제공한다.

빈의 기본적인 대상은 프로그래머에 의해 사용되는 개발도구임을 알아둘 필요가 있다. 즉, 이벤트, 속성, 영속성 등의 핵심 API들은 모두 프로그래머인 인간과 개발 도구를 위해 설계되었다.

많은 빈즈는 응용프로그램 개발 도구와 최종 구성된 응용프로그램에서 시각적인 측면이 강하지만 일반적으로 이런 특징이 필요한 것은 아니다.

16.5.3 COM 컴포넌트

COM/DCOM은 마이크로소프트사 모든 제품들의 근간이 되고 있는 기술이다. 특히 분산 객체기술의 표준으로 CORBA가 대두되면서 COM/DCOM은 CORBA에 대응하는 마이크로소프트사의 희망이라고까지 불리고 있다. 윈도우 운영체제가 널리 사용되기 때문에 CORBA에 경쟁하는 의미로 COM/DCOM의 위치는 중요하다고 할 수 있다.

COM(Component Object Model)은 클라이언트 프로그램과 객체 서버 프로그램 간의 상호 통신 방식을 정의한 모델이다. COM은 윈도우즈 기반으로 서로 다른 시간, 서로 다른 언어를 사용하는 개발자 그리고 다양한 도구와 플랫폼상에서 소프트웨어 컴포넌트의 개발을 가능하게 해 주는 객체 기반의 프로그래밍 모델이다. [그림 16-6]은 COM 모델의 구조를 나타낸 것이다.

COM은 클라이언트 측에서만 작동하므로 분산기능이 없다. 이러한 분산기능을 제공하고자 하는 목적으로 마이크로소프트사는 DCOM을 발표했다. 즉, DCOM은 LAN, WAN 또는 인터넷에서 서로 다른 컴퓨터간의 통신을 지원하기 위한 COM의 확장형이다.

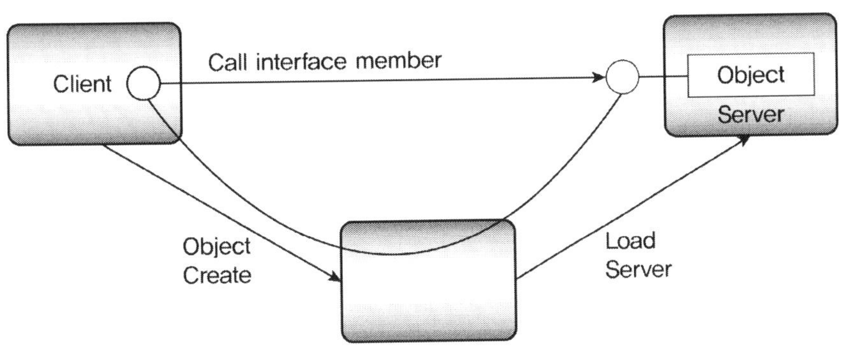

[그림 16-6] COM 모델의 구조

DCOM(Distributed COM)은 COM의 네트워크 확장이다. COM이 한 시스템 내 혹은 단일한 플랫폼에서 일어나는 것이라면, DCOM은 컴포넌트들이 네트워크상에 분산되어 있을 때 상호 통신하는 아키텍처를 정의한 것이다.

DCOM은 LAN과 WAN, 인터넷에서 서로 다른 컴퓨터상의 객체 간 통신을 지원하기 위한 COM의 확장으로 네트워크상의 어떤 위치에서도 로딩될 수 있는 지역적 투명성(location transparency)과 다단계의 보안을 제공한다.

DCOM은 COM의 확장된 형태이므로 기존의 COM 기반 애플리케이션과 컴포넌트들 그리고 도구들을 그대로 사용할 수 있으며, 분산 컴퓨팅의 표준들을 따른다.

16.5.4 e-비즈니스 컴포넌트

e-비즈니스 컴포넌트는 인터페이스를 통해 비즈니스 업무 서비스를 제공하는 특정 컴포넌트 타입이라고 할 수 있다. 즉, 대형 분산 비즈니스 시스템 개발에 관한 접근과 시스템 정의 및 요구사항에서 시작한 단일 개념으로서, 특정 시스템 개발에 관한 주문과 개발을 통해 이루어지며, 특정 프로세스, 구조 및 툴을 통해 제공된다.

[그림 16-7]은 컴포넌트 형식 구조와 관계를 나타낸 것이다. 컴포넌트 구현은 컴포넌트 명세를 실체화하는 것으로, 독립적으로 전개 가능하다. 이것은 다른 컴포넌트의 독립성이 설정되고 재배치되었음을 의미한다.

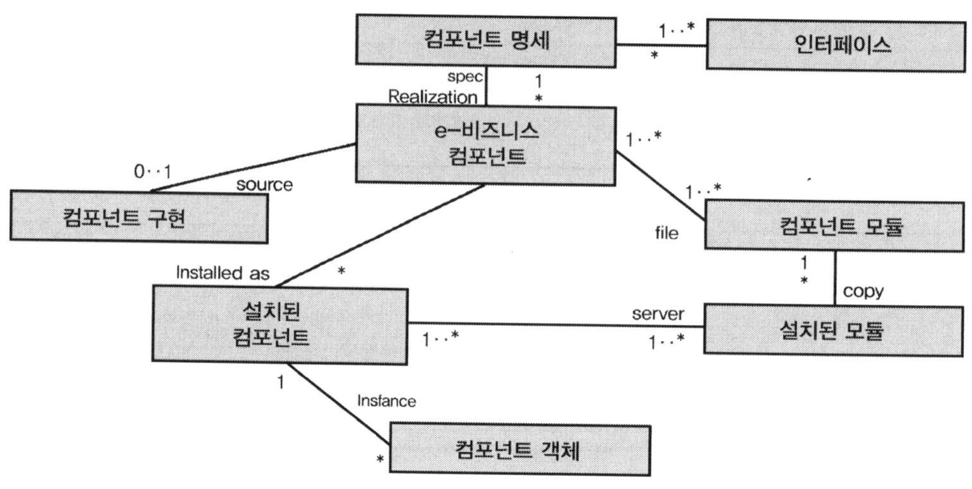

[그림 16-7] e-비지니스 컴포넌트 구조

컴포넌트 객체는 인스톨된 컴포넌트의 인스턴스라고 할 수 있다. 수행시간의 의미로, 객체는 데이터와 유일한 속성을 지닌다. 또한, 컴포넌트 명세는 컴포넌트 객체 집합의 행위를 제시하는 소프트웨어에 관한 명세이며 구현에 대한 것을 정의한다. 인스톨된 컴포넌트는 컴포넌트 구현의 전개되어진 복사본이라고 할 수 있다. 즉, 실시간 환경에서만 등록되어 전개됨을 뜻한다. 마지막으로 인터페이스는 컴포넌트 객체에 의해 제공될 수 있는 행위 집합의 정의라고 할 수 있다.

e-비즈니스 컴포넌트가 지녀야 할 특징으로는, 고객과의 유대 관계를 가져야 하며, 최종 상품 카탈로그에 관한 정보, 또한 상품에 관한 지불방법 및 주문 방식과 조직도 등의 비즈니스 측면의 욕구를 인터페이스를 통해 최대한 제공할 수 있는 서비스를 특정 컴포넌트 타입으로 제공해야 한다.

16.5.5 For 컴포넌트 및 With 컴포넌트

컴포넌트기반 개발은 애플리케이션을 위한 독립적인 비즈니스 프로세싱 모듈인 컴포넌트들의 통합에 의해 높은 융통성과 유지보수성을 기반으로 시스템의 전체적인 품질과 생산성 향상을 유도한다. 따라서 고품질 소프트웨어의 효과적 구축을 위한 재사용 프로

세스는 기존 응용 개발 프로세스와는 구분되어야 한다. 컴포넌트 기반 개발 프로세스의 진행은 관점에 따라 〈표 16-1〉과 같이 두 가지 부분으로 분류한다.

이러한 프로세스 관점은 컴포넌트 저장소를 중심축으로 하여 컴포넌트와 관련된 기본적인 행위들 즉, 검색과 정제, 적용 및 조립에 의한 시스템 전개라는 컴포넌트 기반의 개발 행위들이다. 즉, 상품화된 컴포넌트를 생산, 저장소로 공급하는 입력 프로세스와 비즈니스 솔루션 개발을 위한 컴포넌트 수요 프로세스로 구분한다.

〈표 16-1〉 두 가지 관점에서의 컴포넌트 기반 개발 프로세스

구분	설명
For Component	컴포넌트 식별, 개발에 관련 일련의 행위들로 고수중의 재사용 잠재성을 가진 가능성 있는 컴포넌트를 생산하는 과정
With Component	이미 존재하는 컴포넌트와 관련 결과물들의 활용을 극대화함으로써 비즈니스 요구에 대한 솔루션 시스템의 구축을 지원하는 과정

 ## 16.6 컴포넌트 모델링

모든 컴포넌트는 [그림 16-8]과 같이 다른 컴포넌트와 구별되는 이름을 가져야하며, 이름은 임의의 문자, 숫자 및 특수 기호로 구성되는 문자열이다. 일반적으로 컴포넌트 이름은 짧은 명사나 명사구로 이루어지며, 단순 이름은 컴포넌트의 이름만을 사용하며, 경로 이름은 컴포넌트가 속해 있는 패키지의 이름을 접두어로 붙인다. 또한 컴포넌트 세부 사항을 나타내기 위하여 태그 값을 이용하거나 추가적인 구획을 이용한다.

컴포넌트는 많은 점에서 클래스와 유사하다. 즉, 둘 다 이름을 가지며, 일련의 인터페이스를 실현하고, 종속, 일반화 및 연관 등의 관계에 참여하며, 인스터스를 가질 수 있고, 상호 작용에 참여한다. 하지만 컴포넌트와 클래스는 다음과 같은 차이점을 가진다.

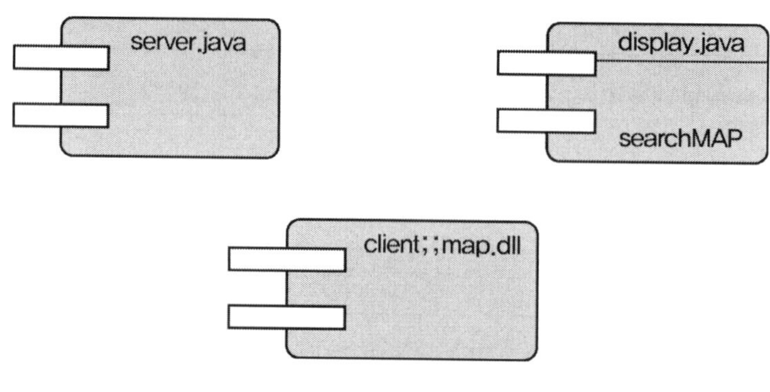

[그림 16-8] 컴포넌트의 표현

① 클래스는 논리적인 추상화를 나타내지만, 컴포넌트는 물리적인 대상을 나타낸다. 즉, 컴포넌트는 노드에 존재하지만 클래스는 노드에 존재하지 않는다.

② 컴포넌트는 논리적인 컴포넌트의 물리적인 패키징을 표현하며, 다른 추상화 수준에서 존재한다.

③ 클래스는 속성과 오퍼레이션을 직접적으로 갖는다. 그러나 자신의 인터페이스를 통해서만 도달할 수 있는 오퍼레이션만을 갖는다.

컴포넌트는 클래스의 구성 방식과 동일한 방식으로 컴포넌트를 패키지로 그룹화하여 컴포넌트를 구성한다. 또한 컴포넌트 간의 종속, 일반화, 연관 및 실현 관계를 지정함으로써 컴포넌트를 구성한다.

인터페이스는 클래스 혹은 컴포넌트의 서비스를 지정하기 위하여 사용되는 오퍼레이션의 집합체이다. 컴포넌트와 인터페이스의 관계는 매우 중요하다.

컴포넌트와 인터페이스의 관계는 두 가지의 방식으로 표현된다.

① 단순한 아이콘 형식으로 인터페이스를 표현하며, 가장 일반적인 방식이다. 인터페이스를 실현하는 컴포넌트는 단순한 실현 관계를 사용하여 인터페이스에 연결한다.

② 인터페이스의 오퍼레이션을 보여주는 확장 형식으로 인터페이스를 표현한다. 인터페이스를 실현하는 컴포넌트는 완전한 실현 관계를 사용하여 인터페이스에 연결한다.

어느 경우이든 간에 인터페이스를 통하여 다른 컴포넌트의 서비스에 접근하는 컴포넌트는 종속 관계를 사용하여 인터페이스에 연결한다. 다음 [그림 16-9]는 컴포넌트의 인터페이스를 표현한 것이다.

컴포넌트가 실현하는 인터페이스는 'export' 인터페이스라고 하며, 컴포넌트에게 서비스로 제공하는 인터페이스라는 의미이다. 컴포넌트는 다수의 'export' 인터페이스를 제공한다.

컴포넌트가 사용하는 인터페이스는 'import' 인터페이스라고 하며, 컴포넌트가 준수하는 인터페이스라는 의미이다. 컴포넌트는 다수의 'import' 인터페이스를 따를 수 있다.

컴포넌트는 대체 가능한 이진 부품(binary part)으로 시스템을 조합할 수 있도록 한다. 일련의 인터페이스에 대한 실현을 제공하는 대체 가능한 시스템 부품으로 개념이 아닌 비트(bit)의 세계에 존재하는 물리적인 요소이다. 또한, 대체 가능하여 동일한 인터페이스를 준수하는 다른 컴포넌트에 의해 대체될 수 있다.

또한, 컴포넌트는 시스템의 부품이라 할 수 있다. 즉, 독립적으로 존재하기보다는 다른 컴포넌트와 협동하며 다수의 시스템에서 재사용할 수 있고, 시스템을 설계하고 구성할 수 있는 기본적인 요소를 가지고 있다.

컴포넌트는 다음과 같이 세 가지의 유형이 존재한다.

- **전개 컴포넌트**(deployment component) : 동적 라이브러리(DLL : dynamic libraries) 및 실행체(EXE : executable) 등과 같은 실행 가능한 시스템을 구성하는 데 필요한 컴포넌트이다.

- **작업 산출물 컴포넌트**(work product component) : 개발 프로세스의 산출물로서 배치 컴포넌트를 작성할 수 있는 소스코드 화일이나 데이터 화일로 구성된다.

- **실행 컴포넌트**(executable component) : COM+ 객체 등과 같은 시스템의 실행 결과로서 작성된다.

UML의 모든 확장 메커니즘은 컴포넌트에 적용된다. 컴포넌트의 속성을 확장하기 위하여 태그값을 사용할 수 있고, 새로운 유형의 컴포넌트를 지정하기 위하여 스테레오 타입을 사용한다.

UML은 컴포넌트에 적용되는 다섯 가지의 표준 스테레오 타입을 정의한다.

- **Executable** : 노드에서 실행될 수 있는 컴포넌트를 지정

- **Library** : 정적 혹은 동적 객체 라이브러리를 지정

- **Table** : 데이터베이스 테이블을 표현하는 컴포넌트를 지정

- **Document** : 문서를 표현하는 컴포넌트를 지정

컴포넌트 다이어그램은 객체지향 시스템의 물리적인 측면을 모델링하기 위한 다이어그램이며, 컴포넌트의 구성과 이들 간의 종속 관계를 보여 준다. 또한, 시스템의 정적인 구현 뷰를 모델링하기 위하여 사용하며, 여기에는 실행체, 라이브러리, 테이블, 화일 및 문서 등과 같이 노드에 상주하는 물리적인 대상에 대한 모델링을 포함한다.

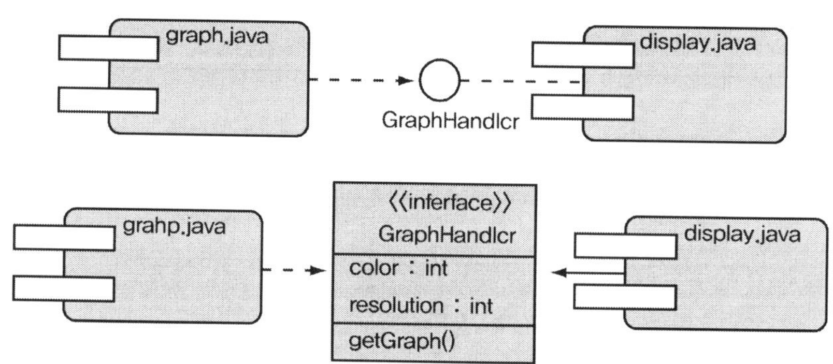

[그림 16-9] 컴포넌트의 인터페이스

컴포넌트 다이어그램은 시스템의 컴포넌트에 초점을 맞춘 클래스 다이어그램이라고 할 수 있는데, 일반적으로 컴포넌트, 인터페이스 및 종속, 일반화, 연관, 실현 등의 관계를 포함한다. 또한 일련의 컴포넌트와 이들 간의 관계를 보여 주고, 시스템의 정적인 구현 뷰를

모델링할 때 컴포넌트 다이어그램은 다음과 같은 네 가지 방식 중 하나로 사용한다.

① 소스코드를 모델링

② 실행체의 릴리스(release)를 모델링

③ 물리적인 데이터베이스를 모델링

④ 컴포넌트의 동적인 뷰를 모델링

다음 [그림 16-10]의 (a), (b), (c)는 각각 실행체와 라이브러리, 소스코드 화일, 물리적 데이터베이스의 모델링의 예를 나타낸 것이다.

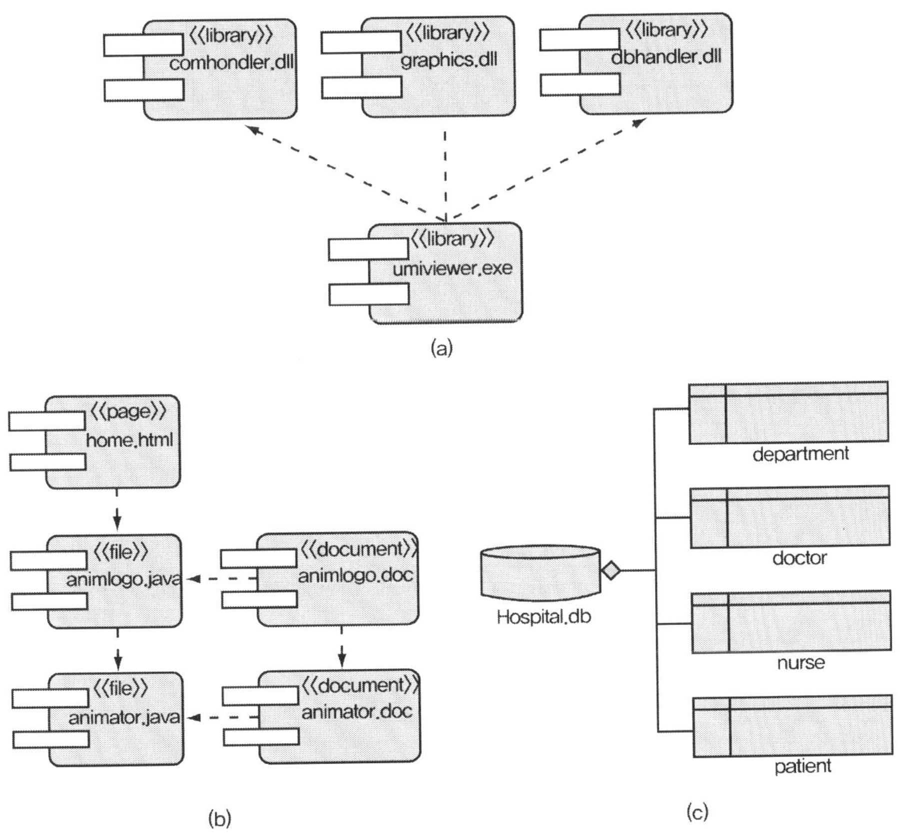

[그림 16-10] 컴포넌트 모델링 예

16.7 컴포넌트 기반 소프트웨어 구현

16.7.1 컴포넌트 저장소

컴포넌트 저장소는 비즈니스 응용 구축을 위해 요구되어지는 컴포넌트를 찾고 공급함으로써 응용 개발을 위한 환경을 지원하는 라이브러리 시스템이다. 따라서 컴포넌트 저장소는 컴포넌트의 분석, 설계 결과물 및 구현 결과물에 이르는 컴포넌트 라이프사이클의 모든 정보들을 정의된 아키텍처에 따라 저장, 등록 관리하며 나아가 보다 진보된 검색 서비스 및 정보의 브라우징 기능을 통해 'Reuse With Component'를 지원하는 도구이다.

컴포넌트 저장소는 [그림 16-11]과 같이 두 가지 관점에서 컴포넌트의 생성과 활용을 위한 중심 매개체로서 도식화될 수 있다. 즉, 정의된 컴포넌트 아키텍처에 바탕으로 둔 컴포넌트의 명세와 구현을 객체지향 도구를 사용함으로써 생성, 저장소에 저장, 관리되고 이는 다시 컴포넌트 고객에게로 새로운 응용 개발에 필요한 요소로서 재사용되기 위해 배포되어 활용된다.

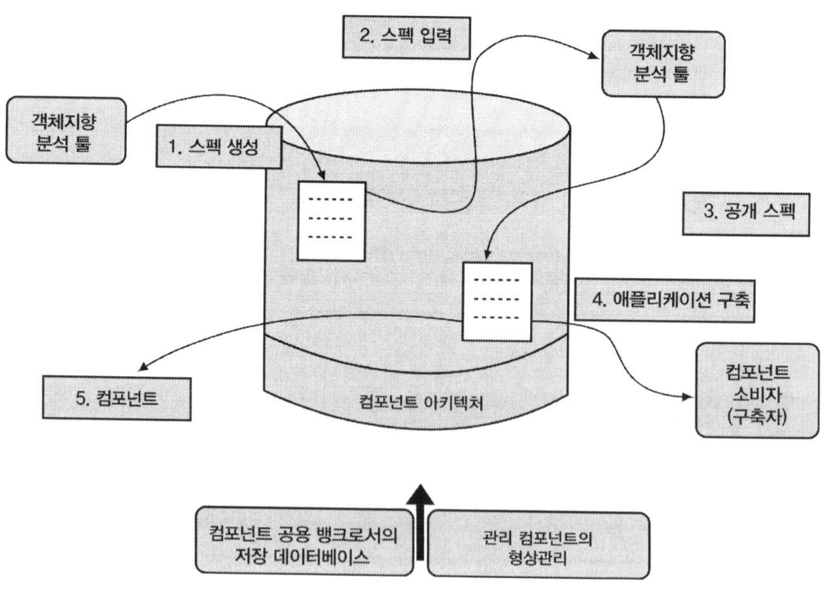

[그림 16-11] 컴포넌트 저장소의 전반적인 개요

<표 16-2> 컴포넌트 저장소에 관한 표준안

표준안	특정
CDIF(CASE Interchange Formet)	• CASE 도구 간의 정보 공유 위한 언어 명세 • 서로 다른 정보저장소에 있는 정보를 상호 교환
PCTE(Portable Common Tool Environment)	• 소형컴퓨터 LAN환경에서 CASE도구의 이식성을 높이기 위한 인터페이스 표준 • OS와 CASE 도구상에 수행되는 함수들의 집합 명시
IBM Repository Management/VMS	• IBM의 시스템 생명주기 단계를 지원하는 소프트웨어 도구들과 서비스를 제공하는 핵심 부분 • CALS/EC환경의 모든 정보저장 및 관리
ATIS (A Tools Integration Standard)	• IPSE(Integrated Project Support Environment)를 위한 객체지향적 정보저장소 인터페이스 • 인터페이스를 사용하여 정보저장소 간의 상호 통신
SDAI (Standard Data Access Interface)	• STEP 자료 관리를 위한 객체지향적 정보저장소 인터페이스 • 응용들 간에 기능적 인터페이스와 스키마 인스턴스 정의
IRDS(Information Resource Dictionary System)	• 정보저장소의 내용, 사용자 인터페이스와 정보저장소 간에 정보를 이동하기 위한 인터페이스 등을 정의

시스템의 생명주기 동안 생산된 각 컴포넌트 정보들을 공유하고 통합하기 위한 저장고에 관한 연구는 여러 업체들이 컨소시엄을 구성하여 표준화 방안을 제시하고 이에 근거한 저장소들을 구축하고 있다. <표 16-2>는 현재 제시된 컴포넌트 저장소 구축과 관련된 표현들이다.

이러한 표준안에 준하여 각 업체들의 그들이 제시하고 있는 환경적인 통합을 이룰 수 있는 컴포넌트 저장소를 개발, 출시하고 있는 실정이다. 그러나 이러한 것들은 그들 업체들이 허용하는 특정 플랫폼과 컴포넌트 아키텍처, 데이터베이스에 제한적이며 여러 지원 도구들이 생산하는 결과물 역시 다른 도구들과의 호환이 어려운 상태이다.

응용 개방 생명주기 전 과정에서 컴포넌트 공유와 메타 데이터 관리, 툴 간의 상호 운용성 세공을 목적으로 상용화되어 출시되고 있는 제품들은 다음과 같다.

① **MS Repository 2.0**
컴포넌트 개발 툴이나 메타 데이터 관리, 툴 간의 상호 운용성 제공을 목적으로 많은 기업에서 사용 중이다. 특히 소프트웨어 개발, 데이터웨어 하우징, 정보 모델링 등의

공유 메타 데이터 관리를 지원하기 위해서 open information model 사용에 용이하며 Visual Studio 6.0, Professional&Enterprise, SQL Server 7.0이 함께 탑재되어 제공된다.

② **SELECT Component Manager**

컴포넌트 재사용을 위해 SELECT Enterprise 6.0, 5.2지원하며 컴포넌트의 배포와 사용, 그리고 관리를 위한 전체 컴포넌트 생명주기 지원을 목적으로 한다.

③ **Oracle의 SEDONA**

컴포넌트 기반 애플리케이션을 구축하기 위한 분산 개발 환경을 제공함으로써 표준 컴포넌트 개발, 관리를 목적으로 한다. 시스템은 컴포넌트 프레임워, 저장소, 명세와 구현, 컴포넌트 기반 애플리케이션의 단계별 지원을 위한 비주얼 툴 집합으로 구성된다.

16.7.2 COTS(Commercial-Off-The Shelf) 컴포넌트

상용제품 사용이 증가하면 시스템이 필요로 하는 기능을 이미 수행하고 있는 제품을 적정한 가격에 획득할 수 있을 것으로 기대하고 있다. 이러한 접근방법으로 시스템에 대한 컴포넌트 개발의 어려움을 줄일 수 있다. 이는 값싸게 구현된 컴포넌트를 빠르고 효율적으로 획득하는 것을 보장한다.

이러한 접근방법을 활성화하기 위해 전 미 국방장관 윌리엄 페리는 1994년 6월에 국방부 획득 사업에서 성능 명세서와 상용표준을 최대한 활용함으로써 상용제품의 사용기회를 확대하도록 지시하였다. 이후에 미연방 획득법과 국방부 정책 문서(DoD Directive 5000.1 및 DoD Regulation 5000.2)에 반영되었다. 이러한 지침과 법적인 배후에는 몇 가지 근거가 있다.

① 전통적으로 시스템이 갖추어야할 특성을 정의하는 것과 계약자가 그러한 특성을 달성하기 위해 시스템을 어떻게 구축해야 되는가를 정의하는 데 많은 노력을 기울였다. 따라서 이미 존재하고 있는 시스템이나 컴포넌트 또는 다른 곳에서 거의 같은 능력을 갖춘 것들이 있음에도 불구하고 많은 자원을 사용하였다. 널리 알려진 접근방

법은 매번 모든 것을 개발하여 독자적인 시스템을 만드는 것이다. 그 결과 시스템은 매우 비싸게 되었고 컴포넌트나 시스템의 생명주기 동안 단지 한 고객만을 위해 개발하고 유지보수하게 되었다.

② 이러한 것을 더욱 나쁘게 한 것은 상용기관들이 기술의 발전을 위해 막대한 투자를 하였지만 전통적인 방법으로 개발한 시스템의 독특한 자질을 선진 기술 개발 시스템에 사용하지 못하게 하였다.

③ 긴 구축 기간이 걸리는 유일한 시스템은 새로운 발전을 위해 투자하지 못하게 하였다.

상용시장 이용을 기반으로 하는 접근방법으로 이동은 여러가지 매력을 제공한다. 다른 사용자들과 이러한 방법을 공유하고 산업체가 새로운 기술을 만들기 위해 투자를 이끌어 내면서 많은 사람들에게 양도할 수 있어서 가격을 낮출 수 있다는 희망이 있다.

결론적으로 COTS라는 용어는 상용제품을 일반적으로 지칭하기 위해 사용하는 약어이다. 통상적으로 사람이 어떤 제조자의 상점 선반(카탈로그나 가격 목록을 통해)에서 이미 만들어진 것을 살 수 있다는 의미이다. 그러나 이러한 용법은 명확하지 않고 모두가 널리 받아들이는 것은 아니다. 구매를 위해 명확한 정의를 해야 하는 '상용품'으로 정의하며, 이를 요약하면 다음과 같다.

① 특정 기관(정부 기관)이 아닌 곳에서 일반적인 목적으로 사용하기 위한 자산(부동산은 제외)이면서 일반 대중을 위해 팔거나, 빌리거나, 라이센스를 주는 항목 또는 이를 위해 제의를 하는 항목

② 기술 발전을 통하여 위 ①로부터 진화한 항목으로서 현재 상용으로 나와 있지는 않지만 요구사항을 만족시키게 되면 바로 사용이 가능한 항목

③ 위 ① 또는 ②를 만족시키지만 상용시장에서 고객의 요구를 위해 수성이 필요하거나 연방정부의 요구를 충족시키기 위해 소규모의 수정이 필요한 항목

④ 위의 ①~③을 충족하는 항목의 조합

⑤ 설치, 유지보수, 수정, 훈련 등의 서비스. 이러한 서비스가 위의 ①~③ 항목을 지원하기 위해 구매되는 것으로서 제의하거나 일반 대중 지원을 위해 같은 업무 담당자에 의해 제공되는 것, 또는 상용시장에서 경쟁적으로 판매하는 다른 서비스

⑥ 개인의 경비로 배타적으로 개발한 비개발품(non-developmental item)이면서 다수의 주(state)나 지방정부에게 경쟁적으로 판매하는 항목

COTS 제품은 상업 조직에 의해 상용 목적과 일반 대중을 위한 목적으로 개발된다는 것이 요점이다. 대부분의 사람들은 COTS 제품의 의미를 이러한 아이디어에 개략적으로 동의 할 것이다. 독특한 특징은 다음과 같다.

- 상용 벤더에 의해 이미 존재하고 있는 것
- 일반 대중에게 가용한 것
- 매매(리스, 라이선스)할 수 있는 것

 **16.8 컴포넌트 기술 개발 동향**

16.8.1 컴포넌트 기술 개발 동향

1 미국

미국에서의 컴포넌트 기술 개발은 현재 응용 분야별 컴포넌트 기반 기술 확보와 국가 공용 컴포넌트 라이브러리 구축을 위한 국가적 차원의 지원이 이루어지고 있다.

미국 대통령 정보기술 자문위원회 보고서(1998. 9)와 미국표준기술연구소(NIST : National Institute of Standard and Technology)를 중심으로 개발 도구 및 응용 컴포넌트 프로젝트를 추진하고 있는 실정이다.

2 유럽

EU의 첨단 산업 활성화를 위한 컴포넌트 기술 개발 프로젝트로서(1999~2002) 정보통신, 우주 항공, 에너지 등 첨단 산업을 위한 컴포넌트 기술 개발을 위해 SCI(Software Component for Industry)프로젝트가 추진되고 있다. 또한 EU 국가 간의 컴포넌트 기술 표준화 작업으로서 NATO에서 컴포넌트 개발 절차 및 구축을 위한 표준화 작업이 진행 중이다.

3 일본

국가적 차원에서 컴포넌트 및 패턴을 재사용하고 공유를 촉진하기 위한 컨소시움이 구성되었다.(IT 기업, 대학, 정부가 연합해 CBOP(Consortium for Business Object Promotion) 구성)

4 국내 기술 개발 현황

현재 국내에서는 컴포넌트 기반 기술 개발을 위한 다음과 같은 국책 과제가 일부 수행되고 있는 실정이다. 또한 국내 업체는 컴포넌트 응용 기술 개발을 위주로 수행하고 있는 실정이다.

① 인트라넷 구축 도구 기술 개발('1998~'1999) : ETRI

② 영역 기반 소프트웨어 재사용 기술('1997. 12~2000. 10) : ETRI

16.8.2 국내 컴포넌트 산업의 문제점

1 공용 컴포넌트 부족 및 컴포넌트 공유 체제의 미흡

① 우수한 품질의 컴포넌트 개발이 쉽지 않아 개발된 컴포넌트의 수가 절대 부족하다.

② 개발된 컴포넌트를 쉽게 찾아 활용할 수 있는 국가적인 공유 체제가 구축되어 있지 않으므로 불필요한 중복 개발이 발생하여, 컴포넌트의 원활한 수급에 장애를 초래함.

2 컴포넌트 개발 기반 기술 및 전문 업체 부족

① 정형화된 컴포넌트 개발 절차 및 기법, 컴포넌트 기반의 소프트웨어 개발 기술이 취약하며, 통합 개발 도구가 부족하다.

② 응용 분야별, 기능별 컴포넌트 개발 전문업체 및 컴포넌트 개발전문인력의 절대 부족하다.

3 컴포넌트 기반의 활용 환경이 조성되어 있지 않음

① 컴포넌트를 상품으로 인정하고 구입, 활용하여 소프트웨어를 개발하는 마인드가 부족하다.

② SI 전문 대기업에서 대규모 소프트웨어 개발시 컴포넌트 제품을 우선 활용하는 관행 및 제도가 미비하다.

4 컴포넌트의 특성을 반영한 유통 구조의 미비

① 컴포넌트는 소프트웨어 개발자가 사용하는 일종의 반제품으로 이런 특성을 잘 반영하는 유통 체계가 필요하다.

② 컴포넌트의 품질인증제도 등이 없으므로 컴포넌트를 구매하여 활용하려는 사용자에게 신뢰감을 주지 못한다.

1. 컴포넌트 소프트웨어에 대해 논하시오.

2. 기본 객체지향 프로그래밍의 문제점에 대해 논하시오.

3. 컴포넌트 소프트웨어 구조에 대해 논하시오.

4. 컴포넌트 소프트웨어의 중요성에 대해 논하시오.

5. 컴포넌트 소프트웨어의 개발 과정에 대해 논하시오.

6. 컴포넌트 소프트웨어의 기반 설계에 대해 논하시오.

7. COBBA 컴포넌트 모델에 대해 논하시오.

8. 자바 빈즈 컴포넌트에 대해 논하시오.

9. COM 컴포넌트에 대해 논하시오.

소프트웨어 리엔지니어링

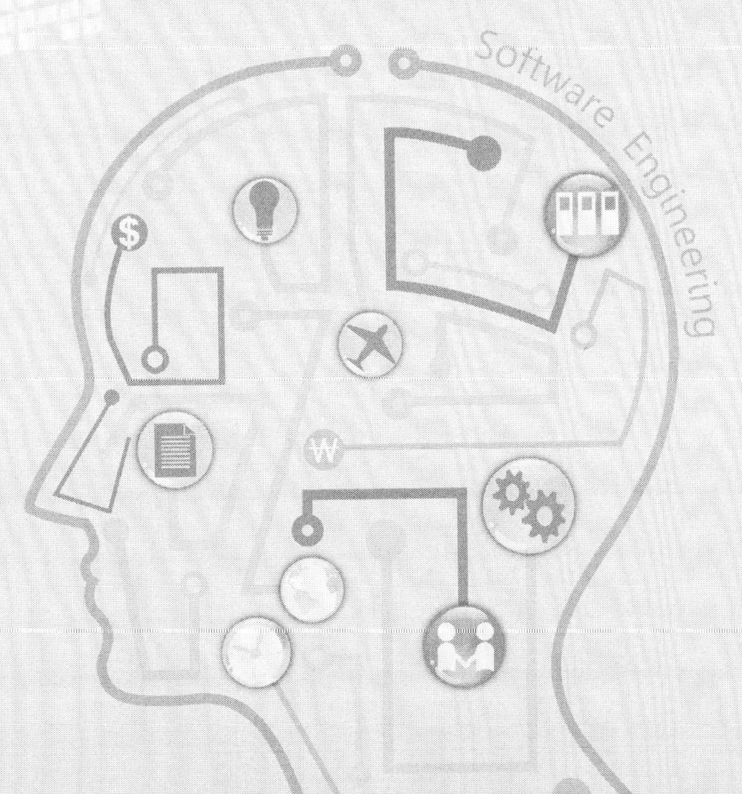

리엔지니어링 기술은 경영정보시스템(MIS) 측면과 소프트웨어공학 측면에서 리엔지니어링을 보는 모든 관점에 다소 차이가 있다.

소프트웨어 리엔지니어링은 소프트웨어 역공학(reverse engineering) 개념과 재구조화(restructuring) 개념과 밀접한 관계를 갖는다.

리엔지니어링을 위한 대상은 주로 시스템 리엔지니어링, 데이터베이스 리엔지니어링, 사용자 인터페이스 리엔지니어링, 정보처리방법 전환을 위한 리엔지니어링, 통신 및 네트워크 전환을 위한 리엔지니어링, 분산 시스템으로의 전환을 위한 리엔지니어링, 객체지향 시스템으로 전환을 위한 리엔지니어링 등이 그 대상이 된다.

컴퓨터 응용 소프트웨어공학(CASE) 사용 역시 시스템을 개발하고, 개선하고, 유지보수 하는 차원에서 이용되므로 리엔지니어링 개념을 포함하여 개발되고 이용되어야 할 것이다.

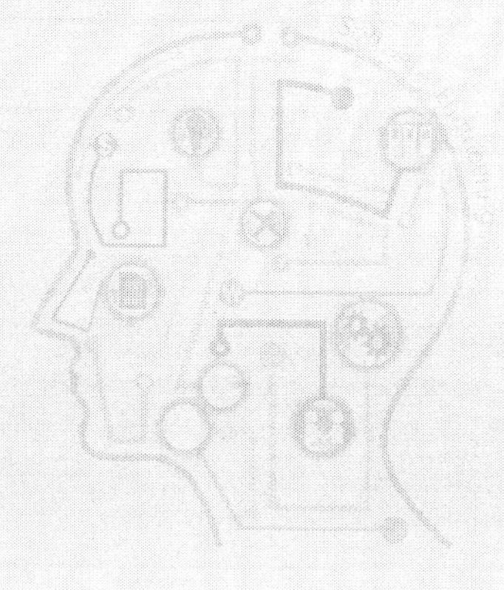

17.1 경영 측면의 리엔지니어링

17.1.1 리엔지니어링의 정의

비지니스 리엔지니어링은 치열해져 가는 경영환경에서 경쟁우위를 확보하기 위해 업무 처리방식의 재설계(Business Process Redesign)와 정보기술(Information Technology)을 결합해 획기적으로 경영성과의 상승을 이룩하기 위한 경영혁신기법을 의미한다.

따라서 비지니스 리엔지니어링은 내부 또는 외부의 고객 요구사항을 접수하여 최종 단계까지 전달되는 일련의 과정을 하나의 프로세스로 설정하여, 경쟁사 보다 월등한 성과를 내기 위해 시도하는 프로세스 혁신운동이라고 할 수 있다.

이 부문의 세계적 권위자인 마이클 해머는 "비지니스 리엔지니어링이란 비용, 품질, 서비스, 속도와 같은 핵심적인 경영성과 지표들의 비약적인 향상을 이룩하기 위해 사업활동(Business Process)을 근본적으로 재고려하고 급진적으로 재설계하는 것"이라고 정의하고 있다.

17.1.2 리엔지니어링의 고려사항

비지니스 리엔지니어링은 반드시 변화를 가져온다. 그 변화의 범위는 업무처리, 업무 처리 지원정책, 조직, 문화, 인원배치 등의 모든 부문을 포함한다. 부작용을 최소화하고 성공적인 추진을 위해 비지니스 리엔지니어링을 도입하려는 기업은 다음의 3가지 성공 요소를 고려해야 할 것이다.

첫째, 최고경영자의 적극적 개입이 필요하다. 비지니스 리엔지니어링의 추진은 여러 부서에 걸쳐진 프로세스를 대상으로 하기 때문에 의사결정자의 적극적인 참여와 조정능력이 절대적으로 요구된다.

둘째, 전사적인 공감대 형성이 중요하다. 구 시대적인 업무절차와 의식으로는 범세계적인 경쟁세계에서 낙오할 것이라는 절박한 공감대가 형성 되어있지 않으면 비지니스 리엔지니어링의 성공은 보장 받기 힘들다.

셋째, 추진 주체의 올바른 구성이 필요하다. 비지니스 리엔지니어링이 정보기술을 기반으로 시행된다고 해서 정보시스템 부서를 주축으로 시행해서는 안된다. 비지니스 리엔지니어링은 대상 프로세스에 관련 부서를 주축으로 경영혁신 추진조직을 구성하여 추진하되 그 멤버의 일부로서 정보 시스템 부서장을 포함시키는 것이 바람직하다.

17.1.3 리엔지니어링의 효과와 방법

리엔지니어링은 현재 하고 있는 내용에 초점을 맞추어 업무를 바꾸는 것이 아니라 불필요한 정보를 제거하고 동시에 단순화 하는 것이다.

불필요한 승인 과정들을 제거하여 업무 흐름을 급격히 단순화 할 수가 있다. 또한 단순히 업무처리 과정만을 변화시키는 것이 아니라 기업내 여러 관련 부문에 많은 변화를 가져온다. 따라서 업무를 재설계할 때는 반드시 직무내용, 조직구조, 관리시스템 등 업무처리 과정에 관계되는 모든 경영요소를 전사적인 차원에서 재구성해야 할 필요가 있다.

그리고 업무 재설계가 필요한 문제 영역이 도출되면 재설계의 범위를 검토하고 업무 활동간의 가치 흐름을 파악해야 한다. 여기서 가치흐름이란 업무에서 가치의 근원은 업무 활동을 통해 고객을 만족시키는 데서 도출된다고 인식하고, 어떻게 업무가 이루어지고 상호 작용은 어떻게 되는가에 관한 것이다.

대상 업무가 근본적으로 개선될 수 있도록 가치 흐름을 면밀히 분석한 후, 획기적인 목표 달성이 가능하게 가치 흐름을 재정비한다. 그리고 근본적인 변화가 기업에 유익한지를 검토하여 혁신을 위해 조직을 변경하고 새로운 가치 흐름을 구현한다.

17.1.4 리엔지니어링의 의의

1 리엔지니어링의 개념

오늘날 기업을 둘러싸고 있는 외부환경은 기업의 순응·진화 능력 이상으로 변화하고 있다.

시장의 주도권이 판매자에게서 고객에게로 이동하였고 경쟁의 양상이 다양해졌으며 변화가 광범위하고 영속적으로 이루어지고 속도도 또한 빨라졌다. 경제의 세계화와 함께, 기업들은 더 많은 경쟁자들과 마주치고 있으며, 이들 각자는 혁신된 제품과 서비스를 시장에 내놓고 있으나 기술 변화의 신속함은 혁신을 촉진시키고 제품 수명주기는 수년에서 수개월로 줄어들었다. 이러한 환경의 변화에 대응함에 있어서 과거의 프로세스와 시스템은 더 이상 기업에게 효율적이지 못하게 되었다.

리엔지니어링은 현재의 기능단위나 부서별로 분편화된 과업 중심적인 조직 구조를, 본질적으로 고객 가치를 증가시키는 프로세스를 중심으로 재편성하는 것으로서 프로세스를 근본적으로 변화시켜 기업의 효율을 극대화 시키는 것이다. 리엔지니어링은 프로세스를 수평적으로 뿐만 아니라 수직적으로 압축을 시켜서 업무 처리 시간을 단축시킨다. 그리고 업무는 가장 잘 이해되는 곳에서 수행되며, 확인과 통제가 줄어들고 조정이 최소화된다. 또한, 정보기술을 도입함으로써 회사들은 지역 현장들의 관료주의적 성격을 제거하고 판매요원들의 자율성과 권한 위임을 고취함과 동시에, 판매가격과 조건에 대해 회사가 갖는 통제력을 향상시키도록 하기 위해 판매 프로세스를 재설계할 수도 있게 된다.

리엔지니어링은 이제까지 적용하여 왔던 품질향상, 다운사이징 등의 경영기법과는 다르다. 우선 품질향상은 계속적이고 점진적인 개선을 통해 그 프로세스를 개선시키고자 하는 것인 반면 리엔지니어링은 이미 존재하는 프로세스들을 개선하는 것이 아니라, 이것들을 과감히 버리고 완전히 새로운 프로세스로 대체함으로써 획기적인 향상을 추구하는 것이다. 또한 다운사이징은 적은 것을 가지고 적은 일을 처리하는 것으로서 수요감소에 대처하기 위하여 생산용량을 축소하는 것인데 반해 리엔지니어링은 적은 것을 가지고 보다 많은 일을 하는 것을 의미한다. 경영기술의 자동화는 효율적인 수행방법 만을 제공하는 것인데 반해 리엔지니어링은 잘못된 것을 근본적으로 변화시키는 것이다.

2 리엔지니어링에 의한 변화

- 기능적 부서로부터 프로세스 팀으로 작업 단위가 변화된다.

- 단순한 과업에서 다차원적 작업으로 변한다.

- 통제된 상황에서 권한이 위임된 상황으로 사람들의 역할이 변화한다.

- 훈련에서 교육으로 작업준비가 변한다.

- 활동에서 결과로 성과 측정과 보상의 초점이 이동한다.

- 성과에서 능력으로 승진 기준이 변한다.

- 보호하는 것에서 생산적인 것으로 가치가 변한다.

- 감독자로부터 코치로 관리자들이 변한다.

- 위계적인 것에서 평평한 조직 구조로 변한다.

- 점수 기록자에서 리더로 중역들이 변한다.

17.1.5 리엔지니어링의 조직과 역할

리엔지니어링은 기업이 하는 것이 아니라 사람이 하는 것이다. '무엇을 할 것인가'를 더 깊이 생각하기 전에 '누가 할 것인가'에 주목할 필요가 있다. 실제로 리엔지니어링을 수행할 사람들을 어떻게 선발하고 조직화하는가 하는 것이 중요하다.

1 리더(leader)

리더는 리엔지니어링을 시작하게 하고 필요시 조직을 개편하고, 조직 구성원 으로 하여 금 리엔지니어링에 따른 조직 내 업무와 구성이 변화하는것에 대해 받아들이도록 설득할 수 있는 충분한 영향력을 가진 고위경영자를 말한다. 리더의 가장 기본적인 역할은 비전을 제시하고 동기 부여자로 행동하는 것이다. 또한 리더는 리엔지니어링을 할 때 유

리한 환경을 창조해야 한다. 리더는 리엔지니어링 대상 프로세스에 대해 이해관계가 있는 모든 사람들과 충분한 의사소통이 되고 권위를 가지고 있는 사람이 맡아야 한다. 따라서 리더의 역할은 대개 기업 내·외부를 객관적으로 모두 지켜보는 운영관리 총괄중역 또는 사장이 맡는다. 강력하고 적극적이고 헌신적이면서 통찰력을 지닌 리더쉽 없이는 리엔지니어링은 실패하게 된다.

2 프로세스 관리자

특정 프로세스의 리엔지니어링을 책임지고 있는 프로세스 관리자는 기업 내에서 명성과 신뢰, 영향력을 지니고 있는, 라인에 대한 책임이 있는 상위계층의 관리자이어야 한다. 프로세스 관리자는 팀에게 동기를 부여하고, 자신감을 고취시키며, 조언을 할 수 있어야 한다.

3 리엔지니어링 팀

리엔지니어링의 실제적인 업무, 즉 대대적인 향상은 리엔지니어링 팀 구성원들의 일로서 이들은 실제로 기업을 재창조하는 사람들이다. 이들 집단은 5~10명 내외로 크지 않아야 하며 각각의 팀들은 내부자(현재 리엔지니어링 되고 있는 프로세스 내에서 일하고 있는 사람들)와 외부자(현재 리엔지니어링 되는 프로세스 외부에서 활동하는 사람들)로 구성된다. 외부자와 내부자의 비율은 1 : 2 내지 1 : 3정도가 바람직하다.

4 운영위원회

운영위원회는 조직의 전체적 리엔지니어링 전략을 계획하는 고위 경영자들의 모임으로서 관리구조 중 필요에 따라 선택 가능한 요소이다. 일반적으로 프로세스 관리자가 포함되지만 프로세스 관리자에만 국한되지는 않는다. 그리고 리더가 이 모임을 주재한다.

5 리엔지니어링 지원자

리엔지니어링 관리자와 리엔지니어링 팀원들은 리엔지니어링 프로젝트에 관심을 집중한다. 그렇다면 과연 누가 조직 전체의 리엔지니어링 노력을 적극적으로 관리해야 할 것인가? 리더는 올바른 시각을 가지고 있겠지만 매일 매일의 리엔지니어링 노력을 관리하는 데 필요한 시간은 충분하지 않다. 그래서 리더는 강력한 스태프 지원을 필요로 한다. 바로 이러한 역할을 수행하는 사람이 리엔지니어링 지원자이다. 리엔지니어링 지원자는 리더가 리엔지니어링을 수행하는 것을 지원하는 스태프의 참모장 역할을 한다.

17.1.6 리엔지니어링의 역할과 도입시기

1 정보기술의 역할

리엔지니어링을 도입할 경우 정보 시스템의 역할은 대단히 중요하다. 시스템화함으로써 종전에 있었던 부서가 불필요하게 되거나 통합되어 업무의 흐름이 개혁되기도 한다. 리엔지니어링은 업무 자체의 개편을 실현하기 위한 도구가 되어야 한다는 것이다.

리엔지니어링의 핵심적인 기반기술로서 현대의 정보기술이 리엔지니어링 과정에서 가지는 중요성은 아무리 강조해도 지나치지 않다. 그러나 기술이 리엔지니어링의 유일한 필수 요소라는 생각을 조심해야 한다.

2 리엔지니어링 도입시기

① **자신의 기업 상황이 절망적이라고 생각될 때**

재정적으로 기업이 어려움을 겪고 있거나 프로세스 운영이 어려울 때, 그리고 경쟁자가 자신의 기업보다 우위에 있다고 생각되면 도입한다. 또한 고객의 요청이 있을 때도 리엔지니어링을 시도해야 한다.

② **변화가 예견될 때**

중요한 환경 변화가 예상된다면, 그 변화의 홍수를 휩쓸리지 않고 살아남기 위해 리엔지니어링을 과감하게 도입해야 한다.

③ **야망을 가질 때**

세계 초일류 기업이 되고 싶다거나 업계 최고의 기업이 되고 싶다는 야망을 가지고 있다면 리엔지니어링 도입시기를 앞당겨야 할 것이다.한다. 성공적인 리엔지니어링은 비전을 공유하고 거대한 목표를 가지며 고객에 초점을 맞추는 차원에서 가치 흐름을 인식함으로써 가능한 것이다.

17.1.7 리엔지니어링 방법

1 프로세스 흐름도의 작성

리엔지니어링의 대상은 조직이 아니라 프로세스로서 영업부서나 생산부서를 리엔지니어링 하려는 것이 아니라 그 부서에서 수행하는 일을 리엔지니어링 하려고 한다는 것이다. 기업 내에서 작업이 흘러가는 모습을 보여주는 프로세스 흐름도를 만들어 도식화(map)한다.

2 리엔지니어링 할 프로세스의 선택

프로세스가 식별되고 흐름도가 그려지면 어떤 프로세스가 리엔지니어링 될 필요가 있으며, 밟아야 할 순서는 어떤 것인가를 결정하여야 한다. 대체로 세가지의 기준으로 선택하는데 역기능(어떤 프로세스가 가장 심각한 상태냐 하는 것), 중요성(어떤 프로세스가 기업의 고객들에게 가장 큰 영향을 주느냐하는 문제), 실행가능성(어떤 프로세스가 현시점에서 가장 성공적으로 재설계를 수 있느냐는 것)이다.

3 프로세스의 이해

프로세스가 리엔지니어링 대상으로 선택되면 프로세스 관리자가 선정되고 팀이 소집되게 되는데 리엔지니어링 팀은 재설계를 진행하기 전에 현재 존재하는 프로세스에 대하여 이해해야 한다.

프로세스를 재설계하는 궁극적인 목표는 고객의 요구를 맞추어 줄 새로운 것을 만드는 것이기 때문에 무엇이 고객의 실제 요구인가?, 무엇을 원한다고 말하며, 실제로 원하는 것은 무엇인가?, 어떤 문제들을 가지고 있는가? 등 고객을 이해하는 것이 무엇보다 중요하다. 일단 고객이 원하는 것을 이해 하였다면 다음으로 현재의 프로세스가 제공하는 것이 무엇인지를 이해 해야 한다.

4 프로세스 재설계 과정

재설계는 전체적인 리엔지니어링 과정에서 가장 창조적인 부분으로서 기업을 재조명해 본 후 새로운 업무방식을 만들어 내기 위한 출발 자세를 취하는 것이다. 이것은 상상력과 귀납적 사고, 그리고 열정을 무엇보다도 많이 필요로 하며 프로세스를 재설계하는 데 있어서 익숙한 일은 버리고 비정상적인 일을 탐색하는 자세가 중요하다.

17.1.8 리엔지니어링 성공요소

리엔지니어링은 변화를 가져오는데 그 범위는 업무처리, 업무처리 지원정책, 조직, 문화, 인원배치 등의 모든 부문을 포함한다. 그 범위가 상당히 크기 때문에 자칫하면 실패나 부작용으로 조직에 혼란을 주기 쉽다. 이러한 부작용을 최소화하고 성공적인 추진을 위해 리엔지니어링을 도입하려는 기업은 다음의 성공 요소를 고려해야 할 것이다.

1 전사적 공감대 형성

구 시대적인 업무절차와 의식으로는 범세계적인 경쟁세계에서 낙오할 것이라는 절박한 공감대가 형성되어 있지 않으면 리엔지니어링의 성공은 보장 받기 힘들다. 기존의 한계를 타파하여 새로운 방식으로 전세계의 월등한 경쟁자들과 경쟁하기 위해 시도되는 까닭에 참여하는 조직구성원의 한계 돌파 사고 혁신은 목표달성을 위해 필요하다.

2 최고경영자의 적극적 개입

비지니스 리엔지니어링의 추진은 여러 부서에 걸쳐진 프로세스를 대상으로 하기 때문에 의사결정권자의 적극적인 참여와 조정능력이 절대적으로 필요하다.

리엔지니어링의 리더는 최고 경영층이어야 하는데 중간 관리자나 하위 관리자는 담당하는 업무 범위가 좁고 전사적인 입장에서 기업의 이익을 극대화 할 수 있는 방향으로 프로세스를 설계할 수가 없으며, 현재 프로세스상의 변화가 자신의 권력과 영향력을 침해할 수 있다는 우려 때문에 저항하는 경향이 있다. 따라서 프로세스의 전 과정을 철저히 감독하고 통제 할 수 있는 최고 경영자가 모든 관련 부서의 일급 요원으로 구성된 핵심 팀 을 이끌고 전 조직원의 컨센서스를 도출하며, 리엔지니어링을 수행해야 한다.

기업의 진정한 혁신을 위해서는 경영자들이 가장 먼저 바뀌어야 한다. 위기 의식을 갖고 전 조직 구성원에게 비전을 제시하고, 이를 강력히 이끌어 가는 리더만이 초일류 기업을 만들 수 있다.

3 추진 주체의 올바른 구성

리엔지니어링은 대상 프로세스에 관련된 부서의 일급 요원을 주축으로 경영혁신 추진조직을 구성하여 추진하되 정보기술을 기반으로 시행된다고 해서 정보 시스템 부서를 주축으로 시행해서는 안 된다. 정보 시스템 부서장을 멤버로서 포함시키는 정도가 바람직하다.

4 사업의 성공 요인과 연계

사업 목적 또는 기업 전략을 달성하는 데 가장 중요한 요소가 무엇인지를 판단하고, 이를 강화시키는 방향으로 리엔지니어링을 추진해야 하는 것이다. 리엔지니어링의 최대의 목적은 일의 프로세스를 바꿔서 업무의 효율을 증대시키고 비용을 절감하는 것이다. 그러나 자사의 강점 및 성공 요인을 망각해서는 본말이 전도될 수 있다. 불필요한 군살을 빼서 강점을 보다 더 강화시켜 나가야만 참다운 리엔지니어링이 되는 것이다. 사업의 성공요인을 구체적으로 확인하지 않고 관계없는 프로세스만을 개혁하는 경우에는 효과적인 리엔지니어링 성과를 기대할 수 없다.

5 고객을 위한 리엔지니어링

리엔지니어링은 고객을 위한 것이 되어야 한다. 기존의 사고 방식에만 의존해 오던 기업은 오늘날 같이 고객을 최우선으로 하는 고객 우선 시대를 맞이하여 더 이상 살아 남을 수 없게 되었다.

리엔지니어링의 궁극적 목적은 이러한 고객 우선 시대 속에 살아남기 위해 고객지향적 기업 체질을 만드는 것이다. 이를 위해서는 기업 내부의 아이디어가 아닌 고객의 절실한 욕구로 채워넣는 고객참여의 리엔지니어링이 이루어져야 한다.

고객을 단순히 '만족'시키는 수준에서, 고객을 '감동'시키는 수준으로 가기 위해서는 내일의 고객이 진정으로 무엇을 원하는가에 대한 체계적인 연구와 조사활동이 꼭 필요하다. 기업이 항상 고객의 입장에서 지속적으로 고객만족을 위한 고객지향적 체질개혁을 이룰 때 비로소 기업은 질적 경영을 통한 경쟁 우위를 확보할 수 있다. 리엔지니어링의 참된 의미는 종업원에게 상관이 아닌 고객을 위해 일한다는 생각을 심어주는 데 있다.

6 근본적인 변화

비즈니스 리엔지니어링을 실시할 때에는 고객의 가치창출에 초점을 두고 이들의 욕구를 충족시키는 방향으로 하되, 기존의 사고방식이나 가정에 구속되지 말고 완전히 새로운

업무처리 방법을 만들어 내야 한다. 리엔지니어링은 업무를 개선시키거나 변경시키는 것이 아니라 다시 만들어 내는 것이다.

7 충분한 폭과 깊이를 생각하고 리엔지니어링 실시

프로세스 중심의 리엔지니어링에서 유의해야 할 점은 조직 전체적 관점에서 비용절감 및 고객에 대한 가치증대 등 혁신적 성과와 향상을 이룰 수 있도록 프로세스의 범위를 결정하고 재설계시 기업의 핵심이며 조직 구성원의 행동을 변화시키는 근본 요소인 역할과 책임, 성과 측정과 보상, 조직 구조, 정보 기술, 공유 가치, 스킬 등의 요소를 모두 포함시켜 이의 실제적인 변화를 추구하는 것이다. 충분한 폭과 깊이를 생각하고 실시하는 리엔지니어링만이 부문이 아닌 조직 전체의 관점에서 지속적 성과를 발생시킬 수 있다.

8 정보기술의 전략적 활용

정보처리 기술은 기업 혁신을 위한 엄청난 잠재력을 갖고 있으며, 또한 기업의 목표 달성에 직접적인 도움을 제공한다. 그러나 정보기술은 단지 기존의 낡은 프로세스가 보다 효율적으로 작동하도록 단순히 자동화하는 데에 활용해서는 안 된다. 정보기술의 진정한 의미는 조직이 낡은 규칙을 깨뜨리고 새로운 작업방식을 창조하는 것, 즉 리엔지니어링을 가능하게 하는 것이다.

17.1.9 리엔지니어링 추진시 문제점

실제로 리엔지니어링을 시작한 많은 기업들이 성공을 거두지 못하고 있으며, 주요한 변화나 성과도 얻지 못하는 경우가 있다. 이는 다음과 같은 실수와 리엔지니어링에 대한 오해에서 비롯된다.

1 리엔지니어링 추진시 일어나는 일반적 실수

- 프로세스를 변화시키지 않고 고치려는 행위

- 기업 프로세스에 초점을 두지 않는 행위

- 프로세스 재설계를 제외한 모든 것을 무시하는 행위

- 사람들의 가치나 신념을 무시하는 행위

- 작은 결과에 안주하는 행위

- 너무 빨리 포기해 버리는 경향

- 문제의 정의 및 리엔지니어링의 노력 범주에 사전 제약을 두는 행위

- 기존의 기업 문화나 관리 태도가 리엔지니어링을 시작조차 할 수 없게 하는 경우

- 리엔지니어링이 밑으로부터 위로(bottom up) 일어나도록 하는 경우

- 리엔지니어링에 대한 이해가 결여된 사람에게 맡길 경우

- 리엔지니어링에 사용될 자원에 인색한 경우

- 회사가 해야 할 여러 가지 안건 속에 리엔지니어링을 묻어 버리는 경우

- 너무 많은 리엔지니어링 프로젝트에 정력을 쏟을 경우

- CEO가 은퇴를 얼마 남겨 놓지 않고 리엔지니어링을 시도하는 경우

- 리엔지니어링을 다른 개선 프로그램들과 구별하지 못하는 경우

- 설계에만 독점적으로 집중하는 행위

- 그 어느 누구에게도 불이익이 되지 않도록 하면서 리엔지니어링을 시도하는 행위

- 리엔지니어링에 따르는 변화에 대해 사람들이 거부반응을 보이면 중단하는 행위

- 노력을 질질 끄는 경우

2 리엔지니어링에 대한 그릇된 이해

① 인원 삭감의 수단으로 오해

대부분의 기업경영자들은 리엔지니어링을 감량 경영을 위한 인원 삭감의 수단으로 오해하고 있다. 리엔지니어링에 있어서 인원감축은 프로세스 재설계에 따른 결과지, 그 자체가 목적일 수는 없다. 오히려 비용을 절감하고 생산성을 높일 욕심으로 과도하게 인력을 줄이면 성과도 줄어들 수 밖에 없다는 사실을 인식해야 한다.

② 리엔지니어링을 불황 타개책으로 오인

리엔지니어링은 경직된 조직을 생산성 높은 유연한 조직으로 만드는 데는 대단히 우수한 방법론이기는 하나 위기에 직면한 기업을 당장 살릴 수 있는 방법은 아니다. 기업은 리엔지니어링을 실시하더라도 해결될 수 없는 문제점을 가지고 있는 경우도 많으며 리엔지니어링은 그 해결책의 하나에 불과한 것이다.

③ 리엔지니어링과 전산화를 동일시

정보 기술이 리엔지니어링을 가능하게 하는 가장 강력한 도구라는 것은 부인할 수 없는 사실이나 정보 기술을 사용하면 업무의 생산성을 획기적으로 향상시킬 수 있다. 그러나 리엔지니어링을 실행할 때 정보 기술을 선행시키는 것은 위험하다. 정보 기술이 기업 전략과는 모순된 시스템을 만들어 버릴 위험성이 있기 때문이다. 또한, 기존의 문제만을 해결하기 위해 정보 기술을 도입했기 때문에 근본적인 개혁으로 이어지지 않는 단순화·자동화나, 작업절차의 개선 정도로 끝날 수도 있다. 어느 특정 프로세스를 리엔지니어링하는 것이 가장 중요한 과제인데도 다른 프로세스를 우선하는 시스템이 만들어져 실제적인 개혁을 추진하는 데 장애 요인으로 작용될 우려도 있다. 정보 기술은 어디까지나 리엔지니어링의 도구의 하나이므로 리엔지니어링의 전략과 개념을 명확히 해서 그것에 걸맞은 형태의 정보 기술을 도입하지 않으면 큰 효과를 기대할 수 없다.

# 17.2 소프트웨어공학 측면의 리엔지니어링

소프트웨어 재공학(re-engineerig)이라는 개념이 나오기 전에는 소프트웨어 역공학(reverse engineering) 개념으로 한정되어 있었다. 원래 역공학이라는 말은 하드웨어 분야에서 완제품으로부터 설계를 해독해 내는 작업을 말한다. 이렇게 하는 목적은 자기 제품을 향상뿐만 아니라 경쟁 제품을 분석하려는 것이다.

M. G. Rekoff에 의하면 역공학이란 "복잡한 하드웨어 시스템의 시제품을 자세히 조사하여 명세서를 개발하는 과정" 이라고 정의하였다. 이러한 과정은 개발자보다는 유사한 제품을 만드려는 개발자들에 의하여 행해진다.

이러한 개념이 소프트웨어 시스템에도 적용될 수 있으며 시스템과 그 구조를 이해하는데 도움이 된다. 그러나 하드웨어 분야에서 역공학의 목적은 복제이지만 소프트웨어 역공학의 목적은 유지보수, 향상에 도움을 주는 설계의 충분한 이해에 있다.

소프트웨어 유지보수란 제품의 인도 후에 오류를 수정하거나 성능을 향상시키거나 변경된 환경에 제품을 맞추려고 변경하는 것을 말한다. 이러한 의미에서 리엔지니어링은 시스템을 이해하고 적절히 변경하는 소프트웨어 유지보수 작업의 일부라 할 수 있다. 재구조화(restructuring) 또한 넓은 의미에서 역공학과 함께 소프트웨어 유지보수 범주에 들어간다. 또한 이 세 가지 과정은 새 시스템을 만들고 점증적으로 개발하는 범주에도 속할 수 있다.

역공학과 정공학(forward engineering)을 설명하기 위하여 생명주기모형과 대상 시스템, 추상화 수준이 있어야 한다. 개발 모형은 전통적인 폭포수 모형이건, 점증적 모형이건 방향성 그래프(directed graph)로 표현될 수 있다. 방향성 그래프로 나타낸 생명 주기에서는 각 단계 안에서 반복이 있을 수 있고, 전진하는 방향(forward)의 작업 및 후진하는 방향(backward)의 작업이 있을 수 있다.

대상 시스템은 단순한 프로그램 또는 부분적인 코드, 복잡한 프로그램, 작업 제어명령, 자료 화일이 될 수 있다. 이들은 정공학에 의한 개발의 결과이다. 역공학에서는 대상 시스템이 존재하여야 하며 이로부터 작업이 시작된다.

생명주기모형에서 초기단계에는 추상적이며 일반적인 개념을 다루고 후반부는 구체적이고 구현 중심이 된다. 생명주기를 전진한다는 것은 더 구체적인 것으로 전환한다는 것을 의미하며 추상화 수준이 낮아지는 것이다. 결국 초기단계에는 정보를 고 수준의 추상으로 표현하고 반면에 후반에는 저 수준의 추상으로 표현하게 된다.

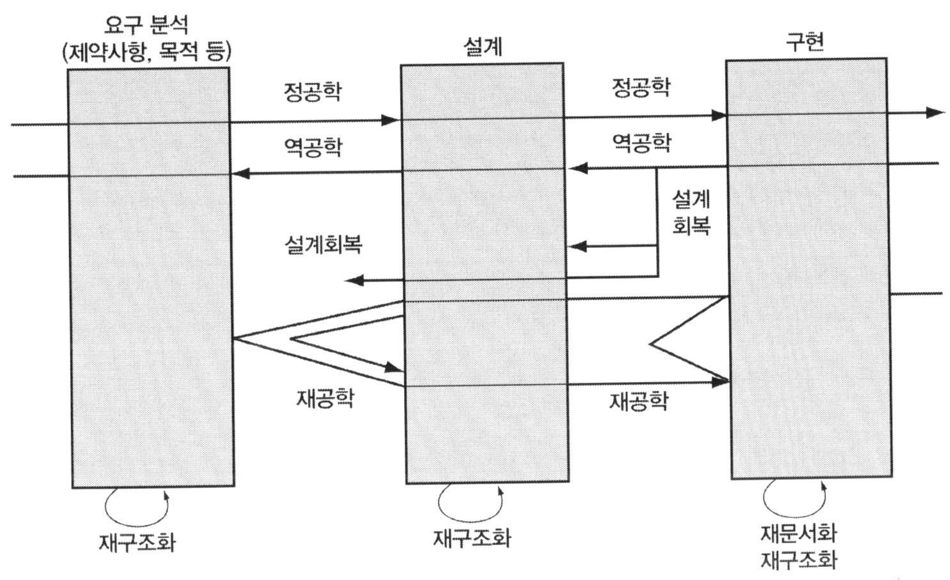

[그림 17-1] 리엔지니어링과 추상화 수준

역공학은 대상 시스템을 분석하여 시스템의 구성요소와 그 관계를 파악하고 시스템을 달리 표현하거나 고 수준의 추상을 추출하려는 작업이다. 또한 일반적으로 설계도를 추출하거나 구현과는 독립적인 추상화된 표현을 만드는 것이다. 따라서 역공학은 대상 시스템을 변경을 가하거나 새로운 시스템으로 개선하는 변경이 아니라 분석이다.

17.3 소프트웨어 리엔지니어링의 정의

재문서화(re-documentation)는 같은 수준의 추상 표현을 만들거나 다시 작성하는 일을 말한다. 재문서화는 역공학의 제일 간단하고 오래된 형태로서 다른 형태(예를 들면, 자료흐름, 자료구조 및 제어흐름)로 표현하는 것을 말한다. 이 일은 주로 Pretty printer나 다이어그램 생성기, 앞뒤 참조표 생성기 등을 이용한다. 이 도구의 주요 목표는 프로그램 요소 사이에 관계를 가시화(visualize)하는 것을 말한다.

재구조화(restructuring)는 상대적으로 같은 추상 수준에서 하나의 표현 형태로부터 다른 형태로 바꾸는 것이다. 따라서 대상 시스템의 기능이나 외적인 동작이 바뀌는지는 않는다.

재구조화는 전통적인 의미의 구조를 향상시키기 위하여 코드를 변형하는 것이다. 즉, 비구조적인 복잡한 프로그램을 구조적인 프로그램으로 바꾸는 것이 여기에 해당된다. 같은 맥락에서 데이터 모델을 개선하는 것(3차 정규형으로 고치는 일)도 재구조화이다. 긴 if 문을 case문으로 바꾸는 일도 구조화라 할 수 있다. 재구조화는 대상 시스템의 상태를 개선하기 위한 방지를 위한 유지보수(preventive maintenance)에 사용된다.

리엔지니어링(reengineering)은 대상 시스템을 새로운 요구사항에 맞도록 변경하는 것(renovation)을 말한다. 기업의 리엔지니어링이라 함은 현재 시스템을 평가하고 미래의 요구에 맞게 변화하는 것처럼 소프트웨어 리엔지니어링은 먼저 추상화된 정보를 얻기 위한 역공학 작업과 새로운 요구에 맞추어 구현하는 정공학을 포함한다.

17.4 소프트웨어 리엔지니어링의 목적

리엔지니어링의 주된 목적은 유지보수와 새로운 시스템의 개발을 위하여 대상시스템에 대한 이해도를 높이고 새로운 기법으로 시스템의 구성하는 것이다. 다음은 리엔지니어링의 여섯 가지 주된 목표이다.

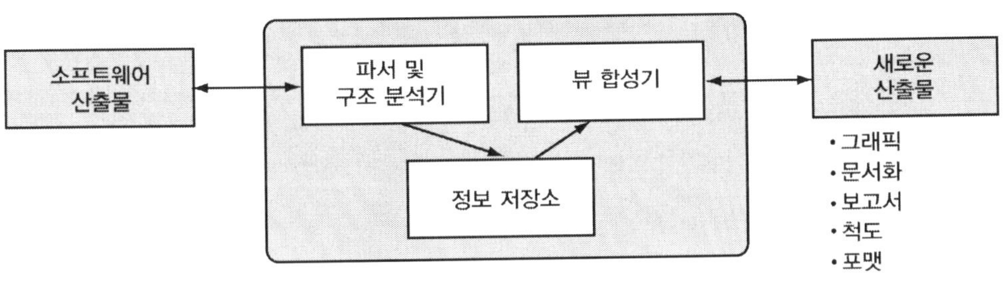

[그림 17-2] 역공학 도구의 구조

① **복잡한 시스템을 다루는 방법**

응용 프로그램이 더 복잡해질수록 대규모의 코드를 다루는 방법이 필요하다. 이를 다루는 방법 중 하나로서 자동화 도구를 들 수 있다.

CASE 환경과 함께 역공학 도구를 제공하여 코드에서 원하는 정보를 뽑아내고 개발 프로세스와 제품을 제어할 수 있게 한다. [그림 17-2]는 역공학 도구의 일반적인 구조를 나타낸 것이다.

② **다른 뷰의 생성**

이해를 돕기 위하여 그림으로 표현하는 것이 좋다. 그러나 여러 가지 그림을 만들고 보관하며 유지하는 일은 힘든 일이다. 따라서 역공학 도구를 이용하여 그래픽으로 표현하고 이를 필요할 때 재생성한다.

대부분의 설계자들이 하나의 관점으로 작업하는 데 비하여 역공학을 이용하면 다양한 관점으로 시스템을 보게 된다.

③ **잃어버린 정보를 회복**

대규모로 지속되는 시스템이 계속되어 점증적으로 개발된다면 시스템 설계 도중에 정보를 잃어버리는 경우가 있다. 변경이 자주 일어나기 때문에 이를 모두 문서에 반영하기 쉽지 않다. 역공학, 특히 설계서를 회복하는 방법은 이러한 경우 유용하게 쓰일 수 있다.

④ **부작용(side effects)의 발견**

첫 설계 후 계속적인 변경에 의하여 시스템이 원래 의도하지 않았던 방향으로 구현되는 경우가 있다. 이를 부작용이라 한다면 역공학에 의하여 추출된 사항과 원래 요구 분석을 비교함으로써 그 차이를 알아낼 수 있다.

⑤ **고 수준의 추상을 합성**

고 수준의 추상으로 표현된 정보를 여러 가지 형태로 추출할 수 있으므로 이해에 도움을 준다.

⑥ **재사용이 쉬움**

리엔지니어링은 현 시스템으로부터 재사용 가능 부품을 추출하는 데 도움을 줄 수 있다.

 ## 17.5 소프트웨어 리엔지니어링 기술

리엔지니어링이 필요한 이유는 대부분 소프트웨어를 유연하게 하여 유지보수 비용을 줄여보려는 것이 대부분이며 변경 요구를 수용하려는 것, 그리고 새로운 최신 기술을 적용해보려는 것이다. 또한 비즈니스 프로세스를 이해하고 개선하려는 이유로 소프트웨어 시스템을 리엔지니어링 하는 경우도 있다.

리엔지니어링 기술의 접근 방법은 다음 세 가지로 생각할 수 있다.

먼저 단순한 프로그램 제어의 재구조화이다. 예를 들면, 오래된 COBOL로 쓰여진 시스템의 경우 대규모 시스템이 큼 프로그램 하나로 작성되어 있다면 프로그램 수정 및 유지보수에 어려움이 많다. 프로그램의 제어 구조를 살펴보면 perform 문장을 사용하여 모듈화될 수 있는 요소들이 있다. 따라서 이러한 부분들을 따로 떼내어 독립된 모듈로 분리시킨 후 다른 화일에 관리하면 유지보수를 이용하게 할 수 있다.

두 번째 방법은 새로운 시스템으로 구성하기 위하여 노후 시스템의 설계 사양을 복원하는 것이다. 대규모 소프트웨어 시스템을 이해하기 위하여 시스템 구조와 각 모듈의 관계를 파악하는 것이 필수적이다.

마지막으로 노후 시스템을 파악하여 변경하기 어려운 경우, 시스템을 동결시키고 이를 새로운 시스템의 부분 요소로 캡슐화한다. 즉 노후 시스템을 그대로 두고 그 위에 새로운 층을 형성하여 사용자 인터페이스 등을 개선할 수 있다.

리엔지니어링 기술의 특성은 논리적 모델링과 슬라이싱이다. 원시코드에 파묻힌 데이터 모델, 프로세스 모델, 논리 모델을 추출해 내는 기술이다. 데이터 모델은 고객, 주문, 제품 등과 같은 자료나 개체와 관련된 모델이며, 프로세스 모델은 구매 요구, 선적 등 비즈니스 업무와 관련된 모델이다. 이러한 모델 추출 기능과 함께 원시코드에서 필요한 부분을 추적하여 찾아내는 슬라이싱(slicing) 기술이 절대 필요하다.

리엔지니어링 과정에서 가장 중요한 단계는 비용 설삼효과에 대한 예측이다. 과연 새로 개발하는 것보다 기존의 시스템 리엔지니어링하는 방법의 비용이 절약되는지, 어느 정도의 소프트웨어 품질이 향상되는 것인지, 유지보수 과정이 얼마나 향상되는지, 회계 장부로 얼마의 비용이 실제 절약되는지 예측하여야 한다. 따라서 소프트웨어 품질을 측정할 수 있는 원시코드 검증장치와 메트릭 자료를 보관할 수 있어야 한다.

리엔지니어링의 다음 과정은 노후 시스템을 동결시키고 원시코드나 관련문서에서 자료의 정의와 의미, 블록의 기능들을 찾아낸다. 이를 정리하여 분서화한 후 자료나 프로그램 제어에 대한 개선할 점이 있으면 최선의 방법을 찾아낸다. 새로운 원시코드를 작성한 후에는 단위 테스트로 프로그램을 검증하고, 데이터 리엔지니어링이 있다면 변환된 데이터를 이용하여 통합시험 한다.

17.5.1 데이터베이스 리엔지니어링

데이터베이스를 리엔지니어링하게 되는 경우는 대개 데이터베이스 내용을 수정해야 하는 경우, 데이터베이스 설계의 결함으로 인한 오류 수정의 경우, 자료구조를 상의 문제, 데이터베이스 관리시스템의 전환, 화일 체계를 데이터베이스체계로 전환하는 경우 등이다.

데이터베이스 리엔지니어링이 불가피한 가장 큰 요인은 주로 화일 저장 방식에서 데이터베이스를 도입하는 경우, 계층적 또는 네트워크형 모형의 데이터베이스에서 관계형 데이터베이스로 전환하려는 경우이다. 경험에 의하면 이 작업은 데이터베이스 구조와 밀접히 관련되어 매우 어려운 작업이다. 즉 계층적 구조에서는 지식 레코드와 부모 레코드가 묶여있어 관계형 데이터베이스에서 필드의 값으로 레코드의 관계를 표현하기 쉽지 않다.

서로 다르게 구현된 데이터베이스 시스템 간의 리엔지니어링도 필요하다. 예를 들면 특정 회사의 관계형 DBMS를 사용하다가 다른 관계형 DBMS를 이용하여 데이터베이스를 구축하려 할 경우이다. 이러한 형태의 데이터 리엔지니어링에서는 메타-데이터 모델의 표현하는 방법이 필요하다. 객체지향 방법에 의한 리엔지니어링 방법도 있다. 이 방법은 먼저 관계 데이터베이스의 각 테이블을 객체로 보고 테이블의 각 열을 객체의 속성으로 본다. 다음은 데이터의 패턴을 보고 후보키(candidate-key)를 알아낸다. 객체 간의 일반화(generalization) 관계를 찾아내기 위하여 먼저 외부키(foreign-key) 그룹들을 알아내고 수직으로 분해된 클래스, 즉 같은 의미를 갖는 클래스들을 결합한다. 마지막으로 일반화 관계와 결합 관계를 파악하여 객체지향 모델을 만든다.

17.5.2 사용자 인터페이스 리엔지니어링

대부분의 노후 시스템은 문자 중심의 사용자 인터페이스 형태를 취하고 있다.

사용이 더 간편하도록 인터페이스를 리엔지니어링 한다면 시스템의 수명이 더 연장되고 널리 사용될 수 있을 것이다. 사용자 인터페이스를 리엔지니어링 하려면 우선 현재의 인터페이스가 어떻게 구현되어 동작되는지 알아야 하며 새로이 만들어진 인터페이스가 시

스템의 나머지 부분과 잘 융합되기 위한 조건 등을 파악하여야 한다. 무엇보다도 문자형 사용자 인터페이스에서 그래픽 사용자 인터페이스로 리엔지니어링 하는 과제가 제일 큰 관심거리이다.

사용자 인터페이스 리엔지니어링에서 가장 중요한 정보는 노후 시스템의 사용자 인터페이스에 대한 구조(structural) 및 동작(behavioral) 명세이다. 노후 시스템의 원시코드를 보고 사용자 인터페이스가 어떻게 구성되었으며 동작하는지 파악하여, 구조는 인터페이스 명세서 언어로 표현하고 동작은 그래프 형태로 표현한다. 이런 모델을 이용하여 노후 시스템의 인터페이스 구조와 흐름에 문제가 없는지 분석하고 이를 바탕으로 새 시스템을 설계, 구현한다.

사용자 인터페이스를 리엔지니어링 하는 과정은 먼저 노후 시스템의 인터페이스 코드를 역공학하여 Abstract Syntax Tree를 만들고 여기서 인터페이스 부분을 추출한다. 인터페이스 부분이 독립된 모듈로 만들어졌다면 쉽게 분리되지만 그렇지 않다면 슬라이싱 기법으로 해당되는 각 부분을 잘라내야 한다. 잘라낸 원시코드와 논리 흐름을 잘 살펴보면 사용자 인터페이스 화면을 구성하는 객체, 화면 및 화면의 흐름을 알아낼 수 있다. 이를 객체지향으로 표현하는 방법이 AUIDL(Abstract User Interface Description Language)이다.

모델로 표현한 사용자 인터페이스는 이제 쉽게 변동될 수 있다. 예를 들면 기능키에 의한 동작을 마우스 버튼에 의하여 작동되도록 재구성할 수 있고, 대화화면의 흐름을 분석하여 더 효율적으로 개선할 수 있다.

마지막으로 새로운 인터페이스를 원래의 시스템과 통합하는 작업은 경우에 따라 그 난이도가 다르다. 노후 시스템의 대부분을 대형 기종 위주의 중앙 집중 형태로 구성되어 있어 이와 통신할 수 있는 에뮬레이션 기능을 추가하고 클라이언트의 사용자 인터페이스를 위하여 추기히는 부분이 변수 이름 중복, 매개 변수 값의 지정으로 인하여 방해받지 않도록 배려하여야 한다.

사용자 인터페이스 리엔지니어링의 주요 작업은 특정 언어로 쓰인 현재 시스템의 인터페이스를 추상화된 일반적인 표현으로 바꾸는 것이다. 인터페이스를 이루는 각 요소들의 관계, 즉 인터페이스 구조를 표현하여야 하며 인터페이스를 이용하여 사용자와의 대화가 이루어질 때 상호 동작의 흐름도 표현되어야 한다.

인터페이스 구조는 화면에 표현되는 요소들의 포함(containment) 관계와 각 요소들의 값과 속성이 화일의 무엇과 연결(importation)되어 있는지를 의미한다. 인터페이스를 분석하기 위하여 동적인 면, 즉 이벤트에 대하여 어떻게 반응하는지를 잘 이해할 수 있도록 나타내어야 한다. 일반적으로 인터페이스의 상태와 상태의 변화를 나타내는 상태 변이도(transition graph)로 그려본 후 그래프의 각 노드를 반복적으로 방문하여 경로의 집합을 구한다. 구해진 경로에서 정상적으로 마치지 않고 중간에 없어진 인터페이스 동작에 관한 부분을 가려낸다. 이런 부분을 집중적으로 분석하고 문제가 있으면 해결하는 것이 인터페이스 개선의 주된 작업이다.

17.5.3 분산 시스템으로의 리엔지니어링

여러 가지 이유로 메인프레임에서 분산 클라이언트 서버 시스템으로 전환하려는 추세가 있다. 값비싼 하드웨어의 구입 및 유지보수 비용을 줄이려는 목적뿐만 아니라 사용자에게 더욱 친근하고 유연한 인터페이스를 제공하기 위하여 분산 시스템으로 전환한다.

분산 시스템을 도입하기 위하여 오랫동안 많은 투자를 하여 개발한 시스템을 버리고 새로 개발하는 것은 큰 낭비가 아닐 수 없다. 따라서 노후한 시스템을 리엔지니어링 하여 분산 시스템으로 전환하는 기술이 연구되고 있다

분산 시스템으로 전환하는 과정, 즉 큰 응용프로그램을 적당히 분산하여 분산 재배치하는 작업은 다음과 같은 이유로 쉽지 않다. 먼저 프로그램이 메인프레임 데이터베이스에 많이 의존되어 있다. 특히 자료 처리가 주기능인 비즈니스 응용프로그램은 데이터베이스 관리 시스템의 기능과 형식에 크게 의존하는 부분이 많다. 따라서 분산 시스템으로 구성될 경우 워크스테이션이 호스트의 데이터베이스를 접근하기 위하여 에뮬레이션 기능이 필요하다. 즉 IMS나 IDMS 명령어를 SQL로 바꿔 주어야 한다.

〈표 17-1〉 분산 시스템으로의 전환 방법

전환 방법	프로그램 관점	설 명	장·단점
Procedural approach	Directed graph	프로그램 그래프에서 Procedural cluster를 발견하고 쪼개고 call subroutine 문장을 삽입	전환이 빠르고 정확, 반면에 성능이 취약
Functional approach	Functional hierarchy	기능 구조도에서 functional boundary를 정하고 나눔	Domain 지식 필요, 사용자에 의한 전환에 적합
Data-type approach	Cooperative processing objects	여러 가지 데이터 객체(화일, 리포트, 내부 테이블, 레코드, View 등)를 파악하고 이를 기준으로 원시코드를 분할	변경에 유연한, 전환이 쉬움 유지보수용이

또 한 가지 장벽은 비 분산 시스템이 대부분 메인프레임의 온라인 트랜잭션 프로그램이라는 사실이다. 호스트의 모니터 프로그램이 터미널에서의 반응에 따라 서브프로그램을 호출하게 되어 있는데 트랜잭션 모니터 기능을 네트워크 관리 소프트웨어가 담당할 수 있도록 하여야 한다. 응용 프로그램에서 메시지 전달(message passing) 부분은 클라이언트 컴퓨터에, 본문(body) 부분은 서버에 남도록 비치하여야 한다. 메인 프레임에서 수행되는 응용 프로그램이 매우 큰 경우 워크스테이션에서 컴파일도 안 되는 문제가 있다. UNIX나 AS/400 운영체제에서 12,000줄 이상의 단일 프로그램을 올리는 것은 불가능하다.

이런 장벽이 해결된다면 결국 분산 시스템으로의 전환은 모듈로 쪼개는 과정이라 할 수 있다. 즉, 복잡한 프로그램을 독립적으로 컴파일할 수 있는 모듈로 나누는 작업인데 여기에 대한 구체적이고 실제적인 연구 결과는 아직 미약하다. 여기에는 그래프 이론상 추상 데이터 기법이 응용되고 있다. 분산 시스템으로 구성하기 위하여 프로그램을 모듈화하는 방법은 앞의 〈표 17-1〉과 같은 세 가지 방식이 있다.

17.5.4 객체지향 시스템으로의 리엔지니어링

3세대 프로그래밍 언어로 쓰인 소프트웨어를 제4세대 언어로 전환하는 리엔지니어링은 이제 어느 정도 정착된 것 같다. 이제는 4세대 및 제3세대 언어의 프로그램을 객체지향으로 전환할 필요가 있다. 객체지향 프로그램으로 리엔지니어링 기술은 원래의 프로그램에서 객체가 될 만한 것을 뽑아 객체 선언을 알맞게 하고 프로그램 슬라이싱을 이용하여 절차 중심의 원시코드에서 Method를 추출하는 것이 핵심이다.

절차 중심의 노후 시스템을 객체지향 시스템으로 변환하는 과정은 Jacobson의 연구에 잘 기술되어 있다.

메인프레임의 COBOL 원시코드 분석에 의하여 객체가 될 수 있는 7가지는 다음과 같다.

- 사용자 인터페이스 객체지향(Panel에서 추출)

- 정보 객체(데이터베이스 정의 명세서에서 추출)

- 화일 객체(JCL에서 추출)

- 레코드 객체(프로그램에서 추출)

- View 객체(프로그램에서 추출)

- Work 객체(프로그램 재가 area에서 추출)

- Link 객체(프로그램 파라미터에서 추출)

① 각 객체에 대한 오퍼레이션을 찾아 추출

앞뒤 참조표(cross reference table)를 조사하면 객체를 접근하거나 변경시키는 프로그램 세그먼트를 찾아낼 수 있다. 프로그램 세그먼트를 구성하는 작은 단위를 찾아 내려면 제어흐름을 분석하여 Branch 사이의 레이블이 붙여진 블록을 찾으면 된다. 이것이 객체의 메소드가 된다.

② 오퍼레이션의 타입을 결정

오퍼레이션의 대상(operand)이 객체의 속성이며 그 객체의 메소드로 등록하고 오퍼레이션 타입(Insert, Select, Update, Delete)에 따라 구룹핑한다.

③ 객체들을 연결시키는 작업

오퍼레이션이 사용하는 객체로 선언되지 않은 변수, 즉 외부 변수(foreign variables)들을 찾아내어 알맞은 객체의 메소드로 호출하는 문장을 만들어 낸다. 마지막으로

오퍼레이션 순서를 바로 정의하는 작업을 한다. 이 과정은 원래 프로그램의 제어 구조를 새로운 오퍼레이션을 이용하여 그대로 복원하면 된다.

소프트웨어의 의존도가 커가고 발전 속도가 빨라지면서 노후 시스템에 대한 개선이 더욱 중요한 과제가 될 것이다. 1995년 7월에 캐나다에서 열렸던 역공학 컨퍼런스에서는 앞으로 소프트웨어 고고학자라 불릴 수 있는 일이라고 하였다. 오래 묵은, 잊혀진 소프트웨어를 꺼내 먼지를 털고 필요 없는 것은 버리고 의미 있는 부분은 살려서 새로운 모델로 재창조하는 과정이다. 앞으로 노후 시스템을 유지보수하는 방법, 리엔지니어링 하는 기술, 더 나아가 재사용할 수 있는 기술과 도구들이 활발히 연구되고 적용될 것이다. 기업이나 공공기관 및 가계에서 소프트웨어와 노후 시스템은 하나의 자신으로 인식하기 시작하였기 때문이다.

한편으로는 미래의 노후 시스템이 될 소프트웨어를 현재 개발되고 있다. 객체지향, 클라이언트/서버, 분산 시스템도 미래에는 암호와 같은 노후 시스템이 될 것이다. 그때 "이것을 개발할 때 무슨 생각을 하였을까?" 이러한 물음의 해답을 찾을 때 필요한 기술이 노후 시스템에 대한 유지보수 및 리엔지니어링 기술이다.

1. 소프트웨어 리엔지니어링에 있어 역공학, 재공학, 정공학의 차이에 대해 논하시오.

2. 리엔지니어링의 목적에 대해 논하시오.

3. 데이터베이스 리엔지니어링에 대해 논하시오.

4. 사용자 인터페이스 리엔지니어링에 대해 논하시오.

5. 분산시스템으로의 리엔지니어링에 대해 논하시오.

소프트웨어 시험

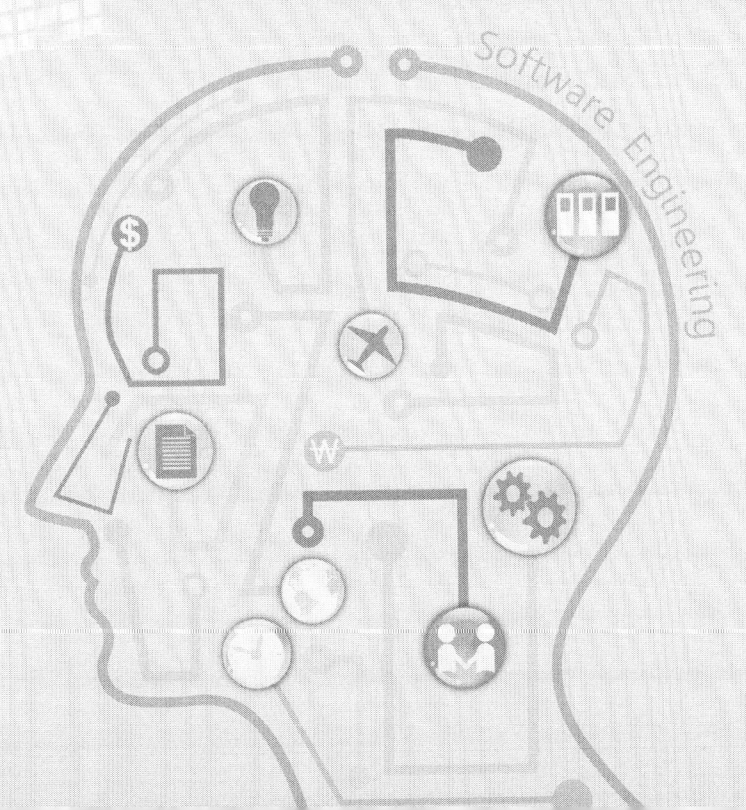

소프트웨어 시험이란 "시스템이 정해진 요구를 만족하는지, 예상과 실제 경과가 어떤 차이를 보이는지 수동 또는 자동 방법을 동원하여 검사하고 평가하는 일련의 과정"을 말한다.

주문받은 소프트웨어가 생산된 후에는 발주자의 요구에 맞는다는 사실을 확인하여야 한다. 요구 사항은 명료하게 기술된 것(Explicit) 있고 묵시적인(implicit) 것이 있다. 시스템이 제공해야 할 기능, 발주자가 따라 주기 원하는 규정이나 제약 등이 명료하게 기술된 요구이다. 묵시적인 요구는 신뢰성이나 완벽성(robustness) 등이다. 발주자는 개발된 시스템에 버그(bug)가 있어서는 안 되며 비정상적인 조건에서도 제대로 기능을 발휘해 주기를 기대한다.

앞서 설명한 대로 테스트는 오류를 발견하는 과정이나 기술이다. 따라서 좋은 테스트란 숨어있는 오류를 잘 발견할 수 있어야 한다. 새로운 오류를 많이 발견하는 테스트는 성공적인 것이다.

오류는 크게 두 가지로 나눌 수 있다. 원시코드가 예상한 대로 동작하지 않으면 오류이다. 예상하지 못한 일을 한다면 이것도 오류이다. 소프트웨어를 새로 개발할 때 첫 번째로 형태의 오류를 많이 발견할 수 있다. 두 번째 형태의 오류는 유지보수 단계에 많이 변경한 프로그램에서 발견할 수 있다.

테스트는 코드가 쓰여진 후에 일어나는 일로 생각하기 쉽다. 그러나 테스트의 정의에서 말하는 것처럼 어떤 단계에서든 시스템을 평가하는 데 관련된 모든 작업을 말한다. 이와 같은 넓은 의미에 테스트는 검증(validation)이나 검토(verification)또는 품질 보증(quality assurance)의 의미도 담고 있다고 할 수 있다.

검토회도 소프트웨어 개발의 모든 단계에서 사용할 수 있는 테스트 기법이다.

코딩 단계 이후의 테스트는 세 가지 단계로 나누어진다. 즉 단위 테스트(unit test), 통합 테스트(integration test), 인수 테스트(acceptance test)이다.

각 모듈을 시험하는 것을 단위 테스트라고 부른다. 단위 테스트는 대부분 모듈을 구현한 프로그래머가 실시한다. 단위 테스트의 주요 목적은 모듈을 정확하게 구현하였는가, 예정한 기능을 제대로 발휘하는가를 점검한다. 블랙박스 테스트 방법과 화이트박스 테스트 방법이 여기에 사용된다.

통합 테스트는 전체 시스템을 이루는 모듈을 모아 통합적으로 시험하는 것을 말한다. 시스템이 요구된 기능을 제대로 수행하는가를 점검하고 모듈 사이의 인터페이스를 시험하는 것이 주목적이다. 통합시험은 단위 테스트보다 더 엄격히 시행되어야 하고 시험 기록이 잘 보존되어야 하며 발견된 오류는 철저히 기록되어야 한다.

인수 테스트는 완성된 제품에 대한 시험이다. 인수 테스트는 사용될 환경에 설치하여 사용자가 직접 사용함으로써 시험하는 경우도 있다. 시스템의 문서도 이때 점검한다. 인수 테스트를 위한 문서 작성은 기관마다 다르지만 세심한 발주자는 인수 테스트의 결과에 대한 기록을 남긴다.

18.1 소프트웨어 시험의 원리

소프트웨어 테스트와 개발단계와의 관계는 [그림 18-1]과 같으며, 모든 테스트는 다음 다섯 가지 단계로 이루어진다.

① **테스트를 통해 무엇을 점검할 것인지 정한다.** 기능의 완벽성을 테스트하는 것인지 아니면 신뢰도를 측정하기 위한 테스트인지를 결정한다.

② **테스트 방법을 결정한다.** (검사, 증명, 블랙박스 테스트, 화이트박스 테스트, 자동화도구 등 여러 가지 방법이 있다)

③ **테스트 케이스를 개발한다.** 테스트 케이스란 테스트 자료나 실행될 조건을 말한다.

④ **테스트의 예상되는 올바른 결과를 작성한다.** 실제 테스트가 수행되기 전에 올바른 결과를 미리 구체적으로 예상하여 작성하지 않고 테스트하면 오류를 찾아내기 어렵게 된다. 모든 테스트 케이스를 위한 예상된 결과를 테스트 오라클(test oracle)이라고 한다.

⑤ **테스트 케이스로 실행시키다.** 테스트를 실행하는 단계이다. 때로는 시스템의 일부 기능만 시험하기 위하여 소프트웨어에 변경을 가하는 경우도 있다. 이를 테스트 하니스(test harness)라고 한다. 완전히 테스트가 끝나면 이를 제거한다.

테스트의 개념에 대하여 정확히 이해하지 못하면 테스트의 설계가 올바로 이루어 질 수 있을 수 없다. 다음은 테스트에 관한 오해를 막기 위하여 테스트의 특징을 설명한다.

① **테스트는 오류를 발견하기 위해 프로그램을 수행시키는 것이다.**

② **완벽한 테스트는 불가능하다.** 테스트에 문제가 없다고 하여 프로그램에 오류가 없다고 할수는 없다. 프로그램 테스트는 증명과는 다르다. 테스트의 실제에는 제약도 따른다. 소프트웨어를 완벽하게 테스트할 수 있는 테스트 케이스 작성은 이론적으로는 가능한 일이나 시간과 비용이 문제가 될 수 있다.

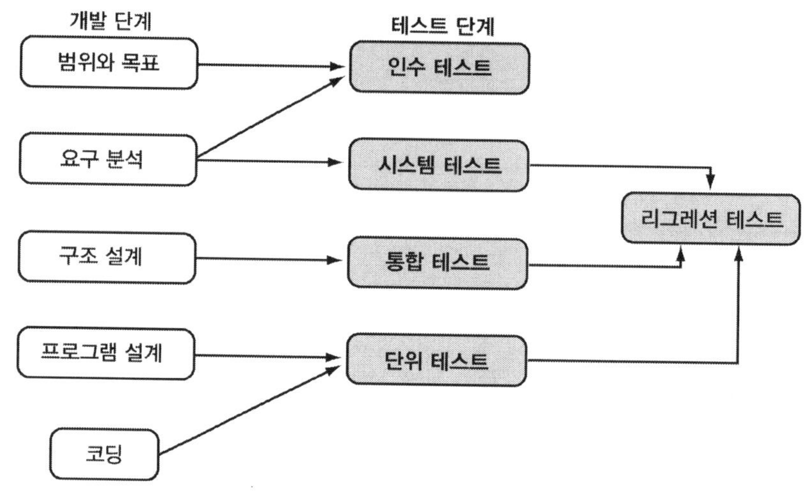

[그림 18-1] 테스트 단계와 소프트웨어 개발 단계의 관계

③ **테스트는 창조적인 일이지만 어렵고 힘든 일로 여겨져 왔다.** 테스트와 유지보수는 창조력을 요구하며 소프트웨어 전문가의 큰 흥밋거리다. 효율적인 테스트를 하기 위해서는 프로그램이 무엇을 하는지 잘 이해하여야 하며 테스트 기법을 잘 알아야 하고 효율적으로 이런 방법들을 적용할 수 있는 기술이 필요하다.

④ **테스트는 오류의 유입을 방지할 수 있다.** 테스트를 개발초기단계부터 계획하여 꾸준히 시행하는 것으로 본다면 단순히 오류를 발견하는 작업만은 아니다. 소프트웨어의 테스트는 개발 과정에 수행되어야 한다. 오류나 문제의 존재를 빨리 알수록 이를 수정하는 데 드는 비용이 적어진다.

⑤ **테스트는 구현과 관계없는 독립된 팀에 의하여 수행되어야 한다.** 프로그램 작성자 외의 다른 사람이 테스트하여야 더욱 효과적인 테스트가 가능하다. 프로그래머 자신은 다른 사람처럼 객관적인 기준에 의하여 자신의 프로그램을 시험할 수가 없기 때문이다.

모듈 단위의 소규모 프로그램을 테스트할 때 사용하는 방법을 단위 테스트라 한다. 대체로 모듈을 구현한 사람이 단위 테스트를 계획하고 수행한다.

손으로 프로그램을 수행시켜 보는 방법은 정적 분석의 좋은 예이다. 정적 분석이란 프로그램을 컴퓨터에서 수행시키지 않고 원시 코드를 직접 시험해 보는 것이다. 코딩한 사람

이 비공식적으로 프로그램을 분석하거나 공식적인 검토회를 열거나 자동화 도구를 사용할 수 있다. 자동화된 정적 도구는 오류 리스트, 이상이 있는 부분, 코딩 규칙에 어긋나는 부분을 지적해 준다.

정적 분석의 반대는 동적 분석이다. 동적 분석은 모듈이나 전체 프로그램이 수행되는 동안의 동작을 시험하는 것이다. 모듈 단위에서 사용하는 동적 분석의 세 가지 방법은 블랙박스 테스트, 화이트박스 테스트, 구조 중심 테스트이다.

블랙박스 테스트에서는 모듈을 속이 보이지 않는 박스로 생각한다. 주어진 입력에 대하여 예상한 결과를 보이면 내부의 동작은 자세히 관찰하지 않고 테스트를 통과한 것으로 본다. 블랙박스 테스트는 주로 모듈의 기능을 테스트한다. 반면에 화이트박스 테스트는 모듈 안의 논리 흐름을 잘 관찰하는 방법이다. 즉, 프로그램의 구조를 테스트한다. 모듈의 논리 구조를 체계적으로 점검하는 것이 화이트박스 테스트이다. 자료구조중심 테스트는 자료구조의 특성과 차원을 분석하여 테스트 케이스를 만든다.

화이트박스 테스트는 원시코드의 제어 흐름은 잘 관찰할 수 있지만 빠진 기능을 찾아내기는 어렵다. 반면에 블랙박스 테스트는 원시코드에 요구사항에 없는 불필요한 기능이 포함되었는지 찾아내는 것은 어렵다.

테스트는 시스템의 오류 패턴과 매우 밀접한 관련을 가지고 있다. 시스템의 오류의 위치와 분포에 대한 통계를 보면 놀란 만한 사실이 있다. 몇 개의 모듈에 대하여 난위 테스트한다면 처음에 오류는 적당히 분산되어 발견될 것이다. 테스트를 더 해 가면서 오류가 발견되는 숫자는 모듈마다 다르다. 상당히 많은 테스트를 수행하면 다음과 같은 현상을 발견할 수 있다. 즉 테스트하면 할수록 이미 많이 발견된 모듈에서는 더 많은 오류가 발견된다.

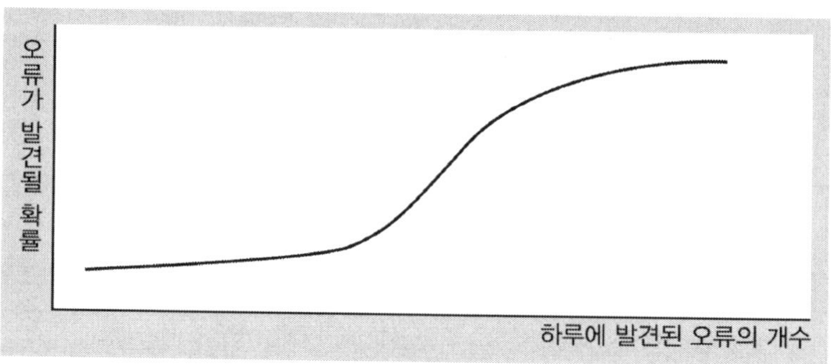

[그림 18-2] 추가로 오류를 발견할 확률

반대로 적은 오류가 발견된 모듈에서는 다음 테스트에서도 오류가 적게 발견된다는 관계를 그래프로 나타낸 것이 [그림 18-2]이다. 수평축은 하루에 발견한 오류의 개수를 의미하며, 수직 축은 모듈에서 오류를 발견할 확률을 의미한다.

이런 관계를 이해함으로써 얻을 수 있는 교훈은, 모듈에 오류가 너무 많으면 오류 없는 모듈이 될 수 있도록 테스트하여 고치는 것은 한계가 있다는 것이다. 즉, 모듈을 다시 코딩하는 것이 더 효과적이라는 말이다. 모듈 설계를 다시 참조하여 코딩하거나 설계를 수정할 필요가 있다면 수정하고 다시 코딩한다. 오류가 많은 모듈을 여러 사람에게 코딩하게 하여 비교 선택하는 것도 좋은 방법이다. 흠이 많은 모듈은 즉시 새로운 것으로 교체하는 것이 비용을 절약하는 방법이다.

 ## 18.2 화이트박스 시험

화이트박스 테스트는 모듈 안의 작동을 자세히 관찰하는 시험 방법이다. 화이트박스 시험은 모듈의 논리적인 구조를 체계 적으로 점검하기 때문에 구조적 테스트이다.

화이트박스 테스트 검증 기준(coverage)이라는 개념을 바탕으로 한다. 검증 기준은 테스

트에 의하여 확인되는 시스템의 범위를 말한다. 단순한 방법은 원시코드의 모든 문장을 한 번 이상 수행하는 것이다.

선택 검증 기준(decision coverage)은 세그먼트 검증 기준에 더하여 선택 구조의 모든 경우가 적어도 한 번씩은 테스트되어야 하는 기준을 말한다. 따라서 if … then … else 문장이 두 번씩, 조건이 참인 경우와 거짓인 경우 모두 수행되어야 한다. case 문장도 가능한 경우 모두가 한 번씩 수행되어야 한다.

마지막으로 루프에 대한 조건을 추가한 것이다. 대다수의 오류가 루프에서 일어나므로 루프를 완벽하게 테스트하기 위하여 세 가지 경우를 테스트 한다.

첫째, 반복 조건을 만족시키지 못하여 루프 내의 문장이 수행되지 않은 경우,

둘째, 루프 안의 내용을 한 번만 수행한 경우,

셋째, 한번 이상 수행하는 경우이다.

repeat 구조는 반복 구조가 적어도 한 번은 수행되므로 나머지 두 가지 경우만 테스트한다. for 루프도 일정한 횟수만큼 반복되는 특수한 구조이므로 단순한 세그먼트로 간주한다.

18.2.1 논리 흐름도에 의한 표현

화이트박스 테스트를 더 자세히 이해하기 위하여 논리 흐름도(logic-flow diagram)를 이용한다. 논리 흐름도란 모듈 내의 제어 흐름을 간선으로 표시한 그래프로서 모듈 내의 모든 세그먼트가 그래프의 정점으로 표현된다. 세스먼트와 선택 구조 사이의 제어 흐름은 간선으로 표시된다.

논리 흐름도는 우리에게 익숙한 흐름도(flowchart)와는 다르다. 흐름도는 프로그램의 설계에 대한 표현이며 원시코드를 작성하기 위한 자세한 내용을 충분히 담고 있지 않다.

논리 흐름도는 원시코드의 흐름을 그대로 표현한 것으로 논리 흐름에 관계되지 않는 사항은 생략하여 나타낸다.

18.2.2 테스트 케이스

모듈이 논리 흐름도로 그려진 후에는 테스트의 검증 기준이 무엇을 의미하는지 알 수 있을 것이다. 검증 기준은 논리 흐름도에 있는 경로를 적어도 한 번씩 방문하도록 테스트 케이스를 만들어 수행시켜 보는 것이다.

18.2.3 화이트박스 테스트의 수행

화이트박스 테스트 수행과정은 다음과 같다.

① **테스트 케이스를 만든다.**

코드가 존재하지 않는다면 나씨-슈나이더만 도표나 의사 코드를 보고도 테스트 케이스를 작성할 수 있다. 만일 코드나 설계문서를 보고 논리 흐름을 따라갈 수 있다면 논리 흐름도를 그릴 필요는 없다.

② **테스트 결과를 예상하여 테스트 오라클을 만든다.**

③ **테스트 케이스를 수행한다.**

단위 테스트의 경우 대부분의 부 프로그램을 수행시켜야 하므로 테스트 드라이버(driver)와 스터브(stub)가 필요하다. 테스트 드라이버는 시험하려는 모듈에 입력을 주고 호출을 한 후, 결과를 화면이나 종이에 출력한다. 시험되는 모듈이 아직 구현되지 않은 또 다른 모듈을 호출할 때 이를 시뮬레이션 하는 간단한 모듈이 필요하다. 이를 테스트 스터브(test stub)라고 한다.

④ **테스트 결과와 테스트 오라클을 비교한다.**

차이가 있으면 오류의 원인을 찾아 정정한다. 수정에 의하여 논리 흐름이 바뀌었다면 다시 테스트되어야 한다. 변경 후에 이루어지는 테스트를 리그레이션 테스트(regression test)라고 한다. 리그레이션 테스트를 위하여 테스트 케이스와 테스트 오라클 및 테스트 과정 중의 중요한 기록은 잘 보관하여야 한다. 새로운 오류가 발견되지 않을 때까지 반복하여 테스트한다.

 18.3 블랙박스 시험

블랙박스 테스트는 모듈이 요구에 맞게 잘 작동하는가에 초점을 맞춘 시험 방법이다. 블랙박스 테스트는 기능 테스트라고 부른다. 요구분석서에 기술된 기능을 수행하는지 검사하는 테스트이기 때문이다. 블랙박스 테스트에서는 모듈의 외형을 검사한다. 즉, 모듈의 입력과 출력, 모듈이 수행하는 기능을 테스트한다.

단위 테스트에서는 시스템 외부에서 직접 입력받는 모듈만 블랙박스 테스트를 시행한다. 왜냐하면 외부 입력이 없는 모듈의 블랙박스 테스트는 결국 화이트박스 테스트와 다를 것이 없이 때문이다.

블랙박스 테스트는 모듈을 위한 요구사항 점검으로부터 시작된다. 테스트 케이스가 모든 가능한 입력과 출력을 만족시켜야 한다. 매개 변수의 모든 경우, 출력의 모든 가능한 경우를 테스트 케이스로 점검할 수 있어야 한다.

블랙박스 테스트는 동치 분해(equivalence partitioning)라는 기법에 의하여 이루어진다. 입력 조건이 여러 개의 동치 클래스(equivalence class)로 나뉜다. 각 동치 클래스는 서로 같은 부류에 속할 수 있는 자료의 집합이다. 테스트 케이스는 동치 클래스에서 대표되는 하나의 값을 선택한 것이다. 이 값으로 테스트하여 이상이 없으면 같은 부류에 속하는 다른 자료 값에 대해서도 이상이 없는 것으로 간주한다. 이렇게 하여 테스트 케이스의 숫자를 줄이는 것이 동치 분해의 목적이다.

동치 분해의 절대적인 법칙은 없으나 일반적인 두 가지 원칙은 다음과 같다.

입력이 일정한 범위 안의 값을 가져야 한다. 최소한 세 개의 동치 클래스가 존재한다. 범위보다 작은 값, 범위 내의 값, 범위를 넘어서는 큰 값이 존재한다.

블랙박스 테스트를 위한 또 다른 방법은 경계 테스트(boundary testing) 방법이다. 자료 값의 범위에서 경계에 있는 값이 오류를 유발하는 경우가 많다. 따라서 경계 테스트는 범위밖에 있는 값으로 시험해 보는 방법이다.

블록백스 테스트의 장점은 모듈이 완전히 작성되어 있지 않더라도 가능하다는 점이다.

명세서에서 입력 값의 범위나 크기는 생략하는 경우가 많다. 정상 입력을 단순히 정수라고 제한하였다고 하더라도 이는 매우 애매모호한 표현이다. 왜냐하면 대부분의 컴퓨터에서 표현할 수 있는 정수는 한계가 있기 때문이다. 블랙박스 테스트에 의하여 이러한 생략된 명세를 찾아내어 더 완벽한 설계가 되도록 노력하여야 한다.

블랙박스 테스트의 수행도 화이트박스 테스트와 마찬가지고 테스트 드라이버나 스터브 모듈이 필요하다. 드라이버 모듈은 모듈을 호출하고 테스트 결과를 출력하는 역할을 한다. 테스트되는 모듈을 호출한다면 스터브가 작성되어야 한다. 테스트를 시작하기 전에 예상되는 결과와 함께 테스트 케이스를 준비한다.

 18.4 자료구조 중심 시험

자료구조 중심 테스트는 자료 구조와 관련된 오류를 찾기 위한 시험이다. 예를 들어 연결된 리스트나 배열에 대하여 다음과 같은 네 가지 테스트 케이스를 작성한다.

① 배열이나 리스트의 요소가 하나도 없음

② 하나의 요소만 가짐

③ 배열이나 리스트가 가질 수 있는 최대 크기보다 하나 작은 요소를 가짐

④ 배열이나 리스트가 가질 수 있는 최대 크기의 요소를 가짐

기본적인 개념은 경계값 테스트와 같다. 같은 방법으로 구조형(structure type)의 자료 구조도 테스트할 수 있다. 사용되는 자료 구조가 배열, 큐, 스택, 그래프 어떤 것이건 알맞은 테스트가 이루어져야 한다.

이 방법은 실제 코드를 들여다보는 화이트박스 테스트에 가까우나 모듈의 명세와도 면밀히 비교되어야 한다.

 18.5 통합 시험

통합 테스트에는 두 가지 목적이 있다.

첫째, 시스템을 구성하는 모듈의 인터페이스와 결합을 테스트한다.

둘째, 시스템 전체의 기능과 성능을 테스트한다.

시스템을 구성하는 여러 모듈을 어떤 순서로 결합하여 테스트할 것인가에 따라 동시식 (big-bang), 하향식(top-down), 상향식(bottom-up), 연쇄식(threads)이 있다.

동시식은 시스템을 구성하는 모듈을 각각 따로 구현하고 전체 시스템을 단번에 묶어 시험 하는 방법이므로 이 방법은 초보 프로그래머들이 사용하는 방법이다.

동시식을 제외한 다른 방법들은 모두 점증적으로 통합한다. 시스템의 일부가 구현되고 단위 테스트 된 뒤에 부분적으로 통합하여 시험한다. 단위 테스트가 끝난 모듈들을 단계 적으로 추가 통합하여 테스트하는 방법이다. 점증적 방법에는 다음 세 가지가 있다.

1 하향식

하향식에서는 명령어 처리 모듈을 먼저 구현하고 시험한다. 명령어 처리 모듈은 시스템 구조도의 최상위에 있는 모듈을 말한다. 다음 단계의 모듈이 구현, 시험 완료되었으면 추가한다. 이렇게 계속 하위 층의 모듈로 내려가면서 테스트하고 추가하여 전체 시스템 이 모두 결합될 때까지 계속한다.

2 상향식

상향식에서는 시스템 구조도의 최하위층에 있는 모듈을 먼저 구현하고 테스트한다. 다 음에는 바로 위층에 있는 모듈을 테스트하여 부 시스템으로 만든다. 상위모듈을 계속 더 해 나가면 진체 시스템이 통합된다.

3 연쇄식

연쇄식에서는 특수하고 중요한 기능을 수행하는 최소 모듈 집합을 먼저 구현한다. 보조적인 기능의 모듈은 나중에 구현하여 테스트한 후 계속 추가한다.

위 방법을 약간 변형하거나 합하여 사용할 수도 있다. 어떤 순서로 통합하는 가는 프로젝트의 여러 가지 특성에 좌우된다.

시스템을 통합할 때 테스트 하니스(test harness) 소프트웨어가 필요하다. 테스트 하니스란 시스템을 테스트하기 위하여 작성된 별도의 프로그램을 말한다. 따라서 테스트가 끝난 후에는 삭제되는 프로그램이다. 시험 대상 모듈을 호출하는 간이 소프트웨어를 테스트 드라이버라고 부른다. 필요에 따라 매개 변수를 전달하고 모듈을 수행한 후에 나오는 결과를 보여준다. 상향식 통합의 경우 테스트 드라이버가 필요하다.

시험 대상 모듈이 호출하는 또 다른 모듈의 기능을 대신하여 쓰여진 간이 소프트웨어를 스터브(stub)라고 한다. 스터브는 모듈에서 매개 변수를 전달받아 단순한 메시지를 출력하거나, 랜덤 번호를 만들거나, 상수 값을 돌려보낸다. 또는 일정 시간 동안 루프를 수행하거나, 입력 값을 요구하고 다시 모듈로 돌아가게 한다.

18.5.1 동시식 통합

동시식을 통합 테스트에서 사용하는 경우 오류를 발견하는 데 문제가 있다. 시스템을 이루는 모듈이 한꺼번에 테스트되므로 오류의 위치와 원인을 찾아내기가 어렵다.

동시식을 채택할 경우에는 단위 테스트에 많은 시간과 노력이 든다. 각 단위 모듈을 위한 드라이버나 스터브를 모두 마련하여야 하기 때문이다. 의외로 테스트 대상 소프트웨어보다 테스트 하니스에 오류가 있을 가능성이 많다. 왜냐하면 테스트 하니스는 완성된 후 버려야 할 코드이므로 신중을 기하지 않기 때문이다.

동시식 통합은 시스템의 중요한 부분과 부수적인 부분을 구별하지 않는다. 더 복잡하고 다른 모듈을 제어하는 중요한 기능을 하는 모듈은 오류가 있을 확률이 더 많다. 따라서 이러한 부분을 먼저 통합 테스트할 필요가 있다. 이 부분이 성공적으로 테스트되면 나머

지 부분도 구현하여 통합한다. 또 다른 이유는 먼저 테스트한 부분이 여러 번 테스트된다. 다른 모듈이 추가되면서 시스템의 주요 부분은 다시 반복하여 테스트되는 셈이다. 특히 고도의 신뢰도가 요구되는 시스템의 경우 중요한 부분을 먼저 구현하여 시험하므로 개발 의뢰자에게 신뢰감을 줄 수 있다.

동시식의 경우에는 일정 계획에 융통성이 없다. 모든 모듈이 구현되고 테스트되기 전에는 통합 테스트를 시작할 수 없기 때문이다. 만일 독립된 부서에서 통합 테스트를 담당 한다면 구현이 끝날 때까지 기다려야 한다. 따라서 시스템의 개발 진도를 예측할 수 없다.

동기식으로 테스트할 경우 짧은 시간에 컴퓨터를 과다하게 사용함으로써 사용에 불편을 가져올 수 있다. 컴퓨터가 한 프로젝트에 할당되었다면 문제가 없을 수 있으나 여러 프로젝트가 같이 사용하는 경우에는 문제가 된다.

18.5.2 하향식 통합

시스템 구조도의 위층에 있는 모듈부터 아래층의 모듈로 내려오면서 통합화되는 방법이다. 점증적인 통합 형태이므로 하드웨어 사용이 분산되고 오류의 원인을 찾아내기 쉽다. 상위층의 모듈을 먼저 시험하므로 시스템의 계층 구조와 상위층의 중요한 인터페이스를 조기에 시험할 수 있다. 또 스터브의 사용으로 시스템의 모습을 사용자에게 일찍 보여줄 수 있으며, 일반적으로 스터브를 드라이버보다 쉽게 작성할 수 있다. 프로그래머의 심리적 측면을 고려하면 하향식이 적당하다. 왜냐하면 작동되는 시스템에 대한 확증을 계속 유지할 수 있기 때문이다.

반면에 하향식은 입출력을 수행하는 모듈이 대부분 최하위에 존재하므로 어려움이 있다. 마지막에 가서야 통합되므로 상위층에서 테스트 케이스를 쓰기가 어렵다. 또한 중요한 기능을 하는 최하위층 모듈은 충분한 시험을 할 수 없다.

18.5.3 상향식 통합

최하위 수준의 모듈을 먼저 통합하여 시험하는 방법이다. 다음 차상위의 모듈이 추가되어 부 시스템을 이룬다. 이러한 부 시스템을 계속 상위계층을 올라가면서 시험하는 방법이 상향식 방법이다.

하향식 방법은 스터브가 필요 없고 드라이버가 필요하다. 점증적으로 통합시켜 나가기 때문에 오류 발견이 쉽고 하드웨어 사용을 분산시킨다. 하위층의 모듈을 상위 층의 모듈보다 더 많이 테스트한다. 따라서 하위층에 중요한 기능의 모듈이 많은 경우 상향식 통합이 적당하다.

상향식의 단점은 테스트 초기에 시스템의 뼈대가 갖추어지지 않는다는 점이다. 시스템의 모든 계층을 마지막에 가서야 확인할 수 있으며 상위층의 중요한 인터페이스도 마지막에 가서야 확인된다. 또한 개발 의뢰자에게 시스템을 사용해 볼 수 있는 기회를 충분히 제공하지 못한다.

18.5.4 연쇄식 통합

최선의 통합 방법이 연쇄식이라 할 수 있다. 연쇄식이란 특정 기능을 수행하는 모듈의 최소 단위 (이를 thread라고 함)로부터 시작한다. 즉 입력, 출력, 어느 정도의 기본 기능을 수행하는 모듈들로부터 통합 테스트를 해나간다. 선택된 모듈은 시스템 구조도의 다른 층에 있을 수도 있고 작은 부 트리일 수도 있다. 처음에 선택되는 스레드는 시스템의 중요 기능을 담당하는 부분이다. 이렇게 구축된 스레드에 다른 모듈을 추가시켜 나간다. 처음부터 독립된 여러 개의 스레드를 구축시켜 나가다가 완전한 시스템으로 합하는 방법도 가능하다.

연쇄식 통합의 장점은 초기에 시스템의 골격을 보여주고 사용자의 의견을 빨리 받아 볼 수 있다는 것이다. 대규모 시스템의 경우 초판은 시스템의 주요 기능만 수행하도록 만들고, 추후 부가적인 기능을 첨부한다. 이러한 방법이 프로그래머의 수준을 향상시킬 수 있다. 또한 시스템이 여러 프로그래머에게 나누어 개발될 수 있고, 각 프로그래머도 시

스템의 부분적인 개발 진도를 확인할 수 있다.

18.5.5 통합 테스트 계획

통합 테스트 계획은 소프트웨어 개발 과정에 있어 시스템의 구조설계가 끝난 후 작성하여야 한다. 시스템 구조를 바탕으로 통합 전략에 대하여 결정한다. 코딩, 단위 테스팅, 통합 및 통합 테스트에 대한 일정을 계획한다. 이러한 작업들은 시스템 규모가 클 때 병행하여 수향하여 인력을 분산 배치할 수 있다.

통합 테스트 계획은 추후에 참조할 수 있도록 잘 기록하여야 한다. 시스템 구조도를 이용하여 통합 전략을 나타낼 수 있다. 예를 들면 통합하는 단계를 구조도에서 모듈별로 다르게 나타낸다. 모듈을 단계별로 나누어 숫자로 구분하여 표시한다.

그리고 일정 계획에 대한 더 자세한 설명을 추가하여야 하며 인력이 투입될 것인지 표시하여야 한다.

통합 계획은 구현을 시작하기 전에 검토하여야 한다. 계획과 방법의 타당성이 검증되어야 하기 때문이다.

18.5.6 기타 통합 테스트

이제까지 설명한 통합 테스트의 방법은 주로 모듈의 인터페이스에 초점을 두고 있으나 그 이외의 측면을 시험하는 네 가지 방법, 구조 테스트, 기능 테스트, 성능 테스트, 스트레스 테스트가 있다.

① 구조 테스트의 기본 개념은 단위 테스트에서 사용하는 화이트박스 테스트와 같다. 다음과 같은 통합된 모듈의 내부 사항을 점검한다.

   • 각 모듈의 입력, 출력 매개 변수

- 유틸리티 호출을 포함한 모든 모듈의 호출

  화이트박스 테스트에서 논리 흐름에 존재하는 모든 경로를 점검하는 것처럼 구조 테스트에서는 구조도에 있는 모든 경로와 부 시스템간의 호출 관계를 점검한다. 모든 모듈이 적어도 한 번씩 호출되는지, 적당한 모듈에 의하여 호출되는지 검사한다. 구조 테스트의 테스트 케이스를 작성하기 위하여 처리흐름 도표(transaction flow diagram)를 사용한다. 처리란 특정 입력 클래스와 관련된 작업의 집합을 말한다. 작업은 입력의 처리와 결과의 출력으로 구성된다. 처리 흐름도표는 처리와 관련된 작업 단계의 순서를 표현한 것이다. 자세한 논리적 처리는 보여 주지 않고 입력에 대하여 어떤 일이 일어나는지 나타낸다. 처리흐름도 결국 처리 과정 중에 호출되는 모듈을 리스트나 도표로 나타낸 것이다. 단순한 경우 처리흐름도는 시스템 구조도의 부 트리와 같이 보인다. 모듈이 반복적으로 호출되는 경우에는 더 많은 노드가 흐름도에 나타난다. 구조 테스트에서는 처리 테스트 케이스를 작성하고 각 모듈의 입출력 매개 변수를 조사하며 모듈 내부와 호출을 자세히 검사한다.

② 기능테스트 요구분석에 나타난 사항이 제대로 구현되었는지 시험하기 위한 것이다. 구조 테스트가 단위 테스트의 화이트박스 테스트와 유사한 것처럼 기능 테스트는 블랙박스 테스트와 유사하다. 기능 테스트에서 통합된 시스템 전체가 하나의 블랙박스로 간주된다.

  테스트 케이스를 작성할 때 시스템 구조 등의 내부지식은 사용하지 않고 사용자 매뉴얼을 사용한다.

③ 스트레스 테스트는 과다한 입력을 주었을 때 시스템이 어떻게 처리하는가를 시험한다. 예를 들어, 시스템이 1000개의 품목을 처리할 수 있도록 설계, 구현되었다면 실제 1000개의 입력 자료를 준비하여 실행해 본다. 또한 과부한 입력을 처리할 때 시스템 반응 시간을 재어 본다.

  자료구조나 화일은 충분히 처리할 수 있도록 설계되었는지도 점검한다. 통합 시험은 성능 테스트도 포함한다.

④ 성능 테스트는 여러 기능을 수행하는 데 소요되는 시간을 잰다. 시스템이 정상적인 상태에서 제시간에 일을 처리하는가? 과부하인 경우에도 많이 지체하지 않고 처리하는가? 그렇지 않다면 해당되는 모듈의 효율을 높이도록 변경하여야 한다.

 18.6 인수 시험

인수 테스트의 목적은 시스템이 사용할 수 있도록 모든 준비가 되어 있는지를 보이는 것이다. 인수 테스트는 개발자가 하지 않고 개발을 의뢰한 사람이나 그 대리인이 한다.

인수 테스트는 결국 개발한 사람이 시스템을 사용할 모든 준비가 되었다는 것을 확인시켜 주는 작업이다. 따라서 개발 과정에 일어난 문제가 무시할 만한 것이라 생각하여 사용자에게 미리 알려주는 것은 좋지 않은 생각이다.

인수 테스트에서 사용하는 테스트 방법은 사용자가 선택하여야 한다. 시스템 요구분석서를 잘 살펴보면 여기서 인수 테스트 방법을 생각해 낼 수 있다. 사용자 지침서가 인수 테스트의 중요한 자료가 될 수 있다. 인수 테스트 방법의 대부분은 통합 테스트와 같다. 다른 점은 사용자 환경에서 한다는 것이다. 실제 사용할 하드웨어와 소프트웨어 기반으로 사용할 사람들이 실제 업무 절차를 따라 수행한다.

다른 방법은 자동화 이전의 수작업 자료를 그대로 사용하여 새 시스템을 시험하는 것이다. 새 시스템의 결과와 이전 수작업 시스템의 결과를 비교한다. 수작업과 소프트웨어에 의한 작업 수행을 동시에 하여 그 결과를 비교하는 방법도 있다. 인수 테스트에서 성능 테스트에서 성능 시험과 스트레스 시험도 하여야 한다.

불특정 다수의 사용자를 위하여 작성한 소프트웨어의 인수 시험으로는 알파 테스트와 베타 테스트가 있다. 알파 테스트는 선택된 사용자가 개발 환경에서 시험하는 것을 말한다.

개발자 소프트웨어를 테스트하는 사용자를 모니터하면서 오류와 문제점을 기록한다. 베타 테스트는 고객의 사용 환경에서 시험하는 것이다. 개발자 없이 사용 환경에 소프트웨어 설치하여 시험한다.

고객이 모든 문제를 기록하여 개발자에게 보고하면 개발자는 소프트웨어를 변경하고 다시 테스트하여 고객에게 인수한다.

알파 및 베타테스트의 장점은 소프트웨어를 실제 사용환경에서 실제 사용할 사람에 의하여 시험하므로 매우 현실적이라는 사실이다.

 **18.7 테스트의 V-Model**

V-Model은 소프트웨어 전 개발주기에 걸쳐서 지속적으로 테스트를 수행해야 한다는 테스트 라이프 사이클 개념이 반영되며, 분석/설계 단계에 테스트 계획 및 설계를 완료하고, 개발단계 이후에는 테스트 실행에만 집중한다.

18.7.1 V-Model 기반 테스트방법론의 개념

① 테스트 방법론은 테스트를 수행하기 위한 테스트 방법, 절차, 산출물, 기법 등을 논리적으로 정리해놓은 체계이다.

② V-Model 기반 테스트 방법론은 테스트 계획 및 설계활동을 프로젝트 초기 단계로 배치하여 테스트 생명주기(계획, 설계, 실행, 종료)를 구분하지 않고, SDLC와 함께 테스트 생명주기가 수행되도록 구성한다.

18.7.2 V-Model 기반 테스트방법론의 특징

① 테스트 활동과 산출물의 1:1 매핑을 통하여 테스트 산출물 관리가 용이하다.

② 요구사항에 대한 커버리지 확보, 개발 초기부터 결함 관리가 가능하다.

③ 일관되고 효율적인 테스트 설계가 가능하다.

④ 개발 단계 이후의 테스트 활동을 줄임으로써 개발생산성 증대, 일정관리가 용이하다.

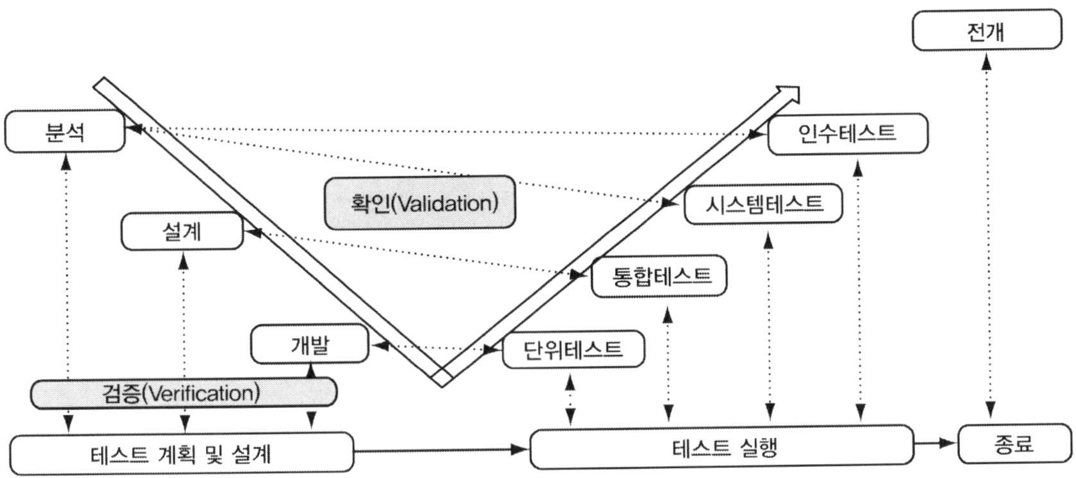

※ Human testing(Verification)과 Computer-based testing(Validation)을 통해서 단계별 결함을 검출하고 이후단계로의 전이를 예방하기 위해서 개발단계와 테스트를 Mapping 해놓은 것
※ 개발(분석/설계) 산출물과 테스트계획/설계 산출물과의 검증(Verification)활동을 수행하며, 단계별 테스트를 수행하면서 확인(Validation)활동을 수행함

[그림 18-3] 테스트의 V-Model

18.8 테스트 분류

테스트는 단위 테스트, 통합 테스트, 시스템 테스트, 인수 테스트 단계를 수행한다.

18.8.1 테스트의 분류

① **단위 TEST (Unit TEST)**

- 설계의 최소 단위인 모듈을 TEST, 화이트 박스 TEST 기법을 이용한다.

- 단위 TEST의 유형

  - 인터페이스 TEST : 다른 모듈과의 데이터 인터페이스에 대하여 TEST 한다.

- 자료구조 TEST : 모듈 내의 자료 구조상 오류가 없는지를 TEST 한다.
- 수행경로 TEST : 구조 및 루프 TEST 등에 의해 논리 경로들을 TEST 한다.
- 오류처리 TEST : 각종 오류들이 모듈에 의해 적절하게 처리되는지를 TEST 한다.
- 경계 TEST : 오류가 발생하기 쉬운 경계 값들을 TEST 사례로 만들어 TEST 한다.

② **통합 TEST (integration TEST)**

• 단위 TEST 후의 모듈들의 조합을 위한 인터페이스 오류발견을 TEST 한다.

• 하향식 통합 (Top-down integration) : 가상모듈 Stub
  - 상위 모듈을 하위 모듈 보다 먼저, 중요 모듈을 우선적으로 TEST 한다.

• 상향식 통합(Bottom-up integration) : 가상모듈 Driver
  - 하위 모듈을 상위 모듈 보다 먼저, 입/출력 관련 모듈을 우선적으로 TEST 한다.

• 샌드위치형 통합 (Sandwich integration)
  - 하향식과 상향식 통합 방식을 절충한 방식이다.
  - 우선적으로 통합을 시도할 중요 모듈들의 선정 후, 그 모듈을 중심으로 통합한다.

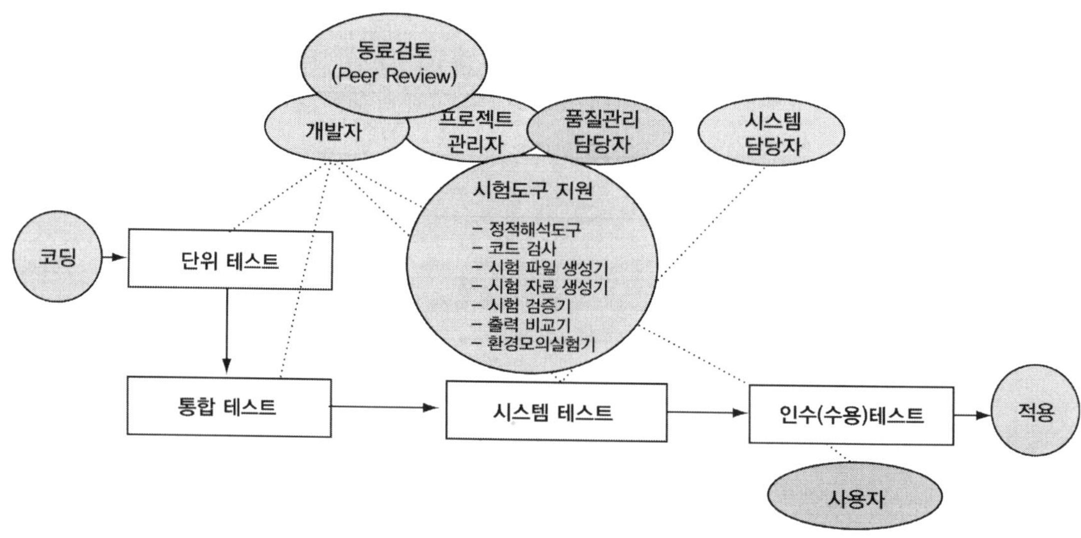

[그림 18-4] 테스트 분류

③ **시스템 TEST**

- 회복 TEST (Regression Test) : 회복이 시스템에 의해 자동으로 수행되고 초기화, 데이터 회복, 재 시작 방법 등에 의해 정상적으로 회복되는지를 평가한다.

- 안전 TEST (Security Test) : 해커 등의 불법적인 침투로부터 시스템을 보호하는지 에 대한 검증 TEST이다.

- 강도 TEST (Stress Test) : 비정상적인 값, 양, 빈도 등의 스트레스에 대한 수행 상 태를 TEST 한다.

④ **성능 TEST (Performance Test)**

- 통합 시스템의 효율성을 진단하기 위해 실행 시간을 TEST 한다.

- 자원 이용, 처리시간, 요구된 응답 등의 반응 성능 TEST이다.

⑤ **인수 TEST (Acceptance Test)**

- 사용자 측면에서 소프트웨어가 합리적인 기대인 요구사항을 충족시키는 지를 평가 한다.

- 알파 TEST : 특정 사용자들에 의해 개발자 관점에서 수행되며, 개발자는 사용상의 문제를 기록히여 반영되도록 하는 TEST이다.

- 베타 TEST : 선정된 다수의 사용자들이 자신들의 사용환경에서 일정 기간 동안 사 용해 보면서 문제점이나 개선 사항 등을 기록하고 개발 조직에게 통보하여 반영되 도록 하는 TEST이다.

18.9 테스트 프로세스 연관

테스트 프로세스는 테스트 수명주기 활동을 중심으로 모든 관련 구성요소와 관련된 사항과 활동을 포함한다.

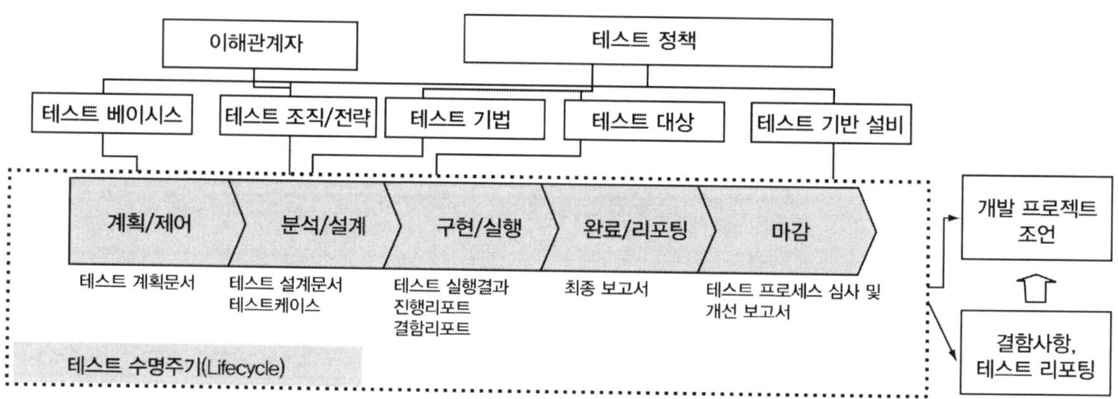

[그림 18-5] 테스트 프로세스 연관

18.9.1 테스트 프로세스

① **테스트 계획 및 제어**

- 테스팅의 목표와 임무를 달성하기 위한 활동이다.

- 테스트 범위와 테스트를 위한 리스크에 대한 결정, 테스팅의 목적에 대한 식별 및 테스트 정책의 실현과 테스트 전략의 구현이다.

- 테스트 결과에 대한 측정과 분석을 한다.

② **테스트 분석과 설계**

- 일반적이고 추상적인 테스팅 목적을 실제적이고 구체적인 테스트 상황과 테스트 케이스로 변환하는 활동이다.

- 테스트 케이스 설계와 우선순위 선정한다.

③ 테스트 구현과 실행

- 특별한 순서로 테스트케이스를 결합하고 테스트실행에 필요한 다른 정보를 포함하는 테스트 프로시저 또는 테스트 script를 명세화하는 활동이다.

- 테스트 케이스의 개발, 구현과 우선순위를 선정한다.

④ 테스트 완료 조건의 평가와 리포팅

- 정의된 테스트 목표에 비해 어느 정도 실제 테스트가 실행되었는지를 평가하고 최종테스트 보고서를 작성하는 활동이다.

- 테스트 실행결과가 테스트 계획에 명시된 완료 조건을 만족하는지 확인한다.

⑤ 테스트 마감활동

- 완료된 테스트 활동에서 데이터를 수집하여, 테스트에서 발견된 사실 및 데이터와 함께 테스팅 경험과 테스트웨어를 종합하고 축적하는 활동이다.

- 테스트웨어, 테스트환경, 테스트 기반 설비를 차후 사용할 것에 대비하여 마감 및 보관하여 다른 프로젝트의 지침이 되도록 프로젝트를 통해 얻은 교훈을 분석한다.

18.10 테스트설계 기법

블랙박스 테스트, 화이트 박스 테스트를 통하여 커버리지를 충족하는 테스트 케이스를 도출할 수 있다.

18.10.1 기능중심 테스트 Black Box Test 와 White Box Test

① **Black Box Test의 정의**

프로그램 외부에서의 기능적 테스트를 통해 오류를 검출하기 위한 사용자 관점의 테스트 수행과정이다.

〈표 18-1〉 블랙박스 테스트

구분	내용
동등 분할 기법	• 다양한 입력 조건의 TEST 사례들을 선정하여 TEST 예) 1~100 범위에서 x 〈0, 0, x, 100, x 〉100으로 구분하여 TEST
경계값 분석 기법	• 경계값을 기준으로 결과의 정확성을 TEST 예) 1~100 범위에서 x=0, x=100, x=-1, x=200등으로 TEST
원인,결과 그래프 기법	• 입력값이 출력값에 미치는 영향을 그래프로 표현하여 오류검출
오류예측 기법	• 간과할 수 있는 오류들을 감각과 경험으로 검출하는 기법 예) 입력 값없이 확인하거나, TEXT 입력란에 숫자 입력 등

② **White Box TEST**

프로그램 내부의 논리적 구조 및 복잡도 등에 대한 TEST이다.

〈표 18-2〉 화이트박스 테스트

구분	내용
구조적 기법 (Structural test)	• 프로그램의 논리적인 복잡도를 측정하여 평가
루프 TEST (Loop test)	• 프로그램의 Loop 구조에 국한하여 실시하는 기법 • 초기화 값, 인덱스와 증가분, Loop의 경계 값 등의 오류 검출

18.10.2 Black Box Test와 White Box Test 비교

〈표 18-3〉 화이트박스 테스트

구분	White Box Test	Black Box Test
개념	• 프로그램 내부로직을 참조하여 모든 경로를 테스트	• 프로그램 외부명세(기능, 인터페이스)로부터 직접테스트(Date, I/O Driven 테스트)
특징	• 구조테스트 • Logic-Driven 테스트 • 모듈테스트	• 기능테스트 • Date-Driven 테스트 • I/O-Driven 테스트

18.10.3 White Box 세부기법

① **구문(Statement) 커버리지**

프로그램내의 모든 명령문을 적어도 한번 수행하도록 테스트 케이스를 산출한다.

② **결정(Decision) 커버리지**

프로그램 내의 전체 결정 명령문이 적어도 한번은 참과 거짓의 결과가 되도록 테스트 케이스를 산출한다.

③ **조건(Condition) 커버리지**

결정 명령문 내의 각 조건이 적어도 한번은 "true"와 "false"의 결과가 되노록 테스트 케이스를 산출한다

④ **결정/조건(Decision/Condition) 커버리지**

결정 명령문 및 명령문내의 각 조건이 적어도 한번은 "true"과 "false"을 취하고 모든 명령문이 적어도 한번은 수행하도록 테스트 케이스를 산출한다.

⑤ **수정 조건(Modified Condition) 커버리지**

각 개별 조건식이 다른 개별 조건식에 영향을 받지 않고 전체 조건식의 결과에 독립적으로 영향을 주도록 함으로써 조건/결정 커버리지를 향상시킨 커버리지이다.

⑥ **다중 조건(Multiple Condition) 커버리지**

결정 포인트 내에 있는 모든 개별 조건식의 모든 가능한 논리적인 조합을 고려한 강력한 커버리지이나.

18.11 리스크 기반 테스트

리스크에 대한 정량적 분석을 통하여 우선순위가 높은 부분에 테스팅 자원이 집중하여 전체적인 비즈니스 영향을 최소화 하는 것이 중요하다.

18.11.1 리스크의 수준에 따른 테스트 수준을 결정하는 리스크 기반 테스트

① **리스크 기반 테스트 기법의 정의**

- 제품의 리스크 분석을 통해 집중적으로 테스트 해야 할 부분과 우선 순위에 따른 단계별 테스트 수행 할 부분을 도출하는 테스트 기법이다.

② **리스크 기반 테스트의 역할**

- 프로젝트의 초기 단계부터 리스크에 미리 대처 할 수 있게하여 제품의 리스크 수준을 축소 한다.

- 제품의 리스크를 식별한다.

- 리스크별 테스트 계획 및 제어, 테스트 설계 및 명세화, 테스트 준비 및 실행을 가이드 한다.

③ **식별된 리스크의 용도**

- 사용할 테스트 기법을 결정한다.

- 테스팅 수행 범위를 결정한다.

- 심각한 결함을 발견하기 위해 테스팅의 우선순위를 결정한다.

- 리스크를 줄이기 위한 활동을 수행해야 할지를 결정한다.

장애 발생 가능성과 장애로 인한 영향은 [그림 18-7]과 같다.

〈표 18-4〉 리스크 테이블

리스크 요소 리스크 아이템	장애 발생 가능성					영향		
	복잡성	새로운 기능	상호 관계	크기	기술 난이도	사용자 중요도	사용 빈도	민원 소지
리스크 아이템1	1	3	1	3	3	1	1	1
리스크 아이템2	2	3	1	5	5	5	5	5

※ 이해관계자가 리스크 테이블 작성
※ 리스크 레벨 : 9=심각, 5=높음, 3=보통, 1=낮음, 0=없음

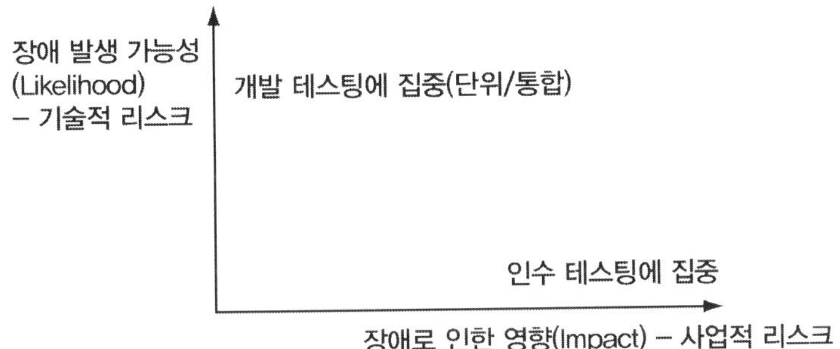

※ 리스크를 기술적 리스크와 사업적리스크로 분리, 기술적 리스크는 단위/통합 테스팅과 관련됨
  (장애발생 가능성 관리)
※ 사업적 리스크는 인수 테스팅과 관련됨
  (발생한 장애로 인한 영향관리)

[그림 18-6] 리스크 기반 테스트

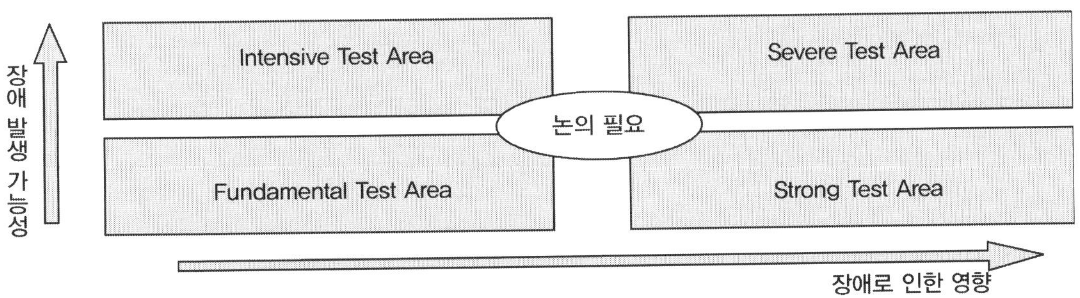

[그림 18-7] 장애 발생 가능성 대비 장애로 인한 영향도

리스크 레벨	우선순위	설계기법	완료조건
Server Test Area	1	• 유스케이스 테스팅 • 페어와이즈+경험적 포함 • 경계 값 분석 • 탐색적 테스트	• 모든 가능한 테스트 케이스 수행 • Workaround 결함 50개 이하 • 재 테스팅 3회/Full 리그레션 테스팅
Strong Test Area	2	• 유스케이스 테스팅 • 페어와이즈 • 경계 값 분석	• 모든 가능한 테스트 케이스 수행 • Workaround 결함 100개 이하 • 재 테스팅 2회/Full 리그레션 테스팅
Intersive Test Area	3	• 유스케이스 테스팅 • 동등 분할	• 90% 이상의 기능 테스트 케이스 수행 • 재 테스트 1회/Partial 리그레션 테스팅 완료
Fundamental Test Area	4	• 유스케이스 테스팅(기본흐름만)	• 80% 이상의 기능 테스트 케이스 수행 • 재 테스트 1회/확인 테스팅 완료

18.11.2 리스크기반 테스트 수행 절차

① **리스크 식별**

- 제품의 품질 관점에서 테스트 대상이 될 항목을 식별한다.

- 기능적/기술적 항목으로 분리한다.

② **리스크 분석**

- 중요하고, 잠재적 결함이 많은 부분을 분석하여 우선순위를 결정한다.

- 리스크 = 장애 발생 빈도 * 장애로 인한 영향

③ **리스크 계획**

- 리스크 정보를 근거로 대처 방안을 수립한다.

- 리스크를 줄일 수 있는 테스트 방안을 정의한다.

④ **리스크 추적**

- 리스크 기반 테스트 수행 및 리스크에 대한 대응을 지속적으로 모니터링한다.

18.12 벤치마크 테스트 – BMT(BenchMark Test)

외부로부터 시스템을 도입할 때 업체 및 솔루션과 장비 선정을 가격만 가지고 입찰하는 게 아니라 여러 제공 기능이나 유지보수 능력 등을 비교 평가하기 위하여 BMT를 실시한 다. [그림 18-8]은 BMT 평가 항목을 설명하고 있다.

18.12.1 시스템 및 SW의 성능 측정 테스트 BMT의 개념

① **일반적인 BMT (BenchMarking Test)의 개념**

- 유사한 기능 및 성능을 가지고 있는 제품 중에서 업무의 목적, 용 도 및 비용 등을 고려하여 최적의 제품을 선택하기 위한 테스트이다.

- 성능을 측정하기 제품을 비교평가 하기 위하여 사용되는 절차, 도구 또는 프로그램 이다.

② **발주자 입장에서 BMT의 개념**

- 제안 요청 후에 공정하게 최적의 제품을 선택했다는 객관적인 근거 자료로 쓰인다.

- 비교 정보를 통하여 제품의 성능 및 기능을 파악하게 된다.

③ **수주자 입장에서의 BMT의 개념**

- 발주자에게 우수 제품을 선택할 수 있는 비교 정보를 제공하여 자사 제품의 강점을 홍보 한다.

- 자사 제품의 취약점을 보안 및 향후 개선 방안 파악을 통한 경쟁력을 제고한다.

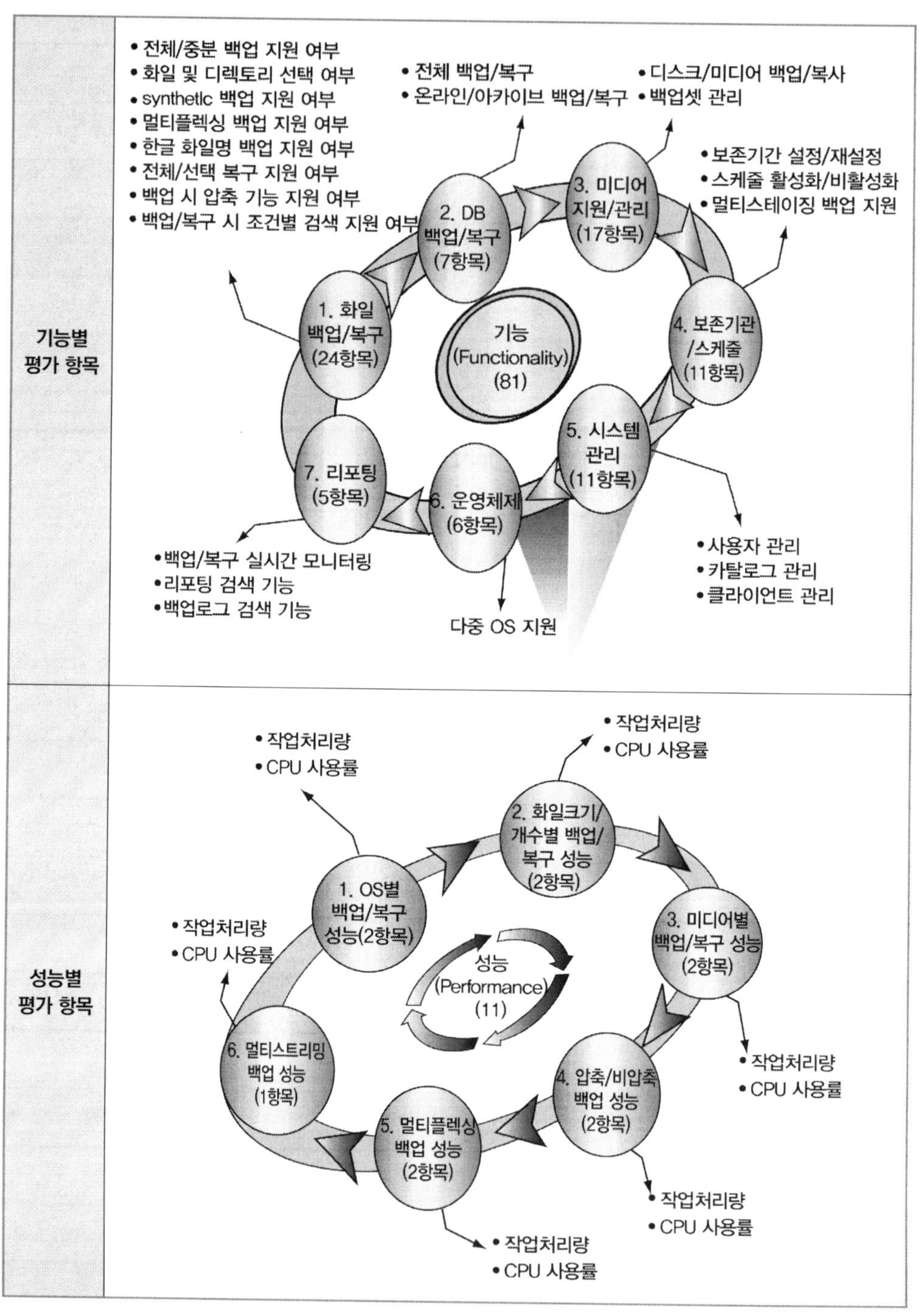

[그림 18-8] BMT평가 항목

18.12.2 BMT절차

〈표 18-5〉 BMT 절차

절차	상세 내용
BMT 요청	• 대상 업체 선정 후 관련 업체에게 BMT 관련 HW/SW 요청, 일정 및 기간 통보
BMT 평가항목 도출	• 기능 관련 항목 : 기본 기능, 적합성, 정확성, 유연성, 상호호환성, 보안성 • 성능 관련 항목 : 신뢰성, 효율성, 장애 복구성, HW/SW 성능, HA 여부 등
BMT 평가방법 선정	• 평가 도구, 평가 체크리스트, 평가 등급, 평가 횟수 선정, 평균값/최대값 중 선택 • BMT 평가 방법 선정에 따른 BMT 시나리오 구성
BMT 시험환경 구성	• 운영환경과 관련 없는 별도의 Test Bed 구성, 인원 및 일정에 따른 시험 환경 구성
BMT 수행	• 세부 평가 항목별로 요청된 기본 기능의 존재 여부 확인 • 평가 내용에 따라 정상 동작 여부, 최적의 성능 발휘 여부 확인
BMT 결과 확인	• 결과 자료 확인, 선정 이유, 공정성 여부 확인화여 결과 공표 후 우수 사업자 선정

18.12.3 BMT 평가항목

〈표 18-6〉 BMT 평가항목

구분		상세 평가 항목
SMP 서버	CPU	• Utilization Time(User/System/Idle), Run Queue Size, Thrashing, Blocking/Wating Job, Paging 관련 CPU Job, 평상시/Peak시 사용율
	Memory	• Page In/Out/Fault, Swaping In/Out, Buffer Cashe Hit Ratio, Read/Write Cache 이용율, System/App별 메모리 사용율
	Disk	• Disk Busy율, Average Queue의 수, 초당 Read/Write/Blocking Job
스토리지		• CPU Busy율(디스크와 캐시 간, 호스트와 캐시 간), Cashe Memory의 Read/Write Miss Ratio
SAN 스위치		• Port Busy율, ISL Port간 트래픽

※ 기본 기능에 대한 평가항목은 요구 기능에 따라 다름
※ 정확한 벤치마킹 도구가 없을 시에는 TPC나 SPEC을 이용한 평가를 수행

18.13 소프트웨어 테스트의 경제성

소프트웨어 테스트의 경제성은 [그림 18-9]에서 설명하고 있다.

18.13.1 소프트웨어 테스트의 경제성 원리

① 추가 결함 발견될 확률은 기 발견된 결함 수에 정비례한다.

② 개발시 노력 분포도 40 : 20 : 40 (설계 40%, 프로그래밍에 20%, 테스트에 40%의 노력이 소요)을 일반적으로 적용한다.

③ 유지보수 단계의 생산성은 개발단계의 생산성의 1/40 수준이다.

④ 테스트를 얼마나 철저히 했느냐에 따라 사용자의 만족도(품질)가 달라지고 유지보수 비용에 큰 차이가 있을 수 있다.

⑤ 소프트웨어의 내재된 결함을 찾아내는 시기가 중요하다.

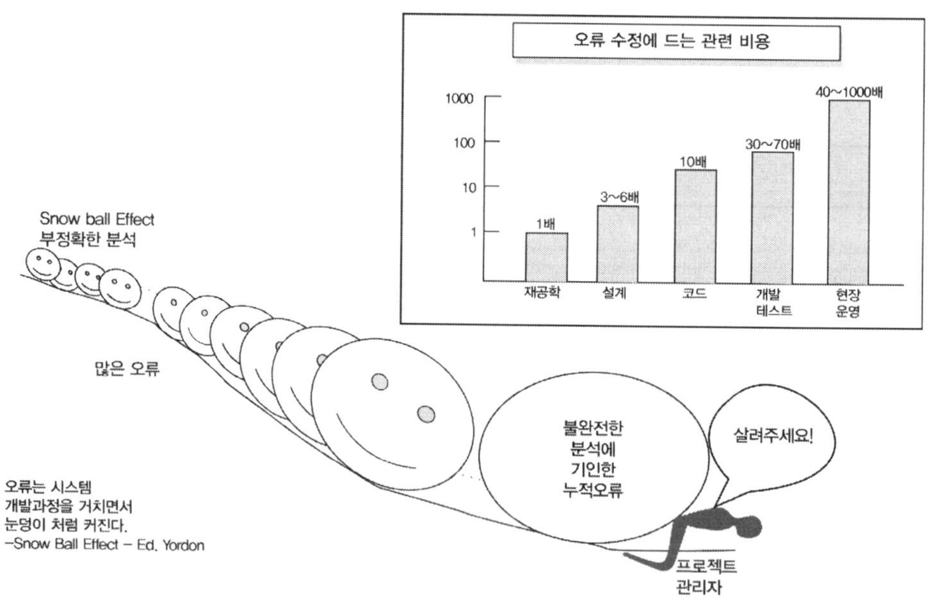

[그림 18-9] 소프트웨어 테스트의 경제성

18.13.2 소프트웨어 테스트와 유지보수 비용과의 관계

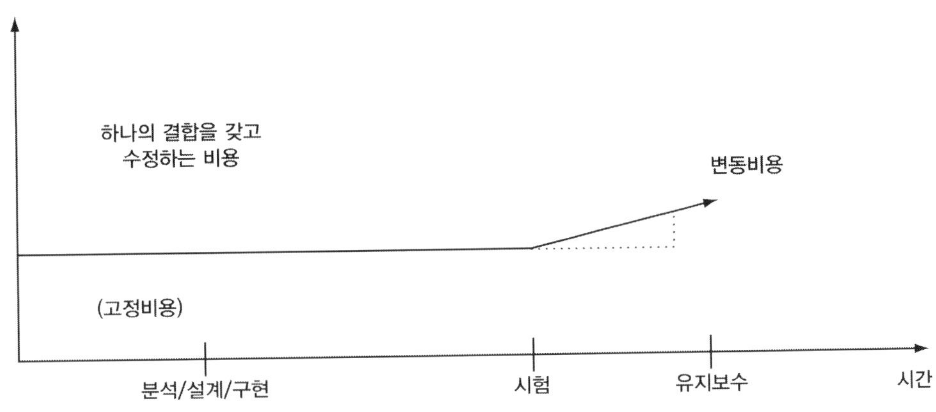

[그림 18-10] 소프트웨어 테스트와 유지보수 비용

18.14 소프트웨어 검토와 결함관리 방안

소프트웨어공학 과정에서의 여과기 기능을 하며 개발기간 중 제거할 수 있는 결점들을 찾는 과정이다

① **검토의 필요성**

- 기술적인 일은 당연히 검토를 필요로 하며 오류의 원인은 사람이다.

- 개발자가 자신의 몇몇 오류를 찾아내는데 능숙하지만 대부분의 오류는 다른 사람들보다 오히려 찾기 어렵다.

② **소프트웨어 오류의 비용 영향**

- 기술검토의 이익은 후속단계 이전에 오류를 조기에 발견하는 것이다.

- 연구단체의 통계치 (대형 프로젝트)

  - 설계활동이 모든 오류의 50~60% 차지

  - 기술검토는 설계오류의 75% 지적 효과

③ 결함증폭 모델

- 소프트웨어공학 과정의 설계 및 코딩단계에서 결함의 발생과 검출을 나타내는데 이용된다.

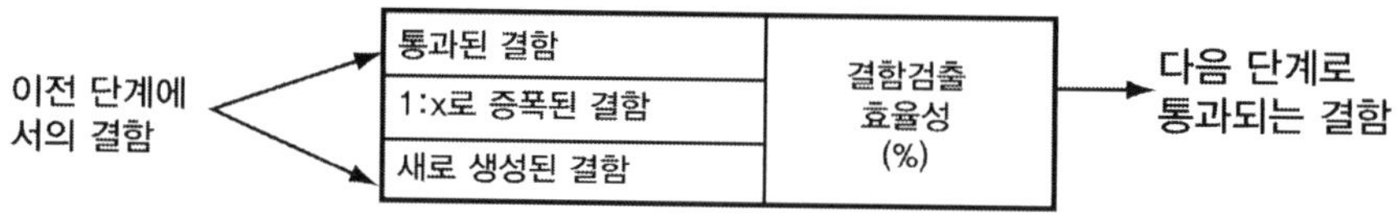

18.14.1 정형적 기술검토(FTR : Formal Technical Reviews)

① FTR의 목적

- 소프트웨어 표현을 위한 기능, 논리, 구현의 결함을 도출한다.

- 소프트웨어가 요구사항과 일치하는지 검증한다.

- 정의된 표준에 따라 표현되었는지를 보증한다.

- 균일한 방식의 소프트웨어 개발을 지원한다.

- 프로젝트의 효과적 관리를 지원한다.

② FTR의 종류

- Review

  - 부적절한 정보, 누락되거나 관련 없는 정보를 발견한다.

  - 요구명세서와의 일치성을 검토한다.

  - 시스템 개발요원, 관리자, 사용자, 외부전문가가 참여한다.

- Walk-through

  - 비공식적인 검토과정이다.

  - 개발에 참여한 팀들로 구성한다.

- Inspection

  - 소프트웨어 구성 요소들의 정확한 평가를 한다.

  - Review보다 엄격하고 정형화 되어 있다.

  - Check List 등을 사용한다.

  - 전문지식을 가진 팀으로 구성한다.

18.14.2 결함관리 방안

단위 테스트 단계에서 결함관리는 테스트 수행 중 발생하는 결함을 등록하고 이에 대한 분석 및 오류 수정을 통하여 프로그램의 품질을 높이고자 하며, 결함관리 절차별로 파악되는 정보의 관리를 통해 결함해결의 진척관리와 사전 예방 활동을 강화하고자 해야 한다.

〈표 18-7〉 결함관리 방안

단계 정의	주요 수행 TASK	담당자
결함발견 및 등록	• 각 테스트 영역별 발견된 결함에 대해 결함을 등록	테스트담당자
결함 등록 확인	• 등록된 결함을 PL, 개발자가 확인하고, 조치 예정일 및 조치자 재분배를 진행	PL
결함조치 및 완료 등록	• 조치 예정일 잇ㄴ까지 등록된 결함 조치를 완료하고 결함 조치 사항을 등록(결함 발생 후 1주일 이내를 조치 완료일로 정함)	개발자
결함 보완 여부 확인	• 조치 완료된 결함에 대해 재테스트 수행을 통해 완료 여부를 점검	PL
결함 진행관리	• 등록돈 결함의 현황과 조치 완료를 확인하고, 결함 보완을 독려함	PM

18.15 테스트 자동화

테스트의 효율성과 효과성을 위한 테스트 자동화 설계영역에는 명세기반 테스트 설계도구, 코드기반 테스트 설계도구, 구현 영역에는 정적, 동적분석도구, 커버리지 측정도구가 있다.

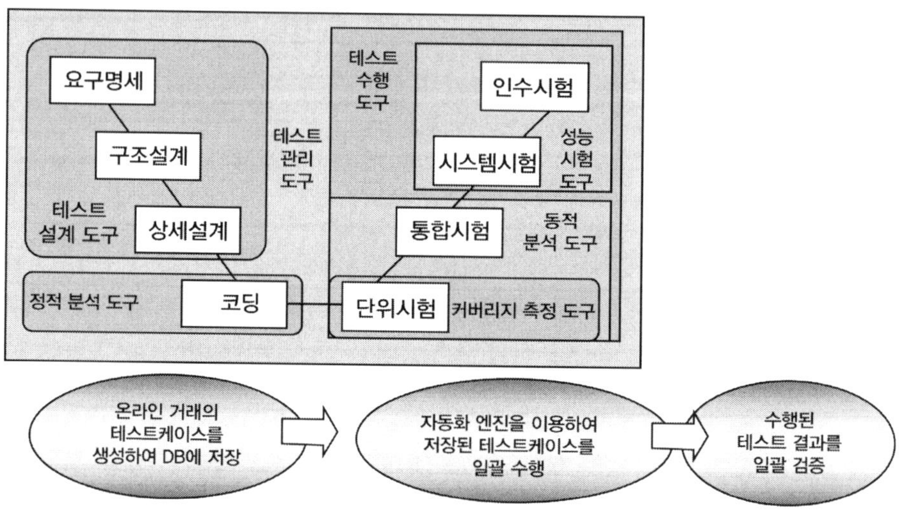

[그림 18-11] 테스트 관리 도구 자동화 체계

① **테스트 수행 도구**

- 성능 시험 도구(시스템, 인수)

- 동적 분석 도구(통합)

② **커버리지 측정 도구(단위)**

- 테스트 관리 도구

- 테스트 설계 도구

- 정적 분석 도구(코딩)

18.15.1 테스트 자동화의 목표

① 수작업으로 실시하고 있는 테스트의 자동화에 있다.

② 프로그램 변경과 무관하게 자동화 시스템을 이용한 상시 테스트 환경을 구축함에 있다.

③ 테스트 생산성 향상에 있다.

18.15.2 테스트 자동화 도구의 구성

테스트 스크립트	• 테스트 진행 프로시저를 기술	• 명세기반, 코드기반, capture 기반
테스트 오라클	• 테스트 결과의 옳고 그름을 판정	• 프로그램 명세로부터 자동생성 사용자 기반의 생성
테스트 수행 엔진	• 테스트 케이스를 수행하고 수행 결과를 모니터링	• 테스트 수행, 모니터링, 시뮬레이션

18.15.3 테스트 자동화의 장단점

항목	세부내용
장점	• 테스트 노력 절감 및 실수 감소 → 위험도가 높은 부분 테스트에 집중하는 것 가능 • 비용 효율적 유지보수 가능 → 고객의 요구에 빠르게 응답
단점	• 고가이면서 유지비용도 높음 • 초기 환경 및 테스트 설정에 많은 시간과 노력 소요
고려사항	• 적절한 자동화 대상 프로젝트 선정 • 제품과 테스트 스펙을 Formal하게 변경하는 것에 대한 준비

1. 테스트는 검증(validation)이나 검토(verification)또는 품질 보증(quality assurance)의 의미도 담고 있다. 이에 대해 논하시오.

2. 테스트 단계와 소프트웨어 개발 단계의 관계를 도식화 하고 설명 하시오.

3. 테스트의 다섯 가지 단계에 대해 논하시오.

4. 테스트의 특징의 특징에 대해 논하시오.

5. 화이트박스 테스트와 블랙박스 테스트에 대해 논하시오.

6. 통합 테스트에 대해 논하시오.

7. 인수 테스트에 대해 논하시오.

소프트웨어 형상관리

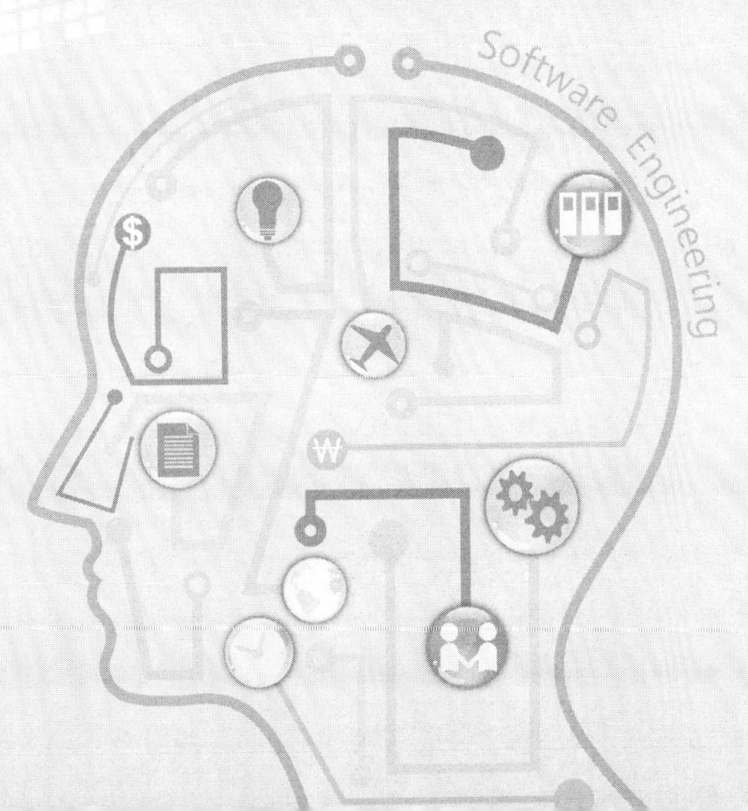

소프트웨어 형상관리(software configuration management)란 소프트웨어 개발과정과 개발결과의 모든 과정에서 이루어지는 것으로, 소프트웨어가 어떤 모양의 결과물을 어떤 과정을 통해 양산하고(형태) 항상 고객이 원하는 최신의 시스템을 유지(상태)하도록 하는 데 목적이 있다.

이렇게 하기 위해서는 품질관리는 물론이고 특히 변경관리(change management), 버전관리(version management), 릴리즈관리(release management) 등을 잘 해야 목적을 달성할 수 있는데, 최근에는 이를 위한 형상관리 도구가 나와 있지만 만족할 만한 결과를 가져오지는 못하고 있는 실정이다.

이 장에서는 뒷부분에 현실적인 형상관리 체계의 연관 구조도를 제안하였다.

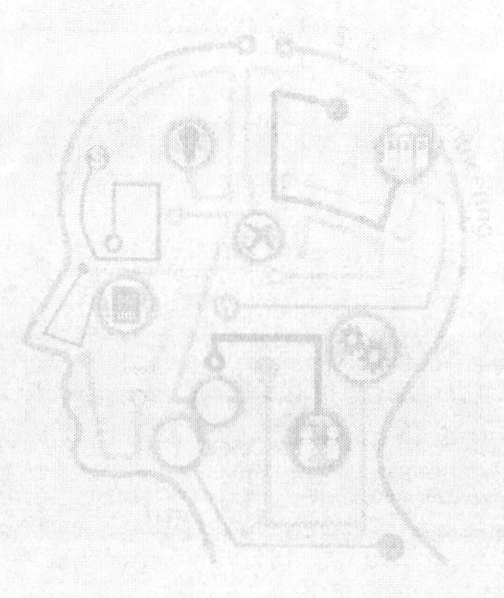

19.1 형상관리 개념

형상관리 활동은 프로젝트 추진 전체 공정에 걸쳐 프로젝트 관리, 품질 통제, 시험 등과 매우 긴밀한 관계를 유지한다.

형상관리는 인도될 소프트웨어 제품의 품질을 향상시킬 수 있도록 통제하고 개발 및 유지보수 비용을 절감시키기 위한 활동이다. 또한 형상관리 활동의 근본 취지는 사용자가 요구하는 사항에 대해 최상의 결과물/생산품(product)을 양산하고 유지시키기 위해 프로젝트의 특성을 고려하여 선택한 개발모델 및 개발경로에 따라 결과물이 양산되고 유지시키고 있는지에 대한 프로세스(process)를 관리하는 것이다. 즉, 형태(form : products)와 상태(condition, status : process)를 관리하는 것으로 요약할 수 있다. 그러나 필자가 국내 전문시스템통합(system integration)회사에서 추진한 공공 프로젝트 20여 개를 대상으로 프로젝트 관리, 개발방법론 및 품질보증분야에서 형상관리 부문에 대해 감리한 결과, 초보적인 수준 또는 형상관리의 중요성에 대해 인식되고 있지 않은 것으로 파악되었다.

이 장에서는 형상관리에 대한 이론을 체계화하고, 프로젝트를 추진하기 이전에 형상관리 계획을 수립하고 계획된 내용에 따라 이행함으로써 싱공적인 프로젝드 수행이 가능하도록 연구된 내용을 기반으로 현실적인 형상관리 운영이 가능하도록 방안을 제시한다.

19.2 형상관리의 정의

형상관리(Configuration Management : CM)에 대해 정의된 내용을 조사해 본 결과, 'CM은 프로그램개발팀에 의해 만들어지는 소프트웨어에 대해 수정개발팀에 의해 관련 소프트웨어에 있어 수정사항들을 통제하고 증명하는 예술이다.' 라는 견해와 'CM 시스템 내

세부내역/품목들을 정의하고, 확인하며, 선정한 개발 수명주기를 통해 이들 세부내역(또는 품목)들의 변경을 통제하며 완전성과 정확성을 확인하고 변경요청 내용들과 품목이 상태를 보고하고 기록하는 절차이다.' 라는 견해가 있다. 이들 간의 관점의 차이는 개발팀 위주의 기술관리 측면을 강조한 것과 프로젝트 관리 측면을 강조한 차이로 해석된다.

또 다른 견해로 소프트웨어 형상관리(Software Configuration Management : SCM)는 소프트웨어 엔지니어링 관점에 적용되는 '우산(umbrella)'과도 같은 활동이고 정의하고 있는데 이는 사용자 요구사항 변경이 수시로 일어날 수 있기 때문에 비유된 것으로 판단된다. 반면에 유지보수는 고객에게 인도된 이후 발생한 소프트웨어 변경사항에 대해 관심을 갖는다는 측면에서 SCM과 유지보수는 엄격한 차이가 있다.

SCM은 운영단계뿐만 아니라 소프트웨어 프로젝트 시작에서부터 종료과정까지의 전체 공정과 결과를 추적하고 통제하는 일련의 활동들이다. 즉, SCM은 소프트웨어 생명주기에 있어 변경사항에 대해 관리하고 또한 소프트웨어 엔지니어링 과정에 있어 모든 단계에 적용되는 소프트웨어 품질보증 활동과도 관계성을 갖고 있다.

다시 말하면, SCM은 프로젝트 추진시 설정한 단계별 이정표들(milestones)과 상품의 공표(release)와 관계한다. 즉, 릴리즈 관리(releale management)와 버전 관리(version management)와 밀접한 관계를 갖고 작업을 수행하여야 한다.

 19.3 소프트웨어 형상관리

소프트웨어 형상관리를 소프트웨어 개발 및 유지보수 차원에서 보면 소프트웨어가 다음과 같은 이유때문에 형상관리가 필요하게 됨을 알 수 있다.

① **가시성의 결핍**(lack of visibility) : 소프트웨어는 무형이기 때문이다.

② **통제의 어려움**(lack of control) : 눈에 보이지 않는 상품의 제작은 통제하기가 어렵기 때문이다.

③ **추적의 결여**(lack of traceability) : 소프트웨어의 변화상을 추적하지 못하다 보니 소프트웨어의 개발과 유지보수는 통제 밖의 대상이 되고 만다.

④ **감시의 미비**(lack of monitoring) : 가시성과 추적성의 결핍은 소프트웨어의 진행과 진화상황을 파악하지 못하게 하고 정보입수를 통한 관리자의 의사결정을 어렵게 만든다.

⑤ **무절제한 변경**(uncontrolled change) : 소프트웨어의 가시성과 통제가 결핍된 상태에서 무절제하게 변경된다.

위와 같은 문제들을 해결하고자 함이 소프트웨어 형상관리(Software Configuration Management : SCM)의 목적이다. 형상관리는 개발 및 유지보수 과정에 변화되어 가는 소프트웨어 짜임새를 질서 있게 통제하고(orderly control) 또한 변경요구(software changes)를 제도적으로 수렴하는 방법이다. 유지보수 관점에서 형상관리의 개념을 이해하면 다음과 같다.

19.3.1 베이스라인과 형상개체

소프트웨어 형상관리의 기본개념은 형상(configuration) 혹은 베이스라인(baseline)으로부터 출발한다. 베이스라인은 기술적 통제시점(technical control point)으로서 모든 변화의 평가(evaluation) · 조정(coordination) · 처리(disposition)를 체계화시켜 준다. 개발과정의 소프트웨어 형상을 나타내는 기준(bass)이나 산출물로 해석될 수도 있다.

소프트웨어 형상이란 구조(structure)와 직결되는 용어이다. 사전적 의미로서의 형상은 소프트웨어 부품들의 상대적 배열(relative arrangement of software parts)인데 이 때 부품들이란 사양서, 설계서의 구조도, 프로그램 코드, 코드를 담은 저장장치 등이 될 수 있을 것이다. 소프트웨어 형상관리에서는 이 부품들을 형상관리 항목(software configuration item : SCI)이라고 부른다.

19.3.2 형상관리의 기능

소프트웨어 형상관리는 다음의 네 가지 기능이 있다.

1 형상 식별(identification)

형상관리 대상인 SCI들을 나무 구조(tree structure)로 구분하고 관리목록 번호를 부여하는 것을 뜻한다. 형상 식별은 소프트웨어 형상의 조직적 구조를 명료하게 정의하고 수정 용이하거나 변경이 발생할 때 추적이 쉽도록 하는 작업이다. 통제를 용이하도록 변경사항은 '누가, 언제, 무엇을, 왜, 어떻게'로 표현되는 정보와 결합시킨다.

2 형상 통제(control)

식별된 형상 항목(SCI)의 변경요구(proposed changes)를 검토하고 승인하여 현재의 베이스라인이 적절히 반영될 수 있도록 통제하는 것이다. 이를 위해서는 형상통제위원회(Configuration Control Board : CCB)의 구성이 필요하다. 형상통제위원회는 변경 요청자와 작업수행자로 구성되며, 각 베이스라인의 승인 및 변경 승인 여부를 결정한다. 기술적 변경, 성능의 변화가 허용한도를 초과하는 변경, 인터페이스 변경, 비용·일정·품질·제품인도 등에 영향을 주는 변경, 안전·호환성 등에 영향을 미치는 변경 그리고 모든 문서의 변경 등이 형상통제위원회의 검토 및 승인사항이 된다.

형상 통제는 소프트웨어 유지보수를 위한 변경관리(change management)와 관련이 있다. 즉, 하나의 버전(version)을 하나의 베이스라인이라 보았을 때 새로운 버전에 대한 (version up) 요구는 다음 베이스라인으로의 변화를 가져오고, 이것은 이를 위한 통제가 필요하기 때문이다. 또한 각 베이스라인 간의 변경의 폭이 되는 델타(delta) 관리를 위해서는 형상관리의 개념이 적용될 수 있다. [그림 19–1]은 형상 통제 절차를 보여 준다.

③ 형상 감사(auditing)

소프트웨어 베이스라인의 무결성(integrity)을 평가하여 공식적인 승인을 한다. 개발경험보다는 소프트웨어에 대한 이해가 높은 그룹(정보시스템 감사나 품질보증 조직)에 의해 행해지는 형상감사는 검증과 확인절차를 필요로 한다. 검증(verification)은 베이스라인의 각 형상항목(SCI)이 전 단계 베이스라인으로부터 논리적인 진화(logical evolution)과정을 밟아왔는지를 검토함이고, 확인(validation)은 유지보수 요구를 만족시키는지 검증하는 단계이다. 따라서 형상감사란 개발자·유지보수자들만의 검열(inspection)이 아닌 객관적인 검증·확인(V&V)과정을 거침으로써 새로운 형상의 무결성을 확보하자는 것이다.

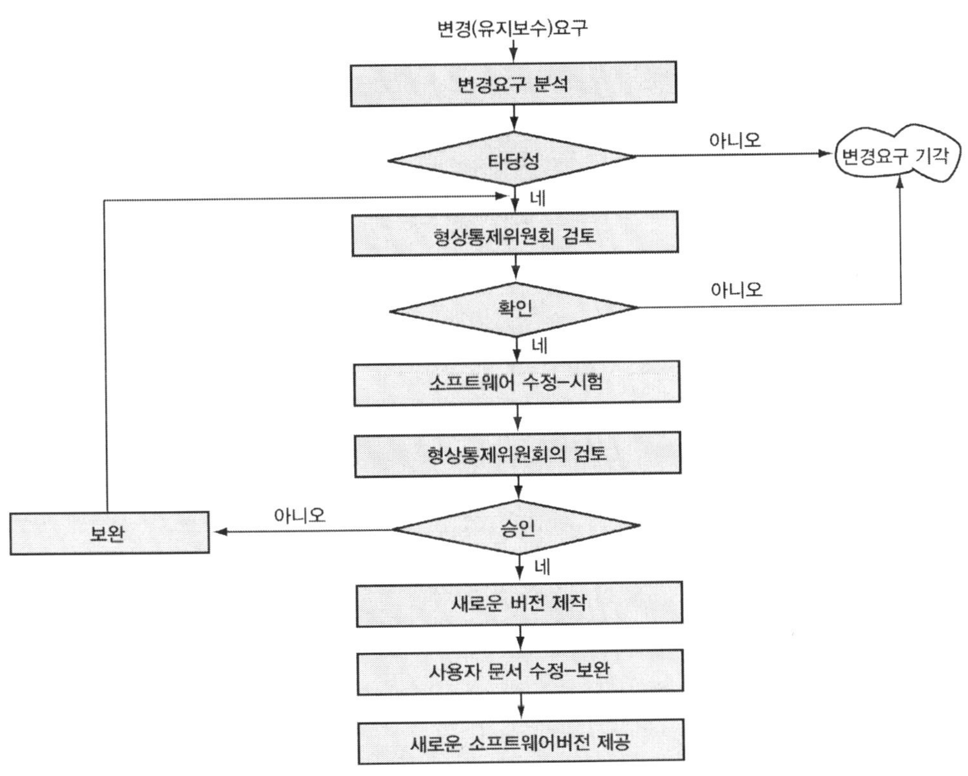

[그림 19-1] 소프트웨어 유지보수를 위한 형상 통제 절차

4 형상 정보 관리(status accounting)

소프트웨어 형상 및 변경 관리의 식별·통제·감사기능의 수행결과를 기록하고 데이터 베이스에 의한 관리를 하며 보고서를 작성한다. 즉, 언제 무슨 일이 발생하였나를 상세히 기록하는 것이다.

19.3.3 형상관리 도입방법

소프트웨어 형상관리는 아직은 그 용어 자체가 우리나라의 많은 소프트웨어 엔지니어들에게는 생소한 편이다. 그러나 선진국에서는 소프트웨어 개발 및 유지보수를 위한 품질보증 및 프로젝트 관리방법으로 정착된 지 오래이다. 그리고 이를 위한 제도적·조직적·기술적 노력이 시행되고 있다.

형상관리 방법론을 도입하려면 무엇이 필요한지? 몇 가지를 알아본다.

1 경영관리자의 의지

변화에 대한 개발자의 저항감을 해소시킬 수 있는 방법은 경영관리자의 의지(management commitment)가 우선이다. 사실, 미숙한 개발자들은 그들이 무엇을 잘못하고 있는지도 모르기 때문에 이를 압력으로 깨우쳐 줄 필요도 있다. 개발자나 유지보수자에게 그들의 모든 작업을 기록하게 하고 이를 감시한다는 것은 경영관리자의 시간과 예산을 투자토록 만들고 개발자의 추가 노력을 필요로 하지만, 그렇지 않고서는 소프트웨어 개발·유지보수의 현명한 관리는 어렵다. 가시성과 추적성의 결핍 때문에 의사결정의 한계가 따르기 때문이다. 이것을 등한시하면 소프트웨어는 개발자 위주로 개발되고 만다.

[그림 19-2]는 개발·유지보수 작업과 형상관리 사이의 균형과 견제(check and balance)가 이루어지도록 하는 경영관리자의 의지가 프로젝트 성공의 열쇠임을 보여 주고 있다.

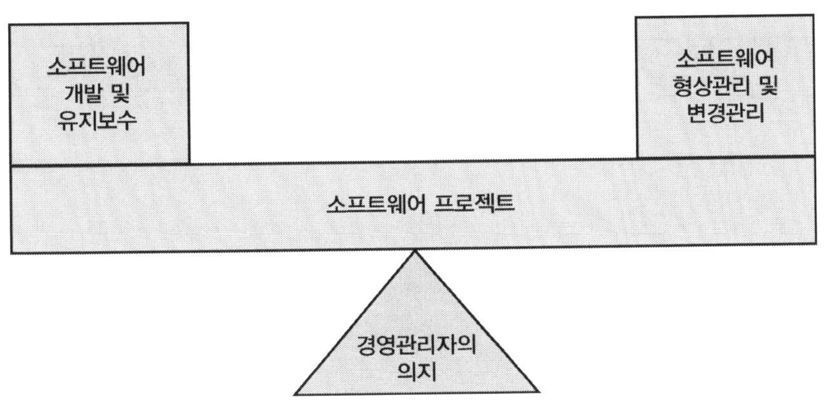

[그림 192-2] 소프트웨어 형상관리를 위한 경영자의 위치

2 관리조직의 확립

형상관리를 효과적으로 수행하기 위해서는 품질보증조직처럼 별도의 조직이 바람직하다. 그러나 이에 어려움이 있을 때에는 사용자(혹은 영업조직)와 개발·유지보수자가 공동으로 조직을 형성하여도 좋다. 중요한 사실은 소프트웨어의 버전 혹은 베이스라인을 승인하고 이의 변경을 허가해 주는 공식적인 조직, 혹은 모임이 있어야 한다는 점이다. 소프트웨어 업체가 패키지를 개발하고 신 버전을 출하시키는 경우에는 정책결정자(policy maker)와 시장(market)을 아는 영업(marketing) 부서의 책임자들이 반드시 형상통제위원회(CCB)에 포함되어야 한다.

3 형상관리 도구와 작업 절차

형상관리는 복잡한 소프트웨어의 진화를 통제하는 원리이다. 소프트웨어는 하드웨어보다 변경이 쉽고 보다 빨리 변경될 뿐만 아니라 소프트웨어 형상 항목들은 그 특성상 정보시스템에 입력시킬 수 있어 자동화 도구가 필요해진다. 특히 다양한 소프트웨어 상품들을 여러 버전으로 많은 곳에 공표(release)하고 사용자 집단마다 적절한 유지보수 대책을 강구하는 조직이라면, 이와 같은 도구 개발이 필연적일 것이다. 물론 도구의 이용은 우선적으로 작업 절차의 확립을 필요로 한다.

 **19.4 형상관리 관련 표준**

19.4.1 ISO/IEC 12207의 형상관리 공정

ISO/IEC DIS 12207-1은 기본공정, 지원공정, 조직공정으로 대별하고 지원 프로세스, 공정 내에 형상관리 공정을 포함하고 있다.

ISO의 형상관리 활동은 시스템 생명주기에 있어 시스템 형상 항목을 식별하고, 정의하며 기준선을 설정하고, 항목(세부내역, 제품)의 수정과 공표를 관리하며, 항목의 안전성과 정확성을 보장하며 항목의 보관, 취급, 인도를 통제하는 행정적으로 기술적인 절차를 관리하는 공정으로 프로세스 구현, 형상식별, 형상통제, 형상상태, 기록관리, 형상감사, 보관, 취급 및 인도와 같은 활동들로 구성된다.

즉, 이러한 개념 하에서 형상관리 활동을 하기 위해서는 형상관리 방침을 수립하고, 이 방침에 따라 형상관리 계획을 수립, 이행하여야 한다.

그 이행과정은 형상식별, 형상 변경 통제, 형상관리 활동계획, 활동 수행절차 및 일정계획, 활동 및 수행책임 조직계획, 소프트웨어 개발 또는 유지보수 팀 간의 세부내용은 다음과 같다.

① **형상관리 계획수립**

형상관리 계획서로 작성되며 문서 내용은 형상관리 활동계획 활동 수행절차 및 일정계획 활동 및 수행책임 조직 계획 소프트웨어 개발 또는 유지보수팀 간의 관계를 계획하여 문서화하게 된다.

② **형상 식별**

형상 항목과 식별체계를 설정하여야 하는데 기준선(baseline)설정, 버전참조, 식별된 세부사항에 대해 프로젝트가 통제된다.

③ **형상 통제**

형상 통제를 위해서는 변경요청 사항이 식별, 기록 유지되고 변경요청 사항에 대해 분석하고 평가되어야 한다. 또한 변경요청 사항에 대해 분석하고 평가되어야 하며, 변경요청 사항에 대해 수정된 소프트웨어 항목을 구현하고 구현된 결과를 검증하고 공표하여야 한다.

④ **형상 상태 보고**

형상 상태는 보고서로 작성되어 해당 프로젝트에 대한 변경회수, 가장 최근의 형상 항목 버전, 공표의 식별자들, 공표횟수 및 공표간의 비교 내용이 포함되어야 한다.

⑤ **형상 평가**

형상 평가 활동은 요구사항에 대한 소프트웨어 항목의 기능적 완전성과 형상 항목의 물리적 완전성(설계 및 코드의 최신 기술 반영 여부)을 결정하고 보장되었는지 평가한다.

⑥ **공표 관리 및 인도**

개발결과물(제품 및 문서)은 공식적으로 통제되어야 한다. 제품과 관련문서는 안전 및 보안 유지를 위해 소프트웨어 생명주기 동안은 유지되고 관리되어야 한다. 그리고 처리, 저장, 포장되어 관련 조직에 인도되어야 한다.

19.4.2 SW-CMM의 소프트웨어 형상관리

SW-CMM에서는 형상관리 목표와 수행방침, 수행능력을 설정하고 성숙도 2단계에서 6개 핵심 프로세스 중 하나를 소프트웨어 형상관리로 설정하고 다음 단계로 진화하도록 하고 다음과 같은 활동을 하도록 권고한다.

- SCM 계획이 문서화된 절차에 따라 관리되고 통제가 이루어져야 한다.

- 승인된 SCM 계획은 SCM 활동의 기초가 되어야 한다.

- 형상관리 라이브러리 시스템이 소프트웨어 기준선의 레포지터리로 구축되어야 한다.

- 형상관리할 소프트웨어 제품이 식별되어야 한다.

- 개발 절차에 따라 모든 형상 항목/단위에 대한 변경요청 및 문제점에 대한 보고가 착수 시점부터, 기록, 검토, 승인 및 추적되어야 한다.

- 개발 절차에 따라 기준선에 대한 변경사항이 통제되어야 한다.

- 개발 절차에 따라 소프트웨어 제품들이 생성되고 이들의 공표가 통제되어야 한다.

- 활동은 소프트웨어 기준선을 기준으로 그 내용을 문서화하는 표준에 따라 보고서가 작성되어 관련조직과 관련자가 사용할 수 있어야 한다.

- 개발 절차에 있어 소프트웨어 기준선에 준하여 감사가 시행되어야 한다. 그리고 형상 활동에 대해 측정 및 분석과 구현과정에 대해 검증하도록 되어 있는데 그 내용은 다음과 같다.

  - SCM 활동은 정기적으로 상위관리자와 검토되어야 한다.

  - SCM 활동은 정기적 또는 필요할 때 프로젝트 관리자와 함께 검토되어야 한다.

  - SCM 조직은 소프트웨어 기준선마다 결과물에 대해 정기적으로 감사(검토)가 이루어져야 한다.

  - 소프트웨어 품질보증단체는 SCM 활동과 결과물을 검토·감시하고 그 결과를 보고하여야 한다.

19.4.3 관리기법/1의 형상관리

국가행정전산망 권장 표준(1992년)으로 선정되어 시스템 개발 방법론으로 활용되고 있는 관리기법/1의 형상관리는 '기반구조 관리'에서 다루어진다.

기반구조 관리는 '개발환경 준비'와 '기술관리'로 나누어지며, 형상관리의 주요 활동은 기준선(관리층에 의해 공식적으로 검토되어 승인된 작업 오브제트) 설정 및 수락된 모든 변경에 대한 통제와 관리 활동 등이다.

형상관리는 개발 초기 과정에서부터 유지보수까지의 전체 과정을 포함한다.

리포지터리 중심의 CASE 환경에서는 분석 및 설계 오브젝트를 영원히 유지하려는 필요성(예를 들면 코드생성 목적) 때문에, 분석 및 설계에 더 많은 형상 통제가 필요하다.

기술관리 기능은 형상관리, 특히 공통코드 및 공유 리포지터리 관리가 핵심이며 핵심 내용은 다음과 같다.

① 기준선과 버전의 설정 및 감독을 위해 관련 오브젝트의 식별 및 명명이 요구되며, 오브젝트 상태의 포착 및 추적이 요구된다.

② 프로젝트 관리층의 변경요청 평가 절차를 지원하기 위해 변경요청 내용을 전달하고 변경요청 사항에 대해 그 영향을 분석 보고한다.

③ 통제된 오브젝트에 대한 변경을 관계자들에게 통지하고, 관련 오브젝트를 개발 다음 단계로 진척시키기 위해 새로운 기준선을 생성하고 개발 플랫폼 간의 변경 및 진척사항에 대해 프로젝트 관리층과 함께 변경사항을 조정한다. 그러나 이러한 형상관리를 위해서 때로는 어려운 환경에 놓이게 되는데 그 상황은 '동시에 서로 관련된 복수 프로젝트를 수행할 때와 개발 환경이 분산되어 있을 때 형상관리 도구의 미완성 상태 그리고 클라이인드/시버환경에서의 개발 프로젝트 등이다.' 라고 기록되어 있다.

19.4.4 IEEE STD-828 형상관리 공정

IEEE STD-828은 형상관리 계획을 위한 구조에 대해 아래와 같이 명시하고 있다.

"형상관리를 위한 관리 부분은 CM과 관련되는 조직 구성과 책임사항이다."라고 서술하고 있다.

규모가 작은 프로젝트 단위를 추진할 때는 고객 품질보증 관련자 프로젝트 관리자 형상관리자가 있어야 하며, 대형프로젝트 관리자 형상관리자가 있어야 하며, 대형 프로젝트 단위를 추진할 때는 그 외 부계약자와 형상통제위원회(Configuration Control Board :

CCB)를 두고 추진하도록 되어야 한다. 그리고 형상관리 계획서에는 각 조직에 대해 책임사항, 구성요원, 권한, 운영절차에 대해 언급하고 있다.

형상관리 활동내역은 다음과 같다.

① **형상 식별**

형상 식별 활동 내용은 형상 항목들을 확인하고 형상 항목들에 대해 이름과 버전을 부여하고 이들 형상 항목들을 정보저장소에 저장시킨다. 그리고 형상 식별을 위해서 개발 수명주기에 있어 각 단계들과 각 단계별로 설정된 기준선(baseline)을 확인하고, 각 기준선 내 형상 항목들의 형태를 식별하고, 각 기준선 내 형상 항목들의 형태를 식별하고 각 기준선에 대해 형상 항목들을 계층적으로 레벨을 부여하여 설계하여야 한다.

② **형상 통제**

형상 통제 활동은 변경요청이 있고 변경요청에 대해 평가하고 변경요청에 대해 승인할 것인지 거부할 것인지를 판단하고 승인된 변경요청 내용을 변경시키는 과정을 거친다.

③ **형상 상태보고**

프로젝트 형상 항목의 상태를 기록으로 유지하고 프로젝트 관리자에게 보고하여야 한다.

④ **형상 감사**

개발사양서를 기준하여 즉 요구되는 특성을 고려, 실제 형상항목에 대해 검증하는 활동이다.

이 활동은 형상이 고객에게 공표되기 이전에 이루어지고 각 프로젝트 단계말에 감사가 이루어져야 한다.

⑤ **형상 항목 연결 통제**

시스템과 개발 환경 간의 상호작용을 고려하여 형상 항목들 간의 연결을 통제하는 활동을 한다.

⑥ **부계약자와 공급자 통제**

외부로부터 공급되는 항목들(제품들)을 어떻게 관리할 것인가에 대한 활동으로 표준을 제시하고 있다.

19.4.5 MIL-STD-498 소프트웨어 형상관리 공정

미국 국방 프로젝트를 수행시 준수해야 하는 국방표준 MIL-STD-498 소프트웨어 개발과 문서화기준은 일반 요구사항들과 상세 요구사항들과 부록으로 편집되어 있는데 소프트웨어 형상관리는 상세 요구사항에 포함되어 있다. 형상관리 내용은 형상식별, 형상통제, 형상상태보고, 형상관리, 인도될 소프트웨어 결과물의 포장, 저장, 취급, 인도를 위한 절차를 형상관리항목으로 내정하고 중요한 관리영역으로 삼고 있다.

19.4.6 국가 형상관리 감리지침

국가의 정보시스템 형상관리 감리지침 연구내용에는 프로젝트 수행기간 동안 제품의 식별성 및 추적성을 확보하고 유지관리를 용이하게 하기 위해 정보시스템의 개발 획득, 공급 운영 유지보수에 적용할 수 있는 형상관리 활동에 대해 감리 규칙을 규정하고 있다.

또한 이 규정에는 피감리인과 감리인 간에 형상관리에 대한 공통된 이해를 도모하기 위한 목적으로 정보시스템 분석설계 구현시험 인도 및 설치 공정에 있어 개발 운영 유지보수 획득 공급공정에 있어 형상관리 감리 지침을 적용토록 유도하고 있는데 그 세부내용은 다음과 같다.

🔢 주요 형상관리 활동

주요 형상관리 활동은 다음과 같이 정리하고 있다.

- 형상관리 수행을 위한 조직의 방침이 수립되어 유지되어야 한다. (형상 방침 수립)

- 형상관리 관련 표준 제도 및 고객 요구사항이 관련자와 합의되어 형상관리 계획이 작성 되어야 한다. (형상관리 계획수립)

- 형상 항목과 버전을 식별하기 위해서는 문서화된 기준/절차에 따라서 형상이 식별되고 기준선이 설정되어야 한다. (형상 식별 및 버전 관리)

- 기준선으로 설정된 형상 항목에 대한 변경이 체계적으로 관리되고. 각각의 변경에 체계적 으로 관리되고 각각의 변경에 대한 추적이 가능하여야 한다. (형상 변경 통제)

- 형상이 통제되는 소프트웨어 항목과 기준선이 기록되고 현황이 반영되어야 한다.(형상 통제)

- 형상항목의 기능적 물리적 완전성을 보장하는 형상 평가가 수행되어야 한다.(형상 평가)

2 주요 형상활동에 대한 형상관리 감리 세부 검토항목

주요 형상 활동에 대한 형상관리 감리 세부 검토항목을 분석해 보면 다음과 같다.

① **형상 방침 수립**

이 방침에는 형상기준선을 구성하는 형상 항목의 식별, 형상기준선의 설정 및 유지, 형상 항목의 공표관리, 형상기준선에 대한 상태 및 변경활동의 전파 등에 대한 조직의 의지를 기술하여야 한다.

② **형상관리 계획**

형상관리 계획서가 독립된 문서 또는 조직이 품질 시스템을 운영하는 경우는 품질계획서의 일부 등으로 작성되어 있는지 확인하여야 한다. 그리고 형상관리 계획서에는 형상관리 계획서의 개요, 형상관리 활동을 수행하는 조직의 책임 그 조직과 다른 조직과의 관계 형상과의 활동 형상관리 활동을 수행하기 위한 절차, 일정 및 자원 그리고 형상관리 계획서의 유지관리 절차가 기술되어 있는지 확인하여야 한다.

형상관리 계획서를 적용하기 전에 프로젝트 관리자 소프트웨어 관리자 시스템엔지니어 시스템시험자 등과 같이 업무적 또는 기술적으로 관련되는 조직과 함께 검토되

었는지 확인하여야 한다. 또한 검토가 완료된 형상관리 계획은 적용됨과 동시에 버전 관리의 대상이 되는지 확인하여야 한다.

③ **형상 식별**

형상 식별 활동에 있어 프로젝트를 통제할 코드, 사양서 설계서, 데이터 항목이 식별 및 명명되고 기술되었는지 확인하고 프로젝트 형상 항목이 각각 정의되고 기록되어 있으며 항목 목록과 구조를 유지 관리하는 방법이 기술되었는지 확인하여야 한다. 그리고 통제할 각 항목에 유일한 식별자를 할당하는 식별 시스템이 명시되었는지 확인하여야 한다. 또한 프로젝트에서 통제하는 소프트웨어 라이브러리가 식별되어야 하며, 식별된 기준선의 코드 문서 및 데이터는 적절한 라이브러리에 저장하고 물리적으로 통제 가능한지 확인하여야 한다.

④ **형상 변경 통제**

기준선에 따른 형상 항목에 대한 변경요청 절차 그리고 변경요청에 필요한 문서화가 되어있는지 확인하여야 하며 변경요청사항이 전체 프로젝트 수행에 미치게 되는 그 영향에 대해 분석하고 그 영향을 결정하는 데 필요한 분석된 결과를 검토하는 절차가 명시되었는지 확인하여야 한다. 또한 제안된 변경사항을 승인하는 각 형상통제위원회의 권한의 수준이 명확히 되었는지 확인하여야 한다. 그리고 승인된 변경을 검증하고 구현하는 활동이 명시되었는지 확인하여야 한다.

⑤ **형상 상태보고**

형상 상태 보고 활동은 다음과 같이 그 내용을 정의하고 있다.

기준선과 변경에 대하여 추적되고 보고되어야 하는 데이터 항목 생성되는 상태보고서의 유형과 빈도 정보수집 저장 처리 및 보고하는 방법, 상태 데이터에 대한 접근 통제 방법 등이다. 그리고 형상 상태보고 활동에 있어 자동화 시스템이 사용된다면 그 기능이 기술되거나 참조되어야 한다. 그리고 각 형상 항목에 대해서는 다음과 같은 최소 데이터 항목이 추적 및 보고되어야 한다.

초기에 승인된 버전 요청된 변경사항의 상태 승인된 변경사항의 구현상태이다. 그리고 한 프로젝트에 대하여 다음과 같은 사항이 추적 및 보고되어야 한다. 즉 한 프로젝트에 대한 변경 횟수, 가장 최근의 형상 항목버전 공표의 식별자, 공표 횟수 및 공표 간의 체적인 데이터는 프로젝트와 고객의 정보 요구에 따라 달라질 수 있다.

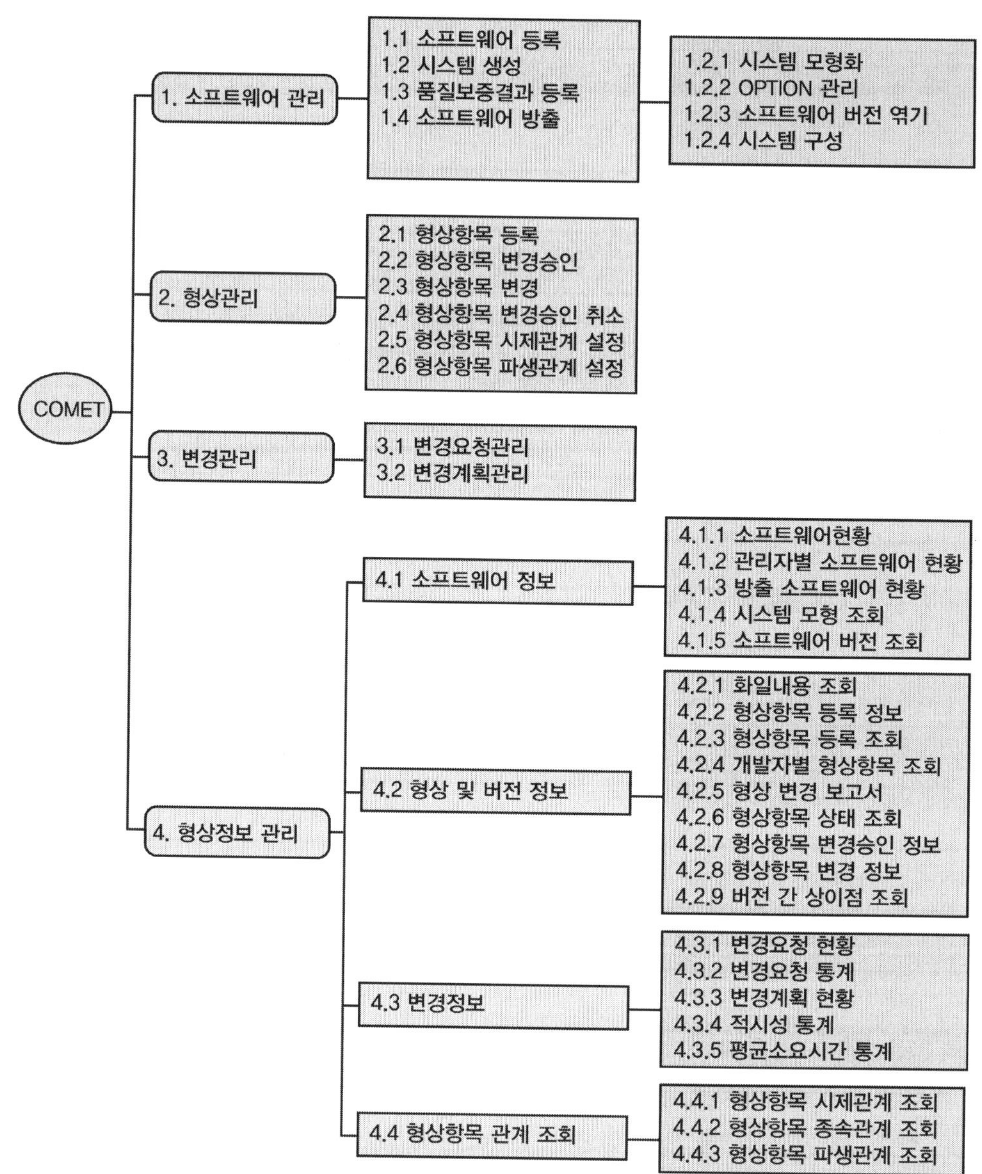

[그림 19-3] COMET 형상관리 도구의 구조

⑥ **형상 평가**

형상 항목이 계약 또는 명시된 요구사항을 만족 시켰음을 보장하기 위하여 기록 및
보고 방법을 포함한 형상 평가절차에 따라 형상 평가가 인수 이전에 수행되었는지 확
인하여야 한다. 그리고 형상 평가가 기능적 형상 평가와 물리적 형상 평가로 구분되
어 수행되었는지 확인하여야 한다.

19.4.7 시스템공학연구소 형상관리 도구(COMET)

시스템공학연구소가 개발한 형상관리 도구인 COMET의 개괄적인 형상관리 작업의 흐름도는 [그림 19-3]과 같다.

19.5 공공 프로젝트 수행시 형상관리 통제 절차

19.5.1 형상관리 문서화 연관 구조

공공 프로젝트 수행하기 위해 선정한 개발 방법론의 관리기법/1을 적용할 때 프로젝트 추진과정 및 결과로 양산되는 프로젝트 관리 관련 문서는 회의록철, 이슈 관리철, 쟁점 및 미결사항철, 형상관리철, 이슈 관리철, 버전 관리철, 품질관리철, 프로젝트 관리철 등 인데 이들 문서들 간에는 추적성, 및 일관성, 표준성을 갖고 작성, 관리 유지되어야 한다.

이들 문서들 간의 관계싱을 형싱관리 관점에서 그 언관성을 분석, 구조도로 자성하면 [그림 19-4]와 같다.

여기서 나타내는 기능적 형상 감리(Functional Configuration Audit : FCA)는 형상 항목이 시스템의 기능, 성능, 상호 운영성, 인터페이스 등이 사용자 요구사항을 만족시켰는가를 검증하기 위하여 인수에 앞서 형상 항목의 기능적 특성에 대해 공식적으로 시행하는 진단 평가를 의미하고 물리적 형상 감리(Physical Configuration Audit : PCA)는 형상 항복의 제품기준선을 검증하거나 확립하기 위하여 기술 문서에 따라 구현된 형상항목에 대하여 시행하는 공시적인 진단 평가를 의미한다.

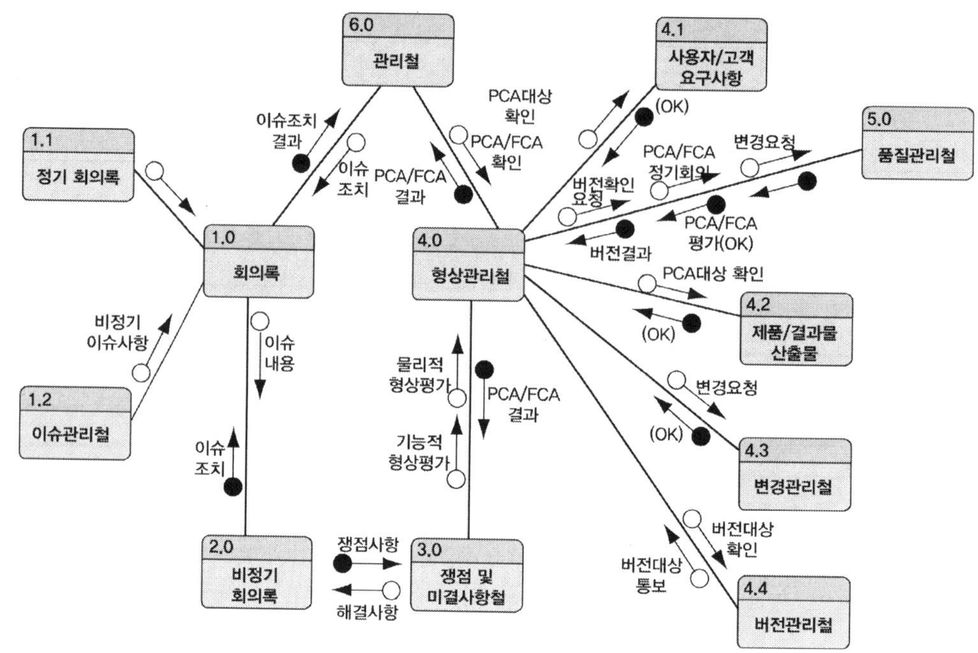

[그림 19-4] 형상관리 체계의 연관 구조도

19.5.2 형상 통제 위원회 운영 조직

형상 관리는 개발생명주기 모델과의 관계에서도 설명했듯이 기준선(baseline)과 연관해서 진단, 평가되어야 한다. 일반적으로 기준선은 기능 기준선, 분배적 기준선, 설계 기준선, 시험 기준선, 제품기준선, 운영 기준선으로 구분되는데 요구사항 분석서를 검토(SRR)하기 위해 설계 기준선을 설정하고, 기본설계 및 소프트웨어 시험계획서를 검토(PDR)하기 위해 분배적 기준선를 설정하며, 상세 설계서를 검토(CDR)하기 위해 설계 기준선을 설정하고 개발 결과물에 대한 단위 및 통합 시험 계획검토(TRR)를 하기 위해 시험 기준선을 설정하며, 시스템 시험 및 통합결과 검토(STR)와 사용자 지침서를 검토하기 위해 제품 기준선을 설정하고, 이상이 없을 때 시스템을 설치장소에 설치하고 인수시험 검토(SAR)를 위해 운영적 기준선을 설정하여 진단·평가하고, 실제 현장에서 운영하고 유지보수하는 전체 과정에 대해 진단·평가하는 활동이 요구된다.

이러한 과정에서 운영되는 형상관리 조직의 형상통제위원회 활동은 다음과 같다.

① 기능 기준선에서는 요구사항의 완전성, 일관성 확실성을 평가하기 위해 요구분석서
의 내용이 정확히 기술되었는가?

② 요구사항과 일치하는가?

③ 형상개체는 적당한 관리 단위로 정의되었는가를 검토한다.

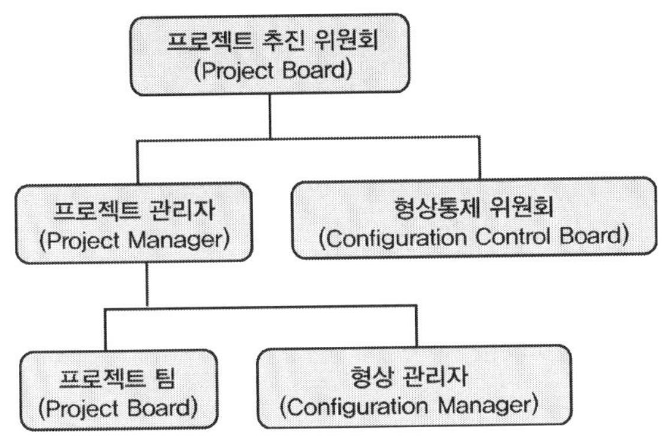

[그림 19-5] 형상관리 조직 구성 사례

분배적 기준선에서는 요구사항과 설계의 일관성, 추적성을 위해서는 다음 사항을 평가
한다.

① 하드웨어와 소프트웨어의 기능분배는 적절한가?

② 기능 기준선의 형상 개체와 분배적 기준선의 형상 개체 사이에 기능적 추적성을 제공
하였는가를 검토한다.

시험 기준선에서는 설계로부터 코드로의 변환 검증과 요구를 충족시킬 수 있는 시험 준
비의 완전성을 검토하기 위해서는 다음 사항을 점검하게 된다.

① 상세 설계가 코드로 정확히 변환되었는가?

② 시험 계획은 타당한가? 시험 사례들은 요구사항의 충족도를 평가하기에 완벽한가?
를 검토한다.

제품 기준선에서는 설계로부터 코드로의 변환검증, 코드의 집합으로부터 제품으로의 변환검증 그리고 기능 기준선을 기준으로 한 검토를 실시하기 위해서는 제품기준선의 형상 개체 구조가 기능과 설계 기준선의 구조와 논리적 추적성이 있는가? 를 검토한다.

운영 기준선에서는 실제 환경과 같은 상황에서 검토를 실시하기 위해 운용 기준선의 모든 형상 개체는 제품 기준선의 형상개체와 정확히 일치 하는가? 요구사항이 실제 운용 환경하에서 모두 수행하는가? 를 검토한다.

[그림 19-5]와 같은 형상관리 조직을 구성하고 운영, 통제되어야 한다.

19.6 형상관리 업무 주요 활동들과 책임사항

프로젝트를 추진함에 있어 조직 내에서 관련되는 업무기능은 행정, 계약, 엔지니어링, 상품(제품화)지원, 생산, 자재, 프로그램 및 프로젝트 관리, 품질보증, 기획 등으로 대분류할 수 있는데 이들 해당조직이 형상관리 업무활동에 있어 직접적인 책임과 간접적인 책임에 대해 나타내면 〈표 19-1〉과 같다. 여기서 'P'는 기본적인 책임이며 , 'S'는 중요한 지원책임을 나타낸다.

〈표 19-1〉 형상관리 업무와 조직 내 책임사항들

업무내용	조직 기능	행정	계약	엔지니어링	상품화지원	생산	자재 및 조달	프로그램관리	품질보증	기획
형상 방침 수립 및 계획	형상 기능들에 대한 기획과 스케줄링							P		S
	순차적 개발과 유지보수 문서화	S						P		
형상 식별	제품에 대한 형상 식별 활동			P						
	H/W,S/W,Data 형상 번호할당			P		P				
	버전 및 공표(Release)관리 활동			P		S				

업무내용	조직 기능	행정	계약	엔지 니어링	상품화 지원	생산	자제 및 조달	프로 그램 관리	품질 보증	기획
형상 변경 통제	변경 통제 활동		S	S	S	S	S	P	S	S
	변경 확인 활동				P				P	S
	고객 변경 요청사항에 대한 검토와 평가	S	S	S	S	S	S	P	S	S
형상 상태 보고	형상 및 변경 요청사항에 대한 검토와 평가			S	S	S		P	S	S
	형상 상태 보고 활동							P		
형상 평가	단계별 검토							P		
	검사							P		
	감리			P				P		
기타 관련 회사 간의 관계	고객들			P						S
	계약 관리사들				P			P		S
	계약 통합				S		P			S
	부계약자들과 공급지들									
	신규 프로그램을 위한 제안서 준비			P	P				S	S
	투입인력에 대한 훈련과 교육	P							S	

19.7 형상관리 효과

프로젝트를 추진함에 있어 프로젝트가 실패로 종료되는 요인을 분석해 보면 예산초과, 일정지연, 기술력 부족, 투입 인원 부족, 개발환경 미비, 경험부족, 개발방법의 비효율성, 프로젝트 통제 미흡, 사용자 요구사항의 빈번한 변경 등으로 인해 발생된다. 이들을 요약하면 프로젝트 능력, 의사소통 능력(기획 능력, 조정 및 통제 능력, 의사소통 능력, 지도 능력, 협력 및 협조체제 능력 등)과 개발 기술 신 기법/기술 미적용 등으로 대별할 수 있다.

여기서 프로젝트의 통제, 변경 관리, 품질보증관리, 외주관리, 유지보수관리 부문에 있어 형상을 식별하고 통제하고 내부감사와 기록으로 유지시키기 위해서는 가시성과 추적성이 요구된다.

형상식별 활동을 통해 사용자 구매자, 영업 담당자는 무엇이 개발되고 있고 또 수정될 것인지 식별할 수 있고 모든 개발자는 공통적인 틀 내에서 프로젝트를 논의할 수 있어야 한다.

그리고 소프트웨어 구성요소들을 파악할 수 있도록 해 주며, 소프트웨어의 부품들과 그들의 관계를 이해할 수 있도록 함으로써 다른 소프트웨어 부품들과 그들의 관계를 이해할 수 있도록 함으로써 다른 소프트웨어 제품과 개념적 연결이 쉬워진다.

형상 통제 활동을 통해 현대와 미래의 소프트웨어 변화상을 볼 수 있으며 경영 관리자는 프로젝트의 기술적 해결책 마련에 참여할 수 있도록 한다. 그리고 베이스라인을 기준으로하여 그들의 변경을 추적할 수 있으며 의도하지 않은 방향으로 변화되어 가는 것을 말고 요구를 충족시킬 수 있는 토대를 마련해 준다.

형상감사 활동을 통해 불일치성과 비일관성을 지적해 주고 제품의 현황을 관리자와 개발자들에게 확고하게 보여 주면 문제점들이 조기에 포착된다. 그리고 소프트웨어 부품의 감사는 다른 프로젝트에도 이용될 수 있는 부품을 생산하게 해주며 요구분석 사항들이 충족성을 제품에서 검토할 수 있게 해 준다.

그리고 형상기록 활동을 통해 형상보고에 만전을 기해 주고, 의사결정과 작업들을 확고하게 기술해 주며 프로젝트 데이터베이스의 구축을 도모해 준다. 그리고 언제 무슨 일이 일어났었는지 파악할 수 있도록 해 주며 변경통제 양식들의 관계를 정리해 준다.

1. 소프트웨어 형상관리(software configuration management)에 대해 논하시오.

2. 형상관리를 소프트웨어 개발 및 유지보수 차원에서 어떤 의미에서 형상관리가 필요
    로 하는가에 대해 논하시오.

3. 베이스라인과 형상 개체에 대해 논하시오.

4. 소프트웨어 형상관리 네 가지 기능에 대해 논하시오.

5. 형상관리 방법론을 도입하려면 무엇이 필요한지에 대해 논하시오.

6. ISO/IEC 12207의 형상관리 공정에 대해 논하시오.

7. 관리기법/1의 형상관리 공정에 대해 논하시오.

8. IEEE STD-828 형상관리 공정에 대해 논하시오.

9. MIL-STD-498 소프트웨어 형상관리 공정에 대해 논하시오.

10. SW-CMM의 소프트웨어 형상관리 공정에 대해 논하시오.

11. 형상관리 도구(tool)에 대해 논하시오.

CHAPTER 20

소프트웨어 품질보증

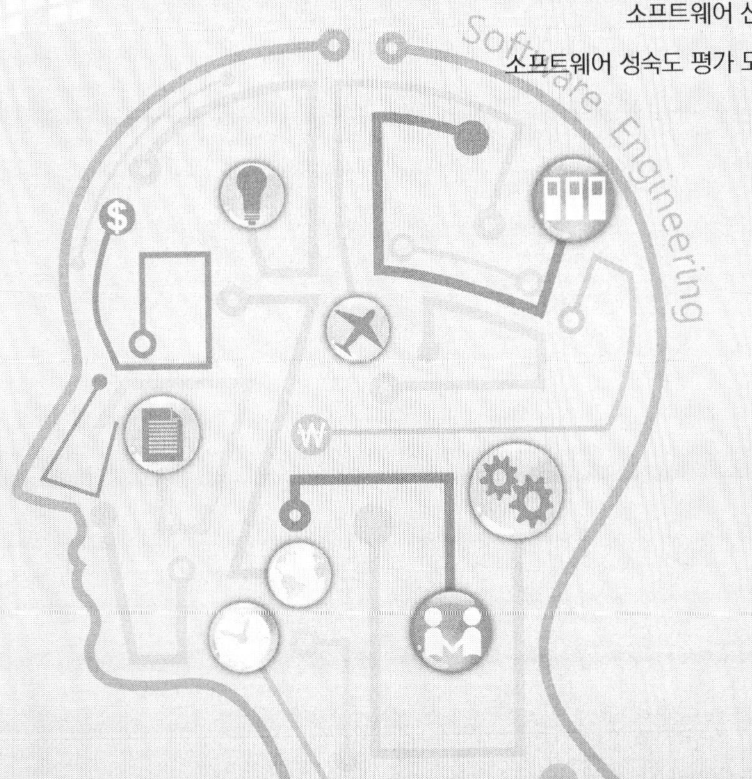

소프트웨어 품질보증은 생산물이 설정된 명세와 일치하는가를 확인하는 데 필요한 모든 계획된 체계적인 활동을 말한다.

고품질의 소프트웨어를 개발하고, 시스템의 안정성과 신뢰성을 높이고, 유지보수 노력을 최소화하여 경제성을 높이고, 프로젝트 개발활동의 생산성을 높이기 위해서도 품질의 중요성이 대두되고 있다.

소프트웨어 개발 초기부터 사용자측의 프로젝트 특성과 품질 요구사항을 철저히 조사하여 사전에 품질목표를 설정하고 개발 단계에서는 품질목표의 충족여부를 개발 단계별로 점검하여야 한다. 그 이유는 소프트웨어는 개발이 어느 정도 완료된 상태에서의 시험평가만으로는 그 신뢰성과 안정성을 보장할 수 없거니와, 일단 개발이 완료된 소프트웨어를 개선하기 위하여 역공학 또는 재공학 방법을 통해 수정 혹은 변경하게 되는데 이는 개발에 투입된 시간과 비용이 추가로 소요되고 경우에 따라서는 프로젝트가 실패로 종료될 수 있기 때문이다.

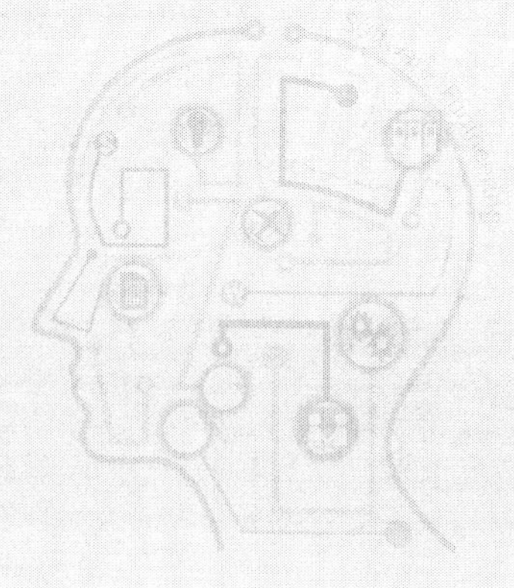

 20.1 소프트웨어 품질과 품질보증의 정의

IEEE는 소프트웨어의 품질을 주어진 요구사항을 만족시킬 수 있는 소프트웨어의 기능 및 특성이라고 정의하였다. 또한 ISO/IEC 9126에서 인용한 바에 따르면 명시적이거나 묵시적인 필요를 만족시키는 능력과 관련된 소프트웨어 제품의 특성 및 특징의 전체이다. 따라서 일반적으로 소프트웨어 품질이란 주어진 요구사항을 만족시킬 수 있는 능력을 가지고 있는 소프트웨어 제품의 특성과 특징의 총체라고 정의할 수 있다.

소프트웨어 품질보증이란, 어떠한 소프트웨어 제품이 이미 설정된 요구사항과 일치하는가를 확인하는 데 필요한 개발단계 전체에 걸친 체계적인 작업이다. 소프트웨어 품질보증의 일반적인 개념은 사용자가 요구하는 품질이 충분히 충족되고 있는 것을 보증하기 위한 생산자가 구성하는 체계적인 활동으로 정의되고, 품질의 정의 및 측정, 품질의 정도, 판단 등이 주요 관심사가 된다. 즉, 소프트웨어의 품질보증을 위해서는 품질 관리를 전개시켜야 하고 품질 관리는 디버깅과 시험 과정을 거친 소프트웨어의 품질을 검사자의 입장에서 재확인하는 것이다. 품질보증과 관련된 용어에 있어, 개발자가 시험 환경에서 오류를 발견하는 활동은 검증(verification), 검사자가 주어진 실제 환경에서 소프트웨어를 실행시키며 오류를 발견하는 활동은 확인(validation), 그리고 사용자가, 혹은 사용자를 보호하는 입장의 전문가가 소프트웨어의 품질을 공식적으로 확인하는 것은 인증(certification)이라고 한다.

대형 소프트웨어 프로젝트를 수행할 때 품질보증 조직인 품질보증단을 운영하게 되는데, 소프트웨어 품질보증을 위한 공인된 조직 또는 내부 조직으로 운영되는 품질보증단은 개발 프로젝트가 추진되는 동안 사용된 개발과 관련된 업무 추진 수행절차(procedure), 도구(tool) 및 기법들이 원하는 수준만큼 생산물의 품질을 보장하는 데 적합하게 사용되었는지를 증명해야 한다. 흔히 품질보증 요원은 소프트웨어 개발 그룹과 별도로 분리되어 운영되는데 이는 품질보증 활동의 공평성을 기하고 객관적인 전문가에 의한 객관적인 평가를 받기 위함에 있다. 어떤 조직에서는 품질보증 요원이 고문 역할을 담당하거나 표준, 도구 및 기법을 개발하고 모든 생산물이 명세와 일치하는가를 검토하기도 한다.

품질보증단의 주 임무는 각 소프트웨어 프로젝트를 위한 '소프트웨어 품질보증 계획서'를 수립하는 것이며, 소프트웨어 품질 계획서는 다음의 사항들을 포함하게 된다.

- 계획의 목적과 범위

- 계획서에서 참조된 문서들

- 조직구조, 수행될 작업, 생산물의 품질과 관련된 특별한 임무

- 준비해야 할 문서와 그 문서의 적합성을 검토

- 사용될 표준, 규범과 관례

- 검열과 감사

- 형상(configuration)관리 계획

- 소프트웨어 문제점을 기록하고 추적하여 해결하기 위한 규범과 수행 절차

- 품질보증 활동을 지원하기 위한 특별한 도구와 기법

- 특정 소프트웨어 버전을 유지하고 저장하기 위한 방법과 설비

- 물리적 장치로부터 컴퓨터 프로그램을 보호하기 위한 방법과 설비

- 벤더(vender)가 제공하거나 하청 업체가 개발한 소프트웨어 질을 확인하는 설비

- 품질보증 기록을 수집, 유지 그리고 보존하기 위한 방법과 설비

또 다른 품질보증단의 임무는 다음과 같다.

- 표준화 정책, 규범과 수행 절차의 개발

- 테스팅 도구와 품질보증 도구의 개발

- 소프트웨어 품질 계획서에서 기술된 품질보증 기능들의 성능 검사

- 각 소프트웨어 생산물에 대한 최종 승인 테스트의 성능과 문서화

 20.2 소프트웨어 품질관리

소프트웨어 품질관리란 "소프트웨어 개발 생명주기 기간동안에 이루어지는 모든 활동과, 그 활동의 결과로 생산되는 산출물에 대한 품질을 통제(control)하고 보증(assurance)하기 위한 활동"을 말한다.

품질관리는 품질통제와 품질보증으로 이루어지는데 품질통제는 개발, 운영 및 유지보수 과정에서 소프트웨어의 품질을 유지하기 위해 필수적으로 고려해야만 하는 기본 프로세스이다. 반면에 품질보증이란 해당 소프트웨어에 대한 신뢰성을 보장해 주기위해 기본 프로세스를 지원해 주는 프로세스이다.

- **품질통제** : 소프트웨어의 개발 조직(주로 프로젝트조직 형태로 운영됨), 운영 조직 및 유지보수 조직 내에서 자체적으로 수행되는 반면, 품질보증은 제3자의 입장에서 수행하게 된다.

- **품질관리** : 품질통제와 품질보증이 유기적으로 연계되어 운영되어야 한다. 즉 품질보증은 그 결과로서 해당 소프트웨어 및 프로세스에 대한 평가를 내리는 것만으로는 불충분하다. 그래서 품질보증의 결과가 품질통제로 연계되어 보다 나은 품질통제 활동이 이루어질 수 있어야 한다.

 20.3 품질관리와 개발 프로세스

소프트웨어 라이프사이클 중에서 품질관리와 가장 직접적으로 관련이 있는 프로세스는 개발 프로세스이다. 품질관리와 개발 프로세스의 관계는 [그림 20−1]과 같이 상호간의 피드백(Feedback)을 통하여 계속적인 소프트웨어 품질의 향상을 추구하고 있다.

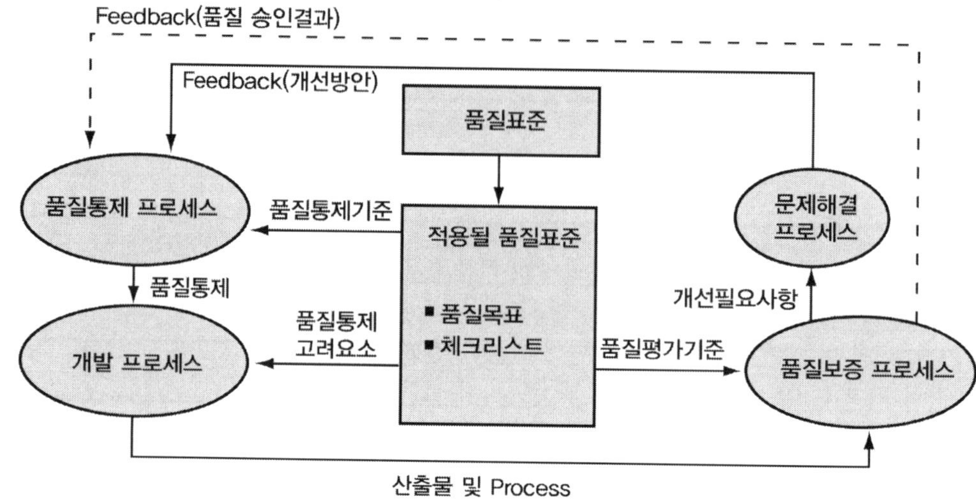

[그림 20-1] 품질관리와 개발 프로세스의 관계

소프트웨어 프로젝트 및 소프트웨어의 특성에 따라 프로세스와 소프트웨어가 충족시켜야 하는 품질목표를 선정하고, 선정된 품질목표의 충족여부를 판단하기 위한 세부적인 평가항목을 결정한다. 그리고 선정된 품질목표와 평가항목은 품질통제 및 품질평가의 기준이 되며, 개발자에게는 개발시 고려해야 할 중점사항으로 제시된다.

또한 개발 조직에서는 선정된 품질표준을 기준으로 개발 프로세스의 전 단계에 걸쳐 자체적인 품질관리 활동을 수행한다. 그리고 자체적인 품질관리를 거쳐 생산된 각 단계별 산출물은 품질평가를 위해 품질보증 조직으로 전달된다. 전달된 산출물에 대한 품질평가 결과 중 개선이 필요한 사항에 대하여는 문제해결 프로세스를 거쳐 개선방향 및 해결책을 강구한다. 또한 품질보증 및 문제해결의 결과는 개발조직으로 피드백 되어 계속적인 품질관리 활동의 지침으로 활용된다.

20.4 품질보증 절차

소프트웨어에 대한 품질보증은 다음과 같은 6단계의 기본절차를 통하여 이루어진다.

20.4.1 품질보증 계획수립

프로젝트 착수단계에서는 소프트웨어에 대한 개발계획과 마찬가지로 품질보증을 위한 활동계획을 수립한다. 먼저 개발계획에 의거하여 평가대상이 되는 산출물 또는 프로세스를 선정하고, 선정된 대상을 평가하기 위한 베이스라인을 설정한다. 그리고 베이스라인별 형상관리계획을 수립하고, 품질관련 문서에 대한 표준을 정의한다.

20.4.2 소프트웨어 엔지니어링 활동 검토

품질보증 계획이 수립되면 소프트웨어를 생산하는 개발활동에 대한 검토를 실시한다. 이 과정을 통하여 산출물을 생산하기 위해 프로세스를 어떻게 운용하였는가와 프로젝트 수행상의 애로사항들을 파악할 수 있다. 이는 다음 단계의 품질 측정 및 평가를 위하여 매우 중요한 활동이다.

20.4.3 품질 측정 및 평가

소프트웨어 품질평가는 크게 두 가지 부분인 품질사양(Quality specification)과 소프트웨어 품질평가(Quality evaluation)로 나뉜다. 품질사양은 시스템과 소프트웨어 요구사항에 대해 구체화하는 절차이고, 품질평가는 프로젝트 수행과정에 관찰하고 점검하는 것을 의미한다. 이것은 대상이 되는 소프트웨어에 대하여 품질목표를 정의하고 정의된 품질목표에 따라 실제로 품질을 측정하고 평가하는 단계로, 감리 및 감사와 밀접한 연관을 갖고 있다.

20.4.4 문서화

소프트웨어에 대한 품질평가가 이루어지면 그 결과는 반드시 문서로 기록이 되어야 한다.

20.4.5 승인

문서화된 평가결과는 품질보증과 관련한 '최고결정권자'로부터 승인을 받음으로써 그 효력을 발휘한다. 여기서 최고결정권자라 함은 품질보증 활동에 대한 주요 사항을 의결하고 승인하는 권한을 갖는 조직 또는 사람을 말한다. 일반적으로 소프트웨어 형상관리의 모든 사항을 결정하는 '형상통제위원회'가 승인권한을 갖고 있다.

20.4.6 보고 및 통보

품질보증의 궁극적인 목표는 소프트웨어의 품질을 향상시키는 데 있다. 따라서 승인된 품질평가 결과는 이후의 개발활동에 반영될 수 있도록 대상이 되는 소프트웨어를 생산하는 프로젝트와 관련이 있는 모든 조직 및 사람들에게 통보되어야 한다.

20.5 소프트웨어 품질 평가항목들

소프트웨어 품질은 소프트웨어 엔지니어링 전 과정과 해당 소프트웨어가 고객과 사용자에게 인도된 후에 측정된다. 소프트웨어 개발 과정에서의 품질 매트릭스는 프로그램 복잡도, 효율적인 모듈화, 전체적인 프로그램 크기 등이다.

소프트웨어가 전달된 후에 사용되는 매트릭스는 현장과 시스템 유지보수에서 발견되는

결함의 정도와 수에 초점을 맞추고 있다. 결국 소프트웨어 품질평가의 주요 평가항목은 정확성(Correctness), 유지보수성(Maintainability), 무결성(Integrity), 사용성(Usability)에 있는데 이들의 의미는 아래와 같다.

20.5.1 정확성(Correctness)

프로그램은 정확하게 작동되어야 한다. 정확성은 소프트웨어가 사용자가 요구한 기능들을 수행하는 정도로서 이에 대한 가장 일반적인 측정은 결함 수를 측정하는 것이다(defects per KLOC). 결국 결함이란 요구사항에 일치하지 않는 것을 말한다.

20.5.2 유지보수성(Maintainability)

소프트웨어 유지보수는 프로그램에 오류가 발생하여 이를 수정할 경우, 프로그램의 환경이 변하여 이 환경에 적응시켜야 할 경우, 고객의 요구사항에 대해 변경·이행해야 할 경우에 주로 발생하게 된다.

20.5.3 무결성(Integrity)

소프트웨어의 무결성은 지금과 같은 해커와 바이러스 시대에서는 그 중요성이 더욱 증가된다. 이 속성은 시스템의 보호를 위해 공격에 저항하는 시스템 능력을 측정한다. 공격은 소프트웨어 3가지 구성 요소, 즉 프로그램, 자료, 문서 모두에서 발생될 수 있다.

무결성을 측정하기 위해서는 위협과 보안이라는 두 개의 추가 속성들이 정의되어야 한다. 시스템의 무결성은 다음과 같이 정의된다.

$$Integrity = \sum [1 - treat \times (1 - security)]$$

20.5.4 사용성(Usability)

소프트웨어 제품의 우수성 평가는 '사용자 친숙성(user friendliness)'이다. 만약 프로그램의 사용자 친숙성에 문제가 있다면 프로그램 기능이 아주 우수하여도 그 프로그램에 대해 사용자는 외면하게 되고 판매되지 않아 사장되고 말 것이다.

소프트웨어에 대한 품질평가는 소프트웨어 자체에 초점이 맞추어져야 한다. 왜냐하면 궁극적으로 고객이 원하고 사용하는 것은 소프트웨어를 생산하기 위한 프로젝트 수행이나 프로세스 개발이 아니라 소프트웨어 그 자체이기 때문이다. 그러나 잘 정의되지 않은 프로세스로부터 생산된 소프트웨어가 만족할 만한 수준의 품질을 갖는다는 것은 기대하기 어렵다. 마찬가지로 프로세스의 수행과정에 대한 체계적인 관리가 이루어지지 않는다면 아무리 잘 정의된 프로세스라 하더라도 요구된 수준의 산출물을 생산한다는 것은 불가능하다. 따라서 소프트웨어의 품질을 평가하기 위해서는 소프트웨어 자체에 대한 품질 표준뿐만 아니라 소프트웨어를 생산하는 프로세스, 그리고 프로젝트 수행을 위한 제반 관리 활동에 대해서도 동시에 고려되어야만 한다.

사용자와 프로그램 및 프로젝트 수행자의 개성에 따라 〈표 20-1〉과 같이 12가지의 품질요소와 소프트웨어 생명주기와 관련하여 다음 세 가지 항목(성능, 설계, 적응)으로 구분할 수 있다.

- **성능(performance)** : 사용자에 의해 요구사항이 제시되고, 이를 어떻게 수행할 것인가에 대한 사항이다.

- **설계(design)** : 사용자의 요구사항에 대해 구현 가능하도록 설계하는 것이다.

- **적응(adaptation)** : 사용자나 유지보수가 생명주기 관점에서 얼마나 소프트웨어가 재사용 가능하고, 새로운 요구조건에 대처할 수 있는가를 보는 것이다.

〈표 20-1〉 획득과 사용자 관점의 12가지의 품질요소

획득 관점	사용자 관점	품질요소
성 능 (어떻게 하면 기능을 좋게 할 것인가?)	어떻게 하면 자원을 잘 활용할 것인가?	유효성
	어떻게 하면 안전할까?	무결성
	사용하는 곳에서 무엇으로 확신을 얻어낼까?	신뢰성
	쉽게 사용할 수 있는 방법은 무엇일까?	유용성
설 계 (어떤 방법으로 좋은 설계를 할까?)	어떤 방법으로 요구조건에 충족시킬 것인가?	정확성
	어떤 방법으로 보수를 용이하게 할까?	유지보수성
	어떤 방법으로 성능을 확인할 수 있을까?	검증성
적 응 (결과물을 어떻게 적용할 것인가?)	성능 및 능력을 어떤 방법으로 쉽게 확장하고 품질을 향상할 것인가?	확장성
	어떻게 하면 쉽게 교체할 수 있을 것인가?	융통성
	어떤 방법으로 다른 시스템과 연결이 용이하게 할 것인가?	내용성
	어떤 방법으로 쉽게 운반이 가능케 할 것인가?	간편성
	어떤 방법으로 다른 응용분야에 쉽게 사용 가능케 할까?	재사용성

위 표에서 품질요소별 측정 방법을 살펴보면 다음과 같다.

① **유효성(efficiency)**

유효성에 대한 점검 내용은 [그림 20-2]와 같이 요약된다.

- 실행 유효성(execution efficiency)과 저장 유효성(storage efficiency)측면에서 측정한다.

- 실행 유효성 측정은 가능하다면 기존에 개발된 유사한 프로그램으로 측정하는 방법과 현장시연(Benchmark)프로그램을 통해서 측정한다.

- 납품한 프로그램에 대해 저장장소의 유효성을 점검할 때는 세그먼트 길이가 현 가용 기억장소 내에서 사용 가능한지, 데이타의 적절한 묶음 상태 등을 점검한다.

- 유효성 점검은 데이터 사용 측정, 저장장소 유효성 측정, 반복적인 처리 측정, 요구사항 대비 성능점검으로 대별한다.

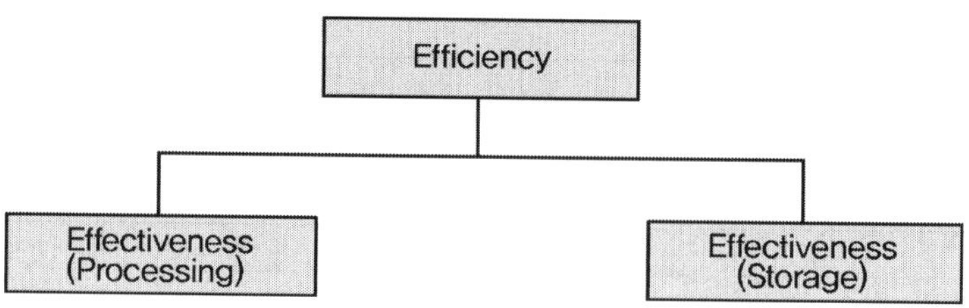

[그림 20-2] 유효성에 대한 점검 내용

② **무결성(Integrity)**

무결성에 대한 점검 내용은 [그림 20-3]과 같이 요약된다.

- 무결성은 결과물에 대한 보안성(Security)과 감리성(Auditability)을 취급한다.

- 보안성은 실제 운영적인 측면에서 속성(Attribute)들을 통제평가, 감시평가를 하는 것이고, 감리성은 보안성을 결정하기 위한 속성을 평가하는 것으로서 결과물의 설비를 평가하는 것이다. 즉 소프트웨어 툴을 어떻게 잘 사용하였는지, 실제 프로그램이 돌아갈 때 오류인식은 잘하고 있는가, 특수한 조건에서도 잘 돌아가는지를 평가하게 된다.

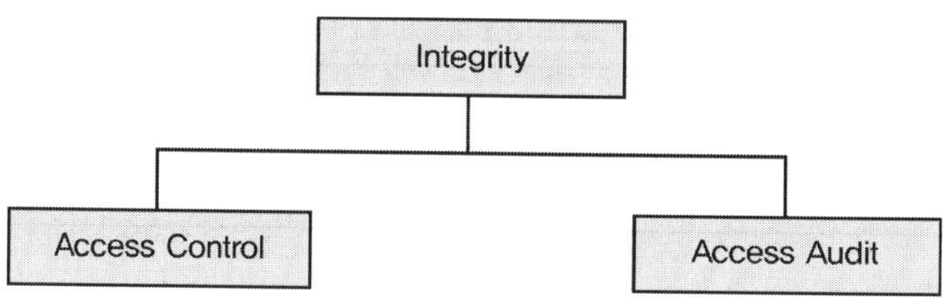

[그림 20-3] 무결성에 대한 점검 내용

③ **신뢰성(Reliability)**

신뢰성 대한 점검 내용은 [그림 20-4]와 같이 요약된다.

- 소프트웨어를 운영함에 있어, 오류가 어느 정도 발생되고 있는지에 관심을 갖는 평가방법이다.

- 신뢰성 점검 요소로는 예외관리, 정밀성, 간편성 기능이 있다.

- 간단한 평가방법으로는 LOC당 오류 수를 점검하는 것이 예가 된다.

- 보통 수락범위는 1,000 LOC당 1개에서 3개정도의 오류를 허용한다 (물론 복잡도에 따라 다소 차이는 있다).

- 여기서 정밀성(Accuracy)이란 제품(결과물)과 code당 실제 성능을 나타내고, 출력과 처리 수 측면에서 수락범위를 사전에 준비하게 된다.

- 간편성(Simplicity)은 복잡도와 상반되며, 종래의 Mccabe의 Cyclomatic Complexity나 모듈당 설명문의 최소수와 모듈 연결 수 등을 측정단위로 한다.

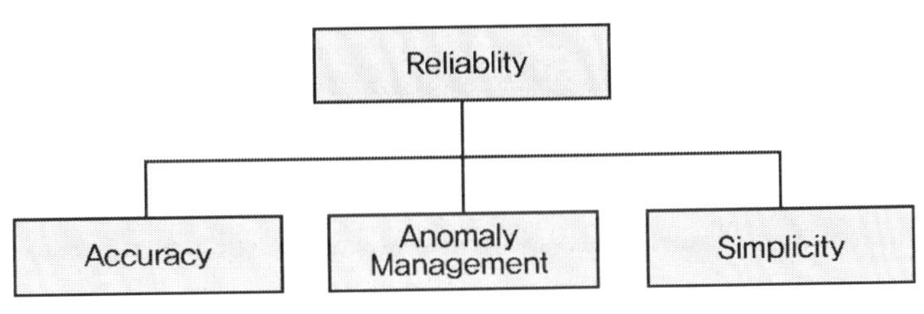

[그림 20-4] 신뢰성 대한 점검 내용

④ **유용성(Usability)**

유용성에 대한 점검 내용은 [그림 20-5]와 같이 요약된다.

- 사용자와 고객이 사용하기에 편리한지, 만일 그렇지 못할 경우 이들을 기대하는 수준까지 끌어올리기 위한 교육의 계속성 여부를 점검하게 된다.

- 유용성의 점검항목은 운영성(Operability)과 훈련여부(Training)이다.

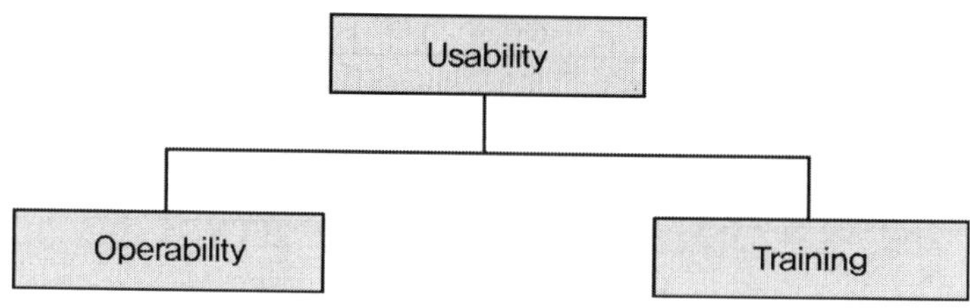

[그림 20-5] 유용성에 대한 점검 내용

⑤ **정확성(Correctness)**

정확성에 대한 점검 내용은 [그림 20−6]과 같이 요약된다.

- 정확성에 대한 점검은 프로젝트 사양과 표준에 준하여 설계하고 구현하였는지를 점검하는 것이다.

- 정확성 점검기능은 일관성(Consistency), 완결성(Completeness), 추적성(Traceability)로 구분된다.

- 일관성과 완결성은 개발 절차를 통하여 측정하는 것이며, 그 예로서 웍-스루(Work-through)와 같은 검토기법을 이용하였는지를 점검하게 된다.

- 추적성은 개발에 있어 요구사항에 대해 무결성을 점검, 평가하는 것이다.

이를 위해서 자동화 도구를 이용하는데, 그 예로서 PSA/PSL과 SREM을 들 수 있다.

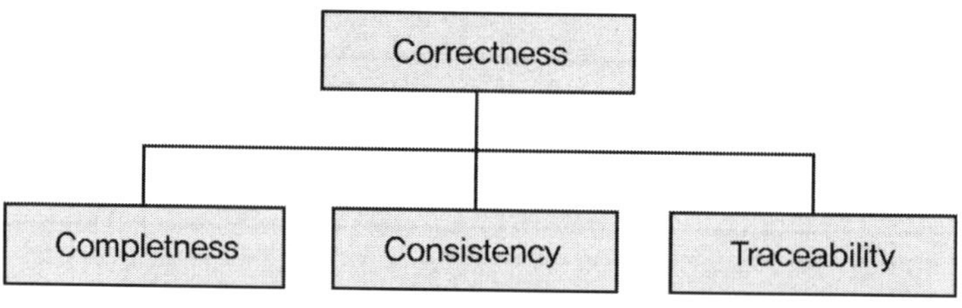

[그림 20-6] 정확성에 대한 점검 내용

⑥ **유지보수성(Maintainability)**

유지보수성에 대한 점검 내용은 [그림 20−7]과 같이 요약된다.

- 이것은 경제성 관점에서도 매우 중요한 분야이다.

- 이를 점검하기 위해서는 전체 개발생명주기의 비용이 대상인데, 널리 사용되는 것은 운영 및 유지보수(O&M) 수명단계에서의 오류를 수정하고, 사용자의 요구사항이 추후 발생시 개선하기 위해 사용되는 비용을 점검하게 된다.

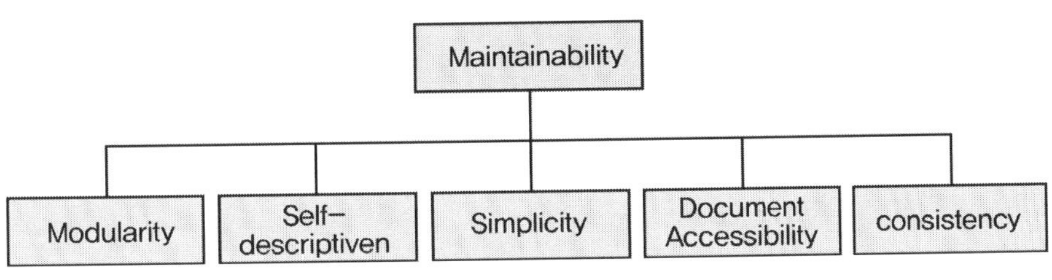

[그림 20-7] 유지보수성에 대한 점검 내용

- 유지보수를 위한 비용은 전체 생명주기에 투자된 비용의 60~80%가 요구된다.

- 일관성은 유지보수성에 있어 매우 중요한 요소인데, 주로 프로그램의 모듈성 (Modularity), 자가 기술성(Self-descriptiveness), 문서화 평가(Document accessibility), 간편성(Simplicity)을 점검하게 된다.

- 적용되는 점검항목은 일관성 점검표, 설계구조, 구조적 개발, 코딩의 간편성, 모듈 구성, 주석 사용의 질과 효과성, 프로그램 언어의 구독 용이성을 들 수 있다.

⑦ **검증성(Verifiability)**

검증성에 대한 점검 내용은 [그림 20-8]과 같이 요약된다.

- 프로그램 사양에 따라서 소프트웨어 설계 및 개발이 이루어졌는지 검증하는 것이다.

- 주요 항목은 간편성, 모듈성, 테스트, 문서화 평가성, 사가 기술성이다.

- 점검 항목은 설계구조, 복잡도, 코딩의 간편성, 테스트 점검표, 주석의 질과 효과정도

- 프로그램 사용언어의 개발 기술성이다.

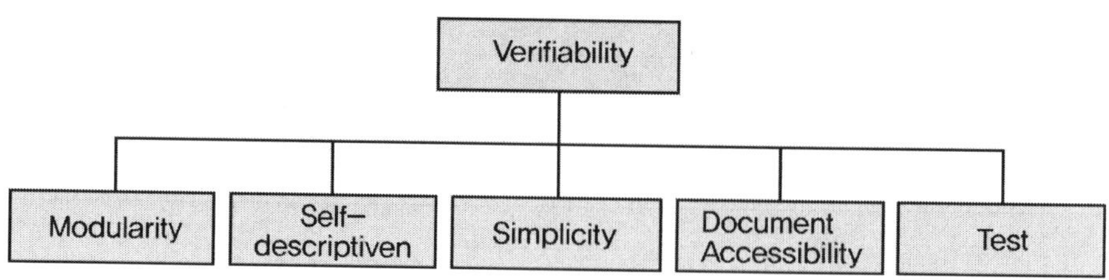

[그림 20-8] 검증성에 대한 점검 내용

⑧ **확장성(Expandability)**

확장성에 대한 점검 내용은 [그림 20-9]와 같이 요약된다.

- 소프트웨어 기능향상을 위해 투여된 상대적 노력 정도를 다루는 것이다.

- 이것은 새롭거나 추가된 성능 요구조건과 보다 향상된 운영과 사용의 용이성 또는 효과성을 위해 점검한다.

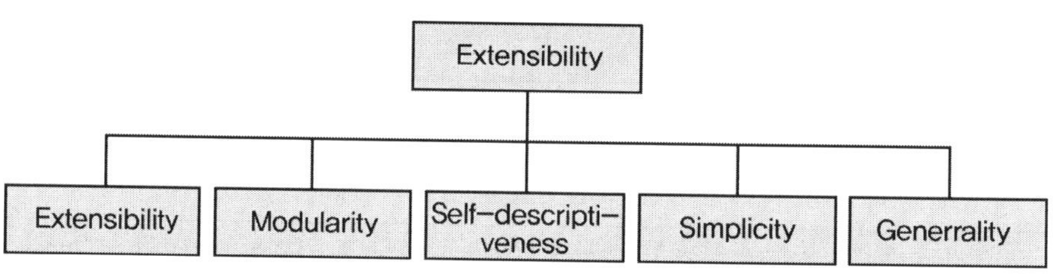

[그림 20-9] 확장성에 대한 점검 내용

- 이를 위한 점검 속성은 확장성(Extensibility), 일반성(Generality), 모듈성(Modularity), 자가기술성(Self-descriptiveness), 간편성(Simplicity)이 주요인자 이다.

⑨ **융통성(Flexibility)**

융통성에 대한 점검 내용은 [그림 20-10]과 같이 요약된다.

- 이 요소는 개발 결과물의 존재가치와도 연관된다.

- 융통성을 갖는 요구사항은 새로운 요구에 적응 가능하다.

- 이와 관련된 중요한 속성은 모듈성(Modularity), 일반성(Generality), 자가기술성(Self-descriptiveness), 간결성(Simplicity)이다.

- 적용되는 점검항목은 연결성, 구조 및 자료의 일반성, 확장성, 주석의 질과 결과성, 프로그램 언어의 기술성이다.

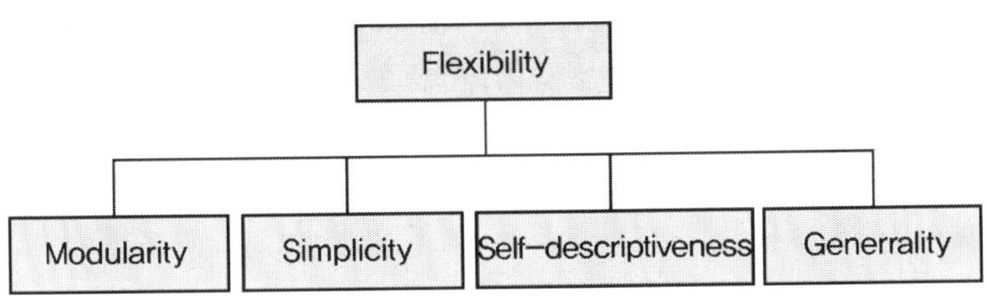

[그림 20-10] 융통성에 대한 점검 내용

⑩ **상호 운용성(Interoperability)**

상호 운용성에 대한 점검 내용은 [그림 20-11]과 같이 요약된다.

- 이것은 이 기종간에 호환성 또는 연결성이 가장 중요하다. 다시 말해 시스템 간의 통신체계가 원활하여야 한다는 것이다.

- 주요 요소로는 모듈성(Modularity), 공통성(Commonality), 독립성(Independence), 시스템 겸용성(Compatability)이다.

- 주요 점검사항은 모듈단위의 구현, 설계구조, 설명의 효과성이다.

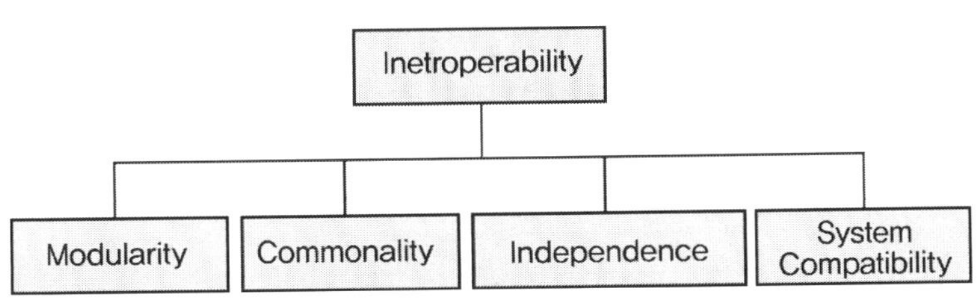

[그림 20-11] 상호 운용성에 대한 점검 내용

⑫ **이식성**(portability)

시스템 간에는 서로 다른 환경(이 기종, 다른 운영체제 등)에서도 [그림 20-12]의 특성을 갖고 소프트웨어를 쉽게 이식시킬 수 있어야 한다. 이 품질요소는 새로운 시스템 설치에 있어 재사용 기법을 활용해서 투자하기를 원하는 조직에서는 매우 중요한 사항이다. 이러한 목적을 달성하기 위해서는 시스템이 포트 단위로 변경 할 수 있도록 해야 한다. 그러기 위해서는 무엇보다 시스템이 독립적이고 모듈화 되고, 공용화 되고, 시스템의 편의성을 도모해야 하며 개방적이고 다양한 프로그램 언어로 지원이 가능해야 할 것이다.

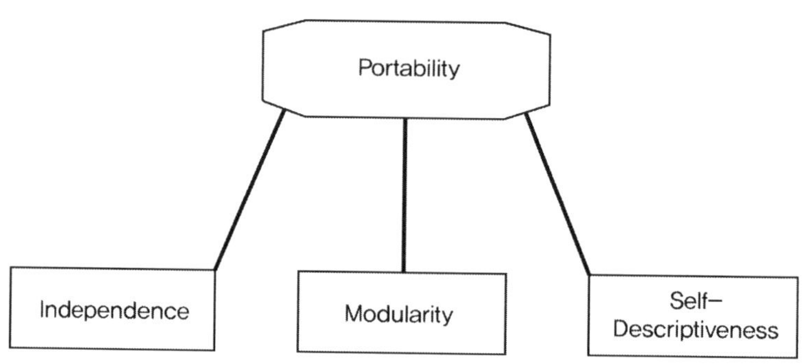

[그림 20-12] 이식성에 대한 점검 내용

⑬ **재사용성**(Reusability)

재사용성에 대한 점검 내용은 [그림 20-13]과 같이 요약된다.

- 이것은 휴대성(Portability)과 유사하며, 휴대성의 측정목적은 어떤 기종에서 다른 기종으로 모듈을 전달하는데 용이한지를 점검하는 것이다.

- 재사용성의 측정은 같은 운영환경에서 다른 응용분야에 모듈이나 프로그램을 이식시킬 수 있는지를 점검하는 것이다. 그래서 휴대성이라는 요구조건이 덜 까다롭다.

- 적용되는 속성치는 응용의 독립성(Application independence), 독립성(Independence), 문서화 평가성(Document accessibility), 일반성(Generality), 모듈성(Modularity), 자가 기술성(Self-descriptiveness), 간편성(Simplicity), 시스템 순수성(System clarity)이다.

- 주요 점검 항목은 모듈연결의 복잡도, 프로그램 언어의 효과성, 소프트웨어 독립성, 하드웨어 독립성이다.

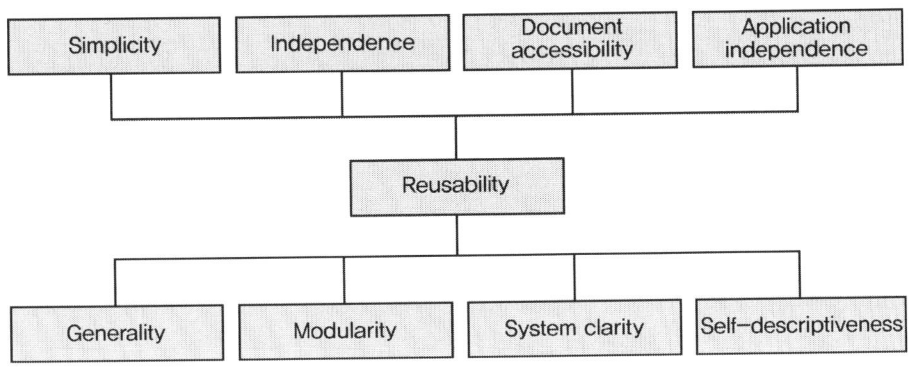

[그림 20-13] 재사용성에 대한 점검 내용

20.6 소프트웨어 품질 점검 항목들

지금까지 살펴본 측정 항목과 요소들은 프로젝트의 요구특성에 따라 결정되어진다. 프로젝트의 수요특성에 따라 품질평가내용도 적절하게 선택하고, 수정시켜서 독립적인 소프트웨어 품질평가항목(Metrics)을 설정해야 하는데 그 내용은 다음과 같다.

20.6.1 점검 항목들(Checklists)

1 감사 접근(Access Audit)

- 시스템에서 수행되는 모든 기록과 보고서는 준비되어 있는가?

- 변칙적으로 접근 할 때 즉시 지적할 수 있는 준비가 설정되었는가?

2 통제 접근(Access Control)

- 사용자 입출력 통제가 준비되어 있는가?

  데이터베이스 통제가 되고 있는가? 메모리 보호장치는 되어 있는가?

- 시스템을 사용 할 때 사용자가 입출력 장치를 통제받도록 되어 있는가?

  (예를 들면, 사용자 ID 및 암호점검에 의한 제한 부여 등)

- 시스템 실행 시 운영되는 업무영역을 통제가 가능토록 되어 있는가?

  (예를 들면, Job accounting program과 task Management program 운영여부)

3 정확성(Accuracy)

- 입출력 처리와 변수 사용에 있어 정확한 요구에 대해 정량적으로 되어 있는가?

- 각 기능들에 대해 예산 수립이 정확하게 되어 있는가?

- 모듈별로 예산과 오류분석을 하고 있는가?

- 정확한 목표를 달성키 위해 수학적인 방법을 사용하였는가?

- 오류가 발생시 극복대책은 수립되어 있는가?

4 예외관리(Anomaly Management)

① 통제

- 입력 자료의 오류극복을 위해 요구사항이 설정되어 있는가?

- 고정적인 오류와 연속적인 처리에 대한 사전 준비가 되었는가? 오류조건에 들어 왔을 때, 별도의 다른 루틴으로 전달되고 있는가?

- 점검항목별 범위가 설정되어 점검되고 있는가?

- 상충되는 요구와 불법적인 통합에 대해 인지하고 점검하고 있는가?

• 처리하고자 하는 모든 입력가용 자료가 처리되기 전에 사전에 점검되고 있는가?

② 연산오류에 대한 극복 대책 수립

• 연산오류에 대한 극복책은 수립되어 있는가?

• 사용하기 전에 점검항목에 의해 다각도로 점검되고 있는가?
  그리고 중요한 출력 파라미터가 처리과정에 점검되는가?

③ 기계오류에 대한 극복 대책 수립

• 하드웨어상의 오류에 대해 극복 대책이 수립되었는가?

• 하드웨어상의 오류를 극복하기 위한 별도 프로그램이 개발되었는가?

④ 기계장치 상태 점검

• 기계장치상의 오류로부터 극복하기 위해 별도의 요구사항이 수립되었는가?

• 기계장치상의 오류로부터 회복하기 위한 개발 프로그램 확보 여부는?

5 응용분야의 독립성(Application independence)

• 데이터베이스 관리 전략에 대해 특별한 언급과 통제를 하고 있는가?

• 어디에서 데이터가 축출되고, 데이터의 합성과 어떻게 데이터가 사용되고 있는지 소프
  트웨어로 전체적인 데이터를 평가하기 위해 표준화되어 있는가?

• 모든 입출력 파라미터와 요구사항에 대해 입증하고 데이터의 합성과 사용에 대한 내용
  이 소프트웨어 내에서 사용되는 모든 변수들에 대해 표준화되어 있는가?

• 컴퓨터 구조측면에서 지역적으로 특수한 언급을 요구하고 있는가?

• 마이크로 코드 설명문 사용의 한계와 무효성을 요구하고 있지 않은가?

• 시스템 응용에 있어 일징치 않은 기능적 치리 알고리즘 개발을 요구하고 있지 않은가?

6 공통성(Commonality)

- 다른 시스템과의 통신을 요구하지 않는가?

- 통신규약의 표준은 설정되고, 또 준수하고 있는가?

- 입출력을 위한 단일체계에 의한 모듈 간 연결을 하고 있는가?

- 다른 시스템과의 통신을 위하여 표준데이타를 설정해야만 하는가?

- 표현 및 번역상의 표준화를 요구하고 있는가?

7 완결성(Completeness)

- 모든 입력, 처리, 출력이 완벽하고 간편하게 정의되고 있는가?

- 모든 언급사항들이 모호성이 없도록 되어 있는지?

- 모든 지정된 기능이 사용되고 있는지?

- 언급하고자 하는 모든 기능이 사용되고 있는지?

- 모든 조건과 처리과정이 각각의 결정지점에서 정의되고 있는지?

- 모든 지정되고 언급된 파라미터들이 수락되었는지?

- 모든 문제점에 대한 보고서 내용이 해결되었는지?

8 일관성(Consistency)

- 표준 설계기법을 이용하였는가?

- 호출순서, 입출력, 오류규정 등의 개발단계에 일관성을 유지하여 사용되었는가?

- 데이터가 일관성 있게 사용되었는가?
  데이터 사용 표준과 이름부여가 표준화되고 있는가?

- 전체 시스템, 단위 시스템과 데이터 형태정의에 있어 일관성을 유지하고 또 사용하였는가?

- 모든 장비 형태와 통신규약을 외부와 표준조건에 맞게 사용하였는가?

- 표준화된 오류상황 점검을 하고 있는가?

- 모든 데이터의 이름을 표준화하고 있는가?

9 문서화 접근성(Document Accessibility)

- 모든 문서가 처리과정, 기능들, 알고리즘들이 명확하고 간단하고 쉽게 이용할 수 있도록 구조적으로 되어 있는가?

- 설계보고서가 명확하게 묘사되고 있는지 또 통제되고 있는가?

- 문서내용을 쉽게 찾아볼 수 있도록 색인표를 삽입하였는가?

- 소프트웨어의 운영상의 특성들(예를 들면, 성능 파라미터와 한계성 등)에 대해 충분히 서술되고 있는가?

- 기능적 처리, 알고리즘, 기능간 연결 사항들에 대해 모든 시스템과 소프트웨어에 대해 종합적으로 문서에 내용을 담고 있는가?

10 효율성 – 처리(Effectiveness–Processing)

- 설계상에 반영될 효율적 요구 여부?

- 프로그램 looping 방지 대책?

- 메모리 오버레이 기법 사용의 최소화 여부?

- 효과적인 처리를 위한 데이터의 그룹핑 여부?

- 최적의 컴파일러 사용 여부?

⓫ 효율성 – 저장장소(Effectiveness-Storage)

- 저장장소 배당 설계내용?

- 최대 메모리 장치활용 및 동적 메모리 활용을 위한 프로그램 작성여부?

- 유사 데이터의 모음 정도?

- 적절한 컴파일러 사용 여부?

⓬ 확장성(Extensibility)

- 논리적 처리는 저장장치 사양에 따라 독립적이고 모듈에 따라 요구된다.
  통제처리를 위한 속성들은 파라미터로 구성되어야 한다.

- 100% 메모리 사용가능 여부?

- 100% 속도 처리 여부?

- 통신채널의 여유분 확보 여부?

- 모든 처리기들, 통신연결장치, 메모리 장치, 주변기기들 간의 연결성에 대한 점검?

⓭ 일반성(Generality)

- 다른 모듈들에 의해 언급되어 확장되는 모듈은 전체 모듈과 연관하여 적어야 한다.

- 입출력 처리기능들을 단일 모듈 내에 혼합되어서는 안된다.

- 응용 및 기계 의존기능들은 단일 모듈에 혼합되어서는 안된다.

- 처리는 데이터 값이나 볼륨에 한계를 갖지 말아야 한다.

- 모든 변수들은 한번만 정의되도록 해야 한다.

14 독립성(Independence)

- 소프트웨어, 하드웨어, 모듈에 대해 독립성을 유지해야 한다.

15 모듈성(Modularity)

- 설계구조와 소프트웨어가 top-down 설계가 되어 있는가?

- 모든 모듈들은 한 개의 기능으로 표현되고, 모듈들은 임시 저장장소를 분배해서 사용하지 않도록 하고 있는가?

- 모듈들 간의 요구조건은 소프트웨어의 엔티티들 간에 외적인 커플링, 공동사용을 피하고 세분화하고 있는가?

16 운용성(Operability)

- 모든 운용단계를 서술하고 있는가?

- 모든 오류조건과 대응책을 운영자에게 제시하고 있는가?

- 운영자 개입횟수가 적절한가?

- 유지보수를 위한 로깅 가능 여부?

- 운영자에게 적절한 시스템 메시지가 제공되는가?

- 시스템 상태정보와 자원 할당을 위한 프로그램 제공 여부?

- 정보검색기능 제공 여부?

- 사용자가 시스템이나 통신망 위치를 몰라도 화일을 수행가능한가?

- 입력장치의 선택 사용가능한가?

- 출력장치 통제를 사용자가 할 수 있는가?

- 사용자 오류에 대해 명확한 메시지가 제공되는가?

- 통신망 정보와 데이터 처리를 위해 표준 사용자 명령어는 제공되는지가?

17 자가 기술성(Self-descriptiveness)

- 모듈들에 대해 표준형 머리말 제공 여부?

- 예를 들면, 모듈 명, 버전 수, 저자, 날짜, 목적, 입력, 출력, 기능, 가정, 한계성, 금지사항, 정확도, 오류 극복절차 등이다.

- 모듈구조에 대한 표준형태 지정 여부?

- 주석부여의 유효성, 적절성 여부?

- 주석의 의미성 여부?

18 단순성(Simplicity)

- 설계 구조적 측면

- 코드상태 측면

19 시스템 명확성

- 처리기능별로 입출력을 독립체계를 갖도록 요구되고 있는가?

- 입출력기능이 처리기능별로 독립적인가?

- 상위수준 모듈들은 단일 기능들로 형성되어 있는가?

20 시스템 적합성

- 내부 운영 시스템의 공통 통신규약 사용여부?

- 내부 시스템 간 송수신 메시지 내용의 공통성 여부?

- 내부 시스템 간 송수신 메시지 내용의 순서와 구조의 표준성?

- 내부 시스템 간 같은 데이터 형태 사용여부?

- 내부 시스템 간 데이터베이스 구조의 동일성 여부?

- 내부 시스템 간 데이터베이스 처리기법의 공통성 여부?

- 내부 운영 시스템의 운영체계의 공통성 여부?

- 내부 운영 시스템의 지원 소프트웨어의 공통성 여부?

21 테스트(Test)

- 테스트 경로 수의 적절성?

- 모든 모듈 연결점 테스트 여부?

- 모든 모듈들을 테스트 여부?

22 추적성(Traceability)

- 요구사항과 관련된 모듈을 서로 비교 점검여부?

23 훈련(Training)

- 교육과목과 훈련장비는 사용자, 운영자, 유지보수 요원에 의해 계획되었는가?

- 사실적 근거에 둔 연습이 있는가?

- 실제로 도움을 주고 정보를 진단할 수 있도록 교육, 훈련시간이 짜여져 있는가?

- 경력 및 기술수준에 맞추어 사용자 훈련 계획이 수립되었는가? 를 점검한다.

20.6.2 산출물에 대한 품질표준

산출물에 대한 품질표준은 〈표 20-2〉와 같이 소프트웨어 프로세스가 생산하는 산출물들이 보유해야 하는 품질특성을 정의한다. 산출물이란 프로젝트의 결과로 생산되는 최종 제품만이 아니라 프로젝트 각 단계별로 생산되는 모든 산출물을 포함한다.

산출물에 대한 품질표준으로는 ISO 9126 Software Quality Characteristics and Metrics에서 정의하고 있는 품질 특성이 국제적으로 널리 사용되고 있다.

〈표 20-2〉 산출물에 대한 품질표준

품질 목표		정 의
	품질 세부목표	
기능성(Functionality)		사용자가 요구하는 기능을 충족시키는 정도
	완전성(Completeness)	계획 또는 요구된 기능이 실현된 정도
	정확성(Accuracy)	실현된 기능이 요구된 결과와 일치되는 결과를 나타내는 정도
	보안성(Security)	정보의 손실, 누설 및 부정사용 등을 검출하고 예방하는 정도
신뢰성(Reliability)		주어진 조건하에서 정해진 기능을 유지하는 정도
	무결성(Integrity)	허용되지 않은 사용자나 자료의 변경을 제어하는 정도
	오류 허용성 (Error Tolerance)	오조작 또는 소프트웨어 내부에서 이상 발생 시 데이터와 프로그램이 파괴되지 않는 정도
	복원성 (Recoverability)	장애 발생 시 실행수준을 확인하여 영향을 받은 데이터를 회복시키는 정도
사용성(Usability)		사용에 필요한 노력을 최소화하고, 쉽게 사용할 수 있는 정도
	사용용이성(Easiness)	쉽게 이해할 수 있고, 배울 수 있고, 사용할 수 있는 정도
	재사용성(Reusability)	전체나 일부가 다른 응용목적으로 사용될 수 있는 정도
효율성(Efficiency)		요구되는 기능을 수행하기 위해 필요한 자원의 소요 정도
	실행효율성 (Time Efficiency)	응답시간 및 처리시간을 단축하고, 처리율(처리량/처리시간)을 높이는 정도

품질 목표		정 의
	품질 세부목표	
	자원효율성 (Resource Efficiency)	기능을 실행할 때 사용되는 자원을 절약하는 정도
	시험용이성 (Testability)	타당성 검증이나 시험(테스트)이 쉽고 철저하게 수행될 수 있는 정도
유지보수성(Maintainability)		변경 및 오류사항의 교정에 대한 노력을 최소화하는 정도
	분석성(Analyzability)	장애의 원인이나 결함을 식별할 수 있는 정도
	변경성(Changeability)	장애나 결함을 제거하거나 환경의 변경에 필요한 노력의 정도
	확장성(Expandability)	기능 및 사양의 추가 변경에 쉽게 대응할 수 있는 정도
이식성(Portability)		다른 환경에서도 운용이 가능하도록 쉽게 수정될 수 있는 정도
	독립성(Independence)	소프트웨어가 특정한 환경(하드웨어, 데이터, 소프트웨어 환경 등)에 의존하지 않고 작동하는 정도
	공통성(Commonality)	데이터의 표준화 정도 또는 통신절차와 인터페이스의 공통성질의 보유 정도
	설치성(Installability)	새로운 환경에 맞추는데 요구되는 노력의 정도

20.6.3 프로세스에 대한 품질표준

프로세스에 대한 품질표준은 〈표 20-3〉과 같이 산출물을 생산하는 소프트웨어 프로세스가 얼마나 잘 정의되고 체계적으로 수행되었는가를 평가하기 위한 특성들을 정의한다.

〈표 20-3〉 프로세스에 대한 품질표준

품질 목표		정 의
	품질 세부목표	
일관성(Consistency)		프로젝트의 진행이 체계적이고 계획적으로 수행되는 정도
	표준 활동 준수성 (Standardization)	표준화된 방법론의 적용 및 방법론상의 진행절차를 준수하는 정도
	도구 활용성 (Instrumentation)	프로세스의 수행을 위한 자동화된 도구의 활용 정도
생산성(Productivity)		프로세스가 계획된 시간과 자원의 범위 내에서 산출물을 생산해내는 정도
	생산량(Yield)	프로세스가 생산하기로 계획되어 있는 산출물의 생산여부
	자원 사용성 (Resource Behavior)	산출물의 생산에 소요된 자원의 정도
	시간 엄수성(Punctuality)	주어진 환경하에서 정해진 시간 내에 프로세스를 수행하는 정도

20.6.4 관리활동에 대한 품질표준

관리활동에 대한 품질표준은 〈표 20-4〉와 같이 소프트웨어 프로젝트를 성공적으로 수행하기 위해 관리되어야 할 모든 활동들에 대한 특성을 정의한다.

〈표 20-4〉 관리활동에 대한 품질표준

품질 목표		정 의
	품질 세부목표	
수행환경 조성 (Project Environment)		프로젝트를 수행하기 위한 조직, 인력 및 기타 필요사항이나 전제사항의 충족 정도
	조직구성 (Teaming)	프로젝트 수행조직의 구성과 구성원에 대한 책임과 권한 부여 및 물적 자원의 수급 정도
	업무이해성(understandable)	프로젝트의 대상업무 및 수행업무, 그리고 수행결과에 대한 공통된 이해 정도
	인력 관리 (Personnel Mgmt.)	프로젝트 수행인력에 대한 교육훈련 및 수행업무를 관리할 수 있는 체계의 구비 및 실행 정도
	사용자 관리(User Mgmt.)	사용자들의 프로젝트 참여 및 역할수행, 그리고 사용자 조직의 정보 시스템 도입준비를 유도하는 정도
	행정지원(Administration)	행정업무의 지원 및 경영층과의 의사소통을 위한 체계의 구비 및 실행 정도
진행관리 (Proceeding Management)		프로젝트의 수행과정을 통제하고 관리하기 위한 체계의 구비 및 실행 정도
	일정 관리(Time Mgmt.)	계획된 일정의 준수 및 변경과 진척사항을 관리하기 위한 체계의 구비 및 준수 정도
	비용 관리(Cost Mgmt.)	계획된 비용의 집행 및 변경을 위한 체계의 구비 및 준수 정도
	위험 관리(Risk Mgmt.)	예상되는 위험을 인지하고 대처하기 위한 체계의 구비 및 준수 정도
	외주 관리 (Outsourcing Mgmt.)	위탁자의 선정, 계약 및 수행업무 관리를 위한 체계의 구비 및 준수 정도
품질관리 (Quality Management)		산출물의 품질을 향상시키기 위한 체계적인 노력의 정도
	품질통제(Quality Control)	프로젝트 조직 내부적으로 산출물의 품질을 관리하고 통제하기 위한 제도적 장치의 구비 및 실행 정도
	품질보증 (Quality Assurance)	산출물 및 산출물의 생산과 관련된 제반 프로세스에 대한 품질을 보증하기 위한 제도적 장치의 구비 및 실행 정도 (형상관리, 검증 및 확인, 변경관리 등을 포함함)
문서관리 (Documentation Management)		필요한 문서의 생산 및 생산된 문서에 대한 체계적인 관리 정도
	구성 적합성 (Suitability of Composition)	계획된 문서의 생산 여부 및 구성체계의 적정성 정도
	내용 적합성 (Suitability of Contents)	문서의 내용이 목적에 일치하고 객관적이며 충실한 정도

 20.7 소프트웨어 측정

소프트웨어 측정(software measure)은 소프트웨어공학에 있어 매우 중요한 역할을 담당한다. 소프트웨어 측정 매트릭스를 통해 소프트웨어의 품질을 측정할 수 있도록 하기 때문이다. 소프트웨어 개발은 매우 어렵고 힘든 작업에 속한다. 그 이유는 개발에 투입되는 필요한 자원, 기간, 예산, 인력 및 개발 환경 등이 만족스럽지 못하여, 개발 결과물의 낮은 생산성과 소프트웨어의 품질이 만족스럽지 못한 결과를 낳게 되는데 이는 개발 과정과 결과에 대해 적절한 시기에 적절한 인력을 투입하여 측정하는 데 소홀하였기 때문이라 할 수 있다.

측정은 소프트웨어공학 이외에도 다른 공학 부문에서도 품질보증 활동을 위해 필수적으로 거쳐 가는 과정이다. 소프트웨어는 다음과 같은 이유로 측정되어야 한다.

첫째, 소프트웨어 결과물의 품질 정도를 파악하기 위해서

둘째, 소프트웨어 결과물을 양산한 사람의 생산성을 평가하기 위해서

셋째, 새로운 소프트웨어공학 방법과 도구를 사용해서 얻는 장점을 평가하기 위해서

넷째, 계획단계에 실정한 기준선에 따라 결과물의 완성도 점검을 위해서

다섯째, 새로운 도구들이나 추가 교육에 대한 요청을 정당하게 돕기 위해서

물질 세계에서 측정은 2가지 방법으로 분류할 수 있다. 즉, 직접적인 측정과 간접적인 측정 방법이다.

소프트웨어 매트릭스도 이와 유사하게 분류할 수 있다. 소프트웨어공학 처리과정의 직접적인 측정은 비용과 적용된 노력을 포함한다. 제품의 직접적인 측정은 생산된 LOC(Line Of Cost)수, 실행 속도, 메모리 크기, 일정한 시간 주기 동안에 발견된 결함들을 포함하고 있다. 제품의 간접적인 측정은 기능, 품질, 복잡도, 효율성, 신뢰성, 유지보수성, 그리고 가능성을 이용한다.

소프트웨어를 구축하는 데 요구되는 비용과 노력, 작성된 LOC 수, 그리고 그 외의 직접적인 측정들은 측정을 위해 오랫동안 특수한 관습으로 설정되어 있기 때문에 수집하기가 상대적으로 쉽다. 그러나 소프트웨어의 기능과 품질, 또는 그것의 효율성과 유지보수성은 평가하기가 더 어렵고 단지 간접적으로만 측정될 수 있다.

20.8 소프트웨어 매트릭스

소프트웨어 매트릭스란 소프트웨어 개발에 있어서의 여러 가지 품질을 측정할 수 있도록 한다. 특히, 소프트웨어 프로젝트 관리의 측면에서 생산된 결과물에 대해 적합성 여부를 측정하고, 프로젝트에 투입된 노력 정도를 함수로 표현하여 소프트웨어 개발 결과물을 측정하며 소프트웨어 생산성과 관련이 있다.

대부분의 공학 분야에서는 전압, 속도, 온도, 크기 등 직접적으로 측정이 가능한 요소들을 기반으로 하지만, 소프트웨어공학은 그렇지 않다. 여러 측면에서의 품질을 나타낼 수 있는 간접적인 방법이 필요한데 이것이 소프트웨어 매트릭스(software matrix)이다. 측정은 제품을 수량화시켜 주고 보다 효율적으로 관리할 수 있게 해준다. 이때의 특징은 평가(estimation), 품질 통제(quality control), 생산성 평가(productivity), 프로젝트 통제(project control) 등을 소프트웨어 프로젝트에 적용할 수 있게 해준다는 것이다. 이러한 측정은 기술적인 제품의 품질을 예측하고, 프로젝트 수행에서 전략적인 의사 결정을 돕기 위해 소프트웨어공학에 널리 사용된다.

매트릭스는 이러한 측정을 통해서 소프트웨어가 보유하고 있는 특성, 품질 혹은 속성의 계량적인 척도라고 할 수 있다. 그러나 측정은 과정과 제품에 대한 적합한 매트릭스는 무엇인가, 수립된 자료는 어떻게 사용되는가, 인적 자원과 과정 또는 제품을 비교하는데 측정을 사용하는 것이 올바른가, 과거에 측정하지 않았던 것을 측정하려면 이러한 질문들과 또 다른 많은 질문들이 항상 문제가 된다.

소프트웨어공학은 추정들을 수집하고 지표를 얻기 위해서 매트릭스를 개발한다. 지표는 매트릭스 또는 매트릭스의 집합으로써 소프트웨어 과정, 프로젝트, 제품에 대해서 파악할 수 있도록 해준다. 이러한 지표는 프로젝트 관리자 또는 소프트웨어 엔지니어에게 과정을 보다 나은 것을 개발할 수 있도록 하며, 프로젝트 제품들을 조절할 수 있게 해준다.

20.8.1 프로그램의 크기 중심 측정 매트릭스

프로그램 크기 중심 소프트웨어 매트릭스는 일명 프로그램 본 수 또는 스텝(step) 수에 따라 소프트웨어와 소프트웨어가 개발되는 과정을 직접적으로 측정하는 방법이다.

프로그램 크기 중심 매트릭스는 인/월(man/month)당 산출되는 프로그램 라인 수를 소프트웨어 생산성의 척도로 삼는다. 가장 보편적으로 이용되는 이 매트릭스는 소프트웨어 규모를 라인 수로 계산하고 생산성을 라인 수라는 양적 척도를 이용한다. 그러나 이러한 라인 수를 이용한 매트릭스는 많은 문제점을 가지고 있다.

1 생산성 측면에서 경제적 의미와 불일치성

생산성은 투자 대비 효과 (투입 대비 결과물 산출)라는 경제적 의미로 해석되어야 하며, 즉, 경제적인 생산성이란 주어진 노력과 비용을 투자하여 생산 될 수 있는 제품의 양이나 서비스의 가치를 증가시키는 데 있기 때문이다. 따라서 문제는 개발 결과물 양이나 질적 가치를 어떻게 화폐가치로 평가할 것이냐 하는 것이다.

2 프로그램에 사용된 프로그래밍 언어만으로는 분별력이 없음

인, 월당 프로그램 개발라인 수를 증가시키는 것이 생산성이 높다고 정의한다면 고급 언어일수록 생산성이 오히려 저하되는 결과를 낳을 수 있다.

3 라인 수 정의의 애매모호함

라인 수를 측정한다는 자체부터 쉬운 일이 아니다. 라인의 의미부터가 명확하지가 않다. 단위 혹은 모듈 차원에서의 프로그램의 양과 프로젝트 차원에서의 프로그램 양을 구분하여 생각해 보자.

라인 수를 어디까지 인정해줄 것인가 하는 척도는 아래 6가지로 다양할 수 있다.

① 수행 라인(executable line)만 인정해 준다.

② 수행 코드와 자료 정의(data definition) 코드를 인정해 준다.

③ 수행 코드, 자료정의 코드 외에 주석(comment) 라인도 인정한다. 주석을 삽입시키기 위한 노력도 정당하게 평가되어야 하기 때문이다.

④ 수행 코드, 자료정의 코드에 JCL(job control language)까지도 인정한다. 컴퓨터가 읽고 처리하는 모든 라인을 인정하는 경우이다.

⑤ 입력 스크린상의 모든 라인을 인정한다. 주석, JCL은 물론 공백 라인도 인정해 주는 것이다.

⑥ 경계부호(delimiter)로 분리된 라인은 모두 인정하자는 것으로 수행 코드도 한 줄에 여러 개 있을 수 있기 때문에 합리적이다.

위의 6가지 중에서 수행 코드와 자료 정의 코드만 인정해 주는 것이 많이 사용되고 있으나 절대적이지는 않다.

20.8.2 기능 중심 매트릭스

기능 중심 소프트웨어 매트릭스는 소프트웨어와 소프트웨어가 개발되는 과정을 간접적으로 측정하는 방법이다.

이 기법은 LOC를 계산하기보다는 프로그램의 '가능성'이나 '유틸리티(utility)'에 초점을

맞춘 것이다. 이 기법들은 '기능점수(function point)방법'이라 부르는 기능성 측정 접근 방법을 사용하는데 기능점수(FP)는 소프트웨어 정보 영역에서 계산할 수 없는 측정과 소프트웨어 복잡도의 평가에 기초를 둔 경험적인 관계식을 사용해서 유도된다.

기능점수는 〈표 20-5〉를 완성함으로써 계산된다. 다섯 개의 정보 영역의 특징들이 결정되면 정보 영역의 평가에 기초를 둔 경험적인 관계식을 사용하여 유도된다.

① **사용자 입력 수(Number of user inputs)**

응용 소프트웨어 프로그램에 제공되는 각 사용자 입력 수를 계산한다.

〈표 20-5〉 기능점수 매트릭스의 계산

측정·항목	수량	가중치			소계
		단순	보통	복잡	
입력 수		× 3	× 4	× 6	
출력 수		× 4	× 5	× 7	
질의 수		× 3	× 4	× 6	
화일 수		× 7	× 10	× 15	
외부 인터페이스 수		× 5	× 7	× 10	
전체 합계					

② **사용자 출력 수(Number of user outputs)**

사용자에게 응용 중심 정보를 제공하는 각 사용자 출력 수를 계산한다. 이 '출력 output'에는 보고서, 스크린, 그리고 오류 메시지 등이 포함된다. 보고서 안의 개별적인 자료 항목은 분리해서 계산하지는 않는다.

③ **사용자 질의 수(Number of user inquiries)**

질의는 온라인 출력의 형식으로 즉시 소프트웨어 응답을 생성해 주는 온라인 입력으로 정의된다. 각기 다른 질의를 계산한다.

④ **화일 수(Number of files)**

각각의 논리적 마스터 화일(master file) 즉 대형 데이터베이스나 분리된 화일의 한 부분이 될 수 있는 자료의 논리적 모임을 계산한다.

⑤ **외부 인터페이스 수(Number of external interface)**

정보를 다른 시스템으로 전송하는 데 사용되는 모든 기계가 읽을 수 있는 인터페이스 (예 : 테이프나 디스크 데이터 화일)를 계산하다.

일단 위의 자료들이 수집되면 복잡도 값은 각 카운트와 연계된다. 기능점수 방법을 사용하는 조직은 특별한 엔트리가 단순, 평균 또는 복잡인지를 결정하기 위한 평가 기준을 개발해야 한다. 말할 것도 없이 복잡도의 결정을 다소 주관적이다.

기능점수는 다음과 같은 관계식을 사용해서 계산된다.

$$FP = \text{count-total} \times [0.65 + 0.01 \times \text{SUM (Fi)}]$$

여기서 count-total은 〈표 20−5〉에 있는 모든 FP들의 합이다. Fi(i=1에서 14까지)는 〈표 20−6〉에 있는 질문들의 응답에 기초를 두고 있는 '복잡도 조정값(complexity adjust-ment value)'이다. 위의 방정식에 있는 상수값과 정보 영역 count에 적용된 가중 인자들은 경험적으로 결정된다.

일단 기능점이 계산되면 기능점수는 소프트웨어 생산성, 품질, 그리고 다른 속성들의 측정처럼 LOC를 유추하는 방법으로 사용된다.

〈**표 20-6**〉 기능점수의 계산

1. 시스템이 신뢰할만한 백업/복구 시스템을 요구하는가?
2. 데이터 통신을 요구하는가?
3. 분산처리 기능들이 있는가?
4. 성능이 절대적으로 중요한가?
5. 시스템이 일반적인 환경에서 동작할 것인가?
6. 시스템이 온라인 데이터 입력이 필요한가?
7. 온라인 데이터 입력이 다중 스크린들이나 연산들을 구성할 수 있는 입력 트랜잭션이 필요한가?
8. 온라인상으로 마스터 화일들이 변경되는가?
9. 입력, 출력, 화일들 또는 질의들이 복잡한가?
10. 내부처리가 복잡한가?
11. 설계된 코드가 재사용될 수 있는가?
12. 변경과 설치가 설계에 포함되는가?
13. 시스템이 다양한 조직 내에 다중 설치가 가능하도록 설계되는가?
14. 응용이 사용자에 의해서 쉽게 사용되고 변경될 수 있도록 설계되는가?

〈표 20-7〉 특성점수 매트릭스의 계산

측정 요소	개 수	가중치	소계
사용자 입력 수		× 3	
사용자 출력 수		× 4	
사용자 질의 수		× 3	
화일 수		× 7	
외부 인터페이스 수		× 5	
알고리즘		× 3	
전체 합계			

기능점수에 의한 측정방법은 본래 기업의 정보시스템 응용분야에 적용하기 위해 설계된 것이다. 그러나 특성점(feature point)이라 불리는 확장안은 Johnes가 제안했는데, 실시간, 프로세서 제어, 내장형 소프트웨어 응용분야들은 복잡한 알고리즘에 의해 수행됨으로 추가로 특성점수 매트릭스는 새로운 소프트웨어 특성인 '알고리즘'을 계산한다. 알고리즘은 '특수한 컴퓨터 프로그램 내에 포함되어 있는 유계한 계산적 문제'라고 정의된다.

특성점수를 계산은 〈표 20-7〉을 완성하면 얻을 수 있다.

20.8.3 소프트웨어 복잡도 매트릭스

소프트웨어의 복잡도는 문제의 복잡도, 프로그램 구조의 복잡도, 그리고 데이터의 복잡도로 세분된다.

1 문제의 복잡도

일반 정보처리 시스템의 문제는 입출력 자료를 분석하여 복잡도를 파악해야지, 처리방법에 집착하다 보면 문제 이해에 큰 도움이 되지 못한다. 물론 과학계산용, 실시간, 통신용 소프트웨어의 개발에는 정보처리 방법에 몰두하는 것이 데이터를 분석하는 것보다 훨씬 효율적이다. 결국 이러한 문제이해 방법은 경험과 지식에 의존하는 것이다.

2 프로그램 구조의 복잡도

프로그램 구조가 복잡하다는 것은 그만큼 소프트웨어 생산성에 나쁜 영향을 미친다. 프로그램 구조의 복잡도를 측정하는 대표적인 매트릭스는 1976년에 T. McCabe에 의해 발표된 순환 복잡도(cyclomatic complexity)이다. 이 매트릭스는 프로그램 수행의 경로(execution flow)를 프로그램 라인을 표시하는 노드와 수행 경로를 표시하는 화살표의 그래프로 나타낸 후 다음과 같은 공식을 적용시키고 있다.

① **T. McCabe의 순환 복잡도(cyclomatic complexity)**

$$V(G) = e - n + 2P$$

여기서 $V(G)$: program의 flow Graph 수 (if문 + 1)

$\quad$ e : program 내에서의 edge 수

$\quad$ n : program 내에서의 node(Vertices) 수

$\quad$ P : program 내에서의 connected component 수를 나타낸다.

T. McCabe는 복잡도를 따르는 소프트웨어의 품질을 다음과 같이 평가하고 있다.

- 복잡도가 5 이하인 경우 : 매우 간단한 프로그램일 때

- 복잡도가 5~10인 경우 : 매우 구조적이며 안정된 프로그램

- 복잡도가 20 이상인 경우 : 문제 자체가 매우 복잡하거나 구조가 필요 이상으로 복잡한 프로그램

- 복잡도가 50 이상인 경우 : 매우 비구조적이며 불안정한 프로그램이라 판단했다.

② **Halstead Measures**

program에서 사용되는 Operator와 operand를 count하여 software science 파라미터로 적용하는 방법인데, 아래 식에 적용될 변수의 의미는 다음과 같다.

- Unique operator 수 : n1

- Unique operand 수 : n2

- Operator 총 수 : N1

- Operand 총 수 : N2

- Vocaburary : $n = n1 + n2$
- Estimated length : $N' = n_1 \log_2 n1 + n_2 \log_2 n2$
- difficulty : $D = n2 * N_2/2 * n2$
- language level : $T = V/D^2$
- Information content : $i = V/d$
- Observed length : $N = N1 + N2$
- Volume : $V = N \log_2 n$
- program level : $L' = 2/n1 * n2/N2$
- Intelligent count : $I = V*D$
- effort : $E = D*V = V/I'$

3 데이터의 복잡도

대부분의 경우 경험 많은 개발자나 관리자는 요구분석 단계에서의 입출력 규모를 보고 소프트웨어의 규모나 소요시간 및 비용을 예측하게 된다.

20.9 소프트웨어 품질보증 활동

20.9.1 검증 및 확인

검증과 확인의 목표는 소프트웨어 개발과 수정을 거쳐 생성된 생산물의 품질을 평가하고 향상시키는 것이다. 품질의 척도에는 정확성(correctness), 완전성(completeness), 일관성(consistency), 신뢰성(reliability), 유용성(usefulness), 사용가능성(usability), 효율성(efficiency), 표준화 준수, 그리고 비용 효과(cost effectiveness) 등이 있다.

검증에는 생명주기 검증과 형식적 검증의 두 가지 종류가 있으며, 전자는 개발주기의 각 단계에서 생성된 생산물들이 이전 단계에서 설정된 명세서(specification)를 어느 정도 만족시키는가를 결정하는 과정이며, 후자는 소프트웨어 개발과정 종료시에 소프트웨어가 요구사항에 맞는지를 평가하는 작업이다. Boehm은 다음과 같이 정의를 내리고 있다.

① **검증**

"생산물을 올바르게 만들고 있는가?"

② **확인**

"올바른 생산물을 만들고 있는가?"

분석과 설계 과정에서 생성된 생산물의 품질은 체계적인 품질보증 절차, 검토회(walk-through), 검열(inspection) 그리고 일관성과 완전성을 자동으로 검사함으로써 평가되고 향상될 수 있다. 원시코드의 품질을 평가하고 향상시키기 위한 기법에는 품질보증, 검토회 및 검열, 정적 분석(static analysis), 기호적 수행(symbolic execution), 단위 테스팅, 통합 테스팅, 그리고 형식적 검증 등이 있다.

20.9.2 검토회(walk-through)와 검열(inspection)

검토회와 검열은 소프트웨어 생명주기를 통하여 생산물을 단계별로 검사하는 것을 의미한다. 단계별 결과물과 처리과정이 그 대상인데 요구사항 명세서, 설계 명세서, 테스트 계획, 원시코드, 수행원리, 사용자 매뉴얼, 그리고 유지보수(maintenance) 수행절차 등을 들 수 있다. 검토회는 피검열자(reviewer)가 제시한 검토 항목에 대해 검열팀에 의해 평가되며, 피검열자가 생산물에 대해서 계략적으로 설명하면 검열자가 관심부분에 대하여 질문을 하게 된다.

① **검토회**

프로젝트 수행 결과물 및 수행 과정에 대해 재검토가 아니라 객관적인 전문가에 의해 평가를 받는 것을 의미한다.

② **검열**

공식적으로 인정된 전문기관 및 전문요원에 의해 평가를 받게 되는데 검열팀이 검토될 품목들의 체크 리스트를 가지고서 생산물을 검열한다는 점에서 검토회와 다르다. CMM, CMMI, SPICE에 의한 평가가 이에 속한다고 할 수 있다.

③ **검토회의의 주요 목적**

가능한 한 빨리 소프트웨어 개발 생명주기의 초기부분에서 산출물(소프트웨어)의 문제점을 찾아내기 위한 것이다. 문제점이 일찍 발견될수록 그것을 수정하는 비용이 적게 들고 관리자나 시스템 개발자가 적절히 조치를 취하는 것이 쉬워진다.

검토회의는 프로젝트 수행일정에 따라 이정표를 설정하여 주기적으로 생명주기의 각 단계에서 검토회의를 통하여 문제점을 찾아 해결함으로서 개발 시스템의 품질을 향상시킬 수 있다.

④ **검토회의를 통해서 얻을 수 있는 유·무형 효과**

- 유형의 효과 : 품질향상, 프로그램의 정확성에 기여, 표준화를 지키고 있는지를 감시하는 기회, 유지 및 보수의 용이성, 개발비용을 절약할 수 있는 효과

- 무형의 효과 : 개발팀원들이 지켜야할 표준화를 배우고 훈련받을 수 있도록 하며, 기술적인 전문지식을 보급하고, 개발과 관련된 팀원 간 자유스런 의사소통을 용이하게 하고, 중복된 노력을 줄임으로써 프로젝트에 대한 시간과 비용이 절약하게 하는 효과가 있다.

20.10 소프트웨어 신뢰성

컴퓨터 프로그램의 신뢰성은 소프트웨어의 전체적인 품질의 중요한 요소이다. 많은 다른 품질 인지들과는 달리 소프트웨어 신뢰성은 과거와 개발상의 자료를 이용해 직접 측정될 수 있고 예측이 가능하다.

20.10.1 신뢰성과 가용성의 측정

소프트웨어 신뢰성에 대한 초기의 연구는 하드웨어 신뢰성 이론을 근거로 소프트웨어 신뢰성의 예측을 추출해 내는 것이었다.

신뢰성의 간단한 측정은 MTBF(Mean Time Between Failure) 즉, 하나의 실패 이후 실패가 재 발생하는데 걸리는 평균시간으로 측정되며 MTBF는 다음과 같다.

$$MTBF = MTTF + MTTR$$

여기서 MTTF(Mean Time To Failure)는 실패가 발생하는 데 걸리는 평균시간이고 MTTR(Mean Time To Recovery)은 실패에 대한 복구에 걸리는 평균시간이다.

신뢰성과 함께 중요한 개념이 가용성(availability)이다. 소프트웨어 가용성은 프로그램이 시간의 주어진 시점에서 요구사항들에 따리 운영되는 확률이며 다음과 같이 정의한다.

$$가용성 = \frac{MTTF}{MTTF + MTTR} \times 100\%$$

MTBF 신뢰성 측정은 MTTF와 MTTR에 똑같이 민감한 데 반해 가용성 측정은 MTTR에 조금은 더 예민하고 소프트웨어 유지보수성의 간접적인 측정이다.

20.11 소프트웨어 성숙도 평가 모델들

소프트웨어 성숙도를 평가 할 때 소프트웨어 프로세스를 심사하게 되는데 심사란 "어떤 기준이 되는 기본틀을 근간으로 만들어진 모형에 따라 조직의 소프트웨어 프로세스를 평가하는 것"으로 정의되고 있다. 여기서 기본틀이란 '참조모형(reference model)'을 말

하여, 소프트웨어 심사 기준이나 표준을 만들 때 기본적으로 따라야 하는 내용을 기술하고 있다.

소프트웨어 프로세스 심사의 정의에서 '모형'이란 소프트웨어 프로세스의 심사를 수행할 때 실제로 사용하는 참조모형을 근간으로 해서 만들어진 표준으로 심사모형(assessment model)이라 부른다. 즉, 참조모형에 따라 만들어진 표준으로 실제 현장 심사에서 사용되는 표준이 심사모형이 된다.

20.11.1 SPICE(Software Process Improvement and Capability dEtermination)

소프트웨어 심사를 위한 국제표준으로는 ISO TR2(Technical Report Type 2) 15504(소프트웨어 프로세스 심사)가 대표적인 표준 중의 하나이다. ISO TR2는 국제표준화기구인 ISO/IEC JTC1의 소프트웨어공학 표준화 위원회인 SC7의 작업그룹 10(WG10)에서 1999년 국제표준화를 목표로 개발하고 있는 표준이다.

여기서 TR2란 ISO/IEC JTC1 지침(directive)에 따르면 실제 산업계에 적용하기 위하여 국제표준으로 승인되기 직전의 최종본으로 ISO와 국내 표준화 기관에서 발간이 가능함을 의미한다. 전체 9개의 표준으로 구성된 ISO 15504는 일명 SPICE(Software Process Improvement and Capability dEtermination)라고 부르며, 소프트웨어의 프로세스(조달 공급, 개발, 운영, 유지보수, 지원)에 대한 계획, 관리, 감시, 통제, 개선을 위한 능력심사와 프로세스 개선을 목적으로 하고 있다.

SPICE는 [그림 20-13]과 같이 여러 종류의 소프트웨어 프로세스 표준과 기준을 수용하여 개발되었다. CMM(Capability Maturity Model)은 대형 프로젝트, Bootstrap, Analysis는 중형 프로젝트, STD(Software Technology diagnostics)는 소형 프로젝트에 적용되나 SPICE는 대형에서부터 소형의 프로젝트에 적용할 수 있도록 개발되었다. CMM과 Trillium은 프로세스의 능력 결정과 프로세스 개선을 목적으로 하고 있으며, 나머지 심사 방법은 능력결정에 관련 기준만을 제시하고 있다.

소프트웨어 심사를 위한 대표적인 국제표준인 ISO 15504는 [그림 20-14]와 같이 공급, 개발, 지원, 관리, 조직 등의 소프트웨어 프로세스에 대한 계획, 관리, 감시, 통제, 개선을 위한 능력심사와 프로세스 개선을 목적으로 한다. 소프트웨어공학 표준화 그룹인 ISO/IEC JTC1/ SC7/WG10에서 1992년 1월부터 표준화 작업을 시작한 SPICE는 국제표준 승인 전 최종단계인 'Type 2' 규격이 1998년 발표되었으며, 현재 세계 각국에서 산업체 적용 실험이 진행되고 있다.

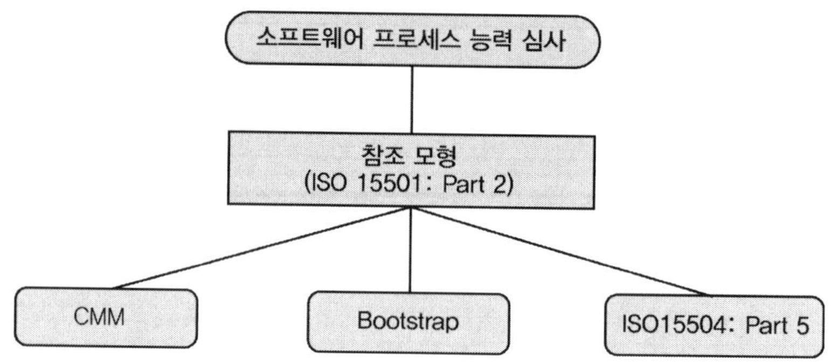

[그림 20-14] 소프트웨어 프로세스 능력 심사 모형들

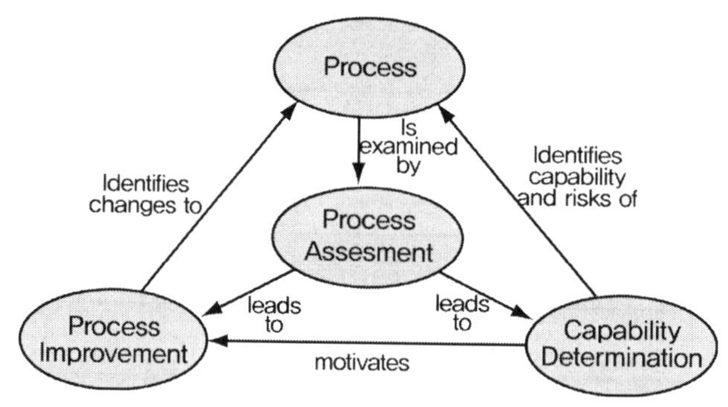

[그림 20-15] SPICE의 소프트웨어 프로세스 심사

SPICE 심사는 [그림 20-15]와 같이 프로세스 개선과 능력 결정이라는 두 가지 목적 아래 실시된다. 프로세스 개선은 경영관점에서 조직의 현행 실무절차가 갖는 강점과 약점, 프로세스 고유의 위험 요소를 식별함으로써 조직의 목표를 달성하기 위한 효율성과 품질, 납기, 비용 측면의 문제점을 찾아내도록 한다. 능력 결정은 진행 중인 프로젝트에 내재된 위험을 식별하기 위해서 선택된 프로세스의 특성을 목표치에 비교하여 평가한다.

SPICE의 심사 모형은 [그림 20-16]과 같이 프로세스 차원과 능력 차원이라는 2개의 차원

610

으로 구성되며 각각 소프트웨어 개발 생명주기상의 프로세스가 적절히 구성되었는지, 또는 피 심사 프로세스가 Level 0에서 Level 5에 이르는 6가지 능력수준 가운데 어느 것에 해당하는지 측정하는 데 사용된다.

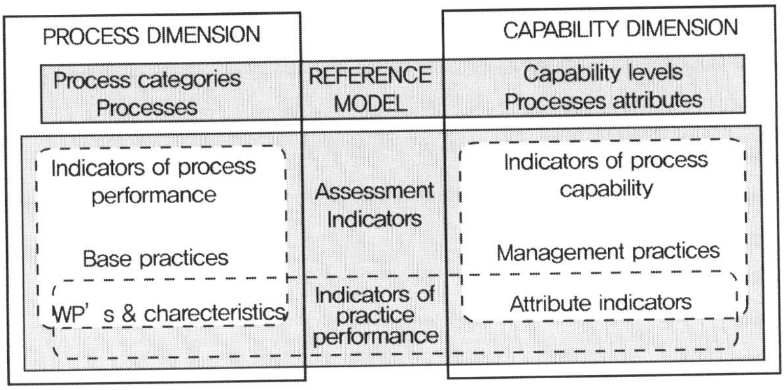

PROCESS DIMENSION — Process categories / Processes

REFERENCE MODEL

CAPABILITY DIMENSION — Capability levels / Processes attributes

Indicators of process performance

Base practices

WP' s & charecteristics

Assessment Indicators

Indicators of practice performance

Indicators of process capability

Management practices

Attribute indicators

[그림 20-16] SPICE의 프로세스심사 모형

20.11.2 SPICE와 다른 표준과의 관계

1 ISO 12207과 SPICE

ISO 12207(소프트웨어 생명주기 프로세스)은 SC7에서 소프트웨어 생명주기 프로세스의 기본 틀로 개념 정의단계에서부터 폐기까지를 다루고 있다. 이 표준은 조달자(acquirer)와 공급자의 역할을 분명히 정의하여 양자간(구매자와 공급자) 계약에 따른 조달에 적합하도록 개발되었다. 그러나 ISO 12207은 전문적인 지식이 부족한 일반인이 사용하기에는 상위 수준에서 정의되어 실제 심사에서 사용하기 쉽지 않다. 표준의 용어를 빌어 설명하면 ISO 12207은 'what'만이 정의되어 있다고 할 수 있다.

SPICE는 ISO 12207의 기본 틀에 정확히 맞추어 개발하였고, 일부분이 확장되었다. 따라서 앞으로 ISO 12207이 개정되면 자동적으로 SPICE도 개정된다. 내용과 표준화 프로세스에서 볼 때, SPICE에 따라 심사를 수행하며 기본적으로 ISO 12207의 요건을 준수하여 심사한 것과 같다.

미 국방성은 1998년5월 소프트웨어 개발과 문서화를 위해 사용하던 MIL-STD-498(Software Development And Documentation)을 폐기하고, IEEE/IEC 12207.0(Software life cycle processes), IEEE/EIA 12207.1(Guide for ISO/IEC 12207,Software life cycle processes-Life cycle data), 그리고 IEEE/EIA 12207.2(Guide for ISO/IEC 12207, Software life cycle processes-Implementation considerations)를 대체 사용하기로 결정하였다. 이는 ISO 12207의 기본 틀에 따라 개발된 SPICE의 활성화에 큰 도움을 줄 것으로 여겨진다.

2 ISO 9000-3과 SPICE

고품질의 소프트웨어를 개발하기 위하여 조직에서 수행되어야 할 최소한의 필수적인 사항들을 모아 놓은 것이 ISO 9000-3:1997 지침(컴퓨터 소프트웨어 개발, 공급, 설치, 유지보수에 ISO 9001의 적용)이다. ISO 9000 인증기관은 조직의 품질 시스템(20개 항목)을 심사하여 인증서를 교부한다(인증서는 ISO 9001 또는 TickIT/ISO9000-3으로 기재). 이 때 심사결과는 합격과 불합격 두 가지로 한정된다.

제1차 개정판인 ISO 9000-3:1997은 ISO 12207의 소프트웨어 프로세스의 개념을 수용하여 개발되었다. SPICE 역시 ISO 12207의 기본 틀에서 개발되었으므로 많은 내용이 유사하다. 차후 개정에서는 더 많은 ISO 12207의 내용 수용을 예상할 수 있으므로 인증서 취득 후에 SPICE의 방향으로 나아가야 할 것이라는 것을 알 수 있다.

특히, ISO 9001에서 부족한 품질개선의 내용을 보강하기 위하여 개발된 ISO 9004-4(품질개선을 위한 지침)는 SPICE Part 7(소프트웨어 프로세스 개선)의 모태이다. ISO 9000-4는 제조업의 용어로 개발된 표준임으로 소프트웨어 부문에서는 직접 사용할 수 없으므로, 인증 취득 후에 품질 개선은 SPICE Part 7을 사용하여야 할 것이다.

그러면 ISO 9001(ISO9000-3)의 인증을 취득한 조직은 SPICE의 능력 수준에 어디에 해당될까? 일반적으로 ISO 9001 인증서를 취득한 조직은 CMM의 3단계에 도달했다고 말하고 있으나, 실제적으로 CMM 3단계에 도달치 못했다는 것이 중론이다. 현재 ISO 9001과 SPICE의 수준과의 관계는 공식적으로 발표된 것이 없다. 그러나 SPICE의 PA(Process Attribute)를 살펴보면 PA 3.1(Process Resource Attribute)이 인증의 해당 수준으로 볼 수 있다. 그러나 ISO 9001 인증을 취득한 조직도 PA 2.1(Performance Management Attribute)과 PA 2.2(Work Product Management Attribute)를 완전히(fully)로 만족하는 경우가 많지 않다.

３ CMM(Capability Maturity Model)

CMM은 미국 카네기멜론 대학의 소프트웨어공학 연구소(SEI : Software Engineering Institute)에서 국방성의 자금을 지원받아 개발한 모델이다. 처음에는 국방성의 요청에 따라 국방성이 발주하는 소프트웨어 프로젝트의 위험을 줄이기 위해 입찰자들의 개발능력을 평가하기 위해 개발되었으나, 이후 이 모델이 갖고 있는 성숙도에 대한 프레임워크가 국방 관련 프로젝트뿐만이 아닌 상업적인 소프트웨어 개발업체에서도 인정을 받으면서 널리 활용되기 시작하였다.

CMM을 이해하기 위해서는 먼저 핵심 개념인 프로세스(Process)와 능력(Capability), 성숙도(Maturity)에 대해 살펴볼 필요가 있다. SEI는 프로세스를 "원하는 결과를 만들기 위해 사람, 절차, 방법, 도구를 통합시키는 수단"이라고 정의하였으며, Fagan은 프로세스를 "명확한 순서로 입력 물을 원하는 산출물로 전환하는 일련의 운용"이라고 정의하였다.

CMM은 5개의 성숙도단계를 가지고 있는데 각 단계와 단계별 특성은 [그림 20-17]과 같다.

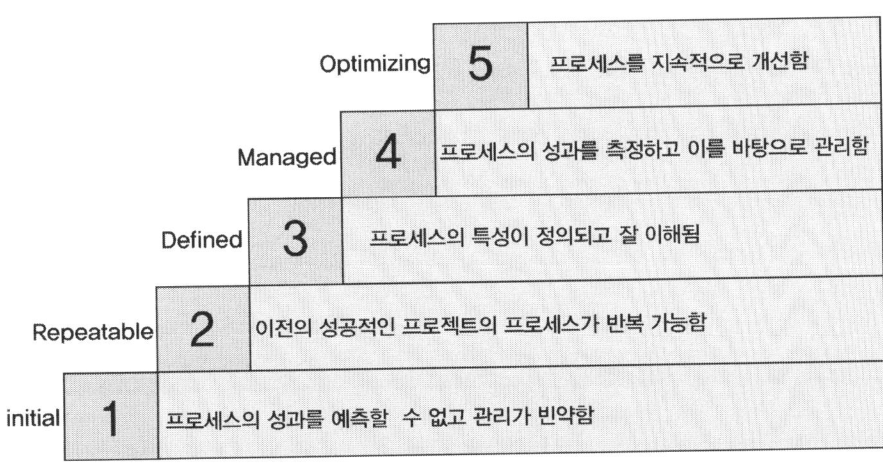

[그림 20-17] CMM의 능력 성숙도단계

[그림 20-18] 성숙도 1단계에서의 프로세스 관점

CMM의 각 단계는 다음 단계로 진화되기 위해 반드시 달성해야 하는 핵심 프로세스가 있는데 CMM에서는 이를 KPA(Key Process Area)라고 한다. CMM의 각 단계를 이해하기 위해 간략하게 상위단계로 성숙되어 가는 과정을 살펴보기로 한다.

① **성숙도 1단계(Initial : 초기단계)**

프로세스가 아닌 작업자의 능력에 의해 프로젝트의 성과가 좌우된다. 따라서 뛰어난 사람을 고용하면 높은 품질과 예외적인 성과가 가능하지만 일반적으로 일의 결과를 예측할 수 없다.

이 조직이 직면하고 있는 문제점은 기술적인 측면이 아니라 관리적인 측면에 있다. 소프트웨어 관리가 되지 않으며 소프트웨어 제품은 [그림 20-18]과 같이 무정형의(파악할 수 없는)프로세스에서 만들어진다. 따라서 1단계에서는 핵심 프로세스가 없다. 1단계 조직에서도 성공한 프로젝트가 있을 수 있다.

② **성숙도 2단계(Repeatable : 반복된 단계)**

성공한 프로젝트의 사례를 반복하는 단계로서 초점은 프로젝트 관리이다.

2단계 조직은 효과적으로 소프트웨어 프로젝트 관리를 하기 위한 강력한 니즈가 확립되며, 프로젝트 관리와 관련된 프로세스들이 문서화되고 준수된다. 소프트웨어 제품은 [그림 20-19]와 같이 일련의 Black Box에서 만들어지지만, 프로젝트 관리 시스템이 만들어져서 미리 정의된 체크 포인트(마일스톤)에서 관리된다.

2단계는 프로젝트 관리와 관련된 6개의 핵심 프로세스를 가지고 있다.

- 요구사항 관리 (Requirement Management)
- 소프트웨어 프로젝트 계획수립(Software Project Planning)
- 소프트웨어 프로젝트 추적(Software project Tracking and Oversight)
- 소프트웨어 외주관리(Software Sub-contract Management)

- 소프트웨어 형상관리(Software Configuration Management)

- 소프트웨어 품질보증(Software Quality Assurance)

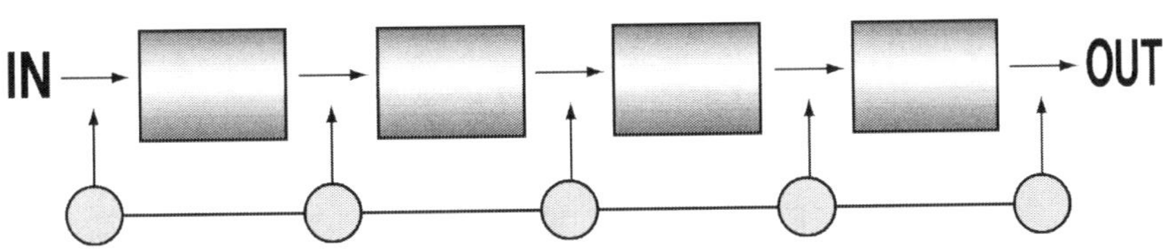

[그림 20-19] 성숙도 2단계에서의 프로세스 관점

③ 성숙도 3단계(Defined : 정의된 단계)

[그림 20-20]과 같이 조직차원에서 프로세스를 정의하여 관리하는 단계이다. 따라서 소프트웨어 프로젝트 관리기초 위에서 구축되면 프로세스를 통제하기 위해 반드시 프로세스가 정의, 문서화되며 한 업무의 출력물이 다음 업무의 입력물로 자연스럽게 진행된다.

성숙도 3단계에서의 프로세스 관점에서는 잘 정의된 프로세스에 따라 관리되며, 소프트웨어 제품의 생산은 전체 소프트웨어 프로세스에 걸쳐 가시화된다. 3단계는 조직과 관련된 7개의 핵심 프로세스를 가지고 있다.

- 조직 프로세스 지향(Organizational Process Focus)

- 소직 프로세스 정의(Organizational Process Definition)

- 교육 프로그램(Training Program)

- 통합 소프트웨어 관리(Integrated Software Management)

- 소프트웨어 제품 엔지니어링(Software product Engineering)

- 그룹 간 조정(Intergroup Coordination)

- 동료 검토(Peer Review)

- 프로세스가 정의되면 측정을 통한 프로세스 관리가 가능해 진다.

④ 성숙도 4단계(Managed : 관리된 단계)

프로세스 변동의 이상 원인을 파악하기 위해 통계적 프로세스 관리 원칙을 적용한 단계로서 [그림 20-21]과 같이 제품과 프로세스가 정량적으로 관리된다. 경영층은 객관적 근거를 가지고 의사결정을 내릴 수 있고 정량화된 한도 내에서 성과를 예측할 수 있다.

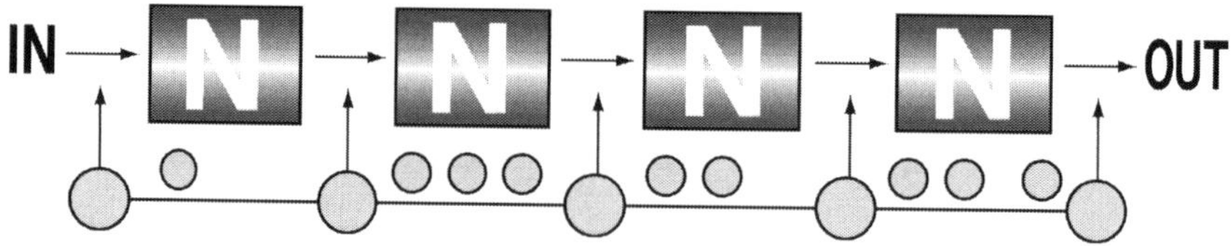

[그림 20-20] 성숙도 3단계에서의 프로세스 관점

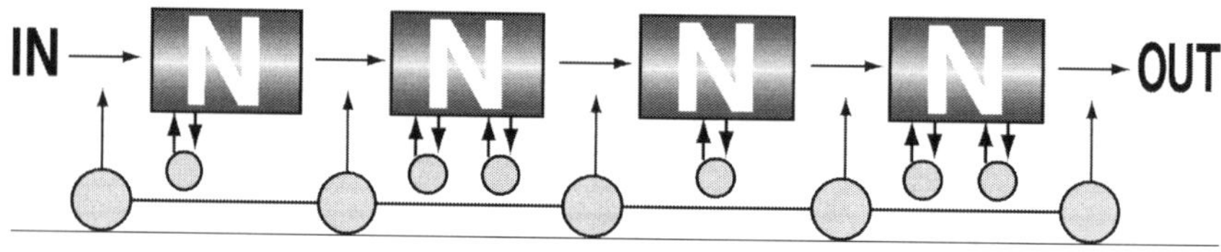

[그림 20-21] 성숙도 4단계에서의 프로세스 관점

4단계는 정량적 관리 대상인 2개의 핵심 프로세스를 갖고 있다.

- 정량적인 프로세스관리(Quantitative Process Management)
- 소프트웨어 품질관리(Software Quality Management)

⑤ **성숙도 5단계(Optimizing ; 최적한 단계)**

정량적 관리를 통해 결함 발견/제거가 아닌 낮은 성과를 유발하는 만성적인 원인을 파악하여 사전 제거하는 단계로 [그림 20-22]에서 보는 것처럼 프로세스 자체가 변화된다.

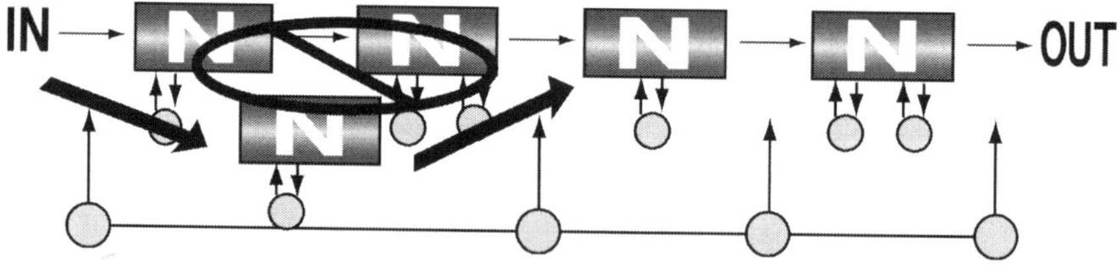

[그림 20-22] 성숙도 5단계에서의 프로세스 관점

5단계는 변화관리와 관련된 3개의 핵심 프로세스를 가지고 있다.

- 결함 예방(Defect Prevention)
- 기술 변경관리(Technical Change management)
- 프로세스 변경관리(Process Change Management)

4 ISO/IEC 14598

ISO/IEC 14598은 5개 부분들로 구성되어 있는데 그 내용은 다음과 같다.

① **14598-1 (일반적인 개요)**

품질평가 프로세스의 일반적인 공통사항을 소개하고 있다.

② **14598-2(계획과 관리)**

소프트웨어 제품평가를 위한 지원기능에 대한 요구사항과 지침을 제공하며 정량적인 평가 계획을 세우려는 관리자가 이용한다.

③ **14598-3(개발자를 위한 프로세스)**

신제품 개발이나 기존 제품의 개선을 계획하여 자체 기술진으로 제품가를 수행하려는 조직에서 사용하려는 조직에서 사용하며 생명주기 동안에 생산되는 중간 제품을 측정함으로써 최종 제품의 품질을 예측할 수 있는 인디케이터(indicator)의 사용에 중점을 두고 있다.

④ **14598-4 (구매자를 위한 프로세스)**

기존 제품이나 아직 개발되지 않은 소프트웨어 제품을 구매하거나 재사용하려는 조직에서 사용하며 제품인수를 결정할 목적이나 여러 대안제품 중 한 제품을 선정할 경우에 적용한다.

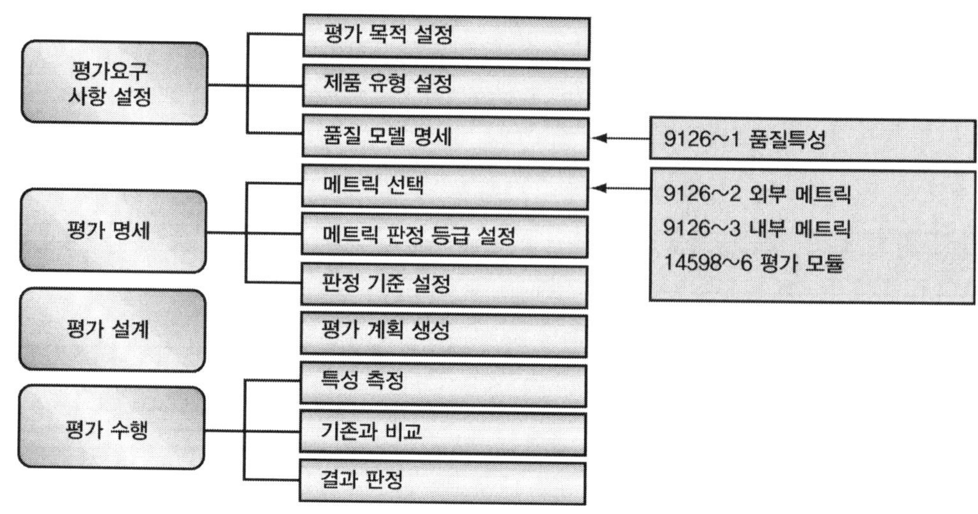

[그림 12-23] ISO/IEC 14598의 평가 프로세스

⑤ **14598-5(평가자를 위한 프로세스)**

소프트웨어 제품에 대한 독자적인 판정을 수행하는 평가자가 사용하며 평가는 개발자, 구매자 또는 그 외 다른 사람의 요청에 의해 수행한다.

⑥ **14598-6 (평가 모듈 문서화)**

평가 모듈의 문서화에 대한 지침을 제시하며 이러한 모듈에는 품질모델 명세, 계획된 모듈 적용과 관련된 데이터와 정보 및 실제 적용에 관한 정보를 포함하고 있다. ISO/IEC 14598의 평가 프로세스의 구성은 [그림 20-23]과 같다.

이 품질평가 프로세스는 소프트웨어 품질을 평가할 때는 평가 요구사항을 설정하고, 평가를 명세, 설계하고, 그리고 수행하는 평가 프로세스로 진행된다. ISO/IEC 14598 에서 부분 3, 4, 5는 각 과정의 특수성을 고려하여 변경할 수 있다.

ISO/IEC 14598의 평가 프로세스의 구성하고 있는 각 항목의 내용은 다음과 같다.

1) 평가 요구사항 설정

① 평가 목적 설정

이 단계에서는 다음과 같은 활동이 이루어진다.

- 중간 제품 및 최종 제품에 대한 품질평가 목적 설정
- 공급, 개발, 운영, 우지보수 등 관점에 따른 품질평가 목적 설정

② 평가할 제품의 유형 식별

소프트웨어 제품에 품질평가를 적용하기 위해서는 적용할 메트릭을 선택하기 위해 소프트웨어 제품의 유형을 먼저 파악해야 한다. 소프트웨어 제품의 유형에는 다음과 같은 형태가 있다.

- 실행 가능한 소프트웨어
- 개발과정에서 산출되는 중간 제품

소프트웨어 제품의 유형에 따라 적용 가능한 메트릭이 달라질 수 있다. 예를 들어, 응답시간은 소프트웨어의 사용성과 효율성을 평가하는 데 필요한 중요한 측정이지만 개발 중에는 측정될 수 없다.

③ 품질모델 명세

이 단계는 소프트웨어 평가를 위한 첫 번째 단계이며 평가 대상과 관련된 품질특성을 선택하는 과정이다. 이러한 작업은 소프트웨어의 품질을 여러 특성으로 세분하는 품질모델을 사용하여 수행되어야 한다.

품질모델은 특성과 부 특성의 계층적 나무구조로 분류되는 품질속성들의 총체로서 이러한 구조의 가장 상위계층은 품질특성으로 구성되며 가장 하위계층은 품질 속성 (attribute)으로 구성된다. 품질모델의 예로 ISO/IEC 9126-1이 있다. ISO/IEC 9126-1 은 소프트웨어 품질특성을 기능성, 신뢰성, 사용성, 효율성, 유지보수성, 이식성 등 여섯 가지의 광의의 범주로 정의한다. 어떤 특정 환경에 관련된 실제적인 특성 및 부 특성은 평가 목적에 따라 다르며, 품질 요구사항 분석에 의해 식별될 수 있다.

2) 평가 명세

① 메트릭 선택

품질평가는 수정 가능한 문제점을 식별하거나 제품의 품질을 대체 제품이나 요구사항과 비교하여 품질 수준을 평가하는 것이다. 따라서 필요한 측정 유형을 결정하기 위해서는 평가 목적을 먼저 고려해야 한다. 결점을 파악하고 수정하는 것이 주목적이라면 체크리스트(checklist)나 전문가 의견을 포함하여 광범위한 측정이 유용할 수 있으며 제품 간에 또는 기준값에 대한 믿을 수 있는 비교를 위해서는 보다 정밀한 메트릭을 적용할 필요가 있다.

② 메트릭 판정 등급 설정

품질 메트릭을 사용하여 정량적으로 측정한 결과 즉, 측정값에 대한 평가를 내리기 위해 범위를 요구사항에 대한 서로 다른 만족도에 대위를 요구사항에 대한 서로 다른 만족도에 대응되는 구역으로 나누어야 한다.

- 만족과 불만족의 두 가지 범주로 나눈다.
- 기존 제품 혹은 대안 제품의 현재 수준, 최악의 경우 및 계획된 수준 등을 경계로 하는 네 가지 범주로 나눈다.

계획된 수준은 사용 가능한 자원으로부터 달성할 수 있다고 생각하는 수준을 의미한다. 최악의 경우는 제품이 계획된 수준을 충족하지 못할 경우 사용자 인수 불가에 대한 경계 지점이다.

③ 판정 기준 설정

제품의 품질을 판정하기 위해 서로 다른 특성들에 대한 평가 결과를 요약할 필요가 있으며 이러한 작업을 위해 각각의 부품질 혹은 가중치가 부여된 부품질 등의 복합체로 이루어지는 여러 품질 특성들에 대해 개별적인 기준을 가지고 절차를 준비해야 한다.

3) 평가 설계

이 과정에서는 평가방법과 평가자 활동의 일정을 기술하며 평가계획은 측정계획과 일치해야 한다.

4) 평가 수행

① 측정

이 과정에서는 선택된 메트릭이 소프트웨어 제품에 적용되며 측정 결과는 메트릭 범

위 안에 사상되는 값이 된다.

② 기준과 비교

판정 단계에서, 측정된 값들은 미리 정해진 기준에 따라 비교된다.

③ 결과 판정

판정은 소프트웨어 평가 프로세스의 마지막 단계로서 일련의 판정된 등급들이 요약된다. 결과는 소프트웨어 제품이 품질 요구사항을 충족하는 정도를 말하는 것으로써 그 다음에는 요약된 품질이 시간이나 비용 같은 다른 측면과 비교된다. 마지막으로 관리기준을 토대로 관리 층의 결정이 내려지며 결과적으로 제품의 인수 E는 거부, 배포 여부에 대한 발주기관의 최종적인 의사결정이 이루어진다.

ISO/IEC 14598의 품질평가 프로세스에서는 다른 모델을 사용할 특별한 이유가 없다면 ISO/IEC 9126-1에 있는 품질모델과 정의를 사용해야 한다. ISO/IEC 9126-1의 품질특성과 부 특성에 관한 모델은 ISO/IEC 9126-2와 ISO/IEC 9126-3을 통해 외부 메트릭과 내부 메트릭으로 전개된다.

5 ISO/IEC 9126-1, 9126-2, 9126-3

ISO/IEC 9126-1은 소프트웨어의 품질 특성을 [그림 20-24]와 같이 여섯 가지 특성으로 구분하고 이를 다시 부특성들로 세분화한 품질 모델을 명시한다. 이러한 부특성은 소프트웨어가 컴퓨터 시스템의 일부로 사용될 때 외부로 나타나며, 내부적인 소프트웨어 속성들의 결과이다.

① ISO/IEC 9126-2 외부 메트릭

ISO/IEC 9126-2는 소프트웨어가 사용될 경우에 외부적인 성질을 나타내는 소프트웨어 품질메트릭인 외부 메트릭을 설명하고 있으며, 이러한 유형의 메트릭은 소프트웨어 최종 제품에 대한 품질 요구사항과 설계 목표를 명세할 경우에 적용할 수 있다.

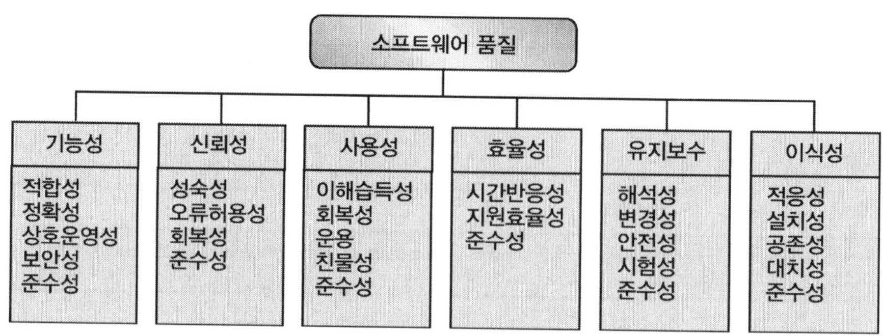

[그림 20-24] 소프트웨어 품질특성과 부 특성

② ISO/IEC 9126-3 내부 매트릭

ISO/IEC 9126-3은 내부적인 소프트웨어 속성을 기반으로 한 소프트웨어 품질 메트릭인 내부 메트릭을 설명하고 있으며, 이러한 유형의 메트릭은 소프트웨어 중간 제품(분석 설계단계 등의 산출물)에 대한 품질 요구사항과 설계 목표를 명세한 경우에 적용할 수 있다.

6 CMMI(Capability Maturity Model Integration)

미국 CMU/SEI에서 개발된 소프트웨어 프로세스의 능력 성숙도 모형인 SW-CMM(Software-Capability Maturity Model)은 1991년에 SW-CMM V1.0이 발표된 후 발전해 오다가 2000년에 미 국방성(DoD)과 방위산업협회(NDIA)의 지원 아래 SW-SMM, EIA/IS 731 SECM(System Engineer-ing Capability Model), IPD-CMM(Integrated Product Development-CMM) 등 3개 규격이 통합되어 소프트웨어, 시스템, 프로덕트를 모두 지원하는 CMMI(CMM-Integration)로 확장 발전하게 되었다.

2002년에 CMMI Version 1.1이 발표되기까지는 DoD와 the Office of the Under Secretary of Defense, Acquisition, Technology, and Logistics(OUSD/AT&L)와 산업계에서는 Systems Engineering Committee of the National Defense Industrial Association(NDIA)의 후원을 해서 현재까지 전 세계의 전문가들에 의해 SW-CMM V2.0 draft C와 Electronic Industries alliance Interim Standard(EIA/IS 731)와 IPD-CMM V 0.98을 통합

화 하는 작업을 계속하고 있는 중이다.

CMMI는 기존에 사용하던 심사모형이 EIA/IS 731 인지, 또는 SW-CMM인지 여부에 따라 연속적(Continuous) 표현모형, 또는 단계적(Staged) 표현모형을 사용할 수 있다.

CMMI는 소프트웨어공학(SW), 시스템공학(SE), 통합 프로젝트 관리(IPPD), 도입(A) 등 각각 다른 규격을 적용할 수 있도록 설계되어 있다. 예를 들어 모든 분야를 다 포함하는 경우는 CMMI- SW/SE/IPPD/A를 적용하도록 되어 있다.

CMMI의 프로세스 영역은 프로세스 관리, 프로젝트 관리, 설계/개발, 지원, 도입 등 5개 프로세스 영역으로 나뉘어져 있으며, 각 프로세스 영역마다 여러 개의 프로세스 및 이에 부속되는 목적과 실무절차 등이 존재한다. 국내에서도 기존의 CMM에 의해 기업의 능력 성숙도를 평가 받던 전문기업들이 이제는 CMMI로 전환하고 있는 실정이다.

1. 소프트웨어 품질관리와 개발 프로세스의 관계에 대해 논하시오.

2. 소프트웨어 품질보증 절차에 대해 논하시오.

3. 소프트웨어 품질평가 항목들에 대해 논하시오.

4. 획득과 사용자 관점의 12가지의 소프트웨어 품질요소에 대해 논하시오.

5. 소프트웨어 품질 점검 항목들에 대해 논하시오.

6. 소프트웨어 개발 산출물에 대한 품질표준에 대해 논하시오.

7. 소프트웨어 개발 프로세스에 대한 품질표준에 대해 논하시오.

8. 소프트웨어 개발 관리활동에 대한 품질표준에 대해 논하시오.

9. 소프트웨어 성숙도 평가 모델들에 대해 논하시오.

10. CMM의 능력 성숙도 단계에 대해 논하시오.

11. 소프트웨어 측정(software measure) 이유에 대해 논하시오.

12. 프로그램의 크기 중심 측정 매트릭스 방법의 문제점에 대해 논하시오.

13. 기능 중심 측정 매트릭스 방법의 특성과 문제점에 대해 논하시오.

14. 소프트웨어 복잡도에 따라 측정하는 매트릭스 방법의 특성과 문제점에 대해 논하시오.

15. 소프트웨어 품질에 따라 측정하는 매트릭스 방법의 특성과 문제점에 대해 논하시오.

16. 소프트웨어 기능 점수 매트릭스 방법의 특성과 문제점에 대해 논하시오.

17. 검증 확인의 차이의 특성에 대해 논하시오.

18. 품질보증 계획서에 수록되어야 할 내용에 내해 논하시오.

19. 검토회와 검열의 차이의 특성에 대해 논하시오.

20. 검토회의 효과에 있어 유형 효과와 무형 효과에 대해 논하시오.

21. 검토회의 진행 상황에 대해 논하시오.

22. 소프트웨어 품질 지표에 대해 논하시오.

23. Halstead의 소프트웨어 과학에 대해 논하시오.

24. McCade의 복잡도 매트릭스에 대해 논하시오.

25. SQA의 정형 접근방법에 대해 논하시오.

26. 통계적 품질보증에 대해 논하시오.

27. Cleanroom 프로세스에 대해 논하시오.

28. 소프트웨어 신뢰성과 가용성의 측정에 대해 논하시오.

29. 소프트웨어 안전성에 대해 논하시오.

30. CMMI(Capability Maturity Model Integration)에 대해 논하시오.

CASE 도구

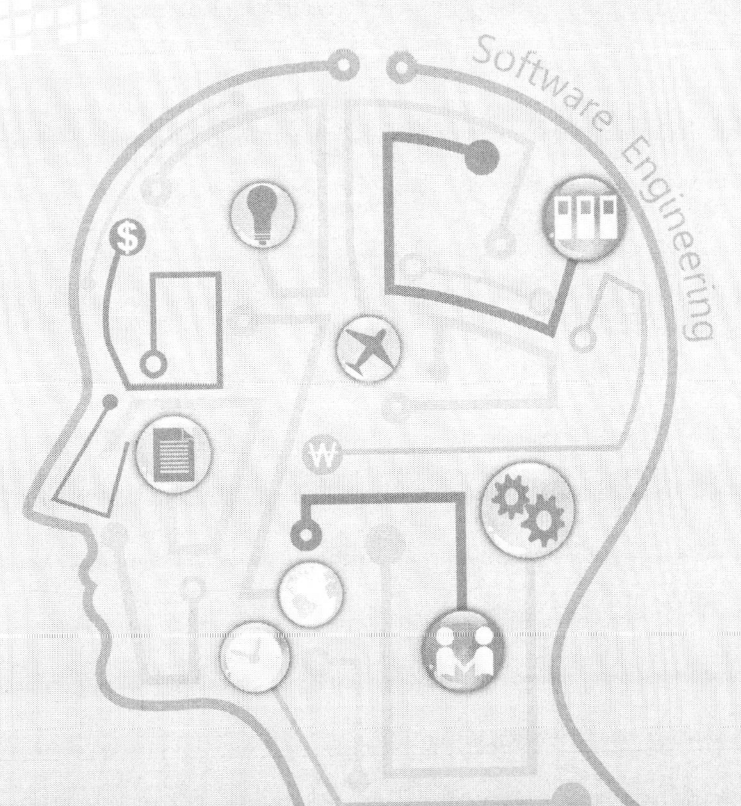

CASE(Computer Aided Software Engineering)는 그 의미를 단어를 통해서도 알 수 있듯이 컴퓨터의 지원을 받아 프로젝트에 참여하는 프로젝트 관리자와 시스템분석 및 설계자와 프로그래머들이 컴퓨터에 저장된 표준화된 개발절차와 개발방법론에 따라서 개발 및 문서화 과정에 있어 지원을 받을 수 있도록 개발된 도구라고 할 수 있다.

CASE에는 상위, 중위, 하위 수준을 지원하는 도구(tool)가 있는데 이 장에서는 이에 대해서 알아본다.

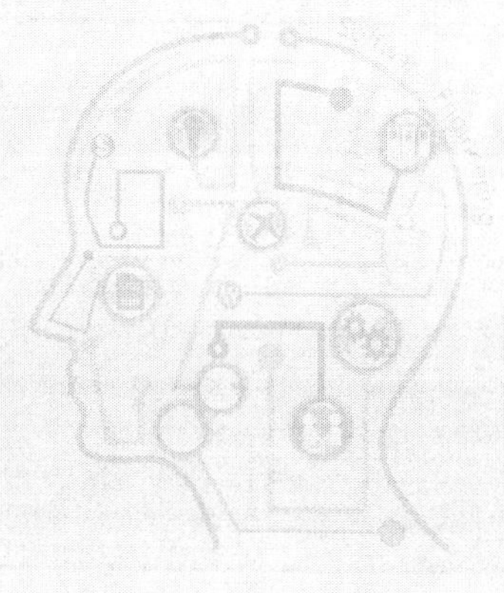

 21.1 CASE의 개념

CASE는 소프트웨어 개발을 위해서 지금까지 개발자가 수동으로 개발하던 방법을 컴퓨터의 도움을 받아서 자동적으로 소프트웨어를 분석하고, 설계하고, 개발, 시험, 유지보수할 수 있도록 지원하는 도구(tool)이다.

소프트웨어공학 과정을 자동화하면 개발비용을 절약할 수 있을 뿐만 아니라 다음과 같이 생산성을 향상시킬 수 있다.

① 소프트웨어 생산, 운용, 유지보수 활동을 더 효과적으로 관리하고 제어할 수 있게 한다.

② 소프트웨어 유지보수 비용을 절감할 수 있다.

③ 품질과 일관성을 더 효율적으로 제어할 수 있게 한다.

프로젝트관리는 소프트웨어 개발과 운용, 유지보수 활동에서 중요한 요소이다. 관리는 어떤 활동을 언제, 어떻게, 어떤 이유로 할 것인가를 조정하는 것이다. 성공적으로 관리하기 위해서 관리자는 시스템의 현재 상태, 프로젝트 수행 기록, 미래에 대한 예측을 정확히 파악할 필요가 있다. 소프트웨어공학을 자동화한다는 것은 관리자들이 이러한 정보를 모으고 데이터베이스로 구축할 수 있도록 도와 준다.

자동화된 소프트웨어공학은 개발과 유지보수를 표준화하는 데 기여한다. 표준화는 개발과 유지보수 활동을 더욱 쉽게 한다. 개발과정이 표준화되어 있으면 소프트웨어 개발 과정에 무슨 일을 언제, 어떻게 하는지 쉽게 알 수 있다. 문서나 프로그램의 표준 형식을 사용함으로써 의사 전달이 효율적이므로 개발자들이 개발 과정이나 운용 규칙을 세우는 일보다 문제 자체를 해결하는 데 주력할 수 있다.

표준화된 제품은 유지보수도 쉽다. 유지보수를 담당하는 프로그래머들도 어떤 정보가 있는지, 정보가 어떤 형식으로 보관되어 있는지, 어떤 과정을 밟아야 하는지 알고 있다. 소프트웨어공학의 목표 중의 하나는 이러한 표준을 확립하는 것이라 할 수 있고 과정을 자동화하면 표준화를 쉽게 달성할 수 있다.

자동화하는 또 다른 이유는 소프트웨어의 품질 향상이다. 자동화하면 일관성과 완벽성을 자동적으로 검증할 수 있으므로 사람이 일일이 눈으로 확인하는 것보다 효율적이며 신뢰도가 높다. 또한 자동화된 테스트는 그 내용과 분량을 더 늘릴 수 있다.

소프트웨어공학에서의 이러한 일련의 과정과 작업들을 자동화하는 것을 일컬어 CASE (Computer Aided Software Engineering)라고 한다.

CASE는 다음 세 가지 형태로 나눌 수 있다. 상위(upper) CASE와 하위(lower) CASE, 통합(integrated) CASE이다.

[그림 21-1]과 같이 상위 CASE는 요구분석과 설계단계를 지원한다. 문제를 기술하고 계획하며 요구분석 후에 명세서를 작성하고 설계하는 과정에 쓰이는 도구들이다.

하위 CASE는 코드를 작성하고 테스트하며 문서화하는 과정에 도움을 주는 여러 가지 도구를 포함한다. 통합 CASE는 소프트웨어 개발 생명주기 전체 과정을 지원하기 위하여 공통의 정보저장소와 통일된 사용자 인터페이스로 도구들을 통합한 것이다. CASE의 기반 기술과 각 CASE 형태에 대하여 예를 들어 자세히 설명한다.

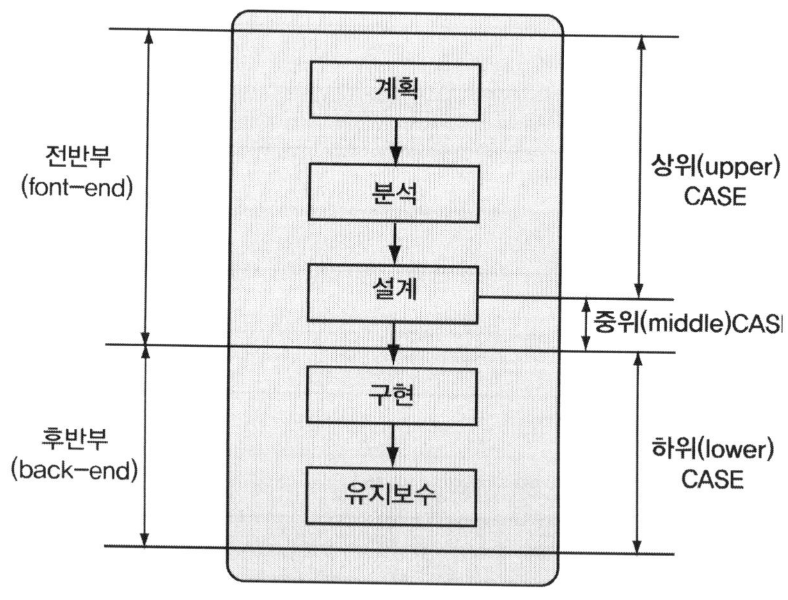

[그림 21-1] CASE level의 분류

CASE가 제공하는 장점은 아래와 같다.

① 소프트웨어 개발의 모든 단계에 걸친 표준의 확립

② 방법론을 지원하는 도구들의 사용으로 개발 기법의 실용화

③ 시스템 개발 기간의 단축 및 개발 속도의 증진

④ 소프트웨어 품질 향상 및 용이한 프로젝트 관리

⑤ 소프트웨어 모듈의 재사용성 증대

⑥ 시스템 수정 및 유지보수의 용이성 향상

⑦ 문서화의 용이성 제공

따라서 소프트웨어 개발업체에서 CASE를 활용함으로서 얻을 수 있는 이점은 개발 비용 및 기간 단축과 함께 개발의 품질을 향상시키며, CASE를 사용한 개발 경험이 쌓일수록 축적되는 문서화와 재사용성의 제고 등으로 인해 그 효용은 극대화되는 것이다.

그러나 CASE 도입이 반드시 성공을 의미하는 것은 아니다. CASE 활용이 실패하는 원인은 CASE를 도입하는 조직에서 CASE에 대한 이해가 부족하거나 개발 조직이 위치하고 있는 기술 상태가 CASE를 활용할 수 있을 만한 수준에 있지 않기 때문이다. CASE의 성공적인 도입을 위해서는 먼저 소프트웨어 개발방법론을 엄격히 준수하는 풍토가 필요하고, CASE에 대한 올바른 이해가 필요하다.

21.2 CASE 기술

CASE는 1980년대 후반에 등장하였는데, 그 이전까지는 소프트웨어 개발자가 수동으로 개발하는 수준에 머물러 있던 소프트웨어 개발 방식을 자동화하는 것이 목표이다. 소프

트웨어 도구의 독립적인 활용만으로는 생산성을 기대할 수 없음을 인식하여 개발 단계 전체에 걸친 도구의 유기적인 통합, 개발용 컴퓨터의 특성, 개발 방법론과 개발 관리절차를 모두 고려한 도구들이 개발되었다.

CASE의 원천 기술은 구조적 기법과 프로토타이핑 기술, 응용 프로그래밍, 정보저장소, 분산처리 기술 등이다. 이러한 기술들이 1980년대 후반 그래픽 기능과 처리 성능이 보강되어 시판되기 시작한 워크스테이션과 결합하여 CASE가 보급되기 시작하였는데, 최근에는 개인용 컴퓨터에서 운영되는 것도 출시되고 있다.

21.2.1 구조적 기법을 지원

구조적 기법에서 사용하는 시스템 모델은 사용자나 개발팀 모두가 쉽게 이해할 수 있어서 능률적인 정보 교환 및 공통적 이해에 도달하는 중요한 수단이며 기술이다.

구조적 기법은 하향식이며 기능 분해 방법을 이용하여 시스템의 요구를 정의하는 모델링 기법이다. 개발하고자 하는 정보시스템을 프로세스의 집합으로 가정하고 각 프로세스와 다른 프로세스 또는 데이터 요소와의 관계를 자료흐름도, 자료사전, 소단위 명세서 등을 통해 표시한다.

21.2.2 프로토타이핑 기술 지원

시제품(prototype) 형태의 소프트웨어를 단기간에 제작하여 사용자에게 제시함으로써 요구사항을 확정하고 개발을 진행하여 완성한 소프트웨어에 대한 사용자의 만족도를 높임으로써 적은 비용으로 궁극적인 비용절감을 꾀하려는 것이다.

CASE 도구에도 프로토타입 제작을 위하여 프로토타입용 프로그래밍 언어, 스크린 레이아웃 제작 도구, 보고서 설계를 위한 도구가 포함되어 있다.

21.2.3 자동 프로그래밍 기술지원

설계한 내용을 기초로 프로그램을 자동 생성하는 것으로 사용자 프로그래밍에 도움을 주는 도구이다. 설계 명세를 비절차적인 4세대 언어를 사용하여 직접 표현하고, 시스템이 미리 마련되어 있는 데이터베이스로부터 원하는 보고서 형태의 결과와 도큐멘테이션을 손쉽게 산출한다. 자동 프로그래밍 도구는 일반적으로 화면을 통한 대화적 인터페이스를 제공하며 데이터베이스의 자료 선언문이나 질의어, 조작어, 데이터 처리 및 보고서 작성 기능을 포함하고 있다.

21.2.4 정보저장소 기술지원

정보저장소는 소프트웨어를 개발하는 과정에 수집된 시스템에 관련된 정보를 보관하여 관리하는 곳이다. 도구들뿐만 아니라 사용자들, 응용 프로그램들 사이에 시스템에 관한 정보를 공동 사용할 수 있도록 한다. 또한 형상관리 요소들이 이미 정보저장소에 보관되어 있으므로 유지보수를 용이하게 한다. 더 나아가 재사용 가능한 소프트웨어 요소를 분류하여 저장하고 있다면 쉽게 재사용할 수 있는 기회도 준다. 정보저장소는 CASE를 통합하려 할 때 중요한 기준이 된다.

정보저장소에 저장하는 정보는 소프트웨어 요구분석 및 설계서부터 응용문제에 관련된 영역 지식, 비즈니스 영역 정보 및 모형 등이 포함되며 구체적으로 열거하면 다음과 같다.

① 논리적 자료 및 처리 모형

② 물리적 정의와 구현 코드

③ 기업 및 비즈니스 모형

④ 프로세스 자료와 규칙

⑤ 자료설계(개체 간의 관계, 스키마 정의, 질의어)

⑥ 정보 저장 메타모델과 검증 규칙

21.2.5 분산처리 및 객체지향 기술지원

CASE 도구가 클라이언트/서버 환경에서 제공되어 다수의 사용자가 CASE 도구와 개발 정보를 공동 사용하게 하기 위하여 분산처리 기술도 필요하다. 한 프로젝트에 참여하는 다수의 소프트웨어 엔지니어들이 서버의 정보저장소에 보관된 요구분석과 설계 명세를 공동 이용하는 방법이 구현되어야 한다. 사용자들이 정보저장소의 내용을 동시에 변경하는 것을 막기 위하여 잠금(locking) 기술을 이용하여 공동 자원에 대한 경쟁을 조절하여야 한다. 그리고 객체지향 기술을 지원하는 CASE 도구도 국내에 출시되어 일부 사용되고 있다.

21.3 상위 CASE

상위 CASE는 소프트웨어 개발의 초반에 일어나는 일을 지원한다. 소프트웨어 프로젝트에서 대부분의 큰 문제는 개발 초반인 분석, 설계과정의 오류에 기인하는 경우가 많다. 따라서 분석과 설계 작업을 지원하는 상위 CASE 도구가 많이 개발되고 사용된다.

주로 많이 사용되는 상위 CASE 도구를 〈표 23-1〉에서 소개한다.

상위 CASE는 여러 가지 명세와 문서를 작성하는 시스템분석 및 설계자의 일에 큰 도움을 준다.

상위 CASE가 지원하는 중요한 기능들은 다음과 같다.

① 프로젝트 계획수립　　　　　　　② 요구분석

③ 기본설계　　　　　　　　　　　④ 자료설계

⑤ 여러 가지 다른 모델 사이에 모순이 있는지 검사

구조적 분석모델은 텍스트, 자료사전, 그래픽 다이어그램 등 다양한 형태의 정보를 포함하고 있다. 텍스트와 자료사전은 그래픽이 지원되지 않는 워드 프로세서나 대형 컴퓨터의 편집기를 이용하여 자동화가 가능하다. 그러나 요구분석과 설계를 위해서는 자료흐름도, 시스템 구조도, E-R 다이어그램, 상태전이도(state transition diagram)와 같은 다이어그램들을 작성하고, 수정 후에 보관할 필요가 있다.

〈표 21-1〉 상위 CASE 도구의 예

제품	공급 회사	방법
Analys/Designer Toolkit	Yourdon,Inc.	구조적 분석/설계
Anatool, Blue/60, MacDesigner	Advanced Logical SW	구조적 분석/설계
design/1	Arthur Anderson, Inc.	정보공학
Excellerator	Index Tech.	구조적 분석/설계
IEF	Texas Instrument	정보공학
IDE,ADW	Knowledge-ware	정보공학
Maestro	SoftLab	NS 도표, HIPO 차트
MacAnalyst, MacDesigner	Excel Software	구조적 분석/설계 의사 결정표
Multi-Cam	AGS Management System	구조적 분석/설계
OOA Tool	Object International, Inc.	객체 지향 방법(Coad & Youdon)
PacBase	CGI Systems, Inc.	구조적 분석/설계
ProKit Workbench	McDouglas	구조적 분석
ProMod	Popkin Software and Systems,Inc	구조적 분석, 기능 네트워크, 모듈 네트워크 객체 지향 방법
System Architect	Popkin Software and System, Inc	구조적 분석 객체 지향 방법
System Engineer	LBMS	정보공학
Teamwork	Cadre Technologies Inc	구조적 분석/설계(Yourdon,Gane&Sarson) 실시간 실계(Meller) 정보공학, 객체 지향 방법(Shealler-Meller,OMT)
Visible Analyst	Visual Software, Corp.	구조적 분석/설계 객체 지향 방법
vs Designer	Visual Software, Inc.	구조적 분석/설계 정보공학 객체 지향 방법(Booch, Ward, Meller)

만일 자료흐름도를 손으로 그린다면 사용자가 요구하는 작은 변경에도 처음부터 다시 그려야 한다. 자동화된 그래픽 도구를 사용하면 몇 번의 변경이라도 부분적으로 고쳐서 새로운 버전을 만들어 낼 수 있다.

상위 CASE를 도입할 때는 시스템 분석가나 설계자가 작성한 모델이 완벽하고 일관성이 있는지 자동적으로 확인하는 기능이 있는지를 확인하고 다음과 같은 사항을 점검한다.

① 모든 그림 요소들이 제대로 연결되어 있는가? 다이어그램에서 입력, 출력이 없는 프로세스나 연결되지 않은 자료저장소가 없는지 확인한다.

② 각 프로세스의 출력이 적어도 하나씩 있는지 확인한다. 출력이 없다면 입력을 받아 출력은 발생하지 않는 이상한 함정이 된다.

③ 자료흐름의 이름이 모두 붙어 있는가? 또한 그 이름이 자료사전에 있는가?

④ 프로세스의 이름은 유일한 이름인가?

⑤ 자료흐름이 상위 프로세스와 균형을 이루고 있는가?

가장 중요한 상위 CASE 도구의 기능은 여러 가지 시스템 모델 사이에 일관성이 있는지 확인하는 것이다 예를 들면, 분석단계의 중요한 목표는 사용자가 원하는 요구를 결정하는 일이다. 이를 위하여 자료흐름도를 사용하여 요구를 시스템의 기능으로 분리하고 기능 사이의 인터페이스로 정한다. 또한 E-R 다이어그램으로 시스템에서 보관해야 할 자료를 객체로 조명해 보고 객체 사이의 관계를 정의한다.

상태 전이도를 사용하여 시스템의 시간 변화에 따른 동작과 상태 변이를 나타낸다. 또한 자료사전을 이용하여 시스템의 모든 자료 요소를 정의하고 시스템의 최하위 단계 기능을 텍스트로 표현하다.

이러한 여러 모델은 서로 일치해야 한다. 자료흐름도에 없는 자료 요소를 자료흐름도에 사용한다면 잘못된 것이다. 모델 사이의 모순을 손으로 일일이 확인하는 과정은 매우 따분하고 오류를 지나칠 수 있기 때문에 이를 자동화할 필요가 있다.

21.4 하위 CASE

하위 CASE는 소프트웨어 [그림 21-1]과 같이 설계단계 이후 구현단계와 유지보수 단계를 지원한다. 프로그래밍에 사용되는 도구는 컴파일러, 링크 에디터, 로더, 디버그 등이 있다. 이런 도구들은 CASE 도구라기 보다는 프로그래밍을 위한 환경이라 할 수 있다.

최근에는 보다 적극적으로 프로그래밍을 지원하는 도구가 출현하고 있다. 프로그래밍 단계의 특별한 도구로 코드 생성기(code generator)가 있다. 또한 구문 중심 편집기(syntax-directed editor), 전문가 시스템을 이용한 컴파일러도 사용되고 있으며 다양한 종류의 테스트, 디버깅 도구가 개발되어 보급되고 있다.

1 구문 중심 편집기

구문 중심 편집기 컴파일러의 기능과 편집기의 기능을 합해 놓은 것이다. 대부분의 이러한 도구들은 특정 언어를 지원하며 그래픽 중심이 특징이다. 구문 중심 편집기를 사용할 때 프로그래머는 프로그래밍 언어의 문형(language construct)을 먼저 선택한다.

예를 들어, if … then … else 문형을 선택하였다면 화면에 'if 〈condition〉 then 〈statement〉 else 〈statement〉'와 같이 기본 골격(templet)이 화면에 보인다. 즉, 프로그램이 언어의 약속어가 다른 자형으로 강조되어 화면에 나타나고 이외의 사항을 채워 넣도록 되어 있다. 채워진 문형이 프로그래밍 언어의 문법에 맞지 않는다면 프로그래머에게 즉시 알려준다. 도구마다 문법 검사와 기능은 조금씩 다르다. 어떤 편집기는 불완전한 코드를 알아서 수행시켜 주기도 하며 수행 흐름을 그래픽으로 보여 주기도 한다.

구문중심 편집기를 이용하면 여러 가지 장점이 있다. 프로그래머가 문법에 더 이상 신경 쓰지 않고 프로그래밍 논리에 집중할 수 있다. 또한 즉시 문법오류를 찾아내어 프로그래머가 시간을 절약할 수 있을 뿐만 아니라 교육적인 효과도 있다. 어떤 편집기는 점증적 컴파일 기능을 갖고 있어 프로그래머가 익숙하지 않은 문형에 대하여 먼저 시험하고 쓸 수 있다. 또한 코딩 작업에서 편집, 컴파일, 링크, 로드, 수행 과정을 반복할 필요가 없기 때문에 생산성이 올라간다.

2 코드 생성기

코드 생성기는 상세 설계의 명세서, 또는 프로토타입으로 부터 원시코드를 직접 만드는 일종의 컴화일러라 할 수 있다.

사용자 인터페이스 관리 시스템도 프로토타입으로부터 인터페이스를 위한 원시코드를 생성한다. 개인용 컴퓨터의 응용 프로그램을 생성하는 Power Builder는 대표적인 코드 생성기이다.

3 테스트 도구

테스트 도구도 하위 CASE에 속한다. 테스트 도구는 정적 분석기(static analyzer)와 동적 분석기(dynamic analyzer)로 나눈다.

① 정적 분석기

프로그램을 수행하지 않고 원시코드나 테스트 자료를 분석한다.

동적 분석기는 프로그램을 수행시켜 코드의 실행 시 동작을 검사한다. 코드 속에 있는 가능 경로를 찾아내는 기능이 정적 분석의 예가 될 수 있다. 가능 경로를 찾으면 테스트 케이스를 만들 수 있고 이를 이용하여 화이트박스 테스트를 할 수 있다.

또한 정적 분석기는 제어 흐름을 추적하여 수행되지 않는 코드(unreachable code)나 변수의 무의미한 정의를 찾아낼 수 있다. 테스트 수행 후의 결과와 예상 결과를 비교할 때 화일 비교기를 사용하기도 한다. 화일이 차이를 보이면 오류가 있음을 의미한다.

② 동적 테스트 도구

시스템의 수행 동작에 대한 정보를 얻어내기 위한 것이다. 디버거, 테스트 기준 분석기(coverage analyzer), 가설 검증기(assertion checker), 리그레션 테스트(regression

tester)가 동적 테스트 도구에 속한다.

디버거는 프로그램이 수행되는 동안 프로그램의 상태를 보여 준다. 사용자는 멈춤 위치(break point)를 표시하여 이를 만나면 프로그램의 수행을 중지하고 수행 경로를 추적하거나 변수값이 수행 중에 어떻게 변하는지 조사한다.

③ 테스트 기준 분석기

프로그램이나 모듈에 있는 각 문장이 몇 번 수행되는지, 또는 코드의 어떤 부분이 수행되지 않는지 나타낸다. 다양한 종류의 입력으로 수행해 봄으로써 프로그램의 어떤 부분이 수행되는지 확인한다. 이렇게 함으로써 알고리즘을 개선시킬 수도 있다. 또한 테스트 기준 분석기는 특정 테스트 케이스에 의하여 수행될 경로를 분석 예측하기도 한다. 그 외에도 변수가 가질 수 있는 최대값, 최소값, 변수가 특정 값을 갖는 횟수, 호출 순서 등의 정보를 보여 주는 기능도 있다.

4 가설(assertion)

프로그램 안에서 변수의 조건이나 관계를 나타내는 수식이다. 프로그램의 정확성을 점검하기 위하여 프로그램 안의 여러 부분에 가설을 삽입한다. 가설은 그 지점에서 어떤 조건이나 상태를 만족시킨다는 것을 가정한 것이다.

5 리그레션 테스트

리그레션 테스트는 과거의 테스트 케이스를 재수행함으로써 최근의 변경에 의하여 초래된 오류를 발견하기 위한 것이다. 리그레션 테스트는 시스템을 개발하는 과정 및 유지보수 단계에 수행된다.

리그레션 테스트 도구는 테스트 데이터로 프로그램을 자동적으로 수행시켜 현재의 결과와 테스트 실행 전의 결과를 비교해서 보고한다.

21.5 통합 CASE

통합 CASE는 소프트웨어 개발주기 전체를 지원하는 도구로 구성된다. 또한 구성하는 도구들이 공통의 정보저장소를 이용하며 사용자를 위한 인터페이스도 일관성을 갖고 있다. 통합 CASE는 특정 개발 모형과 방법론을 지원하는 제품도 있고 여러 가지 방법론을 지원하므로 선택하여 쓰는 것도 있다. 통합 CASE의 다섯 개의 기본적인 구성 요소는 [그림 21-2]와 같다.

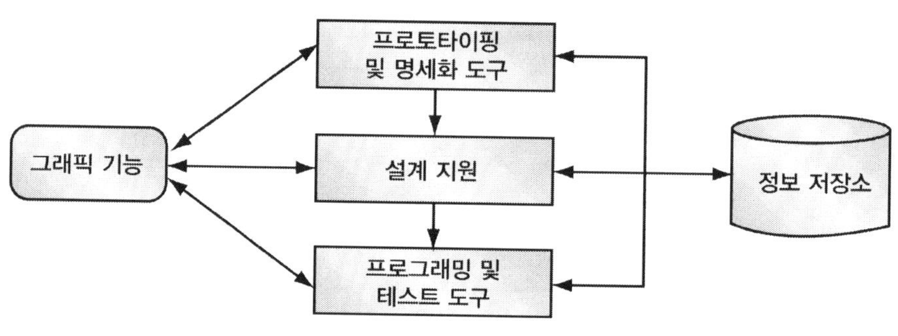

[그림 21-2] 통합 CASE의 구성요소

1 그래픽 기능

소프트웨어 개발과 관련되는 각종 그림(Diagram)과 문서를 작성하는 기능을 가져야 한다. 즉, 다양한 그래픽 표현을 작성하고, 편집하는 기능이 화면을 통해 나타낼 수 있어야 한다.

2 프로토타이핑 및 명세화 도구

시제품화 도구는 시스템이 자동적으로 사용자 인터페이스 화면이나 데이터베이스 다이어그램, 시스템 모델을 만들 수 있는 그래픽 기능으로 생각할 수 있다. 명세화 도구는 다이어그래밍 도구와 텍스트를 저장하고 편집할 수 있는 기능을 말한다. 물론 일관성과 완벽성을 점검하는 기능을 포함하여야 한다.

3 설계 도구

시스템 설계에 있어 설계도를 작성하는 도구와 설계를 분석할 수 있는 도구를 의미한다.
설계 안에 포함된 모순, 생략된 사항 등을 찾아낼 수 있어야 한다.

4 프로그래밍 및 테스트 도구

원시코드를 작성하고 디버깅하며 테스트하는 데 필요한 도구들이다.

5 정보저장소

통합 CASE의 중앙 정보저장소이다. 소프트웨어 프로젝트와 소프트웨어 자체에 관한 모든
사항이 저장되어있다. 정보 관리 , 버전관리 및 유지보수를 위한 기능도 포함되고 있다.

21.6 최근 CASE 도구의 특성

CASE를 소프트웨어공학 활동을 지원하는 단순한 도구로 생각할 수도 있지만, 데이터베
이스, 사용자, 하드웨어, 운영체제, 네트워크 등을 모두 포함하는 복잡한 개발 환경의 일
부로 보는 것이 보다 올바른 시각일 것이다. [그림 21-3]은 이러한 CASE 개발 환경을 그
림으로 표현한 것이다.

CASE에 대한 표준화가 아직 이루어지지 않았기 때문에 CASE 도구들을 정확히 분류할 기준 역시 마련되지 않고 있다. 고려할 수 있는 분류 기준은 도구가 제공하는 기능이나 역할, 지원하는 소프트웨어공학 과정의 단계, 지원하는 개발 방법론, 도구들을 지원하는 시스템의 환경적 구조, 또는 도구들의 공급 회사나 비용 등을 생각할 수 있다. 여기서는 기능을 중심으로 CASE 도구들을 분류한다.

21.6.1 프로젝트 관리 도구를 지원

1 프로젝트 계획수립 지원

프로젝트 계획수립 도구는 계획수립의 가장 큰 활동인 추정과 일정 계획을 위한 도구이다. 추정 도구는 프로젝트의 계획수립 단계에서 예상되는 노력과 비용 그리고 개발 기간을 추정하는 것을 도와 주고, 일정 계획 도구는 관리자로 하여금 프로젝트의 모든 태스크들을 정의하고, 태스크 네트워크를 만들어내고, 태스크들 간의 상호 의존성을 나타내며, 프로젝트 태스크들의 병렬 수행을 정의할 수 있게 해 준다.

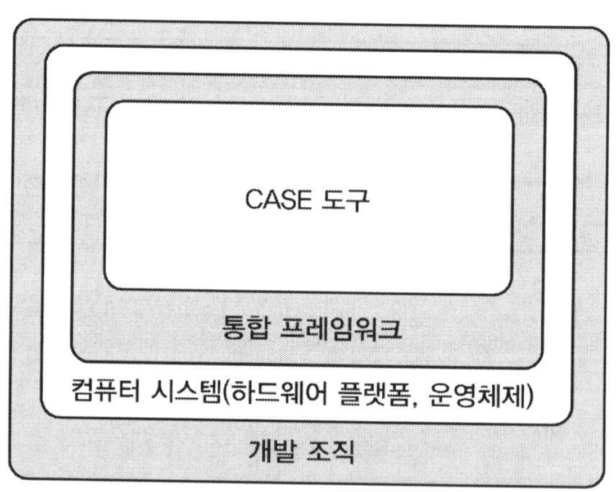

[그림 21-3] CASE 개발 환경

2 위험 분석 지원

대형 프로젝트들을 관리하고, 모니터하고, 잠재하는 위험들을 완화하기 위한 계획을 수립하기 위해서는 먼저 잠재하는 위험들을 인식하는 것이 가장 중요한다. 위험 분석 도구로 위험들을 분석하고, 인식하는데 있어서 상세한 안내를 제공함으로써 프로젝트 관리자가 위험 테이블을 만들 수 있도록 한다.

3 프로젝트 관리 지원

프로젝트 일정과 프로젝트 계획은 계속해서 추적되고, 검사되어야 한다. 더욱이 관리자는 궁극적으로 소프트웨어 제품 품질의 지표를 알려 주는 척도들을 수집하기 위해 도구들을 사용하여야 한다. 이런 범주에서 도구들은 종종 프로젝트 계획 도구로 확장된다.

4 매트릭스 지원

소프트웨어 매트릭스는 소프트웨어의 품질과 개발 생산성에 대한 척도를 제공함으로써 소프트에어공학 과정을 제어하고 조정하는 관리자의 능력을 향상시켜 주고, 또 생산된 소프트웨어의 품질을 개선시켜야 하는 작업자의 능력도 향상시켜 준다.

오늘날의 매트릭스 도구들은 과정과 제품 특성에 초점을 맞추고 있다. 관리-중심 도구(management- oriented tool)들은 생산성이나 품질의 전반적인 지표를 제공하는 프로젝트의 매트릭스를 추출해낸다. 기술 중심의 도구들은 설계나 코드의 품질에 대해서 보다 큰 통찰력을 제공해 주는 기술 매트릭스를 결정해 준다.

5 형상관리 지원

소프트웨어 형상관리(SCM : Software Configuration Management)는 모든 CASE 환경의 핵심적인 부분으로 프로젝트가 진행되어 가는 동안 계속 변화하는 소프트웨어의 형상을 관리하기 위해 식별(identification), 버전 제어(version control), 변환 제어(change control), 감사(auditing), 그리고 상태 설명(status account) 등의 기능을 제공하며, 이를 지원하는 CASE 정보저장소는 각 구성 항목을 식별하고 이 항목을 다른 항목들과 관련시키는 메커니즘을 제공해 준다.

21.6.2 분석 및 설계 도구를 지원

분석과 설계 도구들은 소프트웨어공학자가 구축할 시스템의 모형을 만드는 것을 가능하게 해 준다.

그 모형은 자료, 기능의 표현 그리고 행동(분석단계에서), 자료의 특징, 인터페이스 설계를 포함하고 있다. 분석과 설계 도구들은 모형에 대한 일관성과 정당성 검사를 수행함으로써 소프트웨어공학자에게 분석 표현에 대한 상당한 수준의 통찰력을 부여함으로써 오류들이 설계나 구현시에 나타나기 전에 제거하도록 도와 준다.

분석 및 설계 시에 행하는 대표적인 작업은 여러 종류의 다이어그램을 그리는 것이다. 따라서 VISIO나 그림판 같은 일반적인 그래픽 도구로도 분석 및 설계를 위한 다이어그램들을 작성할 수 있다. 하지만 이런 그래픽 도구들은 위와 같은 기능을 제공하지 못한다.

분석 및 설계 모형에 대한 일관성과 정당성을 보장하기 위해 CASE 분석 및 설계 도구들을 다이어그래밍 도구 이외에 자체의 설계 분석기를 포함하고 있는데, 일반적인 설계 분석기의 기능은 다음과 같다.

① **문법 및 맞춤법 검사**

② **완전성 및 일관성 검사**

③ **기능 분해 검사**

④ **방법론의 일치성 검사**

이 밖에 설계 분석기에 포함되는 도구들로는 다음과 같은 것들이 있다.

⑤ 요구사항 추적 도구

대형 시스템을 개발할 때 인도된 시스템은 고객이 명시한 요구사항들을 만족시키지 못하는 경우가 있다. 요구사항 추적 도구의 목적은 고객의 요구사항이나 명세로 시작해서 시스템 요구사항들을 분리시키는 체계적인 접근 방법을 제공해 주는 것으로 시스템 요구사항을 저장하고 분류하는 데이터베이스 관리 시스템을 결합시킨 것이다.

⑥ PRO/SIM 도구

프로토타이핑과 시뮬레이션 도구들은 소프트웨어공학자에게 실시간 시스템이 만들어 지기 전에 이 시스템의 행동을 예측할 수 있는 능력을 제공해 준다. 프로토타이핑은 생명주기 초반에 사용자의 시각에서 시스템의 구체적인 모형을 구축하는 데 중요한 역할을 담당한다.

CASE 포로트타이핑 도구는 주로 사용자 인터페이스를 빠르고 편리하게 갖추기 위한 스크린 생성기, 보고서 생성기, 메뉴 만들기 등의 기능을 갖고 있다. 예를 들어 스크린 페인터는 소프트웨어공학자에게 대화형 응용에서 빠른 화면 설계를 할 수 있게 해 주며, 정교한 CASE 프로토타이핑 도구들은 화면과 보고서 설계 모두와 연결되는 자료설계와 골격 코드(skeleton code)를 생성해 준다.

시뮬레이션 도구들은 소프트웨어공학자로 하여금 실시간 시스템의 모형을 개발하게 하여 고객들이 실제로 구현하기 전에 기능, 운영 그리고 반응을 살펴볼 수 있도록 해 준다.

⑦ 문서화 도구

대부분의 소프트웨어 개발 조직은 문서를 작성하는 데 많은 시간이 소요되므로 경우에 따라서는 문서화 과정 그 자체가 매우 비효율적일 경우가 있을 수 있다.

소프트웨어공학 조직의 소프트웨어 개발 노력 중 문서화에 드는 노력의 분포는 보통 20~30%로 보고되고 있다. 하지만 개발이 완료된 후에 따로 문서화를 준비하는 것은 매우 비효율적이다. 따라서 문서화를 자동생성하는 CASE 문서화 노구들은 생산성을 향상시킬 수 있는 좋은 기회를 제공해 준다.

21.6.3 코드 생성기를 지원

코드 생성기(code generator)는 상세 설계 명세서로부터 Ada. C, COBLE, PASCAL, C++. Java 등의 고급 언어로 작성된 모듈화된 코드를 생성한다. 코드 생성기는 정보저장소로부터 기능 모형에 대한 정보와 데이터베이스 서술에 관한 정보를 받은 후 코드를 생성하는데, 골격 코드(skeleton code)만을 생성하는 골격 생성기(skeleton generator)와 수행 가능한 코드(executable code)를 생성하는 완전한 코드 생성기가 있다.

완전한 코드 생성기를 위해서는 전반부 CASE(요구분석 포함)로부터 후반부 CASE(코드 생성 포함)의 밀접한 연결이 이루어진 통합 환경이 선행되어야 한다. 현재 대부분의 CASE 제품들은 통합 정도가 부실하기 때문에 거의 대부분의 골격 코드 생성기를 갖고 있으나 가까운 미래에 완전한 코드 생성기를 갖는 진정한 I-CASE 제품들이 선보일 것으로 전망된다.

21.6.4 시험 도구를 지원

1 정적 측정 도구 지원

실행 전 분석을 통하여 시험 사례를 생성하는 도구로 코드-기반 시험 도구와 요구사항-기반 시험 도구들이 산업현장에서 사용되고 잇다. 코드-기반 시험 도구들은 원시코드를 분석하여 시험 사례를 생성하고, 요구-기반 시험 도구는 특별한 사용자의 요구들을 따로 떼어낸 다음 그 요구들을 수행할 시험 사례들을 생성한다. 사용자는 상세한 시험 명세를 작성하기 위하여 시험 언어를 사용할 수 있다.

2 동적 측정 도구 지원

동적 측정 도구는 실행 중에 실행 프로그램과 상호 작용하여 프로그램의 경로 범위나 특정한 변수의 값을 시험한다. 동적 시험 도구들은 필요한 시험을 수행하는 추가 명령어를

삽입함으로써 프로그램을 변경하는 강제적 도구와 실행되는 프로그램과 분리된 프로세스를 만들어내는 비강제적 도구가 있다.

3 시험 관리 도구 지원

시험 관리 도구는 시험을 계획하고, 개발하고 그리고 제어하는 것을 도와 주는 도구로서 소프트웨어 시험을 제어하고 조정하기 위해서 사용된다. 이 범주에 속한 도구들은 회귀 분석 시험을 제어·조정하고, 실제 결과와 예상 결과 사이의 차이점을 확인하고 비교를 하고, 대화형 인간-컴퓨터 인터페이스를 사용하는 프로그램에 대해 일관 시험을 수행한다.

시험관리 도구들은 또한 일반적인 시험 드라이버로 사용되는데, 시험 드라이버는 시험 화일에서 하나 이상의 시험 사례들을 읽고, 시험 전에 소프트웨어의 필요성에 일치하도록 시험 자료들을 포맷시킨다.

21.6.5 재공학 도구를 지원

재공학 도구들의 범위는 다음 기능들로 나눠질 수 있다.

1 명세서를 위한 역공학 도구지원

원시코드를 입력 받아서 잘 구조화된 텍스트와 그래픽 형태의 분석과 설계 모델을 생성한다.

2 코드 재구성과 분석 도구 지원

프로그램 구문을 분석하고, 제어 흐름 그래프를 생성하고, 그리고 자동적으로 구조화된 프로그램을 생성한다. 재공학 도구들은 원시 프로그램 분석을 통하여 제공학을 수행하므로 대부분의 경우 특정 프로그래밍 언어에 종속적이고, 소프트웨어공학자와의 상호 작용이 요구된다.

21.6.6 정보저장소를 지원

정보저장소(repository)의 사전적 의미는 정보의 누적 또는 저장의 중심이 되는 사물이
나 사람을 의미한다.

초기의 소프트웨어 개발 환경에서는 사람이 이 정보저장소의 역할을 하였다. 즉, 프로그
래머가 소프트웨어 프로젝트에 연관된 모든 정보들을 기억해야 했다. 그러므로 프로그
래머는 프로젝트 진행 도중 필요하거나 분실되어 다시 작성되어야 할 정보를 기억을 통
하여 다시 만들어내야 하였다. 그러나 이와 같이 사람이 정보저장소의 역할을 하는 것이
비록 사전적 의미에는 부합하지만 그 역할 수행은 효율적이지 못했다.

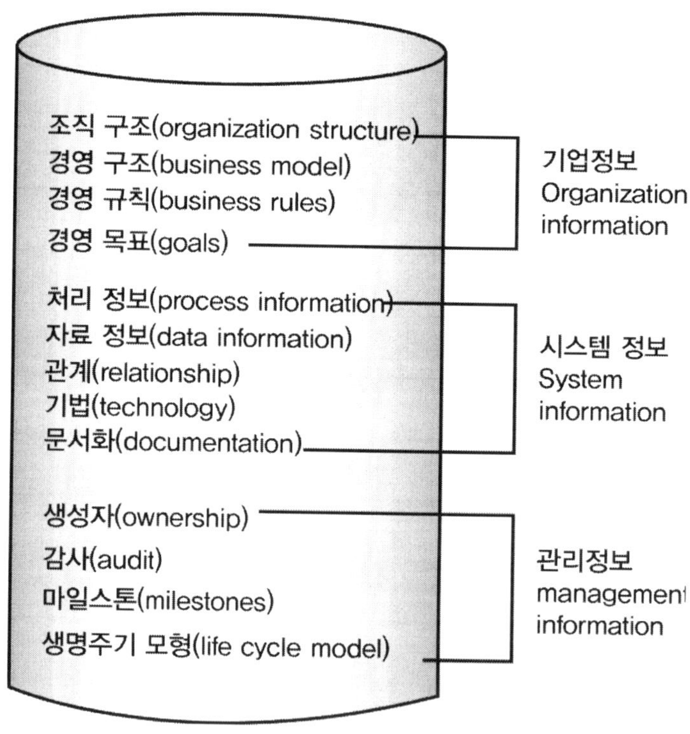

[그림 21-4] 정보저장소의 내용

오늘날에는 소프트웨어 개발에 관련된 저장소의 역할을 사람이 아니라 데이터베이스가 담당한다.

소프트웨어 개발과 관련되어 데이터베이스로 구현된 정보저장소는 경우에 따라 CASE 정보저장소, CASE 데이터베이스, 프로젝트 데이터베이스, 통합 프로젝트 지원 환경 (IPSE : Integrated Project Support Environment) 데이터베이스, 자료사전(data dictionary), 데이터베이스 사전, 백과사전 (encyclopedia) 등의 이름으로 불린다. 각각의 이름은 약간씩의 차이는 있지만 모두 소프트웨어 개발 정보가 누적되고 저장되는 곳이라는 점은 동일하다.

정보저장소는 기업 정보와 시스템 정보 그리고 관리 정보를 갖고 있다. [그림 21-4]는 정보저장소의 내용을 표현한 것이다. 정보저장소는 [그림 21-4]와 같은 여러 정보들을 갖고 있을 뿐 아니라 각 정보 개체와 관계의 속성들을 갖고 있어서 각 정보 구성요소의 의미를 파악하고 있다는 점에서 일반 데이터베이스와 다르다.

정보저장소는 CASE 통합의 중심이 된다. 사실 정보저장소 없이는 CASE 도구들의 통합은 불가능하다. CASE 도구들 간의 자료를 쉽게 교환하고 공유하기 위해서는 정보저장소가 필수적이다. 정보저장소는 서로 다른 회사의 다양한 종류의 도구들이 쉽게 통합될 수 있는 개방형 구조를 지원하기 위해서 정보를 구현에 독립적으로 저장한다. 정보저장소는 CASE 도구들에게 저장된 정보에 대한 공통적이 프레임을 제공하고, 정보에 대한 접근과 관리 서비스를 공유하게 해 준다. 따라서 CASE와 정보저장소는 분리되어 생각할 수 없는 것이다. 정보저장소의 표준 저장형태는 정보저장소의 메타 모형(meta model)으로 설명될 수 있다.

21.7 CASE 발전 전망

CASE는 1980년대의 문서 작성, 다이어그래밍 분석 및 설계 그리고 코드 도구의 수준에서 점차적으로 봉합된 개발 환경 시원을 위한 도구로 빌진해 왔다. 아직은 기술 수준이 급속히 발전하고 있는 단계이며, 특히 사용자 인터페이스, 내부적 기능 수준, 도구들의 통합 정도 등에서 보다 큰 발전이 [그림 21-5]와 같이 예측되고 있다. 분야별로 CASE 기술의 발전 전망은 다음과 같다.

1 기능 강화

단 한 줄의 코드도 짜지 않고 싶은 것이 개발자들의 꿈이다. 요구를 입력시키고 마술 단추(Magic Button)를 누르면 사용자에게 건네줄 소프트웨어가 만들어질 가능성이란 없을까? 안타깝게도 그렇지는 못할 것이다. 복잡·다양한 소프트웨어에 대한 수요가 지속적으로 변하기 때문이다. 현재는 100%의 코드 생성보다는 50% 수준에 머문다는 것이 현실이다.

CASE 기술이 발전하면 다음과 같은 기능 향상이 기대된다.

① 설계로부터 코드 생성 자동화

② 기존 소프트웨어 모듈을 재사용하는 체계

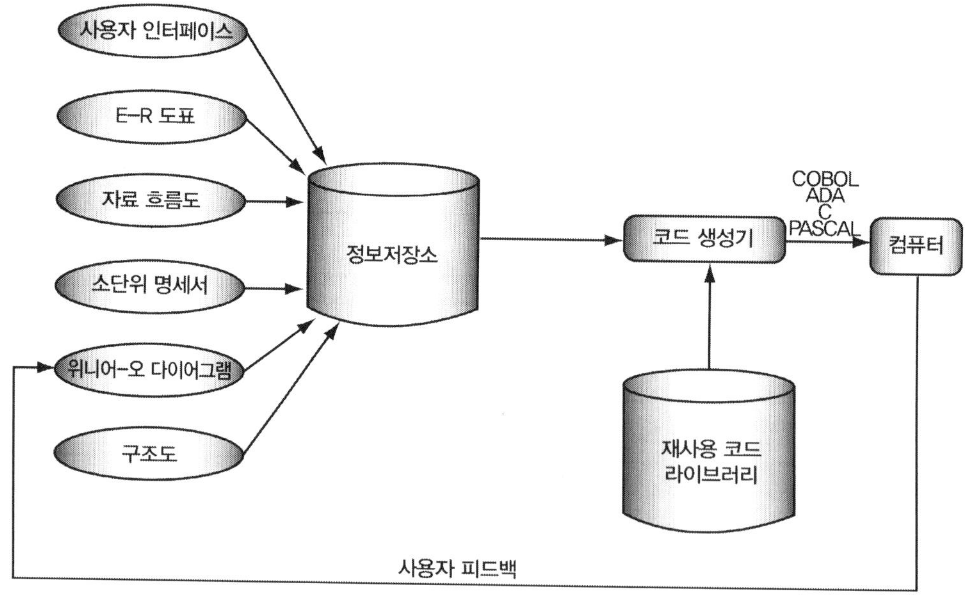

[그림 21-5] 발전된 CASE 환경

③ 다른 소프트웨어 패키지들(예 : 컴파일러 등)과의 통합

④ 많은 CASE 도구들의 통합을 위한 정보저장소(repository)의 표준화

⑤ 같은 개발 환경에서 설계와 코드의 유지보수

이미 위와 같은 기능을 갖춘 CASE 상품들이 출현하기 시작했다. 발전된 CASE 환경을 표현하면 [그림 21-5]와 같다.

2 차세대 CASE 도구의 방향

① 통합화

통합화의 의미는 [그림 21-6]에서 살펴볼 수 있다. 요구분석 언어, 다이어그램, 프로토타이핑 도구, 자료사전, 데이터베이스 모형, 코드 생성 등의 각종 도구들의 통합만이 보다 높은 생산성을 보장하기 때문이다.

② 지능화

CASE의 지능화란 사용자가 도구들의 차이나 기술들에 관한 세심한 이해가 없이도 이용 가능하도록 만드는 것이다. 기존의 CASE 도구들은 강력한 성능을 갖고 있으나 무지하므로 아래와 같은 기능을 추가시키자는 것이다.

- 자연어(natural language) 처리
- 소프트웨어공학 및 특정 응용 S/W의 정보를 담은 지식베이스(knowledge-base)
- 소프트웨어 개발 전문가 시스템

이러한 기능들이 통합된 기구들을 감싸주며 지능 막(intelligent shell)을 형성하려면 세 가지 요소를 갖추어야 한다.

- 편리한 사용자 환경(habitable environment) : 지능형 사용자 인터페이스

- 방법론 지도 (methodology driver) : S/W 생명주기 단계를 거쳐 나아가는데 방법론의 활용을 지도해 줄 수 있는 전문가 시스템

- 지능형 재사용 라이브러리 관리 시스템(intelligent reusable parts library management System)

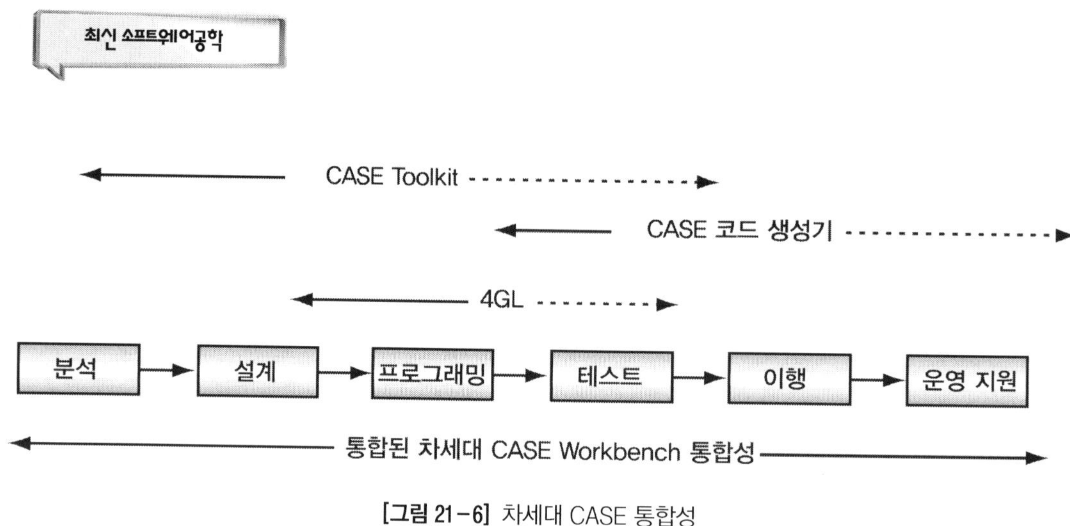

[그림 21-6] 차세대 CASE 통합성

3 사용자 환경의 발전

보다 편리한 사용자 환경(habitable environment)을 갖추려면 기존의 CASE 환경으로부터 여러 면에서 발전되어야 한다. 즉, 타인의 도움 없이 사용 가능해야 하고, 사용자를 가르치고, 또한 사용자로부터 배울 수 있어야 하며, 개발 경험이 쌓임에 따라 보다 실력을 향상시켜주고, 또한 소프트웨어의 형태를 설명해 줄 수 있어야 한다.

① **사용자 편리성(user friendliness)에서 사용자 중심(user centered)으로 변환**

기존의 CASE는 사용자 편리성만 강조한다. 사용하기 쉽고, 보안 측면에서 안전하며, 배우기 쉽고, 여러 사용자 유형들을 상대할 수 있도록 만들어졌으며, 사용 확장이 용이해야 한다는 점 등이다.

그러나 이러한 사용자 편리성은 이제 사용자 중심으로 발전해야 한다. 사용 간편해야 하고, 모형화나 언어 측면에서 일관성 있어야 하며, 사용자의 다양한 요구 및 입력에 유연하게 대처할 수 있고, 시스템보다는 사용자 자신이 언제나 주도권을 잡고있어야 하며, 제한적이라도 자연어 시스템과 의사소통이 가능해야 한다.

② **반응(responsive)에서 적응(reactionary)으로 변환**

기존의 CASE는 사용자의 명령에 반응할 뿐이다. 그러나 미래의 CASE는 명령이 잘못되면 무엇이 잘못되었는지 혹은 어떻게 수정할 수 있는지도 알려 주는 시스템으로 발전해야 한다. 사용자로부터 어떻게 시스템이 사용되고 있는지 배워서 지식을 갖추어야 한다. 그래야 사용자에게 설명을 해 주며 새로운 기능 등을 가르쳐 주고 상황에 따

라 적절히 대처할 수 있다.

③ **진단(diagnostic)에서 교정(corrective)으로 변환**

기존의 CASE는 사용상 잘못을 진단하는 데 머문다. 또한 그 결과를 사용자에게 간략히 지적해 준다. 에러 메시지가 바로 그것이다. 이제 차세대 CASE는 교정해 주는 시스템으로 발전할 것이다. 친절하게, 건설적인 조언을 해 주면서 문제점이 대두되면 가능한 한 자체적으로 해결해 주고 나아가서는 에러를 사전에 방지해 주는 것이다.

④ **도와 주는 것(helpful)으로부터 지능형 교사(Intelligent Tutor)로 변환**

일반적으로 소프트웨어의 도움말 기능은 명령어에 대한 설명, 시스템의 사용자에 대한 입력 요구, 온라인 도움말, 에러 메시지, 온라인 학습 기능 및 사용자 지침서 등이다. 그러나 이러한 기능들은 사용자의 기본적인 지식과 노력을 전제로 한 것뿐이다. 지능형 교사란 교육공학 차원에서 교육용 소프트웨어 및 교육기능을 갖춘 시스템 개발을 위해 적극 연구되고 있는 분야로서 시스템이 문제 영역, 학생에 관한 정보, 교육 방법 및 어떻게 학생과 의사소통을 할 것인지를 알고, 다음과 같은 기능을 발휘하는 것이다.

- 자체 문제 해결 지식을 사용자에게 전달
- 사용자를 위한 적정 사례의 선택
- 사용자가 제시한 문제의 해결
- 배경이 다른 사용자들을 적절하게 대응
- 시스템과 사용자와의 지식 차이 비교
- 사용자로부터 한 수 높은 문제해결 방법을 배움

1. CASE를 이용했을 때의 장점에 대해 논하시오.

2. 상위 CASE에 대해 논하시오.

3. 하위 CASE에 대해 논하시오.

4. 통합 CASE에 대해 논하시오.

5. 정보저장소의 장점에 대해 논하시오.

6. 통합 CASE에서 정보저장소의 역할에 대해 논하시오.

7. CASE 도입시 고려사항에 대해 논하시오.

정보시스템 감리

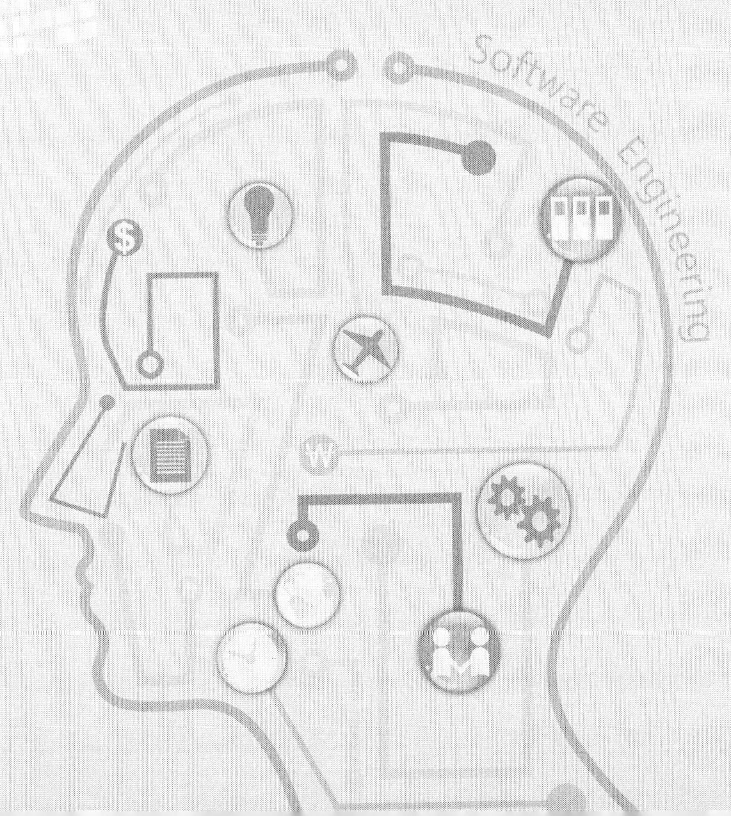

정보시스템 구축은 소프트웨어의 개발과는 차원이 다르다. 정보시스템은 단순 소프트웨어의 결합이 아니라 소프트웨어, 하드웨어, 시스템 소프트웨어, 네트워크 및 데이터베이스 등 모든 시스템의 기술요소가 결합된 형태다. 이러한 정보기술의 적용에 있어 내재된 위험과 부작용을 예측 및 발견하고, 실행 가능한 해결책을 제시하는 것이 정보시스템 감리며, 이러한 정보시스템 감리의 정의는 감리를 시행하고 있는 나라마다 약간씩 다르게 정의하고 있으나, 정보시스템을 종합적으로 점검 및 평가한다는 공통의 시각을 갖고 있다.

그렇다면 정보시스템 감리는 언제부터 시작되었을까? 가장 먼저 감리를 시행한 미국의 경우 민간 중심으로 감리가 발전하기 시작하였으며, 1973년 Equity Funding 보험회사의 대형 컴퓨터 범죄사건을 계기로 1974년 미국공인회계사(AICPA)회에서 회계감사를 수행할 때 의무적으로 전산시스템의 내부통제를 검토하도록 함으로써 공식화되었다.(Equity Funding 보험사기 사건 : 1965년부터 1971년에 걸쳐서 Equity Funding이라는 보험회사가 컴퓨터를 이용해서 허위의 보험 방침을 만들어 내서 $27M에 달하는 돈을 고객들에게 부당하게 청구하였다)

일본의 경우 1985년 통산성에서 시스템감사기준을 제정 공표함으로써 시스템 감사제도의 발판을 마련하였으며, 1991년부터 통산성 주관 하에 '정보시스템감사 기업대장 등록제도'를, 1999년 통상산업성에서 '시스템 감사인 인정제도'를 도입하여 시행하고 있다.

우리나라는 1986년 '전산망 보급 확장과 이용촉진에 관한 법'에 의거 한국전산원(현 한국정보사회진흥원)에서 처음 감리를 시작하였으며, 1997년 민간에게 이양되어 감리 법인이 탄생하게 되었고, 1999년에는 정보화촉진법에 정보시스템감리 규정 및 감리기준을 고시함으로써 본격적인 정보시스템 감리가 시행되었으며, 2005년 '정보시스템 효율적 도입 및 운영 등에 관한 법률(법률 제7816호)'(일명 ITA법)이 통과되어 법률에 의한 의무 감리가 시작되게 되었다.

 22.1 정보시스템 감리의 정의

정보시스템 감리는 그 자체만으로 독립적으로 생각하기 보다는 정보시스템 통제와 소프트웨어 품질보증과 비교하며 생각하는 것이 이해를 심화시킬 수 있다. 먼저 정보시스템 통제라 함은 정보시스템의 기획, 개발, 운영, 유지보수의 전반에 걸쳐서 효과성, 효율성, 안전성 및 준거성에 반하는 위험을 예방하고 통제하는 수단을 확보할 수 있는 체계를 제공하는 것이라고 볼 수 있다.

또한, 소프트웨어 품질보증은 소프트웨어 제품의 기능성, 신뢰성, 사용용이성, 효율성, 유지보수성 및 이식성에 두고 이에 대한 적정한 수준 달성을 위해 검토 및 평가활동을 수행하고, 제품을 생산하는 절차인 프로세스의 개선에 초점을 맞추고 있다.

이에 비해, 정보시스템 감리는 정보시스템의 효과성, 효율성 및 안전성을 증진시키고, 정보기술의 활용에 따르는 각종 위험 및 통제상태를 객관적인 입장에서 종합적으로 점검·평가할 수 있도록 지원하는 역할을 가지고 있다.

종합적으로 볼 때, 정보시스템 감리는 정보시스템 통제와 소프트웨어 품질보증 관련 개념을 포괄적으로 수용한 상태에서 사업의 성공적인 수행을 지향하는데 목적을 두고 있다고 볼 수 있다.

정보시스템 감리기준에 의하면 감리는 "발주자와 사업자 등의 이해관계로부터 독립된 자가 정보시스템의 효율성을 향상시키고 안전성을 확보하기 위하여 제3자의 관점에서 정보시스템의 구축 및 운영 등에 관한 사항을 종합적으로 점검하고 문제점을 개선하도록 하는 것"이라고 정의할 수 있다.

 22.2 정보시스템 감리의 필요성

국가 정보화 사업의 추진과 정보화 수준의 향상 등으로 정보시스템에 대한 의존도가 심화되고 있다. 그러나 소프트웨어 개발의 실패, 컴퓨터 사고 등이 빈번히 발생하면서 정보시스템의 안전성, 효율성, 효과성이 저하되는 문제가 발생되었다.

[그림 22-1]과 같이 정보화 추진의 방향, 정보시스템 개발, 운영상의 효율성, 데이터의 신뢰성 및 안전성 등을 종합적으로 검토하여 정보화 추진과정에서 발생할 수 있는 문제점을 사전에 예방하고 통제 할 수 있는 정보시스템 감리가 필수적 수단으로 부각되고 있다.

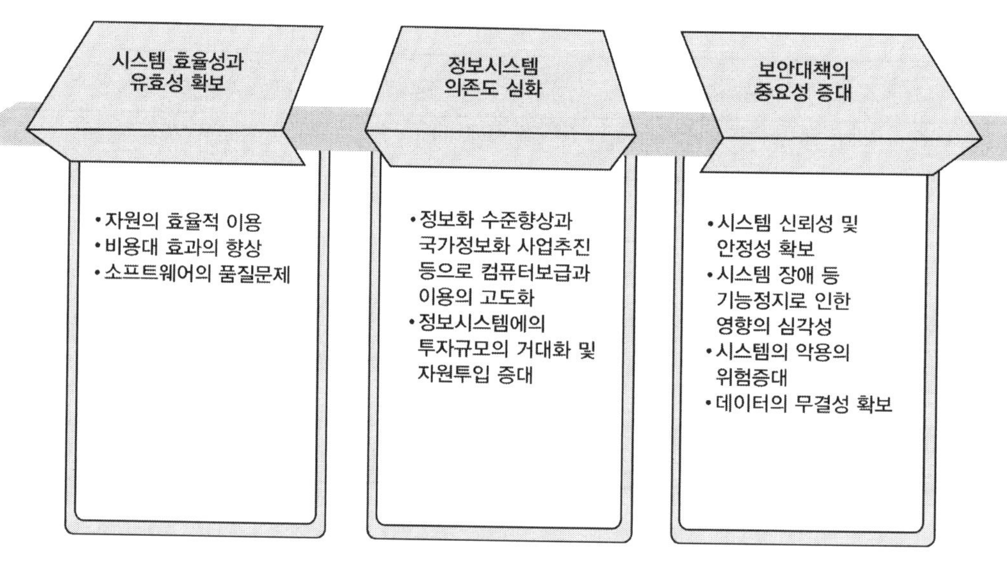

[그림 22-1] 감리의 필요성

그리고 〈표 22-1〉과 같은 현상별 감리의 역할과 효과가 나타나고 있다.

<표 22-1> 현상별 감리의 역할과 효과

현상	문제점	감리역할	감리효과
경영방침과 맞지 않은 정보화사업	기업운영에 비경제성 유발	조직의 정보화방향 타당성 검증	조직의 전략도 상승 및 경쟁력 강화
계획의 타당성 부족	목표를 달성하지 못함	기획업무의 타당성 검토	정보시스템의 효과 증진
방법론, 도구, 정보 및 기술의 미적용	비효율적 시스템 개발 및 운영	정보시스템 개발 및 운영상의 효율성 검토 및 권고	효율적 시스템 개발 및 운영
부적절한 데이터 관리	데이터 무결성 상실	데이터 무결성 검토	데이터 무결성 확보
사용자와 개발/운영자간 의견 불일치	사용자 요구사항이 반영되지 않은 시스템 개발	사용자와 개발자간의 상호이해차이 및 의견격차 조정	사용자 요구사항의 충분한 반영

 ## 22.3 정보시스템 감리의 구분

정보시스템은 공정에 따라 기획공정, 개발공정, 유지보수 공정, 운영공정 단계로 구분할 수 있다.

각 단계는 나름대로의 특성과 목적을 지니고 있기 때문에 각각에 대한 관리 및 통제 기법 또한 상이하다. 한국정보화진흥원에서는 정보시스템의 공정에 따라 정보시스템 감리 영역을 <표 22-2>와 같이 구분하고 있다.

<표 22-2> 정보시스템 공정별 감리 구분

감리대상 공정	감리의 영역	
	일반영역	기술영역
기획공정, 개발공정	프로젝트관리, 개발방법론, 품질보증 활동, 프로젝트 표준, 사용자 교육 등	응용시스템, 데이터베이스, 시스템아키텍쳐, 네트워크, 시스템 안전/신뢰성, 사용자 인터페이스, 시스템 시험
유지보수 공정	프로젝트관리, 프로젝트 표준 등	응용시스템, 데이터베이스, 사용자인터페이스
운영공정	운영관리, 운영평가 등	데이터관리, 소프트웨어관리, 하드웨어 및 네트워크 관리, 건물 및 관련설비 관리

 **22.4 정보시스템 감리 관련 용어 정의**

1 감리법인

「전자정부법」 제58조제1항에 따라 등록한 법인을 말한다. 다만, 전자정부법 제57조제4항에 따라 감리를 수행하는 기관도 감리법인으로 본다.

- 전자정부법 제58조 제1항에 따라 정보시스템 감리를 하려는 자는 대통령령으로 정하는 기술능력, 재정능력, 그 밖에 정보시스템 감리에 필요한 사항을 갖추어 행정안전부장관에게 법인으로 등록하여야 한다.

- 전자정부법 제57조 제4항 제1항에도 불구하고 국가안전보장에 관한 정보 등 대통령령으로 정하는 정보를 취급하는 기관의 경우에는 그 기관의 장이 정하는 기관으로 하여금 정보시스템 감리를 하게 할 수 있다.

2 발주자

감리의 대상인 정보화사업을 발주하는 자를 말한다.

3 사업자

발주자의 요청에 따라 감리대상사업을 수행하는 자를 말한다.

4 감리원

전자정부법 제60조제2항에 따라 감리원증을 교부받은 사람을 말한다.

- 전자정부법 제60조 제1항에 따라 감리원이 되려는 사람은 등급별 기술자격 등 대통령령으로 정하는 일정한 자격을 갖추어야 하며, 대통령령으로 정하는 바에 따라 감리업무 수행에 필요한 교육을 받아야 한다.

- 전자정부법 제60조 제2항 행정안전부장관은 제1항에 따른 요건을 충족하는 사람에게 대통령령으로 정하는 바에 따라 감리원증을 발급하고 관리하여야 한다.

5 총괄감리원

해당 감리대상사업에 대하여 감리업무를 총괄 · 조정 · 지휘하는 감리원을 말한다.

22.5 정보시스템 감리 절차

정부에서 2011.7월 배포한 정보화사업 감리 수행 가이드에서 제시한 감리절차는 [그림 22-2]와 같다.

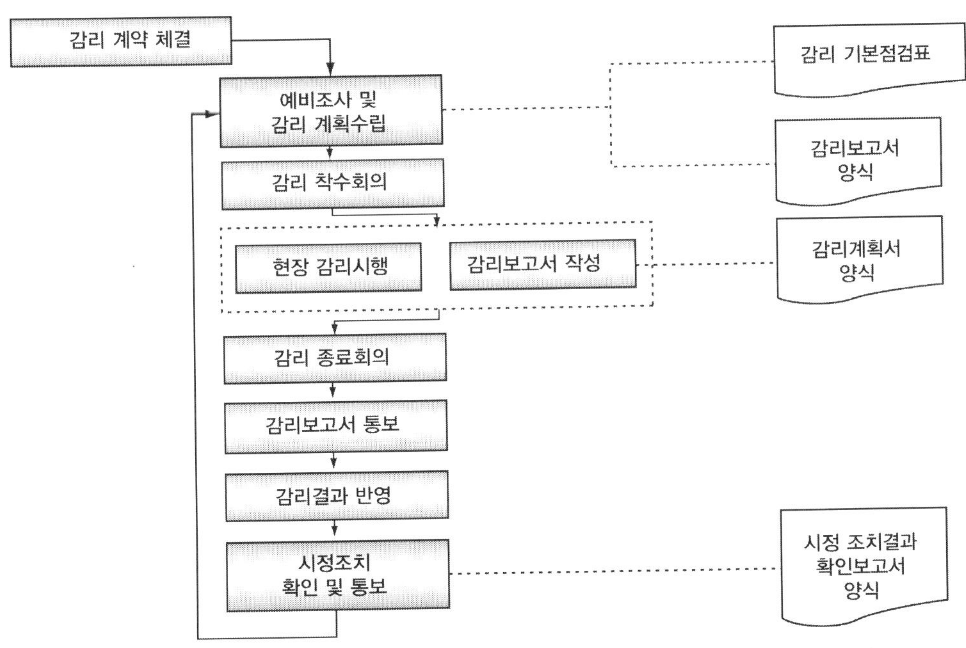

[그림 22-2] 감리절차 구성도

1 예비조사 및 감리계획 수립

감리법인은 해당 과제의 감리계획서를 「정보시스템 감리기준(행정안전부 고시 제 2010-85호)」(이하 '감리기준'이라 함) 제7조에 따라 작성, 제출 (세부 감리 일정, 감리인 편성, 중점검토사항 등 포함)한다.

2 감리 착수회의 개최

- 발주기관, 사업자, 감리원 및 기타 관련당사자들이 참석하는 착수회의를 개최한다.

- 착수회의에서는 감리원 소개, 감리일정 및 중점검토사항을 설명하고, 사업자(또는 발주기관)로부터 대상사업의 현황 및 감리장소 등 감리 추진에 필요한 사항을 협의한다.

- 착수회의에서는 개략적인 현황을 파악하고 상세내역은 감리를 수행하는 과정에서 관련 문서 검토 및 담당자와의 면담 등을 통하여 파악한다.

3 현장감리 실시

- 현장감리 기간 동안 모든 감리원은 업무일과시간의 100%를 상주하면서 관련 산출물 검토 및 담당자 면담 등의 활동을 수행한다.

- 감리원은 확보된 감리장소에서 관련 문서를 검토하고 발주기관 및 사업자 담당자를 면담하여 관련된 문제점들을 파악하여 감리보고서 초안을 작성하고 활동 내역을 감리 업무일지에 기록한다.

4 감리 종료회의 개최

- 종료회의 전 작성된 감리보고서 초안에 대해 발주기관 및 사업자에게 제시, 설명하고 의견을 청취한다.

- 발주기관, 사업자 및 기타 관련 당사자들이 참석하는 종료회의 개최한다.

- 감리법인은 감리보고서 초안을 설명하고 사업자 및 발주기관으로부터 관련 의견을 청취하여 쟁점사항을 처리한다.

5 감리 보고서 보완 및 통보

감리법인은 감리 종료회의 결과를 반영한 감리보고서를 종료회의 후 10일 이내에 발주기관 및 사업자에게 제출한다.

6 감리 조치결과 통보

- 감리법인은 사업자로부터 시정조치결과 확인 요청을 받고 5일 이내에 시정조치결과를 확인하여 "시정조치결과 확인보고서"를 발주기관에 제출한다.

7 감리결과 검수 요청

"시정조치결과 확인보고서"를 첨부하여 발주기관에 검수요청을 한다.

22.6 감리원 자격요건

1 감리원

행정안전부장관에게 감리원증을 교부받은 자이다.

2 감리원증 교부 절차

감리교육을 이수한 후 관련 서류를 행정안전부장관에게 제출한다.

3 감리원 자격기준

감리원 자격기준은 전자정부법시행령에 따라 〈표 22-3〉과 같은 감리원 자격기준을 만족해야 한다.

〈표 22-3〉 감리원 자격기준

등급	자격기준
수석감리원	• 「국가기술자격법」에 따른 국가기술자격의 직무 분야 중 정보처리 직무 분야의 기술사 자격을 취득한 사람 또는 정보시스템 감리와 관련하여 「자격기본법」에 따른 국가공인자격을 취득한 사람
감리원	• 「국가기술자격법」에 따른 국가기술자격의 직무 분야 중 정보처리 직무분야의 기사 자격을 취득한 사람으로서 7년 이상 정보처리 분야 업무를 수행한 사람 • 「국가기술자격법」에 따른 국가기술자격의 직무 분야 중 정보처리 직무 분야의 산업기사 자격을 취득한 사람으로서 10년 이상 정보처리 분야 업무를 수행한 사람 • 행정안전부장관이 「국가기술자격법」 및 「자격기본법」 소관 중앙행정 기관의 장과 협의하여 인정하는 정보시스템 감리 유사자격을 취득한 사람 1. 「자격기본법」 제2조 제4호에 따른 국가자격 2. 「자격기본법」 제19조에 따라 국가 공인을 받은 민간자격 3. 자격 운영기관 인증표준(ISO 17024)에 따라 인증을 받은 국제자격

 ## 22.7 정보화사업 감리 점검 프레임워크 V4.0

정보화사업 감리 점검 프레임워크는 개념모델에 근거하여 사업유형/감리시점, 감리영역, 감리관점/점검기준의 세 축으로 구성된다. 정보화사업 감리점검 프레임워크 V4.0은 [그림 22-3]과 같이 구성되어 있다.

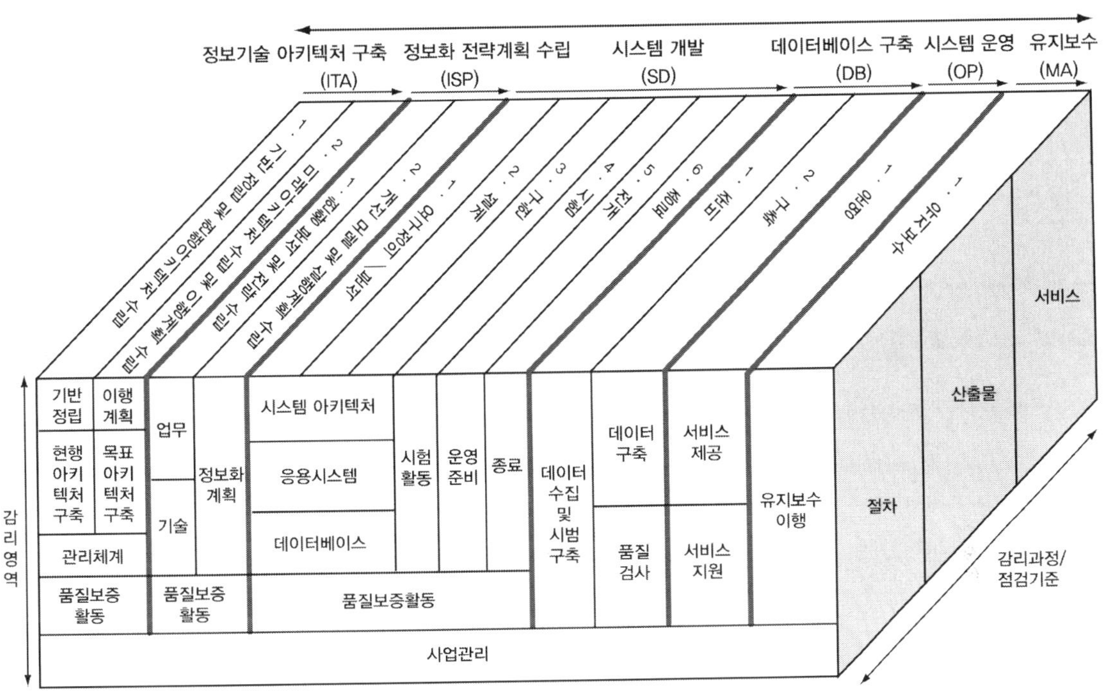

[그림 22-3] 정보화사업 감리 점검 프레임워크 V4.0

1 사업유형/감리시점

정보화사업 감리점검 프레임워크의 한 축인 사업유형은 정보화사업의 생명주기(Life Cycle)를 기반으로 계획에 해당하는 정보기술아키텍처구축, 정보화전략계획수립, 실행에 해당하는 시스템 개발, 데이터베이스 구축, 통제에 해당하는 시스템운영, 유지보수 로 구분된다.

사업유형별 감리시점은, 각종 방법론, 감리보고서 등을 참조하여 사업유형별로 감리를 시행하기에 적절한 시점을 제시한 것이다.

시스템 운영사업과 유지보수사업의 경우 방법론의 절차를 기반으로 감리시점을 정의할 수 없어 하나의 감리시점으로 구분하였다.

2 감리영역

감리영역은 감리의 일관성을 확보하기 위하여 평가를 작성하는 표준화된 영역을 사업유형별, 감리시점별로 구분하여 규정하였다.

시스템 운영사업의 경우 운영서비스의 국제표준으로 자리잡고 있는 ITIL(Information Technology Infrastructure Library)과 영국 표준인 BS 15000(Information Technology Service Management)의 서비스영역을 감리영역으로 구분하였다. 또한, 감리영역중 품질보증활동은 사업 수행 시에도 별도의 품질보증활동 조직에 의해서 관리되고 있으며, 사업관리 중 중요한 요소이므로 이를 독립된 감리영역으로 구분하였다. 다만, 시스템 운영 사업의 경우 품질보증활동이 강조되지 않고 있으며, 유지보수 사업의 경우 품질보증의 관점에서 감리를 수행하므로 별도의 감리영역으로 구분하지 않고 있다.

3 감리관점/점검기준

정보시스템 감리는 감리대상사업이 초기에 목표한 성과를 만족할 수 있도록 정보시스템의 계획 및 구축 등의 활동이 적정하게 수행될 수 있도록 종합적으로 점검하고 향후에 발생할 수 있는 위험요인 및 문제점을 개선할 수 있도록 하는 것이다.

감리원이 감리를 수행함에 있어 점검해야 할 항목을 감리기준에서 제시하고 있으나, 개별 감리원의 경험, 노하우, 기술력 등에 따라서 동일한 점검항목을 다른 관점으로 해석하여 점검활동을 수행하여 일관성이 부족한 경우가 발생할 수 있기 때문에, 감리 점검체계에서 대부분의 감리원이 동일한 점검항목에 대해서 동일한 관점, 기준에 따라 점검활동을 할 수 있도록 감리관점/점검기준 개념을 도입하게 되었다

감리관점이란 감리가 대상사업을 바라보는 관점이다. 즉 감리는 대상사업을 기반으로, 대상 사업에 대한 방법론, 사업추진계획, 절차 등 사업에 대한 절차(Process)와 그 결과로 생성되는 산출물(Product)을 점검/평가하고, 대상사업이 당초에 목표했던 성과(Performance) 또는 기대효과를 달성할 수 있도록 도와주는 역할을 한다. 이에 감리관점은 절차, 산출물, 성과로 정의하였고, 이때 산출물은 문서, 구축된 시스템, IT서비스 등을 포함하는 개념으로 사용된다.

감리관점별 점검기준은 감리 수행 시 감리관점별로 점검을 하기위한 기준이 되는 것으로, 각 감리관점을 구성하는 요소의 특성 또는 품질기준이라 할 수 있다.

22.8 정보시스템 감리 법제화 추진현황

'정보시스템의 효율적 도입 및 운영 등에 관한 법률'은 공공부문에서 수행되는 일정 기준 이상의 정보화사업에 대하여 의무 감리실시, 감리법인 등록제도, 감리원 자격기준, 교육 등과 감리결과에 대한 책임소재를 명확히 하는 등 국가적 차원에서 정보시스템 감리제도를 도입 및 강화하기 위하여 2005년 12월 제정되었다.

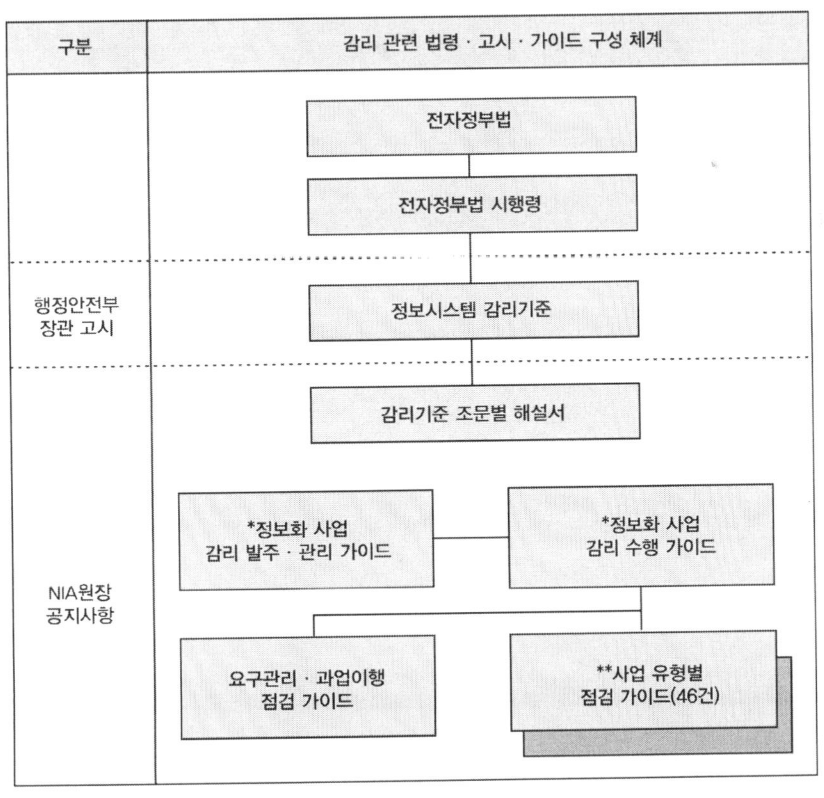

[그림 22-4] 정보시스템 감리 관련 법령 · 고시 · 가이드 구성체계

동법에서는 의무감리, 감리법인 등록제도, 감리원 자격 및 교육뿐만 아니라, 감리결과의 반영의무, 감리기준의 준수의무 등도 포함하고 있다. 2006년 10월 '정보시스템 감리원의 자격 및 교육 등에 관한 고시', '정보시스템 감리기준'이 제정·고시 되었다. 이와 관련된 해설서, 감리지침, 사무편람 등이 작성되었다.

이후 2008년 2월 정부조직개편에 따라 감리업무가 행정안전부로 이관됨에 따라 감리업무는 전자정부법 및 시행령에 정의되어 시행되고 있다. 2010년 12월 28일에는 3단계 감리(요구정의·설계·종료 감리) 실시 및 적합·부적합 판정 등에 대한 내용을 추가하여 현행 감리기준으로 고시되어 운영되고 있다. 현행 정보시스템 감리 법·제도 현황은 [그림 22-4]와 같다.

1.   정보시스템 감리의 정의에 대해 설명하시오.

2.   정보시스템 감리를 받는 이유에 대해 설명하시오.

3.   정보시스템 감리를 유형별로 구분 설명하시오.

4.   정보시스템 감리 절차에 대해 설명하시오.

5.   감리원 자격요건에 대해 설명하시오.

6.   정보화사업 감리 점검 프레임워크 V4.0에 대해 설명하시오.

7.   정보시스템 감리 법제화 추진현황에 대해 설명하시오.

참고문헌

[1] 국내문헌

1. 김태달, "소프트웨어 형상관리 운영 방안에 관한 연구", 한국데이터베이스학회, 1999.

2. 김태달, "국내 시스템 통합회사 능력 성숙도 수준평가에 관한 연구", 청운대학교, 1999.

3. 김태달, "An Improved Model Design and application of pre-Development software process", 숭실대학교 대학원 박사 학위 논문, 1996.

4. 김태달, "PSEEs에서의 기존 프로세스 모델에 대한 비교 분석 및 평가", 한국정보처리학회, 한국소프트웨어산업협회, 1998.

5. 김태달, "정보시스템 프로젝트관리 감리지침 개선방안에 관한 연구", 한국데이터베이스학회, 1999.

6. 국방과학연구소, "국방 소프트웨어 개발 및 관리 모델에 관한 연구", 숭실대학교, 1992.

7. 왕창종, 「소프트웨어공학」, 정익사, 1998.

8. 최은만, 「소프트웨어공학」, 희중당, 1996.

9. 이주원, 「실용 소프트웨어공학」, 법영사, 1999.

10. 우치수, 「소프트웨어공학」, 상조사, 1994.

11. 윤청, 「소프트웨어 개발 방법론」, 생능출판사, 1998.

12. 이영환, 박종순, 「시스템 분석과 설계」, 법영사, 1998.

13. 신영일, 「분석 그리고 설계」, 이한출판사, 1997.

14. 왕창종 외 2, 「시스템 분석 및 설계」, 정익사, 1996.

15. 이석호, 「데이터베이스 시스템과 오라클」, 정익사, 1998.

16. 곽용재, 「초보자를 위한 UML 객체지향 설계」, 인포북, 2002.

17. 중소기업청, 「IT 중소기업역량사업」, 한국정보통신기술사협회, 2011.

[2] 국외문헌

1. IEEE computer society, *"IEEE Standard for Developing-software Life Cycle Processes"*, IEEE, 1991.

2. ISO / IEC(JTC1)-SC7, *"Information Technology Software Life Cycle Process"*, ISO, 1992.

3. ISO / IEC(JTC1)-SC7 N 1405, *"Software Process Assesment"*, ISO, 1995.7, part 1～part 7.

4. ISO / IEC DIS 12207-1, *"Information Technology-Software Life Cycle Process"*, ISO, 1991.

5. Pankji K. Garg and Mehdi Jazayeri, *"Process- centered Software Engineering Environments"*, IEEE computer society press, 1996.

6. Mark C. Paulk, Bill Curtis, and Mary Beth Chrissis, *"Capability Maturity Model Version 1.1"*, IEEE software, 1993.7, p.18～p.26.

7. Mark C. Paulk, Charles V. Weber, Suzanne M.Garcia, Marybeth Chrissis, Marilyn Bush, *"Key Practices of the Capacity Maturity Model Version 1.1"*, Software Engineering Institute Carnegie Mellon University, 1992.

8. Barry W. Boehm, *"A Spiral Model of Software Development and Enhancement"*, TRW Defence Systems Group, 1987.

9. Bill Curtis, Mark I. Kellner and Jim over, *"Process Modeling"*, Communications of ACM, Sep, 1992. p.5p～p.89

10. Mikio Aoyama, *"Concurrent Development Process Model"*, IEEE software, 1993. 7, p. 46～p.55

11. Dearnley, P. A., and P. J. Mayhew, *"On the Use of Software Development Tools in the Construction of Data Processing System Prototypes"*, Approaches to Prototyping, Proceedings of a Working Conference on Prototyping, October,1983, Namur, Belgium, edited by R. Budde, K. Kuhlenkamp, L. Mathiassen, H. Zuellighoven, Springer- Verlag, Berlin, 1984, p.70

12. IPSC/MCCR, *"Military Standard Software Development and Documentation"*, MILSTD-498, Dec, 1994.

13. Michael W. Evans, John J. Marciniak, *"Software Quality Assurance and Management"*, John Wiley & Sons, Inc, 1987.

14. PAI, *"Project Manager's Handbook"*, Procurement Associates, Inc., 1991.

15. Roger S. Pressman, *"Software Engineering-A Practitioner's approach"*. 3rd edition, McGraw-Hill international Editions, 1992, p.84~p.85, p.190~p.193.

16. Barry W. Boehm, *"A Spiral Model of Software Development and enhancement"*, IEEE Computer Society, 1987, p.128~p.142.

17. Rob Thomsett, Edward Yourdon, George Armstrong, *"People & Project Management"* Yourdon Press, New York, 1988.

18. Robert Youker, *"organization alternative for project manager"*, IEEE computer society press, 1988.

19. Andrew F. Sikula, *"Personnel Administration and Human Resources Management"*, 1988.

20. Richard H. Thayer, *"Software Engineering Project Management a Top-down View"*, IEEE, Computer Society, 1987, p.46.

21. Marilyn Mantei, *"The effect of programming team structures on programming tasks"*, the university of Michigan, 1981.

22. Allen Macro, John Buxton, *"The Craft of Software Engineering"*, Addison-Publishing Company, 1987, p.130~p.131.

23. Roger S. Pressman, *"Software Engineering"*, McGraw-Hill Int., 1987.

24. David Whitgift, *"Methods and Tools for Software Configuration Management"*, 1991, p.9~p.11.

25. DOD-STD-2167A, *"Defense System Software Development"*, Global Engineering Documents, 1988.

26. Martin L.Shooman, *"Software Engineering"*, McGraw-Hill Int., 1988.

27. Richard Thayer, Barry. W. Boehm, Dennis W. Fife, *"Software Engineering Project Management"*, The Computer Society of the IEEE, 1988.

28. Watts S. Humphrey, and Marc I. Kellner, *"Software Process Modeling : Principles of Entity Process Models"*, Proceedings of the 11th International Conference on Software Engineering, May, 1989. p.331~p.342

29. Marc I. Kellner, *"Software Process Modeling Experience"*, Proceedings of the 11th International Conference on Software Engineering, 1989, p.400~p.401

30. Mark C. Paulk, *"How ISO 9001 compares with the CMM"*, SEI CMU, 1995.

31. Mark C. Paulk *"The capability maturity Model : Guidelines for Improving the software process"*, Addison-weseley publishing company, Reading, MA, 1995.

32. Mark C. Paulk, Bill Cutis, Mary Beth chrissis, charles V.weber, *"The capability Maturity Model for software"*, SEI CMU, 1996.

33. Mark C. Paulk, *"Process Improvement and organizational capability : Generalizing the CMM"*, SEI Carnegie Mellon University, 1999.

34. Mark C. Paulk, Charles V. Weber, Suzanne M. Garcia, Mary Beth Chrissis, Marilyn Bush, *"Key Practices of the Capability Maturity ModelSM, Version 1.1"*, CMU/SEI93-TR-025, 1993.

35. Mark C. Paulk, Charles V. Weber, Bill Curtis, Mary Beth Chrissis, *"The Capability Maturity Model for Software"*.

36. Mark C. Paulk, *"Using the Software CMM® With Good Judgment"*, Software Engineering Institute, Carnegie Mellon University.

37. Mike Konrad, *"CMMI Design Approach and CMMI-SE/SW Compared to SW Compared to SW-CMM v1.1"*.

38. Mark C. Paulk, *"Analyzing the Conceptual Relationship Between ISO/IEC 15504 (Software Process Assessment) and the Capability Maturity Model for Software"*, Software Engineering Institute Carnegie Mellon University.

39. Mark C. Paulk,, Mary Beth Chrissis, Charles Weber, And Jeff Perdue, *"The Capability Maturity Model for Software, Version 2B"*, 1997.

40. L. Levine, *"Technology Change Management : Integrating Knowledge and Processes in the Learning Organization,1"*, Software Engineering Institute, Carnegie Mellon University.

41. Sharon Guenterberg (and the TCM Land Team), *"Litton PRC's Technology Change Management Program: The Continuing Quest for Aligning People, Technology, and Strategy"*, Technology Change Management.

42. Frank McGarry, Gerald Page, Victor Basili, *"Software Process Improvement in the NASA Software Engineering Laboratory"*, CMU/SEI-9-TR-22, 1994.

43. SPICE, *"Phase 2 trial Interim Report,"* V1.0,ISO/IEC JTC1/SC7/WG10, 1998.

44. ISO9001 *"Quality Systems-Model for quality Assurance in Design, Development, production, Installation and servicing"*, ISO/IEC, 1994.

45. An American National Standard, *"A Guide to the Project Management Body of Know-ledge"*, 2000.

46. J. Han. *"An approach to Software Component Specification"*, proceedings of 1999 International Workshpo on CBSE, Lose Angeles, 1999, at URL : http://www.sei.cmu. edu/cbs/icse99/cbswkshp.html.

47. Amy Moormann Zaremski and Jeannette M. Wing, *"Specification matching of software component"*, ACM Transaction on Software Engineering and Methodology, Vol. 6. p.333～p.369, October, 1997.

48. IONA, *"The common object request broker : Architecture and Specification"*, IONA Technologies Ltd., 1998.

49. CMMI Product Team, *"Capability Maturity Model Intergration (CMMI), version 1.1"*, Carnegie Mellon Software Engineering Institute, 2001.

50. Peter Herzum and Oliver Sims, *"The Business Component Approach,"* Available Web server from http://jeffsutherland.org/oopsla98/sims.html.

51. Jeff sutherland, *"Business Object Component Reseach."* Available by web server from http://jeffsutherland.org/oopsla98/boca_cas.html, 1998.

52. Ivar Jacobson, Martin Grisss, Parrik Jonsson, *"Software Reuse"*, addison Wesley, 1997.

53. Scott Ambler, *"A Realistic Look at Object-oriented Reuse"*, Software Development Magazine, July, 1998.

54. Michael W. Evans, John J. Marciniak, *"Software Quality Assurance and Management"*, John Wiley & Sons, 1987.

55. Carma Mcclure, *"The Three Rs of Software Automation"*, Prentice-Hall, Inc., 1992.

찾아보기

ㅌ

ㅍ

ㅎ

■ **저자 : 김태달(金 泰達)**

학력	1979. 2.	숭실대학교 전자계산학과 졸업. (工學士)
	1992. 8.22.	숭실대학교 정보과학대학원 정보산업학과 졸업. (理學碩士)
	1997. 2.21.	숭실대학교 대학원 컴퓨터학과 졸업. (소프트웨어 工學博士)
자격	1986. 8. 4.	정보처리기술사 (컴퓨터시스템응용기술사) (과학기술처)
	1997. 8. 1.	정보통신기술 공인감리인 (한국전산원)
	2007. 2.16.	정보시스템 공인수석감리원 (서울체신청)
특허	운전면허 학과시험 자동화 장치(제 0329008호, 2002. 3. 5)	
포상	2004. 6. 3.	국무총리상 수상
		(제 17회 정보문화의 달 국가 정보화 유공자로 선정)
주요경력	1978. 12. ~ 1989. 3. 31.	쌍용그룹, 경영정보실근무 (현: 쌍용정보통신(주))
	1989. 4.1. ~ 1991. 2. 11.	현대그룹(현대전자 시스템소프트웨어개발부 부장)
	1991. 2.11. ~ 1995. 2.28	도로교통공단, 교통과학원 (수석연구원)
	1995. 3. 1. ~ 1997. 3. 5.	도로교통공단, 전산실장(1급)
	1997. 3. 1. ~ 2013. 2	현재, 청운대학교(인천캠퍼스), 컴퓨터학과 정교수
	2008. 3. 1. ~ 2013. 2	현재, 대법원 정보통신기술자문 및 감정위원
	2009. 9. 23. ~ 2013. 2	현재, 한국과학기술정보연구원 자문교수 겸 위원
	2008. 12. 5. ~ 2013. 2	현재, 한국기술사회 정보처리분회장
	2008. 12. 5. ~ 2013. 2	현재, 한국과학기술총연합회 전문위원
	2009. 12. 15 ~ 2013. 2	현재, (사) 한국정보통신기술사협회 회장
연구실적	1982. ~ 1986.	국내 최초 「지리정보시스템 국산화 개발연구」, 프로젝트관리자
	1993. ~ 1995.	서울시, 교통신호제어시스템 국산화 개발연구」, 프로젝트관리자
	1995. ~ 1997.	경찰청, 「운전시뮬레이터 국산화 개발연구」, 프로젝트관리자
	2006.	한국정보통신수출진흥센터, 「u–IT839 신시장 창출기반 조성방안 연구 (9대 신성장동력 사업을 중심으로) 연구」, 연구총괄 책임자
	2008.	한국산업기술연구회 「한국과학기술사이버연수원의 열린교육 확산방안에 대한 연구」, 연구총괄 책임자
	2011.~2013. 2	중소기업청, 「중소기업역량강화 프로젝트」, 프로젝트총괄책임자
박사학위 논문	開發 以前 소프트웨어 프로세서의 개량모델 設計 및 適用	
기술 자문분야	• 소프트웨어 엔지니어링, 정보시스템 감리 및 시스템화 도입 검토 및 평가 • e–Health (침뜸경혈자리 DB검색 전문가시스템 개발) • ITS, 신호제어 체계 및 모의실험기(Simulator) 개발 • 기업 기술 타당성검토 및 사업화 방안 • GIS 지리정보시스템 구축 등	
사회활동	2004. 10. 5.	詩人등단(한맥문학지)/2012년12월 현재, 작품 활동 (詩 450편 발표)
	2010. 11. 28	침뜸요법사 자격 취득(한국전통침뜸학회, 김남수 회장)
	2010. 12. 1.	국제 자연의학 및 대체의학 코오디네이터 자격 취득(미국 California)
메일주소	ktd@chungwoon.ac.kr	

최신 소프트웨어공학

초판 1쇄 인쇄 2013년 01월 25일
초판 1쇄 발행 2013년 02월 05일
저   자 김태달
발 행 인 이범만
발 행 처 21세기사 (제406-00015호)

경기도 파주시 산남동 283-10 (413-130)
Tel. 031-942-7861   Fax. 031-942-7864
E-mail : 21cbook@naver.com
Home-page : www.21cbook.co.kr
ISBN 978-89-8468-461-4

정가 35,000원